献 给

曾经以青春激情投身于八十年代
思想解放大潮且不忘初心的人们

壹嘉个人史系列

80年代的一束思想之光

《青年论坛》纪事

李明华 著

壹 嘉 出 版 ｜1 Plus Books

旧金山/ San Francisco/ 2023

八十年代的一束思想之光

〈青年論壇〉紀事

作　　者／李明华

出 品 人／刘　雁

出　　版／壹嘉出版（San Francisco, USA）

　　　　　网址：http://1plusbooks.com

　　　　　Email：1plus@1plusbooks.com

印制销售／秀威資訊科技股份有限公司

　　　　　114 台北市内湖区瑞光路 76 巷 69 号 2 楼

　　　　　电话：+886-2-2796-3638

　　　　　传真：+886-2-2796-1377

网络订购／秀威书店：http:/store.showwe.tw

　　　　　博客来网络书店：http://www.books.com.tw

　　　　　三民网络书店：http://www.m.sanmin.com.tw

　　　　　读册生活：http://www.taaze.tw

出版日期／2023 年 11 月

ＰＯＤ版／2024 年 6 月　一版

ＩＳＢＮ／978-1-949736-78-6

定　　价／NT 1500 元

目 录

前 言

逝去的年代铭刻于记忆中

中国20世纪80年代，是中国思想界诸家蜂起、激情澎湃的时代，是中国社会人性苏醒、青春焕发的时代。我们今天研究中国20世纪80年代思潮，对于延续启蒙担当、建立民主法治社会，具有非常重要的意义。

"无产阶级文化大革命"于1976年结束，紧接着开始全国性的真理标准大讨论，思想解放成为一代人的呼声。人们从噩梦中醒来，曾经被 "革命"、集权、恐惧所禁锢的思想，像岩浆找到出口，在80年代喷射而出。就像胡风在1949年为新中国的成立充满激情地写的长诗《时间开始了！》，80年代的人们也是这样激动：时间开始了！的确，这是一次历史性的社会转折，专制集权、领袖一尊、人人自危、红色恐怖的时代骤然崩塌，一个自由探索真理、追求个性解放、释放个体潜能的时代开始了。与胡风时代相同的是，当年的胡风被"时间"送进了监狱，80年代的部分重要人物也进了监狱，有的则逃难、流放到海外。与胡风时代不同的是，他的时代是作为灾难、荒唐和教训记载在历史上，而80年代是作为继五四运动之后又一次伟大的启蒙时代闪耀着光辉，并影响了90年代及后世，成为中国人民追求自由民主的振聋发聩的先声。

80年代是思想界的盛世。启蒙思潮，中西文化比较，人性，人学，人道主义，异化，西方自由主义和科学主义，全都成为显学。康德、萨特、尼采、弗洛伊德、马斯洛是年轻人追崇的热门人物。没有哪所大学不讨论美学，没有哪个年轻人不知道李泽厚。学术思想大师是社会的偶像，李泽厚作为青年思想领袖，引领时代潮流，还有黎澍、朱光潜、王元化、庞朴、金观涛、甘阳、李洪林等，广受尊崇。民间学术机构如雨后春笋，各树一帜。80年代的"文化热"中产生了三大民间文化机构："走向未来"丛书编委会（1983年），主编包遵信，金观涛和唐若昕任副主编（后由金观涛任主编）；中国文化书院（1984年）是由我国著名学者冯友兰先生与北京大学哲学系张岱年、朱伯昆和汤一介等几位教授共同发起，联合了北京大学、中国社会科学院等单位及台、港和海外的数十位著名教授、学者一道创建的一个民间的学术研究和教学团体；"文化：中国与世界"丛书编委会（1985年）以甘阳为首（主编）、以研究西方人文学为主的知青一代青年学者组成的编委会。这三大文化"圈子"在八十年代实际上成了引领中国大陆"文化热"和人文科学各种思想风潮的主要"思想库"。80年代的大学校园，每天都有关于"真理标准"、"主体性哲学"、"人生价值"、"文化热"、"力比多与性心理"、"人的需求层次"和自由民主、国家命运的讨论，海报栏上天天在换新。学术的阳光，思想的激情，洋溢在校园各个角落。只有在那个年代，才有可能公开发表这样的文章：《为自由鸣炮》（胡德平，《青年论坛》创刊号，1984年11月），《论言论自由》（胡平，《青年论坛》1986年7月号，1986年9月号），《论一九五七年》（沉扬，《青年论坛》1985年第2期）。正如胡平所说，在言论自由的国度，谈论言论自由是多余的；在言论不自由的国度，谈论言论自由又是不被许可的。所以不论是胡平写这篇文章还是杂志发表这篇文章，都需要思想的勇气。

80年代是年轻人指点江山、实现政治抱负的黄金时代。在胡耀邦、赵紫阳等开明政治家的身边，集中了一大批思想开放、眼光敏锐的年轻人，他们极富政治参与意识，为民族复兴和国家强盛，日日夜夜思考研讨，出谋划策，为当政者所重视。其中最著名的是京城"改革四君子"——黄江南、王岐山、翁永曦、朱嘉明。从70年代末开始，他们密切关注国家发展形势，研究倡导改革，提出政策建议，在政策研究乃至决策圈里有一定的名声和影响力。他们经常举办沙龙和研讨会，有时人数可达上千人。1979年底，"四君子"在商讨中感到国民经济结构失调已经到了崩盘的边缘，需要采取危机对策，于是写信给中央。赵紫阳看到这封信后十分重视，通知他们面谈。这是国家领导人第一次和自发组织的年轻人就国家大政方针开展的对话。当时，翁永曦32岁，王岐山31岁，黄江南29岁，年龄最小的朱嘉明28岁。[1]在80年

---

1. 林珊珊、杜强：《九号院的年轻人》，载《南方人物周刊》，2013年8月26日。

代，"改革四君子"在政坛上充当了中央和地方智囊的角色，其中王岐山被任命为国务院农村发展问题研究所所长。1984年，在浙江莫干山召开了一次中青年经济学会议，一批年轻的经济学新秀露出了头角，华生、马凯、张维迎、周其仁等走上了中国改革的舞台。在当时的北京，国家体改委，中共中央书记处农村政策研究室，国务院农村发展研究中心政治改革办公室，农村发展问题研究所，中央财经领导小组，都有大批的年轻人。1982年开始，文化大革命之后入学的"新三级"（77、78、79级）大学生陆续毕业，他们中有相当多的一批人进入到各级党政机关，成为推动改革的重要力量。

80年代是年轻诗人的狂欢季节。以北岛为领袖的诗界，用朦胧诗作为旗帜，席卷长城内外，大江南北，宛若大唐诗国重现。"卑鄙是卑鄙者的通行证，高尚是高尚者的墓志铭"（北岛），"黑夜给了我一双黑色的眼睛，我却用它来寻找光明"（顾城），"面朝大海，春暖花开"（海子），"我如果爱你——我必须是你近旁的一株木棉，作为树的形象和你站在一起"（舒婷），这些金子般的诗句，至今仍在中国上空回响。1984年的秋天，《星星》诗刊在成都举办"星星诗歌节"，邀请了北岛、顾城、叶文福等著名诗人。诗歌节还没开始，两千张票一抢而光。开幕那天，有工人纠察队维持秩序。没票的照样破窗而入，秩序大乱。那时候的著名诗人，相当于时代巨星，走到哪儿都是万人拥簇。北岛、顾城一上台，听众冲上舞台，要求签名，钢笔戳在诗人身上，生疼。（我自己有过一次经历，舒婷到武汉大学做讲座，同学们提前两个小时到学生俱乐部抢座位，舒婷还没有到场，几个窗台上都已爬满了同学。）1986，有一个全国诗歌大展，各地诗社2000多家，诗歌流派88个，数万诗人参与。也就是这一年，诗人海子先后远走甘肃、青海、西藏和内蒙古西部的群山大漠。三年后，一个春暖花开的日子，他在山海关卧轨自杀，年仅25岁。人们在他的背包里，发现了一本康拉德的小说。小说讲的是：摆脱社会束缚，追求自由的冒险生活。[1]70年代末到80年代初，还有一份以诗歌为主的民间刊物《今天》，创办于1978年12月，北岛、芒克主编，最初是手刻蜡版油印，以后是打字蜡版油印，在民间流行很广，1980年9月被北京市公安局通

1. 牛皮明明：《上个世纪80年代：那一去不返的光辉岁月》，https://posts.careerengine.us/p/

知停办（1990年在海外复办，仍由北岛任主编）。《今天》是80年代青年诗人的集体记忆。

80年代是普罗大众的春天。 摆脱了惶恐不安和谨言慎行的政治年代，人们像挣脱了锁链一般，走进新的生活。1981年，蒋大为演唱了歌曲《在那桃花盛开的地方》，一扫革命年代雄赳赳气昂昂的严肃政治旋律，歌唱温暖的春天，歌唱爱情，歌词"桃花映红了姑娘的脸庞"，曾被斥为"资产阶级情调"，但在争议中获得了人民的喜爱。著名歌唱家于淑珍演唱电影《甜蜜的事业》插曲，歌名叫《我们的生活充满阳光》，在经历了沉重寡情的年代之后，公开歌唱爱情，歌唱幸福："幸福的花儿心中开放，爱情的歌儿随风飘荡"，"我们的生活充满阳光"。这首歌，在1984年中央电视台春节晚会上演唱之后，传遍大街小巷，成为80年代人民生活的写照。80年代还有一首非常流行的歌曲《年轻的朋友来相会》，歌唱家朱逢博演唱，青春热情洋溢，充满时代自豪，高唱"美妙的春光属于我们八十年代的新一辈"，抒发了一代人的心声。人们不再统一着装灰黑制服，开始化妆打扮，年轻人穿起了喇叭裤，戴起了蛤蟆镜（墨镜），男孩蓄起了长发。70年代末，广州东方宾馆诞生了全国第一家以演唱流行歌曲为主的音乐茶座，长期以来以各种渠道在民间流传的香港和台湾地区的流行音乐，开始在内地表演。人们知道了一个叫邓丽君的台湾女歌星，非常喜爱她那甜美的歌唱爱情的"靡靡之音"。电视机开始进入家庭，电影院开始放映来自"资本主义国家"的电影《教父》、《罗马假日》。总之，社会生活虽然也留下了过去年代的深深的印记，但终于以一种新方式开始了。所以，有人称80年代是"浪漫主义时代"、"理想的黄金时代"。

黑格尔说过，密涅瓦的猫头鹰在黄昏时分起飞。对于历史时期的评说，总是在该历史时期经历之后才能做出。关于80年代，不同的人们有着不同的见解。80年代过去之后，不少思想家、著名学者、80年代当事人，以历史的视野，从思想史的角度，对那个时代所做的高屋建瓴的见解值得我们重视。下面摘引一些评价：

20世纪80年代，是一个苏醒的年代、启蒙的年代，是一个充满理想、激情和希望的年代，越往后看越会发现八十年代的可贵。

——李泽厚

我对80年代有一个基本的评价，它是中国第二次伟大的启蒙运动。中国历史上有过两次启蒙，第一次启蒙就是五四新文化运动，产生了新的思想，完成了中国民族国家的重建。第二次启蒙就是80年代民间半民间的启蒙运动，它与体制内的思想解放运动相呼应，为中国的改革开放奠定了思想基础。没有八十年代的思想解放和启蒙，今日中国经济高速发展是不可思议的。但这两次启蒙运动都没有完成。

——金观涛

　　80年代拥有与当下完全相反的气质，那是一个充满生机、活力和对未来憧憬的年代。在那个年代里，校园充满着理想主义的气息。那是刚刚过去不久的革命年代残余物。革命死了，革命精神万岁。革命精神的超时代内核，乃是对现实的不满与超越，是对乌托邦理想的普罗米修斯式追求。

　　80年代依然令人神往，她有一种超越时代的气质，有一种将先秦文明、盛唐气象、东林党人和五四运动链接成一体的伟大精神，那是直入人心、总是让我们感动的青春活力。

　　让80年代死去，让她的灵魂存活下来！

——许纪霖

　　无论如何，80年代的确让我怀念，尽管有种种危机。每个国家都有值得骄傲的文化高潮，比如俄国20世纪初的白银时代。80年代就是中国20世纪的文化高潮，此后可能要等很多年才会再出现这样的高潮，我们这代人恐怕赶不上了。

——北岛

　　80年代不但是一个充满青春激情的年代，而且也是一个纯真素朴、较少算计之心的年代。

——甘阳

　　20世纪80年代是中国社会的重要转折时期之一，它意味着中国作为社会主义国家结束由冷战阵营构造的"封闭"时期，在"现代化"和"改革开放"的口号下，步入全球资本市场的开端。

80年代的新文化、新启蒙运动，并不是简单地追随西方话语，而是植根于当时的历史境况，为解决中国实际问题而发生的思想解放运动。它的背景是刚刚过去的所谓"文化大革命"中的极端个人崇拜，现代迷信，是以"对资产阶级全面专政"为宗旨的封建法西斯专制，是学校"停课闹革命"，8亿人只看8个样板戏的新愚民政策，是以苦为荣、以穷为荣的对广大人民新形式的奴役。因此80年代的人道主义和民主，是要恢复公民的基本权利，知识分子的起码尊严；讲科学和理性，是要破除酿成"文革"悲剧的家长制和新出现的长官意志作风。

——徐友渔

以上评价，虽然主要是知识界的看法，但应该也是基本的社会共识。时代的思潮，不可能仅表现在学术界、大学和社会上层的人群中。我们论述80年代思潮，首先是谈思想家、大学教授、知识分子群体、大学生群体，"春江水暖鸭先知"，他们最先敏感地体察到时代的变迁。因此社会思潮会首先被这些群体用文字、书刊、大学演讲的上层意识形式表现出来。按照普列汉诺夫的观点，社会结构中的意识结构，包括社会心理和思想体系两部分。[1]以此分析，作为意识结构的社会思潮，除了知识分子以思想体系表达的内容之外，还有流行时尚、情绪、普遍的审美情趣、民间风俗、生活习俗等属于社会心理的内容，包括老百姓社会生活的各种表现形式。当然，社会思潮还表现为政治斗争（党派斗争、党内斗争）的形式，但在集权制度下，这些一般都隐匿在铁幕后面，很难被人知晓。

如果以直观的形式考察20世纪80年代社会思潮，我们可以列举以下画面。

80年代画面之一：

---

1. 参阅：《普列汉诺夫哲学著作选集》（第二卷），北京三联书店，1959年出版。

1980年5月，发行量超过200万册的《中国青年》杂志发表了一封署名潘晓的来信，题目是《人生的路啊，怎么越走越窄……》，这封充满青年人困惑的长信，提出了"主观为自己，客观为别人"的伦理命题，最后感叹："人生的路呵，怎么越走越窄……"这封信吐露的彷徨、苦闷、迷惘和怀疑，一下子打中了刚刚经历"文革"的亿万青年的心。《中国青年》杂志随即展开了一场震动全国的"人生的意义究竟是什么"的大讨论。从5月号开始到12月号，讨论持续半年多，共收到6万封来信，其中不少信稿还是几十个或几百个青年联名写来的。这个数字，打破了20世纪100年报刊专题讨论来稿数量的纪录。来信的也有不少成年人和老年人，还有大批海外来信。在众多来信中，武汉大学历史系学生赵林的来信颇具爆炸性。他在文章中说，自私是一个广义的哲学概念。自私是什么？是社会发展的动力，康德和黑格尔看到了这一点，认为历史就是在恶中发展的。按照人的本性来说，自私是最神圣不可侵犯的东西，是人类最原始也是最正当的权利。自私就是人的自我发现，是个人意识到了自己的价值。一切总体主义的观念都是个体灵魂被歪曲的结果，是个人本质异化的结果。没有这种广义的自私，社会就不能发展。从这个意义来说，人是目的，而不是手段。当然，这里所说的自私，不是指蝇营狗苟的个人占有，而是指表现自我，开发个人价值。赵林的来信被编辑加上《只有自我才是绝对的》标题，发表后又引起激烈讨论。

这个事件后来被称之为"整整一代中国青年的精神初恋"。有学者指出：如果说1978年的真理标准讨论标志着政治思想的重大转折，那么1980年关于人生观的大讨论，则标志着价值观和人生态度的重大转折。这场人生观大讨论所引发的怀疑精神和批判意识，深深地渗透到新一代人的精神骨髓当中。[1]

80年代画面之二：

1980年1月，非常有影响的大型文学刊物《十月》发表了一部中篇小说《公开的情书》，作者靳凡。这篇小说的主人公是一群充满理

---

1. 参阅马立诚：《交锋三十年:改革开放四次大争论亲历记》，江苏人民出版社，2008年10月。

想和激情的年轻人，在"文化大革命"中他们以地下读书会和通信的方式谈国家命运，谈抱负，谈爱情。小说中，老九、真真、老嘎、老邪门等一群被打散在工厂、农村的大学生们通过密切的通信保持着读书和思考，生动地展示了一代年轻人对真理的苦苦探索。作者是根据真实的人物和书信资料创作的，因此真实地反映了那个时代青年知识分子的人生追求。以特殊时代为背景，以私密的通信为内容，这篇小说在刚刚结束"以阶级斗争为纲"、把爱情视为"资产阶级情调"的时期发表，高扬理想主义，讴歌爱情，在青年中引起了巨大反响，在新时期文学的初潮中震撼了整整一代青年人的心。《公开的情书》提出了新时代应有充满新思想、新道德的爱情标准，呼应了当时的思想解放运动。著名学者金观涛是这篇小说中人物的原型之一，据他介绍，小说作者靳凡的真名叫刘青峰，是他的妻子，也是当年他们读书会、青年通信的成员之一，这个圈子有七八个人。刘青峰1970年毕业后被分配到贵州清镇中学当教员，她根据与金观涛及其他朋友的通信创作整理成小说，完成于1972年。在当时的政治环境下，这种具有叛逆思想的文字是不可能发表的（当时的很多读书会被打成"反革命组织"）。小说最早的手抄本是抄在红塑料封皮的笔记本上，所以被人称为"小红书"，以后又有油印稿在朋友间悄悄流传。直到"文化大革命"结束后，1979年《公开的情书》刊登在杭州师范学院的民间油印刊物《我们》上，1980年正式公开发表。[1]

80年代画面之三：

1979年，五届全国人大二次会议通过了人大代表选举法，决定区县人大代表直选、选民3人以上可以提名代表候选人，并引入差额选举。受此鼓舞，在1980年中国文革后首次人大换届选举中，青年学生争相参选人大代表，形成一股席卷中国的大学生竞选风潮。1980年5月，大学生竞选风潮首先在上海萌发，进而席卷全国，在年底的北京换届选举中达到高潮。在北京的选举中，共计有17所高校近百位学生参加竞选，既有平民子弟、学生党员也有如刘少奇之子刘源、林枫之

---

1. 马国川：《金观涛：八十年代的一个宏大思想运动》，经济观察网，2008年5月1日。http://www.eeo.com.cn/observer/pop_commentary/。

子林炎志这样的红色家庭后代，与学校教职工同台竞争。

竞选中，大量政治、社会、经济、生活等问题破天荒地在公开场合中被提了出来。在北大，技术物理系王军涛提出"毛泽东不是马克思主义者"，校学生会主席、经济系张炜认为"在现阶段提坚持党的领导是正确的"，女性候选人张曼菱更是提出了"男性雌化"、"女性雄化"、"东方美"、"传统美"等不同凡响的说法。北师大的6位主要竞选人主张改革"势在必行，但要一步步来"，人大6名竞选者始终宣称参选的目的是为了"中国的政治民主化，而不是任何个人私利"，被称为"贵族代表"的刘源也认为，为了避免文革灾难重演"必须铲除产生封建法西斯的土壤，实现民主"。

最终，北京有多名学生成功当选，如北京第一个参选的学生北大一分校历史系李胜平，就以1292张选票超过70%的得票率当选西城区人大代表，北大本部哲学系研究生胡平当选海淀区人大代表，清华大学的罗彬还进入了海淀区人大主席团，刘源则败给了一位学校教师。[1]

80年代画面之四：

80年代是中国1949年以后书籍、期刊出版的一个重要的历史阶段。这是一个火红的年代。那种兴旺的景象，用雨后春笋来形容，是再恰当不过了。随着国门的打开，各种现代西方文化思潮蜂拥而至，极大地刺激了国人的求知欲望。顺应时代潮流，中国图书出版业逐渐驶上快车道，在1985年达到了顶峰，总印数66亿册，为建国以来最高水平。从1979年至985年间，全国期刊的种数每年递增百分之十九左右，总印数平均每年递增百分之十二左右。十一届三中全会以后，理论界和出版界建议参照"文化大革命"前出版"灰皮书"和"黄皮书"的办法，翻译出版一些现代外国的学术著作。1980年4月19日，国家出版局召集马恩列斯著作编译局、中国社会科学院马列所[4]和情报所、人民出版社、商务印书馆、社会科学出版社等单位座谈，决定由人民出版社牵头提出《现代外国政治学术著作选译书目》（100题）。此后，由

---

1. 荏苒：《喧闹的北京：中国1980年代学生运动》，https://www.dwnews.com/2019年1月25日

中国社会科学院马列所和情报所、人民出版社、外交部苏欧司、中联部七局、苏联所、商务印书馆、北京图书馆等单位专家组成的"选目小组"先后提出3批、153种选目。到1983年底，分别由25家出版社出版了64种，加上规划外出版的译著，到1984年，已经翻译出版各类西方社会科学古典名著、当代一般哲学、社会科学学术著作500多种，成为1980年代译介出版西方思想文化著作热潮的潮头。[1]

80年代最有代表性的期刊是文学类期刊，可以说是一种火爆的状态。由于六七十年代的政治需要，过分地强化了小说的教化功能，它的愉悦功能遗失殆尽，书荒十分严重。因而，读者对小说的阅读欲望几近于疯狂，翻开80年代的文学期刊，百分之八十以上是小说。每年文学艺术类期刊（多数是纯文学期刊）雄踞期刊业之首，其种数约占全国期刊总数的1／8，印数则占全国期刊总印数的1／5。

文学期刊发展的重大事件是当时被誉为"四大名旦"的大型文学期刊的问世。它们是：1978年8月创刊的《十月》（北京出版社）；1979年初复刊的《收获》（上海作家协会）；1979年5月创刊的《花城》（广东人民出版社）；1979年底创刊的《当代》（人民文学出版社）。它们的出现，给沉寂已久的文学界带来一股春风，所发的作品更是给人耳目一新的感觉。

全国各地方的文学杂志，都热闹非凡。如《芙蓉》1980年（湖南文艺出版社），《天涯》1980年（海南省作协），《小说界》1981年5月（上海文艺出版社），《海峡》季刊1981年（福建人民出版社），《民族文学》1981年（中国作协），《作品与争鸣》1981年（国史学会），《特区文学》1982年4月（深圳市文联），《青春》1983年7月（江苏人民出版社），《小说家》1983年（百花文艺出版社），《作家》1983年（吉林省作协），《传记文学》1984年（中国艺术研究院），《中国作家》1985年（中国作协），《黄河》季刊1985年1月（黄河文学社），《连载小说》1985年（上海市作协），《小说》1988年（中国青年出版社）等，可以说是"百花齐放满园春"。[2]

1. 参阅：孙丹《回眸20世纪80年代的"文化热"》，第十五届国史学术年会论文集，2016年9月1日。http://www.hprc.org.cn/gsyj/whs/jiswmh/
2. 参阅：《二十世纪八十年代：中国文学杂志风暴》。http://book.ifeng.com/gundong/detai，2011年4月21日。

80年代画面之五：

李泽厚、萨特、尼采、弗洛伊德是80年代年轻人追捧的人物。李泽厚以《美的历程》（1981年出版）辉煌登场，在全国掀起一场"美学热"，同时使朱光潜、蒋孔阳、宗白华、刘纲纪等美学家走到时代舞台前列。李泽厚的"三句教"：经验变先验，历史建理性，心理成本体，和他在《批判哲学的批判——康德述评》（1979年出版）里提出的从黑格尔的总体、理性、必然，回到个体、感性、偶然，同时也由社会回到心理这一套理论，完全颠覆了物质、精神和经济基础、上层建筑的旧有理论，适应了时代变迁的风向，受到年轻人的欢迎。香港浸会大学中文系黄子平教授说：从80年代至今，30年来，有一个人的书出一本我买一本，目录也不看，这个人就是李泽厚。[1]

1980年4月15日，在安葬让·保尔·萨特的时候，5万人穿过巴黎的街道，前往蒙帕纳斯公墓，为他送行。一年之后，著名学者柳鸣九编著了《萨特研究》，立即在中国形成一股"萨特热"。《萨特研究》是国内第一部全面介绍萨特生平、文学、哲学、文论以及政治思想的书，它像萨特的缩影一样，让经历了文化荒漠之后的知识青年们为之一震。萨特"存在主义"的核心是强调"自我选择"，这种观念正好适合了当时那代人的主观需求，尤其是释放了很多被压抑了"自我"和"个体自由"的青年人的心声。书在初版之后很快销售一空，它的再版还经历了一些挫折，直到1985年。[2] 有一位当年的大学生说，在一个偏远小县城的书摊上，也摆着萨特的书。当时萨特的十分难懂的《存在与虚无》一书发行了10万册，在今天看来不可思议。

继"萨特热"之后是"尼采热"。尼采是中国社会科学院哲学所的周国平推介给学术界的。尼采喊出的那一句"上帝死了"，尽管对基督教徒稀少的中国人没有那么强大的冲击力，但足以释放正在寻找人生方向的青年们压抑已久的焦虑和困惑，给他们信心和勇气。[3]周国平的《尼采——在世纪的转折点上》一书，是80年代中国年轻人认识尼采的入门书。书稿曾辗转于几家出版社都出不了，1986年7月由上海

1.《李泽厚与80年代中国思想界》，《开放时代》2011年第11期。
2. 曹红蓓：《萨特：专属80年代的文化偶像》，http://www.china.com.cn/chinese/feature/898367.htm
3. 章章：《哲学热背后的思潮激荡》，《环球》杂志，2008年12月3日。

人民出版社出版，第一年就销售了10万册。这本书是当时大学生最喜爱的图书之一。尼采"重新估定一切价值"的口号，激励了无数大学生。随后几本尼采的著作相继出版了，其中周国平翻译的《悲剧的诞生》，一年发行了15万册。周国平说："当时整个氛围，最流行的是尼采、萨特、弗洛伊德，翻译他们的书当时出的比较多。那个时候谈论尼采、萨特，你如果插不上话，好像挺没面子，当时就是这样一种氛围。""80年代为什么会出现这样一个现象？从我自己来说，后来反思，1978年以后中国开始改革开放进入一个新的时期。但实际上原来1978年以前，毛泽东时代那种意识形态控制依然还在，真要突破那个东西的时候，我通过尼采找到了突破口，不跟意识形态玩了，你还在那里管这，但是我不跟你玩了，直接进入一个自由思考的领域，像尼采一样思考人生问题，这对我来说是这样。从当时读者，尤其是青年人对尼采思想那种喜欢也是这样。就是从意识形态的控制下，能够摆脱出来，进入自由探索的状态，尼采是一个特别好的突破口。"[1] 80年代读书的风尚，由此可见一斑。

80年代画面之六：

80年代之前，大多数中国人对"摇滚"根本没有概念。1986年，25岁的崔健在北京工人体育馆把摇滚带到中国。他身披开襟大褂，裤脚一高一低，背着一把吉他，直愣愣登上舞台。台下观众还不明白发生了什么。音乐响起，他扯开嗓子，轰出歌词：

我曾经问个不休，你何时跟我走。可你却总是笑我，一无所有！

台下一阵静默，所有观众都傻掉了。因为从没有人这么唱歌，也没有人听过这样的歌。这首歌叫《一无所有》，第一次唱出了"我"这个概念。此前，中国歌曲没有"我"，最多有个"我爱北京天安门"。

官方代表愤然离席，朝演唱会负责人训斥：你看看，像什么样子？怎么连这些牛鬼蛇神也上台了！

7分钟后，崔健的歌曲结束。台下顿时炸开，掀起雷霆般的掌声与吼声。观众情绪像山洪一般暴发，高声大吼，"牛逼！牛逼！"这首

1. 《周国平：尼采与中国八十年代文化思潮》，99艺术网，民生现代美术馆。
http://news.99ys.com/news/2010/0619/20_44071_1.shtml.

《一无所有》，在那个年代回旋在大街小巷。的确，在"革命路线"的年代，除了领袖的最高指示、飘渺的理想社会、到处充斥的政治口号、人人自危的社会氛围，人们还有什么呢？一无所有。

制作人梁和平说：崔健唱出了"我"，唱出了一代人的觉醒与叛逆，它以摇滚的形式成为一个时代的精神象征。随后，唐朝、黑豹，窦唯、张楚、丁武，络绎登场，掀起摇滚潮流。

1988年，"新时期十年金曲回顾"演唱会，崔健伫立追光灯下，双眼蒙上一块红布，用浑厚嗓音唱出新歌《一块红布》：

那天是你用一块红布，蒙住我双眼也蒙住了天。

曲终，崔健摘下红布，狠狠扔在地上，转身而去。后来王朔说：第一次听到，都快哭了，写得太他妈透了！

翌年，崔健首张专辑《新长征路上的摇滚》发行，其中一共唱了150多个"我"。专辑仅在四川就订出40万盘，同名演唱会门票一抢而空。[1]

80年代画面之七：

80年代是中国现代艺术的启蒙时代，前卫与先锋派艺术在中国找到了实验场所。1979年9月27日，一批前卫的青年画家在中国美术馆旁小花园里举办"星星美展"，发起者有黄锐、马德升，参展者栗宪庭、艾未未，还有诗人北岛、钟阿城、芒克等。艺术家们高呼"柯勒惠支是我们的旗帜，毕加索是我们的先驱"。由于展出的作品突破了意识形态的禁忌，两天后展览被查封，作品被没收。青年艺术家们于10月1日上街游行，提出"要政治民主，要艺术自由"，争取到管理部门的同意，将画展移至北海公园，名为"星星画展"，于11月23日正式展出。"星星画展"一般被视为中国当代艺术史的开端，受到国内外艺术界的高度关注。星星美展之后，西方现代主义艺术思潮开始深刻影响中国的艺术家。

美术界的重要事件还有"85美术新潮"，这是80年代中期出现的一种以现代主义为特征的美术运动，其标志是1985年4月在黄山召开的"油画艺术研讨会"。与会者对第六届全国美展中由题材决定论所导致

---

1. 参阅牛皮明明：《上个世纪80年代：那一去不返的光辉岁月》。https://posts.careerengine.us/p/

的公式化、概念化、单一化现象提出了尖锐的批评。针对美术界对艺术本质、功能、创作方法的理解还十分陈旧的现实，会议提出了观念更新的问题。在"85美术新潮"中，年轻艺术家们不满于当时美术界的左倾路线，不满于陈旧的、教条主义的表现形式，试图从西方现代艺术中寻找新的血液，从而引发的全国范围内的艺术新潮。80年代末艺术界的一次重大事件，是1989年2月在中国美术馆举办的主题为"不准掉头"的现代艺术展。这是"文化大革命"之后中国现代艺术乃至后现代艺术的大展现。先锋的文学艺术青年、自由的知识分子、时髦的文化男女蜂拥而来，不少外地人也专程前来。其中影响全国的作品是一个行为艺术，作者肖鲁以真枪向自己的装置作品《对话》开了两枪，这枪声响彻北京和全国艺术界的上空，将西方行为艺术在中国挑开了帷幕。展场满地乱绳、洗带鱼、用洗衣机洗烂一本书、洗澡，以及艺术家现场标价卖对虾、艺术家坐在一堆鸡蛋上孵小鸡等行为艺术，还有王广义以分格法画的毛泽东，有徐冰成千自撰汉字的"析世鉴"等。现代艺术展给观众带来震撼的体验，其巨大的活力和冲击力，体现了生猛、先锋、狂飙突进的80年代中国现代艺术氛围。总之，"不准掉头"现代艺术展的惊世骇俗，以十分偏激的形式抨击了传统艺术封闭的思维定势。

80年代画面之八：

1988年1月13日，深圳，蛇口招商大厦9层一个普通会议室。一场小小的风波，竟震荡全国，久而不息，甚至波及到了日本、美国、法国、挪威、澳大利亚……

这天晚上，举办了一场"青年教育专家与蛇口青年座谈会"。座谈会由共青团蛇口区委负责人主持，近70名蛇口青年参加。其中，有些人是看到海报以后自发前来的。座谈会的主讲人是中国青年思想教育研究中心的三位报告员，一位是"启迪青年心灵的灵魂工程师"——北京师范学院德育教授李燕杰；第二位是被称为"现实生活中的'牧马人'"的某部调研员曲啸；第三位是中央歌舞团前舞蹈演员彭清一。他们是80年代初以来相继以有关青年教育的演说成名的。

风波起源于青年教育专家与听众之间的对话与冲突。三位教育专家走遍中国大地，宣讲爱国主义、革命人生观与价值观，以自己的亲身经历教育青年热爱共产党、热爱社会主义，为国家做无私奉献。他们所到之处，无一例外受到热烈欢迎，到处是掌声和鲜花。但是，在改革前沿地深圳，他们遭遇到青年们的质疑。冲突是从对"淘金者"的评价开始的。曲啸说，内地青年有很多人向往特区，想到这里来。但是这些想来的人中间有两种人：有创业者，也有淘金者。"在个别人的思想里，想到这里来干什么呢？淘金，挣钱，玩。真想到这里来创业的，有。……凡在人群之中，必定有先进的、落后的、中间的。有差异是正常的……就是在座的当中有没有淘金者呢？……到这里创业，这是大多数，有没有淘金者？有。……"听众中有人发问："我们一些青年到这里承包、租赁，这些人是不是淘金者呢？三位老师对淘金者有没有一个明确的概念？是来挣钱、搞商品经济的就是淘金者吗？"

曲啸的回答是："我说的淘金者不是为深圳特区的发展来创业，不是为了创业献出自己的全部力量，而是看上了这样一个经济非常活跃、利也很厚的地方，为了个人利益到这里来，图这里生活好、工资收入高。如果钱少了，生活又艰苦，就不肯来。我把这类人当作淘金者，特区不欢迎这样的淘金者。"

于是争论开始了。一位青年站起来反驳道："我们来深圳、蛇口为什么不能赚钱呢？淘金者赚钱，但没有触犯法律，无所谓对错。淘金者来蛇口的直接动机是赚钱，客观上也为蛇口建设出了力。比如一个个体户开餐馆，他的目的是谋生赚钱，但他给国家上交税金，也方便了群众，这样的淘金者有什么不好？除了投机倒把、经济犯罪等等之外，凡是正常的经济活动，都是用自己的汗水和生命创造财富、活跃经济，对社会发展起着推动作用。"

曲啸仍然坚持自己的观点，他说，个人的价值如果不在群体的价值中去体现，个人的价值是很难得到充分体现的。青年人应该考虑到祖国的命运，而且应把这个放在第一位。到深圳、蛇口来，到底是为了享受还是为了创业来了？为了创业而来，我认为是真正好样的，如果为了享乐而来的话，那是很危险的。曲啸接着问一个年青人："你现在为什么做工作？"青年回答："为什么工作？第一是为生存，最低层次；第二是安全；第三……首先是为生存我得干活，就是这样。有些时候我觉得中国有些东西，挺虚的而且挺伪的，加起来就是挺虚伪的。"接着在社会主义和资本主义、市场经济、进口汽车、青年前途等方面都发生争论。这些争论在深圳青年看来，都不是什么了不得的大事。彭清一问一个青年的名字，青年马上递上自己的名片。但是，对于这三位青年教育专家来说，他们从未遇到过这样的场面，因而有些愤愤然。座谈会后第二天一份以北京师范学院青年教育研究所(李燕杰任所长)的名义起草的题为《"蛇口座谈会"始末》的材料就写了出来，目的是反映深圳青年的"错误言论"，分送给深圳、中央和有关单位的领导。那个递名片青年的名字也上了材料。

2月1日，《蛇口通讯报》这张很少为内地读者所知的周报，在头版报眼上发表了一条使它名震全国的消息：《蛇口青年与曲啸李燕杰坦率对话——青年教育家遇到青年人挑战》。紧接着，《羊城晚报》2月12日在头版显著位置刊登了该报记者邹启明写的千字通讯《"热门话题"和它的余波——记蛇口青年的一次座谈》。《蛇口通讯报》3月28日刊出魏海田写的一篇引起了很大争议的文章《蛇口：陈腐说教与现代意识的一次激烈交锋》。后来《天津青年报》《新观察》半月刊、《现代人报》《黄金时代》杂志、《南京日报》《中国青年报》《文摘周报》等都做了报道。引起全国和海外影响的是曾宪斌完成采访写出的7000字长文《"蛇口风波"答问录》，于8月6日在《人民日报》刊出。[1]

这场"蛇口风波"，是传统思想政治工作陈旧内容和说教式教育方式遭遇的一次"滑铁卢"，它说明树立起"自我意识"和平视权威意识的一代新人开始成长起来。

80年代画面之九：

1988年6月16日，中国中央电视台开始播放六集电视政论片《河殇》，分别为《寻梦》《命运》《灵光》《新纪元》《忧患》和《蔚蓝色》。影片由夏骏导演，苏晓康和王鲁湘为总撰稿人，学者谢选骏为全片主要内容的最初策划者，影片顾问是金观涛、厉以宁。《河殇》是80年代启蒙思潮和"文化热"发展的一个高潮。李泽厚曾在《救

---

1. 马立诚：《蛇口风波》，中国新闻出版社，1989年1月。

亡与启蒙的双重变奏》一文中提出中国自19世纪以来，民族危机引发的"救亡"运动压倒了建立新世界历史观念及公民意识的"启蒙"运动。因此，当代中国社会需要补上"启蒙"这一课。李泽厚的观点被相当多的知识分子所接受。此片沿着启蒙思路，以激进主义和西方自由主义的导向，从对中华传统的"黄土文明"进行反思和批判入手，认为中国以河流、陆地为根基的内向式"黄色文明"导致了保守、愚昧和落后，因此必须向以海洋为根基的"蓝色文明"学习。撰稿者引用了众多西方理论，包括魏特夫的水利文明东方专制论、黑格尔有关中国陆地文明趋于保守的说法、阿诺尔德·约瑟夫·汤因比的基督教文明理论等，以这些理念启发中国民众，特别呼唤知识阶层的独立意识、自我意识和权利意识。影片以激昂的旁白，历史性的画面，触动了众多民众的心。《河殇》在中央电视台两次播出，地方电视台也纷纷转播。影片在青年学生中受到广泛欢迎，校园里出现"河殇热"，学生热情讨论中国未来的出路与发展。同时该片也引起公众的热烈讨论和关注。有评论认为，《河殇》激励中国人反思因循守旧、固步自封的传统，大胆寻求融入当代世界先进的"蓝色文明"，对当年促进解放思想，推动改革开放做出了历史性的贡献。当时的中共中央总书记赵紫阳对《河殇》是基本肯定的，还让有关单位复制500套录像带派送到各地，并推荐给来访的新加坡总理李光耀。时任中国国家主席的杨尚昆对该片大加赞赏，表示"全体党员干部、官兵战士都应该看看，解放思想嘛。"[1]

但是时任中国国家副主席的王震在各种场合多次批评《河殇》："这片子看了就火大！把我们的民族一顿臭骂，把中国共产党一顿臭骂……连我们的女排也骂！是可忍，孰不可忍！""看来，这些搞自由化的人把《河殇》当做他们的政治宣言了！"1988年9月30日上午，中共十三届三中全会闭幕式结束时，王震站起来要求发言，他说："看了《河殇》，伤了我的心，伤了中华民族的心。《河殇》把中华民族诬蔑到不可容忍的地步！《河殇》从龙说起，说我们黄种人不好，说黄种人自私、愚昧，一连十二个黄字。"王震认为，《河殇》不仅彻底否定了中华民族的优秀文化传统，而且彻底否定了近百年来中国人民的可歌可泣的革命斗争，彻底否定了中国人民在中国共产党领导下进行

1. 参阅金坚：《三十年后话<河殇>》。https://www.chinesepen.org/blog/archives/83266，2017年4月6日。

的伟大的民主革命、社会主义革命和建设的伟大成绩，竭力鼓吹"全盘西化"、走"蓝色文明"之路即资本主义道路才是中国的唯一出路。[1]

由于中央高层一些领导的批评，10月17日，中央宣传思想工作领导小组向中央政治局常务委员会写报告，提出要对《河殇》散布的片面的、错误的观点加以澄清，要求加强党对宣传舆论工作的领导。此后 《河殇》停播。1989年六四事件之后，该片被认为是宣传"资产阶级自由化"、"虚无主义"思想的典型和"反革命暴乱的蓝图"。该片的总撰稿人苏晓康和王鲁湘亦被作为"动乱的幕后推手"，被高层点名通缉。苏晓康逃往国外，王鲁湘被判处有期徒刑9个月，而导演夏骏被央视开除公职和编制，调至广告部工作。

《河殇》表现了当时知识分子要求改革的迫切心态，同时也暴露出社会快速转型时期知识分子学术根基尚浅、理论准备不足和政治经验缺乏的弱点。最终因超越时代的激进呐喊为当局者不容，使思想启蒙运动受到挫折，并预示了整个80年代思想解放运动进入尾声。

80年代的最后一个画面是1989年6月的天安门广场，"六四风波"中的对峙场面。十年来启蒙思想张扬的热潮，中国知识分子关于自由主义和民主政治的梦想，被坦克车碾压得粉碎。20世纪80年代在悲壮中谢幕。

关于20世纪80年代诸种思潮的评价中，当然也不完全是正面的。平心而论，80年代思潮，激情多于思考，思想多元但学术理论资源不厚实，表面上的繁荣热烈掩盖着"拿来主义"的消化不良，对中国传统文化的复杂感情阻碍了科学分析，激进者甚至将西方思想文化奉为圭臬。但我们必须看到，在长期精神贫乏、文化封闭、思想专制结束之后，马上就迎来成熟、严谨的思想大师时代，这是不现实的。思想是需要历史积淀的，社会的陡然转型必须经历一个过渡时期。在80年代某些阶段，实行"三宽"政策（宽厚、宽容、宽松），人们可以畅所欲言，自由讨论，这是前所未有的舆论环境，所以才有思想之火燃烧。80年代从国外译介大批科学技术、学术思想、政治理论著作，一

---

1. 参阅编写组：《王震传》，人民出版社，2008年4月。

套又一套丛书出版，开创了"睁眼看世界"的时代，扩大了全民族的视野。更重要的是，在这个年代，人们体验了解除锁链的自由，释放潜能的愉悦，社会参与的亢奋，以及人之为人的尊严，这些都将以"获得性遗传"的方式，成为中国人永久的精神财富。总之，20世纪80年代的思想遗产，包括思想理论建树、一大批学术著作、学术理论争鸣的各派见解，以及启蒙思想、民主精神和自我意识的空前觉醒，是中华民族不朽的珍宝。

80年代，也不完全充满阳光。80年代的春天乍暖还寒，有时甚至是严寒彻骨。英国作家狄更斯有一句非常有名的话："这是一个最好的时代，也是一个最坏的时代。"有阳光就有阴暗。一些令人痛心、令人流泪流血的事件和场景，那些青年学生和老共产党人的悲惨遭遇，那些满怀激情的自由和民主思想被整肃，也都发生在80年代，这些同样会被铭刻于记忆中，铭刻在历史上。

中国20世纪80年代，作为历史已经一去不复返了。人们知道，这样的时代也许多少年内不会再现；人们也深知，80年代自由民主的思想光辉，将永远闪耀在中国大地的上空。

在20世纪80年代的思想大潮中，有一份改革旗帜鲜明、思想敏锐开放的青年理论杂志问世，刊名叫《青年论坛》。《青年论坛》诞生于辛亥革命打响第一枪的武昌城，1984年11月出版了创刊号。《青年论坛》凝聚了全国一大批胸怀报国激情、视野十分开阔的年轻人，杂志成为他们指点江山、纵论国是的平台。以大学生和各界青年为主的读者们，以极大的热情簇拥在杂志的周围，发出他们的呼声。著名历史学家、时任华中师范学院院长章开沅先生对来访的美国朋友说："你们要了解中国年轻一代在思考什么，可以读读《青年论坛》杂志。"《青年论坛》之所以闻名遐迩，还有一个重要因素，就的是胡耀邦的长子胡德平参与了杂志的创办，并给予了有力的支持。杂志创刊号上惊动朝野的《为自由鸣炮》一文，就是出自胡德平之手。

提到80年代思想界的知名媒体，人们经常会说"一报一刊"，"一报"，是上海的《世界经济导报》；"一刊"，就是《青年论坛》。二十多年后，2008年中国经济体制改革研究会举办"中国改革开放30年标志性事件"评选,"《青年论坛》创刊,青年学生以文报国"一项在120个候选事件中名列第38位。[1]《青年论坛》的创刊被理论界认为是1984年青年学术界的三件大事之一（另两件是：莫干山经济研讨会、上海中西文化比较会）。[2]

当时《青年论坛》的读者群,遍布全国各地,甚至很多乡镇都有订户。对这份装帧简陋、印刷粗糙的杂志,80年代的年轻人把他们的理想、思想、激情都装进去了。

《青年论坛》的广泛影响,更是因为被知识分子和高层人士所关注。

人们也许会感到惊讶,一份地方性的青年杂志,何以有那么多重要的或知名的人物与它有直接关系,其中包括李泽厚、黎澍、杜维明、胡德平、李锐、吴官正、邓力群、胡启立、李铁映、钱运录、朱厚泽、刘宾雁、白桦、王若水、冯天瑜、刘道玉、章开沅、戈扬、戴晴、科尔纳（匈牙利著名经济学家）等,这份名单还可以列出很多,本书将在后面一一记叙他们的出场。他们中的一些人,不仅在20世纪80年代,甚至在更广阔的历史场景中扮演了重要角色,其中有些将记录在中国20世纪思想史上。

一大批年轻的《青年论坛》的作者和热心参与者,他们中有不少日后成为中国学术界、理论界、教育界、思想界、政界、商界、民运界等各个领域的知名人物,比如：邓晓芒、易中天、郭齐勇、许苏民、黄克剑、赵林、周国平、甘阳、张志扬（墨哲兰）、鲁萌、沉扬（蔡崇国）、雷祯孝、陈东升、毛振华、冯仑、艾路明、周其仁、卢建、朱嘉明、胡平、高伐林、陈子明、远志明、陈小雅、夏勇、洪银兴等,他们大都在《青年论坛》的作者名单中,有些是《青年论坛》的铁杆支持者。

另外,还有一些与《青年论坛》有关系但无直接联系的人物,也是非同小可的,如胡耀邦、胡乔木、金观涛、钦本立等,这些间接关系的人物,在《青年论坛》短暂的历史上也是必须提及的。

1986年底,发端于安徽（中国科技大学）的学潮,后波及到上

1. 黄亚屏：《<青年论坛>在贵州》,《贵阳文史》2011年第6期。
2. 张劲帆：《艰难的苏醒——<青年论坛浮沉录>》,澳洲华文文学网。https://www.aucnln.com/search.htm?keyword 2011年5月5日

海、北京、武汉等地，党内左派势力借机掀起"反对资产阶级自由化"的整肃运动，《青年论坛》受到冲击，于1987年1月被迫清理整顿。

1987年1月16日，在邓小平和几个老人的压力下，胡耀邦辞去中共中央总书记的职务。1987年3月，全国宣传部长会议在北京召开，会议的主要内容是听取各省市宣传部长关于各地区近期反对"资产阶级自由化"的情况汇报，部署下一步反"自由化"的工作。会上，时任中共中央书记处书记、中宣部部长的邓力群问湖北省委宣传部部长："你们那里的《青年论坛》处理了没有？"省委宣传部部长回答："正在清理整顿。"邓力群挥了挥手："《青年论坛》不是什么整顿不整顿的问题，这种刊物没有起什么好作用。《青年论坛》不就是个政治背景问题吗？现在背景问题已经解决了（意指胡耀邦已经下台了），它有什么存在的必要？"湖北省即将原汇报材料上的"清理整顿"改为"停刊整顿"。[1]《青年论坛》从此正式进入历史。

从1984年11月到1987年1月，《青年论坛》总共出版了14期，跨了4个年头。这本杂志命运坎坷，风雨浮沉，见证了80年代的潮起潮落、风云流变，是研究中国20世纪80年代思想史的一个重要标本，值得铭记。它的思想光辉，会记载在时代的史册上。

不过，我有些担心这个不起眼的"标本"会被匆匆逝去的历史所淹没。我感到我有责任执笔将这段历史诉诸文字。创办这份杂志的背景是什么？在苛严的新闻检查制度下何以能诞生一份激进的思想杂志？它的跌宕起伏与中国80年代的政治形势有什么关联？办杂志的都是些什么人？从中央到地方的各级官员们对这份杂志持什么态度？它最后为什么会"无声地消失"？这份杂志在思想史上有何意义？我们今天如何评价这份杂志？这些都应该有亲历者的回答和解说。

作为《青年论坛》杂志的主编，我经历了杂志的创办、发展、被整肃和最后停刊的全过程。《青年论坛》随着时局的变化，在峰谷之间浮沉，经受了政治风波的惊涛骇浪，最终燃烧的思想之火被扑灭，在这个过程中我个人也受到了烈火与风雨的洗礼。当初我参与创办《青年论坛》，将启蒙作为旗帜，与我的阅历有关。青少年时代，我

---

1. 张劲帆：《艰难的苏醒——<青年论坛浮沉录>》，澳洲华文文学网。https://www.aucnln.com/search.htm?keyword 2011年5月5日

经历过大跃进大办钢铁、国家三年饥荒、文化大革命，在一个贫困的乡村当过知青、在一艘轮船上做过水手，愚昧、荒唐的年代使我在不解中进行了初浅的思考；下层民众生活的窘迫和苦难，也使我不停地反省中国的国情。1978年，我以29岁的"高龄"考入武汉大学哲学系，此时正遇上思想解放的大潮，这是中国思想史上波澜壮阔的时代。著名教育家刘道玉治下的珞珈山，校园里新思潮奔涌，异常活跃，这是一块启蒙思想的圣地。我跨进学校大门，即参与了波及全国的真理标准大讨论，"真理标准"正是我的哲学专业课程。我在讨论中得以摆脱思想的桎梏，很多旧有的观念被颠覆，很多曾经百思不解的问题找到了答案，知道了什么是"常识"，什么是世界文明的普遍道路。武大毕业两年后参与创办《青年论坛》这个思想启蒙的平台，从我思想脉络来说，是一个十分自然的作为。

　　《青年论坛》杂志停刊后，我一直想将这一段经历写出来，好友雷祯孝做了出版的打算，还给了我写书的启动费。但随后的政治性形势突变迫使我无法动笔。三十多年后，我再次决定写这本纪事，有多重原因。第一，这段历史我是亲历者，很多事件及细节只有我知道，而我已年过七十，目前思维尚清晰，再过一段时间，恐怕目力不济，记忆消退，力不从心，想写也写不了了。现在有些年轻人不大了解80年代的场景，更不知道有那么一份曾经激励过千千万万热血青年的《青年论坛》杂志，我不写出来，这样一本地方青年杂志所表现的年轻一代的青春激情及折射出来的时代风云，就会湮没的历史的尘埃中。为了不愧对编辑这本杂志的同仁以及众多热心的作者和读者，我必须有所担当。第二个原因，我痛切感到，当年杂志关于民主自由的呐喊，到现在并没有多大的实质性进展，社会的愚昧、荒唐仍然普遍存在，有些情形甚至倒退到文革时期。重提80年代，唤醒人们的历史记忆，延续思想启蒙的事业，在今天是非常必要的。同时，当年我们的一些观念，我们面对复杂局势的处理方式，也需要进行反思。关于民主进程、文革评价、自由观念以及启蒙的内涵，在新的历史时期应该有新的理论解说。比如当下的启蒙，与三十多年前很不一样，社会环境、民众基础、思维空间、科技进步都有了很多新情况。重温历史，阐发新声，是时代的课题。为此我在本书的"留作回音"一章中论述了自己的一些想法。第三，为了收集和确证当年的一些细节，我曾几次回到杂志诞生地武汉寻找旧友，他们都老了。贺绍甲先生是当年我们与胡德平联系的重要中间人，已80岁了，他不用电脑，手写了回忆文章给我，令我十分感动。但另一位与胡德平相关的朋友李步楼，却已因病去世了，我们与胡德平第一次见面，就是他安排的。本想找李步楼先生了解一些具体情况，现在是永远不得而知了。另外一些支持过我们的前辈，以及为杂志写过"前辈寄语"的知名学者，有不少都先后作古了。所以我有一种紧迫感，思想史的资料，需要"抢救"。

写这本纪事，当然是记述当年的人和事。但我用了较大的篇幅阐述80年代中国思想界的宏观舞台，分析中共党内不同思想观念的博弈，梳理80年代中国思潮的发展脉络，就是想将《青年论坛》这本小小的杂志，置于80年代思潮的历史背景中，让读者更能理解《青年论坛》诞生的历史机遇、思想基础，更能理解杂志何以命运坎坷以至于最后遭遇整肃停刊。

现在国内已很难见到这份三十多年前的杂志。

1998年，我应哈佛大学燕京学社社长杜维明先生之邀，到哈佛大学做一年的访问学者，我带去了全套《青年论坛》赠送给哈佛燕京图书馆馆长郑炯文先生，这套书至今仍在燕京图书馆馆藏。

《青年论坛》杂志

一 80年代，思潮奔涌的年代

　　1949年以后的中国，没有哪个年代像80年代那样思想解放、社会活跃。从70年代末的中共十一届三中全会开始，历史像划了一条界线，中国社会骤然进入到一个新时代。冰封时期解冻，社会活力迸发。作为时代号角的新思潮，奔涌而出，形成80年代的强音。

　　"中国20世纪80年代思潮"，这是一本大部头专著的题目。我这里只是就《青年论坛》所处的时代，做些背景的阐述，为这本纪事做一些铺垫，因此不免显得简略、粗浅。当然，就我个人的兴致所至，也会将《青年论坛》这份地方刊物置于更广阔的历史场景中，铺陈展开得更深入一些。

（一）历史转折

　　1966年至1976年，是中国的"文化大革命"时期。这个时期将"以阶级斗争为纲"上升到极致，"斗争哲学"盛行，革命文化、造反有理横扫中国和世界一切优秀文化遗存，各级领导被当作"走资本主义道路的当权派"坚决打倒，群众组织之间武斗频繁，国民经济濒于崩溃的边缘，社会道德失范，社会秩序混乱。这是一个空前的动乱时期。"文化大革命"给中国带来深重的灾难，"文革"结束后的1978年，中国人均GDP只有155美元，合人民币381元，按照联合国划定的标准，97.6%的中国人生活在贫困线以下。当时世界上最贫穷的撒哈拉沙漠以南非洲国家当年人均GDP平均数是490美元，中国当时尚不及其三分之一。[1] 1977年12月20日，中共中央副主席李先念在全国计划会议上说："文革十年中，在经济上仅国民收入就损失了人民币5千亿元。这个数字相当于建国 30 年全部基本建设投资的 80%，超过了30 年全国固定资产的总和。"

1.《1978年世界各国人均GDP数据》。https://www.kylc.com/stats/global/yearly/g_gdp_per_capita/1978.html.

1976年9月9日，"文化大革命"的发动者毛泽东逝世。以叶剑英、李先念为首的中共党内元老，在密谋之后，取得中共中央主席华国锋的支持，采取断然行动，逮捕了毛泽东倚重的"四人帮"（王洪文、张春桥、江青、姚文元），改变了中国局势。1977年8月，中共第十一次全国代表大会虽然宣布"文化大革命"结束，但是，旧时代的梦魇不会自动消失。毛泽东指定的接班人华国锋坚持"两个凡是"，"凡是毛主席的决策，我们都坚决维护；凡是毛主席的指示，我们都始终不渝地遵循。"如果不破除"两个凡是"，思想会受到严重束缚，"文化大革命"的遗毒就很难肃清。

真正具有历史意义的是1978年12月中共十一届三中全会召开。全会的中心议题是讨论把全党的工作重点转移到社会主义现代化建设上来。全会批评了"两个凡是"的方针，高度评价了关于真理标准问题的讨论，会议决定停止使用"以阶级斗争为纲"这个口号，否定了"无产阶级专政下继续革命"的路线。

这次全会前，召开了历时36天的中央工作会议。在中央工作会议上，党的许多老一辈革命家和领导骨干，对"文化大革命"结束后两年来党的领导工作中出现的失误提出了中肯的批评，对党的工作重点转移到经济、政治方面的重大决策，党的优良传统的恢复和发扬等，提出了积极的建议。邓小平在会议闭幕式上作了题为《解放思想，实事求是，团结一致向前看》的重要讲话。这次中央工作会议，为随即召开的十一届三中全会作了充分准备。邓小平的讲话实际上成了三中全会的主题报告。确立"以经济建设为中心"的基本路线，否定了"以阶级斗争为纲"的路线，从国家层面宣布了"文化大革命"结束。在三中全会之前，邓小平的思路是"团结一致向前看"，并出访国外，以为主题已定，不会有问题。但陈云认为过去的那么多问题不能回避，应该说清楚。这是全党所关注的，抓住这个问题，就把握了高层话语权。邓小平回国之后，机敏地改变方向，将三中全会的主题定为清理旧账，开拓未来，掌握了话语权。一般认为，十一届三中全会是改革开放的起点，但三中全会并没有提出改革开放的口号。但不可否认的是，三中全会的确是新时期的一个起点，80年代的新局面，即主要源自于这次会议的决议。邓小平是十一届三中全会的灵魂，他是中国改革的总设计师，从70年代末到他逝世，一直引导着中国改革的发展，包括前进和反复，邓小平都是不可替代的领导者和推手。他的政治智慧和谋略，对中国经济发展和政权格局产生了极为重要的影响。

1979年1月，时任中宣部长胡耀邦主持了著名的"理论工作务虚会"，极大地解放了思想。全国上下开始清算"文化大革命"时期的错误路线，预示着一个全新的局面即将开始。

十一届三中全会在各个方面进行了拨乱反正，但是，对1949年以来的一些历史问题如何评价，党内和党外有很多疑惑，其中主要是对毛泽东的评价，对"文化大革命"的评价，全会并没有解决。从1979年11月开始，在邓小平、胡耀邦主持下，由胡乔木负责起草《中共中央关于建国以来党的若干历史问题的决议》，主要解决以上问题。1981年6月，中共十一届六中全会发布了这个决议。毛泽东的错误，邓小平是十分清楚的。虽然他在"文化大革命"中作为中国最大的两个"走资派"之一被毛泽东打倒，但他从执政党的合法性和政权的稳固出发，一定要继续打毛泽东的旗帜。这一点邓小平与党内的众多元老是一致的，哪怕他们在其他问题上有很大分歧。所以《决议》中这样写道："毛泽东同志是伟大的马克思主义者，是伟大的无产阶级革命家、战略家和理论家。他虽然在'文化大革命'中犯了严重错误，但是就他的一生来看，他对中国革命的功绩远远大于他的过失。他的功绩是第一位的，错误是第二位的。"邓小平对起草小组也说过："确立毛泽东同志的历史地位，坚持和发展毛泽东思想。这是最核心的一条。"关于"文化大革命"，决议的表述是："一九六六年五月至一九七六年十月的'文化大革命'，使党、国家和人民遭到建国以来最严重的挫折和损失。这场'文化大革命'是毛泽东同志发动和领导的。""实践证明，'文化大革命'，不是也不可能是任何意义上的革命或社会进步。它根本不是'乱了敌人'而只是乱了自己，因而始终没有也不可能由'天下大乱'达到'天下大治'。"虽然决议中解释了毛泽东发动"文化大革命"的动机，但基本上是持否定态度。决议还有一个内容，就是指出时任中共中央委员会主席的华国锋坚持"两个凡是"的错误，这是让他退出主席位置的前奏。《中共中央关于建国以来党的若干历史问题的决议》所定的调子，成为80年代党内主导思想解放的基调。

（二） 社会思潮

在十年"文化大革命"中深受压制的民众情绪，由于中央意识形态的转向，像久困囚城的众生欣逢出城的大门洞开，立即喷发出来。社会生活出现了新气象，生活方式发生了很多变化，但这只是社会现象和心理现象。社会思潮的形成，是由知识分子推动的，是将社会心理提升为思想体系的结果。80年代各种思潮风行一时，其总体范畴可以归结为启蒙思潮，但因基于不同的考量角度，持有各种不同的学术理论资源，所以表现出很多不同的形式。

80年代思潮的起源和发展线索

80年代思想史的研究学者，一般思路是将整个80年代分为若干阶段，分别论述；另一种是归纳80年代的几脉有代表性的思潮，逐一论述。

关于划分为几个阶段的观点，如王学典认为，思想史上的"八十年代"，可以具体断分为三截：一截是从"文革"结束到1983年的"反精神污染"，持续了大约六七年的光景，这一时期的主题是"拨乱反正"、"思想解放"、"反文革"、"反封建"，主要矛盾是不同政治力量之间的观念博弈，通常所说的"思想文化界"其时的确尚未形成，这一时期最醒目最活跃的的确是所谓的"理论界"。从1984年开始至1986年底，构成了"八十年代"的第二截，这一截突出的主题是"文化热"，是"反传统"，一个相对独立的"思想文化界"基本形成，但活跃的"理论界"这时仍起着相当大的主导作用。从1987年春至1989年的春夏之交，构成"八十年代"的最后一截，这一截的主流思潮除继续"反传统"、"全盘西化"外，不同政治倾向之间的思想博弈又重新浮出水面，并酿成巨大的政治事变。[1]

关于划分为几种形态的观点，如贺桂梅认为，从知识谱系或理论资源上而言，80年代人道主义思潮大致可以区分为三种形态：一是国际共运或马克思主义历史实践脉络上的异端"马克思主义人道主义"；二是以五四新文化为主包括从文艺复兴到19世纪欧洲的现代启蒙话语；三是从19世纪后期开始的在批判现代工业社会基础上产生的生存/生命

---

1. 王学典：《"八十年代"是怎样被"重构"的？》，《开放时代》2009年第6期。

哲学（"文化哲学"）。前者成为对抗既有国家意识形态的正统马克思主义的新马克思主义思想，其理论上的争辩主要发生在哲学界，并作为一种新的关于"人"的叙事实践在文学创作之中；后两者是"新启蒙主义"思潮的主要构成，即在传统（中国）/现代（西方）的框架内重申现代性价值，在语词系统和表象上重复了五四启蒙话语，并在宽泛的"人学"意义上把20世纪非理性哲学容纳其中。[1]

关于80年代思潮背景和价值目标，邹诗鹏认为，从1978年至1989年，大致可以看成是思想观念的新启蒙时期，也可以看成是当代中国史上的文艺复兴时期，是20世纪"五四"文化精神在当代中国的续写与再现。新启蒙思潮的背景主要有四个方面：一是对十年"文革"浩劫及其人道主义灾难的人性以及制度建设等方面的反思；二是社会发展、特别是改变国家尤其是农村贫困落后现状的现实要求；三是在新的转型过程中出现的新的困惑、迷惘与思考；四是对中国文化与民族心理结构的深层挖掘与反思。新启蒙思潮尽管看起来是偏重于文化上的，但其实质却是政治上的，新启蒙思潮实质说来还是以西化为主旨的激进主义政治思潮。新启蒙时期的主要思潮主要表现为三个方面的价值目标：人道主义、自由民主诉求、科学主义精神，同时引发新权威主义。[2]

以上观点，都有其合理性，但只能说是大致如此。实际上，80年代社会思潮的衍生和发展十分错综复杂，不能做线性理解，也不能以截然的界限划分。我在这里主要是粗略分析80年代思想史的逻辑，鸟瞰各种思潮的源头、发展及社会呈现，论述各种思潮的社会历史和政治背景，兴起和中断的原因，以及各种思潮在同一时段内的复杂交错、共生或排斥的状态。

80年代为何会成为一个相对独立的思想史年代？80年代社会思潮的社会心理基础和学术理论资源是什么？70年代向80年代的过渡是如何启动和实现的？启动者是什么人？这里有一条思想史的逻辑和发展线索。

我认为：

80年代思潮的背景是高层政治转折，"文化大革命"结束后，清算

1. 贺桂梅：《80年代人道主义思潮"个人"观念之辨析》。http://www.aisixiang.com/data/39583-5.html，2011年3月25日
2. 邹诗鹏：《三十年来中国社会义化思潮的走向及其历史效应》，《马克思主义与现实》2009年第1期。

"文革"、推翻"两个凡是"、修正毛泽东路线、从经济濒临崩溃中挽救国家和挽救政权的政治需要。

80年代思潮的社会民众基础是多年来因生活贫困、思想禁锢、个体意志压抑而产生的对抗心理需要宣泄，以及醒过来看到国家至贫至弱而产生的强烈的实现国家现代化意愿。

80年代思潮的信念基础是"文化大革命"期间及之前的意识形态大厦坍塌，举国反思"文革"造成的巨大历史伤痛，在被颠覆并形成空白的政治信仰、社会理想、国家目标、道德标准、个体价值等各个领域，需要新的思想理念来填补。

80年代思潮的起点是关于真理标准的大讨论，助推力量是胡耀邦主持的理论工作务虚会和中共十一届三中全会。

80年代思潮的最初议题是反对对马克思主义的教条式理解，厘清"真理标准"、"人性"、"民主"等问题，解除僵化的意识形态藩篱。

80年代思潮的理论资源和学术资源开始时是马克思早期著作中的异化理论和人道主义观点，以及对康德、尼采等西方哲学家关于主体性和个人意志学说的批判性利用，以后转向为西方自由主义和科学主义，以及以儒学为主的传统文化典籍。

80年代两大学理脉络，一是崇尚理性主义的新启蒙运动，主张科学理性、国家现代化、自由民主、个性解放、传统文化经典重新解说；二是崇尚西方非理性主义和现代主义的文化运动，热心后现代、符号学、现象学、生命哲学、结构主义、存在主义、权力意志、性欲论、抽象派、印象派、行为艺术等，所以有叔本华、尼采热，齐美尔、柏格森热，萨特热，弗洛伊德热等。

从思想史的角度看，80年代思潮从整体上可以这样概括：以思想解放为先导，以新启蒙运动和自由主义为旗帜，以中西思想文化资源为武器，反对封建主义、[1] 文化专制主义和教条主义，高扬人的主体

1. 关于"封建"和"封建主义"概念的含义，中外学术界一直有争执。《左传》有"封建亲戚，以藩屏周"之说，清代也明确"列爵曰封，分土曰建。"（《皇朝文献通考·封建考》），说的是中央政府管理地方的"封土建邦"的制度。欧洲的封建制度或封建主义（feudalism），则是特指中世纪欧洲的一种法律与军事相结合的习俗或社会形态，盛行于9到15世纪，是宗法社会向近代社会的过渡阶段。《简明不列颠百科全书》对"feudalism"的解释是，以土地占有权和人身依附关系为基础的关于权利和义务的社会制度，实际上是领主与臣仆之间豢养和附庸关系的庄园制。马克思重新定义了feudalism："统治者借由控制土地等稀缺生产资料建立等

性和自由精神，从各种不同的思维途径将现代民主思想和科学主义推上了一个高峰，在意识形态禁锢中破开了一个新天地。

80年代思潮的开端是解放思想。"文化大革命"结束后，如果"两个凡是"不破除，一元化的政治偶像还在那里，就不可能有新生的时代。邓小平说："'两个凡是'不行。按照'两个凡是'，就说不通为我平反的问题。"这是政治层面的需求。从思想界来说，不解除思想上的最大束缚，头脑里还有"紧箍咒"，继续搞个人崇拜、现代迷信，自由的学术讨论就无法实现。从社会民众来说，坚持"两个凡是"，无异于再回到"文化大革命"既贫穷又恐惧的时代。这三者的高度合拍，形成一股不可阻挡的力量，从而完成了主流意识形态的转型。

敏感的理论界吹响了号角。南京大学哲学系胡福明等人写的文章《实践是检验真理的唯一标准》在胡耀邦支持下，于1978年5月11日以"本报特约评论员"的名义在《光明日报》发表，拉开了大讨论的序幕。这是思想风暴来临的前奏。"实践是检验真理的唯一标准"这个命题，本来是马克思主义的一般常识，在体制意识形态的框架之内，而且全文都以马克思主义立论，但因触及到毛泽东"最高指示"作为终极评判标准的权威性，被认为是"砍旗"，砍毛主席和毛泽东思想之"旗"，于是引发了党内外的大辩论。由于是意识形态的大转弯，各种思潮交锋激烈，当时对这个命题不赞同的党内高层人士和学者，大有人在，报刊上发表了很多反对这个命题的文章。这表明马克思主义的基本原理在政治意识形态上通不过。从80年代思想史来看，《实践是检验真理的唯一标准》这篇文章的发表以及由此展开的全国性大讨论，其意义非常重大，它将一个常识性的命题掀开来摆在人们面前，颠覆了人们几十年来坚定不移地信奉的"领袖标准"、"语录标准"，揭露了一个愚昧的时代。将"两个凡是"与"实践标准"两相对照，孰是孰非，历史给出了答案。尽管仍有人固执己见，迷信到底，但对于全局来说，人们

级社会，通过劳务、地租、租金等形式剥削劳动者"这样一种经济模式。尽管学术界不断对其间的中西语义做了区分，但20世纪50年代以后，中国政治界、思想界对封建主义做了另外的解释：封建主义是顽固、守旧、腐朽、落后、愚昧、专制等的集合体，在各种非学术的文本中通用，成为日常语言的约定俗成。如"封建专制"、"封建官僚"、"封建文人"、"封建思想"、"封建迷信"、"封建糟粕"、"封建礼教"、"封建婚姻"、"封建习俗"等等，都是这种用法。因为这是中国当代通用语的约定俗成，为避免学术解释的繁琐，本书中凡提到"封建"和"封建主义"，一概是在这种意义上使用，并偏重于皇权专制主义。

从梦中猛醒，开始大彻大悟。

　　思想解放，并不是突然间的放开。思想总是从可能进入的地方进入。中共意识形态的老祖宗是马克思，从马克思出发展开论述，不仅可以比较顺利发表于报刊，而且相对安全。于是作为马克思主义来源之一的德国古典哲学（主要是康德哲学）、马克思的早期著作《1844年经济学-哲学手稿》，以及五四时期的民主和科学思想、中国传统文化的精华、离正统意识形态领地较远的美学等等，成为思想解放的理论武器。在以往的意识形态中，无产阶级革命及专政、阶级对抗和阶级斗争、集体主义、国有体制等是马克思主义的全部，但人们在寻找理论武器的时候发现被忽略和被掩盖的另一个马克思，马克思也讲人的本质的异化，讲人道主义，讲言论自由，批判普鲁士的书报检查令，讲集体主义的虚假，讲个人自由是整体自由的前提，讲未来社会是自由人的联合体，等等。在以马克思主义作为指导思想的理论基础的国度，居然只讲马克思的一半，遮蔽了另一半。学者们在官方认可的经典中找到这另一半，并不完全是钻传统意识形态的空子，主要是缘于思想急遽转型之前必然有一个过渡阶段，这个过渡阶段中新思想会在原有的框架内萌动，还没有"脱壳"。但新思想无疑已经生发，关于人的尊严、价值、权利、自由等都开始引起公众的思考。这一时期的社会心理表现为主体意识在迷惘中觉醒，比如《中国青年》杂志关于潘晓来信的讨论，提出"主观为自己，客观为别人"、"自私是历史发展的动力"这样的观点，就已经开始突破原有意识形态的框架了。

　　关于80年代思潮，我拟出五条基本线索，即李泽厚与主体性哲学，王若水与异化、人道主义，三家民间机构与"文化热"，刘晓波、《河殇》的激烈反传统思潮，新儒家的传统文化情怀。以下分别论述。

李泽厚与主体性哲学

　　研究80年代思潮，不能不提到李泽厚，李泽厚是80年代思潮的一位核心人物。他没有脱离马克思主义的框架，但他从美学破门，高扬启蒙主义的旗帜，谈康德，谈主体性，谈心理积淀，这一套根本不是正统马克思主义的话语系统。李泽厚对康德、对康有为、对中国传统文化有比较深的研究功底，同时有天才的哲学思辨能力和融会贯通能力，于古今中外思想领域纵横捭阖，在80年代显示出不同凡响的敏锐，成为青年领袖和思想启蒙运动的一面旗帜。李泽厚的同事曾形容80年代李泽厚的风光："只要他在哲学所上班那天，办公室就塞满了全国各地来拜访他的人群。和他一个办公室的同事都挤不进去。中午去食堂吃饭，他后面跟着一二十人的队伍，浩浩荡荡。"[1] 李泽厚解释自己的思路："后马克思主义：经过马克思，超越马克思。""以马克思为基础，重新提出康德的问题，然后再向前走。""我将康德与马克思连接了起来。我以'主体性实践哲学'又称'人类学本体论'，反抗当时的正统意识形态。我以'人类如何可能'来回应康德的 '认识如何可能（先天综合判断如何可能）'，认为社会性的人类物质生产活动是人类认识活动的本质和基础，认为认识论放入本体论（关于人的存在论）中才能有合理的解释。"[2]李泽厚的主要思想可简单归结为"三句教"：经验变先验，历史建理性，心理成本体。1979年，李泽厚的著作《批判哲学的批判——康德述评》出版，这是他的哲学思想的结晶和新的出发点。这本书发出了非常重要的信息，提出了主体性实践哲学（人类学历史本体论）、文化心理结构、积淀说、情感主体等思想，这些都不是马克思主义哲学的范畴，完全离开了阶级斗争、革命、辩证法、经济基础上层建筑等范畴，而李泽厚的范畴却全都是80年代思潮的基调。由于当时康德还是大众比较陌生的人物，加上康德思想的思辨性很强，所以这本书虽然销售不错（初版销售3万册），却未能成为畅销读物。1981年《美的历程》问世，它的穿越历史的视野、跨越学科的渊博、构思奇特的语言风格、文采斐然的浪漫情怀，一下子吸引了年轻人，全国畅销，硬是将美学这个偏门学科弄成了显学。李泽厚说："美学在当时充当了思想解放运动的重要一翼，或者说发挥了思想启蒙的作用，它符合了当时社会进步的思潮，也是促进这个社会苏醒的符号。"[3]由此发端，李泽厚的著述一篇又一篇推出，《康德哲学与建立主体性论纲》（1981），《关于主体性的补充说明》（1985），《关于主体性的第三个提纲》（1987），《关于主体性的第四个提纲》（1989），以及关于孔子再评议等论著，其思想成为整个80年代的讨论中心。哲学界关于主体哲学、个人价值、社会心理的讨论，文学界以刘再复为代表的关

---

1. https://baike.baidu.com/item/
2. 《李泽厚对话集·八十年代》，中华书局，2014年9月。
3. 同注7。

于主体论的讨论[1] 都受到李泽厚思想影响。关于主体性的历史观照，李泽厚1982年提出"宋明理学空前地树立了人的主体性的崇高庄严"，这一观点受到任继愈等一些学者的反驳，著名学者萧萐父先生对宋明理学持批判态度。[2]学者许苏民也不同意李泽厚的观点。[3]

强调主体性和人类学本体，张扬启蒙思想，李泽厚为80年代思潮的主调——人的解放和尊严、人的权利和价值、自由主义、科学民主提供了理论铺垫和思想武器。李泽厚的思想有一套完整的逻辑：中国社会发展要经历四个阶段，经济发展，个人自由，社会正义，政治民主。

80年代中后期，李泽厚的一篇文章《救亡与启蒙的双重变奏》（《走向未来》杂志创刊号，1986），在思想界再次掀起讨论的热潮，反响巨大。李泽厚认为现代中国在启蒙与救亡这两重同等紧迫的使命之间徘徊，五四运动后期，启蒙的主题被救亡的主题所压倒，启蒙运动夭折。今天，应该重拾启蒙主题，完成五四未完成的任务。李泽厚将启蒙担当和人的主体精神解放提升为当下的紧迫任务。五四时期也发生过救亡与启蒙的论争，但李泽厚将之作为80年代的议题，并与他前期主张的主体性哲学相呼应和承接，一下子触动了时代的神经，一时各种不同意见激烈交锋，成为80年代思想的重要标志。人们将80年代统称为新启蒙时代，与李泽厚的学术呼喊有密切关系。进入90年代后，李泽厚依然受到学术界重视，不过也受到来自两方面的批判，一方面是正统的"左派"，另一方面是激进的青年。前者批判李泽厚"崇尚个体、贬低总体"，是存在主义；后者批判李泽厚是"崇尚总体、贬低个体"，是固守传统。尽管如此，仍不能否定李泽厚在80年代的思想领袖地位。徐友渔评价说："80年代思想最有高度和深度、最成体系、影响最大的思想家，无疑是李泽厚，这得益于他在理论上巨大的吸纳综合建构能力。"[4]刘再复认为："李泽厚在这个时代的价值主要体现在他的理性人文思索，包括理性的政治思索，理性的哲学思索，理性的伦理思索，理性的大文化思索。他最宝贵的价值是他的思想完全扬弃情绪，极为理性。在中国，几乎找不到另一个人可以和他相比。"[5]

1. 刘再复：《论文学的主体性》，《文学评论》1985年第6期。
2. 萧萐父：《中国哲学启蒙的坎坷道路》，《中国社会科学》1983年第1期。
3. 许苏民：《论中华民族的文化自觉》，《青年论坛》1986年11月号。
4. 座谈会综述：《李泽厚与80年代中国思想界》，《开放时代》2011年第11期。
5. 刘再复：《李泽厚没有过时 他的价值尚未被充分认识》，凤凰网2014年6月30日。

王若水与异化、人道主义

1980年至1983年关于异化和人道主义的讨论，是80年代思潮的另一条线索，在四年的时间内形成80年代思潮的一个波峰。这一条线索，在一段时间内与李泽厚推动的主体性实践哲学、美学热几乎是平行和交错发展，并作为"盟军"互相支援。关于异化和人道主义的讨论，是从正统意识形态经典中寻找理论武器、进而突破正统意识形态的一次冲击。这个时期的理论依据文本是马克思的《1844年经济学-哲学手稿》，当时出现一股研究热潮，1983年2月复旦大学出版社还出版了《西方学者论〈1844年经济学 — 哲学手稿〉》一书。80年代思潮的研究学者，往往忽略了这一个重大的时代主题，甚至没有把它列入80年代思潮的表现形式。实际上，批判人的本质异化、社会异化，批判封建主义，高扬人道主义，主张自由、民主，这一思潮是80年代思想解放的先锋。与李泽厚以康德批判哲学、主体性实践哲学、文化心理结构、积淀说等迂回地对抗正统意识形态不同，谈异化和人道主义，谈自由和民主，是党内高层理论家之间刀光剑影的直接对垒，其背后有高层权力的支持或打压。

异化和人道主义思想的旗手是王若水。王若水是早年参加革命的坚定的共产党人，也是党内一位正直的哲学理论家。早在1964年，王若水就发表过《关于异化概念》一文。80年代，他将异化概念与马克思的人道主义相联系，发出了时代的呼声。他先后发表了《谈谈异化问题》（1980年6月）、《文艺与人的异化问题》（1980年8月）、《人是马克思主义的出发点》（1980年8月）、《认识论不要忘掉了人》（1981年2月）、《为人道主义辩护》（1983年1月）等文，是人道主义思潮的早期倡导者，并推动了全国的大讨论。王若水认为，社会主义的异化现象有思想的、政治的、经济的三种形式：个人迷信，现代迷信，是思想上的异化；政府变成了老爷，变成人民异己的力量，就是政治上的异化；盲目建设、片面追求高速度和发展重工业，导致环境污染等等，是经济上的异化。[1] 当时讨论异化和人道主义的报刊文章，数以千计，争论也非常激烈。1983年在北京召开的一次有关人道主义的学术讨论会上，一些大学教授非常坚定地重申人道主义是资产阶级的意识形态，是唯心主义的、反动的，马克思主义不应当讲人道主义。

---

1. 王若水：《谈谈"异化"问题》，《新闻战线》1980年第8期。

但是，很多人是站在王若水一边的，其中有著名学者、中国社会科学院顾问于光远，文化部副部长、中国文联主席周扬，中共中央宣传部理论局副局长李洪林，《历史研究》主编黎澍，人民出版社社长薛德震，知名学者、兰州大学哲学系教授高尔泰，中国社会科学院马列所苏绍智、张显扬等。早在1978年，著名美学家朱光潜就写过《关于人性、人道主义、人情味和共同美问题》（《文艺研究》1978年第3期），肯定了人道主义。汝信于1980年8月在《人民日报》发表文章《人道主义就是修正主义吗？——对人道主义的再认识》，认为"人道主义就是主张要把人当作人来看待，人本身就是人的最高目的，人的价值也就在于他自身"。高尔泰于1979年就写了一系列的文章，包括《异化及其历史考查》和《异化现象近观》，详尽地考查了异化概念，提出社会主义社会存在异化现象。这方面的讨论十分热烈，关于讨论的情况，人民出版社在80年代初出版了两本论文集：《认识马克思主义的出发点》和《关于人的学说的探讨》。在文学界，1980年底作家戴厚英的一部长篇小说《人啊，人！》出版，初版销售了17万册，小说以人道主义为主线，剖析了人性的善恶，引起社会关注，报刊发表讨论文章持续了一年。

1983年3月，周扬在纪念马克思逝世100周年学术报告会上作了《关于马克思主义的几个理论问题的探讨》演讲。周扬的报告重点讲到"异化"和人道主义的问题。报告说："所谓'异化'，就是主体在发展的过程中，由于自己的活动而产生出自己的对立面，然后这个对立面又作为一种外在的，异己的力量而转过来反对或支配主体本身。""由于民主和法制的不健全，人民的公仆有时滥用人民赋予的权力，转过来作人民的主人，这就是政治上的异化，或者叫做权力的异化。"周扬在讲话中把马克思批判资本主义社会而提出"异化"概念扩展为："各种异化现象，都是束缚人、奴役人、贬低人的价值的。马克思和恩格斯理想中的人类解放，不仅是从剥削制度（剥削是异化的重要形式，但不是唯一形式）下解放，而且是从一切异化形式的束缚下的解放，即全面的解放"。周扬认为社会主义仍然存在"异化"现象，存在着"经济领域的异化"、"政治领域的异化"或者"权力的异化"，以致于"思想领域的异化"，以及"人的异化"，这些都是客观存在，用不着对这个名词大惊小怪。3月16日，这个讲话在《人民日报》全文发表。文章发表的当天，中宣部长邓力群即批评时任《人民日报》副总编辑的王若水，并按胡乔木的意见给书记处写了报告，1983年10月在中共十二届二中全会上由邓小平定调，发起了全国性的"清除精神污染"运动。一场热烈的学术讨论被一场严酷的政治运动所钳制。11月，王若水被撤职。

1984年1月，中央政治局理论权威胡乔木署名的近4万字的《关于人道主义和异化问题》一文在《人民日报》发表，并同步由人民出版社出版单行本，印了2000万册，由中宣部发文通知全国学习。该文提出要区别人道主义两个方面的含义：一个是作为世界观和历史观的人道主义，一个是作为伦理原则和道德规范的人道主义。文章批判了作为世界观的人道主义，也批了异化，认为马克思主义与人道主义是对立的。文章说："宣传人道主义世界观、历史观和社会主义异化论的思想，不是一般的学术理论问题，而是关系到是否坚持马克思主义的基本原理和能否正确认识社会主义实践的有重大现实政治意义的学术理论问题。在这个问题上的带有根本性质的错误观点，不仅会引起思想理论的混乱，而且会产生消极的政治后果。"胡乔木的文章剑指周扬、王若水等人，胡乔木还写过一首诗，说自己的剑只是割伤了周扬的手指，血从他的手指流出。胡乔木文章发表后，周扬成为"清除精神污染"运动的批判对象，受到重大打击。据时任中宣部理论局局长卢之超解释，胡乔木认为周扬的报告"散布对社会主义的不信任情绪，否定马克思主义和社会主义，属于资产阶级自由化和精神污染。""只是因为乔木所处的地位不同，给对方形成一种政治压力。"[1] 然而，人道主义作为普世性的价值观，并没有因为胡乔木、邓力群的反对而退出中国舆论舞台，相反，在整个80年代，人道主义都是启蒙运动的一面高扬的旗帜。针对胡乔木文章，薛德震等学者纷纷撰文进行反驳。在文学界，刘再复于80年代中期多次撰文谈人的价值、人道主义。1985年上半年，四川的一家刊物《大时代》刊出了冯川的文章《马克思理解的人性》（1985年第1期）以及高尔泰的文章《人道主义——当代争论的备忘录》（1985年第2期），都认为人道主义是马克思主义的世界观和历史观，实际上是针对了胡乔木的文章。1985年，唐坤继王若水之后，写了《也为人道主义辩护》（《青年论坛》1985年第2期），文章

---

1. 卢之超：《关于人道主义和异化问题的再认识——兼与薛德震同志商榷》，《马克思主义研究》2008年第3期。

肯定了王若水的观点，坚持作为世界观的人道主义。《青年论坛》同期还发表了王若水的《智慧的痛苦》一文，以表示对王若水的声援。王若水本人并没有因为被免职而休战，1986年他还写了长文《关于马克思主义的人的哲学》（《文汇报》1986年7月7日-18日连载）。同一年，王若水出版了文集《为人道主义辩护》（北京三联书店），其中收进了他的两篇驳斥胡乔木的文章和一篇反驳黄楠森的文章。此后，王若水继续写文章反驳胡乔木。第三篇是1986年发表于《书林》第10期的《个人崇拜和思想异化》，第四篇是1989年发表于《新启蒙》第4辑的《社会主义没有异化吗》。

尽管学术界没有屈服，但政治力量毕竟大于文人的力量，由于胡乔木、邓力群在高层以"清除精神污染"为名的政治干预和组织整肃，研讨《1844年经济学-哲学手稿》、异化、人道主义的热潮在80年代中后期逐渐消退。令胡乔木、邓力群始料不及的是，从此以后，人道主义观念深入人心，以致于成为人们的普遍意识，无论在什么政治氛围下，都没有再发生过批判人道主义的群众运动。而胡乔木的《关于人道主义和异化问题》一文，因其理论漏洞和逻辑矛盾，被学术界所诟病，有人甚至认为是胡乔木理论著作中最糟糕的一篇。[1] 人道主义没有因为受到大规模批判而成为理论界的忌语，这种情况也是因为"清除精神污染"运动很快遭到胡耀邦和赵紫阳叫停，而邓小平也放话对胡文可以讨论，政治氛围有所缓解。

80年代关于异化、人道主义的争论，虽然从总体上看，是思想解放大潮中对原有意识形态话语系统的巨大冲击，但仍然没有彻底挣脱固有的思维局限，争论各方的理论根据，一是马克思恩格斯说了没有，二是他们说的话如何理解。在这个框架下，很难形成新的理论格局和思想体系。

三家民间机构与"文化热"

如果说，70年代末、80年代初李泽厚、王若水等人以主体性和人道主义张扬了启蒙运动的旗帜，那么，紧接着而来的"文化热"、"西学热"、"科学热"高潮是80年代启蒙思潮的第三条线索。这条线索，与以上两条线索也是平行和交错发展的，在80年代初启动之后，其高峰主要

---

1. 于光远《周扬和我》，《广州文艺》2000年第5期。

在80年代中后期。有三家民间文化机构是这个高峰的领军者，它们是"走向未来丛书"编委会、中国文化书院、"文化：中国与世界丛书"编委会。

"文化热"究竟从什么时候开始，其起源如何，学术界有不同的意见。王学典认为，文化讨论在我国真正"热"起来，是从1984年开始的。最主要的根据是，1983年底开始的"反精神污染"事件，宣告了"文革"结束以来一段时间内人们可以相对自由地探讨现实政治问题的时代的中断。由于1977年以来所形成的历史惯性运动并未停止，人们关注现实的热情并未减退，虽然不能直接谈论现实问题了，但人们依然选择了间接谈论现实的方式，这就是"文化热"突然而至的背景。人们"借文化谈政治"（李泽厚），"文化热"后面的潜台词是政治。[1] 甘阳认为，1985年"文化：中国与世界丛书"编委会成立，"文化热"即普遍兴起。

一般认为，"走向未来"丛书编委会、中国文化书院、"文化：中国与世界丛书"编委会这三个机构的成立是80年代"文化热"的发端。有学者认为，"文化热"从1984年开始，因为那一年中国文化书院成立，一批文化界的大师级人物引领了文化舞台；也有学者认为是从1985年开始，因为那一年"文化：中国与世界丛书"编委会成立，以甘阳为首的一代青年学者译介西方人文主义经典，极大地开阔了中国知识界的视野。但实际上，"文化热"包含中国传统文化热和西学热，还包括80年代初期对封建主义文化的批判，与80年代的启蒙思潮同步。"文化热"的参与者几乎包括80年代各种思潮的代表人物，时间跨度几乎贯穿整个80年代初至80年代末，讨论的问题有传统与反传统、古今之争、中西之争、西方思想家及著作、启蒙与救亡、东亚崛起与中国传统文化、儒学第三期发展等，"文化热"甚至延续到90年代（人文精神之争、文化保守主义之争等），多种理念交错重叠，前后难以分割。如果究其起源，70年代末80年代初思想界反思"文化大革命"中封建主义肆虐，反思五四运动的得失，就已经提出对传统文化的评价问题。前面提到的李泽厚、王若水、金观涛等，都是"文化热"的重要人物。李泽厚说："文化热掀起的意义，我认为当然地是继续'五四'的事业，从文化的角度反对封建主义，其范围和意义都是很广泛的。这是一个历史的任务。经济改革的阻力，有一部分必须在文化上解决，思想、政治都与文化有关。现在

---

1. 王学典：《"八十年代"是怎样被"重构"的？》，《开放时代》2009年第6期。

有一点很明显，就是借文化谈政治。"李泽厚的话清楚表明，"文化热"是直接从反思"文化大革命"延伸出来的议题，很多人都在"借文化谈政治"，因此"文化热"不可能迟至80年代中期才开始。

为了说明这个问题，我举几个旁证：第一，"文化热"中的"萨特热"，是从柳鸣九的《萨特研究》出版开始，那时是1981年。作为"文化热"生力军的"走向未来丛书"编委会，是1982年成立的。钟叔河先生主编的"走向世界丛书"，蒐括中国知名学者谈世界的著作和国外游记，总共出版了60多种，在文化界影响深远，是"文化热"的重要思想资源，这套丛书主要的出版年度是1980至1983年，后延续到1986年。第二，有一种观点认为，"'文化热'是由思想解放、时代变革和学术发展共同推动并产生的必然结果，是在中国思想文化界迫切探寻'文革'悲剧深层原因的驱动下，希冀借助中西方各种'理论'和'主义'对当代中国历史进而对中华历史和文化进行思想解读和未来现代化道路选择的尝试。创办于1979年的《读书》杂志，在创刊号中提出'读书无禁区'，开启了'文化热'的时代，也标注了'文化热'的鲜明特征。"这篇《读书》杂志的文章，是被称为"中国自由化运动理论旗手"李洪林写的《读书无禁区》。称李洪林发表于1979年的文章开启了80年代"文化热"时代，这也是说法之一。第三，还必须提到一个机缘，1981年，著名哲学家庞朴先生受联合国教科文组织之聘，担任《人类文化与科学发展史》国际编委会中国代表，并成立"中国问题小组"，为中国文化研究进行了深入的学术和队伍准备。"1982年，庞朴在《人民日报》发表了《应该注意文化史的研究》一文，率先发出重视文化史研究的时代呼声，引起学界的强烈反响，从而掀起了上世纪80年代'文化热'的序幕。""80年代，庞朴先生率先发出注重文化史研究的时代呼声，推进了文化研究热潮。"[1] 根据这一说法，80年代的"文化热"发端于1982年庞朴的文章。80年代庞朴还发表了《孔子思想的再评价》《"中庸"平议》等文章，倡导"中国传统文化复兴"，并提出"文化的时代性与民族性"的命题，推动了"文化热"向纵深发展，有人称他为"文化热"的灵魂人物。[2] 1981年10月，庞朴牵头的"中国问题小组"，为在若干年内完成联合国教科文组织《人类文化与科学发展史》的中国部分撰写任务，率先

1.《庞朴文章掀起八十年代文化热》，《中国教育报》2015年1月10日。https://wxn.qq.com/cmsid/RUS2015011001233803

2. 同注17。

提出探讨不同于17世纪、19世纪末、20世纪初中国关于中西古今文化冲突争论的研究思路，探讨中国古代文化如何实现现代化的时代性问题，并于1982年6月和12月在上海两次召开"文化史学者座谈会"，会后结集出版了会议成果。同年10月，《自然辩证法》杂志在成都组织"中国近代科学技术落后的原因"讨论会，金观涛主持，中青年学者参加，会后出版了《科学传统与文化》专集。在完成联合国教科文组织分派任务的学术背景下，由于老的一代知名学者的牵头和带动，各地纷纷加强对中国传统文化的研究，并影响到香港。1983年3月和11月，香港中文大学举办了两次"现代化与中国文化"研讨会，大陆、台湾、香港、美国、日本、新加坡的社会学、人类学的很多知名学者出席了研讨会。[1] 第四，1979年，湖南人民出版社出版了蔡尚思的《中国文化史要论》，这是"文化大革命"以来第一本概要介绍中华五千年文化历史的著作。最早成立的传统文化研究机构复旦大学历史系中国思想文化研究室和中国社会科学院近代史研究所近代文化史研究室，自1981年开始共同筹办的　　《中国文化研究集刊》，于1984年开始在上海出版。1983年5月，全国历史学科规划会议在湖南长沙召开。会议决定成立以上海学者和北京学者为主的南北两个编委会，编辑出版"中国文化史丛书"和"中国近代文化史丛书"，先后出版了《中西文化交流史》《中国甲骨学史》《走向世界——近代知识分子考察西方的历史》等十数种著作。此外，从1982年到1987年间，召开了关于传统文化研究的若干重要会议，其中，1985年4月由王元化、庞朴、汤一介主持的中国文化与比较文化研究工作协调会，以及1986年1月的首届国际中国文化学术讨论会具有重要意义。前者确定了全国各地的主攻方向：北京主要研究中国古代和近代文化，上海侧重中西文化比较研究，西安重点研究汉唐文化，广州为岭南文化，湖北为明清文化；后者则是在国内举办的以中国文化为主题的第一次国际学术会议，与会的70余名中外学者，是国内外与文化和文化史研究相关的20个学科中研究中国文化的代表人物，会议所研讨的"中国文化传统的再估计""中国文化与西方文化的相互关系"两个主要议题，都是1980年代学术界和思想文化界的关注焦点。

---

1. 郭齐勇：《关于近年来中国文化和中西文化比较研究的评介》，《青年论坛》1986年9月号。

以上诸点，说明"文化热"从80年代初已经开始，众多学者从不同的领域和途径推动了"文化热"。当然，"文化热"从开启到高潮是有一个过程的，真正的高潮，应该是在80年代中后期。这个时期，从北京到各地，研究文化的机构如雨后春笋，纷纷建立。各种关于文化的研讨会、讲座、讲习班，一个接一个。各家出版社，出版一套又一套文化丛书。在很多高校，开始开设"文化学"、"中国文化概论"的课程。

80年代出版界有一股"丛书热"，影响广泛的丛书有商务印书馆的"汉译世界学术名著丛书"、湖南人民出版社和岳麓书社的"走向世界丛书"、辽宁人民出版社的"面向世界丛书"、华夏出版社的"二十世纪文库"、中华书局的"中国近代文化史丛书"、人民出版社的"三个面向丛书"、上海人民出版社的"新学科丛书""西方学术译丛""新学科丛书"、贵州人民出版社的"传统与变革丛书"、浙江人民出版社的"比较文化丛书""世界文化丛书"、山东文艺出版社的"文化哲学丛书"、上海书店的"中国文化史丛书"、上海译文出版社的"二十世纪西方哲学译丛"、三联书店的"文化：中国与世界丛书"、中国文化书院的"中外比较文化教学丛书"、上海文化出版社的"五角丛书"、云南人民出版社的"哲学现代化丛书"、光明日报出版社的"现代文化丛书"、中国社会科学出版社和中国文联出版公司的"美学译文丛书"、人民文学出版社和上海译文出版社"外国文艺理论丛书"、科学出版社的"中国与世界丛书"、四川人民出版社的"走向未来丛书"、国际文化出版公司的"蓦然回首丛书"等，总共有几十种。对于知识界和出版界来说，80年代的确是一个鼎盛的黄金时代。

这一大批丛书中，在80年代青年读者群里影响最大的，当属"走向未来丛书"。"走向未来丛书"编委会成立于1982年，刚开始主编是《读书》杂志副主编、历史学者包遵信，之后由金观涛担任主编。丛书编委会的阵容很强，副主编陈越光、贾新民、唐若昕，编委有丁学良、王小强、王岐山、严家其、何维凌、谢选骏等，顾问有严济慈、杜润生、张黎群、陈一咨、侯外庐、钱三强等。据三联书店总经理、《读书》杂志主编沈昌文回忆，"走向未来丛书"的第一笔钱来自当时的编委王岐山，他支持了5000元。[1] 该套丛书注重思想性、启蒙性，内容涉及社会科学和自然科学的多个方面，包括了外文译作和原创著作，

1. 曾梦龙：《1983年始，作为启蒙的<走向未来>丛书和现代中国的未来 》。

是80年代最早系统传播新思想、译介国外社会科学和人文学科的出版物。丛书的作者集中了80年代中国最优秀的一批年轻知识分子，代表了当时中国思想解放最前沿的思考。丛书由四川人民出版社出版，原计划出100种，1984年出版第一批图书，以后每年一批，实际上至1988年先后出了74种。这些书籍中有的写作或编译比较匆忙，不是很严谨，但在当时知识和思想饥渴的情况下，这套丛书以前沿科学和国外新思想译介为特色，加上装帧设计现代新潮，每本篇幅不大，定价不高，开本便于携带，甫一发行，全国热销，被大学生和各界青年追捧。其中《GEB：一条永恒的金带》《物理学之道》《富饶的贫穷、《在历史表象背后》《让科学光芒照亮自己》《人的发现》《凯恩斯革命》《增长的极限》《人的现代化》《新教伦理与资本主义精神》《上帝怎样掷骰子》《日本为什么"成功"》《卖桔者言》等对当时的社会造成巨大冲击。其中有的著作，销售100多万册。"走向未来丛书"总共出了5批，销量总计在1800万册左右，创造了一个奇迹。当时的大学生们，相约各自购买不同的书，然后互相交换来阅读，可见影响之深远。学者刘东描述当时的情景：读者从半夜就开始排队，等到新华书店早上一开门，玻璃柜台马上就被挤烂了，很多书几乎当场就决定再版，而我自己翻译的《马克斯·韦伯》，第一版的印数就过了10万册。[1]学者徐友渔评价说："'走向未来丛书'是文化大革命结束后一代青年人生起点的教科书，它为热情求知的人打开了观察世界的窗户，给了他们了解人类历史的钥匙；对于精神饥饿、食欲旺盛的年轻人，这是一份及时的，营养丰富的粮食；那时的学生几乎身无分文，但他们很富有，因为他们拥有未来。"

金观涛作为"走向未来丛书"编委会的创始人和领头人，其开阔视野和思想深度使他成为80年代思潮中的又一面旗帜。"文化大革命"中，金观涛是北京大学化学系学生，政治变动促使他开始思考历史、人生和哲学。与李泽厚和王若水纯粹的人文致思路径不同，金观涛的理科背景使他更倾向于科学主义，他研究社会人文问题，更具有科学理性的优势。还有一点不同的是，他比李泽厚、王若水晚一辈，因此更了解年轻人的思想，当时他周边的同仁也年纪相仿。我们从"走向未

---

1. 刘东：《沿着八十年代的心力所向》，收入《近思与远虑》，浙江大学出版社，2014年11月。

来丛书"的编辑思路可以看到这一特点。金观涛在谈到丛书的宗旨时说: "书的内容要求一定要有新思想,不是纯学术、学科式的知识。具体说,有几个要求:第一,一定要有思想性,贴近时代问题;第二,多学科交叉;第三,必须薄薄的,可以放在口袋里,便于阅读;第四,既要有编译西方的,也要有中国年轻学者原创的著作,还要有结合中国改革实际的。""我们追求跨越学科限制,跨越古今中外,宗旨只有一个:有助于思想启蒙,推动国人接受普世价值,走向全方位的现代化。"[1] 多学科交叉"、"跨越学科限制", 老一辈的人文社科学者做不到,而这一点恰恰是"走向未来"丛书的重要特色之一。"走向未来丛书"的编辑队伍,似乎受到法国18世纪后期"百科全书派"的影响,[2] 当时以狄德罗、孟德斯鸠为核心的一个思想家团体"百科全书派",其基本政治倾向是反对封建特权制度、经院哲学和天主教会,向往合理的社会,认为迷信、成见、愚昧无知是人类的大敌,主张一切制度和观念要在理性的审判庭上受到批判和衡量。他们编辑出版了35卷《百科全书》表达自己的思想倾向,影响巨大。"走向未来丛书",可以说是中国20世纪80年代思想的"百科全书"。

金观涛不仅是"走向未来丛书"团队领袖人物,他的思想也具有广泛的影响。当老一代思想家们以马克思主义、五四传统和中国文化资源中的民本主义来批判封建主义和旧体制的时候,金观涛从一个完全不同的视角加入到这个批判热潮,从而独树一帜。他以理科的背景,首开先例,在中国学术界第一次将"三论"(即系统论、控制论、信息论)引入历史和社会研究领域。他与刘青峰合作的重要著作《兴盛与危机——论中国封建社会的超稳定结构》(湖南人民出版社,1984)出版,是一个标志。这本书的最初思想,在70年代已形成,并写成论文,后来辗转在 《贵阳师范学院学报》分两期发表了(1980)。《兴盛与危机》探讨了封建社会的专制结构问题。为什么西方走出中世纪之后,中国还长期处在封建社会?五四运动以来的反封建为什么屡次功败垂成?为什么封建专制"在文化大革命"中能够以"革命"的名义借尸还魂?80年代中国历史学界、思想界都进行了艰难的探索。金观涛将自然科学与社会科学相结合,分析中国封建社会这个超稳定系统,

---

1. 《金观涛:八十年代的一个宏大思想运动》, 《经济观察报》2009年8月21日。
2. 同注23。

用自然科学的成果与方法对人文科学的问题做量化分析，对中国社会历史的发展规律提出了理论模型，给呆板的学术氛围注入了一股清新的空气。金观涛的理论思路是：中国封建社会轮番出现危机与修复（兴盛），是朝代更替，社会秩序重建后政治结构并未改变。封建社会系统是一个有机系统，这个超稳定系统在政治和意识形态上对社会进行强控制，不允许制度改革和新社会组织的成长；但腐败又是不能抗拒的，其结果是王朝被腐败瓦解，大动乱不可避免。因此，在中国两千年传统社会历史中，每一个封建王朝，虽然在其社会稳定时期我们可以看到兴盛的局面，但太平盛世不能持久。在每一个盛大王朝末期，都会出现商业病态繁荣、贫富差距极大、官僚政治极为腐败等现象，这些现象可以称为"假资本主义"。其结果是大动乱发生，几百年积累起来的生产力和进步付之东流。大动乱有效地清除了腐败，使得社会秩序可以重建，但重新确立的只是和原来旧政治结构相同的新王朝，而不是演化到新社会结构中去。这是因为建立新社会的各种进步积累都被大动乱破坏了。正是超稳定系统这种一治一乱的机制把中国传统社会束缚在原有轨道上，无论其内部商品经济多发达，都不能进入现代社会。正因为如此，第一个现代社会是在西方封建社会中产生的，而不是来自市场经济一度比西方发达的中国传统社会。[1]

《兴盛与危机》出版后在社会流传很广，影响很深。围绕中国封建社会长期延续的原因，史学界在20世纪20年代末和50年代初曾有过两次大讨论，均无定论。由于"文化大革命"中封建主义以"红色革命"的名义全国泛滥，专制集权危害深重，为总结"文化大革命"的教训，80年代这个问题再次提到思想日程。李泽厚、王若水以及著名学者黎澍、王元化、庞朴等，都对封建主义做了深刻批判。金观涛则另辟蹊径，从科学主义角度，运用系统论等方法，更注重从历史整体观上去了解中国封建社会的内部结构，从经济、政治和思想文化几个方面的交互影响和互为因果的历史变化中进行综合的探索，在反封建主义的共鸣中成为一支深沉的组曲。整个80年代及80年代之后，金观涛一直没有放弃对"超稳定系统"的研究，陆续发表了一些相关论著。

金观涛和其他很多有自然科学背景的学者，乘着80年代舆论开放和思想启蒙的春风，将国外关于方法论的新近研究成果介绍到中国，

---

1. 同前注。

包括被称为"老三论"的系统论、信息论、控制论，以及被称为"新三论"的耗散结构论、协同论、突变论，还有自然辩证法、科学哲学也都成为热门学科，这方面的论著被大量翻译出版，在80年代形成一股"方法论热"。这些前沿的方法论不仅推动了自然科学发展，同时哲学社会科学和人文学科的学者也拿来作为本学科领域的方法论工具，取得了很多全新的成果。我在一家学术刊物上看到一篇用统计学理论分析欧洲16世纪到17世纪战争发生频度的历史学文章，的确别开生面。当时我本人也曾运用统计学方法和系统论研究社会有机体发展的因果、统计、系统规律，成果后来在90年代发表。[1]"方法论热"可以算作是"文化热"的一个分支。

如同"走向未来"丛书编委会一样，80年代思潮中，中国文化书院和"文化：中国与世界丛书"编委会是"文化热"的中坚。

在各家文化机构中，中国文化书院具有很高的声誉。中国文化书院于1984年开始筹备，1985年成立。书院注重通过对中国传统文化的研究和教学活动，继承和阐扬中国的优秀文化遗产；通过对海外文化的引进、介绍、研究以及国际性学术交流活动，提高对中国传统文化的研究水平，并促进中国文化的现代化。书院以培养从事研究中国传统文化、哲学、历史、文学等领域的中外青年学者为主要目标，通过书院所组织的各种教学与研究活动，使他们加深对中国文化的理解和内在的感受能力；同时，在熟悉中国文献的基础上，较为系统地掌握中国传统文化发展、演变的脉络及其精神内涵。作为民间学术研究和教学机构的中国文化书院，聚集了一大批哲学界、文化界的大师级人物。书院由著名学者梁漱溟、冯友兰、周一良、任继愈、阴法鲁、张岱年、朱伯昆、汤一介等共同发起，联合了北京大学、中国社会科学院、中国人民大学、北京师范大学、清华大学、首都师范大学等单位及台、港和海外的数十位著名教授、学者一道创建。中国文化书院院务委员会主席首任是季羡林，后由汤一介担任，副主席是谢龙、王守常。从这份不完全的名单可以看出，中国文化书院由当时中国哲学界、文化界的巨擘组成，故能成为80年代"文化热"的重镇。书院还聘请北京各高校和学术机构的著名学者冯友兰、季羡林、张岱年、金克木、何兹全、戴逸、李慎之、李泽厚等担任导师，围绕中国传统文化这一主题，开展过

1. 李明华：《历史决定论的三种形式》，《中国社会科学》1992年第2期。

多种研讨和教学活动。在教学方面，自1985至1989年间，举办过"中国传统文化"、"中外文化比较"、"文化与科学"、"文化与未来"等短期讲习班、进修班共20多期；1987至1989年举办"中外比较文化研究班"，全国学员有12000名（函授），分布在各省、市、自治区，书院导师曾几次分别到全国十多个中心城市去对各地学员进行面授。这些都由书院导师或书院邀请的国内著名学者亲自讲课，或编写函授教材。书院的教学活动曾产生较大的社会影响。一些导师的讲课还由中央电视台录制成教学专题片在全国播放，引起很大反响。学术交流方面，几年来书院举办了多次较大规模的国际学术会议。如：1987年10月的《梁漱溟思想国际学术讨论会》、1988年10月的《中日走向近代化比较研究国际学术讨论会》、1989年5月的《纪念五四运动七十周年国际学术讨论会》和《中国宗教的过去与现在国际学术讨论会》，以及"中国知识分子"、"中国宗教"、"中国的近代化"等多次国际学术研讨会。此外，书院还曾邀请过许多位台湾、香港和海外的著名学者如王晓波、胡秋原、魏斐德、巴姆等到书院举行小型座谈会、讲演会，进行学术交流。在这方面，书院是大陆最早与台湾学术界建立交流关系的机构之一。

1985年3月4日至3月24日，中国文化书院筹委会在北京举办了"中国传统文化讲习班"。这是中国文化书院成立后举办的第一项大活动，讲习班教师阵容十分雄厚，梁漱溟、冯友兰、张岱年、任继愈、金克木、戴逸、汤一介、庞朴、李泽厚、孙长江等19名著名学者，国外杜维明、袁晓园以及台湾知名学者陈鼓应等为讲习班作了精彩的讲演。讲习班限制报名人数，很快来自全国各地的200余人将名额报满。这次讲习班影响深远，培养了很多"文化热"的骨干。1986年1月中国文化书院举办了第二期讲习班，主题是"中西文化比较"，报名人数达到700人，讲习班同样是由国内外享有盛名的十多位学者授课，作了20场专题讲座。这么多人共聚一堂研讨中西文化，的确是80年代的文化盛事。同年8月、12月，中国文化书院又举办了第三期、第四期讲习班，也是非常热烈，不仅有高校、科研机构的教师、科研人员参加，而且有不少企业界人士报名，把"文化热"推向了新的高潮。

书院编辑出版了"中国文化书院文库"，分为"资料集""演讲集""论著集"等，并陆续出版了《论中国传统文化》《中西文化比较》《中国文化研究年鉴》《中国宗教的过去与现在》《梁漱溟全集》、"中国文化与文化中国丛书"、"港台海外中国文化论丛"、"神州文化集成丛书"、"魏晋南北朝思想文化丛书"等书籍，成为"文化热"中的热门读物。中国文化书院在90年代仍然活跃，于1990年12月的《纪念冯友兰先生九十五诞辰国际学术讨论会》，以及1993年1月在福建泉州与泉州黎明职业大学和福建省闽台经济文化交流促进会共同举办的《东亚地区经济文化互动国际研讨会》等。这些学术会议除大陆各地学者、专家外，尚有多位来自台、港地区，以及美国、日本、法国、意大利、加拿大、澳大利亚、前苏联、新加坡、韩国、菲律宾、以色列等国的学者参加。各次会议在学术界都产生了很大影响。

1984年底，我曾与学兄郭齐勇到京拜访过汤一介先生，并与汤先生的助手王守常及汤先生的研究生景海峰交谈过，得知中国文化书院的筹办情况，甚感欣喜。1985年春，郭齐勇还参加了中国文化书院举办的"中国传统文化讲习班"，并详细介绍了研习班讲授的内容。[1] 80年代"文化热"中的一大批活跃人物，都曾参加过中国文化书院的活动，受到过中国文化书院的影响。

对于中国传统文化的研究，除中国文化书院之外，80年代中期，北京、上海、武汉、西安、广州等地先后建立了一批传统文化学术研究机构，主要有上海社会科学院的东西方文化比较研究中心，北京师范大学的中国近代文化史研究室和东西方文化比较研究中心，清华大学的思想文化研究所，福建师范大学的中国文化研究室，湖北大学的中国思想文化史研究室，湖南大学的岳麓文化研究所，西北大学、陕西师范大学的汉唐文化研究室，深圳大学的国学研究所和比较文学研究所，浙江省社科院历史所的吴越文化研究室，华南师范大学的岭南近代思想文化研究中心等。此外，北京、山东等地还设立了中国孔子基金会学术委员会 （并创办《孔子研究》专刊）、中华孔子研究所、山东省社科院的儒学研究所、山东大学的传统文化研究所、曲阜师范大学的孔子研究所等多家儒学研究机构。[2]

"文化热"的三家主要民间机构中，"文化：中国与世界"丛书编委会更偏重于倡导西方文化和西方哲学，并引导中国文化走向世界，走向现代化。如果说，中国文化书院在80年代"文化热"中以弘扬中国文

1. 郭齐勇：《"中国文化"研究的勃兴》，《青年论坛》1985年第6期。
2. 参阅孙丹：《回眸20世纪80年代的"文化热"》，第十五届国史学术年会论文集。http://www.hprc.org.cn/gsyj/whs/jiswmh/ 2016年9月1日

化为主，作"中西之辩"，那么，"文化：中国与世界丛书"编委会则掀起了"传统文化现代化"之风以及"西学热"，着重于"古今之争"。编委会宣称："中国要走向世界，理所当然地要使中国的文化走向世界；中国要实现现代化，理所当然地要实现'中国文化的现代化'——这是80年代每一个有识之士的共同信念，这是当代中国伟大历史腾飞的逻辑必然。"实际上，"文化：中国与世界丛书"编委会在80年代思想史舞台的现身，正是中国传统文化热的合乎逻辑的延伸。对中国传统文化的反思和批判，很快引起中西之争、古今之争，以及"中体西用"与"西体中用"之争，西学出台就是很自然的事，80年代中后期西学因此极为盛行。"文化：中国与世界丛书"编委会的发起人甘阳本人就是北京大学外国哲学所毕业的，具有很好的西学功底。编委会于1985年成立，甘阳任主编，副主编有王焱、苏国勋、刘小枫，编委会包括赵越胜、陈平原、钱理群、王炜、陈嘉映、徐友渔、周国平、刘东、朱正琳等，都是思想新锐、学养深厚的中青年学者，一般都对西方学术界比较熟悉，而且大都是学术界老先生的嫡传。"文化：中国与世界丛书"编委会的成立及其学术活动，被称为是"学院派"、"中国学术新生代的崛起"。在80年代的"文化热"中，"文化：中国与世界丛书"编委会的主要功绩是译介了大批西方学术经典，包括现代西方的各种学派如现象学、阐释学、存在主义、宗教学、法兰克福学派以及各种非理性主义，倡导并推动了"西学热"，同时大力推动中国传统文化走向现代化。丛书编委会与刚恢复不久的出版机构三联书店合作，在三四年时间里组织出版了"现代西方学术文库"（35种）"新知文库"（78 种）"人文研究丛书"，以及《文化：中国与世界》集刊（5 种）等上百种出版物。在几套丛书中，"现代西方学术文库"影响力最大，生命力最长，满足了文化复苏、思想饥渴年代读者了解世界上各种思潮的迫切需求。这套丛书中的《存在与时间》《存在与虚无》《悲剧的诞生》《新教伦理与资本主义精神》《资本主义文化矛盾》《变化社会中的政治秩序》等西方经典学术著作，成为80年代甚至90年代中国学界的必读经典。"文化：中国与世界丛书"编委会以其专精的学术研究和鲜明的文化立场在80年代成为文化研究的一支主力部队，并为90年代之后的文化研究提供了文本积累和人才积累，形成持续的影响力。

甘阳本人的学术著作也十分丰富。他主要从事政治哲学、西方思想史，大学理论等领域的研究。主要著述有《八十年代文化意识》《通三统》《自由主义左右》《文明·国家·大学》《古今中西之争》《政治哲人施特劳斯》《将错就错》《中国大学改革之道》（合编）、《文化：中国与世界》（主编）等。1986年他翻译出版了卡西尔的《人论》，在学术界风行一时。

甘阳在比较文化研究中，非常注重"中西古今文化之争"。他认为，近代以来中国知识分子对中国文化问题的大讨论，几乎总是与对西方文化的讨论与评价密不可分地纠缠在一起。正因为对中国文化的检查是在外来文化的刺激、冲击下发生的，正因为对本民族文化的反思总是与对外文化的态度纠缠在一起，文化讨论就变得异常复杂、异常棘手，甚至模糊了事情的本质。这里一个关键的问题在于：中国文化与西方文化之间的地域差异常常被无限突出，从而掩盖了中国文化本身必须从传统文化形态走向现代化形态这一更为实质、更为根本的古今文化差异的问题。近代以来中国社会本身的发展，使中国传统的文化形态再也不能适应中国社会的现实了。因此，问题的实质就根本不在于中西文化的差异有多大，而是在于，中国文化必须挣脱其传统形态，大踏步地走向现代形态。甘阳认为，近代以来的中西文化比较，均是将中西文化凝固化、模式化，其实中西文化都是在发展变化之中。西方文化也是从传统形态文化走向现代形态的，我们用来作比较的西方文化实际上是经过"知识论转向"后的近代西方文化。泛泛地比较中西文化，看到其区别，其实是回避转移甚至取消了中国传统文化形态与中国现代文化形态这个更为实质性的问题。我们讨论文化问题，应该将中国传统文化与中国现代文化的差别作为主要的、第一位的问题，而中西文化的地域区别则是次要的、第二位的问题。

甘阳分析近代以来包括当前文化界的思路，是将中国文化的基本形态、标准模式、总体结构、核心范畴、价值取向等看成是固定不变的，强调它的有别于西方文化的特殊性和优势，尽管也看到中国社会要从传统形态（小农经济）跃入现代形态（大工业生产），但中国传统文化的形态却并不需要进行根本的改造和彻底重建。更有甚者，很多学者将西方文化的根源归结于中国传统文化，认为中国传统文化高于西方文化。"泰西之学，其源流皆生于墨子"，"究之泰西之学，实出于中国，百家之言籍具存，斑斑可考"，"中国之杂艺不逮泰西，而道德、学问、制度、文章，则复然出于万国之上"，"中国人数千年以来，受圣经之训、承宋学之俗，以仁让为贵、以孝弟为尚、以忠敬为美，……则中国胜于欧美人可也"，"世界未来的文化就是中国文化的复兴"，这种比较普遍的态度或倾向，使得对中国现代文化形态的探讨始终未被提到文化讨论的中心位置。一提到西方的"科学理性精神"，即认为那是西方文化特有的，不是"中国文化的基本精神"，中国文化如果朝这种方向去发展，就是舍本逐末，全盘西化，就不成其为中国文化了，中国人也不成其为中国人了。但是意大利、德意志、法兰西人在文艺复兴、宗教改革、启蒙运动中，都没有这种担心，他们的传统文化演变为现代文化，他们仍然是意大利人、德意志人、法兰西人。改变传统就是丢掉家业、愧对祖宗，这种文化负罪感是中国现代化进程中的一个巨大心理障碍。"中学为体，西学为用"，是中国知识分子在相当长时间内都很难完全摆脱的一个鬼影。甘阳还以日本为例，说明传统文化形态如何走向现代形态。日本明治维新时期，以"近代化为绝对命令"，极为明智地不是一味只着眼西方的实用技术，而是首先大力输入西方文化的"本"，亦即西方的哲学以及政治法律等社会科学，使日本国风为之一新，从而全面改变了原先的文化结构、奠定了维新变法的根基，终于只用了短短三十年左右就奇迹般地完成了近代化过程，一跃而为列强，俨然称霸东方。反观中国，鸦片战争后中国人如果不是那样抱残守缺，空谈夷夏，中国史和世界史或当有所不同。总之，甘阳主张在中国文化内部实行变革，跨越传统走向现代。[1] 甘阳等人认为，"继承发扬传统的最强劲手段恰恰就是反传统"，这也是80年代"全盘西化"思潮的理论依据之一。

甘阳的观点，基本代表了"文化：中国与世界丛书"编委会学术圈的想法。他们关于中国文化的观点，对80年代激烈反传统思潮有重要影响。对此，也是这个学术圈的学者陈来对编委会的激烈主张既有相当的理解和同情，同时也有着隐隐的不安。他一方面认为"青年知识分子迫切要求现代化导致了反传统情绪"，因为"国家的强盛是知识分子的首要关切，强烈否定民族文化传统正是基于急迫要求复兴民族国家的危机意识。这种心理几乎支配着'五四'到今天的每一代青年知识分子"。但另一方面他对由"具有开放心灵的传统文化研究学者"组成的中国文化书院在

---

1. 参阅甘阳：《说中西古今文化之争》，《青年论坛》1986年第2期。

对传统的阐发和继承上的努力颇有敬意，并且预判随着文化体验的加深，这种"反传统倾向"可能会逐步减弱，"走向较为圆熟的境地"；而且在全面西化的时代大潮中，认同传统的学者的声音"必然"会显得软弱无力，这种格局一旦"到现代化的历史任务完成之后"，将会发生"根本的改变"。[1] 这个评价是比较中肯的。

刘晓波、《河殇》的激烈反传统思潮

80年代思潮的第四条线索是激进的反传统、激进的自由主义和"全盘西化"思潮。这条线索的领头人以刘晓波、电视政论片《河殇》编创人员为主。李泽厚说"文化热"是借文化谈政治，而刘晓波等是借文化反对现行体制，借西方文明批判东方专制，借西方自由主义否定中国传统儒家文化。这条线索也是从80年代初延续而来，在80年代中后期发展到顶峰。刘晓波等一批知识分子反思1949年以来历次政治运动对国家的伤害，他们看到镇压"胡风反革命集团"、批判《武训传》、反右伤及几十万知识分子、1959-1961年中国非正常死亡上千万人、"文化大革命"封建专制复辟等惨痛的教训，看到林昭、遇罗克、张志新等人遭受的残忍迫害，看到香港在资本主义制度下的繁荣，激起对专制制度的强烈对抗情绪。这一股思潮，被很多老一代学者视为"偏激"，但在青年学生中影响很大，并延及全社会。1988年6月《河殇》由中央电视台播放，影片激烈批判中国传统文化（"黄土文明"），高扬西方文明（"蓝色海洋文明"），批判"国民性"，在全国引起震动，说明当时社会心理的倾向。

对于中国传统文化的见解，知识分子的心态是非常复杂和矛盾的，思考是多角度的。"文化大革命"造成的空前的破坏，究竟是因为抛弃了传统还是极致了传统？"文化大革命"中大张旗鼓地"破四旧"，打破旧思想、旧文化、旧风俗、旧习惯，批判"奴隶主阶级的代表"人物孔子，批判"克己复礼"，与"两个传统"彻底决裂，使几千年的斯文扫地，文化传统、社会风尚、道德准则都发生断裂，这当然是抛弃了传统。所以才有很多学者痛心疾首，提出"复兴中华文化"的口号，才

1．参阅冯金红：《"古今中西"的漫长争论——"文化：中国与世界"三十年》，《文化纵横》2020年4月14日 。https://www.zz-news.com/com/wenhuazongheng/news/itemid-850070.html

有中国文化热的空前盛世，以及中国文化书院的大受欢迎。可是，另外一些学者反思"文化大革命"，认为是封建传统文化的复活，专制主义、朕即真理、扼杀个性、以言治罪、无法无天、外戚干政，正是封建主义文化传统的典型特征。所以才有很多学者在"文化大革命"结束后奋起批判封建主义，倡导人道主义，提出传统文化的现代化和向西方学习的问题。甘阳在"中西古今文化之争"的论述中，批判了那种"改变传统就是舍本逐末、全盘西化"的观点，认为在改造传统的过程中"丢掉家业、愧对祖宗，这种文化负罪感是中国现代化进程中的一个巨大心理障碍"，继而提出"继承发扬传统的最强劲手段恰恰就是反传统"。80年代的激烈的反传统思潮，一般也持这种观点。

刘晓波是80年代激烈反传统、主张自由主义和向西方学习的代表人物。据百度百科介绍：刘晓波1984年硕士毕业后留北京师范大学任教，后获文艺学博士学位。2009年，因涉嫌煽动颠覆国家政权罪，经检察机关批准后依法逮捕，刘晓波被判处有期徒刑十一年，剥夺政治权利两年。服刑期间，因患肝癌，被保外就医，2017年7月13日因多脏器功能衰竭，经抢救无效死亡。据维基百科介绍：刘晓波是作家、社会活动家、文学评论家、人权运动家、《零八宪章》主要起草人之一、2010年诺贝尔和平奖得主。

刘晓波于1984年开始在文化界露面。1984年至1985年，先后发表《论艺术直觉》《论庄子》《一种新的审美思潮》《无法回避的反思——从几部有关知识分子的小说谈起》等文，后两篇文章支持具有叛逆精神的"新潮文学"，表现出他的思想锋芒。1986年9月，刘晓波在北京召开的"新时期十年文学讨论会"上，做了《新时期文学面临危机》的发言，他以中国"五四"文学和西方现代派文学为参照，激烈批判"新时期文学"主流，批判中国传统文化，认为"中国知识分子身上的民族惰性比一般大众更深更厚"，"不打破传统，不像'五四'时期那样彻底否定传统的古典文化，不摆脱理性化教条化的束缚，便摆脱不了危机。"这次发言，在文艺界引起极大反响。刘晓波经常发表惊世骇俗和张狂自傲的言论，表现出对任何羁绊、权威的蔑视，他的激烈反传统的思想，一度被称为"文坛黑马"、"刘晓波现象"，影响了一大批激进的年轻人，并受到文学评论界、美学界一些知名学者的关注。由于他在文化界的影响，80年代后期曾被邀请到挪威、美国等高校讲学。刘晓波的著述十分高产，在他不算太长的人生中，共出版著作11部，发表文章（主要是政论）近800篇。刘晓波的激烈反传统，一方面在学术理论上予以论述，但多数情况下是在民间运动中投身反对现行体制的活动，并以发表政论文章的方式抨击专制体制的弊病。刘晓波与其说是80年代一种文化思潮的代表人物，不如说是80年代一种政治思潮的代表人物。

刘晓波是彻底的反传统主义者。关于中国近代以来落后的原因，他从制度、文化一直追究到中国人的"人格"、"人种"。　他对以屈原、杜甫为代表的中国文学传统，对以孔子、儒家为代表的中国思想传统，对以专制帝制为代表的中国政治传统，对毛泽东、邓小平的政治路线，甚至对80年代思潮中的几个重要人物方励之、李泽厚、金观涛、温元凯，都持批判态度，表现出比"五四"运动的反传统更为偏激的姿态。他说："在中国，以无耻的方式向道义挑战的勇气，几乎人人具有。但是，以道义的勇气向无耻的现实挑战的人，却几近灭绝。"他认为自己的思想有点像对历史和现实失望透顶因而主张"上帝已死"和"重估一切价值体系"的德国哲学家尼采。他同时也是自由主义的热烈拥护者，主张政治民主化、经济自由化、文化多元化，将表达自由视为"人权之基，人性之本，真理之母"。"我期待我的国家是一片可以自由表达的土地，在这里，每一位国民的发言都会得到同等的善待；在这里，不同的价值、思想、信仰、政见……既相互竞争又和平共处；在这里，多数的意见和少数的意见都会得到平等的保障，特别是那些不同于当权者的政见将得到充分的尊重和保护；在这里，所有的政见都将摊在阳光下接受民众的选择，每个国民都能毫无恐惧地发表政见，决不会因发表不同政见而遭受政治迫害；我期待，我将是中国绵绵不绝的文字狱的最后一个受害者，从此之后不再有人因言获罪。"他认为，在中国，政治自由主义和所谓经济自由主义的主流经济学的实质区别，在于如何面对权贵私有化的既成现实。主流经济学家反对清算，主张对不义之财实行既往不咎的一刀切式的无条件赦免。刘晓波则强调实行清算是实现社会公正的途径之一。清算应该主要针对国家公职人员，要以法治的手段进行清算，不要搞运动式的清算。清算既可能使权贵者们顽抗到底，也可能使权贵者们顺从民意——只要民间要求社会公正的道义压力足够大，设计出的清算策略以法治为底线。

刘晓波一直主张"非暴力"、"我没有敌人","我们主张以和平的方式推进中国的民主化进程，反对任何形式的暴力"，"民主政治是没有敌人和仇恨的政治，只有在相互尊重、相互宽容、相互妥协基础上的协商、讨论和表决"。在90年代之后其思想更倾向于宗教情怀，更强调"宽容"、"和平"。

在80年代，刘晓波除了参与文化讨论，发表很多抨击中国传统文化的论著，更多地是投身民主运动，是著名的民运领袖。1989年4月，本来已在美国做访问学者的刘晓波，中断访期提前回国，参加北京的学生运动，"六四"时到天安门广场，6月2日与周舵、高新、侯德健一起发表绝食宣言。随后他建议学生撤出天安门广场，但没有被学生接受。6月6日，刘晓波被指控为操纵学运的黑手被拘捕。刘晓波于90年代曾对"八九民运"进行过批判性反省，引起海内外异议人士很大争议。2008年，刘晓波发起和参与起草了《零八宪章》，并与300多名中国各界人士一同签署。该宪章于同年12月10日世界人权日，联合国《世界人权宣言》60周年时发表。《零八宪章》以捷克斯洛伐克《七七宪章》的风格写成，主要是呼吁自由、人权、平等、共和、民主、宪政，提出"自由不昌，则无现代民主可言"。由于刘晓波坚持参与民运活动，发表了很多针对当局的激烈言论，2010年2月11日北京市高级人民法院以"煽动颠覆国家政权罪"判处有期徒刑11年，剥夺政治权利2年，后在服刑期间于2017年7月病逝。

80年代中后期的激烈反传统思潮，不只是在刘晓波那里有充分表现，更为广泛传播反传统思潮的是电视政论片《河殇》的播出，这是80年代末的一个重要事件。

《河殇》的脚本，最初由知名学者谢选骏撰写，后由苏晓康和王鲁湘担任总撰稿人，中央电视台夏骏导演。《河殇》的编创人员，与刘晓波的激烈反传统思想是一致的。作为"政论片"，虽然是文化人的作品，但有非常强的政治内涵。影片站在世界文明的高度，从中国社会结构、文明兴衰、土地、水源、科技、哲学、人口、教育以及对龙、长城、历史人物等各个视角，重新审视中国的历史和文化，透视华夏文明的历史命运，思索中华民族的生命历程，试图拯救衰落的中国文明。《河殇》的结论是：背负着衰落文明的沉重包袱的中国人，现在应该放弃沉重的古老传统，抛开内陆的封闭式文化，向蓝色的海洋文明、向开放型文化的发展。

　　初稿撰写者谢选骏对中外比较文化有较多的研究，80年代出版过《神话与民族精神——几个文化圈的比较》《空寂的神殿——中国文化之源》《荒漠·甘泉——文化本体论》《秦人与楚魂的对话——对〈展望二十一世纪〉的诘难》等著作，发表过100多万字作品，其中有关黄河文明和航海文明、长城精神与浮士德精神、天子——超人——弥赛亚等比较研究，因此被聘请为第一稿的作者。第一稿出来后，便交由苏晓康、王鲁湘等撰写完成分镜头稿。

　　《河殇》引起巨大反响，主要是因为它对中国文化中极为神圣的象征物长城、黄河、龙做了负面的分析评价，对传统文化进行了激烈的批判，颠覆和震撼了人们长期以来的固有观念。编创者认为，长城是东亚农耕社会一个重要的防卫手段，而长城的精神作为"凝聚农耕社会文化共同体"，与我们民族内心深处的精神相通，即防御思想。长于保守，拙于进取；注重防卫手段，缺乏出击精神；推重道德，轻视效率；安贫乐命，不冒风险……与欧洲航海民族的海盗精神正好相反。然而，在今天这样多变化、高效率、错综复杂的国际环境中，"长城精神"可能自觉不自觉地束缚我们民族积极开拓、面向未来的创新实践，与"面向未来"的时代精神格格不入，更会妨碍发现新航道的创造性活动。关于龙，中国的"龙"并不是人文精神的体现，而是一种自然力的超人象征，是一种与人对立却迫使人屈从于它的神秘势力。也就是说，崇拜这异己力量的人民，不可能是一种充满自信的人民。另外，受到崇拜的龙，不是个死摆设，而是统治力量的符号，也是奴隶心理的象征。就前者而言，它代表一个无限的威灵；就后者而言，它倾注一片无言的顺从。关于黄河，影片认为它象征的是一种内陆的、封闭的文明，没有西方海洋文明的扩张性、开放性，导致中国长期落后，因此中国未来必须走向蓝色的海洋文明。

　　该片播出后在中国社会引起了很大轰动，评价分为两个极端。持批判传统文化观点的群体认为，影片把中国文化的痼疾揭露出来，并指明了中国文化发展方向，十分犀利和深刻，发人深省，能够振奋改革斗志，加快对外开放的步伐，并促使年轻人和知识分子反思自己的祖国，反思我们的文化，反思整个历史。青年学生特别欢迎这部影片，有些高校团委还给每个学生发一本《河殇》解说词。肯定中国文化传统的群体则认为，《河殇》竭力贬低"黄土文化"，就是否定中华优秀文化传统，是民族虚无主义，批判"长城精神"、"龙文化"、"黄河精神"，伤害了中国人民的信仰，鼓吹"海洋文明"，向往西方政治制度，是搞"全盘西化"。在党内高层也产生了分歧，时任中共中央总书记的赵紫阳、时任中国国家主席的杨尚昆欣赏这部影片，但以王震为首的党内元老，在各种场合批评《河殇》，王震认为，《河殇》不仅彻底否定了中华民族的优秀文化传统，而且彻底否定了近百年来中国人民的可歌可泣的革命斗争，彻底否定了中国人民在中国共产党领导下进行的伟大的民主革命、社会主义革命和建设的伟大成绩，竭力鼓吹"全盘西化"、走"蓝色文明"之路即资本主义道路才是中国的唯一出路。海外学者余英时也说，《河殇》把80年代的激进主义思潮推向了极致，充分地暴露其被批判传统文化的激情掩盖下的思想苍白、目光偏狭。从专业的角度看，《河殇》中有史实不准确、解释过于牵强、缺乏思想史的严谨等不足，因而也受到一些学者的批评。

面对截然不同的评价，谢选骏多次作了解释："《河殇》的原始出发点究竟是什么？简洁的说来，这原始出发点就是对黄河养育的民族的历史命运和现实处境，作一番清理与思考。这当然不可能像有的同志所误解的那样是'民族虚无主义的'。什么是民族？须知民族是一个不断生成和扩张着的开放性概念。假如有人把一切来自域外的技术和观念、物产和风俗，通通拒之于国门之外，那么我们的文明在许多方面就会一下子退化到石器时代。甚至，连最为经典、最为国粹的殷周青铜器的制作工艺，也有来自域外的痕迹呢！因此，民族虚无主义不是一个吸收国际因素的问题，而是一个唾弃民族自尊心的问题。"[1]"是的，中国民族在近代所遭遇的不幸，也许只是其漫长历史上的一段短暂插曲而已。没有一个民族能在世界历史的激烈竞争中连续保持千年的强盛，此理至明，中国又何能独外？但这个道理并不能反过来为不肖子孙们的懒惰、愚昧、低能、腐朽、奸佞做辩护，不能为他们心安理得地躺在祖宗的墓碑上酣然沉睡提供一顶心情保护伞。我愿做一个民族主义者。至于道路，则不拘一格。"[2]"我说回归祖辈的文化，中国是回归到秦以前的中国文化。那时中国的社会心态是年轻的、文化精

1. 谢选骏：《我与<河殇>》，《羊城晚报》1988年7月21日。
2. 谢选骏：《再答王小东谈<河殇>》，《书林》杂志1989年4期。

神是朝气蓬勃的。这种文化精神概括起来就是'日新其德'。战国时七雄并列，社会是多元化的，机会是均等的，一致而百虑，殊途而同归，大家都想统一中国，谁能招揽人材，谁能给新的文化因子以丰润的土壤，谁就有强大的竞争力：人们的主体意识强，人与人之间、人与社会之间、义务与权力之间，都是双向交换的，'士为知己者死'比'君要臣死臣不得不死'更能激发人的创造力。此地无法施展的才能，可以发挥到别处去；每个人的国家意识和民族意识都很强烈，与国家意识和民族意识相伴生的就是献身精神。先秦文化的这种特征与秦至清'长城一统文化'是截然不同的，这就是我所说的祖辈文化。而秦至清的长城一统文化则相当于'父辈的文化'，近代反传统主义的矛头所向即是父辈文化的僵化。代表先秦文化精神的《周易》上的那些精粹如'天行健，君子以自强不息'、'富有之谓大业，日新之谓盛德'，今天读起来仍然使人感奋不已，这是我们进行现代化建设的宝贵财富。"[1]

当然，拍摄《河殇》的分镜头稿，与谢选骏的初稿相比有很大的改动，其中增加了激烈反传统的内容。但无论谢选骏如何解释和说明，都无法改变《河殇》播出后的实际效果。1989年夏天安门广场"六四"风波之后，谢选骏和《河殇》其他编创人员，均作为"反革命暴乱"的幕后"黑手"，或被投入监狱，或逃往国外，《河殇》也被作为"民族虚无主义"、"全盘西化"和"资产阶级自由化"的标本，受到大规模批判。

新儒家的传统文化情怀

80年代思潮的第五条线索，是以海外学者为主，包括台湾和香港以及美国、澳大利亚等国的一些汉学家，主张转化儒学传统以推动中国现代化发展的思潮。学界称这种主张的学者为"当代新儒家"，他们以独特的视角参与到中国80年代的文化讨论。这股思潮的根据是，"东亚四小龙"（香港、台湾、新加坡、韩国）都属儒家文化圈，它们在70年代经济崛起，成为"新兴工业经济体"，主要原因是以儒家思想作为治国方略，成功地走出了一条与西方发达国家不同的道路。以此为借鉴，中国大陆在"文化大革命"之后，应批判吸收儒家思想，将传统与现代化结合，创造东方发展模式。关于这方面的理论，由于以美国哈佛大学教授杜维明为主的海外学者多次来中国大陆演讲，并出版了

1. 《回归祖辈的文化——访谢选骏》，《光明日报》1988年10月6日。

大量论著，在文化界、思想界有较大影响，成为80年代思潮重要的一支，并有力推动了中国传统文化的研究。杜维明写过一本书《东亚现代性中的儒家传统》，将"东亚四小龙"与儒家传统紧密结合起来。

在现代化浪潮的今天，究竟如何对待儒学？这是中国学术界应该直面的问题。自汉代董仲舒提出"罢黜百家，独尊儒术"以来，儒学已成为官方以及知识分子的意识形态，儒家经典中的王道政治理想、德政治理方略、仁义价值理念，还有"民贵君轻"、"内圣外王"、"格致诚正修齐治平"、"养浩然之气"、"士不可以不弘毅，任重而道远"等观念，已深入到中国文化的血液和骨髓中。先秦以来两千多年的传统文化，其中必然有诸多珍贵的宝藏，值得今人去挖掘和继承、弘扬，作为现代社会的养分和推力。然而，1949年以后，以法律形式固定下来的官方意识形态是马克思主义，而孔子作为奴隶主阶级的代表，儒学作为封建统治阶级的意识形态，不仅不再"独尊"，而且在多次政治运动中受到批判。在这种情况下，一大批以儒学为安身立命之本的知识分子，坚信儒学的当代价值，他们考虑如何恢复儒学的尊严，并参与到现代民族国家的建设当中。这是80年代新儒家思想在中国大陆流行的背景。

中国传统文化现代化，较早由曾任香港中文大学校长的台湾学者金耀基提出。20世纪60年代，金耀基出版了《从传统到现代》（1999年在大陆出版，中国人民大学出版社），受到学界关注。上溯更早，关于中西文化的比较，晚清即有体用之争，民国时期有整理国故与全盘西化之争，进入现代社会，又有新儒家与新西化之争。以美国学者余英时、杜维明等人为代表，承接台湾学者牟宗三提出的"儒学第三期之发展"说并加以阐释和发展，因应传统文化与当代现实的结合，在80年代"文化热"中受到重视，甚至催生了中国大陆的新儒家群体。"儒学第三期之发展"说由牟宗三于20世纪40年代创立，他认为自先秦以来，儒学经历了三个阶段。儒学由孔子创始，经孟子、荀子到董仲舒是第一个时期，宋明理学是儒学第二个时期，20世纪儒学是第三个时期。儒学未来的命运，能否延续传承，关键在于能否获得第三期发展。20世纪以来，一批坚守中国文化传统、笃信儒家文化内在价值的学者，被称为"新儒家"。新儒家的"新"在于，他们不仅潜心阐释儒学经典，同时注重吸收西方学术养分，著书立说，达到中西结合和变通。如方东美所说："返宗儒家，融合中西哲学，以建立新儒学"。新儒家承继了孔孟的人文思想和济世情怀，以建立现代民族国家为使命，认为儒家是国家意识和价值观念的基础和准绳，强调"心性之学"是了解中国文化传统的钥匙，主张反求诸己实现"内在超越"，力图将儒学理论与现实社会的科学民主发展相结合，倡导甚至实践儒家理想（如梁漱溟的"新农村运动"），并参与世界秩序的建构，"内圣开出新外王"。由此看来，新儒家是一批有家国情怀和政治抱负的学者。80年代我曾随学兄郭齐勇研究新儒家重要代表人物熊十力哲学思想，研读、标注熊先生的著作，并拜访熊先生生前的诸多友朋，如梁漱溟、冯友兰、张岱年、周辅成、朱光潜、贺麟等老先生，从中深感熊先生中西学养深厚，以及不屈权贵、一身浩然之气的儒家风骨。熊十力是湖北黄冈人氏，1985年12月，湖北省政协、北京大学、武汉大学在黄冈举办熊十力哲学思想研讨会，海外学者杜维明、成中英等都出席了，我和郭齐勇也参加了会议。

学术界一般认为，20世纪以来恪守儒学传统的新儒家有三代学人，分别是：第一代——1921年至1949年，代表人物为熊十力、梁漱溟、马一浮、张君劢、冯友兰；第二代——1950年至1979年，代表人物为方东美、唐君毅、牟宗三、徐复观；第三代——1980年至今，代表人物为成中英、余英时、刘述先、杜维明、霍韬晦、姚新中等。其中梁漱溟、熊十力、马一浮三位合称新儒家三圣。80年代的"文化热"中，三代新儒家的著作多有出版、再版，或被关注、介绍。其中影响最大的是第三代新儒家杜维明先生，杜先生于1985年应北京大学哲学系邀请，到北大开设"儒家哲学"课程，使新儒家思想得到广泛传播。

第三代新儒家被称为当代新儒家。他们的主要观点是：在中国传统文化与中国现代化之间关系的争论中，儒学三期发展的图景借助东亚经济奇迹而产生的"儒家资本主义"的论说，认定儒学因为其注重教育和强调团体忠诚等等，可以成为社会发展的一个重大的促进因素。这个话题同时也回击了马克斯·韦伯关于非西方的世界缺乏资本主义精神的判定。韦伯在其《新教伦理和资本主义精神》等一系列著作中，试图为资本主义在欧洲的产生和发展寻找精神上的动力，并最终将这个精神动力锁定为基于视工作为天职和节俭的"新教伦理"，而他通过对世界上不同宗教的比较分析，指出中国的本土儒教和道教因为缺乏神圣世界和世俗世界之间的"紧张"而难以成为这样的精神动力。

韦伯学说似乎从理论上为"五四"新文化运动以来对于儒家的批评找到了新的理论证据。然而令海外新儒家高兴的是，即使是最为歧视中国文化的人，也必须看到，在深受儒家文化影响的东亚世界，在20世纪60年代之后出现了经济奇迹，许多分析都看到了东亚经济发展模式中儒家价值观念的影子，这样就使儒家资本主义成为儒家与现代化和解的一个重要证据。当代新儒家的重要代表人物杜维明还认为，儒学存在一个由地方性知识向世界性知识发展的轨迹，因此，儒学三期发展是否可能的关键在于儒学能否对西方文化提出的重大课题给出创建性的回答，他指出了需要回应的四个方面：一是科学精神，二是民主运动，三是宗教情操，四是从心理学方面对人性的理解。在杜先生看来，儒学参与到文明对话中是其发展的必然道路。[1]在杜维明看来，现代化不可能与传统分割开来，任何现代化，都是在传统基础上的现代化。我们要了解法国，如果不了解法国的中世史、近代史，就很难了解法国的革命精神和法国现代的社会关系。如果不了解英国的传统，就很难了解英国的现代性。如果不了解美国的市民社会，也就不能理解托克维尔所讲的美国的民主特色。这些地方有它自己的特色，这种特色又和它的生活习惯、心灵的积习有密切的关系，和它自己的传统有千丝万缕的联系。我们不可以把传统像甩包袱一样扔掉，传统是渗透到我们的血液和骨髓中的，成为了我们的DNA。传统对我们潜移默化，如果我们自觉地运用传统，传统就会发挥巨大的作用。

关于传统，1985年杜维明发表《以开放的心灵迎接"传统"的挑战》一文，对如何看待传统发表了进一步的看法。他说："我建议大家以开放的心灵接受'传统'的挑战，一方面是深深忧虑'和传统再度决裂'的激情主义难免导致全盘西化和义和团两种极端意识在同一层次、同一坐标系中互为因果的激荡所造成的变态心理，这种心理曾对中国知识界的现代化起过很坏的影响。另一方面是感到'传统'的多样性和复杂性。如果我们只抱着奢求现实速效的心情来打击'传统'，也许不仅没有清除封建遗毒，连'自家无尽藏'也一股脑儿都丢光了。"[2]

关于当代新儒家的学理思路，90年代我曾当面请教过杜维明先生。1998年至1999年，应杜维明先生邀请，我在哈佛大学做访问学

1. 干春松：《"儒学第三期发展"重思》，《学习与探索》2013 年第 1 期。
2. 杜维明：《以开放的心灵迎接"传统"的挑战》，《青年论坛》1985年第6期。

者，期间我曾多次向杜先生请教关于"儒学第三期发展"问题，每次交谈一两个小时。杜先生在交谈中，比较了公元6世纪世界的"轴心时代"和当代即将形成的又一个"轴心时代"。所谓轴心文明，是德国哲学家雅斯贝尔斯（Jaspers, Karl）于 1948 年在《历史的起源与目标》一书中提出来的。杜维明在阐释、衍伸雅斯贝尔斯的观点时说，公元6世纪，印度、中东、中国、希腊的民族传统文化在各自的发展中都达到一个高峰，可称为"第一轴心时代"，这个时代有四个典范性的人物对人类文明的影响很大。他们是苏格拉底、孔子、释迦牟尼、耶稣。他们生活的时代，大约在公元前6世纪到一千年，在各地独立活动，他们互相之间没有关系。这几个人物的思想，一直到20世纪甚至21世纪，还有很大的影响力，还在塑造人类文明。从文化地图上来看，公元前 6世纪左右，在南亚所发展出来的基督教和佛教（杜先生原话如此，当系口误——作者注），在中国的是儒家、道家，在中东的主要是伊斯兰教和基督教，以及希腊的哲学，这些传统当时出现，这几种文明相对独立，它有发展的内在逻辑性，有它的影响。二战之后，人类从非常残酷的阶段过来，重新回头来回顾、审视历史，会得到重要启示。从20世纪向21世纪过渡期间，各种不同文化又开始互相渗透，将来会出现东方文化西方化、西方文化东方化的局面，传统文化会重新盛行，形成"第二轴心时代"。杜先生的这一观点，得到很多学者的赞同。在哈佛，杜先生赠我几本他的著作，还送我一套他主编的在新加坡使用的儒家伦理学教材。

记得与杜先生交谈后不久我将谈话记录整理成一万多字的"访谈录"，并请杜先生审核订正。此访谈录我以《回应与创新——就"哈佛儒学研讨会"访问杜维明先生》为题，于1999年寄给时任黑龙江大学副校长兼学报主编的衣俊卿，他收到后认为不错，很快发表于《求是学刊》（1999年第4期）。该文后被杜先生收入《杜维明文集》第4卷（武汉出版社，2002年。《文集》是学兄郭齐勇编辑的）。

随着复兴中国传统文化的思潮，在中国文坛上兴起了一股"文化寻根"的热潮。80年代的文学作品和影视作品，有很多"寻根"题材，描写中国乡土社会、历史风情、市井小民、乡野村夫、古镇变迁故事。作家们开始致力于对传统意识、民族文化心理的挖掘。1985年韩少功在一篇纲领性的论文《文学的"根"》中声明："文学有根，文学之根应深植于民族传统的文化土壤中"，应该"在立足现实的同时又对现实世界进行超越，去揭示一些决定民族发展和人类生存之谜"。比较有代表性的作家有贾平凹、路遥、陈忠实、莫言、冯骥才、邓友梅、陆文夫、阿城、韩少功、汪曾祺、张承志、杨炼等。在电影方面，有关题材的作品有《黄土地》《老井》《红高粱》《陈奂生上城》《人生》《边城》等。这是在学术界之外的领域呼应张扬本土文化表现形式。

当然，当代新儒家所坚守的儒学是否原本意义上的儒学，有学者也提出了质疑。而且，"东亚四小龙"的崛起，背后究竟是否有儒学的理论支撑，也是值得探讨的。另外，海外的新儒家群体，对中国大陆的意识形态背景和政治体制模式没有长时间亲身体验，故提出的政治和意识形态设计不免有疏离感。

由于当代新儒家师承有源，思想逻辑明晰且成一体，他们的一些重要观点，在中国90年代及以后的"民族主义"、"文化保守主义"（"新保守主义"）、"反文化虚无主义"思潮和"国学热"中，都得到重申。

在坚守中国传统文化方面，有些学者表现得更彻底，其中比较突出的是在美国高校任教的台湾学者林毓生。他在中国大陆比较有影响的一本书是《中国意识的危机——"五四"时期激烈的反传统主义》，于1988年由贵州人民出版社出版。其内容主要是论述评判"五四"新文化运动。在书中，林毓生认为近半个世纪来中国大陆继承了"五四"时期激烈的反传统主义的新传统，从而中断了中华民族儒家"传统"的"血脉"，产生了"中国意识的危机"。林毓生在分析了学衡派的文化保守主义、马克思主义史学家的反封建说、激进主义的理性启蒙运动说、检讨五四思想误区的反思说等观点之后，提出了"意识危机"说。林毓生认为，"当一个社会发生了政治与社会危机，加上文化因迷失方向而出现文化危机的时候，那是最需要意识形态的时候。""五四"的危机，就是意识形态的危机，是对中国传统文化迷失方向而产生的危机。针对国际学术界推崇的"西方中心主义"，林毓生提出"中国中心观"的观点，并将此作为研究中国现代思想的支点和基础。过往很多国外汉学家如费正清、邓嗣禹、列文森等以"冲击-响应模式"和"传统-现代模式"来解释中国历史，夸大了西方冲击的作用以及西方经验的普适性，忽略了中国内部的活力及复杂因素。根据"中国中心观"理论，中国社会内部的变革，并不是外部（西方）思想冲击和影响的结果，而主要是由中国内部的价值取向和文化活力来决定的。"五四"时期那些貌似激进的反传统的思想模式，其实与中国古代思想存在着割舍不断的历史-逻辑联系。比如"全盘性反传统主义"的思维模式——"以思想文化来解决问题"，正是中国传统思想的固有特点。还有如胡适、鲁迅、陈独秀等人都发表过激烈的全盘反传统的言论，同时他们却耐人寻味地从知识的和道德的立场献身于一些中国的传统价值。林毓生认为，追求自由、民主、法治等现代意识，不应和全面反传统联系起来，而应该以清明的理性、辩证的精神、审慎的历史文化观，对传统进行"创造性的转化"。对文化传统进行"创造性转化"，就是把一些中国文化传统中的符号、观念与价值加以重组或改造（有的传统成分重组，另外有的成分则需改造，当然也有成分应该扬弃），使经过重组或改造的符号、观念与价值变成有利于变迁的种子，同时在变迁的过程中继续保持了文化的认同。林毓生在一篇谈话中还进一步认为，儒家传统看重人的价值，发展出来很强的人本主义，例如：基于人性本善所形成的"仁的哲学"，蕴含着对人的尊重，以及人的自我完成的道德任务。这些对于人的价值的肯定和坚持，与西方宪政民主所肯定的人的价值、对人的尊重是相通的。儒家传统中的价值观与西方宪政民主的价值观，不但是相通的而且促进了西方的宪政民主。[1]

林毓生的这些论述，在80年代反传统思潮中无疑带来很大的震撼。原本"文化热"中关于"五四"运动和传统反传统的争论就是一个焦点，激进的反传统思潮很流行，因此，林毓生坚守传统的观点引起了广泛的回应。在此背景下，与林毓生有相似见解的学者史华慈、张灏、萧公权、保罗·柯文等人的著作也被学术界关注。

以上论述的关于中国20世纪80年代思潮的五条线索，只是一个粗线条的列举。实际上，80年代这十年，集中了中国知识分子自1949年甚至20世纪初以来积累的关于政治、经济、文化、社会的思考，关于国家兴亡、民族命运和国民秉性的思考，在这个思想解放的年代空前爆发，思想内涵极为丰富、开阔、多元，值得深入总结，细致梳理，以鉴后世。限于学识谫陋，我只不过从其中的一个角度来展开，当然

---

1. 林毓生：《新儒学何往：新政治秩序与新文化秩序》，《财经》杂志2014年第30期。

不可能概括80年代波澜壮阔的思想大潮。

（三） 党内博弈

以上五条线索主要是从学术和理论层面分析80年代社会思潮，下面再分析80年代思潮的另一个侧面，即中共党内斗争如何影响或左右社会思潮。社会思潮是异常复杂的社会现象。一些研究社会思潮的学者，从社会形态、发展趋势、经济生活、精神现象、群体行为等各个方面阐释论证某种社会思潮的兴起、发展、衰落过程，这当然是非常必要的。但还须看到另一个层面，国家政权顶层的一个人或一批人的意志，对社会思潮的动向起着重要作用，有时甚至是关键作用。在中国，尤其是这样。"党外无党，帝王思想；党内无派，千奇百怪。"（毛泽东）社会思潮现象与共产党内派别的博弈，并不是平行发展的两条线索，而是互相影响、互相交织的纠缠体。社会思潮一定会反映到党内，并在党内寻找代理人。同时，党内各派一定要在社会上培植支持力量，获取党内博弈筹码。整个80年代政局的起伏跌宕，实际上是党内斗争的拉锯式往复的体现，这种"拉锯"牵制着社会思潮的发展。比如，1980年邓小平提出政治体制改革，社会思潮就有民主、言论自由的思潮。1983年胡乔木、邓力群发动"清除精神污染"运动，学术界关于异化、人道主义的讨论很快即陷于低潮。1985年中宣部长朱厚泽提出"三宽"（宽厚、宽容、宽松），学术界关于自由主义、西方文化的讨论即出现热潮。1989年5月学潮，邓小平与对立派陈云、李先念站到一个阵营，主张强力压制学生运动，"六四"风波之后，一片肃杀氛围，关于民主政治的讨论戛然而止。一旦某种思潮被认为是威胁政权的力量，统治者立即会以政治手段令其终止。高层某些政治人物对80年代的评价，与学者的思路是截然不同的。在学术界、理论界看来，80年代各种思潮百花齐放，是思想解放的春天，是知识分子的黄金时代。但高层意识形态主管部门却认为80年代是资产阶级自由化泛滥的时期，必须拨乱反正。如时任中央宣传部理论局局长卢之超的说法具有代表性："整个20世纪 80年代，存在着坚持四项基本原则和资产阶级自由化思潮的反复斗争。"[1]

---

1. 卢之超：《关于人道主义和异化问题的再认识——兼与薛德震同志商榷》，《马克思主义研究》2008年第3期。

研究80年代思想史的学者，很少从这方面解析社会思潮。如果只从学术派别和著作言论等方面进行梳理分析，实际上只是看到思想界、学术界、理论界的社会外显表现形式，这是冰山露出水面的部分，不是社会思潮的全貌。究其原因，是这些学者无法了解到政治铁幕背后的惊涛骇浪，所以只能从知识分子和社会层面谈思想潮流，疏漏了社会思潮的政治背景。而这一方面的状况，是研究80年代思潮的绝不可忽略的内容，否则很难解释短短的十年内出现那么多的潮起潮落。

还有一个问题值得研究：十届三中全会之前和之后，党内一批老干部的心态是不同的。三中全会之前，他们中的大部分都"在野"，他们需要平反解放，需要恢复工作，获得领导地位，这时"两个凡是"是巨大障碍，非反不可。因此思想解放运动有了坚实的政治背书。三中全会之后，局面已经翻过来了，平反冤假错案使大批老干部获得解放，走上领导岗位，其中一部分人对"文革"中甚至1949年以来"以阶级斗争为纲"、以党代政、高度集权这样的政治套路轻车熟路，传统的社会主义理念深入骨髓，对传统体制惯性地维护，以及对毛泽东仍十分崇拜，因此只要有可能就会走老路，只要有"右倾"就要坚决反对。这就是为什么被称为思想解放的80年代始终都是在改革与守旧当中拉锯，时而阳光灿烂，时而阴霾密布。

如果再研究90年代及以后的思想史，我们可以总结出一个规律：只要不放弃传统的集权模式，只要以禁锢思想作为"维稳"手段，批判"资产阶级自由化"的运动就会长期延续，"反党"、"反社会主义"的帽子、棍子就会经常被使用，以"思想罪"、"言论罪"抓捕公民的现象就会长期存在，"文化大革命"以新形式复现也完全可能。

胡耀邦引领思想解放运动符合80年代党内政治需要

80年代的思想解放运动从何而来？1976年"文化大革命"结束，要颠覆"以阶级斗争为纲"的政治路线，要拯救濒临崩溃的中国经济，要解放大批被打倒的老干部，要使倍受压抑的个体积极性振奋起来，靠什么？很显然，要靠解放思想，而且要靠政权的力量来冲击旧的羁绊。如果固守"以阶级斗争为纲"的政治路线，坚持"两个凡是"，继续搞个人崇拜，完全置经济发展和经济规律于不顾，不仅国家要崩溃，而且连共产党的政权也很危险。改革旧制以保江山永固，在党内基本上形成共识。"文化大革命"结束后中共高层的一系列举动,包括抓捕"四人帮"、撤开华国锋以利邓小平出山、反对封建主义、召开十一届三中全会等,都是为了一个目的:实行一条新的政治路线。正是在这个背景下,被禁锢的思想才有可能冲破牢笼,才有各种思潮风起云涌。

胡耀邦就是这个特殊时期产生的时代英雄。1977年3月,胡耀邦任中共中央党校副校长,主持党校的常务工作。1977年底任中央组织部长,力主拨乱反正,平反大量冤假错案,使大批老干部得以回到领导岗位,为国家重振经济、恢复正常社会生活秩序奠定了人事基础。在胡耀邦的支持下,1978年5月中央党校内部刊物《理论动态》首发了《实践是检验真理的唯一标准》一文,然后又以特约评论员的名义,公开发表在《光明日报》上,第二天《人民日报》转载,从而引发了全党和全国范围的真理标准大讨论,形成了思想解放的大潮。这是中国思想转型时期的最重要的一次全国性大讨论。1978年12月中共十一届三中全会后胡耀邦任中央宣传部长、中央委员会秘书长,他高扬解放思想旗帜,积极贯彻三中全会精神,开创了空前活跃的大好局面。1979年3月的"理论工作务虚会",就是胡耀邦主持召开的,这是破开思想禁锢之门、引领80年代启蒙思潮的先声。尽管会议结束时邓小平做了反对自由化的讲话,但务虚会的影响深入人心,激励和启发了理论界众多活跃分子,其中很多人成为80年代启蒙思潮的中坚。继而,在1981年6月中共十一届六中全会上胡耀邦取代华国锋成为中共中央主席、1982年9月中共十二大当选为中共中央总书记后,更是鞠躬尽瘁、全力以赴领导全党、全国坚定不移走改革之路。1983年胡乔木、邓力群搞"清除精神污染",胡耀邦坚决反对,被胡乔木、邓力群告到邓小平那里。1985年胡耀邦启用朱厚泽任中宣部长,两年间营造了宽松的舆论环境,开创了80年代思想界的一段黄金时期。

胡耀邦是党内难得的既有改革情怀一心为民,又正直诚恳、廉洁阳光的领导人。他的理想是带领中国共产党和中国人民走向富强、繁荣、文明的现代民主社会。但他又太率真,没有充分估计到前进道路上的激流、险滩、礁石,他没有政治家的心机和手腕,不会曲意迎合、左右逢源。胡耀邦因此经常受到党内部分老人的指责,虽然这些老人的重新上台得益于胡耀邦的平反冤假错案。也因此经常受到胡乔木、邓力群等人的暗中算计,他们可以绕过党的总书记胡耀邦直接向邓小平告状。代表党内部分老人利益的邓小平，实际上从1981年开始就对胡耀邦不满，认为他反对资产阶级自由化不力，对思想战线的控制涣散软弱，多次点名或不点名批评他，并多次打算撤换胡耀邦。直到1986年底全国学潮爆发，终于有了撤掉胡耀邦的机会。

胡耀邦的下台和两年后逝世，标志着中国大规模思想解放运动的高潮已经过去，思想界呈现出三极局面：更猛烈批判资产阶级自由化，以及反对"资本主义和平演变"；以更学术化的文化热回避对现实民主政治话题的触及；更激进的反传统、反专制主义思潮出现，如刘晓波、《河殇》，而他们面对的是专政的铁拳。

胡耀邦的浮沉表明，他是政治转型时期的过渡性的人物。进入80年代，实际上已经从毛泽东时代转向了邓小平时代，政权从中共第一代领导人易手到第二代领导人的历史过程已经完成。70年代末政治的不确定性已转化为明显的确定性，邓小平为代表的老人政治已大权在握。80年代及以后的不可动摇的任务，是保卫红色政权。

既然进入80年代后政权更迭已经解决，为什么还允许思想活跃、思潮奔涌？我认为有以下几点原因：第一，政权易手后还要有一个巩固时期，还需要社会舆论在一段时期内论证政权易手的合法性。1984年国庆节天安门广场游行时，大学生打出"小平您好"的横幅，这肯定是非常需要的，尽管这是一种违反游行组织者规定的私自行为，却被媒体大力宣传。但是舆论宽松是有限度的，如果自由民主思潮有触及政权稳定的迹象，就一定要封杀。第二，党内毕竟还有胡耀邦、赵紫阳、万里这样一批主张民主政治的开明领导人，他们位于重要职务，在党内博弈中处于优势地位时，就为思想解放争得了空间。第三，社会思潮的产生和发展有其内在的规律，80年代社会思潮产生的根本原因，固然有上层政治需要，但从本质上看是由社会发展趋势和社会民众力量所推动。在"文化大革命"的倒行逆施造成巨大灾难之后，人民群众要求改革的意愿是一股不可阻挡的历史潮流。在这股强大的力量推动之下，社会思潮不会因为政治的阻挡而轻易消失，它会以惯性继续向前。这几点原因也可以说明为什么80年代思潮始终是波涛起伏，时起时落。

70年代向80年代过渡时期的党内较量

毛泽东逝世、"四人帮"倒台、"文化大革命"终结，标志着一个时代的结束。但是，一个时代的结束并不意味着主宰这个时代的思想的结束。"文革"观念和"文革"思维，斗争哲学和"以阶级斗争为纲"，"最高指示"神圣不可动摇，社会主义"一大二公"不可动摇，这些意识形态在70年代末仍然桎梏着人们的头脑，严重阻碍了社会发展。毛泽东逝世后的中国向何处去，是维持旧秩序还是开创新局面，党内高层进行了一场针锋相对的较量。

华国锋是毛泽东指定的接班人，被毛泽东任命为中共中央第一副主席和国务院总理。毛泽东逝世后，在1976年10月党内惊心动魄的政治斗争中，华国锋配合叶剑英、李先念等党内元老，一举粉碎了王洪文、张春桥、江青、姚文元"四人帮"，在中国结束"文革"的巨变中做出了重要历史贡献。随后的中共中央政治局会议，确定华国锋为中共中央主席、国务院总理、中央军委主席。但是，华国锋并没有因为"文化大革命"结束而改变政治观念，他认为必须维护毛泽东和毛泽东思想的权威，提出并坚持"两个凡是"，准备以过去的路线方针治理党和国家。按照华国锋的思路，中国政治格局就一仍其旧，而邓小平也不能出山，因为邓小平是被毛泽东罢黜的。

当时的舆论氛围，可以从中央媒体的调子可以看出来。1977年2月7日，"两报一刊"（人民日报、解放军报、红旗杂志）发表社论《学好文件抓住纲》，主要内容是："让我们高举毛主席的伟大旗帜，更加自觉地贯彻执行毛主席的革命路线，凡是毛主席做出的决策，我们都坚决拥护，凡是毛主席的指示，我们都始终不渝地遵循，最紧密地团结在以华主席为首的党中央周围，紧跟以华主席为首的党中央的战略部署，一切行动听从华主席为首的党中央的指挥。"

围绕"两个凡是"的问题，党内展开了尖锐的斗争。党内高层以邓小平为首的改革派，坚决反对再搞"文化大革命"那一套（邓小平是"文革"中被打倒的中国两个"最大的走资本主义道路当权派"之一，另一个是刘少奇），而"文化大革命"是毛泽东亲自发动和领导的，如果坚持"凡是毛主席做出的决策，我们都坚决维护，凡是毛主席的指示，我们都始终不渝地遵循"，那么不仅邓小平不能参与主政，而且"文革"中一大批被打倒的党政领导干部都不能解放出来。因此，否定"两个凡是"是邓小平和党内高层大部分人的共识。在这种情况下，坚持守旧的华国锋成为历史发展的障碍。

1977年，在中央组织部长胡耀邦的努力下，一大批在文革中受到打压迫害的中共老干部得到了"平反"，陆续回到了领导岗位。在胡耀邦的推动下，人们在几十年来形成的对毛泽东的个人崇拜、毛泽东思想崇拜开始破除，对几十年来党所奉行的一系列理论政策也开始"拨乱反正"。1978年5月11日，《光明日报》发表了特约评论员文章《实践是检验真理的唯一标准》，这是征讨"两个凡是"的动员令。但是，以华国锋、汪东兴为代表的党内高层反对这篇文章，并且加上了罪名："砍旗"，砍毛泽东思想之旗。中共中央机关刊物《红旗》杂志，坚持不转载这篇文章。不过，多数人对推倒"两个凡是"已形成共识，特别是邓小平极力反对"两个凡是"。1978年11月10日，中共中央召开了在中共历史上有着重大影响的十一届三中全会，否定了"以阶级斗争为纲"的政治路线，确立党的中心工作转移到经济建设。这样，从政治程序上转入到一个新时期。

十一届三中全会决定由胡耀邦担任中央秘书长兼宣传部长，并决定在会后由中宣部召开理论工作务虚会。1979年1月，胡耀邦主持了理论工作务虚会，他要求与会人员"冲破一切'禁区'，打碎一切精神枷锁，充分发扬理论民主"。会议开始不久，又传达了邓小平的话："不要设禁区。不要下禁令。"这个会议，有中央和北京的理论宣传单位的数百人参加，各省也派出了联络员，前后开了两个多月。

会议开始时是对"两个凡是"的集中批评。后来一些参会者从党和国家体制上研究和探讨文革的成因，探讨党内民主生活遭到破坏的思想和理论根源。时任中国历史博物馆党史研究室主任的李洪林关于"党和国家领导人应该通过民主程序选举产生，而不应由前任指定"的发言，中国社会科学院哲学所的助理研究员严家祺关于"废除党的领导职务终身制"的发言，都振聋发聩，语惊四座，对于启迪人们思想，促进理论界对于党和国家领导制度的缺陷和弊端进行研究，以致于引发人们对政治体制改革的研究，具有重要意义。会议还提出毛泽东的错误和"现代迷信"问题，以及对毛泽东思想一分为二的观点。

在理论工作务虚会召开的同时，社会上的许多人，特别是青年人也在思考中国的过去和未来，"西单民主墙"和"北京之春"民主运动在这种背景下应运而生。最初，是人们在西单的一面墙上贴出了要求给1976年天安门事件平反，控诉冤假错案的大字报。随后大字报就逐渐转向彻底平反一切冤假错案，反对"两个凡是"，批评当时的北京市委和中央主管意识形态的领导人和政策，主张言论自由和新闻自由，要求保障人权，实行民主与法治。这类探讨，让中国人在经受长期的封闭的毛式理论洗脑教育之后，打开了一扇心灵上的窗子，使人们开始了解西方的民主政治，开始审视中国的政治体制，审视中国的政党和国家体制，认识其中的弊端，从而萌生进行政治体制改革、走向民主政治的要求，在一定意义上，为若干年后执政党启动政治体制改革奠定了群众基础。但"西单民主墙"后来出现激进民主派，把矛头指向邓小平，加上各地出现群众游行，一些领导干部认为"解放思想"过头了，出现了自由化。所以理论工作务虚会在第二阶段（1977年3月底）开始转向，结束时邓小平做了《坚持四项基本原则》的讲话，批判"资产阶级自由化"，实际上是站在党内一批守旧的老干部一边，要控制局面，因此从批左转向批右。这是从十届三中全会倒退了。各省市官员立即传达邓小平讲话，认为是纠正三中全会的"右倾"。理论工作务虚会的氛围，也因此消散了。在一段时间内，批判"自由化"成为政治舆论主流，大规模的思想解放热潮呈现收缩状态，学者们发声都谨慎地避免触碰四项基本原则，担心被贴上"资产阶级自由化"的标签。

整个80年代都在反"资产阶级自由化"

尽管学术界认为80年代是1949年以来少有的思想文化繁荣的黄金时代，但中共中央高层大部分领导人却并不认可，按照他们的说法，80年代思想战线十分混乱，问题很多，资产阶级自由化泛滥，中央同自由化的斗争没有停止过；而且，反对资产阶级自由化是新时期中国思想斗争的主要形式。

中央意识形态领导部门有一个分析，"资产阶级自由化"有四次泛滥：第一次发生在1979年，搞自由化的人把解放思想的正确口号接过去，打着反对"两个凡是"的幌子反对四项基本原则。这次泛滥，北京出现了"西单墙"，上海出现了一些非法组织。第二次发生在1983年前段，少数几个理论工作者在人道主义、异化等问题上制造思想混乱，为否定党的领导、否定社会主义制度的思潮提供思想武器。第三次发生在1986年前后，资产阶级自由化由原来的比较隐蔽发展到公开的攻击，由理论探讨发展到上街游行示威，出现了方励之、王若望、刘宾雁等一些搞资产阶级自由化的代表人物。这次泛滥，酿成1986年底、1987年初的全国性学潮。第四次从1988年下半年开始，搞自由化的代表人物，已有了更加明确的目标：推翻中国共产党领导，推行资本主义私有制。1989年春夏之交，他们挑起学潮，并酿成动乱和暴乱。[1]

反对资产阶级自由化是邓小平最先提出并一直坚持的　1977年3月30日，中宣部召开的理论工作务虚会在第二阶段结束时，邓小平做了《坚持四项基本原则》的讲话，批判了资产阶级自由化。1980年年底，邓小平在《贯彻调整方针，保证安定团结》一文中明确地讲，要批判和反对崇拜资本主义、主张资产阶级自由化的倾向。1981年《关于思想战线上的问题的谈话》再次指出，"理论界也有某些资产阶级自由化的倾向"。1984年2月，邓小平说，前一段清除精神污染是完全必要的，看来镇住了，把文艺界、思想界的一些人的气势压下去了。又说，人道主义、异化问题一时间闹得很厉害，我说过，他们实际上是搞自由化，现在这样就可以了。我讲到，对外开放、对内搞活经济的政策是长期的，资产阶级自由化思想的侵蚀也将会是长期的，因此反对思想上的精神污染也将是长期的。1985、1986两年的6、7月，邓小平曾先后两次指名批评耀邦对待反对资产阶级自由化态度消极。1985年5月20日，邓小平会见原台湾大学教授陈鼓应时说："中国在粉碎'四人帮'以后出现一种思潮，叫资产阶级自由化，崇拜西方资本主义国家的'民主'、'自由'，否定社会主义。这不行。中国要搞现代化，绝不能搞自由化，绝不能走西方资本主义道路。对搞资产阶级自由化并且触犯了刑律的人，不严肃处理是不行的。"1986年9月28日，中共十二届六中全会通过《中共中央关于社会主义精神文明建设指导方针的决议》时，邓小平针对胡耀邦不同意将"资产阶级自由化"写进决议即席讲话说，"在决议上坚持要写上反对资产阶级自由化，看来，反对自由化，不仅这次要讲，还要讲十年二十年。"杨尚昆、余秋里、薄一波、宋任穷、赵紫阳、陈云、李先念、彭真都同意邓小平保留"反对资产阶级自由化"的意见。1986年12月30日上午，邓小平为学潮问题与胡耀邦、赵紫阳、万里、胡启立、李鹏、

1. 《人民日报》，1989年11月12日；华原：《资产阶级自由化思潮四次泛滥及其教训》，《湖北社会科学》1990年第1期。

何东昌等谈话，指出学生闹事是一个很重大的事件，是反对资产阶级自由化思潮旗帜不鲜明、态度不坚决的结果，自由化的泛滥没有得到遏制，不是一、两年的事了，而是好几年的事了。要旗帜鲜明地坚持"四项基本原则"，否则就是放任了资产阶级自由化。[1]

有文章做了数据统计："邓小平是反对资产阶级自由化理论的创立者和重大实践活动的领导者。在我们党的文献中，'资产阶级自由化'这个概念最早是邓小平提出的。""《邓小平文选》第2卷从他提出四项基本原则的时候算起共有32篇，在这段时间，资产阶级自由化还处于发展的初期，涉及四项基本原则和反对资产阶级自由化的讲话和文章有8篇，占25%。《邓小平文选》第3卷内容涉及四项基本原则和反对资产阶级自由化的讲话和文章比例很大，有52篇，占43.7%，几乎占到一半。《邓小平年谱（一九七五——九九七）》查询'四项基本原则'有44条记录，查询'资产阶级自由化'有30条记录，查询'自由化'有36条记录。这样的比例和频率在其他中央领导同志的《文选》和《年谱》中是没有的。"[2]

在中共中央高层，王震、余秋里、薄一波、宋任穷、陈云、彭真、李鹏、胡乔木、邓力群等都是坚决反对资产阶级自由化的。如王震在多个场合批判资产阶级自由化；胡乔木1981年8月8日在中央宣传部召集的思想战线问题座谈会上提出，目前社会上存在的违反四项基本原则的思潮是资产阶级自由化思潮。他认为，"在资本主义制度下，那里的首要的自由，就是资本家进行雇佣剥削的自由，维护资产阶级私有制的自由。这是资产阶级自由的最本质的东西，资产阶级的其他各种自由包括言论、出版、集会、结社自由、竞选自由、两党或多党轮流执政的自由等等，归根结底都是由这种自由派生出来，并为它服务的。""这种思潮的实质，就是自觉不自觉地要求在政治、经济、社会、文化领域内摆脱社会主义的轨道和实行资产阶级的所谓自由制度。所以，我们把它称之为资产阶级自由化思潮。"[3]

1982年3月，胡耀邦指示中宣部长王任重召开"理论工作座谈会"，300多人参加，主要解决"反对资产阶级自由化"造成的沉闷的局面，会上有人

---

1. 参阅：《邓力群往事：胡耀邦下台是因为反对精神污染和资产阶级自由化不力》，昆仑策，2018年3月13日。https://www.kunlunce.com/jczc/

2. 李强：《邓小平与反对资产阶级自由化》，《马克思主义研究》2009年第3期

3. 《胡乔木文集》（第二卷），人民出版社1993年，第459页。

提出要纠正一些错误做法。会议期间中央书记处研究室主任邓力群向邓小平汇报，邓小平十分生气，马上撤掉王任重宣传部长职务，换邓力群当部长，强化对自由化的批判。1983年胡乔木对王若水的斗争，也是批判王若水的资产阶级自由化。除了在学术界、理论界反自由化，在文学界也一直在反自由化，如1983年4月30日至5月3日召开的中宣部部务扩大会议，有胡乔木、邓力群出席，会上不仅批评了《苦恋》，还批评了《在社会档案里》《离离原上草》《妙青》《人啊，人！》《晚霞消失的时候》《早晨30分钟》等一批作品，认为这些作品"资产阶级自由化相当严重"。

由此可以看出，整个80年代，思想领域并不是一些思想史家们所书写的那样春光明媚，诗意盎然；也不仅仅是启蒙思潮各个流派的此消彼长。这十年，可以说是风云变幻，乍暖还寒，时而海阔天空，诸家蜂起，时而整肃森严，众声寒寂。

异化、人道主义讨论被"清除精神污染"运动压制

80年代初期，异化、人道主义曾经是热门话题。中央宣传部卢之超认为，在与资产阶级自由化的斗争中，比较典型的、理论性比较强、层次比较高的一场斗争，就是关于人道主义和异化问题的争论，留下了许多值得记取的理论的和政治的经验教训，因为这个争论理论性比较强，而且是从马克思主义或共产党的标准来讨论是非的。[1] 当时王若水等撰文肯定异化和人道主义，受到胡乔木、邓力群的严厉批评。1983年3月，周扬在纪念马克思逝世100周年学术报告会上作了《关于马克思主义的几个理论问题的探讨》演讲，阐述了社会主义社会的异化现象和人道主义问题，3月16日，这个讲话在《人民日报》全文发表。周扬文章发表的当天，中宣部长邓力群即批评时任《人民日报》副总编辑的王若水，在后来的中宣部工作会议上，邓力群问责王若水为什么发表周扬的文章，并按照中央政治局委员胡乔木的指示向中央书记处呈报了《中宣部关于人民日报擅自全文发表周扬同志长篇讲话的情况和处理意见》。"意见"认为，王若水不仅对发表周扬文章一事应负主要责任，而且对此文内容的错误也负有责任，因为他参与

---

1. 卢之超：《关于人道主义和异化问题的再认识——兼与薛德震同志商榷》，《马克思主义研究》2008年第3期。

了此文的起草。"意见"还说，近几年来，王若水发表了一系列宣扬人道主义、社会主义异化等观点的文章，而且由人民出版社收入了专门的文集，王的这些观点影响了文艺界，实际上成为当前资产阶级自由化思潮的核心之一。胡乔木、邓力群向邓小平汇报后，邓小平认为思想文化领域的情况是"一团混乱"。

1983年10月，中共十二届二中全会召开，邓小平在会上发表了题为《党在组织战线和思想战线的迫切任务》的讲话，重点讲了整党和清除精神污染问题。邓小平说，"人道主义和异化论是目前思想界比较突出的问题"，"有一些同志热衷于谈论人的价值、人道主义和所谓异化，他们兴趣不在批评资本主义而在批评社会主义。""说社会主义存在异化，……这实际上只会引导人们去批评、怀疑和否定社会主义，使人们对社会主义、共产主义的前途失去信心，认为社会主义和资本主义一样没有希望。"在十二届二中全会上，胡乔木还以会议参考材料的名义印发了两篇文章作为反面教材，一篇是王雅林、毕治国、张奎良合写的《论社会主义社会人的价值问题》（发表于黑龙江的《学习与探索》1981年第1期），另一篇是林伟健的《社会主义异化问题探讨》（发表于广东《哲学社会科学通讯》1983年第1期），并加上自己的评语。随后，"清除精神污染"运动在全国展开，其主要目标是反对"资产阶级人道主义"和"社会主义异化论"。

1983年10月24日，《人民日报》头版报道了两条重要消息，一条是《中共中央召开党外人士座谈会，彭真受党中央委托就整党和清除精神污染做重要讲话》，一条是《王震在中国社会主义学院成立大会上指出，清醒认识当前思想理论战线形势，坚决防止和清除各种精神污染》。10月25日，《人民日报》头版头条新闻是《王震在两个会议上传达邓小平同志的指示，高举马克思主义社会主义旗帜，防止和清除思想战线精神污染》。这条消息第一次透露了"清污"是邓小平提出的。头版另一条消息是关于党外人士拥护整党和"清污"。同天的《人民日报》还报道了中国文联召开的一次会议，谈到要"勇于清除精神污染"。到1983年12月，胡耀邦召集人民日报社、新华社、广播电视部领导人谈话，提出可能存在"清除精神污染扩大化"的问题，并具体提出八条注意事项，大规模的"清除精神污染"运动基本停止。但1984年1月胡乔木在《人民日报》发表《关于人道主义和异化问题》一文，批判人道主义和异化，中宣部将此文印发全国，并通知各地将胡乔木文章作为思想文化领域工作的干部、知识分子和广大青年学生学习历史唯物主义的重要教材组织学习，要求各地"澄清多年来在这个问题上的思想混乱"，"清除思想战线上的精神污染"，所以批判运动的余波又延续了一段时间。由于中宣部在通知里规定，报刊如发表反对胡乔木观点的文章必须报告中宣部，此后关于人道主义和异化的讨论成为敏感话题，热潮逐渐消退。[1]

邓力群的"反复论"与社会思潮的起伏

1986年底全国学潮，邓小平认为是因为胡耀邦反对自由化不力、软弱涣散造成的后果。1987年1月，邓小平提议召开生活会，解决胡耀邦问题。在这次生活会上邓力群做了长达三个半小时的长篇发言，追究胡耀邦的责任，并回顾了关于"反对精神污染"的"几次反复"。

邓力群说，中央从1983年10月二中全会到这次学潮以前，在对待反对精神污染的问题上，经历了肯定、否定、再肯定、再否定几次反复。第一个肯定，从二中全会到1984年2月胡耀邦在上海讲话之前。这个时期，总的形势是好的，尽管具体工作上也出了一点毛病，中央和省、市、自治区党委是在认真执行二中全会决定的。绝大多数党员一致行动，同各种精神污染的现象进行了斗争。那些搞精神污染或者资产阶级自由化的人，程度不同地做了检查。总之，正气占上风，把那股搞精神污染的邪气刹住了。但是，1984年2月胡耀邦上海讲话，接着同日本外宾谈话之后，否定清除精神污染的种种说法传播起来，抵制二中全会的人越来越神气，活动越来越频繁。1984年12月中国作协第四次代表大会，由于胡耀邦在会上说反对精神污染不提了，反对资产阶级自由化不提了，否定的人们认为他们全面胜利了。所以才有所谓中国文学史上的"遵义会议"的说法。搞精神污染的人，搞资产阶级自由化的人，在很多地方活动，非常嚣张。这是第一个否定。第二个肯定，是1985年3月7日邓小平关于理想纪律的讲话，以及5月、6月反对资产阶级自由化的讲话，以及9月党的全国代表会议召开和五位常委讲话的传达、学习、执行，又一次肯定了反对精神污染、反对资产阶

---

1. 参阅李洪林：《中国思想运动史（1949-1989）》，香港天地图书有限公司，1999年。

级自由化是对的。全国的形势越来越好，搞精神污染的人，搞资产阶级自由化的人沉默了，公开活动减少了。第二个否定是1986年初提宽容、宽厚、宽松等等一套，坚持搞资产阶级自由化的人又活跃起来，在各种范围进行串连，举行各种大会小会，发表演讲、文章。六中全会的召开，以致于六中全会决议的发表，不但没有制止他们，他们反而抓住他们认为可以利用的东西大造舆论，不仅否定反对精神污染、反对资产阶级自由化，并且公开否定四项基本原则，公开宣传全盘西化、三权分立，美化资本主义，丑化社会主义，丑化毛泽东同志，丑化党，丑化马克思主义，主张中国搞资本主义等。他们的宣传，毒害了我们的青年特别是大学生中的相当多的部分，种下了这次学潮的恶果。[1]

邓力群所说的第一个"肯定"时期，1983年下半年，由于胡乔木关于人道主义和异化文章的发表，以及随之开展的"清除精神污染"运动，使人道主义思潮陷于低谷。他说的"否定"时期，1984年，在解脱了"精神污染"枷锁之后，知识界士气大振，改革氛围空前浓厚。这是启蒙思潮高涨的时期，《世界经济导报》改革旗帜高扬，这一年9月在莫干山召开了"中青年经济科学工作者学术讨论会"，一大批中青年知识分子走上中国改革的前台和高层，12月作协大会上"资产阶级自由化分子"刘宾雁居然当选为中国作协唯一的副主席（巴金为主席），改革的理论先锋《青年论坛》杂志也在这一年创刊。邓力群的第二个"肯定"时期，实际上是党内各派激烈斗争的时期。从1985年3月开始，针对1984年以来的自由化的浪潮，邓小平先后做了理想纪律和反对资产阶级自由化的几次讲话，以及9月党的全国代表会议召开和五位常委讲话，全国又掀起反对资产阶级自由化的高潮。在反对资产阶级自由化的风口中，胡耀邦全力抵制反自由化，1985年7月朱厚泽取代邓力群任中宣部长，提倡宽松氛围，为思想战线的改革助威。到1985年底，党内几派力量尖锐对峙，来自中央的不同声音使思想界感到乍暖还寒，适应这个氛围的是"文化热"遍及全国，倡导中国传统文化和译介西方学术经典出现高潮，海外新儒家也在这一时期进入大陆。1986年，由于胡耀邦、赵紫阳等党内开明派在意识形态领域顽强抗争，加上8月以

---

1. 参阅邓力群：《一九八六年学潮和解决胡耀邦同志问题的生活会》，昆仑策 https://www.kunlunce.com/jczc/ 2006年3月。

后邓小平再次决定开展政治体制改革，因而使1986年成为整个80年代最活跃、最有思想成就和学术成就的年份。特别是关于政治体制改革的理论和设想，对言论自由、民主政治的全国大讨论，为后世留下了宝贵的思想资源。

对于思想史来说，邓力群所说的"肯定"，恰恰是否定；他说的"否定"，正是历史的肯定。邓力群的"反复论"，让我们看清了社会思潮如何受制于权力，以及社会思潮背后党内博弈的此起彼伏。

中央高层领导对1986年底学潮的不同态度与社会思潮的变化

1986年是全国的基层人大代表选举年，许多学生要求举行自由选举，并自荐参加竞选。但是选举中的诸多限制，和根本违反普选原则的一些做法，引起了他们的极大不满和愤慨。12月初，学潮开始从安徽爆发，很快就蔓延到上海、杭州、南京、成都、西安、天津、长沙等大城市。12月底，大规模的学生游行终于在北京爆发。学潮中，各地学生提出的口号集中于发展社会民主，保障人权和公民权利，开放言论自由等政治改革方面。其中，也有不少人把矛头直接指向四项基本原则，指向一党专制。大规模学潮使党内高层感到问题十分严重，必须制止。1986年12月30日上午，时任中共中央顾问委员会主任邓小平就学潮问题同胡耀邦、赵紫阳、万里、胡启立、李鹏、何东昌等人谈话时指出："学生闹事，大事出不了，但从问题的性质来看，是一个很重大的事件。""凡是闹得起来的地方，都是因为那里的领导旗帜不鲜明，态度不坚决。这也不是一个两个地方的问题，也不是一年两年的问题，是几年来反对资产阶级自由化思潮旗帜不鲜明、态度不坚决的结果。要旗帜鲜明地坚持四项基本原则，否则就是放任了资产阶级自由化。""我们讲民主，不能搬用资产阶级的民主，不能搞三权鼎立那一套"。邓小平已经很明确指出问题的根子在胡耀邦。1986年12月，位于安徽合肥的中国科学技术大学学生因不满合肥市西市区人大代表选举问题，抗议政府不遵守新选举法、干涉基层民主选举，联合安徽大学等高校4000余名学生走上街头发起"要求进行民主选举"的游行，由此引发全国范围的第一次学潮。随后湖北、上海、江苏、浙江、黑龙江、北京等省市高校的数万名学生上街游行，学潮在上海达到高潮。十几所上海高校学生上街游行示威，人数最多的一个星期里，每日游行学生达数万人。同济大学、上海交通大学、上海财经大学等是上海学潮主力。

关于这次学潮，胡耀邦、赵紫阳认为应该采取疏导的办法解决。1986年12月8日，胡耀邦主持中央书记处会议，对形势做了三点估计：第一，全国当前政治经济形势是好的，是建国以来最好的时期之一；第二，目前在学生当中出了一些问题，但是不影响全局形势。对出现的问题要做具体分析，其中确实有学校管理不善的问题，也说明民主生活方面有问题。要改革，要改善，但不要大惊小怪；第三，要善于引导，学会引导，不要压，不要一下子顶回去，也不要放任自流，推波助澜。赵紫阳也在这个会上发了言，他认为这次学潮，选举是导火线，学生提出的好意见要采纳，随着形势发展，中国的民主势必扩大，这类事件估计今后还会有。我们不能禁锢，搞得鸦雀无声，像东边邻居（指朝鲜）那样，那很危险。不禁锢，就有提高本领的问题。时任中共中央政治局委员、国务院副总理的万里在会上也谈到，民主是世界性潮流。台湾也开放了党禁，取消了戒严法。菲律宾、南朝鲜民主的发展，对国内也会有影响。这就需要我们有相当的本领，我们确实缺乏这个本领。怎样与社会对话，是一个很重要的问题。戈尔巴乔夫讲公开性，我们要与社会对话。第一，不要出大乱子；第二，不要希望没有这些事情；第三，要学会与社会对话。

学潮的进一步发展，加剧了党内一些元老对主持中央日常工作的胡耀邦的不满，他们认为胡耀邦对学生手软。时任中共中央顾问委员会主任邓小平决定出面解决问题。12月27日，王震、胡乔木、彭真、薄一波、余秋里、杨尚昆、邓力群等七人一起到邓小平家里，分析了学潮的严重性和危险性，一致认为这是胡耀邦的姑息和领导无力的结果，认为胡应对当前的局势负责。邓小平和几个老人原来考虑到十三大让胡"自然"退下来，平稳过渡。但学潮的出现和发展，他们认为必须"提前解决胡耀邦问题"。12月30日，邓小平在家中召集胡耀邦、赵紫阳、万里、胡启立、李鹏、何东昌等谈话。他态度严厉地说："凡是闹得起来的地方，都是因为那里的领导旗帜不鲜明、态度不坚决。这也不是一个两个地方的问题，也不是一年两年的问题，是几年来反对资产阶级自由化思潮旗帜不鲜明、态度不坚决的结果。""应该说，从中央到地方，在思想理论战线上是软弱的，丧失了阵地，对于资产阶级自由化是个放任的态度，好人得不到支持，坏人猖狂得狠。""这些人之所以这么猖狂，传说是因为党中央里面有个保护层。"这实际上就是不点名地批到了胡耀邦。1987年1月1日，《人民日报》发表元旦献词《坚持四项基本原则是搞好改革、开放的根本保证》，社论称"要使经济持续稳定地发展，把经济体制改革继续推向前进，搞好改革开放，必须坚持四项基本原则，旗帜鲜明地反对资产阶级自由化思潮"。1月6日，中共中央将《邓小平同志关于当前学生闹事问题的讲话要点》传达到全国。1月16日，中共中央政治局举行扩大会议，决定接受胡耀邦辞去总书记职务的要求。随后，中宣部长朱厚泽被调离，由王忍之取代。[1] 1987年1月，邓力群要求中宣部组织了"反击资产阶级自由化"的"中央写作组"，被知情者称为"厂桥大批判组"，由中宣部理论局局长卢之超负责。这些人"用文革中搞大批判的办法，收集他们认为犯有自由化错误的人的文章、讲话，摘录所谓错误观点，整理编印成册，攻其一点，不及其余。印成的材料发给有关单位的写作班子，按摘录的材料写批判文章，连篇累牍地在报上发表。完全是文革大批判那一套，断章取义，无限上纲，独断专横。"[2]

由此开始，"反对资产阶级自由化"运动再一次在全国大规模展开，王若望、方励之、刘宾雁先后被开除中共党籍，一大批有"自由化"倾向的人被整肃，包括《青年论坛》在内的很多杂志、报纸遭停刊处理。关于政治体制改革讨论、关于自由民主的呼声等都顷刻万马齐暗，思想解放运动陷于低潮。

党内高层关于政治体制改革观念的博弈与社会思潮

80年代的启蒙思潮，主流是呼唤自由、人权、民主、科学，其逻辑思路必然是反对封建专制、反对个人迷信，建立现代民主制度。因此，80年代各种思潮中大部分都涉及到政治体制改革。同时，在经历"文化大革命"之后，党内高层的很多领导人，看到1949年以来的体制弊端，特别是看到"文化大革命"中政治体制缺陷的大暴露，及其导致的社会秩序大混乱和国民经济大衰退，深感有必要进行政治体制改革。

1. 同注43。
2. 赵紫阳：《改革历程》，香港新世纪出版社，2009年5月，第215页。

1980年5月，中共早期领导人之一李维汉与邓小平谈话，主要是关于反对封建主义、家长制、个人特权等问题，共谈了两个多小时，邓小平十分同意李维汉的观点。此次谈话后，政治局常委专门讨论从政治制度和思想舆论两个方面肃清封建主义的影响。1980年8月18日，邓小平在中共中央政治局扩大会议上作了《党和国家领导制度的改革》讲话，指出现行政治制度的五大弊端：官僚主义、权力过分集中、家长制、领导职务终身制、形形色色的特权。邓小平提出要进行政治体制改革，建议废除干部领导职务终身制，提倡民主集中制，并向全国人民代表大会提出全面修宪建议。邓小平说："现在提出改革并完善党和国家领导制度的任务，以适应现代化建设的需要，时机和条件都已成熟"。[1] 在邓小平这次讲话之前，1980年6月25日胡乔木曾给胡耀邦写信，认为反对封建主义而放松反对资本主义，不妥当。中宣部还印发了胡乔木的信，各地不搞反封建主义。后来邓小平出面讲话，调子又变过来。

按照邓小平1980年8月在《党和国家领导制度的改革》讲话中的思路，本应该有序进行政治体制改革。但正在这个时期出现一个情况，社会主义国家波兰的一些民众在团结工会的领导下，发生了战后规模最大、持续最久的罢工浪潮，波兰统一工人党（即共产党）中央第一书记盖莱克于该年9月被迫下台。波兰团结工会事件对东欧的其他社会主义国家的历史进程产生了重大影响，也影响到中国的政治改革。陈云在波兰事件后提出："一个宣传方面，一个经济方面，这两个方面如果不注意，中国也会发生波兰那样的事件。"陈云讲话之后，邓小平也变了调子，不再提政治体制改革。1980年12月召开的中央工作会议上，邓小平作了题为《贯彻调整方针，保证安定团结》的讲话，对他前不久刚讲过的"党和国家领导制度的改革"进行了修正，强调要坚持四项基本原则，指出"对于党内外任何企图削弱、摆脱、取消、反对党的领导的倾向，必须进行批评、教育以至必要的斗争"。胡乔木给胡耀邦写了一封信，信中认为中国可能发生波兰事件，中央应"引为殷鉴"，建议中央要组织研究类似波兰这样的"一个共产党执政国家的社会内部矛盾可能达到的激烈程度和爆发形式；社会主义制度所未能解决的政府与人民之间的隔阂或对立，包括经济纠葛和政治纠葛；工会之可以分为官

---

1. 邓小平：《党和国家领导制度的改革》，1980年8月18日，载《邓小平文选》第二卷，人民出版社，1994年，第333页。

方工会与独立工会；宗教之可以成为严重政治问题"。[1]

由于担心中国也出现类似波兰的情况，邓小平的政治体制改革计划暂时搁置。为了控制局面，防止政权危机，中央更加紧了对政治舆论的紧缩，1981年2月20日，中共中央和国务院发出《关于处理非法刊物非法组织和有关问题的指示》，取缔了一批有自由化倾向的报刊，关押了一批有激进思想的民主人士。1981年上半年学术理论领域的形势，是比较紧张的，大规模思想解放的热潮有所收缩，学者们发声都比较谨慎地避免触碰四项基本原则，担心被贴上"资产阶级自由化"的标签。1981年6月，中共十一届六中全会召开，通过《关于建国以来党的若干历史问题的决议》，胡耀邦接任华国锋当选中共中央主席，情况有所好转。

邓小平关于《党和国家领导制度的改革》讲话时隔六年之后，政治体制改革又一次提上议事日程。这是因为1986年经济改革从农村进入城市，触及到原有的计划经济的管理模式和政府管理体制。原有的高度集权的经济管理体制和党政机构，特别是国家计委及其他主管国民经济的各部门，很多情况下是体改委在那里搞放权，各部门在那里就搞收权；表面上说的是简政放权，实际上却是阳奉阴违；各级党政机构叠床架屋，政出多门，双重决策，严重影响政府的行政效率。邓小平认为，这种情况不能再继续下去了，必须同时进行政治体制改革，否则，经济体制改革就难以为继。中国经济发展遇到旧体制的严重障碍。1986年6月10日，时任中央军委主席邓小平在与赵紫阳、余秋里和万里等人开会时谈到有关"政治改革"的话题。邓小平说："1980年就提出政治体制改革，但没有具体化，现在应该提到日程上来。""你这边往下放权，他那边往上收权，必然会阻碍政治体制改革，拖经济发展的后腿。"同年6月28日，邓小平在中共中央政治局常委会议上做出指示，要求中央书记处"制定一个计划"，用一年的时间研究政治体制改革，然后拿出行动纲领。在邓小平的主持下，启动了"政治体制改革"的研讨和方案制定，同年9月"中央政治体制改革研讨小组"成立，成员包括赵紫阳、胡启立、田纪云、薄一波、彭冲。"研讨小组"下设政治体制改革办公室，鲍彤被任命为政改办主任。[2]

1. 同注43。

2. 吴伟：《80年代的政治改革为什么会失败？》，《纽约时报》中文网2014年12月22日。

在此期间，1986年7月31日，国务院副总理万里发表讲话：政治决策必须民主化、科学化。1986年8月30日，《人民日报》发表评论员文章：《政治问题可以讨论》。各方面的信息表明：一场大规模的政治体制改革即将开始。

要不要进行政治体制改革，以及在什么意义上进行政治体制，党内意见存在很大的分歧。赵紫阳主持制定的《政治体制改革总体设想》执笔人之一、鲍同的秘书吴伟说："在80年代的中国搞政治体制改革，邓小平是个关键因素。70年代后期，再次复出的邓小平逐渐在中共党内树立起了自己的权威。这种权威虽然远不如毛泽东当年那样'绝对'，党内还有陈云、李先念等老资格领导人与之分庭抗礼，但随着邓推动经济改革的发展和深入，他的权威日重，邓在党内的话语权逐渐大大超越了其他元老，成为中共党内第一人。当时，由于对改革开放的态度不同，中共党内形成了以主持一线工作的胡耀邦、赵紫阳为代表的改革力量，及以陈云、李先念及后来的李鹏、姚依林等为代表的两支不同的政治势力，被外界称为党内的'改革派'与'保守派'。而主张既要搞改革开放，又要'坚持四项基本原则'的邓小平，就成为凌驾于两派政治力量斗争之上的具有决定意义的砝码。"[1]

邓小平为这次政治体制改革规定了内容，他说："改革的内容，首先是党政要分开，解决党如何善于领导的问题。这是关键，要放在第一位。第二个内容是权力要下放，解决中央和地方的关系，同时地方各级也都有一个权力下放的问题。第三个内容是精简机构，这和权力下放有关。"[2]也就是说，邓小平关注的是提高政府行政效率，以推动经济体制改革。他为政治体制改革规定的目标有三条：第一是始终保持党和国家的活力。这里说的活力，主要指领导层干部的年轻化；第二是克服官僚主义，提高工作效率；第三是调动基层工人、农民、知识分子的积极性。此后，邓小平又多次在不同的场合谈到这几个方面的内容。可以看出，邓小平更多地是考虑为经济体制改革扫除障碍，以提高效率为目标的行政改革，是试图在不触动原有政治体制基本框架的前提下，对行政体制进行一次改良。邓小平反对"三权分立"，他认为，三权分立扯皮、效率低，我们的制度办事快、决定快、不扯皮。这是因

---

1. 同注49。

2. 《邓小平文选》第三卷，人民出版社，1994年，第177页。

为，"三权"不如党权。

邓小平指示赵紫阳主持研究和制定政治体制改革方案。赵紫阳作为具有丰富政治经验和敏锐眼光的领导人，对政治体制改革有更长远的、更广阔的视野。为了中国共产党由革命党向现代政党转型、中国高度集权的政治制度向现代宪政民主制度转型，实现长治久安，赵紫阳不仅仅注重以提高效率为目标的行政改革，他更注重将"建设高度民主"作为政治体制改革的长远目标。他所认为的政治体制改革的涵义，是"实现从革命体制向建设体制转变，从革命党向执政党转变"。1987年2月14日赵紫阳在中央政治体制改革研讨小组会议上说："我们社会主义国家的人民感觉到社会主义不如资本主义民主，这终究是一个我们要解决的问题，一百年也要回答。人类社会的民主应该是越来越发展，一些条件不具备我们可以说清楚，但绝不能让人感觉到共产党害怕民主，不敢讲民主。"赵紫阳的这一套政治改革路线，不仅党内保守势力极力反对，连邓小平也坚决不同意。1987年5月，邓小平看了赵紫阳主持起草的十三大报告初稿，对政治体制改革部分提出了"说是不搞三权分立，你们是不是也搬了一点"的质疑，并强调说："要使行政机构能够有效地工作，不能过多干扰行政机构的工作。决定了就办，这是我们的优势，这个优势不能丢。不能放弃专政，不能迁就要求民主化的情绪。我们要搞一个什么样的体制？要搞一个增强行政效能的体制，机构要精简。我过去讲过三条，仍然是必要的。民主还是个手段，讲民主必须要和法制联系起来讲，把法制搞起来，才能有稳定的社会环境。我们的行政机构应该很有效能。"这些话表明，邓小平主张的政治体制改革，其出发点在于提高政府效能，而不是发展民主。[1]

赵紫阳在回忆录中谈到邓小平的政治体制改革主张时说："我认为，邓对现行政治体制的运行，他是有不满意的地方，主张改革也是真实的。但他心目中的改革，并不是真正的政治上的现代化、民主化。主要的是一种行政改革，属于具体的工作制度、组织制度、工作方法、工作作风方面的改革。邓主张的是在坚持共产党一党专政前提下的改革，改革正是为了进一步地巩固共产党的一党专政。任何影响和削弱共产党一党专政的改革，都是邓坚决拒绝的。"[2] 邓小平认为，

1. 参阅吴伟：《赵紫阳与邓小平的两条政改路线》，《纽约时报》中文网2014年12月15日。
2. 赵紫阳：《改革历程》，香港新世纪出版社，2009年5月，第293页。

在中国必须稳定压倒一切，没有稳定，乱糟糟什么事也办不成。为了维护稳定，要充分利用专政这个武器。"邓非常欣赏和喜欢社会主义国家实行的那种集一切大权于个人或少数几个人的集权统治的政治体制，厌恶和鄙视分权制衡的制度。"他认为，社会主义国家有一个最大的优势，就是能集中力量办大事，凡事只要一下决心，就能够不受牵制地立即执行，这是我们的优势，要保持这个优势。"邓把不受牵制，不搞制衡，权力绝对集中，作为我们总的优势。"[1] 赵紫阳被废黜后对政治体制有了更进一步的认识："我们社会主义国家所实行的民主制度，完全流于形式，不是人民当家作主，而是少数人、甚至是个人的统治。""无产阶级专政制度，在大多数国家已经退出了历史舞台。倒是西方的议会民主制显示了它的生命力。看来这种制度是现在能够找到的比较好的、能够体现民主、符合现代要求而又比较成熟的制度。现在还找不到比它更好的制度。""一个国家要实现现代化，要实现现代的市场经济，现代文明，它就必须实行政治体制上的议会民主制。"[2]

由此看来，中国的政治体制改革内涵有着两种完全不同的解释。一种是在现有的集权政治体制框架下，解决机构臃肿、官僚体制效率低下的问题，以维护现政权的稳定；另一种是改革僵化、集权、独裁的封建主义政治体制，反对"非程序化权力更迭"，建立民主的政治体制。上个世纪40年代，毛泽东曾批判过独裁体制，期待"实行真正的民主自由的宪政，废除'一个党，一个主义，一个领袖'的法西斯独裁政治"，[3] 这就是现代民主政治体制。遗憾的是，中央高层包括毛泽东本人始终都没有向此目标迈进一步。

中央领导层对政治体制改革的尖锐分歧，在信息极不透明的情况下，学术界、理论界和广大民众是很难知情的。尽管中央内部有分歧，但邓小平发了话，政治体制改革要"制定一个计划"，《党和国家领导制度的改革》又重新发表，就形成了一个氛围。在1986年相对宽松的舆论环境中，知识分子和青年学生关于政治改革的热情被激发出来，他们在各种场合发表自己的见解，期待中国走上民主政治的道路。因此，1986年下半年社会思潮的主流，除了文化热，就是呼吁言论自由、要求民主权利、反对集权制度的思潮。学术界、理论界有关

1. 赵紫阳：《改革历程》，香港新世纪出版社，2009年5月，第275页。
2. 赵紫阳：《改革历程》，香港新世纪出版社，2009年5月，第296、297页。
3. 《毛泽东选集》第三卷，第921页。

政治体制改革的议论十分热烈，各地举办大小规模的研讨会，媒体也刊登了不少文章，内容涉及世界民主政治发展趋势、各国政体比较、中国政治体制弊端及改革思路建议等。胡平的著名文章《论言论自由》，就是1986年下半年在《青年论坛》上发表的。这个时期的社会思潮十分活跃，关于言论出版新闻自由、宪政改革等思潮出现，甚至还有人提出了"多党制"、"三权分立"、"议会民主"、"司法独立"等西方宪政主义的架构。在当时比较宽松的政治气氛下，这些言论并没有受到过多的压制和批判。中国社会科学院马列所所长苏绍智说："政治改革要顺利进行，首先要保证言论自由、出版、新闻自由。"中国科学技术大学副校长方励之认为："实行人民监督是政治改革成败的关键环节，人民代表至少应拥有质询权和弹劾权"。上海市社会科学院经济史研究室主任丁日初说："民主就是主权在民、人民有权"。11月30日，时任国务院副总理万里与合肥市当地12所高等院校校长召开有关"民主办学"的探讨会。国务院总理赵紫阳领导下的中央政治体制改革研讨小组和鲍彤负责的政治体制改革办公室，组织政界和学术界的强有力的班子，紧锣密鼓研讨政治体制改革思路和提纲，并按照中国国情起草《政治体制改革总体设想》，该"设想"提出在保证中国共产党领导的前提下在中国逐步实现现代民主政治的操作方案。

这是1980年以来再次出现的政治转机，如果能够成功，中国有可能从此走上现代民主国家的道路。遗憾的是，这个大好局面持续半年之后又一次被中断。1986年底，由安徽扩展到全国的学潮，被认为是资产阶级自由化的泛滥，1987年1月学生运动受到整肃，政治形势一下子被扭转。以民主、自由、人权为诉求的社会思潮又降到了冰点，并导致以胡耀邦为代表的党内开明派大部分被贬职或清除。1月28日，中共中央4号文件《关于当前反对资产阶级自由化若干问题的通知》下发，政治体制改革按下了暂停键。

不过赵紫阳并没有放弃。胡耀邦被迫辞职后，赵紫阳代理中共中央总书记，他准备延续胡耀邦的改革和宽松路线，并继续进行政治体制改革。1987年3月，刚上任不久的中宣部长王忍之召开全国宣传部长会议，提出"第二次拨乱反正"，即批判"资产阶级自由化"。赵紫阳阻止了中宣部的行动，要求"反自由化限制在党内，不搞运动，不搞批判"。1987年4月28日，赵紫阳向邓小平汇报，提到有一些人以"左"反对改革开放、借反自由化来否定改革开放的情况。他强调这种气氛与1987年下半年即将召开的中共十三大极不协调，必须从现在起着重宣传改革开放这一面，为十三大的召开作好舆论准备，并建议重新发表1980年8月18日邓小平所作的《党和国家领导制度的改革》这篇讲话。邓小平赞同赵紫阳的意见，并要求赵紫阳对这个问题作一次讲话。赵紫阳后来回忆说，"那时我的主要精力，主要心思，几乎都是用在如何防止这场反自由化的斗争扩大化；控制、限制左的势力借反自由化来反对改革开放"。[1]

1987年5月13日，全国宣传、理论、新闻、党校干部会议在中南海怀仁堂召开，1000多人参加了会议。赵紫阳在会上作了"5.13讲话"，对将反对资产阶级自由化的斗争扩大到经济领域的主张进行了严肃的批评。7月1日，《人民日报》重新发表邓小平的"8.18讲话"。这两个讲话发表后，"反资产阶级自由化"运动告一段落，改革开放再次成为舆论宣传的主流。从1987年下半年开始，政治民主思潮重启，气氛又热烈起来。

1987年10月，中共第十三次全国代表大会在北京召开，邓小平主持了开幕式，赵紫阳作了题为《沿着有中国特色的社会主义道路前进》的报告，该报告第五部分详细论述了政治体制改革，将邓小平1980年的"8.18讲话"作为改革的指导性文件，阐述了许多符合宪政主义的内容，其中包括进一步实行党政分开、权力下放、提倡法治和监督、完善选举制度等等。中共十三大赵紫阳正式当选为中共中央总书记，将1986年底学潮之后中断的政治体制改革研讨恢复。在这次党代表大会上，原定候选人名单中邓力群是准备安排进中央政治局的，但在代表投票中连中央委员都没有选上，只能安排到中央顾问委员会。这件事说明社会氛围发生了变化。邓小平也发话了："有些人有不同政见，这是允许的，比如他反对社会主义制度，反对毛主席，那是他的政见，不纳入法律解决的范围。如果把这个纳入法律解决的范围，太复杂，整个社会空气都要变了。"[2] 1987年上半年因废黜胡耀邦并大力批判"资产阶级自由化"而造成的沉闷局面，在1987年下半年和中共十三大后得到扭转，思想解放运动又出现一个高潮。

1. 赵紫阳：《改革历程》，香港新世纪出版社，2009年5月，第205页。
2. 参阅李洪林：《中国思想运动史（1949-1989）》，香港天地图书有限公司，1999年。

在这个高潮中，诞生了一份引人注目但十分短命的杂志：《中国政治体制改革》（双月刊）。《中国政治体制改革》是中国政治体制改革研究会的会刊，于1989年1月创刊，挂靠在中共中央党校。主编杜光，副主编王贵秀、石肖岩、田夫，冯仑、周为民、盛斌等人任编辑，还有一些有见解的改革人士参与。该杂志先后发表了张宗厚的《建立法治社会是中国现代化的必由之路》、王逸舟的《政治现代化七议》、吴稼祥的《腐败的抑制：三种机制及当前的选择》、庞松的《最是逆境贵言真——彭德怀庐山会议后驳"以党代政"》、崔佩亭的《建立商品经济新秩序与政治体制改革》、廖盖隆的《五四运动和当代政治体制改革》等文章。后因"六四"风波发生，仅出版了四期后被迫停刊。

改革不可能一帆风顺，更何况是政治体制改革。赵紫阳主持的政治体制改革，面临来自三方面的压力：一方面，赵紫阳非常清楚自己关于政治体制改革的思路与邓小平的思路有重大区别，作为中共中央代理总书记，他不可能不考虑邓小平这个"中国最大的实际"，不可能直接挑战邓小平的权威，违背邓为政治体制改革划出的框框，而只能在这个大的框架下，尽可能将改革的方向和路径引导到改变党的执政方式、限制党的无限权力，扩大人民参与，为今后走向民主政治创造条件上来。另一方面，党内李先念、王震、胡乔木、邓力群以及中央组织部长宋平、中央宣传部长王忍之等人，时刻盯着赵紫阳的一举一动，只要有机会就发动攻击。1988年赵紫阳主导的"价格闯关"因考虑不周，就受到激烈批评。第三，被政治体制改革氛围激发出来的群众热情和高涨的社会思潮，要求中央改革的步子走得更快一些，同时还提出了更激进的口号。由于中央高层政治生活的不透明，社会上的多数知识分子和民众并不了解执政党中央内部围绕改革产生的激烈斗争，不了解政治体制改革所面临的艰难局面，对改革的推进缓慢有怨气和不满。赵紫阳在这三方面的压力下谨慎推进改革步骤，十分艰难。

从1986年下半年开始，赵紫阳的职务从总理、中共中央代总书记到中共中央总书记，一直主持政治体制改革方案的起草，直到1989年5月。在近三年的时间中，随着党内高层各派别的博弈局面的此起彼伏，关于民主自由的社会思潮也时冷时热，但一直没有中断，有时还呈现出高潮。1986年9月中共十二届六中全会邓小平说反对资产阶级自由化"还要讲十年二十年"，这时舆论就收紧；1987年10月中共十三大邓小平说"有些人有不同政见，这是允许的"，这时舆论就宽松。

这里我们再一次看到，社会思潮的起落，常常受到权力意志的左右。而到了1989年下半年，经历"六四"风波之后，主张政治体制改革的活跃人物大都被整肃，关于民主政治的思潮于是销声匿迹了。

（四）人物群落

在前面的论述中，已涉及到方方面面的思想和人物。以80年代如此广阔的历史舞台，值得记录的人物不可胜数。这里补充的，是前面未能涉及或涉及过于简略的人物，他们在80年代都是不可忽略的，都应该记录在80年代的历史上。其中有不少人，如鲍彤、钦本立、沈昌文、戈扬、陈子明等，在80年代启蒙思潮中起到了不同寻常的推动作用，但又难以列入学术内容和某类思潮的视野，因而常常被阐述80年代思想史的学者们跳过。这种遗漏，确实是一种遗憾。另外还有一些与《青年论坛》有直接关系的人物，我将在后文记叙。

党内理论家李洪林的民主、自由理念

20世纪70年代末、80年代初，时任中共中央宣传部理论局副局长的李洪林发表过几篇十分有影响的文章，其中《科学和迷信》《我们坚持什么样的社会主义》引起广泛关注。1978年9月，李洪林在《中国青年》复刊号上发表《破除迷信，掌握科学》一文，提出破除"现代迷信"即对毛泽东的迷信，当时《中共中央关于建国以来党的若干历史问题的决议》还没有发布，还没有人对毛泽东在"文化大革命"中搞个人崇拜的错误进行评价，所以这篇文章影响很大，触动了党内高层的"凡是"派，刊物遭查禁。1979年初，胡耀邦在中宣部召开理论务虚会，李洪林是参会者之一。在小组会上，李洪林做了一个长篇发言，题目是《领袖和人民》。他的发言再次尖锐地批判了对毛泽东的个人迷信："在社会主义社会，要求人民都用封建社会忠于皇帝的标准去对待无产阶级领袖，这符合社会主义经济制度吗？符合社会主义的政治制度吗？如果把这个原则应用于共产党内，要求每个党员都忠于党的领袖，这符合共产主义政党的纲领和组织原则吗？"他认为："不是人民应当忠于领袖，

而是领袖必须忠于人民"。李洪林的讲话在《人民日报》发表后，在全国引发了对毛泽东个人崇拜现象的批判与反思。1979年4月，李洪林在《读书》杂志创刊号上发表《读书无禁区》一文，在读书不自由和出版受禁锢而造成的愚昧氛围中，吹响了反对蒙昧主义的号角，引发巨大社会反响。1984年，李洪林因"自由化"言论被调离中共中央宣传部，到福建省社会科学院任职。1989年"六四"风波期间李洪林支持学生运动，后被秘密监禁近一年。李洪林于1985年出版的《理论风云》（北京三联书店）一书，汇集了他的主要思想。在80年代，李洪林被认为是反对封建主义、主张民主自由一面旗帜。

《人民日报》、《理论动态》、《新观察》的几位负责人

70年代末至80年代初，中共中央机关报《人民日报》是思想解放运动的主要阵地。社长胡绩伟、总编秦川、副总编王若水等人，坚持十一届三中全会精神，针对当时有些人以四项基本原则为由抵制改革的倾向，从1979年5月起，在《人民日报》连续发表李洪林的几篇文章：《我们坚持什么样的社会主义》《我们坚持什么样的无产阶级专政》《我们坚持什么样的党的领导》，用十一届三中全会精神解释四项基本原则，在全国产生了重要影响。1979年11月14日，《人民日报》发表北大哲学系郭罗基的一篇重磅文章《政治问题是可以讨论的》，认为在政治问题上可以发言是言论自由的灵魂，受到各界关注。1980年11月14日，《人民日报》发表《权力不能过分集中》一文，批判了集权的弊端。1981年3月，邓小平讲话批白桦的电影剧本《苦恋》以及根据剧本拍摄的电影《太阳与人》，全国开始了一场批判运动，胡绩伟却拒绝转载《解放军报》4月20日的文章《四项基本原则不容违反——评电影文学剧本〈苦恋〉》。这一系列行动，使主管意识形态的胡乔木、邓力群非常恼火，他们多次想整顿《人民日报》。1983年3月，周扬在纪念马克思逝世100周年学术报告会上作了《关于马克思主义的几个理论问题的探讨》演讲，阐述了社会主义社会的异化现象和人道主义问题，3月16日，这个讲话在《人民日报》全文发表。这是《人民日报》的一个转折点，由此开始了对《人民日报》的整肃，王若水、秦川先后被调离或撤职，胡绩伟辞职，此后《人民日报》被

中宣部控制，这个思想解放运动的前卫阵地被拿掉了。[1]

《理论动态》在中共中央党校常务副校长胡耀邦主持下创办于1977年7月，是中央党校创办的限制级别发行的内部刊物，由中央党校理论研究室主办，研究室主任吴江、副主任阮铭和孙长江直接领导，孟凡、沈宝祥、吴振坤、刘中立、陈维仁、王聚武等人具体负责。《理论动态》虽然是内部刊物，但因为是面向党内的中高层领导干部，所以影响很大。1976年"文化大革命"结束后，左的思想仍然十分顽固，1977年2月7日"两报一刊"发表社论《学好文件抓住纲》中提出"两个凡是"的观点，坚持"文化大革命"的路线，需要解放思想来冲破。在吴江、阮铭、孙长江等坚定改革派的主持下，《理论动态》立场鲜明地反对"两个凡是"，主张拨乱反正，成为思想解放运动的一面旗帜。《理论动态》在1978年5月10日的第60期发表了南京大学教师胡福明撰写的《实践是检验真理的唯一标准》一文，在胡耀邦的指示下，由孙长江改写后以特约评论员的名义在《光明日报》发表，引发了全国性的关于真理标准的大讨论，吹响了思想解放的号角。

戈扬是《新观察》主编，也是80年代思潮的知名人物。戈扬早年参加中共，从事新闻工作，与杨刚、浦熙修、彭子冈一起被称为"中共新闻界四大著名女记者"，1949年"开国大典"上过天安门。戈扬1958年被划为右派，先后下放到辽宁、河北、内蒙古劳动改造21年。1980年7月10日，文革前停办的《新观察》杂志复刊，戈扬重新出任主编。发表了很多鼓吹改革的文章以及尖锐犀利的时政评论，在80年代中国改革中颇有影响。戈扬敢做敢为，1989年4月15日，胡耀邦逝世，她带着《新观察》的全体编辑记者去天安门献花圈，并写了悼念胡耀邦的诗。4月19日，戈扬以《新观察》主编的名义和《世界经济导报》驻北京办事处负责人张伟国，就胡耀邦去世在北京召开了"耀邦活在我们心中"的座谈会，戈扬亲自主持。几天后戈扬到美国参加一个会议，在美期间天安门"六四"风波爆发，戈扬遭到中共北京市委书记陈希同点名，73岁的戈扬被迫留在美国，直至20年后在美去世。《新观察》杂志于1989年7月出了第10期后遭到停刊的厄运。

鲍彤与《政治体制改革总体设想》

1. 参阅李洪林：《中国思想运动史（1949-1989）》，香港天地图书有限公司，1999年。

鲍彤很少被思想史学者提及。但他的政治视野、思想深度，他根据赵紫阳的指示在体制内坚持不懈地制定政治体制改革方案、坚持政治体制改革就是要实现民主政治的思路，在80年代自由民主思潮中，产生了极其重要的作用。

鲍彤是赵紫阳担任总理和总书记时的政治秘书，国家经济体制改革委员会副主任，还是中共十三大文件起草小组组长。1986年9月中央政治体制改革研讨小组成立，下设中央政治体制改革研讨小组办公室，鲍彤任办公室主任，办公室人员包括陈一咨、孙方明、陈福今、吴国光、迟福林、陈小鲁、周杰、贺光辉、严家祺等，这是一批既懂政治理论、又非常熟悉中国现行体制弊端和底线的人。赵紫阳要求政改小组办公室对中国政治经济体制改革进行顶层设计，提供重要改革路线图，总体设想是中国未来在经济上应该是市场制度，政治上是民主制度。

由于政治体制改革是邓小平的安排，《人民日报》又重新发表了《关于党和国家领导制度的改革》，鲍彤领导的政改小组办公室开始时还比较顺利，讨论明确了很多重大问题的思路。鲍彤认为，"我国政治体制改革要解决的一个根本问题，是实现从革命体制到建设体制的转变。建国37年来，这个转变并没有完成。1954年宪法，1956年八大决议，都没有预料到几年后发生文革，为什么？就是没有看到，也没有实现从革命体制向建设体制的转变。十一届三中全会提出了党的工作重心转移，但也没有提出这个转变。革命体制最根本的特征是什么？是高度集中，是群众运动。我们现在所有的体制都带有十分浓厚的这种色彩。现在必须实现从武装斗争、群众运动的体制转到正常的建设体制上来，使社会的每个细胞都能发挥它的功能。在这个意义上，政治体制改革就是要对我们的政治体制自我重新认识。"[1] 这实际上也是赵紫阳的观点。

1986年底全国学潮，引起邓小平对政治体制改革会造成自由化和政权危机的担心，下决心免除胡耀邦总书记职务，并再次发动"反对资产阶级自由化"运动。政改遇到巨大障碍，鲍彤要继续组织好关于政治体制改革总体设想的起草工作，这个时候确实非常敏感，需要高度智

---

1. 参阅吴伟：《80年代的政治改革为什么会失败？》纽约时报中文网2014年12月22日。https://cn.nytimes.com/china/20141222/cc22wuwei42/

慧。他深知政治体制改革的艰巨性和复杂性。一方面，不能违背邓小平的意愿，在改革方向上体现提高行政效率，维护一党专政，避开"自由化"的指责；另一方面，将革命党转化为执政党，将专制体制转化为现代民主体制，是赵紫阳和鲍彤的政改目标，要逐步实现。这个目标包括民主宪政、言论自由、公民权利、党派政治等问题。但是由于历史条件的限制，在纳入方案时，就要有取有舍。明知不可行，可是很无奈，邓小平不准搞三权分立，鲍彤说："不要三权分立，这话我到现在都不懂。三权怎有不分立的？难道国务院可以搞立法，人大常委可以管司法？这都不通。我理解他的意思是，你讲三权，不要忘了在中国还有一个权比三权更大，叫党权；只要有了党权，一切问题都解决，不讲党权，三权就会要分立了。"所以鲍彤说是"跪着造反"。

在两难的选择中，鲍彤和政改方案的研讨者们不得不首先选择服从于邓小平这个"中国最大的实际"，考虑到党内高层的承受能力，先把现在要做的而且能做的提出来，将来才有条件做的先不去讲，留到十年后再讲再做。在这种情况下，如果能使中国的民主政治向前走一小步，但只要这个步子迈出去了，这一小步就可能会成为中国向民主社会转型的一大步，形成一种难以逆转的趋势。秉持这个信念，鲍彤带领政改小组办公室人员在1987年的寒春之后继续研究政治体制改革总体设想，取得了难得的进展。受此影响，社会思潮又出现民主自由宪政的讨论高峰。1987年10月，《政治体制改革总体设想》完成，准备拿到十二届七中全会上通过，但由于邓小平有"三权分立"的质疑，党内争论也很大，所以在全会上只是"原则同意"。

1989年"六四"风波发生，随着赵紫阳被废黜，中国的政治体制改革彻底终结，政治精英们在近三年时间里呕心沥血写出的具有重大价值的《政治体制改革总体设想》，被打入冷宫。鲍彤由于在"六四"风波中反对当局用武力镇压民主运动，支持赵紫阳在民主和法制的轨道上解决问题的思路，被逮捕并判刑7年。赵紫阳和鲍彤关于政治体制改革的思想，分别记载在赵紫阳自传《改革历程》和《鲍彤文集》中，是中国当代政治思想的珍贵资料。

沈昌文与《读书》

80年代的人文知识分子，大都熟悉《读书》杂志。《读书》创刊于1979年4月，发起人是陈伯翰、陈原、范用等一批思想开明的老出版人。该杂志自创刊即定位为"以书为中心的思想文化评论刊物"，是中国最有影响力的杂志之一。《读书》被人铭记是因为，它是80年代思想解放运动和"文化热"的推手，是中国知识分子思想启蒙的重要阵地与公共俱乐部。它不仅影响了当时一代知识阶层，也启蒙了下一代年轻人。

《读书》一创刊就不同凡响，发表了李洪林的《读书无禁区》，震动知识界。李洪林在文章中说，法律没有限制人民读书自由，把"禁书"作为一项政策，是封建专制主义的产物，目的是愚弄人民。在70年代末，说这样的话是有风险的，文章发表后果然被追责，负责人被撤换，换上了沈昌文。沈昌文1986年1月开始在生活·读书·新知三联书店任总经理，1987年到《读书》杂志兼主编，成为《读书》的灵魂人物，一直到1995年12月退休。他主持下的《读书》杂志，被认为是"观念最开放、思想最活跃"的刊物，先后发表了于浩成的《实现出版自由是重要问题》、李以洪的《人的太阳必然升起》等重头文章，始终站在启蒙思潮的潮头。《读书》在高端学术层面介绍民主自由思想、启蒙理论，同时主张文字文采隽永，使《读书》成为中国知识界的一面旗帜。由于沈昌文的开放包容，以及他的亲和性格，吸引了费孝通、吕叔湘、金克木、张中行、舒芜、劳祖德、王蒙、叶秀山、王佐良、杜维明、董鼎山、赵一凡、甘阳、张汝伦、刘东等大量老中青作者，每期发行十几万册。《读书》另一特色是漫画家丁聪针砭时弊的漫画，由陈四益撰文，成为时代的记忆。王蒙曾形容《读书》是"一朵月月开放的奇葩"。

作为出版家，沈昌文主持的三联书店出版了西方经典著作《宽容》《情爱论》《异端的权利》《第三次浪潮》，其中《宽容》初版印了五六十万册，后记里写道："在这里缕述人类思想发展的历史，倡言思想的自由，主张对异见的宽容，谴责反动分子镇压新思想"，实际上是对"文化大革命"思想专制的反击。《情爱论》初版120万册，反映了社会民众在经历残酷斗争年代之后对爱的渴望。三联还出版了蔡志忠的漫画、金庸的武侠小说等，都是畅销书。到了80年代中期，三联书店与"文化：中国与世界丛书"编委会合作，组织出版了"现代西方学术文库"、"新知文库"、"人文研究丛书"《文化：中国与世界》集刊等上百种出版物，将"文化热"推向高潮，并树立起出版界的风向标。

　　《读书》的另一位思想活跃人物是包遵信。包遵信是著名的思想史学者，曾任"走向未来"丛书主编。1984年至1986年包遵信任《读书》副主编，1989年5月学运期间曾连同多名知识分子到广场劝学生停止绝食，被认为是"幕后黑手"，判刑入狱五年。出狱后坚持启蒙信念，一直积极参与民主运动。包遵信对《青年论坛》杂志也十分支持，曾在《读书》上发表甦民（许苏民）的文章《芳林新叶——评〈青年论坛〉》（1985年第11期）。还有《读书》副主编、执行主编王焱，也是80年代启蒙运动的推手，他曾专程去武汉，参加《青年论坛》的活动。

钦本立与《世界经济导报》

　　《世界经济导报》1980年6月19日创刊于上海，由中国世界经济学会和上海社会科学院世界经济研究所联合主办，社长为钱俊瑞、宦乡，名誉理事长为汪道涵。时任上海社会科学院世界经济研究所副所长钦本立任主编。创刊初期为半月刊，1981年起改为周报。该报以评述世界经济形势，探讨中国社会主义经济建设重要问题，为改革开放鸣锣开道，并介绍国内外经济发展和经营管理经验，交流国内外世界经济情况为主要内容，提出了一句很有名的口号："让世界了解中国，让中国了解世界！"这是一份比较激进的为改革呐喊的报纸，1981年即提出发展第三产业等重要改革思路，是中国经济体制改革的先锋。同时，《世界经济导报》在政治体制改革、自由民主思想、反对封建主义等方面也经常发表观点鲜明、见解深刻的文章，深受读者欢迎，1988年发行量最高时近30万份。

　　1989年4月15日胡耀邦逝世，《世界经济导报》于4月19日在北京召开"悼念胡耀邦同志座谈会"，参加座谈会的有胡绩伟、李锐、于光远、苏绍智、严家祺、戴晴、陈子明等人。4月23日以五个版的篇幅发表了座谈会纪要，其中有严家祺的一篇约500字的文章，指中国的政治领导人更替非民主化，胡耀邦就不是按照正常程序下台的。当时的中共上海市委主要负责人江泽民要求《世界经济导报》删除这篇文章，但被钦本立拒绝。中共上海市委于1989年5月决定：撤销钦本立总编辑职务，报纸停止发行。由于《世界经济导报》影响很大，停刊酿成群

本事件，近五百名记者写信给《世界经济导报》声援钦本立，5月9日
□一千名记者和编辑示威抗议政府对媒体的控制，要求新闻自由，并
□两百三十名艺术家和学者联署，要求上海当局恢复钦本立的职位。
□名作家巴金说："报纸要为人民说真话。过去有句话，说报纸要'为
□喉舌'。这句话不错。"由于上海市委处理不当，事态进一步加剧，
一万多名学生上街游行，随后有几万群众游行示威。"六四"风波后，
报纸正式被撤销刊号，总编辑钦本立被软禁，北京办事处主任张伟国
等一批编辑记者被逮捕入狱。《世界经济导报》从1980年6月创刊，至
1989年5月8日停止发行，前后共出版发行441期。

朱嘉明、黄江南、张纲与莫干山会议

  1984年9月3日至10日在浙江省德清县莫干山召开的"全国中青年经
济科学工作者学术讨论会"，是推动中国经济体制改革进程的一次重
要会议，也是中国破除计划经济思想的一次大飞跃。1984年，农村改
革已有很大发展，但城市改革总体仍未起步，国家面临从农村改革和
企业局部试点改革拓展为全面改革。因计划经济体制的影响，以及意
识形态原因（1983年"清除精神污染"运动中，党内有人将商品经济理
论作为"精神污染"加以批判），改革举步维艰。当时理论上遇到的突
出问题是中国经济体制改革的目标模式，即继续按计划经济体制（或
该体制的变形——"计划经济为主，市场调节为辅"）运作，还是走向
社会主义商品经济。在中共十二届三中全会召开前夕，因为会上即将
通过《中共中央关于经济体制改革的决定》，需要对改革模式有一个
基本思路，于是一批活跃的中青年为了向中央献策，组织了莫干山会
议。莫干山会议由中青年经济学者民间发起，新闻单位及地方研究机
构主办，有中央和国家有关部门人员出席，北京和各地代表共180人参
加会议。会议策划和发起人有朱嘉明、刘佑成、黄江南、王岐山、张
钢、卢建、周其仁、王小鲁、常修泽等，中共中央书记处农村政策研
究室资助会议经费。会议中心议题是"城市经济体制改革"，主要讨论
中国经济体制改革中的重大理论问题和现实问题。这次会议，是经济
领域中思想活跃的中青年学者的大聚会，会议的成果成为中央经济决
策的重要依据，组织和参与会议的很多成员，日后在学术领域或党政
机构发挥了重要作用，并产生了一批知名的经济思想家，如华生、张

维迎、周其仁等，形成80年代思潮的一道亮色。

王元化与《新启蒙》

王元化是在国内外享有盛誉的学者、思想家、文艺理论家，80年代初曾任中共上海市委宣传部部长，是80年代启蒙思潮的代表人物之一，他提倡"有学术的思想和有思想的学术"，在学术界有重要影响。王元化曾参与周扬1983年3月在纪念马克思逝世100周年学术报告会上讲话《关于马克思主义的几个理论问题的探讨》的起草，这篇讲话在文化艺术界产生了深远影响。在上世纪80年代的文化热中，王元化发起并主编了一份《新启蒙》论丛，以丛书代刊，由湖南教育出版社出版。《新启蒙》有明确的理念："理论的生命在于勇敢和真诚，不屈服于权势，不媚时阿世。"这份生存短暂的刊物成为80年代引人注目的一个标志性文化事件。1987年下半年，王元化到北京见到李锐和黎澍，谈到创办论丛的设想，当时的共同想法是以此进一步解放思想，造成全民族的新启蒙运动，推动政治体制改革。《新启蒙》的主编是王元化，由李锐、黎澍、于光远、王惠德、李慎之、胡绩伟、秦川、王若水、李洪林、李普等人组成编委会，责任编辑龙育群。1988年10月，《新启蒙》第一期创刊，到1989年4月，共出了四期。创刊时，王元化先生在上海师范学院举行笔会，邀请于光远、李洪林、王若水、张显扬、阮铭、邵燕祥、高尔泰、金观涛等十余人出席，在理论界影响很大。《新启蒙》发表的文章有：童大林的《中国改革开放与思想解放运动》，王元化的《为五四精神一辩》，王若水的《论人的本质和社会关系》《社会主义社会没有异化吗？——答复和商榷》，高尔泰的《论异化概念》，李锐的《庐山会议的由来及教训》，顾准的《希腊思想与史官文化》（系首次向读者介绍顾准的文章和其人）。还有其他一些思想性很强的文章。由于《新启蒙》鲜明的民主自由思想倾向，被湖南省公安厅传讯追责，"六四"风波后，更被认为是"沙龙活动"、"上海动乱的起点"、"建立反对党"。本来第五、六期已经编好，文章包括于光远的《关于当代社会主义和资本主义的若干基本概念》，苏绍智的《对资本主义的再认识》，于浩成的《权力与法律》，黎澍的《新文化与传统文化》，王元化的《启蒙与人的觉醒》，邵燕祥的《文字狱传统在当代》等十余篇，但被禁止出版，并勒令停刊。

周国平与 "尼采热"

80年代"文化热"中，德国哲学家尼采是倍受欢迎的人物。在"文化大革命"中及以前，尼采被认为是反动的唯心主义哲学家，尼采哲学是希特勒法西斯主义的理论依据，是批判的对象。周国平的《尼采：在世纪的转折点上》一书（上海人民出版社，1986年7月）将尼采以正面人物形象推向思想舞台。该著一面世即销售10万册，可见火爆程度。接着周国平又翻译出版了尼采的美学文集《悲剧的诞生》（北京三联书店，1986年12月），更是发行15万册。周国平本人也以尼采研究专家的身份成为年轻人的哲学偶像。

19世纪的德国哲学家尼采，为什么在20世纪80年代的中国年轻人中受到如此热烈的欢迎？这需要从"文化大革命"后人们的普遍心理来分析。"文化大革命"的意识形态，阶级斗争，革命，造反，集权，个人迷信，红色恐怖，这一切突然间改变了，一向被作为价值标准的东西，一下子被发现无价值了，信仰崩溃了。这正如尼采所说的现象世界背后的本质世界突然不存在了，是一场梦，所以"上帝死了"。过去的终结了，需要有新的观念来填补。除了信仰困惑之外，以往集体对个体精神的压抑，人成为工具，现在有了自由的思想空间，于是纷纷争取个体的权利，尼采肯定"酒神精神"，强调生命激情，即使有生有死，毁灭不可避免，但用生命力战胜生命的无意义，勇敢跋涉在无意义的荒原上，仍然可以活得悲壮、伟大。这种思想对年轻人回归生命本能、焕发生命活力，无疑具有极大的启示。人们对人生有了新的思考：我们过去信仰过的、为之奋斗的目标，真的是崇高的吗？我个人的生命价值，难道就是成为"驯服工具"，不能够有个人意志吗？通过尼采，人们可以实现从意识形态向自由精神的转型。将尼采介绍给中国大众的周国平，在80年代后以隽永的哲理文章，继续为年轻人所喜爱。

陈一咨、严家祺与政治体制改革

陈一咨是体制内有思想的学者型改革家，被称为改革开放的"操盘手"。80年代，他受赵紫阳委托策划成立的"三所一会"，即中国经济体制改革研究所、中国经济体制改革研究所农村研究发展中心、中信国际所和北京青年经济学会，积极推动中国改革，为改革开放出谋划策，是赵紫阳的四大核心幕僚机构。

陈一咨毕业于北京大学物理系与中文系，"文化大革命"中，他曾因直言上谏而被下放农村十年，在此期间对中国的经济、教育、农村社会问题等进行了大量实地研究，因而对农村情况十分熟悉。1980年，他在赵紫阳领导下组建中国农村发展研究组，不仅为早期农村体制改革提出了新的思路，而且是实现农村体制改革的主要推手。同时他还是中国经济体制改革的重要智囊，受到胡耀邦、赵紫阳、万里等改革派领导人的器重。1984年，在农村改革取得初步成功以后，赵紫阳要求陈一咨组建国家经济体制改革研究所并任所长，继续推动中国的城市改革。从1986年到1987年，陈一咨任政治体制改革办公室秘书长，参与了赵紫阳主持的《政治体制改革设想》起草工作。陈一咨在体制内的经历使他深刻认识到，党内保守势力之所以反对经济改革，主要并不是出于经济上的考虑，而是出于政治上的考虑。经济改革就是要在体制上改掉垄断、独裁、权贵那一套，实际上是对一党专制的釜底抽薪。陈一咨后来参与到政治体制改革设想的起草，更彻底认识到中国改革的阻力和艰难。所谓反对"资产阶级自由化"、"防止资本主义复辟"，从根本上就是维护占统治地位的利益集团的长治久安。

陈一咨曾研究发达国家如英国、法国、德国、美国、日本是如何走上现代化之途的；研究发展中国家如印度、巴西为何发展缓慢；研究社会主义国家如苏联、南斯拉夫、波兰、匈牙利、捷克斯洛伐克、东德的问题和改革，以及"亚洲四小龙"是如何腾飞的，并对不同类型国家发展的初始条件、边界条件、历史阶段、社会结构、文化传承、经济形态、政治制度进行比较，因此具有超前思维和国际视野。他还研究了世界文明发展的历史，肯定人类文明有共同的理念和价值。对于中国的改革，他认为，从发展模式来说，是从农业社会向工业社会转轨，以及从封闭社会向开放社会转轨；从体制模式来说，是从计划经济向市场经济转轨，以及从极权政治向民主政治转轨。陈一咨预计这个转轨过程可能需要50年到100年。

1989年"六四"风波中，他组织"三所一会"发表了《关于时局的六点声明》，反对用极端方式解决问题，主张学生与领导人对话，但仍被认为是学潮的幕后黑手，并列为头号通缉犯，后被迫流亡美国。

严家祺80年代是中国社会科学院政治学所所长，他也是赵紫阳主持的政治体制改革办公室成员，与陈一咨共同参与中国政治体制改革，为政治体制改革提供了理论依据。早在70年代末，严家祺就是思想解放运动的先锋，1976年4月5日，大批民众自发到天安门悼念总理周恩来，官方定性为"反革命事件"而进行镇压，严家祺当时撰写了《四五运动记实》，为事件翻案。1979年9月，他为事件翻案的长文《宗教法庭·理想法庭·实践法庭》在《光明日报》刊出。1979年在中共中央宣传部部长胡耀邦主持召开的"理论工作务虚会"上，严家祺即提出"废除干部领导职务终身制"。严家祺还写了中国第一本记录"文化大革命"历史的著作《文化大革命十年史》（与妻高皋合写）。1989年5月13日，严家祺、戴晴、包遵信等到天安门广场宣读了《我们对今天局势的紧急呼吁》并劝说学生停止绝食，但学生没有接受。严家祺被认为是学生运动幕后黑手而受警方通缉，于"六四"风波后流亡法国，后转至美国。

陈子明、王军涛与北京社会经济科学研究所

北京社会经济科学研究所由几家民间机构合并而成，其前身最早成立于1984年8月，曾创办了全国最大的民办函授学院。1987年2月，正式更名为北京社会经济科学研究所，属下有发行、科技、培训、人才评价与考试中心、基金会等多个机构，还与经济日报研究所合办了中国民意调查中心。所长是陈子明，所务委员有王军涛、闵琦、刘卫华、陈小平、费远、郑棣、谢小庆、王之虹、王巍、陈子华、方宇、毕谊民、白桦等。李正文为名誉所长，谢韬、何家栋、徐联仓、袁方、龚祥瑞为顾问。这是一家具有相当规模的民办社会科学研究机构。该所的宗旨是：倡导知识分子的良知、客观性、公正性和历史感，维护学术的尊严和信誉。该所的目标是：通过具有独创性、超前性、批判性和实证性的科研活动，推动中国学术走向世界；建立一个面向社会、面向科学、面向世界、面向未来的民间思想库，推动公民社会的形成，促进中国的现代化和民主化。

北京社会经济科学研究所成立后，开展了多项学术课题的研究，在社会、经济、就业、教育、心理等方面开展调研，提供了多份有价值的调研报告，举办了九次大中型学术讨论会，撰写和编辑出版了社科著作和译作一百余种，其中包括《耶稣》《穆罕默德》《佛陀》《柏拉图》

《亚里士多德》《但丁》《康德》《歌德》《维特根斯坦》等；还出版了几本文集。该所在陈子明被捕后，还继续活动，出版了不学术研究少成果。

北京社会经济科学研究所是80年代思想解放的一个重要阵地。这里集聚了众多思想活跃、富有见解的中青年，包括孙立平、李盛平、高瑜、陈奎德、秦晓鹰、杨百揆、谢小庆、石小敏、陈小平、刘卫华、李醒民、曹锡仁、盛洪等人，他们都热情投入到80年代的启蒙运动中，而且多有建树。1987年12月，该所与中国管理科学院、《世界经济导报》联合举办了"时局与选择"讨论会，由闵琦主持，200多名学者出席。会议主题是关于中共十三大改革战略的思考对话。与会者大多是在经济体制改革、政治体制改革、比较文化研究中取得了一定成就并有一定代表性的中青年理论工作者。讨论会上，他们就政治与经济改革的策略、理论发展的途径与环境，新旧体制磨擦的阻力何在、经济民主与政治民主同步发展、知识分子在改革中的地位及作用、文化发展战略、建设社会主义民主与法制、舆论监督及传播机构的改革等问题，进行了认真的分析和讨论。《世界经济导报》连续几期以整版的形式报道了会议情况。《中国法制报》《科技日报》《理论信息报》等也进行了报道。中央电视台为此编制了系列报道节目，在该台首次"社会瞭望"节目中播出。

《经济学周报》是80年代呼唤改革的一个重要阵地。该报由中国经济学团体联合会主办，于1982年1月4日创刊。创刊时的总编辑为晓亮，副总编辑为戎闻佐、邢俊芳、罗丽。1988年开始由陈子明任所长的北京社会经济科学研究所等机构接管，崔绍林任董事长，毕谊民任副董事长，陈子明任总经理，陈英茨任社长（后由崔绍林接替），费远任副社长，何家栋任总编辑，王军涛任副总编辑。1989年5月，《经济学周报》以大版篇幅报道学生运动，并一直呼吁学生坚持理性精神，妥协对话，缓解矛盾。即使如此，仍被认为是"幕后黑手"，后于1989年6月11日被迫停刊，总共出版了388期。《经济学周报》的改革精神影响广泛，被媒体界誉为"南有《（世界经济）导报》，北有《（经济学）周报》"。辞职后的胡耀邦也曾于1989年2月写信表示支持《经济学周报》。

北京社会经济科学研究所所长陈子明是著名的社会活动家、民运领袖。他毕业于北京化工学院、中国科学院研究生院生物物理系。曾任中国社会科学院哲学所助理研究员。著作有：《西方文官系统》《现代政治学导论》等。在经济学、社会学、心理学、政治学、哲学、生物学等方面均有论文发表。陈子明在"文化大革命"中因批评时政被打成 "反革命"，1978年参加了西单"民主墙"活动，任民办刊物 《北京之春》编委，写了很多犀利的政论文章。1980年参加区县人大代表竞选，当选为北京海淀区人大代表。1987年创办北京社会经济科学研究所，凝聚了一批思想先锋。1988年担任《经济学周报》总经理，将该报办成改革人士发出呼声的热门窗口，影响遍及全国。1989年"六四"风波后，北京社会经济科学研究所被封闭，人员被遣散。陈子明被指为"幕后黑手"而受到通缉，后被捕入狱。1991年，官方以"反革命煽动、阴谋颠覆政府罪"，判处陈子明有期徒刑13年，剥夺政治权利4年。同年与王军涛一起同获国际新闻自由奖。陈子明的政治眼光、胸怀人格，在民间有很高的评价：陈子明是"中国思想界最能打通理论与现实的智者，中国当代反对专制的先知先觉与先行者"（郑也夫），"竭尽全力探索和推动国家向着宪政民主中国进步的大师，在思想上和行动上都走在前沿的领军人物"（王军涛）。王军涛是陈子明的主要伙伴，也经历了四五运动、西单民主墙、高校竞选、天安门"六四"运动，《经济学周报》期间也是全力支持学生运动，遭逮捕并判刑，后流亡美国。

体制内的老一辈学者以及几位开明领导，当时对北京社会经济科学研究所给予了重要支持，其中主要有于光远、李慎之、于浩成、戈扬、丁守和、许良英、冯兰瑞、李正文、谢韬、何家栋、龚祥瑞等，他们本身也都是80年代思潮的代表人物。

萧功秦与新权威主义

80年代后期，以萧功秦为代表的新权威主义思潮开始出现。这种思潮作为激进自由主义思潮的对立面而出现，它以渐进、稳定与开明权威为杠杆的秩序作为主要价值。新权威主义认为，在后发展国家的旧体制走向解体或蜕变，而新型的民主政体又无法运作的历史条件下，需要由具有现代化意识与导向的政治强人或组织力量建立起权威政治。这种权威政治一方面由于具有明确的现代化变革导向，而不同于传统专制政治；另一方面，它具有强制性的、高度组织化的行政军事力量与权威意志，作为其稳定社会秩序、推行其现代化方针的基础，因而又不同于民主政体。这就是开明专制。开明专制下的社会进步，才是最终实现民主与现代化的条件。根据亨廷顿的理论，现代民主政治的基础在于自主性人格及社会结构的分化和多元化，由于社会逐渐开放，社会结构开始出现变迁，社会动员扩大，人的自主意识觉醒，人们对改革的期望值随着改革的进行日愈膨胀，而国家制度和整合机制的变革却相对滞后，满足不了人们被调动起来的欲望和诉求，因而民众中产生了一种相对挫折感，并引发弥散性的不满情绪，导致社会失序。对此，加强中央权威的力量也就成为一个迫不得已的选择。新权威主义者由此而得出的结论是：中国的现代化进程，只能通过过渡性的权威来镇制非自主个体的无序化倾向，并经由发展市场经济培育新型人格来实现。新权威主义的逻辑如下：一个后发展国家，只有通过开明家长式的威权政治与国家引导的经济发展，才能有效地发展市场经济，只有市场经济才能导致社会的利益多元化与中等收入阶层的极大增长，只有利益主体的多元化、中产阶段的成熟，与阶层多元化相对应的妥协性、宽容、尊重契约性法治的政治文化的发展，才是民主政治的基础。新权威主义者认为，历史证明，没有一个后发展民族不经过经济发展而一步到位地成功推行多元民主政治。所以，新权威主义体制是为未来民主铺平道路的过渡性政治手段。对于威权体制过渡到民主体制的问题，只能通过试错式的渐进的制度创新方法来解决。通过渐进的方式，随着中产阶级成熟，逐渐减少权威政治在实际政治生活中的比重，以开放的心态，在多元试错中，渐进地接近民主政治的目标，这样，就从权威主义经由"后权威主义"、"前民主政治"，而最终走向民主政治。新权威主义以东亚一些国家的发展为例，这些国家都是处于儒家文化圈内，有着悠久的专制传统，其构成了东亚诸国的价值内核，并依此推动了经济和国家的发展。中国与这些东亚国家在文化观念或社会价值内核上存在着相近之处，可以借鉴他们的权威政治实现民族复兴。邓小平是认可新权威主义的，据赵紫阳回忆，"1988年有一次我去小平那里，小平提到方励之，我就把上面说的事讲给他听。我说有一种新权威主义，就是政治强人稳定形势，发展经济。他说：'我就是这个主张。但是不必用这个提法。'"[1]新权威主义思潮从一开始就受到理论界抵制，被认为是维护现有体制的改良路

1. 引自戴晴：《邓小平在1989》，香港新世纪出版社，2019年5月，第16页。

线，"开明家长"的说法最终会导致"专制家长"。90年代末东亚发生金融危机，以及中国社会后来的言论紧缩、集权加剧，靠专制集权自行实施"开明政治"越行越渺茫，没有纠错机制的"多元试错"根本不可能实现。90年代以后，新权威主义思潮在学术界逐渐退出思想舞台，萧功秦本人也开始反思新权威主义的可行性问题。

以上所列"人物群落"，当然也是挂一漏万；从分类领域来说，也只是与80年代思想史比较直接相关的方面。至于文学创作、戏剧影视、音乐美术、民间文化等专业领域，在80年代都是突飞猛进，发生了深刻变革，值得书写的人物更是不可尽数。这里无法一一列举了。

（五）80年代终止，安全语言及"学术家凸显"

思想经不起坦克的碾压。1989年天安门广场"六四"风波之后，轰轰烈烈的80年代结束。进入90年代，随着言论管制进一步紧缩，思想界曾有短暂的寂静，然后以完全不同于80年代的面目走到另一个时代。由于众声寥寥和旧体制的复活，以及清算资产阶级自由化的斗争上升为舆论的主旋律，"社会主义道路"与"资本主义道路"之争硝烟再起，加上中国受到外部世界的抵制和制裁，经济发展陷于低潮，改革进程面临困境。为了走出困境，1992年春，邓小平发表南巡讲话，反对争论，主张反左，肯定改革和市场经济，顺应了民心和国家发展大势，扭转了局面。在经历1989年下半年至1992年初的沉闷之后，学术界、思想界大都以诠释和延伸邓小平南巡讲话的方式，或以安全的、纯学术的方式，谨慎地走上舆论舞台。正如李泽厚所说，90年代是"思想家淡出，学术家凸显"的时代，悲观主义、价值虚无主义气氛一度弥漫。鲁迅、胡适、陈独秀等思想大师退居二线，而王国维、陈寅恪、吴宓等学术巨擘和文学名人钱钟书、梁实秋、周作人、张爱玲等则成为热门人物，"告别革命"成为主流。当然，80年代的火种还在，自由精神以学术的面目出现，于是伯林、哈耶克、托克维尔等自由主义者、民主主义者成为隐曲的言说对象（如著名学者邓正来对哈耶克著作的翻译和介绍）。自由主义经典《通往奴役之路》的作者哈耶克被认为是"20世纪思想史上的中心人物"，有媒体提出，哈耶克的译介是中国当代思潮转向的标志。[1] 可以把"哈耶克热"看作是80年代思潮的延续。在中共党内的一些老知识分子中，以谢韬为代表的开明派提出了"民主社会主义"的思想，试图从西方马克思主义理论出发，将社会主义的平等诉求和公有制方案，与西方的议会民主制度相结合，实现民主化的社会主义理想。这实际上也是80年代思潮的延伸。同时，80年代启蒙运动的诸多参与者在90年代出现了十分明显的分化。在舆论环境大逆转的情况下，不仅"学术家凸显"，还有世俗化、娱乐化、功利化倾向也明显滋长，社会思潮中民族主义、文化保守主义、新自由主义、后现代主义、后殖民主义，以及乡土寻根派、颓废痞子派、武侠后官派、言情财经小说等，纷纷现身于文化思想界，还有经济领域的期货股票房地产热、淘金热等，在意识形态部门默许的背景下呈现多元化的局面。一部分知识分子意识到继续留在学术界的凶险，正好遇到市场经济大潮到来，于是忍受着放弃书斋生活的痛楚，投身商海。

90年代的正面意义在于，知识界在冷静思考之后，超越了80年代激进主义、浪漫主义和张扬个体价值的启蒙初级阶段，终于能够面对不可回避的中国现实——资本、市场、权力，于是将80年代的理想从长计议，更加放开世界视野，重建学术规范，在社会科学、学理学术方面研究社会制度和现代宪政民主，从理论上奠定中国未来社会的基石。

知识分子集体失声

当80年代以无奈的方式谢幕以后，如同1949年以来历次思想运动和批判运动结束后的情景一样，知识分子的元气又一次被销抹。一方面，民族主义、爱国主义、文化保守主义甚至包括新左派思想，是比较安全的言说领域，基本上不会触犯禁忌，哪怕说得过头一点；另一方面，启蒙思想、自由主义以十分专业地研究西方经典著作的纯学术面目出现，隐蔽和小心翼翼地表达观点，有时甚或像是与言论检察官捉迷藏的状态，以避免麻烦。大约从90年代开始，"隐语"在学术界流行，及至21世纪，"敏感词"多不胜数，言说者诚惶诚恐，于是民间有"通假"、"火星文"、"指代"或"黑话"的文体随处可见，以规避删帖、封号、"请喝茶"、"被失联"。这是前所未有的舆论现象，而大多数国人逐渐习以为常。

还是说回90年代。郭震旦说，拿着绣花针缝补学术衣袍的90年代

1. 《传播哈耶克——中国当代思潮转向的标志》，《新京报》2014年7月19日。

与揭橥启蒙大旗的80年代形成了巨大落差。90年代以来，陷落于饾饤之学而自鸣得意的学术界日渐丧失了从事宏大理论问题思考的兴趣和能力，知识分子基本上丧失了对现实政治的关怀，放弃了在社会转型时代所应承担的历史使命。"放逐现实"与"回避问题"已经成为90年代以来学术界的致命伤，躲进象牙塔已经成为学术界的主流倾向。伴随着官方对言论的紧缩和民间对财富的追逐，启蒙的主张与实践都已显得落伍。[1] 在知识界，开始流行现代犬儒主义。直面这些不可回避的事实当然很重要，但80年代的思想遗产并未铲除，那些普世的价值观念，如自由、民主、正义、人性、人道主义等，已经深入人心，并以"获得性遗传"的方式留下了火种。

"九二派"与下海潮

80年代以悲壮的方式终结，使一部分满怀政治热情的知识分子理想破灭。他们无奈地离开高等院校、科研机构，离开熟悉的学术领域，转而投身于经济领域。其中还有的因"六四"风波被整肃，无法重返学术机构，只能放弃专业去经商，也有一些政府官员因形势突变而"下海"。1992年春，邓小平到南方巡视发表谈话，掀起了中国经济发展风暴，这股知识分子、政府官员"下海"经商趋势发展为巨大潮流，成为90年代中国经济高增长的主要动力。这一代企业家在创造财富的同时，开创了中国现代企业制度和经济发展的新篇章。邓小平南方谈话后投身商海的知识分子，被称为"九二派"。"九二派"企业家是反映中国改革进程的一个重要群体，与改革开放初期体制外靠胆量、靠闯劲成长起来的企业家不同，他们来自体制内，有致力于中国经济发展的胸怀，有广阔的国际视野，又有专业知识、理论智慧和能借鉴发达国家市场经验的优势，同时深知传统体制的弊端和可以利用的漏洞，虽然在错综复杂的商海里也遭遇艰难崎岖，但大部分都获得空前成功，成为新一代的中国企业家。著名的"万通六君子"比较具有代表性，潘石屹、王功权、冯仑、刘军、王启富、易小迪六人共同创立了海南万通，于1992年开始了他们的地产生意，通过运作海口"九都别墅"项目、"农高投"赚得了"第一桶金"。成功后各自在不同领域开创了

---

1. 郭震旦：《八十年代，一场未完成的启蒙》，《炎黄春秋》2020年2月24日。http://www.yhcqw.com/18/8763.html

一番事业，最终分别成为一方霸主。

"九二派"的领军人物陈东升，原在国家经贸部工作，在80年代思想解放运动中，曾担任《青年论坛》北京记者站站长，对杂志发挥了重要作用。陈东升"下海"后相继创办嘉德国际拍卖、宅急送、泰康人寿，成为中国商界著名人物，并以"九二派"企业家为主组织了"亚布力论坛"活动，形成了对中国经济发展具有举足轻重作用的企业家团体。陈东升曾送我一本书，书名就叫《九二派》，描述了"九二派"企业家的人生经历、创业故事和思想观念。

人文精神何为？

进入90年代，相比80年代的社稷担当、人文关怀、理想浪漫、壮怀激烈，似乎一切都远去了。当理想集体破灭之后，迷茫、痛苦、失落、困惑便是普遍的社会心理。不仅广大民众对高尚的精神生活失去了兴趣，在知识分子阶层，当下的生存状况、物质经济利益，包括学位、职称、名头、著作出版、出国留学等，都成为必须慎重考虑的事项。正如钱理群所说，知识分子中出现了一批"精致的个人主义者"。

从社会的大背景来看，在国内，邓小平南巡讲话之后经济重启带来了快速发展的局面，财富空前增长及利益分配两极化的格局，迥异于高举启蒙思想大旗的80年代。不规范的市场经济打开了"潘多拉"的盒子，拜金主义、贪婪、走私、不公平竞争、"血煤"纷纷出现，"人性"、"人道主义"似乎是很遥远的话语。在国际上，冷战结束和市场全球化的形成，使中国产生了"球籍"的担忧，这似乎又重演了"救亡与启蒙"的两难选择。启蒙真的很重要吗？人文精神真的很重要吗？

多数从80年代走过来的人文知识分子，总不会轻易放弃人文理想，他们不停地寻找着精神的家园。面对人文精神的危机，他们不愿意"躲避崇高"，他们不相信，在市场经济时代人文精神会不可避免地凋零。1993年至1995年的人文精神大讨论，就是对"利益社会"、"经济动物"质疑，是理想主义抵制世俗主义的一次抗争。1993年第6期《上海文学》刊发了王晓明、张宏、徐麟、张柠、崔宜明的谈话记录《旷野上的废墟——文学和人文精神的危机》，是这场讨论的发端。接着《读书》《东方》《上海文化》《文艺研究》《上海文学》《当代作家评论》等专业期刊以及《光明日报》等报纸也发表了许多相关文章。鉴于对80年代的痛苦记忆，大部分参与讨论者采取了"去政治"、"去激进主义"的路径，但却因此离开了现实的社会环境，将人文精神作为高悬于经济基础之上的独立的社会存在，以致产生"概念之争"和"因果之争"。也因为脱离社会现实，这场讨论没有发展成为全民共鸣的话题，而只是部分人文知识分子圈子内的专业话语。另外，在一步步紧缩的言论环境中，假装看不到舆论管制者的底线而奢谈人道主义、人文精神，显然是一厢情愿的自说自话。

这场讨论的发起人之一王晓明说："其实大家的分歧不在别的地方，而就在对当代现实的判断上面，这是问题的关节点。为什么讨论深入不下去？就是因为讨论者对现实本身缺乏深入的认识，基本上是凭着印象在那里说，而如果讨论要深入，你就必须要有更深入的了解，需要研究。所以'人文精神'讨论的一大结果，就是促使知识分子将注意力转向对当代中国社会真实状态的研究。"[1] 在现代社会甚至后现代社会，人文精神都是不可或缺的，人的价值、生存的意义都需要被提到终极关怀的层面加以考量，问题是如何根据社会发展的趋势，正视社会真实状态，在现实政治背景、经济活动和民众心理中深深地植入。

民族主义、文化保守主义、国学热

90年代民族主义的兴起，至少有两个方面的原因。第一，"六四"风波后，资产阶级自由化、全盘西化的观点受到严厉批判，民族精神、民族自信成为舆论主旋律。第二，迅猛发展的经济全球化浪潮席卷世界各国，中国在80年代的改革开放背景下也参与其中，猛然发现中国与西方列强的实力相差巨大，有着强烈的焦虑感，加上近代以来因国家积贫积弱在国际事务中多次挨打的屈辱感，以及对西方资本霸权的敏感，民族自尊很容易成为普遍心理。90年代民族凝聚力是一个热门话题，广东还成立了民族凝聚力研究会。

房宁认为，中国当代民族主义有五大基本诉求：反对全面开放，主张适度开放；推进区域化，建立亚洲经济圈；寻求"效率"与"公平"的均衡；抵制西方话语霸权，矫正崇洋媚外心理，建构民族新文化；发展中国的战略产业。在民族主义思潮看来，全球化是一种帝国主

---

1. 王晓明：《人文精神讨论十年祭》，《上海交通大学学报（哲学社会科学版）》，2004年第1期。

的、专制的、反民主反自由的过程。全球化的经济规律是"资本流遍世界，利润流向西方"，全球化只是西方利益的普遍化而不是经济福音的普遍化。因此，作为"外围"国家的中国在不可避免地参与全球化的过程中，必须自觉地有选择地抵制全球化。在民族主义者眼里，全球化对于发展中国家来说不是坦途而是一的艰难曲折的道路。[1]

民族主义在学术理论上建树不多，但在普通老百姓中获得了广泛支持。从1996年至1999年的三年多时间里，《中国可以说不》《妖魔化中国的背后》《全球化阴影下的中国之路》等三本出版物面世，虽然在内容、文字、逻辑等方面多被诟病，但却成为畅销书，影响很大，充分说明这一时期的社会心理倾向。如《中国可以说不》一书中这样写道："世界上一切解放运动，无一不沐浴着中国思想的阳光。世界上的一切和平进步，无一不得惠于中国的功德。"在"中国模式"和"中国崛起"理念的统摄下，表现出极端的民族自大，仿佛回到"我朝威武四方来仪"的时代。从当局的立场看，民族主义是一支双刃剑，对于维护政府权威固然十分需要，可以成为政治动员的旗帜，但过激的民族主义会造成"义和团"的后果，如辱骂外商、抵制洋货、包围使馆、打砸进口车等，影响甚至破坏既有的发展局面，使政府在对外关系中陷于被动。

90年代文化保守主义或新保守主义，是在反省80年代激进主义、反传统和"全盘西化"思潮的基础上发展起来的。80年代末海外新儒家代表人物就开始批判激进主义，美国普林斯顿大学教授余英时在香港中文大学作了一次题为《中国近代思想史中的激进与保守》的讲演，认为一部中国近代思想史就是一个思想不断激进化的过程，"基本上中国近百年来是以'变'：变革、变动、革命作为基本价值的"，过分微弱的保守力量几乎没有起到制衡的作用，中国为此付出了极大的代价，"文革"就是这种思想不断激进化的最高峰。1992年余英时在香港《二十一世纪》杂志又发表《再论中国现代思想中的激进与保守》一文。90年代国内的文化保守主义，显然受到海外新儒家的影响，但之所以能够发展成为社会思潮，也因为政治氛围与80年代不同了，肯定中国传统文化既是反对"全盘西化"的需要，也是启蒙思潮失势后填补意识形态

---

1. 房宁：《影响当代中国的三大社会思潮》，《复旦政治学评论》2006年第1期。

空间的需要。这个时期有一份著名的文化保守主义杂志《原道》，其宗旨是复兴儒学，再造国学辉煌。《原道》旗帜下聚集了一批儒学研究者。

方克立认为90年代文化保守主义的主要特征或表现有七个方面：反思和批判激进主义；和中国近现代文化保守主义一样，当代文化保守主义也表现出一种回归传统的倾向；在反思中国近代思想史时，一方面批判激进主义，另一方面则表现出对近现代文化保守主义的过分偏袒和钟爱；和近现代文化保守主义一脉相承，宣扬唯心主义的历史观和世界观，最突出的表现就是宣传过分夸大精神、观念形态作用的文化决定论；文化保守主义作为一种批判现代化的理论，与"后现代主义"有某些表现的契合之处；文化保守主义区别于"社会政治的保守主义"，它可以和政治上的保守势力相结合，也可以和其他政治倾向相结合；主张以大众文化来消解主流意识形态。[1]

民族主义和文化保守主义共同推动了"国学热"，《四书五经》《弟子规》《三字经》以及注释辅读书籍、儒家人物传记铺天盖地，关于儒学的讲座遍及大江南北，各地纷纷举办培训班、"开笔礼"、"祭孔礼"。1993年8月16日，《人民日报》用整整一版的篇幅刊登报道《国学，在燕园悄然兴起》，提出"国学的再次兴起……将成为我国文化主旋律的重要基础"，两天之后《人民日报》又在头版登出了《久违了，"国学"！》。在"国学热"中，除了学术界的专业研究之外，民间的喧闹大都是商业目的的一哄而上。而后又延及周易测卦、姓氏追远、汉服唐装、满汉全席，加上卡拉OK、"天上人间"等，平俗之气四处弥漫。

新左派

新左派大多是研究西方文化和西方哲学的学者，代表人物包括汪晖、胡鞍钢、王绍光、杨帆、刘小枫、崔之元、甘阳、张维为、强世功、潘维等。他们中有一部分是80年代"文化：中国与世界丛书"学术圈的核心人物。80年代末苏东解体之后，冷战结束，世界两大意识形态阵营的张力也逐渐消失，西方国家内部出现自我反省和自我批判的

---

1. 方克立：《要注意研究90年代出现的文化保守主义思潮》，《高校理论战线》1996年第2期。

左翼思潮，这种思潮影响到中国知识界，形成中国的"新左派"。新左派中不少人有在西方读书和生活的经历，他们看到资本主义制度下存在的严重不公平、不合理现象，同时也研究了西方学者反思资本主义弊病的很多论著，从而严肃地对资本主义现实和西方新自由主义进行批判。面对国内现实，新左派将中国走向市场经济转型过程中出现的社会分层化、社会失范和腐败现象归结为资本主义社会矛盾的体现。他们站在"社会弱势人群"的立场，热忱追求建立平等、合理的社会，试图以平等主义作为解决社会矛盾的基本选择。新左派也主张民主，但这种民主是"回应式民主"，即人民有何呼声，由当权者回应是否妥当和可行，由当权者代表，民主的予夺由当权者确定。新左派的众多学者有不同的观点，但大致来说，他们普遍提倡人民主权原则，重视社会公平正义，支持国家对经济的宏观干预，反对庸俗的自由市场理论，反对官僚主义和贪污腐败，重视工人和农民利益，批判经济全球化的负面影响，批判自由主义和帝国主义的世界霸权、文化垄断、经济政治独裁和社会虚无主义。新左派的"新"在于不赞同与国家权力直接结合的激进左派的暴力崇拜、斯大林主义、僵硬的计划经济与集权政治体制，主张直接民主和"制度创新"（诸如"鞍钢宪法"、乡镇企业、村民自治等等），同时以反意识形态的非本质主义姿态出现，借助于西方"后学"的解构武器，批判近现代西方的主流意识形态自由主义、理性主义。新左派的"左"在于坚定地批判资本主义。他们认为资本主义是少数经济政治精英操纵社会资源的制度，抵制以市场化为中心的现代化进程，反对全面开放，肯定人民当家作主的社会主义，肯定毛泽东的很多做法，包括大跃进、人民公社，在这些方面十分靠近老左派。新左派高度肯定中国国家能力，高度肯定中国政治模式的执政集团的治国业绩，其代表人物胡鞍钢关于中国国力已超美国的国情调查报告，引发了全民族"厉害了，我的国！"自信狂潮。

新左派忽视了中国尚处在发展中的现实，将西方经济、社会、文化发展较高阶段出现的弊端拿到中国来比照，批判改革开放和市场经济带来的贫富差距等不平等现象，认为这些现象是资本主义在中国的再现，与此同时不仅回避中国现实中集权阻碍发展的致命伤，而且从毛泽东时代的传统社会主义体制中发掘正面价值，站在卡尔·施密特的国家主义立场（以刘小枫、强世功为代表），无视无限制的权力可能导致昏聩和专制极权的危险性，附庸地的肯定最高权力和国家意志，并进而肯定 "文化大革命"的某些做法，因而饱受学术界诟病。

（六）对80年代思潮的反思

分析80年代思潮，不能不思考其缺憾和问题、教训和借鉴。从知识界自身来说，至少有如下几点值得反思：

第一，80年代思想激情高涨，但缺乏冷静的学理建树。明显的事实是，关于中国现代化发展道路，关于中国新文化建设的框架和思路，关于民主宪政的未来蓝图，关于国民信仰的深度分析，基本上没有留下重要的传世之作。不能说没有佳作，李泽厚、金观涛等都写出了影响深远的著作，但比较起罗尔斯的《正义论》、哈耶克的《通往奴役之路》、托克维尔的《美国的民主》、汤因比的《历史研究》、韦伯的《新教伦理与资本主义精神》、列文森的《儒教中国及其现代命运》、哈维尔的《无权力者的权力》等经典，远不够分量。当然这要作历史的分析，"文化大革命"十年，没有进行学术理论积累的氛围和条件，学者们都在被改造、被批判，哪能潜心从事学术研究。同时，在哲学社会科学和人文学科领域，如果关在围墙之内，信息封闭，无法了解和交流世界各国学术发展的情况，就不可能有世界视野和人类视野，充其量只能是自说自话，这就难以出经典、出传世之作。

第二，80年代知识界充满了理想主义和浪漫主义，却忽略了对中国社会现实进行科学和审慎的分析，也没有真正理解根深蒂固的中国专制政治传统及其残酷性，以为靠文化和思想的力量就能使国家走向民主和宪政。李泽厚说"借文化谈政治"，还有很多人都是这个思路，问题是在中国文化要服从政治，文化在意识形态中，是软性的，政治却在权力中，有专政手段，是硬性的。80年代的历程表明，凡不符合政治需求和政治标准的文化，都会被扼杀。文化具有启蒙的作用，但对于一个集权制度来说，它是无力的。而李泽厚"借文化谈政治"，并没有谈现实中的集权政治，有意无意避开了这个关键问题，因此缺乏深度和力度。

第三，关于当代中西知识分子的比较。1949年以后的思想批判运动，包括1951年批判电影《武训传》，1954年批判俞平伯红楼梦研究和胡适反动思想，1955年批判胡风反革命集团，1957年反右派，1965年批判《海瑞罢官》，1966年"文化大革命"，经历了一次又一次被批判、被劳改、被整肃之后，中国知识分子患有一种集体的"缺钙综合症"。这种状况，还可以追溯到延安整风时期的"抢救运动"，打击了一大批知识分子。以后的知识分子政策，就是"团结、教育、改造"，改造是常态。自古以来中国知识分子的特点是忧国忧民，"文死谏武死战"，十分有担当，但像王实味那样因一篇文章被杀头，像胡风那样因一篇建言坐牢20多年，像反右时期那样因一张大字报戴上右派帽子20年，几十万人前程渺茫，上千人死于荒漠夹边沟，知识分子的担当几乎消磨殆尽了。"精英被毁灭"（胡显中），"1957：中国现代知识分子的消失"（朱正），这就是 "缺钙综合症"的症状。中国当代知识分子应该清楚地认识到时代特性和自身症状。现代西方知识分子基本上没有这样的经历，所以很少有这种毛病。我们看看著名的美国普利策新闻奖，获奖作品很多是揭露阴暗面的，而作者都很光彩。

第四，即使在现代犬儒主义盛行的时期，中国知识分子仍存有大义凛然的风骨。文革前有大儒梁漱溟敢于当面与毛泽东辩论，并自恃"三军可夺帅也，匹夫不可夺志"，有浩然之气。文革中北京大学林昭为了坚持真理，不惜牺牲生命。当白桦的《苦恋》受到高层政治人物批判时，在严峻氛围中唯有戏剧家吴祖光不顾自身后果，奋起为白桦辩护。当刘宾雁受批判时，诗人邵燕祥竭力为他辩护，坚持正义。在文革"多数人暴政"中，相当数量的著名知识分子自杀，其中一部分是绝望于现实，也有一部分是不甘屈辱，以生命对抗暴政。由此可以看到中国知识分子的优良传统，不至于对未来失望。进入21世纪，仍然有袁伟时、贺卫方、于建嵘、许章润、孙立平、周孝正、章立凡、郑也夫、信力建、笑蜀等人，甘冒风险地发表言论，也体现了知识分子直言敢谏的气质。

第五，即使在最艰难、最险恶的环境下，也还是有正直优秀的知识分子在严肃认真地研究历史和现实，研究社会和体制。这里以顾准为例。顾准在50年代即提出了社会主义市场经济理论，其思想是开创性的。1957年和1965年，顾准两次被划为右派分子，"文化大革命"中妻子因受迫害而自杀，几个子女与他断绝关系，顾准怀着坚强的信念，在风雨如磐的日子里，在家庭破碎和身体虚弱的情况下，始终坚持独立思想和独立研究，完成了《希腊城邦制度》《从理想主义到经验主义》等数十万字的论著。他说："不许一个政治集团在其执政期间变成皇帝及其宫廷。""唯其只有一个主义，必然要窒息思想，扼杀科学！"顾准去世后，他的思想价值才逐渐被人们认识并给予极高评价。李慎之称他为"点燃自己照破黑暗的人"，王元化评论说："他的思考不囿于书本，不墨守成规，而渗透着对革命对祖国对人类命运的沉思，处处显示了疾虚妄求真知的独立精神。在造神运动席卷全国的时候，他是最早清醒地反对个人迷信的人；在'凡是'思想风靡思想界的时候，他是最早冲破教条主义的人。仅就这一点来说，他就比我以及和我一样的人，整整超前了十年。"有人将他与奥地利思想家、诺贝尔经济学奖得主哈耶克相提并论，称他为"中国的哈耶克"。除了顾准之外，还有杨小凯等大批有良知的学者，在监狱里，在劳改场，在黑暗中，苦苦地思索中国的现状和未来，留下了宝贵的思想财富，也为今天的知识分子树立了人格楷模。

第六，关于80年代激进主义的反思。在社会变革大潮中，激进主义冲锋在前，对于打破旧秩序，当然是非常必要的。但打破旧秩序的目的，是建立新秩序。在新秩序建立的过程中，远见、智慧、策略都是极为重要的，感情用事、不考虑后果，都会遭致失败。1986年邓小平重新发表1980年8.18讲话启动了新一轮政治体制改革，赵紫阳组织的智囊班子已经制定出总体设想，按照这个设想，中国的政治体制将大大前进一步，但年底发端于安徽的学潮扩散到全国，终止了这个进程。1989年"六四"风波，一批年长的知识分子站在青年学生一边，坚决反对政府出动军队，但出于策略考虑和对学生的爱护，主张在已得民心的大好局势下见好就收，撤出天安门广场。学生们至少有两次机会可以胜利撤场，这样既可赢得全国人民的赞赏，又可保全青年学子的生命，还可形成下一步与政府沟通的优势。遗憾的是，激进主义的"绝不妥协"、"绝不撤场"加速了军队强行清场，形成了悲壮的局面。"六四"风波之后，政治氛围空前严峻，党内高层最后一个开明派领导人赵紫阳出局，80年代启蒙运动中的一大批精英几近崩溃，80年代思想解放的黄金时代，就此终结。对于青年知识分子来说，这的确是一个惨痛的教训。

80年代已经一去不复返。对比90年代及以后的社会思潮，更显示出20世纪80年代思潮内容厚重，影响深远，其历史渊源、表现形态、时代价值，乃至思想局限、经验教训、后世借鉴，都是极其难得的思想史课题，更是中华民族的极为珍贵的思想财富。我认为，研究20世纪80年代思潮的意义，并不亚于对20世纪初"五四"运动的研究，值得思想史家们深入挖掘。若干年后，中国若走上现代民主国家的道路，必定会重新咀嚼80年代思潮的深刻内涵。

二 历史机遇与《青年论坛》创办

　　《青年论坛》杂志创办于20世纪80年代中期。这是一个特殊的历史时期，不能想象，此前此后的任何一个时期，能够诞生这样一份杂志。可以说，它踩在了历史的节拍点上。

　　1984年到1986年中国的形势，以宽松的思想舆论氛围为主调，但中共党内不同力量的角力仍在进行，有时局面也比较严峻。但大致上可以说，1984年2月到1986年12月之间，是70年代末至80年代初思想解放运动高潮之后的又一个活跃的时期。正是在这个由胡耀邦主导的宽松时期，难得的历史机遇催生了《青年论坛》杂志。杂志诞生后命运有起有伏，经历了风风雨雨，其过程折射出党内不同派别势力的涨落变化。

　　这三年当中，党内斗争一直没有停止。当胡耀邦1984年2月在上海反对"清除精神污染"的同时，邓小平讲了另外一番话："清除精神污染是完全必要的，看来镇住了，把文艺界、思想界的一些人的气势压下去了。"完全是针锋相对的。1985年，时任中共中央纪律检查委员会书记的陈云，将广东省委书记任仲夷、福建省委书记项南这两位改革先锋撤掉，打击了改革力量。1985年3月到9月，邓小平和党内几位元老先后讲话，反对资产阶级自由化。1985年5月香港《百姓》杂志主编陆铿采访胡耀邦，胡耀邦谈了目前改革派和保守派斗争的情况，邓小平非常不满，认为自己看错了胡耀邦，开始想把他换下来。[1] 1985、1986两年的6、7月，邓小平曾先后多次点名批评耀邦对待反对资产阶级自由化态度消极。1986年9月，胡耀邦主持起草中共十二届六中全会文件《关于社会主义精神文明建设指导方针的决议》，不同意写进"反对资产阶级自由化"，万里、陆定一也反对写进去。但王震、彭真、薄一波、胡乔木、邓力群坚持要写进决议。最后邓小平发话："反对资产阶级自由化，我讲得最多，而且我最坚持。""看来，反对自由化，不仅这次要讲，还

---

1. 赵紫阳：《改革历程》，香港新世纪出版社2009年，第167-168页。

要讲十年二十年。"决议的正式文本按邓小平和王震等人的意见加上了"反对资产阶级自由化"。[1] 由此可以看到党内两种不同思想阵线的斗争十分激烈且不可调和。

(一) 80年代中期的政治格局和社会氛围

1983年上半年开始的"清除精神污染"运动，使思想解放的大好局面蒙上了阴影。1984年2月胡耀邦到上海讲话，不赞同将"清除精神污染"运动扩大化，情况好转。虽然邓力群主持的中宣部仍然在组织全国学习胡乔木的《关于人道主义和异化问题》小册子，批判异化和人道主义，但人们厌恶了大批判运动，所以响应者寥寥，1984年整个上半年形势对胡耀邦是有利的。10月，中共十二届三中全会召开，确立了社会主义商品经济观念，这是对陈云坚持计划经济的拨乱反正，改革派又扳回一局。11月，全国宣传部长会议召开，在胡耀邦主导下，会议的主调是宽松、开放。12月，中国作家协会第四次代表大会召开，巴金当选为主席，被认为是资产阶级自由化代表的刘宾雁当选为副主席。会议上胡启立代表中共中央书记处作了祝词，明确地批评了"左"的偏向，扫除了前一时期在思想界、文艺界弥漫着的迷雾，使与会者十分振奋。1985年7月，胡耀邦挑选坚定的改革派人物朱厚泽取代邓力群担任中宣部长。朱厚泽上任后，在文化部召开的全国文化厅局长会议上提出宽容、宽厚、宽松的政策，对思想文化领域是很大的激励。1986年8月，邓小平决定重新发表1980年8.18讲话，重启政治体制改革，赵紫阳主导起草政治体制改革总体设想，思想氛围进一步宽松。1986年10月，全国哲学社会科学"七五规划"会议在北京举行，胡耀邦在会上讲话，反对对学术理论研究的"不正确干预"，提出不打棍子。胡耀邦的表态使思想界感到欢欣鼓舞。

中共整党是80年代中期的主要党务。1983年10月，中共十二届二中全会通过了《中共中央关于整党的决定》，确定从1983年冬季开始全面整党。整党的领导机构是中共中央整党工作指导委员会（简称"中指委"），主任为中央总书记胡耀邦，副主任有万里、余秋里、薄一

---

1. 参阅李洪林：《中国思想运动史（1949-1989）》，香港天地图书有限公司1999年。

波（常务副主任）、胡启立、王鹤寿，委员有邓力群、洪学智、王兆国等，顾问是王震、杨尚昆、胡乔木、习仲勋、宋任穷。这个领导机构，包括了党内各派力量的代表人物，显然是政治平衡的产物。邓小平在二中全会上作了题为《党在组织战线和思想战线上的迫切任务》的讲话，着重谈了整党不能走过场、思想战线不能搞精神污染这两个问题。

这次整党，主要解决思想问题和组织问题。从整党文件来看，既反"左"又反"右"，实际上反映了党内几股力量的角逐，都想借整党达到各自的政治目的。自1978年中共十一届三中全会之后，以胡耀邦为代表的改革派高举思想解放的旗帜，迅速获得全社会支持。而党内的保守派则忧心忡忡，害怕思想解放过头导致资产阶级自由化，进而危及政权稳定。邓小平坚持改革开放，但又希望在现有政治格局下发展经济，所以时而站在改革派一边，时而站在保守派一边，凌驾在两派之上驾驭平衡。当保守派坚守计划体制，以官僚主义和低效率阻碍经济发展时，邓小平就用深化改革予以冲破。一旦感到改革进程不利于巩固权力，或影响自己的权威，邓小平就坚决地与保守派联合，表现出旧体制领导人根深蒂固的思想本质。

这种博弈反映在整党决定中，形成这样的表述：党内"存在两种错误倾向。一种是一些党员和党员干部还没有从过去'左'倾思想的束缚中解放出来，他们歪曲四项基本原则，对十一届三中全会以来党的路线、方针和基本政策持抵触态度，有的甚至阳奉阴违、公开抗拒；一种是一些党员和党员干部经不起历史挫折的考验和资本主义思想的侵蚀，他们怀疑和否定四项基本原则，背离十一届三中全会以来党的路线、方针和基本政策，宣扬资产阶级自由化。"关于组织问题，主要是清理党内的"三种人"：即追随林彪、江青反革命集团造反起家的人，帮派思想严重的人，打砸抢分子。这是政权更迭后清除领导集团中残留的反对派的重要措施。决定中还有关于整顿作风和加强纪律的内容，主要针对一些领导干部重返岗位后，要待遇、抓利益、搞特权、经商办企业、搞贪污腐败等不正之风，以及家长制、派性、无政府主义、自由主义、党组织的软弱涣散状况。这些问题都是经济发展的障碍。为了做好整党工作，中指委、中央军委向各省市自治区和部队派出了由850人组成的90个整党工作联络员小组。

从社会思潮来看，从1984年开始，"文化热"形成高潮，席卷全中国。在这个高潮中诞生的北京三家民间文化机构，"走向未来丛书"编委会、中国文化书院、"文化：中国与世界丛书"编委会，成为"文化热"的领军者。1984年"走向未来丛书"出版第一批图书，其对国外新思潮、新科学的介绍，对中国现状的思考，甚至图书的现代版式风格，吸引了无数大学生，立即风靡各高校。与此同时中国文化书院办培训班、讲习班、函授，在全国大规模推广中国文化。"文化：中国与世界丛书"编委会则编译出版了数十种西方思想文化经典著作，极大地开阔了知识界的眼界。

年轻人向来是时代的先锋。全国各地知识界、理论界的青年学子，在80年代中期纷纷组织社团、筹备刊物，思想十分活跃。湖北、陕西、广东等地成立了"青年社会科学工作者协会"，湖北还成立了"湖北青年美学研讨会"，北京的《中国青年报》成立了"青年报人新闻与社会研讨会"，上海也非常活跃，除了成立"青年社会科学工作者协会"，还成立了"上海青年管理现代化协会"，以及"复旦大学青年理论工作者协会"。《美学新潮》（四川）、《美术思潮》（湖北）等前卫刊物，青年思想刊物《大时代》（重庆）等也在那个时期诞生。

总的来看，这个时期的趋势是改革开放不断深入，社会思潮十分活跃，但党内博弈并未停止，形势错综复杂。正是在这样特殊的历史背景下，胡德平离开北京，以中指委巡视员的身份赴任湖北。

（二）胡德平南下武汉

1984年4月，胡德平从北京来到武汉。

胡德平是时任中共中央总书记胡耀邦的长子。胡德平1962年至1967年在北京大学历史系学习，毕业后，在4627部队农场劳动锻炼，后到北京第二通用机械厂当工人。1972年至1984年间，胡德平在中国历史博物馆工作，曾任博物馆负责人。1984年至1986年，任中央整党指导工作委员会湖北巡视组巡视员，华北联络组副组长、西北联络组组长。1986年后，先后任中央统战部秘书长、五局局长，统战部副部长，全国工商联党组书记、副主席。胡德平学历史出身，却对《红楼梦》研究情有独钟，还特别考察了曹雪芹在北京西山的轶事，出版过关于红楼梦的著作，并且是北京曹雪芹学会的会长。在人们印象中，胡德平谦和正直，诚恳认真，平易亲民，书生气很浓，很像他的父亲。胡德平有理想和抱负，对理论研究和改变现实很感兴趣，这一点可以解释胡德平热心支持创办《青年论坛》的必然性。

由于胡德平的特殊背景，又是以中央派驻的名义来到湖北，官场上下非常关注。胡德平到武汉后，并不急于发表意见，而是深入基层，调研了解情况。

九省通衢的千年古城武汉，位于中国大陆地理中心，历史可追溯至3500年前的盘龙城。自汉以降经南北朝至元、明，武汉成为水陆交通枢纽，商贾辐辏。汉口、武昌、汉阳三镇雄踞长江两岸，历来被称为"大武汉"。明代中期成化年间及至明末清初，汉口以商业大镇卓立华中，与北京、苏州、佛州并称"天下四聚"，又与朱仙镇、景德镇、佛山镇同称天下"四大名镇"，成为"楚中第一繁盛处"。武昌，则是中国辛亥革命打响第一枪的地方，清王室因为这场革命而退出历史舞台。在中共创立初期、国民革命和抗日战争时期，武汉都是历史重镇。武汉工业基础雄厚，科技力量密集，高等院校林立，在校大学生数量在全国名列前茅。20世纪80年代，经中央、国务院批准，武汉列为经济体制综合改革试点城市，实行计划单列，赋予其省一级的经济管理权限。改革开放以来，武汉紧跟改革步伐，呈现出一派生机。对于这样一个重要的政治、经济、文化制高点，以胡耀邦为总书记的中共中央当然十分重视，派胡德平到此地，意义重大。

我和王一鸣与胡德平的结识，是一次偶然的机缘。1984年6月12日，中共湖北省委宣传部组织关于民办的"黄鹤书刊发行社"改革经验座谈会，胡德平出席了会议并作了总结讲话。那天我和王一鸣也参加了这个座谈会。当时我们正在筹备创办一份青年理论刊物《青年论坛》，王一鸣说："我们与他谈谈吧，争取他对我们刊物的支持。"我觉得很好，就从笔记本上撕下一张纸，上面写道："德平同志：我们是社会科学院的一群年轻人，我们正在筹备创办一个青年学术刊物，希望能得到您的支持。李明华、王一鸣"，并留下了编辑部的电话，递给了胡德平。胡德平当时没有表态，会后向他的北大校友、湖北省社会科学院哲学研究所所长李步楼了解李、王的情况，证实了确有《青年论坛》一事。6月18日，胡德平打电话给李步楼，约我和王一鸣以及李步楼去与他会面。

我们接到李步楼电话，就知道胡德平对创办青年学术刊物有想法了，当然十分高兴。在此之前，我们筹办《青年论坛》这件事已经有一段时间了。

我和王一鸣都毕业于武汉大学，都在湖北省社会科学院 《江汉论坛》编辑部工作，我在哲学组，王一鸣在经济组。《江汉论坛》创刊于1958年，"文化大革命"中停刊，1979年复刊。这是一家在学术界影响较大的哲学社会科学专业杂志，很多学术名家在这里发表论文，还有不少学者的处女作在《江汉论坛》发表之后，从此走上高端学术殿堂。我1978年考入武汉大学哲学系，这是"文化大革命"后恢复高考的第二届招生，也是我高中毕业10年后才有机会参加的高考，所以入学时是"大龄生"。武大哲学系当年是全国高校哲学专业的前三强，拥有陶德麟、萧萐父、江天骥、陈修斋、杨祖陶、王荫庭、唐明邦等众多知名学者。我的本科学位论文选了俄国哲学家普列汉诺夫做题目，由全国最著名的普列汉诺夫研究专家王荫庭教授指导。毕业前王教授将我的论文《普列汉诺夫社会结构理论初探》推荐给《江汉论坛》杂志，很快就在杂志上发表，1982年我毕业后也顺利到《江汉论坛》编辑部工作。王一鸣1979年入学，比我晚一届，但因为他是应届高中毕业生，年龄比我小13岁。他入读武大经济系，1983年到《江汉论坛》编辑部工作，与我同事。1983年毕业到编辑部工作的还有另一个年轻人饶建国，是武大哲学系比我低一届的同学，与王一鸣年龄相仿。我们这几届大学生，都经历了具有里程碑意义的真理标准大讨论，特别是在大学校园受到爱国强国、改革振兴的浓厚氛围的熏陶，满怀国是民瘼、复兴理想，以及报效祖国的使命感和责任感。同学们课余谈论的话题，很多都是关于真理标准、国家前途方面的，毕业后都胸怀抱负，充满激情，以赤子之心投入到改革时代的大潮中。

在80年代改革浪潮中，湖北省社会科学院领导要求下属各部门考虑改革方案。《江汉论坛》编辑部的工作人员感到刊物的发行量小，发行面窄，尽管在理论界有一定权威，但由于刊物内容距现实较远，对实际工作部门影响较小，因此一致主张对刊物进行改革，并提出了各种改革思路。为了搞好改革，1984年4月底，编辑部副主任荣开明带领几位编辑到几个地市考察企业和农村，听取基层的呼声。我因有其他工作安排，没有参加考察，听考察回来的同事介绍，他们看到基层改革气氛热烈，收获很大，思想很振奋。考察结束后在回武汉的火车上，王一鸣和饶建国交流想法，他们感到有必要办一份青年理论刊物，有别于《江汉论坛》面向资深学者和知名专家的专业定位，另辟蹊径，创办一份面向青年人的理论刊物，以新思想、新风格为特色，刊名就叫《青年论坛》。回到武汉后王一鸣、饶建国向我谈了他们的设想，我非常赞同。他们还提出，希望我牵头筹办工作，理由是我在学术上成果较多，容易与学术界交流，编辑业务也很出色，为人谦和勤谨，又是党支部委员，比较得到领导和群众的信任，因此适合做牵头工作。我当时考虑，哲学组只有三个人，荣开明是副主任，要管全盘工作，另外就是我和饶建国。饶建国刚来编辑部一年，正在熟悉业务，如果我投入《青年论坛》的筹备，会不会影响《江汉论坛》的工作，同时还考虑社科院领导、《江汉论坛》领导是否同意。我的想法与主任陈正亮、副主任荣开明谈了，他们的意见是可以两边兼顾，这样我就比较放心了。为了做好筹备工作，我们又找编辑部李肇文、张君、张仲良、程涛平等几位年轻人沟通，他们也都非常支持。大家一起出谋划策，提出了办刊的一些具体设想，同时讨论决定由我、王一鸣和经济编辑李肇文三人组成筹备组开展工作。李肇文比我稍长，毕业于湖北财经学院财经系，77级，对刊物改革热情很高。在征得编辑部领导同意之后，筹备组决定征求社会各界意见，使办刊设想完善后，再向院领导汇报。

要征求社会各界意见，我和王一鸣自然首先想到了我们的母校武汉大学。我们利用晚上的时间到武大与师生们座谈，现场反应十分热烈，他们表示会积极写稿，还愿意义务当兼职编辑，帮助发行刊物。还跑了其他一些高校、科研机构，几乎全都是热情支持。除了在本地征求意见外，编辑部的几位中青年分别写信给全国各地的同行和学者，听听他们的意见。很快收到很多回信，纷纷表示支持，还提出了很多可行的建议。看到这些反应，我深深感受到，众多年轻人渴望有一个表达观念的阵地，特别是在改革的年代，多少思想的激情需要诉诸公众，而全国面向青年学者的理论刊物几乎是一个空白，各地的反应实际上是时代的需求。

6月12日在座谈会上与胡德平见面，尽管他当时没有表态，我们的筹备工作仍然在抓紧进行。6月14日，在征求各方面意见的基础上，我与王一鸣、李肇文商量之后，以筹备组的名义执笔起草了一份办刊的初步设想，呈给社科院党组。党组书记沈以宏、院长密加凡、副院长夏振坤对办刊都表示支持。两天后，院党组将《关于创办〈青年论坛〉的初步设想》下发全院各下属部门，还附了党组书记沈以宏的批示："这是一个良好风气的兴起"，要求全院讨论。

关于创办《青年论坛》的初步设想

一个民族想要站在科学的最高峰，就一刻也不能没有理论思维。

——恩格斯

（一）中国大地上，正面临着空前的经济振兴。社会主义现代化事业迅猛发展，对哲学社会科学提出了全新的要求。如何对社会主义今天的历史潮流作出分析、概括，对党的三中全会以来的正确路线、方针、政策进行论证，对今后的社会经济形势和文化发展作出科学预测，是理论工作者最迫切的任务，是时代赋予的使命。

（二）中国青年是社会主义现代化建设的一支强大生力军。这不仅是指青年在经济建设中肩负着重担，而且还指青年理论工作者在社会主义精神文明建设中发挥着重大的作用。近几年来，一大批青年理论工作者刻苦钻研，大胆创新，站在经济振兴和体制改革的前列。在解决一些现实课题、尖端课题方面，在开拓一些新学科方面，做出了卓越的贡献。事实证明，青年理论工作者思想敏锐，现实感、社会责任感强，又能勇于提出新的见解。他们是哲学社会科学繁荣兴旺的重要保证。

（三）我国各类刊物千余种，却没有一种是专门面向广大青年理论工作者的学术刊物。很多青年理论工作者的优秀成果不能公诸于世。这与我国拥有十亿人口、几亿青年的现状是极不相称的。青年理论工作者们迫切要求开辟自己的园地，创办青年学术理论刊物。

（四）我们设想：创办全国第一家面向广大青年（以及中年）的哲学社会科学综合性学术刊物——《青年论坛》（暂定双月刊）。刊物着重探讨现实理论问题，反映中青年理论工作者的最新学术水平和思想风貌，促进哲学社会科学现代化，扶持、团结各学科中中青年理论工作者，培养T型知识结构人才。在武汉创办这一刊物，有着十分优越的条件。武汉地区学术理论队伍力量雄厚，同时，武汉地处华中，是全国重要的中心城市，加上交通十分便利，信息传递迅速，学术交流频繁，完全可以成为中青年理论工作者的信息中心。这是创办《青年论坛》的天然基础。

（五）目前各地、各院校的一些综合性学术刊物，不同程度地存在着内容陈旧、形式呆板、四平八稳、脱离实际等弊病。同时很多刊物只重视文、史、哲、经等传统学科，不重视新学科。这显然不适应时代发展的需要。《青年论坛》作为学术性刊物，以青年一代的蓬勃朝气、敏锐思想和创新精神在社会科学界独树一帜，以理论联系实际、见解新、质量高、形式活、倡导新学科、边缘学科等特色在刊物竞争中取胜。《青年论坛》既发表学术论文、调查报告、理论随笔、专题讲座、问题解答、学习方法谈以及漫画、小品等形式的作品。提倡朴实、清新、活泼的文风，反对新老八股，摒弃空话、废话。《青年论坛》将开辟《改革研究》《青年学者传记》《学者的青年时代》《"振兴中华"读书一得》《摘论》《各地报刊青年论文文摘》等栏目，以满足读者需要。

（六）编辑部密切联系读者和作者。编辑人员经常调查读者情况，了解读者意见和要求。同时广泛联系作者，建立作者档案，定期召开作者座谈会。为尽快收集最新信息，加强读者、作者、编者的联系，拟在全国建立通讯网，组织一支百人左右的通讯员队伍。

《青年论坛》将成立编委会。编委会由武汉地区部分高等院校和大型厂矿的中青年代表组成。编委会作为刊物的智囊团，为编辑部提供信息，制订各时期的发稿规划，并负责联系读者、作者，推荐优秀稿件。

（七）《青年论坛》读者对象：广大中青年理论工作者，工矿、企业、机关自学青年、大专院校研究生、大学生、中学教师、学生、农村知识青年，以及共青团干部和其他青年政治思想工作者。

（八）《青年论坛》编辑部设在湖北省社会科学院内（地址：武汉市东湖路附50号）。

联系人：王一鸣 。 电话：75485

《青年论坛》编辑部筹备组

一九八四年六月十四日

　　由于有了创刊设想和前期的一系列准备，6月18日与胡德平面谈时就十分顺利。

　　6月18日，我们由李步楼带领来到胡德平下榻的东湖宾馆。风景优美的东湖宾馆位于武昌东湖边上，离社科院很近，当年毛泽东凡来武汉都是住这里。我们一到宾馆门口，胡德平就笑着迎上来，与大家握手。落座后李步楼向胡德平做了简单介绍，我和王一鸣先汇报了情况，胡德平说："你们的设想很好，有人说历史上的改革从来没有成功的，这不对，农民起义也是改革嘛，也有成功的，我认为我们的改革是可以成功的，更何况我们是在共产党的领导下搞改革，共产党绝不会让改革者妻离子散家破人亡。"我和王一鸣谈到刊物内容和申请杂志刊号的问题，胡德平说："刊物要多发些研究现实问题的文章。《青年论坛》里头可以探索经济改革，异化问题我们不谈，至于人道主义，我们是讲社会主义的人道主义，人的价值等问题是可以讨论的。胡耀邦总书记非常重视人的问题，主张要重视人的价值，在50年代的时候还就这个话题写过文章。关于人道主义，周扬写了几篇文章，有人要把他打下去，后来也没有把他怎么样。"胡德平提到异化、人道主义以及周扬的文章，明显地涉及到当时的政治形势：1984年1月，中央政治局理论权威胡乔木署名的近4万字的《关于人道主义和异化问题》一文在《人民日报》发表，批判人民日报副总编王若水和文化部副部长周扬关于人道主义和异化的观点，邓力群主持的中宣部发文通知全国学习，发动了"清除精神污染"运动。1984年2月胡耀邦即在上海的一个会议上予以反击，后来胡乔木、邓力群也没有掀起大浪。

　　关于办刊的宗旨，胡德平说："你们的章程上应写上开展批评与自我批评，进行自我教育，成为党团结青年理论工作者的阵地。在当前理论刊物办得比较沉闷的情况下，你们一定要办得活一些，政治上不要过于担心。我对你们办刊是很感兴趣的。办刊号我可以帮忙。"

　　胡德平还提出了股票问题，他说："你们可以先做点实际的事，比如就现实问题提出些有见解的意见，整理成文章就很好。现在有好多

125

问题值得研究，比如股票问题，我看是可以讨论的。你们能不能帮我借套《资本论》来，我想再认真读读。"胡德平让王一鸣回社科院取来《资本论》，专门翻阅了《资本论》第三卷中有关股份经济的论述，大家进行了讨论。在改革开放初期，胡德平关注股份经济和股票，这是非常超前的思想，后来中国经济的发展证实了他的远见。（后来我们了解到，胡耀邦较早提出了实行股份经济、建立股票证券市场的问题。就在胡德平与我们谈股票后不久，1984年7月，胡耀邦在接见一名日本记者时谈到"中国可以发行股票，建立股票交易所"，《参考消息》作了报道，这比上海证券交易所的成立早了八年。）

在门口道别时，胡德平说道："我对这件事（办《青年论坛》）的兴趣比东湖智力开发公司要大。"这次见面做出了两个决定，就股票问题组织一个由专家参加的小型讨论会，以及月底召开武汉地区青年理论工作者改革座谈会。

胡德平提到的东湖智力开发公司，是他来湖北后支持组建的一家民办科技公司，负责人之一是湖北知名的青年改革家陈天生，还有湖北省社科院的贺绍甲。贺绍甲是胡德平的北大校友，1968年10月作为一名"摘帽右派学生"到河北沙城军垦农场"劳动锻炼"。在此期间，贺绍甲认识了一起来农场的北大校友胡德平，胡德平因父亲是胡耀邦而被列入"可教育好的子女"，下放农场"劳动锻炼"。他们成为好朋友，一直交往不断。1980年，在胡德平的建议下，贺绍甲考入湖北省社会科学院哲学研究所。1984年4月胡德平来湖北后，约贺绍甲谈到一件事：湖北省科协有一份呈国务院的报告，建议利用武汉东湖周边地区高校和科研院所密集的智力资源优势，在武汉办一家民营性质的"智力开发公司"以促进科技成果产业化，推动武汉地区的经济发展。胡德平说这份报告已获总理批示，希望贺绍甲能参加这个公司的组建工作。几天后胡德平与贺绍甲一起到社科院见了院长密加凡，确定贺绍甲办理"停薪留职"去参与组建"中国东湖智力开发联合公司"工作。

胡德平说对办《青年论坛》的兴趣比东湖智力开发公司要大，说明他非常重视思想理论的影响。据贺绍甲回忆，《青年论坛》创刊后，胡德平请他帮忙联系与两个人见面，一位是华中工学院黄克剑，是在贺绍甲家里见的。黄克剑是武汉大学哲学系毕业的研究生，马克思主义哲学史专业，他思想活跃，文笔犀利，曾与北京大学哲学系主任黄楠森教授笔战。胡德平想请黄克剑参与《青年论坛》的工作，但当时黄克剑正在办理手续准备调动去福建省，没有答应胡德平的要求，不过他为《青年论坛》写过几篇文章，一直与《青年论坛》保持着联系。1985年12月，已经调到福建的黄克剑还特别来到编辑部，说"《青年论坛》将在历史上留一席之地"。另外一位是武汉大学校长刘道玉，贺绍甲陪同胡德平去刘道玉家里见面。刘道玉是教育改革的先锋，当年在武大实施多项改革措施，极大地调动了广大师生的积极性，使校园氛围十分活跃，人才、成果不断涌现，成为全国高校改革的标杆。胡德平找刘道玉，一方面是要见一见这位著名的教育家，交流改革心得，所以"一见如故，相谈甚欢"。另一方面是请刘道玉支持《青年论坛》，胡德平对刘道玉说，刊物办得不错，一些文章为实施改革开放提供了有用的理论武器，武大是办好这本刊物的有力后盾，确实功不可没。刘道玉早就知道《青年论坛》是武大的毕业生在主办，一直十分支持这个刊物。他对胡德平说，已见到了这本刊物，表示完全支持《青年论坛》的办刊宗旨，并说《青年论坛》在武大校园里也有了很大影响，这对学校的教学改革也会起到促进作用。后来刘道玉受聘为《青年论坛》顾问，并为《青年论坛》写了文章。胡德平与以上两个人的见面，都与《青年论坛》有关。另外胡德平还特地与贺绍甲和李步楼见面谈《青年论坛》，请曾经担任过中共湖北省委宣传部理论处处长的李步楼多关照和帮助《青年论坛》。这些都说明胡德平非常关心支持《青年论坛》，而且考虑得十分细致。

与胡德平的一席交谈，使我们更加充满信心。接下来的事情也进展得十分顺利。一方面，抓紧进行刊物的筹备工作，同时也紧张地安排胡德平布置的两件事，组织关于股票问题的专家讨论会，以及筹备武汉地区青年理论工作者改革座谈会。

在与胡德平交谈两天之后，6月20日王一鸣以我们两人名义给省委书记关广富和省委副书记钱运录写了一封信，汇报创办《青年论坛》一事，并附了给院党组的"设想"一份。

关广富第二天即做了批示，令人联想到胡德平的影响和作用。

送请以宏、加凡同志阅。
看来改革之风已经吹进社科大院。经济改革必然伴随社会科学的活跃，理论和实践是相辅相成的。望能在改革中社会科学有所建树。改革者的呼声对我们太重要了。

关广富
6.21

省委副书记钱运录是主管意识形态工作的，在胡德平打招呼之后积极支持《青年论坛》的筹备工作，后来省委宣传部批准刊号、省财政厅拨开办费，都得力于钱运录。

有了省委和院党组的支持，以及《江汉论坛》中青年编辑们的热情参与，筹备工作更加紧锣密鼓。当时的效率，可以从以下时间表看出来：

1984年6月24日，经胡德平提议，还处于创刊阶段的《青年论坛》筹备组与武汉大学、《经济日报》、湖北省人民银行等共同组织了"股票理论与实践讨论会"，武汉大学、华中工学院等高校的专家和一批中青年学者参加，胡德平出席并讲话。会上讨论了股票的相关理论问题，同时还透露了《青年论坛》正在筹备的事项，向与会代表征稿，与会的中青年学者都十分振奋。因为有胡德平的直接参加，我们向各地朋友写信告知《青年论坛》即将创刊，进一步征集意见。《江汉论坛》编辑部也积极参与了这次讨论会，并先后在《江汉论坛》上发表了数篇关于股票问题的论文。

会后，由王一鸣和李肇文牵头筹备，组织武汉大学和其他院校的作者，开始共同编写《股票基本知识与实践》一书。

6月29日，召开武汉地区青年理论工作者改革座谈会，胡德平出席了会议。参会的很多中青年改革情绪高昂，提出了不少有价值的见解。会上正式宣布了《青年论坛》即将创刊的消息。

6月30日，我以筹备组的名义起草了一份创刊报告。

关于创办《青年论坛》的报告

社会科学院党组转省委宣传部：

党的十一届三中全会以来，我国社会主义现代化建设出现了一个崭新的局面。当前，改革的浪潮在全国城乡迅猛发展，更促进了社会主义事业的空前振兴。社会实践向理论界提出了新的要求。大量现实问题需要从理论上予以说明。党和人民对理论界寄予极大的希望。理论工作者肩负着重大的历史责任。广大青年理论工作者是一支不可忽视的队伍。他们年富力强，对新事物有极大热情和敏感。但是，目前我国还没有一家面向广大青年的理论刊物。为了适应改革形势，更好地引导广大青年理论工作者研究改革中的新事物，团结、组织青年一代理论队伍。我们准备创办全国第一家以改革为旗帜的、面向广大青年的哲学社会科学综合性理论刊物——《青年论坛》（暂定双月刊）。

一、宗旨

1、坚持理论联系实际，探讨马克思主义在当代中国具体化的问题，探讨中国社会主义的理论和实践问题，促进哲学社会科学现代化。

2、以马克思主义为指导，回答当前青年中带普遍性的重大理论问题，使刊物成为党联系青年的纽带。

3、以改革为主要内容，研究改革中的一系列理论和实践问题，做出论证，进行总结和预测，推动改革。

4、贯彻党的"双百"方针，开展学术争鸣，反映青年理论工作者的最新学术成果，繁荣文化。在学术理论讨论中自觉接受党的领导，提倡批评和自我批评的作风。

二、刊物特色

《青年论坛》以青年一代的蓬勃朝气、敏锐思想和创新精神在社会科学界独树一帜。《青年论坛》注重理论联系实际，注重理论创新、突破，注重新学科、边缘学科，提倡朴实、清新、活泼的文风。反对新老八股，摒弃空话、废话。刊物将开辟以下栏目：《改革研究》《改革前线的报告》《关于体制改革的设计》《中国特色研究》《马克思主义与当代中国》《中西文化比较》《当代社会思潮研究》《中外青年学术动态》《青年学者传记》《各地报刊青年论文文摘》等。为了满足更多读者的需要，拟以增刊形式刊出一些受青年欢迎的专题论文集、资料等。

三、读者对象

广大青年理论工作者、工矿、企业、机关自学青年、大专院校研究生、大学生、中等学校教师、高年纪学生、以及共青团干部和其他青年政治思想工作者。

四、刊物的领导及管理

1、《青年论坛》由湖北省社会科学院主办，政治上受院党组领导，行政上隶属于《江汉论坛》编辑部。《青年论坛》的党员，组织关系属于《江汉论坛》党支部。

2、《青年论坛》实行主编负责制。主编由《青年论坛》工作人员民主选举产生，任期一年，可连选连任。主编年龄不得超过四十岁，以保证刊物的青年特征。主编负责推荐和免去刊物其他负责人及编辑人，员负责审定稿件。编辑部内意见分歧较大的稿件，由主编提出处理意见并请示院党组有关负责同志。

3、《青年论坛》编辑人员目前以《江汉论坛》编辑部的现有青年力量为主，暂定七人，除抽出三——四人专职办《青年论坛》外，其余人员均为兼职工作。兼职人员必须以同样认真负责的态度处理两个刊物的稿件及日常事物。考虑到编辑人员长期兼职工作必将影响两个刊物的质量，同时省社会科学院近期编制尚有空额，请上级有关部门从中拨给《青年论坛》专职编制九人。人员可由社会科学院和编辑部物色招聘。

4、《青年论坛》成立杂志社。负责刊物的经济管理和行政事物。经济上独立核算，实行责任制。《青年论坛》这个综合性理论刊物的性质决定了它的发行量不可能很大。目前全国的此类刊物基本上都亏本，我们要做到自负盈亏，困难还很多。因此，经费问题比较突出。我们有以下三种设想：一、由有关部门每期固定补贴一部分。其余由刊物自想办法（可参照武汉市社会科学研究所《学习与实践》的方案，每期补贴5千元）。二、根据情况实行补偿承包责任制。第一年创办期间多补一些（4万元左右）。然后逐年减少，争取二至三年做到自负盈亏。三、一次性投资5万元，以后由刊物自找门路解决经费问题。

为了保证刊物的经济来源，我们希望上级有关部门放宽政策。在经营上减少一些限制。一、允许出版增刊（增刊内容如前述）；二、允许智力投资（包括外来投资和对外投资）；三、允许参与经营企业。

5、为了弥补编辑人员的不足，可适当借用社会力量，如聘请少量兼职编辑、记者，组织院内外部分同志成立编委会等。为了广泛联系读者、作者，考虑聘请一部分通讯员。

6、《青年论坛》聘请密加凡（省社会科学院院长）、陈正亮（《江汉论坛》编辑部主任）、荣开明（《江汉论坛》编辑部副主任）、李步楼（省社会科学院哲学所副所长）等同志为顾问。《青年论坛》目前由李明华（《江汉论坛》党支部委员）、王一鸣（《江汉论坛》编辑人员）、李肇文（《江汉论坛》编辑人员）三人负责筹备。

　　以上报告妥否，请批示。

《青年论坛》编辑部筹备组

一九八四年六月三十日

　　7月4日，《江汉论坛》编辑部主任陈正亮召开全体会议，宣布几项改革措施，其中一项是创办《青年论坛》，抽调我和王一鸣负责筹备。原筹备组成员李肇文不再参与，留在《江汉论坛》。

　　7月10日，湖北省社科院向中共湖北省委宣传部呈报《关于创办〈青年论坛〉的请示报告》（鄂社院[84]05号）。

　　7月19日，省委宣传部向社科院发出"关于同意创办《青年论坛》的批复"（鄂宣新[84]45号）。

　　批准的刊号是"湖北省报刊登记证第207号"，属于内部刊号，不过当时的内部刊号的杂志是可以交邮局公开发行的，也可以定价。

　　7月25日，湖北省社科院向省财政厅递交关于申请《年论坛》开办费用的报告，要求给5万元开办费（鄂社院[84]12号）。8月3日，省委副书记钱运录批示：转田英省长批阅，开办费5万元建议解决，以后自负盈亏。

　　8月5日，我和王一鸣出发去上海、南京这两个青年学者较多的城市，发布《青年论坛》

1984年10月9日，中共湖北省委发文支持《青年论坛》创办

即将创刊的消息，并预约稿件。此后两个月期间，编辑部收到大量来稿，其中一部分是我们特约的专稿和专栏稿，还有一部分是自发来稿，创刊号的内容已是足够了。我们还利用各种资源物色招聘工作人员，包括哲学、经济、文学、美术编辑，编务、财务人员等。

1984年10月10日是个不眠之夜。

创刊号的全部准备工作：稿件最后编辑，从封面到封底审核，校对，版面设计编排，都须在这个晚上完成。我和王一鸣、邵学海通宵加班，开始时会计黄逸筠老太太也参与帮忙计算字数，晚上10点时我们劝她回家了。到了下半夜时，我太太见我们熬夜辛苦，煮了汤面送到办公室，说："你们这些不要命的，快填填肚子！"待我们狼吞虎咽吃完，她也留下帮我们抄稿。好在我和王一鸣都是专职编辑，业务比较熟悉，11日凌晨走完最终程序，按印刷厂的要求送去付排。当时没有电脑，送去的稿件全部是手写原稿，印刷厂是铅字排版，工人对照原稿一个一个检字，需要的时间很长。

在等待印刷厂排版期间，10月12日我们召开了全体相关人员的会议。根据会议内容，我写了一份会议纪要。

会议纪要

1984年10月12日，《青年论坛》筹备组召开了全体工作人员、兼职人员会议。会议总结了前一时期的工作，宣布筹备阶段结束；全体成员经过讨论协商，确定了领导班子；会议根据党中央关于城市经济体制改革的有关精神，根据省委负责同志和中指委驻省联络组关于办好《青年论坛》的具体指示，部署了下一步的工作。

一

从今年6月12日省社会科学院几位青年同志写出了第一份关于创办《青年论坛》的初步设想算起，已经整整四个月了。

四个月来，筹备组的同志为创办全国第一家面向广大中青年的、高举改革旗帜的、密切联系中国当代现实问题的理论刊物，做出了不懈努力，克服了许多难以想象的困难。他们到处奔波，夜以继日的工作，倍尝创业的艰辛。

《青年论坛》是幸运的。它诞生在前所未有的社会改革的年代，顺应了历史的潮流。从一开始，它就得到省社会科学院党组、省委的几位主要负责同志、省委宣传部、中指委驻省联络组的赞赏和大力支持。省委领导同志亲自过问人员编制、经费、纸张问题，省委宣传部收到申请创办报告后不到一周时间就批复同意，省社会科学院党组书记沈以宏同志为"创办设想"写了按语，院长密加凡同志让出自己的办公室给《青年论坛》使用……，各级党组织的关怀和支持，是创办《青年论坛》的根本保证。

《青年论坛》筹办过程中，武汉地区和全国各地大批青年朋友和一些老年同志给予了极其热情的支持和帮助，使筹备组的同志深受鼓舞，增强了信心，增添了力量。他们是创办《青年论坛》的社会基础。

总结整个筹备工作，大致可分为四个阶段：一、调查、发动阶段。筹备组印出上千份设想，寄往全国各地，征求意见；同时召开了十多次各种类型的座谈会，调查青年思想动向，了解青年对刊物的要求。二、办理期刊登记等各项手续。筹备组的同志主动向各级党组织汇报情况，通过各种渠道传递信息，因此创刊报告比较顺利地得到批准，紧接着办妥了期刊登记号。三、组织队伍阶段。在武汉和北京、上海、南京、广州等地进行了活动，联系了一大批学术理论界、实业界的后起之秀和青年领袖作为基本作者队伍和活动力量，在几个大城市分别建立了记者站。四、为创刊号而奋斗。为了使创刊号能如期与读者见面，筹备组进行了紧张工作，规划内容，组织稿件，联系兼职编辑，在几百份来稿中精心挑选出几十篇质量较高的稿件；同时加紧联系纸张、印刷厂家，请人设计封面等。10月11日凌晨，创刊号准备工作全部就绪。

在整个准备阶段，筹备组十分重视争取全社会的支持。到目前为止，全国已有十一家报刊登出了《青年论坛》创刊消息或征订广告，还有十多家报刊准备陆续刊出。全国有几十个单位给予了《青年论坛》方便与帮助。

在筹备过程中，很多同志不辞辛劳、不分日夜、卓有成效地工作。会议表彰了在筹备工作中做出贡献的下列同志：

李明华 王一鸣 饶建国 李肇文 张君 李晓明 梁亚莉 王振亚

喻承祥　汪里程　王绍培　蔡崇国　毛振华　于可训　邵学海　刘有源

张仲良　程涛平　黄逸筠　张联盟等　（各地记者站人员另行表彰）

会议宣布，到10月11日凌晨为止，筹备工作业已胜利结束，筹备组的使命已经圆满完成。

二

参加会议的全体同志根据《〈青年论坛〉编辑工作章程》的有关条例，经过讨论协商，确定了《青年论坛》杂志社领导班子，并明确了各领导成员的分工。领导成员名单及分工如下：

王一鸣，社长兼副主编。负责杂志社的决策和规划，领导全盘工作。同时，分管如下几项具体工作：1、领导全国各地记者站；2、终审经济学、新学科、边缘学科等方面的稿件；3、筹备"中国城市改革研究组"。

李明华，主编兼副社长。负责有关编辑、出版方面的全盘工作。分管如下几项具体工作：1、终审哲学、史学、文学、科社、法学、政治学、社会学等方面的稿件；2、筹备出版期刊《青年论坛内参》；3、负责顾问组、文摘通讯员组；4、杂志社内党的工作，人事工作。

蔡崇国，第一副社长。负责内务管理和对外联络。具体工作如下：1、负责行政、编务、财务、打字、接待等方面的领导工作；2、负责出版、印刷、发行、广告等业务联络；3、组织各种社外会议；4、管理大学生服务社和开发其他实业。

喻承祥，副社长。负责开发实业的具体工作，设法筹集资金，为《青年论坛》杂志和全社人员福利提供资源。

以上四人，组成《青年论坛》杂志社社务委员会。凡杂志社重要事项，均须通过社务委员会讨论决定。

另外，会议确定汪里程为"湖北省社会科学院大学生服务社"经理，承办发行部和营业部，为《青年论坛》杂志提供可靠资金来源。

为了深入研究社会思潮和改革动向，及时对组稿方向做出决策，保证刊物质量，会议决定成立"《青年论坛》政策研究组"，由5—6人组成（名单另定），作为《青年论坛》的智囊班子。

三

会议讨论了最近的改革形势，部署了下一阶段的工作。

即将召开的党的十二届三中全会，是与十一届三中全会相媲美的一次重要的历史性会议。全会将做出城市经济体制改革的重大战略决策。《青年论坛》必须围绕这一中心组织稿件，开展青年活动。"中国城市改革研究组"的筹备工作必须加快步伐。

会议还设想了今后的长远规划。《青年论坛》杂志社将来不仅要成为一个编辑、出版、发行中心，还应成为青年活动中心和青年信息中心，成为党联系青年的纽带。《青年论坛》要真正反映青年的呼声，让青年们旗帜鲜明地对改革发表看法，在自己的周围团结起来大批有为青年，成为青年的一面旗帜。

会议指出，目前最突出的具体任务，是进一步扩大宣传，搞好刊物的发行工作。全体人员应配合发行部，多处设立发行点，张贴创刊号目录，方便订户。

办好大学生服务社和其他实业，有如下三重目标：1、为刊物和整个杂志社提供资金；2、以改革精神办实业，运用现代化知识管理实业，使杂志社工作人员深入社会实际，以便更深刻地研究改革理论；3、联络实业界青年活跃分子。当前应集中人力、财力办好确有把握的几项实业，战线不可拉得太长。各项准备工作都应抓紧进行。

杂志社管理和编辑部工作都应努力做到现代化。提倡每个工作人员都成为学问家、活动家、企业家。特别是在学术理论方面，要提高素养，除了具有广博知识外，每人都应努力成为一个方面的专门家，并拿出成果。杂志社拟拨出一部分经费，分期分批送工作人员到高等院校进修、代培，同时鼓励工作人员报考研究生，争取每个成员都拿到硕士学位或达到硕士水平。现代化管理，还应充分利用现代化交通工具和通讯手段，今后应设法解决这方面问题。

会议公布了"《青年论坛》杂志社关于工作人员报酬、奖罚、报销等问题的暂行规定"，宣布了各项纪律，要求全体工作人员严格遵守。会议强调，马虎作风是编辑工作的死敌，必须引起高度重视。对于编辑工作中的差错，将毫不客气地加以处罚。

会议还讨论了其他一些具体工作。

根据《江汉论坛》编辑部领导同志关于兼职问题的指示，会议决定《江汉论坛》的青年同志不可兼任《青年论坛》的工作。参加会议的全体人员对这些曾经热心帮助过《青年论坛》的同志表示最衷心的感谢。

会议号召全社工作人员继续发扬艰苦创业精神，充分估计前进道路上的各种困难，百折不挠，以崇高的献身精神，为青年一代的事业，为改革的胜利，为理论的发展，做出卓越的贡献。

《青年论坛》杂志社

一九八四年十月十四日

这是筹备工作开展以来参加人数较多的一次总结会议，《江汉论坛》编辑部参加过筹备工作的六七位年轻人，以及周围密切关心《青年论坛》创办的部分青年朋友，都来参加了。这次会议，总结了四个月来的进展情况，选举产生了《青年论坛》的领导机构，部署了下一步的工作和宣布了几项工作制度，并表彰了有贡献的人员。

关于《青年论坛》领导机构，王一鸣任社长兼副主编，我任主编兼副社长，第一副社长蔡崇国是我本科的同班同学，他当时在一所高校当教师，副社长是兼职，负责内务管理和对外联络。蔡崇国也是《青年论坛》的重要作者，曾以"沉扬"的笔名发表了《论一九五七年》《论一九六六年》《毛泽东晚年与"文化大革命"》三篇文章。他当时还和几位高校的朋友办了一家科技公司"开达"，研制空调机，是改革开放初期最早"下海"的那一拨知识分子。开达公司后来给过《青年论坛》不少帮助。副社长喻承祥是8月下旬来杂志社的，当时他准备办一份民办《大众心理美学报》，正在找挂靠单位，经人介绍来到社科院，就放下办报的打算来了《青年论坛》。喻承祥的职责是联系开发实业的具体工作。杂志社还设置了一个"大学生服务社"，由《江汉论坛》的临时工作人员张联盟介绍来的汪里程承包，负责发行部和营业部。至此，筹备组的使命完成，撤销。

会议纪要的表彰名单中，饶建国、李肇文、张君、张仲良、程涛平都是《江汉论坛》的年轻编辑，饶建国等几位前期都积极参与了《青年论坛》的筹划，后来根据《江汉论坛》编辑部规定，除了我和王一鸣抽出来专职办《青年论坛》以外，其他人都不能在《青年论坛》兼职，但他们后来仍然为《青年论坛》做了很多工作，包括对外宣传、提供稿件、做责任编辑等。王绍培、喻承祥、邵学海、王振亚三人是即将调来杂志社的编辑，调动手续尚未办妥，他们就来参与筹备了。李晓明、梁亚莉是武大哲学系77级校友，李晓明当时正在武大读博士，他思维清晰，见解犀利，对改革形势分析比较深刻，经常与我们交流想法，在《青年论坛》上以"啸鸣"为笔名发表过《改革中的社会与变革中的价值观》一文。李晓明全力支持杂志创办，并直接参与了我们的很多活动。1985年"中青年理论工作者广州座谈会"，就是他以《青年论坛》的名义主持组织的。梁亚莉毕业后在中共湖北省委工作，能经常接触高层领导，我们与省委副书记钱运录和其他领导的联系，还有几位编辑人员的调动，梁亚莉都帮忙做了很多工作。还有毛振华、於可训、刘有源也是武大校友，这几位校友参与了组稿和担任责任编辑工作。黄逸筠是一位慈祥忠诚的老太太，我们聘请她来杂志社做财务，她自始至终坚守岗位，深受年轻人尊重。

这次会议也惹了一场风波。我们将杂志社的选举结果报给社科院，不料受到政治处负责人的严厉批评："你们这样做是不遵守纪律，没有组织原则。杂志社经济上独立，组织上还受院里领导，怎么能够不经过我们就自己决定干部人选呢。这个蔡崇国都不是院里的人，怎么能当第一副社长？你们自行选出的领导班子，我们一概不承认。"这就是所谓"体制问题"，在体制内，干部人选一律由上级领导决定，尽管《青年论坛》杂志社是自负盈亏单位，但在干部问题上是没有自主权的。这一直是杂志社的一个心结。为了杂志的成功创刊，我们也顾不得这些了，照样我行我素，自己认可就行了。

10.12会议之后，我们更加忙碌了。11月中旬，《股票基本知识与实践》一书以《江汉论坛》和《青年论坛》增刊形式出版，由湖北省委副书记钱运录作序。这是中国改革开放以来最早的一本关于股票的书，尽管印刷装帧比较简陋，却是我们对胡德平关注股份经济和股票的一个现实回应。这本书在《青年论坛》在创刊之前出版，也给了我们一个信心。

青年论坛创刊号封面

创刊号开印之前，编辑部全体人员和部分兼职编辑到印刷厂校对，号称"十条汉子齐上阵"。排好的铅字版，如有错误，需要拣出错字，植入新的铅字。1984年11月25日，《青年论坛》创刊号正式出版，印了2万本。封面设计作者是青年美术家曹丹，画面的左上角和右下角各有黑绿红三条色块（以后每期颜色有变化），十分醒目。"青年论坛"四个字字体粗放不羁，传达的信息是：现代，活力，开放，前卫。杂志为双月刊，逢单月5日出版（唯创刊号是25日出版），大32开，参照的是我十分喜爱的《读书》杂志开本，同时也与16开本的 《江汉论坛》区别开来。考虑到年轻人经济承受能力不高，杂志薄薄的，5印张，160页（从1986年开始改为4印张，128页），定价0.6元人民币。杂志的期序，开始时是按出版期数顺序排，并注明总期数，但由于是双月刊，3月出版的杂志是第2期，5月出版的杂志是第3期，根据读者的意见，从1986年起改为"3月号"、"5月号"的标注方式，1987年又改回来，不过只出了一期。我们找了一家报价最低的湖北省农机局印刷厂，当时纸张计划供应，是早先打报告给省里特别申请的，买了最便宜的那种（52克，非常薄，这种型号的纸现在已经不会用来印书报了），所以印出来的杂志很粗糙，有点像70年代末的地下刊物。从风格上看，这是不同元素的奇妙组合，多元新锐的装帧设计，鲜明前卫的思想观念，以及简陋土气的印刷质量，确实有点先锋文化的气质。

《青年论坛》以它的改革胆略和思想高度登上了20世纪80年代的舞台。不只是民间，而且在官方也产生巨大影响。《新华文摘》杂志1985年第3期刊曾登过一则关于《青年论坛》的介绍：

《青年论坛》是改革潮流中诞生的我国第一家面向广大中青年的社会科学综合性理论刊物。它是由湖北省社会科学院主办，由一群青年理论工作者负责编辑出版，以改革创新为旗帜，以理论联系实际为特色，探讨马克思主义在当代中国具体化的问题，研究当前青年中带普遍性的各种思潮和重大理论问题，为广大中青年提供讲坛。

《青年论坛》设有改革研究、改革前线的报告、马克思主义与当代中国、中西文化比较、当代社会思潮研究、青年学者小传、各地报刊青年论文文摘等栏目。还有：专门介绍国外社会科学成果的"他山石"专栏；反映青年理论新动向、帮助青年寻找学术同仁的"嘤鸣园"专栏；批判封建主义和其他错误思想的"箭响林"专栏；对传统观点发表不同看法的"反弹琵琶"专栏等。内容活泼轻松，有长久保存价值。

《青年论坛》自己是这样定位的：

《青年论坛》将以青年一代的蓬勃朝气、敏锐思想和创新精神在社会科学界独树一帜。《青年论坛》注重理论联系实际，注重理论创新、突破；在文风方面，反对繁琐考证，反对新老八股，提倡朴实、清新、尖锐、活泼的文风。

在历史的特殊时期，在一个特别的机缘中，《青年论坛》横空出世。

（三）《为自由鸣炮》：石破天惊

两万册创刊号运到编辑部，充满着油墨的气味，大家一片欢腾。不久后听到各界反应，杂志社同仁们更是欢欣鼓舞。

创刊号最重要的一篇文章，是胡德平的《为自由鸣炮》。或者说，《青年论坛》生命周期中最重要的一篇文章，就是《为自由鸣炮》。几十年后，人们谈到《青年论坛》，首先想起的也是这篇文章。当初胡德平给我们这篇文稿时，我感到分量很重，预计会产生巨大社会影响，同时我在编辑时考虑到胡德平的身份以及当时的政治环境，不想过于张扬，因此编排在目录的第三篇，但用了黑体字标示其重要性。

胡德平在文章中说：

> "自由"，这本是人类第一个阶级社会最低层的人们——奴隶最早发出的怒吼和要求。以后每个被压迫阶级都有一部自由斗争史……""奇怪的是，欧美资产阶级只把自己尊为自由的代表，把他们的社会称作自由世界，认为社会主义就是消灭自由的社会。同样奇怪而又令人难过的是，在我们社会主义国家中有人也作如此是观……笔者有感于此，为自由鸣放一炮，以求学术上彻底、明确地探讨……

文章提出了"我们关注自由，就是关注人们的主观能动性和主观劳动力，也就是关心社会生产力"的观点，并指出既然社会主义最根本的任务就是大力发展社会生产力，我们也就应该极大地关注自由。

在社会主义国家，"对自由，或是噤若寒蝉不敢问津；或者嗫嚅趔趄不敢越雷池一步；或是心向往之，却把自由和'自由世界'划成等号"。他认为，自由与人类基本实践紧密相关，社会生产力的本性是要求自由。因此，自由是人类社会发展的动力。胡德平"愿为自由鸣一炮，以求学术上彻底、明确地探讨，并希望'自由'二字在政治上不要永远成为一种避讳的字眼"。在1984年的政治氛围中发表这样一篇文章，可谓石破天惊，振聋发聩。一年前，中共中央政治局委员、党内理论家胡乔木在《人民日报》发表《关于人道主义和异化问题》长篇文章，批判资产阶级自由化，中央宣传部向全国发文组织学习并要求"清除精神污染"，遭胡耀邦抵制，党内斗争呈胶着状态。当时"自由"确实是一种避讳的字眼，人们还噤若寒蝉。胡德平的文章一发表，立即获得同气相求的知识界大力赞赏。人们不敢说的话，由具有特殊身份的胡德平说出来，顿时似乎感觉"解放了"。

各家媒体迅速做出反应。《人民日报》《新华文摘》《长江日报》《世界经济导报》等报刊转载《为自由鸣炮》，不少人将这篇文章作为政治信号，对"左派"反攻的信号。

胡德平写这篇文章，是有一定风险的。他清楚地知道，党内有一

《人民日报》转载《青年论坛》两篇文章

《湖北日报》报道《青年论坛》创刊、介绍《青年论坛》

"《青年论坛》创刊记者招待会"会场

些元老，以及中宣部长邓力群，都是坚决反对资产阶级自由化的，他们讨厌"自由"这个字眼。文章发表之后，胡乔木批评《为自由鸣炮》不讲四项基本原则，胡德平很不以为然。他说：难道每一篇文章都要把四项基本原则放在前面不成？何况我引的都是经典作家的话，耀邦同志的话我都没有引。这篇文章，对于坚持解放思想的时任中央总书记胡耀邦，确实是一件很敏感的事。多年之后，人民出版社出版了胡德平的文集《改革放言录》（2013年2月），胡德平在前言中写道：

> 本书汇集了我从1984年以来的文章、讲话、访谈及部分书信。第一篇文章就是为湖北《青年论坛》创刊号写的一篇政论文《为自由鸣炮》。当时我参加湖北省的整党工作，亲眼目睹了中国农村家庭联产承包责任制浪潮澎湃未歇、城市经济体制改革风云又起的盛况，亲身感受了武汉三镇的高校、科研院所中不少知识分子渴望为改革事业献计出力的激情。有感于此，写成此文，后被《人民日报》节选刊载。父亲胡耀邦看到此文后，对我只淡淡说了一句话："这事没有完。"

"这事没有完。"这是一个政治预警，预示了《青年论坛》的坎坷命运，也预示了胡耀邦的悲愤结局。在一个威权制度下，你谈自由（更不用说"为自由鸣炮"），争自由，你的事就会"没有完"。

创刊号还有几篇引起读者关注的文章，其中有《理论创新与当代中国》《人的现代化》，以及一组改革研究的文章，包括周其仁的《农村变革和理论经济学研究》等。为了配合胡德平支持的东湖智力开发公司，这一期还在"改革前线的报告"栏目发表了印证、赵德群写的《民办智力开发公司出现的背景》一文。创刊号开篇文章《理论创新与当代中国》署名"韩小年"，实际上是编辑部自己写的文章，由王一鸣以及兼职编辑、武大哲学系师弟韩志伟共同执笔，我做了补充修改。文章提出，自70年代末真理标准讨论以来，思想获得解放，但阻碍社会发展的"左"倾痼疾还存在，在公有制、反封建主义等问题上，一些凝固化、抽象化的貌似神圣的东西，应该推翻，必须从实际出发，进一步解放思想，解除套在人们手脚上的桎梏。这篇文章与胡德平的《为自由鸣炮》一起，被《人民日报》转载，《人的现代化》一文被《新华文摘》转载。

创刊号的"前辈寄语"专栏，发表了李泽厚的一段寄语。李泽厚在学术界是著名的青年领袖，是80年代主体性思潮的领军人物，刊物筹备时曾向他约稿，并说明是"前辈寄语"的开栏文章。后来我们又将创刊号即将编发的所有文稿送到北京和平里他家中，请他过目提意见。因为这些手写文稿还要拿回武汉付印，就在李泽厚家中坐等他浏览。李泽厚耐心看了一个小时，讲了一些稿件质量不足和鼓励的话，答应回头写寄语。出门后我和王一鸣商量，无论李泽厚如何评价我们的稿件，哪怕是严厉批评，我们都一字不改原样刊出，以体现我们正视不足、实事求是和虚心求教的气度。

　　10月初，在发稿前最后一刻，我们收到李泽厚的文稿。他写道："年轻人的处女作、新产品总有着各种各样的毛病，……但是，所有这些又有什么了不起呢？大树不能一天长成，而圣人也难保不说错话。""我的确对好些文章的质量并不满意：题目大而论证少，分析不够而空话略多。从而，这倒使我更加支持他们了。因为不管如何，这些作品表现了年轻人的好些新想法、新尝试、新思路和新问题，即使极不成熟和极为粗糙，但至少反射出要求改革以求前进的意愿。"他还说："我相信，随着经验的积累、学识的增多、思想的成熟、理论的提高，他们在科学路上会愈走步子愈坚实，愈走道路愈宽广。"李泽厚并预言："的确是时候了，是我们年青一代在社会科学、人文学科领域里显示自己力量的时候了。"这一句话，我们似乎看到李泽厚自己学术道路的影子。

　　我们一字不改地刊出了李泽厚的文章，连他自己也觉得《青年论坛》这样做不简单，所以在杂志一周年的时候，他又为《青年论坛》写了一篇著名的文章《破"天下达尊"——贺〈青年论坛〉创刊周年》。

　　1985年12月，趁着第一期出版后的稍许间隙时间，我们省委旁边的洪山礼堂举办了"《青年论坛》创刊记者招待会"，本地媒体和新华社、人民日报、中央人民广播电台等多家媒体代表都出席了招待会。会上我们宣布《青年论坛》已正式出版发行，并介绍了《青年论坛》的宗旨和筹备经过。这次会议效果不错，《湖北日报》等诸多媒体都有报道。

　　印刷粗糙的创刊号在全国一炮打响，《人民日报》《新华文摘》《世界经济导报》转载文章，这是我们没有预想到的。其实主要原因是因为胡德平关于敏感话题的文章，特殊时期的特殊呐喊，加上他的特殊身份，引起各界关注。一时间，欲说还休的"自由"口号终于登堂于党中央机关报，胡德平也成为舆论的中心。坊间关于"胡德平是《青年论坛》的后台"之说盛传，我们在向外界的解释中，很坦然地说明胡德平对《青年论坛》的大力支持，胡德平在各种场合也高度赞扬《青年论坛》，公开表明他对《青年论坛》的支持。

　　《青年论坛》创刊之后，胡德平与我们的联系更加密切，见面交流的机会也更多了。有一次我和王一鸣、蔡崇国到东湖宾馆与胡德平交谈，胡德平说，武昌这个地方，是辛亥首义之地，是革命打响第一枪的地方，有光荣传统。我们搞改革，也应该走在前面，要发扬"五四"精神，发挥青年的锐气。当时我们也正在考虑如何借鉴"五四"时期的《新青年》杂志，办出思想锋芒，所以请作者涂文学写了《略论〈新青年〉的历史作用》一文，发表在创刊号上，标明我们的志向。编辑部曾要求胡德平出面约请胡耀邦给《青年论坛》题词，胡耀邦说："儿子支持的刊物，老子题词，不太好吧。"没有题。

　　1984年底，胡德平同当地领导人一起陪同胡耀邦总书记视察湖南、湖北、江西三地，参观了岳阳楼、黄鹤楼和滕王阁。胡耀邦在岳阳楼触景生情，对范仲淹赞扬滕子京"居庙堂之高，则忧其民；处江湖之远，则忧其君。……先天下之忧而忧，后天下之乐而乐"的情怀十分赞赏，并让胡德平就此写文章。胡德平很快写了《谈〈岳阳楼记〉兼为〈黄鹤楼记〉征文倡议》一文，并于1985年1月将文章拿到编辑部，告诉我们这篇文章总书记看过，还批转给了胡启立、王兆国。我和王一鸣十分重视这篇文章，当即编排在《青年论坛》1985年第2期上发表。胡德平在文章中说"滕子京不避谪官，谪官仍励精图治。""范、滕二公不以物喜，不以己悲，均不屑于去国怀乡，忧谗畏讥的心境，也不醉于宠辱皆忘，把酒临风的陶情。这就是历史上改革家范仲淹那种更张求治的胸襟与卓识。"这实际上表达了胡耀邦思古明志、以忧民胸怀抒发改革宏愿的决心。此次征文倡议由《青年论坛》与中共武汉市委机关报《长江日报》联合发起，《长江日报》在我们杂志出版之前就在头版刊出了。

　　胡德平在武汉期间，多次到社科院和《青年论坛》狭窄的编辑部办公室，和编辑人员交谈。记得在1985年春节，他曾来到编辑部与工作人员谈话后，还以主人身份向编辑部年纪最大的工作人员、财务主管黄师傅致谢，令这位退休后来《青年论坛》兼职的老人家激动不已。有一次胡德平接受香港的一家刊物采访，他不回避与《青年论坛》的关系，并表示自己是《青年论坛》的编委。

经费问题始终是杂志的一个难题。胡德平为《青年论坛》争取了5万元的开办费，但很快就捉襟见肘了。在困难的时候，我们又请胡德平予以帮助，他果然又通过钱运录，让省财政追加拨款5万元，解决了我们的大问题。

1985年6月，胡德平结束了在湖北的工作回到北京。此后胡德平和《青年论坛》的联系主要通过书信和电话进行，我和王一鸣也经常去北京向他汇报工作，听听他对时局的分析和见解，也讨论《青年论坛》的下一步走向。《青年论坛》第二次和第三次争取复刊过程中，王一鸣都到北京找了胡德平，他表示"《青年论坛》在哪里遇到障碍，我就到哪里做工作"，对复刊是积极支持的。

2004年11月，为纪念《青年论坛》创刊20周年，编辑部同仁和部分作者、记者站成员在北京聚会，总共有20多人，胡德平非常高兴地与大家见面，并集体合影，体现了胡德平与《青年论坛》亲密的、同气相求的友谊。2012年，我和王一鸣打算精选《青年论坛》各期有代表性的文章，编辑一本《为自由鸣炮——〈青年论坛文集〉》，我们去北京与胡德平商量后，胡德平十分赞成，而且同意担任文集的主编。后来由于舆论环境不允许，出版社临时变卦，这本文集没有能够出版。

（四） 鲜明特色的栏目

杂志的栏目设置，标示着编辑的宗旨和组稿倾向，是作者和读者的一个路标。《青年论坛》的栏目如何设置，确实花费了我不少脑筋。在《江汉论坛》当编辑的两年当中，我接触的大多数是学院派的作者，杂志的栏目也是非常学术性、专业性的，这显然不适合一份青年理论刊物。如何适应80年代社会发展潮流，适合青年知识分子和大学生的需求，不能走常规路线，而应鲜明、犀利、时尚、活泼、接地气。我和其他几位编辑商量，确定了以下一些栏目：

"前辈寄语"：刊物还在筹备的时候，我们就考虑，学术、理论是需要传承的，后学必须有前辈扶持，《青年论坛》是个新生儿，希望有年长的知名学者、社会贤达发声支持，我们也更有底气，因此计划在每一期开篇都发表德高望重的前辈学者和知名人士的文章。这个专栏，先后发表了李泽厚、章开沅、董辅礽、卓炯、于光远、刘道玉、周韶华、陶军、黎澍等前辈的寄语。

"改革研究"：研究改革中的重大理论和实践。是最固定、发表文章较多的栏目之一。创刊号发表了中国农村发展问题研究组周其仁的文章《农村变革和理论经济学研究》，以及城市经济改革的几篇文章，都触及了当时改革的前沿问题。这个栏目还发表了冯仑等人的《研究经济体制改革的新思路》、陈天生等人的《关于创办内地经济开发区的设想》、杨再平的《来自垄断的威胁》、卢建的《关于通货膨胀问题的思考》、曹远征的《经济运行的失控意味着什么》、丁宁宁的《特区货币应该缓行》、朱争鸣的《价格改革与居民生活》、伍新木等人的《横向经济联合的效应预测与论证》，还有周建明的《对坚持社会主义方向的再认识》，何宪的《国家资本主义新议》，余元洲的《改革与国家经济职能》，王辉、王润生的《开放与社会进步》等文章，将改革的视野扩展到经济体制和国家职能。

"改革前线的报告"：这个栏目名，不像是学术刊物的设置。实际上这也是我们的宗旨之一：面向改革，面向现实。在这个栏目下，我们发表了印证、赵德群的《民办智力开发公司出现的背景》，雷祯孝、王卫思的《当代中国改革者思想状况概析》等文章。

"中西文化比较"：80年代中期"文化热"形成高潮，中西文化比较是一个热门的话题。在此栏目里发表了一些高质量的文章。其中有周民锋、邓晓芒、易中天、黄万盛、甘阳等人的文章。

"箭响林"：开栏时我写了一段导语："封建主义之于社会主义中国，遗害久矣！在封建传统、封建文化的丛林中，有我青年一代燃烧的响箭。"李泽厚评价这个栏目说："《青年论坛》设有'批判封建主义和其他错误思想'的'箭响林'专栏。这使我也很高兴。我们要批判资产阶级错误理论和思想。但几千年来封建主义的陈污积垢难道不要认真批判吗？难道不应该让它随着农村小生产局面而彻底清除吗？"他是坚决主张反对封建主义的。创刊号在这个栏目下发表了学迅文的《"商贾道德卑下论"驳议》《"中国封建道德优于西方近代道德论"驳议》等文章，还有以"一切向钱看"和庄子为题反封建的文章。。

"反弹琵琶"：发表与传统的、普遍的说法不相同的观点，表达不同见解。这个专栏发表过包括对韩愈、朦胧诗、旧伦理观等提出了不同常说的观点。其中1986年3月号发表的宋刚《原始民主·现实和未来共产主义》一文，有十分深入的理论见解，文章对作为国家形态的民主发表了不同于传统表述的观点。

"他山石"：取意于"他山之石，可以攻玉"，主要发表国外新的、先进的思想理论，作为中国改革和学术发展的借鉴。这个栏目开始时连续发表了几篇国外管理学名著提要，包括著名经济学家德鲁克的《有效的管理者》、泰罗的《科学管理原理》等经典，这是国内较早对西方管理学的引进。我记得当时开设这个栏目是"因神设庙"，武汉大学经济系研究生杜越新有这个提议，我们接受了他的建议，并专门为他留出了版面。"他山石"还以33个页码的篇幅介绍了发源于美国的"行为科学"，还发表了关于当代美国史学研究动向、国外智库的介绍。

"嘤鸣园"：取自《诗经·小雅，伐木》："嘤其鸣矣，求其友声。"作者在此栏目发表文章，可寻求志同道合的朋友。此栏目发表了蔡崇国的《精神的漫游——新哲学大纲》、何生的《时间学引论》、沈浦钢的《哲学和模糊数学》、戚伟堂的《宇宙论纲要》等。

"经济学改革笔谈"：这个栏目，是根据于光远的建议开设的，主要内容是对传统政治经济学进行总结、批判，共同促进新的社会主义经济学的诞生。该栏目发表了张晓明、陈志龙、伍晓鹰、于海涛、华民等人的文章。

"争鸣与探讨"：对学术上和现实中的各种问题展开讨论，发表不同意见。这个栏目颇受读者关注，影响较大。该栏目发表了黄克剑与北大教授黄枬森的辩论文章《关于〈关于人的理论的若干问题〉的若干问题》，赵林的《现代人生观的多元化和相对化倾向》，沉扬的两篇文章《论一九六六年》《毛泽东晚年与"文化大革命"》，朱征夫的《也论马克思主义在中国的命运》，杨念群与杜维明商榷的文章《打破和谐》，胡为雄的《也论一九五七年》，陈俊宏的《对〈重述历史唯物主义〉一文的几点意见》等。

"青春魂"：这是一个发表报告文学的栏目，是学术刊物所不为的。开栏的编著按语充满了青春激情：

> 一九一六年，李大钊在《新青年》上号召青年："以特立独行之我，立于行健不息之大机轴，袒裼裸裎，去来无挂，全其优美高尚之天"。这正可以作为我们这个栏目的宗旨。青春之魂，活泼如海水之动，蓬勃如雨后之笋，自新如蝉鸣蜕于旧壳，再造如飙风起于青萍。这正是我们所要求的革故鼎新的时代精神，我们愿借九天羊角，为鲲鹏鼓翼，招雷电精灵，助海燕呐喊。因特辟《青春魂》栏，专发青年革新、创造、探索、冒险之报告文学作品。内容不限，篇幅宜短。望海内青年，踊跃投稿，以我青春之热血，张大中华民族之雄魂。

这个专栏发表过四篇报告文学，亚屏、绍培的《向大海》，写大学生艾路明实施ZD（直渡）计划，独自一人沿长江从武昌游泳到上海崇明岛的冒险经历，篇幅不短，用了15个页码，1万多字，这篇报告文学发表后引出了很多故事。还有龙生、胡翔的《女人、母亲和哲学》，写的是女博士王宏维的曲折学术经历。另外还发表了著名作家张曼菱的《理想与冲突》，谈自己的人生道路，以及祁汉堂的《编制中国经济模型的人》，介绍上海复旦大学管理学院青年教师唐国兴于1983年编制出第一份中国经济模型的经历。

此外，还设有"百家言"、"青年研究"、"院校专页"、"记者站报告"、"青年社团简介"、"青年报刊简介"、"各地报刊青年论文文摘"、"来稿辑览"等栏目，突出青年刊物的特点。其中"院校专页"先后发表了武汉大学、中国人民大学、北京大学、中山大学、上海财经学院各校大学生、研究生的文章，1985年第6期"记者站报告"发表了北京、襄樊、贵州、武大记者站的文章，都是关于改革前沿的报告。

1986年7月号开辟了新栏目"官制研究"，发表了《干部职业议——一个反官僚主义的话题》（何生），《我国行政机构庞大与非改不可的根本原因》（仲一平），《中国封建专制批判》（苏一宁），责任编辑王绍培（署名"任隼"）还配发了"编后记"：

> 又辟一栏，官制研究，谨发以上三篇。

谈官僚主义，义愤填膺。止于谈谈，如何根治？还是那句老话，采取组织措施，从制度上，尤其从制度的技术方面下一点功夫。西方有一套文官制度，百年施行，功绩显著，能否借鉴？如何借鉴，搞出一套既不悖于国情、更能益于新生的我国官制系统？愿有心人思考、动笔。

这些栏目的设置，表明我们办的是一份思想刊物，而不是学术刊物。日后《青年论坛》的影响，也主要是因为它的超前的、犀利的思想。由于这个特色，对80年代思考的一代中青年具有很大的吸引力，作者、读者纷纷凝聚在这面旗帜下。

湖北电视台报道：大学生们争购《青年论坛》

读者来信

三 前辈的肩膀

思想的长河中，后浪总是承接着前浪。《青年论坛》的同仁们深知，没有老一辈的支持和思想资源，年轻人就没有后盾，没有理论源头。所以，尽管我们崇尚创新、改革，满怀未来理想，同时我们必然地要向前辈学习、致敬。《青年论坛》在创办和发展过程中，我们接触到很多年长的学者、官员、社会名人，他们的改革胸怀、思想视野和睿智头脑，令我们崇敬，久久难忘。《青年论坛》在创办之初就聘请了多位顾问，其中包括于光远、李泽厚、刘道玉、厉以宁、董辅礽、王梓坤、萧萐父、陶德麟、章开沅、周韶华等。各位前辈们对我们的赞同和支持，那种异乎寻常的热情鼓励，令我们深受感动；他们的指导和建议，给了我们动力和智慧；他们中有几位在《青年论坛》上发表的光华四射的文章，篇篇都为《青年论坛》带来亮色。《青年论坛》还设置了"前辈寄语"专栏，将前辈的批评、期待、勉励、指点置于各期杂志的篇首，表明了我们尊重历史、尊重传承、尊重师长的态度。前辈们递给我们有力的肩膀，让《青年论坛》登上了时代的舞台。

（一）坦率而又包容的"前辈寄语"

在总共14期杂志中，我们发表了9篇前辈的"寄语"。下面按发表的顺序摘录他们的部分文字，这些文字虽然写于80年代，至今读来仍令人十分感慨。

李泽厚（著名哲学家，中国社会科学院哲学研究所研究员）：

> 的确是时候了，是我们青年一代在社会科学、人文学科显示自己力量的时候了。

这个力量因为种种原因曾经被忽视、被低估、甚至被压抑。闪烁着新知、洞见的稿子在抽屉里或橱柜中积压封尘，尝试开辟新探索的文章或被看作奇谈怪论、根底不实。……当然，年轻人的处女作、新产品总有着各种各样的毛病：幼嫩、单薄、论据不足、说理未透，甚至有时想入非非，走火入魔……。但是，所有这些又有什么了不起呢？大树不能一天长成，而圣人也难保不说错话。只要他们是在科学地、严肃认真地攻读、思考、探索、研究，我们就没有权利去嘲笑或阻拦。青年一代对祖国对人民对社会主义事业的激昂热情和忠诚赤胆，我是亲身感受到了，我完全相信他们。

李泽厚的这篇"寄语"，发表在创刊号上。《青年论坛》创刊一周年时，我们又请李泽厚写一篇祝贺文字。由于上一次我们毫无删节地发表了他在"前辈寄语"中对创刊号稿件的批评意见，他觉得《青年论坛》很坦率、虚心，就很快又写了一篇《破"天下达尊"——贺<青年论坛>创刊周年》，文章是1985年11月写的，先是于1985年11月22日发表在《人民日报》上，《青年论坛》则是发表在1986年1月号上。文章写道：

孟子曰："天下有达尊三，爵一，齿一，德一。"这个几千年来的不成文法，至今在社会生活中仍非常有效。这种有效在某些方面也许有其合理度和"优越性"，但它深深浸延到学术领域，却不一定是什么好事，连开学术会议也得报官衔标职务（不是学术职称而是"长"、"书记"、"主任"之类），年高爵大，自然德劭。

这对三者全无且憨头憨脑、毛手毛脚的年青人就颇为不利。……于是乎，年青人也就积累了一大堆委屈、牢骚和私下议论，"地火在地下运行、突奔……"，终于突奔出了个《青年论坛》，年青人办起自己的刊物来了。他们自己主编，自己负责，自己组稿、审稿、定稿、发稿，不再求名家批准，不再需齿、爵审阅。看来《青年论坛》开了个好头，这是第一点可贺的。

《论坛》创办时找过我，我写了篇小文略表支持。落笔时，在我面前浮现的是这些年来常见的那些认真而颇有傲气的面容、手势、语言以及信件。我从不怀疑他们的热情和力量，但我总担心他们文章的学术质量。我对他们强调，不要发那些只图一时痛快却经不起科学推敲的文章，免使刊物开头就砸锅。结果一

破"天下达尊"

——贺《青年论坛》创刊周年

李泽厚

孟子曰："天下有达尊三，爵一，齿一，德一"（《公孙丑·下》）。这个几千年来的不成文法，至今在社会生活中也非常有效。这种有效在某些方面也许有其合理度和"优越性"，但它深深浸淫到学术领域，却并不一定是甚么好事。在开学术会议也得报告衔标职务（不是学术职称而是"长"、"书记"、"主任"之类），年高辈大，自然灌溉。官衔大和胡子长、头发白的便必强或列前排减走中央，或首席发言或最后总结。开会偶也如此。无奈发文章出书籍也常按此办理。

这对三者全无而且勃头勃脑的年青人凝颇为不利。于是乎，于会上发言只好"阗阗如也"，未必翻似似而不读；写文章也只好摇辱如也，不得"立异标新"。于是乎，年青人也就只好了。大堆意思、率臆和私下议论，"地火在地下运行，突奔……"，终于"突奔"出了个《青年论坛》。年青人办起自己的刊物来了。他们自己主编，自己负责，自己组稿、审稿、定稿、发稿，不再求客批准，不再囿由、奉审同。窃来《青年论坛》冒了个好头，这是第一点可敬的。

《论坛》创办时找到我，我写了篇小文略表支持。落笔时，在我面前浮现的是这些年来常见到的那些认真而却颇有锐气的面容、手势、言语以及信件。

我从不怀疑他们的热情和力量，但我总担心他们文章的学术质量。我对他们强调，不要觉那些只图一时高快却经不起科学堆叠的文章，免使刊物即开头就流诡词。一年以来，刊物不仅没有衰词，持续办了下来，而且报说是反应不错。这说明年青人比我实在察知道得高明得多。我经其喜看到刊物的确发表了好些在别处较难看到的有新意、颇有见识的文章，提出了或初步论证了好些相当实惆和敏感的理论问题和实际问题，这给给是饱学之士、老师傅们所未敢容易下笔的。尽管这些文章和水成熟，有毛病，但它清楚地显示了年青一代强烈追求改革的理论悦气和朝气。例《为自由鸣炮》（胡德平）、《人民日报》理论版转载了，象《论一九五七年》（沈扬）、《绸风系列研究序（上）》（万同林），论及至少一些学术界好评还及人瞩成没及敏捷的问题。其中《论一九五七年》的好些论点恐是具有相当深度的。《青年论坛》数于在学术上追出问题、研究问题，打破人文学科的陈旧格局和迂缓学风，这是第二点可敬。

我在创刊号的文章中曾不客气地评说，"圈目大而论空证"，分析不够面空话语多。我原想，这话大概会因不够明而被删消或改动。结果，他们不但依然接受，只字未动，而且这次还特地要我同公开提批意见。年轻人比我宽容大度和更有雅性。这使我既感动又惭愧且为难了。因为忙于约购的事情，他们的刊物我很少看。有的文章翻过也就翻完了，偶仅就投定记的上述两篇文章读，我既觉宽，但也有意思（论一九五七年）毕竟只在……

个研究提纲，论证和材料都很不够，不能第一篇真正的学术论文。详训我的文章的好处论点，如说他在文艺理论上是"第二个鲁迅"，设备与身(左)性格、经历、能力、贡献等诸多方面写有彼人们的相距之处"等等，我是觉得没根据的。同期期以为不可的，有这赞场唱风，交流信息、观念形态这样，启发人去作更一步的探索是成功的。但如果严格要求水平，则应波及还要不够的。这种形形色。一个期研考思的问题，都有以批评，就就批评了。但讲批评不对，《青年论坛》具有欢迎批评，不怕批评的态度并保持为来，这是第三点可敬的。

有开风气之先的勇力和敢于创新的勇气，加上欢迎批评以不断改进自己，以此三对达三，除谬习，立新程，如能持之以锄，再长力久，则必然依恢乎其游刃有余。社会主义精神文明于晨大有希望。

（原载《青年论坛》）

《人民日报》转载李泽厚文章《破天下达尊》

拜访李泽厚。左起：王一鸣，李泽厚，吴学灿，李明华

年以来，刊物不仅没砸锅，持续办了下来，而且据说反应还不错。这说明年青人比我实在要高明得多。这个刊物的确发表了好些在别处较难看到的饶有新意、颇有胆识的文章，提出了或初步论证了好些相当尖锐和敏感的理论问题和实际问题，这恰恰是饱学之士、老师宿儒们所未敢轻易下笔的。尽管这些文章欠成熟，有毛病，但它清楚地显示了年轻一代强烈追求改革的理论锐气和朝气。像《为自由鸣炮》（胡德平）发表以后，《人民日报》理论版转载了。像《论一九五七年》（沉扬）、《胡风系列研究序（上）》（万同林），论及了至今学术界似乎还没有人碰或没人敢碰的问题。其中《论一九五七年》的好些论点是具有相当深度的。《青年论坛》敢于在学术上提出问题，研究问题，打破人文学科的陈旧格局和迂腐学风，这是第二点可贺的。

我在创刊号的文章中曾不客气地批评说，"题目大而论证少，分析不够而空话略多"。我原想，这些话大概会因为不受听而被删掉或改动。结果，他们不但欣然接受，只字未改，而且这次还特地要我再公开提些意见。年青人比我要宽容大度和更有理性。……总的来说，《论坛》在表达年轻一代的学术意向、交流信息、观念和经验，启发人去作进一步的探索是成功的。但如果严格要求学术性，则应该说还远不够标准。《论坛》编辑部既要我批评，我就批评了，也许批评得不对。《青年论坛》具有欢迎批评、不怕批评的态度并保持下来，这是第三点可贺的。

这篇文章影响较大，《人民日报》国内版和海外版同时都发表了。1986年初，我和王一鸣以及《人民日报》国际部记者吴学灿（他也是《青年论坛》北京记者站成员），一起到李泽厚家中拜访。吴学灿与李泽厚很熟，一进门就对李泽厚说："胡乔木点了你的名"，当时李泽厚家里还有来自内蒙的两位客人，他赶紧打发了这两位，转而与我们交谈。原来吴学灿得到消息，胡乔木对李泽厚的《破天下达尊》一文在《人民日报》国内版和海外版同时发表非常不满，大发雷霆。李泽厚与胡乔木是有交道的，当初因李泽厚的学术成就，胡乔木曾提议让李泽厚破格提拔为教授。而胡又是中共高层人物，所以李泽厚十分关注胡的态度。当然，作为一名知名度很高的学者，李泽厚并不会在乎胡乔木发脾气，我们几个人谈起来也不觉问题严重。这篇文章，是几个月前吴学灿领着《青年论坛》编辑部的王绍培和邵学海到李泽厚家里约的稿，李泽厚就说："好哇吴学灿，你欠了我一债，让我惹祸了！"吴学灿说："哪里，我帮了你一个大忙，让你更出名了！"

章开沅（著名历史学家，华中师范学院院长）：

> 青年要尊重长辈，长辈更要爱护青年。多年以来，在哲学社会科学领域，论资排辈，迷信名流，严重阻碍了年轻人才的迅速成长。……青年不能老是坐在长辈面前充当沉默的听众，青年需要自己的园地，自己的论坛。《青年论坛》可以说是应运而生，并且是诞生在我们引以自豪的东湖之滨。我们应当为之祝贺，为之喝彩，为之鸣锣开道。
>
> 青年的长处是最为敏感，勇于求新。青年的短处是基础不厚，易于偏颇。青年人的冲冲闯闯，难免与幼稚和失误相伴随。长辈的责任是引导青年自己在实践中增长知识才干，逐渐成熟起来，千万不可对刚刚破土的新芽横加挑剔以至摧折。中外古今的历史都反复说明，任何一次社会革新，任何一个新学科、新学派的形成，青年都是冲锋陷阵的锐猛力量。"自古英雄出少年"，这是我们民族传统的哲理，也是我们民族历经忧患而依然充满生机的奥秘之所在。
>
> 但是青年也决不可以年轻而自我陶醉，要认真从中外文化遗产中吸取营养，要虚心学习前辈的成果和经验，要把自己的根深深扎在社会生活的土壤之中。我对青年是如此希望，对《青年论坛》亦作如此希望。根深才能叶茂。你们应该像神话中的英雄那样，不断从大地母亲那里吮吸乳汁，这样才能力大无穷，前程似锦，永葆青春。

我与章开沅先生的交往，始于《青年论坛》创刊之初，当时我们慕名拜访了章开沅教授，请求关注支持。章先生一向奖掖后学，他非常热情地接待了我们，并表示会支持这份青年理论刊物。不久后，章先生就为"前辈寄语"专栏撰文了，继李泽厚之后发表于1985年第1期。1986年，章先生在会见美国朋友时说："你们要想了解中国的年轻一代在思考什么，可以读读《青年论坛》。"这句话，非常鼓舞《青年论坛》同仁，我们未征求章先生同意就将它印在征订广告上。1987年初

《青年论坛》被整肃停刊，我们担心章先生会因此受到牵连，有一次编辑邵学海因公事去章先生家里，章夫人有一点调侃地说：你们把章老师的话也印得太大了。邵学海连忙要道歉，章夫人连连摆手说："没有关系，没有关系！"1988年3月，时任省社科联主席的章开沅先生在作报告时，还脱稿专门谈《青年论坛》，肯定这是一份很不错的刊物，认为停刊没有法律依据，表示支持《青年论坛》复刊。在杂志被整肃之后，章先生还如此表明自己的态度，令我们十分感动。

董辅礽（著名经济学家，中国社科院研究生院副院长）：

近年来，我读到的一些青年的经济理论著作，他们已经有了不同于我们的、在经济的理论、方法论和方法方面的训练，他们有了不同的思维方法和分析方法，他们对新事物观察敏锐，对西方经济学中对社会主义有用的东西善于吸收，这些都使他们的理论著作给人以清新的感觉，往往能引人思考。……勿庸讳言，有某些青年在吸收西方经济理论中某些可用的东西时，由于分辨不清，也会把一些糟粕，把一些违背马克思主义、不符合社会主义经济的东西照搬过来，这当然是不对的，需要注意克服。但这毕竟是支流。

我希望，由于《青年论坛》的创刊，第一，能够促成大量的青年经济理论工作者的更快成长，发现许多大有前途的青年经济理论工作者。如果若干年后，已经成长为优秀的经济理论工作者的处女作是《青年论坛》发表的，那就更有意思了，我想一定会有的。第二，能够发表青年理论工作者具有创新内容的著作，以推动我国经济理论沿着马克思主义轨道不断发展，并对我国的社会主义的有计划的商品经济的发展，对我国社会主义现代化建设起有益的作用。如果做到了这两点，无疑，这将是《青年论坛》的贡献。

卓炯（著名经济学家，广东省社科院副院长）：

中青年理论工作者广州座谈会邀我参加，会上《青年论坛》的编辑要我写点意见供同志们参考。前几年把中国青年讲得莫衷一是的时候，我就持反对的态度。按照我的看法，青年中存在的一些缺点，和我们时代的缺点是有联系的，而且也不是主流。党的十一届三中全会以后，随着时代的进步，青年们的活力就像长江大河一样奔腾起来。他们创办的《青年论坛》就是一个很好的证明。

于光远（著名经济学家，中国社科院顾问）：

我认为自己应该做的事情是同你们一起研究、一起讨论。一年来，你们这个刊物提出了很重要的问题。其中有些问题我是应该研究而尚未研究的。我相信同你们一起研究、一起讨论，会给我带来很大的好处。这会促使我去阅读一些应该阅读的书，启发我去思考一些原先没有想过的问题。我还会因此去进行"纸上作业"，——写作可使自己的思想得到整理，也可使自己的思想明确和得到发展，尤其可以使我的思想青年化，不发生一个老年人容易发生的僵化。

刘道玉（著名教育家，武汉大学校长）：

《青年论坛》是在改革之年诞生的。她像小荷一样，在刚刚露头角之时，就格外引人注目，显示出了她强大的生命力。……目前国内公开发行的各种刊物犹如汗牛充栋。但是，专一地反映青年理论工作者的综合性刊物，似乎仅此一家。对比之下，更显得这个刊物的重要，由此也看得出倡导者们的远见卓识。

我荣幸地被聘为《青年论坛》的顾问，感谢编辑部给我寄来每期刊物，使我有机会学习和增长见识。通常，我总要翻阅各期的要目，有时也看感兴趣的一些篇章。如果说感想的话，她给我印象最深的是，改革、创新和争鸣在这个刊物中占有突出的地位。这是合乎逻辑的，也是与青年的特点相吻合的。

青年人朝气蓬勃，思想活跃，正值创造发明的黄金时代。他们思想解放，不囿于成规旧习；他们事业心强，具有革命的献身精神；他们锐意改革，敢想敢说敢干。但是，青年人毕竟还处在成长时期，他们思想尚不成熟，知识根基欠厚实，缺乏生活经验，甚至有时还会出点毛病。尽管如此，他们的优点却是主要的，他们有着其他年龄阶段的人所没有的可贵的品格。

周韶华（著名画家，湖北省文联主席）：

　　有人说，当代青年是"思考的一代"。我说他们是追求的一代，是创新使命的实践者。诚然，创新是老中青三代人都在攀登探险的高地，但从总体上看，青年人已坚实地成为创新的主力军。……这一代青年的特点是心无挂碍，思想异常活跃，没有传统包袱的负累，是一群群敢冒风险、溯流而上的弄潮儿，激流奋进的勇士。

　　在理论上也涌现出一些见解新、敢于硬碰硬的触及时弊的勇者，打破了名人名家的一统天下。这支理论新军向"天不变，道亦不变"和"两者取中，两极取合"的超稳定传统观念猛烈挑战，急切地想把西方艺术中对立流变的快速更新节奏输入中国的绘画观念之中，以打破先入为主的传统审美规范的惰性。

　　周韶华是艺术造诣深厚的画家，工国画，揉和西洋画法，创造了自己的独特风格，擅长大写意，笔力雄健，寥寥几笔，就能勾勒出气势极其宏大的画卷。在美术理论方面，周韶华主张横向移植和隔代遗传结合，强调对历史、现实、未来以及主体和客体的全方位观照。他在年近花甲时，曾不辞辛劳，沿着黄河千里跋涉，创作了规模宏伟气吞山河的组画《大河寻源》，轰动了中国画坛，国外还给他出了作品专集。周韶华为人正直，思想独立，当年在"反对资产阶级自由化"风头正旺的时候，他却离开文联，离开家，躲进省政府第二招待所的一套客房里，百事不管，闭门作画。80年代，周韶华鼎力支持青年新潮画家和《青年论坛》杂志，他特地创作了一幅画《献给青年论坛的歌》，画面是一片波涛汹涌的大海，大海上空有三只搏击风浪的海鸥，勇敢翱翔。大海之上，一轮红日照耀海天，在惊涛骇浪中显示出朝气和力量。这幅作品，刊登在《青年论坛》1986年3月号上。

陶军（著名教育家、语言学家，华中师范学院副院长）：

　　我读了《青年论坛》的一些文章，这些文章大都是题材新颖，思路开阔，文字雄辩，反映了一代青年社会科学工作者对于我们这个时代的高度热情和责任感，他们就许多有意义的问题，

刘道玉参加青年论坛会议

多年之后拜访老校长刘道玉

周韶华的国画

"献给青年论坛的歌"
1986年3月号

发抒了自己的感情，运用多种方法，提出许多意在解决问题的构想和建议。这些都有益于扩大人们的视野，也必然有助于人们为了解决问题所进行的思考。我以为，以《论坛》为核心或近或远所围聚起来的青年同志们，可以说都是有志之士，而《论坛》在它问世以来这段时间内，起了它自己和社会人士所预期的作用。

这个世纪就要结束，新的二十一世纪已经在望！努力学习，努力创造，大胆开拓与探索，坚持马克思主义，发展马克思主义，看来首先是青年同志们的任务！

小诗致意：

七十毕竟老，千秋事业长；人间希望在，后起耀光芒！

黎澍（著名历史学家，《历史研究主编》）：

《青年论坛》编辑同志约为刊物的"前辈寄语"栏写稿，使我感到非常吃力。何谓"前辈寄语"？想必是前辈根据过去栽跟头的切身经验给现在的青年以告诫罢。大概栽跟头的前辈都心有余悸，提起往事怕人说是算老账，又怕一言不慎，引起新的麻烦。总之是顾虑重重，决不会踊跃"寄语"。而诲人不倦的前辈，大概又都是没有栽过跟头的，他们往往道理很大，真正切身经验不多。因此，我想与其写"前辈寄语"，倒还不如"寄语前辈"。

前辈一般是有经验、有学识的人，但往往也有缺点，这就是自信而又固执。一个人有信心，是必要的，盲目自信，再加固执，就不好了。人到老年，更应警惕。其实，一个人被尊为"前辈"，已是一件很值得警惕的事。因为这意味着后辈已经成长起来，前辈必须注意把自己放在适当的位置上，才不致使青年感到前辈是可厌恶的。不过前辈总是不放心，必得制定出种种为人处世和治学的规范来，要求青年踏着自己的脚印走。中国古人为此操心最多，可以说把上至天子，下至庶人的一言一动都用文字作了详细规定。这种规定，习称礼教。"五四"新文化运动号召打倒旧礼教，进而提倡文学革命，提倡民主和科学，什么自由、平等、妇女解放、婚姻自由、无政府主义、社会主义、共产主义、马克思主义、布尔什维克主义等等西方思想一涌而入，青年欢欣鼓舞，努力追求真理。那时前辈多半是卫道君子，看到这种现象，忧心忡忡，感到世变日亟，国粹沦亡，人欲横流，真不知伊于胡底。

我国正在进行体制改革。前辈有责任拥护和支持改革。改革是社会主义制度的自我完善过程，是青年一代的事业。青年一代需要前辈的指导，但是这种指导必须有益于青年才有意义。

前辈一定要记得我们的前辈以卫道者自居的丑恶形象是多么难以令人忍受。再想想自己在青年面前是否也像我们的前辈一样难以令人忍受。警惕封建卫道士的形象再现于今日，是很必要的。

前辈们的以上寄语，写得何等地好！读来令人热泪盈眶。遗憾的是，他们中于光远、黎澍、董辅礽、卓炯、陶军、章开沅几位已作古，留给我们无尽的思念。

（二）"智慧的痛苦"

《青年论坛》是青年理论阵地，但我们也邀约了一些年长的学者、作家撰文。他们思想成熟、敏锐，文笔缜密、通达，其中有的还写了自己的人生经历和思考，对年轻人宛如醍醐之灌顶，起到了启迪思想、激励心志的作用。他们的文章，是《青年论坛》众多篇章中的精华，是可以流传于世的精神财富。

《智慧的痛苦》，是王若水发表在《青年论坛》1985年第2期上的一篇文章，这篇文章由《人民日报》海外版记者吴学灿介绍，我们向王若水约的稿。此文写于1984年1月7日，是在他被免去《人民日报》副总编辑职务之后。我们发表此文，是对着胡乔木、邓力群而来的，正是胡、邓二人撤了王若水的职务。王若水在文章中写道：

> 美国作家V.辛克莱在当学生的时候，有一次老师问他："你愿意做一个快乐的猪，还是做一个不快乐的哲学家？"
>
> 哲学家追求的是智慧，智慧会给人快乐，但也会带来苦恼。他可能清醒地看到现实并不是一片玫瑰色；他也可能由于坚持真理而被视为异端。在我们这个时代，在"左"的流毒还没有肃清时，一个面向现实的哲学工作者不会只有快乐而没有苦恼的。
>
> 由于智慧而痛苦，由于热爱真理、热爱人民而受到痛苦，这

种痛苦是美的。

王若水选择了哲学家，选择了痛苦。虽然，他说"这种痛苦是美的"，但是，这只是精神上的自我宽慰。在现实中，王若水被打压，被批判，他愤怒、反击，至死也没有看到时代的"玫瑰"。在《智慧与痛苦》这篇文章里，王若水回顾了自己从年轻时求学到以后的曲折人生经历，这是追求者和探索者的人生，其间充满着艰辛和痛苦。这一期杂志在编稿时，胡德平与我们谈到了王若水的文章。由于"反对资产阶级自由化"正在进行，各家报刊都不发表王若水的文章，但既然是我们约的稿，是肯定要发的。胡德平当时问："他的文章你们也敢发吗？"胡德平十分清楚王若水是政治上有争议的人物，不过当我们做出决定后，胡德平并没有表示反对。文章发表后，后果也没有想象的那么严重，当时湖北省主管意识形态的省委副书记钱运录还笑着说："王若水如果来，我们还是让他住东湖宾馆。"在王若水这篇文章的同一期，我们特意发表了湖北省社科院哲学所唐坤的文章《也为人道主义辩护——对一种批判的批判》，作为对王若水的支持。

我们编辑部的王绍培、邵学海在《智慧痛苦》发表后于1985年8月到北京拜访过王若水，根据邵学海的回忆：

> 记得王若水住《人民日报》宿舍的一个顶层，房子一般，属于两面坡顶但顶层又没有天花板的那种，夏天会很热的。进得门去，看到王若水先生的老母亲在家，老人家安静的独处一隅，微笑着没什么言语，我们亦笑一笑，抬抬手，欠欠身子，算打了招呼。家中再没有其他人，根据王若水的相貌估年龄，根据年龄看他的家，不太像"家"，太冷清。王若水的神情也比较沉郁，除了请进、请坐的客气，笑也如此。后来我在他的遗著《新发现的毛泽东》上看到他与后来的夫人冯媛的合影，大体也是那模样，只是苍老些。那张照片是他在最后岁月拍摄的。
>
> 我们去见他，正是他倒霉的时候。
>
> 他倒霉时，也有个和平的心态。那天在王若水家，主要由王绍培交谈，记得王若水说同年11月准备到江西去，可能路过武汉时要停顿一下。有这样一个机会，我们诚心邀请他参加《青年论坛》杂志创刊一周年活动，他允诺了，但说明是路过参加，不是特地。也

就是说，如果在武汉停顿则参加，不停顿则不参加。并且希望不要声张，以免除过多应酬。很遗憾，杂志周年时，他没能来。

2008年我在美国圣何塞看到王若水的《新发现的毛泽东》上、下本，其中收集的"作者历年来写作和发表的有关文章"，不见1985年在《青年论坛》上发表的《智慧的痛苦》，却见1989年香港三联书店出版的《智慧的痛苦》。该书我没有看到，估计是论文集，其中收进了《"文化大革命"的重要教训是必须反对个人迷信》《探索毛主席发动"文化大革命"的原因》等文章。

由文章名变书名，可见王若水对这个命题，或者说这一富于深刻哲理且带有文学色彩的题目十分中意，冯媛撰《王若水的"美丽境界"》最后一句，再次使用了这句话："也许，（王若水）这种忧患，抑或智慧的痛苦，也使那颗大脑如此美丽？"（该文曾发表在《明报月刊》2002年4月号，后编辑在《新发现的毛泽东》后）——没错，他的面容就是一种忧患的神情，一个"苦闷的青年"的神情。

1986年1月，我和王一鸣、周晓佑到北京拜访老领导、联系作者、看望记者站成员，那次我们特地拜访了王若水，吴学灿带我们去了他的办公室。王若水瘦弱但倔强，平和而健谈，谈了胡乔木对他的批评，谈他被撤职及安排他去商务印书馆任职，他抵制不去。我们深感王若水对理论和真理的真诚、执着。

《青年论坛》1985年第4期上发表了著名部队作家、诗人白桦的《天鹅之歌》一文。文中写道：

> 多年以来，有些人习惯于践踏知识分子，也有些知识分子习惯于被践踏。……我在作家协会第四次代表大会上说过，我们已经不是割一茬长一茬的韭菜了！历史——包括作家协会第四次代表大会的历史告诉我们，无视民意的人必然要受到他自身行为的嘲弄！
>
> 圣-桑有一首著名的乐曲叫做《天鹅》，后来被舞蹈家编成舞蹈，名叫《天鹅之死》，非常细腻地用舞蹈的语汇描写了一只天鹅的垂危时刻，天鹅用它的死谱写了一支优美的、楚楚动人的歌。近几年在我们的老作家中有一批特别值得我们尊敬的同志正在唱各自的天鹅之歌，其中有周扬同志、巴金同志、夏衍同志、

冰心同志和湖北的徐迟同志。……他们在唱一支激昂的、优美而有些哀婉的永恒的天鹅之歌。每当我想到他们，听到这歌声，我的心就温暖起来，明朗起来。我们没有任何理由悲观，没有任何理由失望，没有任何理由不求进取，袖手旁观！

冷静地思考太重要了！一切平庸的作品都缺乏冷静的思考，所有深刻的传世之作，无一不是对时代的冷静深刻的思考的结果。压抑和被误解还会使我们清醒地认识我们自己的历史的责任感，从而加强我们自己，更自觉地进行奋斗！

创作自由是什么？创作自由就是自由地观察生活，自由地思索，自由地描写自己的观察和思索过的生活中的人们，尤其是形形色色的灵魂。……做到创作自由还必须不断跨越自己，固步自封的人是没有自由的！打开自己的心狱，从长期客观压抑中形成的心灵的束缚中解放出来！

你如果的确是真诚的对生活一片爱心，雨点可以打湿你的衣裳，冰雪可以冻僵你的手足，但绝不能冻僵你自由的心灵！自由地创作吧！真实的好作品，对于这世界，对于历史，对于人民，对于你自己，是最最重要的！

从文章的内容和语气来看，我推测是白桦在1984年12月召开的中国作协第四次代表大会上的发言。三年前，白桦因"自由地创作"的一篇作品受到自上而下的批判。1979年，文艺月刊《十月》发表了由白桦和彭宁创作的一部电影文学剧本《苦恋》，1980年底彭宁将其拍成电影，更名为《太阳和人》。这部尚未放映的影片引来一场对《苦恋》的批判，虽然只持续了8个月，但却是惊天动地，惊动了最高层，触动了整个文化思想界。

《太阳和人》描写了一位画家一生的遭遇。画家曾被国民党抓壮丁，反抗过国民党，后逃往国外，过上了富裕的幸福生活。1949年后与妻子一起毅然回到中国。"文化大革命"摧毁了他的一切，画家一家三口被迫住进一间没有窗户、没有阳光、到处是蜘蛛网的破屋，画家在他生日时被打得遍体鳞伤。女儿执意要去国外，画家反对，女儿问他："您苦苦留恋这个国家，但是这个国家爱您吗？"画家无言以对。画家最终冻死在荒原之上，临死之际，画家用最后的力量在洁白的雪地上画了一个问号，问号的那一点就是他已经冷却的身体。

1981年初，《太阳和人》在内部放映后，很多老干部写信给中

在王若水办公室合影　后排左起：李明华、
周晓佑、王一鸣、吴学灿

王若水在办公室（1985年8月）

李明华与白桦（右）交谈

与刘宾雁交谈，右起：刘宾雁，於可训，
蔡崇国，李明华

刘宾雁向《青年论坛》赠送《开拓》杂志

央，批评它丑化共产党，丑化社会主义祖国，反对公开放映。中国电影家协会支持这部影片，感觉是在替知识分子说话。而在全军政治工作会议上，则是一片反对之声。全国性的批判，则是在邓小平发话之后。邓小平看过《太阳和人》后，十分生气，提出尖锐批评。1981年3月27日，邓小平明确指出："对电影文学剧本《苦恋》要批判，这是有关坚持四项基本原则的问题。当然，批判的时候要摆事实，讲道理，防止片面性。"[1] 由于白桦是军旅作家，《解放军报》率先发表批评《苦恋》的文章。1981年4月20日，《解放军报》发表了署名为"本报特约评论员"的文章《四项基本原则不容违反——评电影文学剧本〈苦恋〉》，认为作品"实际上成了对于祖国的控诉和诅咒，是散布一种对祖国怀疑和怨恨的情绪。"随后电台广播、全国十多家报纸、杂志，如《红旗》《时代的报告》《文学报》《北京日报》《长江日报》《湖北日报》等媒体转载或配合发表了批判文章。

1981年7月17日，邓小平又说：

"《太阳和人》，就是根据剧本《苦恋》拍摄的电影，我看了一下。无论作者的动机如何，看过以后，只能使人得出这样的印象：共产党不好，社会主义制度不好。这样丑化社会主义制度，作者的党性到哪里去了呢？有人说这部电影艺术水平比较高，但是正因为这样，它的毒害也就会更大。"

"试想一下，《太阳和人》要是公开放映，那会产生什么影响？有人说不爱社会主义不等于不爱国。难道祖国是抽象的吗？不爱共产党领导的社会主义的新中国，爱什么呢？港澳、台湾、海外的爱国同胞，不能要求他们都拥护社会主义，但是至少也不能反对社会主义的新中国，否则怎么叫爱祖国呢？至于对中华人民共和国领导下的每一个公民、每一个青年，我们的要求当然要更高一些。对我们党员中的作家、艺术家、思想理论工作者，那就首先要求他们必须遵守党的纪律，而现在的许多问题正出在我们党内。党如果对党员不执行纪律，还怎么能领导群众呢？"[2]

在这种氛围下，1981年8月，甚至连中共中央总书记胡耀邦也说话了，他在传达了邓小平讲话之后说：

"这次批评白桦同志，也有不少人对他表示支持，还在给他写信。要分析分析，是些什么人写信？……给白桦同志写信的人决不都

1. 《邓小平文选》第3卷，人民出版社，1993年10月
2. 《邓小平文选》第3卷，人民出版社，1993年10月

是坏人，其中有很多是认识不清的人，但是必须提醒白桦同志要痛下决心，认识和改正自己的严重错误，既不要计较批评文章是否十全十美，感觉自己受了'委屈'，更不要因为收到不少支持的信而感觉安慰，认为这才是'春天的厚爱'（指白桦发表在《新观察》上的一篇文章——引者注）。决不能这样想！真正的春天的厚爱正是一时使自己感觉痛苦的严厉批评，而不是因为受了批评而得来的'同情'。我们大家都要注意这个问题，否则我们会上当。担任领导工作的同志要清醒地认识这种现象。犯了错误受到批评的同志，为什么有一些人支持？他们的用意是什么？我们都要清醒。"

"最重要的，我们要把为什么再要补一课，从思想上讲清楚。我们为什么对批评《苦恋》问题还要补一课呢？这是因为，第一，《苦恋》不是一个孤立的问题，类似《苦恋》或者超过《苦恋》的要脱离社会主义的轨道、脱离党的领导、搞自由化的错误言论和作品，还有一些。对这种错误倾向，必须进行严肃的批评而不能任其泛滥。第二，国内外有些人大肆歪曲批评《苦恋》的真相，散布了大量的煽动性的、挑拨性的言论。我们现在好好收一个场，也是好好开一个场，否则以后我们批评就阻力重重。"

"白桦同志接到很多信，他认为他有群众，这就涉及我刚才讲的那个道理：为什么不分析一下？现在，除了《文艺报》写文章，其他老作家、中年作家、青年作家，当然也可以见义勇为，但是为了避免造成围攻，还是适可而止的好。要批评的问题多得很嘛，不要集中在一个人、一部作品上面。对白桦同志，还是要从团结的愿望出发，不要一棍子打死，白桦同志还是写了好作品的嘛。但是《苦恋》就是对人民不利，对社会主义不利，应该批评嘛！"

中共中央政治局委员胡乔木为此事于1985年8月召开了全国思想战线问题座谈会。胡乔木在会上说：

"我们对电影剧本《苦恋》和根据这个剧本摄制的《太阳和人》进行批评，就是因为它们歪曲地反映了我国社会现实生活的历史发展，实际上否定了社会主义的中国，否定了党的领导，而宣扬了资本主义世界的'自由'。无论是在《苦恋》还是在《太阳和人》中，作者和编导都采用对比的手法，极力向人们宣传这样一种观点：似乎'四人帮'就是中国共产党，十年内乱就是社会主义；似乎在社会主义中国的人民并没有得到解放和幸福，而只有愚昧和迷信；似乎党和人民并没有对'四人帮'进行斗争和取得历史性的胜利，因而在中国看不见一点儿光明，一点儿自由，知识分子的命运只是惨遭迫害和屈辱；似乎光明、自由只存在于美国，存在于资本主义世界，那里的知识分子自由生活的命运才是令人羡慕的。这种观点，正是资产阶级自由化思想的一种重要典型表现。"

由于这场批判受到广泛抵制，加上《太阳与人》这部电影没有公开反映，看过《苦恋》剧本的人也不多，各地基层批判毫无目标，甚至感到莫名其妙，批判运动也就不了了之。白桦本人意外地没有被处理。1985年12月29日，胡耀邦在中国作家代表大会上还特地与白桦握手，鼓励他放下思想包袱，创出新作。

1985年5月，中国作家协会副主席刘宾雁来武汉参加省作协代表大会，我和王一鸣、蔡崇国、於可训到他住宿的湖北省军区第四招待所（曹家花园）去拜访他，并向他约稿。

在军区四招，我们编辑部的几个人与刘宾雁进行了广泛的交谈。话题涉及当前改革文艺界、理论界的理论与现实，《青年论坛》的社会责任，党的政策得失等。我们从房间走到大院，谈了两个多小时。刘宾雁谈了他的写作思想和几部作品，并向我们赠送了一本《开拓》杂志，杂志的第一篇是刘宾雁的影响很大的报告文学作品《第二种忠诚》。他在目录页题了字："赠'青年论坛'的同志们：祝愿思想国土的青年开垦者将会收获到丰硕的果实！1985.5.31"，并与我们合影留念。临别时，刘宾雁告诉我们：不要低估青年人开创事业的困难，也不要小瞧你们进行工作的意义。

这次见面，刘宾雁答应给我们写稿，这就是发表在《青年论坛》1985年第6期（11月出版）的《我第三次感到贫乏》。刘宾雁写道：

同中国土产的法西斯分子相比，外国法西斯分子对人民的恐惧似乎略少一些。只要看一看1966—1977年间中国有多少学习和信奉马克思主义的青年被枪毙，就看出这个差距了。我的童年时代，一度被日本政府逮捕而又释放出来的日本共产党人，很有一些并未放弃自己的信仰而在东北日本占领区继续从事进步自学成才的。

现阶段中国阶级斗争的主要对象是谁？一下子就把我问住了，是呀，我们人人都是搞阶级斗争或被斗争的专家，从青年到老年时间也不短了，那么敌人究竟是谁呢？资产阶级？地富反坏右？不是了，从来就不应该是。那么，究竟是谁呢？从历史实际看，最危险的敌人似乎应该是林彪、四人帮之流。他们造成的祸害比几千年来所有的敌特和新老反革命加在一起还多，这一点，恐怕谁也不能否认吧？但是他们已成了历史垃圾。今天是谁呢？还有没有属于同一血统的后继者呢？

刘宾雁感到贫乏，主要是理论上的贫乏。第一次是年轻的时候，20多岁，受到延安风气影响，对马克思主义理论如饥似渴，近乎狂热。第二次，是苏联理论盛行的时期，理论被榨干成几条干鱼般的教义，人们只须记忆和背诵，令人索然无味，因此感到贫乏。第三次是80年代，中国无比丰富而生动的现实为真正的理论家提供了无穷的思维和创造的资源，但现实中占主导地位的倾向是按照主观的政治需要和虚幻的设想伪造现实，以"真　理"的权威指令客观真实就范。这个时期，是刘宾雁理论兴趣最高的时候，与时代的需求相比，他觉得自己是过于贫乏和空虚了。刘宾雁以揭露弊病、矛盾和丑恶来表达对马克思主义和共产党的忠诚，并称之为"第二种忠诚"，认为可以此达到完善、巩固共产党政权的目的。但是，共产党不接受这种忠诚，将他视为异己，开除党籍。刘宾雁最后客死他国，这是中国无数正直的知识分子的悲剧之一。

1986年1月下旬，到《人民日报》与吴学灿一起去刘宾雁家，他比在汉时显老。他强调了如何乐意见我们，并向我们介绍了他今年的计划，他不准备写国内题材的作品，而是想把前年访日、今年访西德写出来。我们问起前一段时间不让他写作的传说，香港方面说《古堡今昔》是其辍笔之作，但后来他又为我们杂志写了《我第三次感到贫乏》，更加深了人们的印象。他说实际上没有那么严重，传说中有些思想矛盾的东西。有人说，中央要把我撵出北京；有人又说，要我在北京不动。但又让我出国了。关于《人民日报》的现状，他感觉钱李仁来了以后，气氛要好一些。他亦坚持自己是"小骂大帮忙"，但当局不容忍、不欢迎。"我现在倒是发现他们喜欢什么样的'小骂大帮忙'了，像刘心武写的《公共汽车咏叹调》胡乔木他们就很欣赏"。我说像他那种写法还是比较好的，只是政治意味太浓了不好。刘宾雁又谈起

《读书》上的核心文章他尤为不满。最后，我们请他写文章，他说恐怕不行，到时候再说吧。

《青年论坛》还发表了第三代新儒家代表人物、美国哈佛大学教授杜维明的文章《以开放的心灵迎接挑战》（1985年第6期）。文章写道：

> 我建议大家以开放的心灵接受"传统"的挑战，一方面是深深地忧虑"和传统再度决裂"的激情主义难免导致全盘西化和义和团两种极端意识在同一层次、同一坐标系中互为因果的激荡所造成的变态心理；这种心理曾对中国知识界的现代化起过很坏的影响。另一方面是感到"传统"的多样性和复杂性。如果我们只抱着奢求现实速效的心情来打击"传统"，也许不仅没有清除封建遗毒，连"自家无尽藏"也一股脑儿都丢光了。
>
> 现代化的过程要想和传统决裂有可能吗？就以"封建意识形态"为例，这种渗透在我们骨髓之中，在我们的行为、态度和信仰各层次发生影响，在中华民族文化和心理结构底层长期的、继续的起化学作用的势能，我们能把它像包袱、像糟粕般抛弃了事吗？如果我们以为真能和传统决裂，就好像一个犯人经过心理治疗之后，完全超脱了他根深蒂固的罪恶感，那我们也未免太乐观了。
>
> 胡适之先生曾说过他的提倡"全盘西化"并不是赞成这个观点，而是因为深感传统积习的惰性不能不采取矫枉必须过正的做法。好几位青年理论家也一再对我表示因为他们的"现实感"太深刻了，不能像我一样，还"含情脉脉"地迷恋传统，特别是儒家的传统。我想在我们这个开放的时代，出几个"爆发性的人物"大有可能；不过，要想爆而能破乃至进一层从事掘井汲泉以引发源头活水的哲思，那么以开放的心灵接受"传统"的挑战是必要的。

杜维明先生的这篇文章，正是针对80年代"全盘反传统"思潮的。80年代中后期，海外新儒学思潮在中国学界反响很大，坚持儒学可以导向现代化与儒学只会阻止现代化这两派意见争论激烈，如甘阳认为不批判传统，就不能实现中国的现代化。90年代，杜先生邀请我去哈佛做访问学者，我与杜先生有过长时间交流，杜先生的一句话我有非常深刻的印象："对传统，对儒学，甚至对各学派，都应该有'同情的理解'。"我理解这就是学者的包容和宽容。

李明华与杜维明合影，哈佛，1998

我记得杜先生这篇文章的稿费大约是人民币49元，但如何给到他，使我们很为难。1985年12月，湖北省政协、北京大学、武汉大学在湖北黄冈举办熊十力哲学思想研讨会，杜维明先生出席了研讨会，我也参加了这次会议。会上我准备将稿费交给杜先生，他说不用了，留给编辑部开支。

中国的改革开放促进了民族工业的发展，为借鉴历史教训，我们发表了著名历史学家冯天瑜的《中国第一家钢铁联合企业汉阳铁厂的盛衰》（1985年第5期）。汉阳铁厂给我们什么样的启示？

　　汉阳铁厂，又名汉阳制铁局、湖北炼铁厂。它是洋务运动后期的最大代表张之洞于19世纪90年代主持兴建的东亚第一座钢铁联合企业。这个钢铁厂落成之际，曾耸动中外视听，有些外国人据此预言："湖北省具有一些希望，在不久的将来成为中国的匹茨米克斯布鲁及威斯法里亚。"然而，汉阳铁厂开工不几年，便跌入不可解脱的困境之中。究竟这座工厂在什么地方出了差错？这些差错又说明了什么问题？要作出科学的答复，便得回顾汉阳铁厂的历史。

　　……

　　由于汉阳铁厂生产成本极高，"亏折甚巨"，加之所聘洋员一再更易，焦炭供应又一直未获妥善解决，实难维持下去。

光绪十七年十一月亦奕死去，海署对湖北铁厂、枪炮厂的支持程度大减，铁厂经费更形艰困。光绪十八年（1892年）春，张之洞致书阎敬铭说："洞自为外吏以来，如日行荆棘中，愈入愈深，耗无佳境，……铁厂事繁重已年，工大用宏，经费十分支绌"。户部尚书翁同龢认为张之洞在湖北花费过大，不愿继续为铁厂筹集资金，曾提议招商接办。道员盛宣怀初拟承办，但张之洞以为不可。他说，路、舰、炮、械，非铁不可，正须官办扩充，招商非计。光绪二十一年六月，官款筹集愈益困难，清政府决定铁厂招商承办。开始，美、德、比巨商愿意缴款合办，但又顾虑后患甚多。而国内也有人反对将铁厂交洋人"包办"，如湖南巡抚陈宝箴致电张之洞，指出办铁厂原意在少用洋铁，减少外耗。现在"忽与外人共之"，则与初衷"大不符合"。考虑到与外商合办铁厂会招物议，张之洞只得放弃这一设想。

冯天瑜这篇文章给读者的启示是，在封建体制下，民族工业的发展极为艰难。国内经济实力不够，科技也上不去，成本高企，为了面子又不肯求助于西方列强，汉阳铁厂走进了死胡同。80年代重温这一段历史，既可从体制的角度思考改革的必要性，又可张扬对外开放的思路，不过文章发表时很多人并不理解，只以为我们是见到名人的文章就发表，其实并非如此。

《青年论坛》1987年第1期，我们发表了作家戴晴的《学者答问录——访崔之元》。戴晴原以写小说和人物传记著名，后到《光明日报》做记者，开了一个专栏："学者答问录"，曾采访过梁漱溟、冯友兰、严家祺、金观涛、梁治平等学者，在学界影响很大。在中青年中，戴晴年龄稍长，但还不能说是前辈。1986年10月，《青年论坛》与黑龙江《学习与探索》杂志联合在武昌举办"跨世纪的中国"研讨会，我们邀请戴晴出席，她给了我这篇文章。崔之元是研究西方马克思主义的学者，翻译了几部"西马"的著作，自己也有很多见解。崔之元答戴晴问：

问：目前，在各科学人聚会、研讨双百方针的场合，常常碰到这样的问题：马克思主义究竟应该君临其他学派之上，还是与其他学派平等并列，同为百花园中的一枝。对此，您怎么看呢？

答：显然是百花园中的一枝。马克思本人在晚年的时候讲过，他自己就不同意僵化地套用他的理论的许多人。他说他自己就不是一个那种意义上的"马克思主义者"。

问：中国共产党师承马克思以来，对马克思主义科学与方法论中的长处与短处有没有清醒的认识？或者只是接受了一些属于社会运动方面的概念？

答：基本上是后者。但党内有许多优秀的理论家一直在注视并探索着。从高层次看，比如张闻天、顾准。有许多人，即使在战争年代，也极严肃地思考着。

崔之元的一些观点，显然受到西方马克思主义者的影响，这在当时是比较"离经叛道"的。到90年代，崔之元成为新左派的重要代表人物。

在同一期杂志上，还发表了编辑王绍培（署名工一）对戴晴的采访文章《戴晴谈〈学者答问录〉》。在接受采访中戴晴详细介绍了这个专栏诞生的过程，曲折而幸运。

《青年论坛》除了"前辈寄语"栏目外，发表上一代作者的文章并不多，加上在我们举办的"跨世纪的中国"学术研讨会上苏东斌、张奎良等几位的发言稿，总共不到十篇。但仅是少量的这几篇，已经弥足珍贵。

（三）密加凡院长的办公室

《青年论坛》号称"杂志社"，从创办直到停刊，一直没有正式的办公地点。我到《江汉论坛》工作时，社科院的办公楼尚未盖好，编辑部办公是在东院宿舍一楼的两个套间，对面门户大小各三室一厅。《青年论坛》创刊后，由《江汉论坛》在小套三室一厅给分了一间，大约十来平方米，挤挤地摆了四张办公桌，外加一间不到4平方米到狭窄厨房作为财务室。另外在西院平房还有两间办公室，其中一间是我办公的地方，还有一间是杂物间，堆放杂志和发行部的书刊。杂志社人员不是每个人都有办公桌，编辑轮流坐班，开会的时候杂志社10来个人才集中在一起。平时作者、读者来访，看到如此办公条件，都十分惊讶，我们也很尴尬。

当时社科院下属各研究所也在宿舍楼办公，条件确实很差。大家都没有想到的是，院长密加凡在为我们着想了。

密加凡是一位老革命，1937年11月加入中国共产党，1938年到延安，在中央秘书处工作。1949年后到湖北，曾任中共湖北省委宣传部副部长、湖北省文学艺术工作者联合会党组书记。80年代省社科院成立，密加凡是首任院长。他个子不高，眼光明澈，说话语气缓和，待人十分亲切。由于长期与文化人、知识分子打交道，密加凡十分尊重知识和知识分子。

在全院办公用房都很紧张的情况下，密加凡得知《青年论坛》的窘况，便主动让出自己的办公室及办公桌椅，供我们使用，而自己则回到家中处理院务。这样我们的工作条件就好多了。

我们的感觉，不仅仅是多了一间办公室，更重要的是一份来自领导的支持力量。在当时的情况下，由于我们常常与省委、与钱运录副书记联系，与胡德平联系，使社科院内有人觉得越级了，有一位张守先副院长对《青年论坛》一直持反对意见，组织几个人不停地挑《青年论坛》的毛病，并使我们在院内办事经常受到刁难。加上刊物发表的文章有思想的锋芒，有超前的改革见解，在社会上也引起一些非难和指责。在这样的背景下密加凡将院长办公室让给我们，鲜明地体现了他对我们坚决支持的态度。

密加凡对《青年论坛》的支持，不仅表现在解决办公条件这件事上。1985年上半年，我和王一鸣、邵学海一起到密加凡家里汇报工作。谈了一会儿，湖北省社会科学界联合会的秘书长来访，与密加凡商量即将召开的社科联代表大会诸事项，商量完之后，密加凡当着我们的面向秘书长建议，大会主席团名单中增补《青年论坛》代表即主编李明华，秘书长当即响应。当时《青年论坛》创刊才几个月，密加凡以老一代领导的身份提出这个建议，再一次说明他对这个新生事物的支持。后来我们还听说，省委副书记钱运录也提出过这个建议。

1985年11月是《青年论坛》创刊一周年，杂志请来各地记者站的代表在社科院开了一个工作会，会议期间密加凡会见了代表，并请他们吃饭，合影留念。这个场景给各地来的代表留下了深刻印象。

密加凡院长支持《青年论坛》。右起：密加凡，李明华，王一鸣

四　思想的群峰

《青年论坛》发表的文章，以改革、启蒙为主调，与社会思潮的主流一致，作者基本上是二十多岁到三十多岁的年轻人。在总共14期刊物发表的近300篇文章中，主要是关于经济体制改革、政治体制改革、文化研究、民主自由思想理论、经济社会管理和经济学研究等内容。其中最影响于世的篇什，则主要是关于思想自由、文化哲学、反对封建主义和左倾守旧、向往民主宪政的文章。这些文章奠定了《青年论坛》在思想史上的地位，而《青年论坛》被整肃，也是因为这些"离经叛道"的文章。这些文章无论是关于经济的、社会的还是关于思想的、政治的，都带着年轻人的新锐气息，带着冲破传统束缚的勇猛，抒发了非常之见。如果说，其中那些精彩文章的作者每个人都是一座理论的山峰，他们聚集在《青年论坛》旗帜之下，便成为一脉群山。

我国著名经济学家董辅礽先生在为《青年论坛》（1985年第2期）写的"前辈寄语"中说："如果若干年后，已经成长为优秀的经济理论工作者的处女作是《青年论坛》发表的，那就更有意思了，我想一定会有的。"事实上，不仅是在经济理论领域，在哲学、社会学、政治学、法学、历史学、文化学、文学、美学等诸多领域，曾于年轻时在《青年论坛》发表过文章的作者，日后有很多都成为了大家。据统计，《青年论坛》的250多位作者中，后来成为高等院校博士生导师的有46人，成为高校和科研机构教授（研究员或副研究员）的有56人，成为企业总裁和高管的有18人，成为省部级、厅局级领导干部的有14人。[1]当年他们在《青年论坛》发表文章时，大多数是在读的本科生或研究生。

1．鲜汪娟：《八十年代青年学人缩影——<青年论坛>杂志研究》，硕士论文，2015年5 月，中国传媒大学传播研究院。

（一）改革之策

　　1984年3月26日至4月6日，北京召开了"沿海部分城市座谈会"，座谈会建议：进一步开放沿海14个港口城市。同年5月4日，中共中央、国务院发出《关于批转<沿海部分城市座谈会纪要>的通知》，批准在沿海14个城市设立经济技术开发区。国家级经济技术开发区成为中国对外开放中的耀眼亮点，是中国吸收国内外投资最为集中、经济增长速度最快的地区之一。

　　经济技术开发区，最初都是设在沿海城市。中国内地能不能建开发区？《青年论坛》1985年第3期发表了《关于创办内地经济开发区的设想》一文，明确地提出了积极的建议和具体方案。作者是《科技与人》的主编、东湖智力开发公司的创办者之一——"中国青年十杰"陈天生，以及武汉大学经济系的青年教师陈志龙、伍新木、张在元，他们年龄都在30岁到40岁。该文认为，虽然沿海十四个城市的开放已经安排就绪，但是，对外开放是全面的、立体的，绝不只是沿海的事。中国的起飞，如果只是S形沿海地区的起飞而没有中国内地的起飞，是不可思议的。因此，中国当今要加大开放的深度，加快开放的速度，在祖国的腹地，选择某个县或市，在中央政策指导下，让一批中青年通过采取若干符合经济规律和中国经济起飞需要的特殊经济政策，创办一个既有内地特色，又有新技术革命气息，高效能的综合改革试验区。文章还提出了创办内地经济开发区的指导思想、与沿海地区的异同、地点选择原则、发展方针、政策要求等具体方案。

　　如果读者将这篇文章仅仅看作是书生的纸面建议，那就没有看出道道。文章最后的惊人一笔是：这个设想，"如蒙领导同意，我们愿意集体自荐一试，以效赤诚"。愿意离开美丽的武汉大学校园，离开教师岗位，到一个县（市）去办经济开发区，这就是那个时代的氛围，表现了那个时代年轻人的改革冲动。《青年论坛》作为一份理论刊物，发表这样的文章，当然也是与众不同的。虽然最终没有哪位领导同意他们去办经济开发区，但随后全国各地（包括内地）经济开发区如雨后春笋般建立起来，证明了他们的设想是有前瞻性的。几位作者，伍新木在《青年论坛》在创刊号上发表过《改革的系统工程和关键》，将改革看作是一个系统工程，并很有远见地预言了我国改革历程中的几个关键环节。陈志龙则在创刊号和1985年第1期先后发表了《极富探索性的新经济政策》上篇和下篇，详细介绍了列宁在苏维埃政权刚建立时采取的新经济政策，以此作为中国经济改革的历史参照，主张实行更灵活、宽松和更市场化的政策。改革开放初期，在没有任何先例可援的情况下，在"摸着石头过河"的探索中，提出实行灵活的新经济政策，是具有启示意义的。

关于经济体制改革，一直是《青年论坛》关注的重点。所发表的这方面文章的作者，当初或许只是根本不被人知晓的年轻人，但他们中的不少人，日后成为各界的翘楚，声名显赫。

冯仑、盛斌、周为民在《青年论坛》1985年第4期上发表了《研究经济体制改革的新思路》。三位作者发表这篇文章时，都是中共中央党校的青年教师，冯仑时年26岁。冯仑后来成为"万通六君子"之一，中国著名房地产企业万通集团董事长。这篇文章，尖锐地抓住了经济体制改革的关键问题，表现出三位年轻人的敏锐眼光：

> 在高度集中的僵化模式下，权力（党的权力，政府、部门的权力）的分配与财富分配（产品、生产要素等）的分配是一致的，在目标选择当中，由意识形态决定的特殊政治偏好常常是决定性的因素……这些基本事实，迫使我们从新的角度剖析过去的僵化体制，研究经济改革所遇到的各种理论问题和现实问题。我们的新思路可以概括地表述为：首先深入研究中国目前的社会结构（包括政治结构、领导结构、意识形态功能、社会的传统文化、心理惰性与惯性等），分别考察其中哪些是本质的、稳定的、不可变的，哪些是非本质的、易变的，然后，把前者作为整个经济运行过程的约束条件；第二步：考察在这些约束条件下，经济运行的特殊机制，并以此为据，评价旧体制设计新模式；第三步：提出经济改革方案和具体的政策建议，制定改革的战略和策略。
>
> 党的领导体制是高度集中的。个人服从组织，下级服从上级，全党服从中央。这种体制的特点是权力集中，下级只对上级（有时甚至是对上面某个领导）负责，只接受上级的领导和监督。……如果决策失误，就会失之毫厘，谬之千里，经过层层放

大，造成全局性的灾难，直到整个系统濒临破溃，决策者才被迫用强力进行"修复"，以确保系统的稳定和发展。

当前应继续改革以行政手段管理为主的经济体制，逐步割断权力与财富分配的直接联系。把政府管理机构的职能从直接经营企业转变为规划、协调与监管。部、局、委办等机关与经营活动的关系要松软，经济实体之间的横向经济联系主要靠经济手段和法律手段来协调，尽量避免用行政手段乱点鸳鸯谱，强拉硬绑。

80年代中期的这些见解，被几十年来的改革实践证明是完全正确的。90年代冯仑"下海"后凭着对体制内规则的透彻了解，在体制外的民营经济商场左突右奔，终于成为驾驭市场经济的高手。冯仑被称为"地产界的思想家"，是"中国房地产十大风云人物"之一。他于2013年写的《野蛮生长》一书，轰动全国商界。这是一部改革年代民营企业的创业史，是民营企业家的心灵史。冯仑以自己闯荡江湖20多年的经历，以及一些知名民营企业家的案例，讲述了民营企业"野蛮生长"的力量以及对中国现代企业发展的独特见解。书中语言鲜活、犀利、幽默、麻辣，也表现出他的狂放、侠义，实为性情中人。王石、周其仁、张维迎、秦朔、吴晓波等人对此书均给予很高评价。因该书出广东人民出版社出版，首发时在广州购书中心举行了仪式，我还特地赶到现场，见一见老朋友。

年轻时的某种思路和观点，与今后的人生道路有什么关系？因为编发过很多青年作者的文章，又看到几十年后他们的人生轨迹，我甚至有这样一种感觉：年轻时写的一篇文章，可能意味着一生的宿命。卢建在《青年论坛》上发表《关于通货膨胀问题的思考》，他日后成为中央财经领导小组办公室工作人员，后来又调到国务院研究室，参与研究国家财经问题决策，是否与那篇通货膨胀的文章有关？曹远征在《青年论坛》发表《经济运行失控意味着什么？》，他日后成为中银国际首席经济学家，是否早在经济运行失控那篇文章中就已露出端倪？我不得而知。周其仁在《青年论坛》上发表《农村变革和理论经济学研究》一文时，是中国农村发展问题研究组成员，时年34岁。发表该文后在中共中央农村政策研究室、国务院农村发展研究中心做研究，后到国外获博士学位，回国后曾任北京大学中国发展研究院院长、国家央行货币政策委员会委员。在中国改革的历程中，周其仁对农村土地政策、城镇化、货币政策与汇率、国企改革等，都有重要见解，被称为"中国改革的活化石"。当初名不见经传的年轻人，日后成为国家之栋梁，《青年论坛》成为一个见证。

1985年9月，我们收到江苏省计划委员会袁璋的一篇文章《我国经济社会系统运行机制故障之分析及解决途径》。该文的推荐者是曾任中共江苏省委副书记、中共中央纪律检查委员会副书记，时任中央顾问委员会委员的刘顺元。这篇文稿曾送至中国科技大学副校长、安徽省副省长杨纪珂，杨纪珂读过之后，给予很高评价，还给袁璋写了一封信。作者袁璋时年34岁，一个年轻人的文章受到两位重要人物的重视，可见分量不轻。杨纪珂在信中说：

袁璋同志：

大作拜读，分析得很中肯，可谓切中时弊。贾谊在《治安策》里说过："方今之势，如病大肿，一胫之大几如腰，一指之大几如股。……失今不治，必为痼疾。"事实上西汉的情况，已重睹于今日。

我国缺乏管理科学良性循环，特别是反馈失灵贻误和人治片言僵化为其大病。如此顽症，看来没有三十年到五十年的不断改革，还不容易治好呢！须有像你这样先知者在干部队伍中数量占了优势后，改革就会加快。

深望大作能够公开发表，让大家都来发表看法。当兹改革之机，说不定可以提供一些推动社会进步的动力。

杨纪珂的这些话，如果细究起来，是可以作为"自由化"言论进行批判的。不过杨纪珂是国外留学回来的民主党派人士，幸而没有人追究。我们将杨纪珂的信全文附在袁璋文章的前面刊发出来，以引起读者关注。袁璋的文章也的确比较深入地分析了中国社会运行机制的弊病：

党政不分。政府是党组建的，工作班子是党委任命的，企业是党和政府兴办的，企业领导人是党和政府任命批准的，党政之间，政企之间，能截然分开吗？企业的权力是谁给的？党和政府给的，甲工厂是地师级，乙学校是省军级，丙科研所是县团级……

下级对上级的依附关系。下级是上级任命的，……一言堂，一阵风，一刀切，都跟这种自上而下组建任命的结构密切相关。

人治的作用大于法治。既然上级的自由度比下级大得多，法律又怎么会制约到上级？除非更上级用法治形式管住他，但仍然恰恰是体现了人治威力。

文章用系统论的观点，分析了中国纵向指令的、金字塔式的决策与执行合一的正反馈系统，认为这种强烈的正反馈将导致系统运行失误乃至系统崩溃。解决的办法，首先是决策部门与执行部门分开，党政分开，起点是从中央政治局开始，政治局管决策，国务院、人大管执行。这是非常大胆的想法，如今是没有人敢这样说话了。袁璋当时写这篇文章，也没有受到非难，他90年代从南京调到国家计委下属的一个机构工作，直到退休，一直与我有些联系。

与《青年论坛》关系密切的作者，还有一位是陈东升。陈东升是我们武汉大学的校友，还是《青年论坛》北京记者站的站长。1983年他毕业后分配到国家经贸部国际贸易研究所工作，在《青年论坛》1985年第4期上发表了《关于发展建设经济学的几点浅见》，这是

作者与陈东升合影，北京中国会，2004年

他提交给"中青年理论工作者广州座谈会"（1985年3月）的论文。他认为，中国经济学的发展，应该从破坏经济学走向建设经济学，成为"致用的学科"，具体步骤是：将经济理论转化为经济政策，然后将经济政策转化为经济技术。

> 中国建设经济学的发展就是把理论与政策以及实施的方法与技术（经济杠杆与法律形式的结合）三者结合起来，发展我们的实证经济学。……只有当社会对经济学的需求大增的时候，这一过程才会加速进行。（要使）经济学这门学问从经济学家手中解放出来而普及于社会。

> 随着我国对外开放的进一步实施，中国经济逐步地纳入整个世界的经济体系和国际分工体系。世界经济问题必定涉及和影响中国经济问题。同时，反过来中国经济的变化也会反馈到和波及到世界经济大体系中去。……我们研究世界经济是为了中国经济，为了中国经济必须了解世界经济。

陈东升写这篇文章时是27岁。人们从这里可以看到陈东升日后成为中国著名企业家的思想端倪。将经济学理论运用到商业操作中去，把西方发达国家先走一步的市场经验拿到中国来作为参照，陈东升就是这么干的。他先后创办了中国嘉德国际拍卖、泰康人寿、宅急送等知名企业，捐给母校的资金数以亿计，陈东升成功实践了他年轻时倡导的建设经济学。

类似陈东升这样年轻时在《青年论坛》上发表改革文章，后来被人们熟知的人物还有不少。

《特区货币应该缓行》的作者丁宁宁，当时是一名博士研究生，90年代任国务院发展研究中心社会发展研究部部长。

《经济改革和经济学改革》的作者杨建文，发表此文时是一个30出头的普通研究人员，后由于学术上的成就，曾获孙冶方经济学著作奖，先后担任上海社会科学院部门经济研究所所长、金融研究中心主任，并被聘为国家哲学社会科学基金会评审专家、上海国际金融研究中心副理事长等。

《财政平衡的时间、空间及其动态意义》的作者贝多广，当时是上海财经学院的一名研究生，文章发表在"院校专页"。他后在中国人民大学获经济学博士学位，曾任中国国际金融有限公司董事总经理、中国证监会国际部副主任、中国证券业协会投资银行委员会副主任委员，还在摩根大通担任过高管。

《从苏联东欧价格体制的比较研究看我国价格体制改革的目标》的作者郭树清，当时29岁，是中国社会科学院马列主义研究所助理研究员，90年代后历任国家经济体制改革委员会司长、贵州省副省长、山东省省长、中国人民银行副行长、党委书记等职务。

《论体制改革新阶段的四大矛盾》的作者马庆泉，从80年代的青年成长为中国证券经营机构的第一代掌舵者，曾任中国证券业协会副会长、广发证券总裁、广发基金公司董事长。

胡昌荣、毛振华的《城市的功能的产生和城市产业结构简论》发表时，毛振华才22岁，是湖北省委政策研究室工作人员。毛振华后来成为中国人民大学经济研究所所长、国家大数据发展专家委员会委员、中诚信集团董事长、中国嘉德国际拍卖有限公司副董事长、亚布力阳光度假村董事长。武汉大学校园内的文科大楼"振华楼"，就是他捐助的。

70年代末京城"改革四君子"之一的朱嘉明，在《青年论坛》上发表《革命的生产力和生产力的革命》一文，时年34岁，是国务院技术经济中心助理研究员，但已经很有名气了。1979年国家领导人请"改革四君子"谈改革思路时，朱嘉明是四个人中最小的，28岁。当年召开的著名的莫干山会议，朱嘉明是发起人之一。朱嘉明曾任河南省体改委副主任，80年代末到国外留学，后在维也纳大学任教。

《商品经济与企业工资改革》一文发表在"院校专页"，作者王珺当时是中山大学研究生，27岁。先后在英国莱斯特大学、美国哈佛大学做访问学者，成为知名的经济学家。他先后担任过中山大学社会科学高等研究院院长、广东省社会科学院院长、广东省政协经济委员会主任。

雷祯孝、王卫思的《当代中国改革者思想状况分析》，对80年代改革者的社会分布和思想状况做了详细分析，将视线从体制联系到人本身。中国当代的"人才学"，就是雷祯孝创立的，他后来出版了好几本人才学著作。雷祯孝目前正在一个新的领域耕耘：电影课的研究和推广。

何宪发表《国家资本主义新议》一文时，是武汉大学经济系研究生，28岁。他在文章中谈到人们从事经济活动的动因：赚钱、事业心、社会责任感等，这些初始的理论观点，是否促成了他后来成为国家人力资源和社会保障部副部长？这使我再次想起前面写的一句话：年轻时写的一篇文章，可能意味着一生的宿命。

与经济体制改革相联系，经济理论和经济学学科的改革也是《青年论坛》刊发文章的重点之一。如李炳炎的《社会主义流通理论的比较：孙冶方与奥塔·锡克》，陈志龙的《我国经济学教学的危机和出路》，伍晓鹰的《政治经济学的困境与开放》，张晓明的《经济学家的均衡》，杨再平的《来自垄断的威胁》，巫继学的《两部类平行发展和国民收入与社会总产值同步增长》，周铁虹的《城市生态经济系统的空间形式略论》，谢明干《城市——经济体制改革的战略目标》，师秋明、高冠江的《股份经济制度与投资体制改革》，刘有源的《人才管理体制设想》，余元洲的《改革与国家经济职能》等。还有一篇《"生态农业"应成为我国农业的战略发展方向》，作者薛惠宗发表此文时很年轻，31岁，是湖北省一个地方政府办公室的工作人员，这篇文章在80年代将生态农业看作是中国农业发展的战略方向，确实很有深度和前瞻性。杨再平的《方兴未艾，气势磅礴——改革综述》一文则对改革发展形势做了全景式的描述。

经济体制改革是中国改革的初始起点，但经济起飞到一定阶段，就涉及到意识形态和政治体制。中国改革历程的多次曲折，反映了经济发展常常受到政治体制的制约。同时，80年代启蒙思潮最核心的问题是人的觉醒和人的解放，但仅在学术和理论的层面来谈这些问题，并不能实现启蒙的目标。关键在于体制，不仅是经济体制，更重要的是政治体制。虽然80年代的总体舆论氛围比较宽松，但政治体制仍然是一个敏感的话题。《青年论坛》冲破禁忌的一个重要理念，就是坚持改革不仅是经济领域，必然还包括政治领域。

1980年8月，邓小平在中共中央政治局扩大会议上作了《党和国家领导制度的改革》讲话，将政治体制改革提上了议事日程。但社会主义国家波兰发生了罢工浪潮，团结工会迫使执政党下台，中共上层元老担心波及自身政权，政治体制改革刚刚开始即被叫停。此后是"经济向右，政治向左"，政治体制成为避讳。1986年下半年，保守、僵化的政治体制成为经济发展的严重障碍，邓小平要求再次启动政治体制改革，提出用一年的时间制定方案，安排赵紫阳、胡启立等组建改革研讨班子。这次改革又因1986年底的学潮而中断，改革派胡耀邦被迫辞职，到1989年天安门"风波"后，政治体制改革就不再被提起。由此可以看到，《青年论坛》存续的1984年到1987年初，政治体制改革基本上是高风险的话题。尽管如此，我们还是发表了不少关于政治问题和政治体制改革的文章。

青年学者王润生的《论社会决策中公正原则的尺度》、《开放与社会进步》（与王辉合作），从政治学理论入手谈政治改革，前者通过对基本权利、社会效益、契约关系等分析说明现代社会的公正尺度应该多元，在政府决策中需要周全考虑；后者批判了中国历史上和现阶段的封闭弊端，指出只有坚持开放政策，才能吸收国外先进科学技术，加快社会经济结构变革，促进文化交流，开辟新的经济市场。夏勇的《现代民主政治中的了解权问题及其联想与反思》介绍了当代国际民主政治中的了解权即民众的知政权利问题，指出了解权是选举权、参政权得以实现的前提，强调政府工作公开性的意义，夏勇的观点在当时的政治体制改革讨论中是比较超前的。钟国兴的《一长制与民主》从领导体制谈了一长制的利弊。仲一平的《我国行政机构庞大与非改不可的原因》批判了专制主义和小农社会相伴的官僚行政体系，以及政府机构越精简越繁多的现象，主张建立起民主科学的行政管理机构。苏一宁的《中国封建官制批判》指出封建吏治造成腐败丛生、官民对立，主张在社会主义民主要制度化、法律化。

如果说，政治体制改革仅是行政机构的精简、运作效率的提高，那是不彻底的。1986年11月号发表的《政治体制：改革成败的关键》，署名"本刊评论员"，是编辑部人员自己写的，文中尖锐地指出：

> 按照有些同志的理解，政治体制改革的主要目标是精简机构，提高效率。这些方面的问题当然必须解决，这是毫无疑问的。但是我们应清醒地看到，党和政府多年来都在做这方面的工作，却无明显效果，说明这里面还有更深层、更根本的问题没有解决，在我们看来，这就是政治民主化问题。建国以来，我们的多次失误引出的最惨痛的教训，就是缺乏民主政治。因此，我国

政治体制改革的根本目标，应该是政治民主化，具体说来，就是民主的制度化与法律化。政治民主化，是我国社会主义现代化的主要组成部分之一。没有高度民主，就没有社会主义现代化。至于精简机构、提高效率，虽然也十分重要，但是低一个层次的问题，不可与政治民主化的目标相提并论，特别不能以此作为政治体制改革的主要内容来取代政治民主化。

政治体制改革的主要目标究竟是精简机构、提高效率，还是政治民主化，即民主的制度化与法律化，这两种不同的目标，正是当时党内邓小平与赵紫阳的分歧所在，编辑部执笔者在完全不知党内斗争态势的情况下写出这篇文章，体现了办刊者的政治倾向和政治敏锐。

《青年论坛》关于政治体制改革的最密集的讨论，是1986年9月号刊发的"政治体制改革与政治发展（笔谈）"。这次笔谈由北京记者站组稿，撰稿者有龚祥锐、陈子明、闵琦、梁治平、王润生、王燕滨、李勇锋等人。他们的观点，可能代表了当时极力主张政治体制改革的思想潮流：

> 现代化是一个全方位的发展过程，不仅包括经济发展、社会发展，而且包括政治发展。从传统社会过渡到现代社会，必然伴随连绵不断的政治发展过程，其间既有政治文化的演进，也有政治体制的变迁。我们目前正面临体制的全面改革，这是我国现代化的必由之路，是我国政治发展中的一次飞跃，一次质变。
>
> 一个社会的政治体制是否成熟与完善，有两条重要的衡量评价标准：一是政治参与，一是政治制衡。社会中的自然人与法人参与政治活动愈广泛，愈普遍，各类政治制衡机制愈发达，愈健全，这个社会的政治发展程度愈高。
>
> （陈子明，中国社会科学院哲学所）

> 现在出现党风、政风严重不正现象原因很多。其中一条是我们的政权结构中缺少一种制约机制，一种监督功能。上令下行，上行下效。缺乏制约监督的功能，就会刹车不灵。有权的人不受制约监督就会往下滑下去，以至出现赤裸裸以权谋私的腐败现象。绝对地不受制约，必然绝对地腐化；过分地权力集中，一定走向专断，这是关系党的生死存亡、关系社会主义兴衰成败的大

事，必须认真加以研究和解决。

（龚祥瑞，北京大学法学系）

政治发展的过程是一个民主化的过程。民主的实质是在权力系统内建立起全面的制约机制以防止产生一个不受制约的绝对权力。我认为，在一个国家的权力系统中是否存在一套有效的制约机制是衡量该国政体民主抑或专制的一个基本界限。

（闵琦，中国社会科学杂志社）

在现代化进程中，政治发展有自己的规律，不能简单地把政治体制改革看作经济改革的结果。政治体制改革的确要以经济改革为基础，但这并不等于"车到山前必有路"。传统政治体制的"山"挡住了经济发展的"车"，甚至使经济改革"翻车"的事并不少见。因此，我们必须研究政治发展自身的内容和规律，使我国现代化的道路越走越宽阔。

（王燕滨，北京大学国际政治学系）

宪法的精义就是规定一个"受制约的政府"，行政法其实就是"控权法"。早期资产阶级立宪的目的先是为了分割和限制君权，后来则是为了防止行政的专横，保障自己整个阶级的基本权利既不受敌对阶级侵犯，也不受他们自己选出来的某届政府的侵犯。

（郭道晖，中国法学会法理学研究会）

对国家权力的制约，就是为使国家权力与其责任相符并在正常范围内和轨道上运行而对其进行的管理、监督、控制等活动，……对国家权力全面制约的系统和机制，就是通过建立和健全选举制、限任制、权力分工制、监督制、罢免和弹劾等制度的综合系统，在国家权力各要素联系、运行的每个环节和每个层次上，都实行相应的管理、监督和控制，并使之法制化，从而给予人民以制约国家权力的权力。从一定意义上说，专制和民主的界限，是以对国家权力的制约程度为转移的。

（李勇锋，中国社会科学院）

如果说以宪法为标志的法治秩序可以保障政治自由和民主的话，那么，宪法以及所有有关制度又是靠什么来保障的呢？我认为有两个方面。一方面是法治秩序本身结构上的合理性。这种合理性可以有效防止个人专断，并通过制度本身的合理机制作自我调整，较好较快地补偿局部失误造成的损害，从而保证基本制度的稳定性。宪法保障的另一方面，也是更根本的方面，是民众的信念。民主的信念（包括潜在的民族心态等等）永远是政治制度最深厚的基础，它的力量是十分巨大的。

（梁治平，中国人民大学法律系）

……建立制约机制的目的是以防万一，只要有十分之一的可能性就得这样做，因为这样做付出的代价较之不这样做有可能遭受的损失要小得多。

道德教育是以"应有的人"作为自己的逻辑起点的，而政治哲学则应该以"实有的人"作为自己的逻辑起点。

（王润生，中国政法大学哲学教研室）

这些作者的主要观点是权力制衡、权力的制约和监督机制，这正是政治体制改革的关键之点。今天回过头来看，当时学者们提出的这些看法，是十分尖锐且十分正确的，他们提出的问题，至今仍然有待解决。

（二）自由之门

如果说，《青年论坛》上发表的经济体制改革、政治体制改革的文章，是思想群峰雄浑、连绵的山基，那么关于思想自由、言论自由、人的解放、民主信念的文章则是峻峭、突兀的高峰，是得以铭记于思想史的精彩篇章。这些文章，是《青年论坛》所以成为中国改革史上的一个事件、并决定它生死的肯綮。人们关于《青年论坛》的记忆，印象最深的是《为自由鸣炮》《论言论自由》《自由的命运及其他》《智慧的痛苦》《论一九五七年》等文章。《青年论坛》的主旨，也正是高举人文和人道的旗帜，为自由民主呐喊，呼吁政治体制改革。

《青年论坛》停刊多年之后，当年的读者杨海文写过一篇纪念长文：《〈青年论坛〉：记忆为何如此艰涩？》，他在文中统计了《青年论坛》上发表关于自由的文章篇目：

1. 胡德平：《为自由鸣炮》，1984年创刊号；
2. 於可训：《将自由写在文学的旗帜上》，1985年第2期；
3. 沈大德、许苏民：《自由的命运及其他》，1985年第3期；
4. 凯明：《关于自由的三则对话》，1985年第3期；
5. 陈恒六：《为学术自由呼号》，1985年第3期；
6. 远志明：《理论的生命：实践与自由》，1985年第4期；
7. 王增浦：《学术民主与学术自由》，1985年第6期；
8. 胡平：《论言论自由》（上、下），1986年7月号、9月号；
9. 闵琦：《出版自由与马克思》，1986年11月号；
10.《首都各界人士座谈〈论言论自由〉》，1986年11月号。

　　这里还不包括标题上没有自由字样但在内容中涉及自由的其他文章。这种状况，只能出现在80年代的历史背景下。一份刊物在短时间内如此密集地发表鼓吹自由的理论文章，确实让思想达到了时代的高地。从读者反映来看，这些文章顺应甚至引领了80年代思想解放的大潮，加上一些报刊的转载，引起各方面的高度关注。直到今天，人们怀念80年代，主要是怀念那个改革激情燃烧、思想之花绽放的时代。

　　创刊号发表的胡德平的《为自由鸣炮》，在《人民日报》《新华文摘》《世界经济导报》《长江日报》等报刊转载后，社会的反应，可以用"奔走相告"来形容。文章的标题，作者的身份，似乎昭告了一个动向。当然也确实是一个动向：党内斗争的动向。在接连不断地批判"资产阶级自由化"的氛围中，突然由党中央总书记的公子发出"为自由鸣炮"的呼喊，真的是不同寻常。我在第二章里说过，胡耀邦得知此事后，说了一句"这事没有完"，表明了胡耀邦对党内各派力量的博弈十分清楚，对局势也有相当的担心。但是，局外的人们并不知道铁幕后的争斗，都以为自由的时代又到来了。不论如何，这篇文章在当时是振聋发聩的。

　　另一篇可以载入史册的文章是胡平的《论言论自由》。我认识胡平，是80年代初北京出版社的一位编辑介绍的，当时胡平也在出版社工作。1985年3月，我和胡平都参加了"中青年理论工作者广州座谈会"，胡平给我看了一叠厚厚的文稿《论言论自由》，这是一篇6万多字的长文，我从开始阅读即不能放下，一口气读完。看完文稿，我感到这是一篇不同寻常的重要文章，观点鲜明，视野开阔，哲理性、逻辑性、思辨性都非常强，有一种演讲者雄辩的气势，可以说是20世纪中国的人权宣言，而且正适合《青年论坛》的理念。胡平当时问我：其他刊物都不敢刊登，你们能发表吗？胡平还说，文章比较长，可以全文刊登吗？胡平要求，如果发表，希望不要删节，要发就全文刊登。我深知发表这篇文章风险很大，想一想反正豁出去了，于是当即回复胡平，可以发表。《青年论坛》每期总共13万字。我与胡平商量，能否分两期发表，完全不作删节。胡平很高兴地同意了，于是我们在1986年7月号发表了《论言论自由》（上），2万2千字，22个页码，用了小五号字体；1986年9月号发表了《论言论自由》（下），4万字，53个页码，改用五号字体。用这么多的篇幅发表一篇文章，《青年论坛》是唯一的一次。这也是《论言论自由》第一次用铅字在正式出版物上刊出。文章发表后，立即引起轰动，反响巨大。胡平激动得流下了眼泪。

以下摘引《论言论自由》的部分文字：

本文旨在论证言论自由，这一工作具有某种别致之处。在完全没有言论自由时，进行这种论证恐怕是不可能，然而，在完全实现了这一自由时，论证它似乎又成为不必要。这个特点常引起人们的误解：以为言论自由问题是一个取决于当权者意志的问题。这种误解导致了对于在理论上讨论言论自由这一工作的忽视，其结果是完全窒息了言论自由这一原则的价值和活力，这种不幸的错误是如此之深，以致于当我们提出这个极为重要、极为敏感的课题时，很多人以为那是令人厌倦的老生常谈，是无济于事的书生空论。事实上，一个国家如果没能实现言论自由，原因就在于那里的人民对言论自由缺乏觉悟。因此，在健全和发展我国社会主义民主与法制的工作中，澄清言论自由的含义，阐明它的价值就成了一件头等重要的事情。

什么是言论自由？那就是发表各种意见的自由。好话、坏话、正确的话、错误的话，统统包括。如果说言论自由仅止于以当权者意志许可范围之内为限，那么试问，古今中外，还有哪一个国家的言论是不"自由"的呢？这样一来，我们神圣宪法上的言论自由条款，岂不成了最无聊的废话？

不管我们怎样真诚地表示，我们要禁止的是那些真正反动的言论，然而我们实际上所禁止的，总是那些在当时当权者看来是反动的言论，未必就是真正的反动言论。

真正荒唐的言论无须乎防扩散，而那些倘不禁止就会征服人心的思想往往是正确的思想。

它认为了解反面意见只会动摇正确的信仰，认为反动的思想比正确的思想更有力量，要纯正必须无知，要正确必须愚昧，要坚定必须痴呆。这种观点与马克思主义绝无共同之处，这是一种纯粹的愚民政策。

如果为了巩固政权而牺牲了人民的自由幸福，那么这种巩固又有什么合理性呢？

如果一个政权宣誓要忠于人民，但是究竟谁算是"人民"，谁不算"人民"，又必须由这个政权自己来划定，而它正是以别人是否拥护自己为标准，这不是一种赤裸裸的循环论证吗？假使这套逻辑可以成立，天下就没有一个不受"人民"拥护的政权了！

这种逻辑的结果是：政权成了人民意志的人格承担者，而真正组成人民的那无数个个人却一个个成了无足轻重的东西，共性成了唯一的存在，个性却成了不真实的东西。换言之政权成了人民，人民本身倒变得不一定是人民，只要他们的意见与政权不合的话，在一个"人民神圣"的地方，人民是可能被判有罪的，其罪名就是人民反对人民。

历史一再证明，镇压言论，总是从那些被当时大多数真心真意地认为是反动的言论开刀，这样，大多数人不仅意识不到这种剥夺的非法，反而会支持，去主动参与实现这种剥夺，没有大多数人这种自动充当工具，这种剥夺本来是不可能实现的。但是，一旦人民参与了这种非法的剥夺，就意味着自由原则被冲开了缺口。从此后，这种剥夺便会日甚一日，人们既把非法的刑罚加于他人，就使自己处于失去法律确保的可悲境地。

胡平文章的结语可以说是振聋发聩：

我们的理想是：通过我们顽强不懈的努力，让言论自由的原则真正深入人心，在中国扎下根来，我们的子孙后代，应该生活在这样的土地上，他们能自由地想、自由地说、自由地写作。那

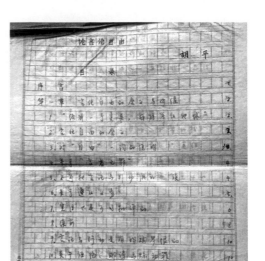

胡平《论言论自由》手稿

1980年11月17日，胡平在
北大参加人大代表竞选，
在办公楼礼堂举行《论言
论自由》专题答辩会
图片由胡平提供

"跨世纪的中国"学
术讨论会代表

左起：胡平、闵琪、王
润生、远志明、谢小
庆、李明华

时，他们可能会奇怪：怎么会有这种时代，单是说了几句话就招来杀身之祸？

这篇文章在《青年论坛》甫一刊出，便一纸风行，被誉为"汉语思想的瑰宝"。寒山评价说：

> 我们很难想象一个在文化荒原一般的环境下成长起来的青年，能有一种古典的优雅和从容，能从内涵丰富的历史掌故中信手拈来最妥帖的譬喻，用简练的语言把被扭曲的最基本的真实和被掩盖的最朴素的真理带回到我们的思想和生活中。因此，胡平的思想和写作向人们显示了一个真理：人类渴望自由的本性能够穿透最严酷的思想专制和最严密的信息控制，体现在少数优秀人物的阅读、思考和写作中，使得即使专制野蛮如毛泽东时代也不能完全阻断人类文明通过自由思想而实现的传承。
>
> 难能可贵的是，胡平对极权主义制度以及它在观念上的形形色色的派生物的刻骨憎恶丝毫没有妨害他对这个人性的产物所具有的充满人性的理解，因此他的批判不但是尖锐辛辣、毫不妥协的，而且更是充满洞察力的，从容不迫的，有时甚至是趣味盎然的。他的戏谑和嘲讽也因此而比许多声色俱厉的批判和谴责更具有判决的力量，更具有历史的生命力。正是这种力量和生命力，使得胡平的作品的意义超出了政论的范围，成为当代中国自由主义思想本土资源中最具有原创性和根深叶茂的一部分，能够汇入人类文明的优秀成果的那一部分。[1]

很多人认为《论言论自由》的发表是我国理论界的一件大事，还有学者评价说：《论言论自由》一文可与18世纪欧洲启蒙学者的重要著作相媲美，它是我国建国三十多年来研究"言论自由"问题的最高学术成果。文章在海外流传很广，还有英文版，在一些网站上可以搜索到。编辑部也收到不少读者来信，告知读完此文后受到的启迪和心情的激动。1987年胡平留学并移居美国后，继续写作了很多精彩的篇章，有很多经典的句式：

1.寒山：《汉语思想的瑰宝》，https://www.boxun.com/news/gb/pub-vp/2005/09/200509301656.shtml

公民的第一权利是言论自由；公民的第一义务是自由言论。

权力是有权者的语言。语言是无权者的权力。

有太多的人只愿和自由偷情而不愿和自由结婚。这就是为什么自由在中国还没安家的原因。

传统专制下的书报检查好比屠婴。极权专制下的书报检查好比避孕。

当极权统治存在时，一般人困惑的是，这样的一种统治，怎么可能垮台？当极权统治垮台后，一般人困惑的是，这样的一种统治，怎么还能存在？

胡平出生于1947年，四川人，"文化大革命"中下乡当过知青。在极左路线猖獗的时代他就开始思考言论自由的问题，并于1975年完成《论言论自由》的初稿。在那个时代一个年轻人能够写出这样深刻的文章，十分罕见。文革结束后他以一个高中毕业的学历考取北京大学哲学系研究生，可见思想、才华之超群。在北大读书期间，他参加了海淀区人大代表竞选，《论言论自由》是他竞选演说的主要内容，由于观点精辟逻辑严密，他赢得了竞选，当选为人大代表。但由此也给他带来了麻烦，毕业后很多单位都不敢接收这个"思想异端分子"。后来被北京出版社录用，工作一段时间后，又调入了北京市社会科学研究所从事学术研究。1975年《论言论自由》完成初稿后，先后修改了五稿，胡平也联系过几家杂志，但始终没有人敢发表，直到1986年才在《青年论坛》全文刊出。

胡平在一篇文章中写过《论言论自由》的曲折历经：

本文第一稿写于 1975 年 7 月，1979 年 2 月成第四稿，发表在当时北京的一家民办刊物《沃土》特刊上。第五稿完成于 1980 年初，在 1980 年11 月北京大学竞选期间曾抄成大字报张贴并以油印形式作为竞选文件而广泛流传于北京大学；该油印本辗转传到海外，香港《七十年代》（即后来的《九十年代》）在1981年第3、4、5、6期连载。1986年，这篇文章第一次以铅印形式在大陆公诸于世，登在武汉的《青年论坛》1986 年 7 月号和 9 月号上。其后，北京的三联、广州的花城和湖南出版社都打算出单行本，但因反自由化运动兴起而胎死腹中。1987年我赴美留学，该文又在《中国之春》杂志连载。我在 1988 年出版的《给我一个支点》（台北，联经）将《论言论自由》全文收录。1990年出版的《开拓——北大学运文选》（香港，田园书屋）里有该文的节录本。现在的这个电子文本是由一位在北京的朋友 P 君根据《青年论坛》版本打出，其中的缺漏部分由纽约的一位朋友 L 君补充。

1986年9月5日，载有《论言论自由》（下）的《青年论坛》（9月号）出版当日，《青年论坛》北京记者站在京组织召开了"《论言论自由》座谈会"，首都40多位知名学者出席了会议，与会者高度评价了这篇文章，认为是当代中国思想史上一大奇迹。胡平在《青年论坛》上还发表了另一篇文章《道德问题随感录》，同样也是简练犀利、征引古今、从容落笔，极富逻辑性和冲击力。1987年，美国哈佛大学邀请胡平去攻读博士学位。胡平现居纽约。

《青年论坛》上其他一些关于自由的文章，分别从学术、思想、文学、新闻、实践诸方面做了论述，都各有精彩，奠定了刊物高举自由旗帜的总体基调。

（三）　人道之光

与自由密切相关的话题，是人道主义和人的解放。80年代思潮中，主体性、人性、价值观、人道主义、人的现代化一直是中心话题。在长期的左倾路线和集权政治桎梏下，人性被摧残，人格被扭曲，思想被压制，情感被污名，这些历史的阴暗终于在80年代获得清算的机会。80年代的启蒙思潮，实际上就是人的觉醒，人的主体性的张扬。

《青年论坛》顺应历史潮流，高举起人道主义的旗帜，发表了很多关于人的问题的文章。主要有：

　　许苏民：《人的现代化》，1984年创刊号
　　远志明：《改革与价值观的转变》，1984年创刊号
　　梦真：《观念更新与文艺改革》，1984年创刊号
　　沈晓冰：《现代人的观念》，1984年创刊号

雷祯孝、王卫思：《当代中国改革者思想状况概析》，1985年第1期

陈贻新、杜志明、陶远华：《自然经济思维方式批判》，1985年第1期

王若水：《智慧的痛苦》，1985年第2期

唐坤：《也为人道主义辩护——对一种批判的批判》，1985年第2期

远东人：《我的反思》，1985年第2期

毛汉斌、卢志高、罗宏无：《改革中的青工思想观念新变化》，1985年第2期

黄克剑：《从狮身人面像到斯芬克斯之谜——关于"人"的痴想》，1985年第3期

啸鸣：《改革中的社会与变革中的价值观》，1985年第4期

赵林：《现代人生观的多元化和相对化倾向》，1985年第4期

克剑：《关于〈关于人的理论的若干问题〉的若干问题》，1985年第4期

苏祖勤：《青年成长及其作用发挥的社会逆力与对策》，1985年第4期

吴芳和、赵洪峰：《从流浪者到开拓者》，1985年第4期

佘鹭：《从老子和鲁迅看美国的个人主义》，1985年第6期

鲁萌：《对人生及其命运的思索与回答》，1986年1月号

黄万盛：《人类精神文明与道德发展远景》，1986年3月号

周国平：《生命的苦恼和创造的欢欣》，1986年5月号

陈晓律：《性与观念的变革》，1987年第1期

许苏民的《人的现代化》是我特地约他写的。1984年6月底，《青年论坛》筹备组在湖滨饭店召开了武汉地区青年理论工作者改革座谈会，胡德平出席了会议。华中工学院哲学研究所青年学者许苏民在发言中谈到民族文化心理素质的现代化问题，并引用了列宁与俄国民粹派论战时说的话。许苏民的发言引起胡德平关注，并与许苏民进行了交流。会后我约请许苏民将发言内容写一篇文章，给他的题目是《人的现代化》。

中国60年代提出的"四个现代化"，内容为工业、农业、国防、科

技现代化，并不包括人的现代化。人的地位、人的现代意识，一直未受到重视。80年代的启蒙思潮，主导思想就是人的主体意识觉醒，挣脱封建意识的束缚，使国民成为现代人。许苏民的文章安排在创刊号上，也表明我们对人的问题的重视。许苏民在文章中说：

> 人的现代化，即人的文化心理素质的现代化，大致包括人的思维方式、价值尺度、行为方式和情感方式等诸方面，属于精神文明建设的范畴。本文所谈论的，是人的现代化的哲学依据，人的现代化何以必须通过一定的民族形式才能实现，以及中国人的文化心理素质的现代化所包含的具体内容等。
>
> ……实现的途径是，改造落后保守的劣根性，自觉地与世界文明发展的大势相接，努力学习和接受与新的生产力相适应的新的思想和情感方式，以实现民族心理素质的现代化。中华民族心理素质的现代化，将是凝结沉淀着数千年华夏文明的民族心理素质在走向现代化的新的历史条件下氤氲化生的结果，是古老的民族风神琴在新的工业革命的欧风美雨的敲击下而奏出的崭新乐章。

许苏民的这篇文章，被《新华文摘》1985年第2期全文转载，反响很大。许苏民后来又给我们写了《论中华民族的文化自觉》一文（1986年11月号），尖锐提出"启蒙者和改革者若不能脱尽'做官—发财'和'一阔脸就变'的士大夫气质，一切改革都没有希望"。他从文化自觉的角度进一步论述了民族心理改造的艰巨性：

> 旧的拖住新的，死的拖住活的，虽然在中国历史上的社会变革中成了一种似乎带规律性的现象，但毕竟不是历史的规律。我们认识到这一点，就要善于把广大人民群众对"历史的发展与伦理的冲突"的解决方式引导到积极的方面去，把那种认为似乎冲突的双方都有道理的悲剧心理引导到对历史的必然要求的认识和慷慨悲歌的改革精神。这是艰巨的，然而又是中国当代启蒙者必须勉力为之的。这正是中华民族文化自觉的真正意义之所在。

许苏民的学术研究有家学渊源，家族是世代书香门第。他的伯祖父先后执教于京师大学堂和北京大学中文系，祖父是国文和历史教员，当过中学校长。百年来社会急剧变动，大伯父许元文（家屯）走了从政之路，曾任中共江苏省委第一书记、新华社香港分社社长。二叔父许元超继承了祖上研究文史的传统，当了北京大学历史系教授，著有《德国文化史》等书。许苏民的父亲1949年后在工商联工作，喜好文史，希望许苏民走做学问的路。许苏民最初喜欢中国古典文学，然后喜欢历史，最后才对哲学发生兴趣。70年代后期，中国著名哲学史家、武汉大学教授萧萐父先生把许苏民引进了研究中国思想史的学术殿堂。萧先生耳提面命，对许苏民的学术生涯产生了深远影响。《王夫之评传》《明清启蒙学术流变》等著作，都是萧萐父先生与许苏民合著的。许苏民写作十分勤奋，文章观点往往有独特的视野。他发表在《中国社会科学》1983年第6期上的《论社会心理是社会存在与社会意识形态之间的中介》一文，较早指出了李泽厚的"积淀说"之不足，受到学术界关注。许苏民之后，还有刘晓波等人也对"积淀说"提出质疑。[1]　许苏民是在《青年论坛》上发表文章最多的作者之一，除《人的现代化》之外，还有《自由的命运及其他》（与沈大德合作）以及以"学迅文"为笔名发表的几篇文章。80年代以后，许苏民的学术成果颇丰，先后出版《中华民族文化心理简论》《文化哲学》《历史的悲剧意识》《比较文化研究史（中学西渐卷、西学东渐卷）》《人文精神论》《戴震与中国文化》等著作，1993年被《中国现代哲学丛书》编委会评选为"中国当代50名哲学家"之一。许苏民现为南京大学中国思想家研究中心教授。

　　人的本质，人的价值，人道主义的核心内容等，归根到底是哲学问题。所以，我们发表的这方面的文章，作者很多是研究哲学的学者。许苏民是哲学科班出身，另外如远志明、黄克剑、周国平、李晓明、唐坤、赵林等也都是出于哲学之门。

　　价值观问题，是80年代人们关注的热门话题。其起源是80年代初《中国青年》杂志发起的关于价值观的讨论，在全国影响深远。我们从社会变革的角度来讨论价值观，发表了远志明、李晓明、赵林等人的文章。

　　远志明当年是中国人民大学哲学系的博士研究生，也是《青年论坛》北京记者站的成员。他在《青年论坛》上发表了《改革与价值观的

---

1. 晓声：《谁先弥补了"积淀说"之不足》，《学术月刊》1994年第7期。

转变》《理论的生命：实践与自由》《我的反思》（笔名"远东人"）等多篇文章。他在《改革与价值观的转变》一文中写道：

> ……价值分析是人的价值实现即对象化过程的重要环节。它以不可抗拒的方式标示着人的主体性，它是个体短暂生命活动全部有效性的基本保证，又是人类的科学认识和社会实践活动总的说来沿着有利于自身幸福方向发展的内在根据。
>
> 应当看到，由于旧中国长期的封建历史以及"四人帮"的倒行逆施，人们头脑中某些虚幻的、陈腐的社会价值观念正构成改革的思想阻力，社会生活的改革不能不首先要求社会价值观念上的深刻转变。
>
> 改革引起的价值观转变，实质上是人本身的转变——人所认为的价值所在便是人之奋斗所在，便是人之未来所在——所以其意义也许比改革本身还要广泛和深远。

远志明在另一篇文章《我的反思》中对人的本质、人的自我价值、人的自由与自造、人对社会的责任等问题进行了深入的哲学反思，是一篇思辨性较强的哲学文章。远志明后来一直关注这方面的话题，出版了几本关于价值观的著作。关于价值观问题的另一篇文章是李晓明（笔名"啸鸣"）的《改革中的社会与变革中的价值观》，李晓明当时是武汉大学哲学系在读博士生，他参与了《青年论坛》的筹备工作，同时还是我们举办的中青年理论工作者广州座谈会的主导者之一。他在文章中写道：

> 中国现实的社会改革只有放到世界新科学技术革命，放到人类历史文明发展的新浪潮这样一个时空参照系来考察，才能正确地把握和深刻地理解社会改革所带来的生产方式、生活方式和思维方式的某些根本变革。
>
> 每一时代的价值尺度，既是人类改造自然和社会活动的催化剂，又是凝固剂，它表征着该时代人类改造世界的物质能力和自我意识水平，也度量着每一时代变革中历史进步的幅度。我国的经济体制改革开拓了整个民族自我意识，自我实现的视野。在这个意义上，经济改革不仅调整着人们的社会关系，而且也调整着

远志明（右二）在《青年论坛》座谈会上

李晓明在《青年论坛》创刊一周年纪念会上

他们作为主体的自我意识，调整着他们与客体环境之间的价值认识关系。

……反"左"和反封建是今日思想路线斗争中两个不可分离的方面。通过价值理论的科学探讨，把中国社会改革的成就和历史进步的趋势凝聚成诱生新意识形态的晶核，这就是我国理论界最紧迫的使命。

将价值观的变革与新科技发展和社会文明新浪潮相联系，是李晓明文章的特点。而赵林的《现代人生观的多元化和相对化倾向》，则强调了现代人生观、价值观的多元化和相对化：

与其说中国的面貌正由于广泛而深刻的经济改革的浪潮而得以彻底改观，不如更深刻地说，开创了中国历史新纪元的是以经济改革为前导和表现形式的观念变革。与新的经济形势相适应的只能是一种新的观念，它包括人们对自然界、社会和自身的看法。

人们第一次真正意识到，世界只是由许多个"我"所组成的人类的世界。从人道的角度看，每一个"我"在世界和历史上的地位往往都是不可替代和不容抹煞的，自由选择对于每个社会的人来说是神圣不可侵犯的权利，因此每个人都有不可让渡的权利和义务来确定自己在世界中生存的基本态度，也就是确定他的人生观。

赵林主要谈的是人生观，实际上也涉及到价值观。提到赵林，从80年代过来的人都记得他在那场轰动全国的人生观大讨论中的一篇文章：《只有自我才是绝对的》。这个标题，是编辑根据赵林参与潘晓讨论的来信加上的，发表后引起了激烈讨论。实际上赵林强调人是目的，人应该表现自己我，开发个人价值。赵林在《现代人生观的多元化和相对化倾向》一文中，回忆了当年讨论的情况，并完善和深化了自己的观点。赵林被人们知晓，还因为他2000年8月作为主教练率武汉大学辩论队，在中央电视台主办的全国第二届大专辩论会上夺取冠军；赵林于2001年8月再次率武汉大学辩论队参加在新加坡举行的第五届国际大专辩论会，并获亚军。赵林在央视百家讲坛做过5场讲座，都是讲中西方文化。他的著述颇丰，包括《协调与超越——中国思维方式探讨》《神旨的感召——西方文化的传统与演进》《文明形态论——文明发生与形态嬗变》《黑格尔的宗教哲学》《西方宗教文化》《卢梭的忏悔——虚浮社会下的人生哲学》《基督教思想文化的演进》等，以及《赵林演讲集》两卷。他与邓晓芒还合著了《西方哲学史》。2007年赵林被评为全国高校教学名师。

除了人生观、价值观之外，关于人的理论和人的哲学，作者黄克剑做了十分深入的探讨。黄克剑也是在《青年论坛》上发表文章最多的作者之一，共五篇，其中有两篇是谈人的问题。《从狮身人面像到斯芬克斯之谜——关于"人"的痴想》一文，从古埃及的斯芬克斯之谜联想到关于人的梦魇，以及人从思想枷锁里解放出来的痛苦历程。更具理论深度的是《关于〈关于人的理论的若干问题〉的若干问题》（署名"克剑"），这是一篇论战文章，论战的对象是著名哲学家黄楠森，北京大学哲学系主任、教授。黄楠森发表过一篇文章《关于人的理论的若干问题》，认为"人道主义的着眼点是个人，是抽象的人，而马克思主义的着眼点是具体的人或现实的人，是在一定社会联系中的人，在阶级社会中是阶级的成员"，"人道主义的历史观归根结底是唯心主义的"。黄克剑反驳道：

> 作者（黄楠森）先把"个人"等同于"抽象的人"，然后再同"具体的人或现实的人"对立起来，但是，"个人"就一定是抽象的人么？
>
> 我们尽可以分析、批判西方形形色色的人道主义流派，却没有任何理由抽象地否定一切人道主义进而排斥社会主义的人道主义。马克思主义的科学社会主义学说，没有为我们提供任何反人道主义、非人道主义的理论根据。它反对把社会主义纳入一般人道主义的轨道，即反对所谓人道主义的社会主义，但并不反对以严肃认真的态度把人道主义纳入社会主义的轨道，从而确认社会主义的人道主义。

这篇文章被《新华文摘》1985年第10期全文转载。黄克剑和黄楠森的专业领域均为马克思主义哲学，但显然黄克剑更娴熟地运用马克思的学说。在这篇文章中，黄克剑大量引用马克思早期和晚期著作中的论点，抽丝剥茧般解构了黄楠森的文章，驳斥得淋漓尽致。黄克剑写这篇文章时在华中工学院哲学所做研究，后来先后在福建省社会科学院、中国人民大学供职，研究领域早期是马克思主义哲学史，后转向中国古代思想和哲学、西方哲学，出版了很多著作，主要有《两难中的抉择》《寂寞中的复兴》《挣扎中的儒学》《人韵——一种对马克思的读解》《心蕴——一种对西方哲学的读解》《美：眺望虚灵之真际——一种对德国古典美学的读解》《由"命"而"道"——先秦诸子十讲》《论语疏解》等，是一位高产的学者。黄克剑在《青年论坛》上发表的文章还有：《中国文化的儒学战略——读张之洞〈劝学篇〉》《一个以"意欲"为原点的"东方文化派"的文化坐标系》《一个"全盘西化"论者的文化选择——评胡适廿至卅年代关于中西文化比较的几篇文章》。

唐坤的《也为人道主义辩护——对一种批判的批判》一文，是对王若水文章的呼应。1982年1月17日，王若水在《文汇报》上发表了《为人道主义辩护》一文，高举起人道主义的旗帜，论证了人道主义的正当性，引起当局高层不满，学术界也有不少人群起批判人道主义。唐坤继续了王若水的"辩护"。唐坤的文章同时也是一篇论战性的文章，针对的是当时否定人道主义的几种有代表性的观点，如"人道主义是资产阶级的意识形态"，"人道主义把人看成是孤立的个人，看成是自然的人"，"人道主义不以生产力为衡量历史的尺度，而以人为尺度"，"人道主义反对马克思主张的暴力革命"，"人道主义是马克思早期不成熟的思想"等。唐坤引经据典，逐条对否定人道主义的五个理由一一驳斥。文章最后说：

> ……站在人类文化史的高度，从人的现实生活出发，从未来汲取诗情，建立辩证的或实践的人道主义。这种批判体现着一般与个别、形式与内容、连续与间断的统一，体现着逻辑、历史与实践的统一，体现着真善美的统一，体现着人的存在与人的本质的统一。
>
> 真正的批判开始在现实的领域之中。试看当今中国社会正在兴起的如火如荼的改革事业，不正是马克思主义人道主义的伟大实践吗？她给我国的经济领域、政治领域乃至整个文化领域正在带来重大的变革。这一切都是为了一个目的，那就是，人的真正自由和人的彻底解放！

人的真正自由和人的彻底解放，这正是80年代启蒙思潮的心声。《青年论坛》毫不犹豫地传达了这一时代的声音。

（四）智慧之思

"哲学"一词源于古希腊，意思是"爱智慧"。古罗马的奥古斯都曾说：唯有爱才能认识智慧的光。《青年论坛》作为一份以启蒙为主旨的杂志，哲学思想必然是它的基调。我们发表的一些中西方哲学、美学、伦理学、艺术、文化理论等方面的文章，包括上述的关于自由、人道主义、价值观等方面的文章，是杂志的主要内容，而且是最精彩的内容。

《青年论坛》的作者队伍中，有一个研究西方哲学的圈子，主要代表是张志扬（笔名墨哲兰）、鲁萌，还有陈家琪、邓晓芒、易中天、陈嘉映、刘小枫、赵越胜等人。张志扬、鲁萌是湖北省社科院的研究人员，以他们为旗帜在湖北形成了一个中心。他们这个圈子发表的文章体现了西学修养，思维脱俗，文字精致，在当时代表了中青年学者研究西方哲学的较高水平，象征着学术的"金字塔"，因而在80年代思潮中倍受关注。《青年论坛》发表的哲学、诗学、艺术、文化等方面的文章，以他们为主要作者，同时也有其他作者的为数不少的文章。

张志扬（署名墨哲兰）的《维罗纳晚祷的钟声——读〈夜行的驿车〉》，发表在1986年1月号。作者借安徒生在夜行的驿车上与瑰乔莉夫人的对话，阐发了自己对美、对爱情的原衷：

> 真正惊人的美，会有一颗期求极高的心灵。它向生活要的东西太多，这是它天赋的权利。如果不是这样，人类及其历史，就不会是一个以自我完善为目的的不断追求，不断创造人的历史。
>
> 男女之间的爱情，是这种美的最自然的形式，也是人的一切欲望的公然坦露的秘密。它永远是自身，又永远超出自身，即超出常识，超出传统，超出现存一切而憧憬未来；它永远是年青的。
>
> 所以，配得上这种期求极高的心灵的人，就不能不是既为爱

情所需，又超出爱情自身的人。他不能把他的爱从那永恒的生命之树上摘下来，单单去吮吸情人寂寞的眼泪，因为他的爱已不再属于个人了。爱是超越的，正如智慧是超越的一样。爱因此而获得崇高的悲剧性，成为真正惊人的美。

　　别忘了，人们，

　　曾经有过这样的痛苦，

　　它孕育了最深沉的爱和最崇高的美！

　　作者认为，安徒生为了自己的童话创作，忍受了巨大的痛苦，向自己爱的人告别，因而成就了惊人的美。张志扬的人生，就经历了刻骨的痛苦。"文化大革命"期间，张志扬因莫须有的罪名入狱七年，他在狱中开始自学哲学和德语。出狱后，张志扬被分派到一所乡村小学喂了三年猪，1980年考入湖北省社会科学院哲学研究所，1987年调进湖北大学德国哲学研究所，1994年调入海南大学社会科学研究中心社会伦理思想研究所。张志扬一直以"守望边缘"的立场从事学术研究，被称为"大隐隐于市"。他属于始终既坚守学术个性又不断推进问题的少数思想者之一。80年代他提出了"存在哲学"、"语言哲学"、"政治哲学"、"创伤记忆"等哲学概念，他是一个"夜行者"，"不介入任何钦定的命题与头衔，清贫也罢，落寞也罢，'民哲'也罢。"他走自己的路，"大地、暗夜，只有脚步声。"张志扬的著作有《渎神的节日》《门：一个不得其门而入者的记录》《形而上学的巴比伦塔》《创伤记忆》《一个偶在论者的觅踪：在绝对与虚无之间》等十余部。1987年之前，张志扬在湖北省社科院做研究，与1984年创刊的《青年论坛》在一个大院，因此常有来往。《青年论坛》因此与张志扬的学术朋友圈有很多交往，包括鲁萌、邓晓芒、陈家琪等。

　　鲁萌（萌萌）也在湖北省社科院大院里，是文学研究所研究人员，非常有才华。她主要研究世界文学，重点是莎士比亚和易卜生，对欧洲文学史中的悲剧问题研究具有独到的眼光，受到了学术界的关注。后来转向了西方哲学的研究领域，是张志扬学术圈的重要人物。我们在张志扬文章的同一期刊登了鲁萌的《对人生及其命运的思索与回答——论〈培尔·金特〉的结构的开放性》，文章分析了著名剧作家易卜生的一个剧本，剧本中主角培尔·金特的爱情和人生经历的内心冲突：

> 或许在培尔那里，它一方面可以掩饰甚至去掉自我的卑鄙、渺小的直接方式，另一方面能使爱获得外表的社会性和崇高——有钱、有势、有思想，从物质上、政治上、精神上使别人崇拜自己，从而在这种崇拜中肯定自我、肯定自己之所爱。培尔将在这一过程中摆脱自我的直接性与狭隘性。无数人不都是在用这种方式来清洗、掩饰自我灵魂的卑琐和无个性吗？这简直是一种崇高化的丑恶，说穿了，不过是一种自我欺瞒的社会形式或作为社会常识的自我欺瞒。这是19世纪末叶的挪威、乃至整个欧洲的社会常识。因为这种社会只能以丑恶这种方式获得崇高的社会性。

培尔终其一生，从一个单纯的出发点，"在丰富的、充满着反面趋向的追求过程中，证实了它同时也是一个单纯的终极目的时，呈现在人们面前的，不仅仅是一个导致封闭的简单回复，反而是一个超出封闭的、显示出强大生命力的动力趋势。"所谓爱，就是"包含着生之肯定的、召回人的灵魂的终极目的"。鲁萌就是一个追求终极关怀的学者。她的父亲曾卓是一位著名诗人，曾被打成胡风反革命集团骨干成员，鲁萌也受到牵连，在50年代到60年代的历次政治运动中经受了种种打击和挫折，吃了不少苦头。但她生性开朗，不断奋斗，文革后考入华中师范学院读研究生，学的是文学，她不满足，后来涉足哲学。她的著作有《升腾与坠落》《人与命运》《断裂的声音》《临界的倾听》《断裂的声音》《情绪与语式》等，另有一些诗作。湖北的德国哲学圈子转迁海南大学时，鲁萌也一起去了，她与张志扬、陈家琪一起被称为"海南三剑客"。鲁萌后罹患癌症于2006年8月去世，时年57岁，正值英年。鲁萌有很多朋友和粉丝，人缘很好，她去世时全国很多地方都举办了哀悼活动。邓晓芒还深情地写了一篇悼念文章《忆奇女子萌萌》，文章回忆了80年代聚集在珞珈山的美学和西方哲学的学术圈子，包括陈家琪、陈宣良、黄克剑、程亚林、易中天、肖帆、陈志龙、张志扬、尚扬、皮道坚、黄忠晶等，其中就有鲁萌。他说："初见萌萌，我惊异于她的美丽高贵的气质，以及她侃侃而谈的风度。""与她的谈话给我带来了其他人所没有的一种境界，一种柔美而深沉的诗的境界。""她是我见过的唯一既能够漂亮地谈哲学又能够漂亮地做女人的女性。据我的评价，她对黑格尔的把握比很多专门研究过黑格尔的男人还要好。她不害怕抽象的概念分析，但同时她也能够从那些概念底下领会到多彩的生命的内容，而这正是黑格尔哲学的魅力所在。"邓晓芒对鲁萌关于培尔·金特的文章评价很高，"我觉得那是天下最优美的文章，充满朝霞一般绚丽的情感和思绪"。的确，我们在编发她的文章时，也感到浓浓的诗意和深沉的思辨。除了这一篇文章之外，鲁萌在创刊号上就发表过《论内容和形式统一的中介》一文，不同意艺术是"内容决定形式"的说法，提出"人的感觉及其形式"是内容和形式统一的中介的观点。

鲁萌和圈子里的朋友对《青年论坛》都非常关注，记得有一次我在社科院大院里碰到鲁萌，她十分兴奋地对我说："《青年论坛》有自己的车啦！"当时我们为了方便运送杂志，买了一台柴油三轮机动货车，大家称它为"三马"，车门漆上了"青年论坛"几个字。80年代一个小小的杂志社有这样一台车，还比较稀罕，在院子里有些招眼。除了运货之外，住在院里的几个人还经常坐车去华中师范学院看电影，那时解禁了一些外国电影，华师是鲁萌的母校，她得到消息后高兴地带我们去看，大家坐在"三马"上颠颠簸簸去华师。

在张志扬、鲁萌文章的同一期杂志中，还发表了陈家琪的《知的执著与思的迷惘——关于哲学如何达到可理解性的自白》，邓晓芒的《自我意识观念在西方哲学史上的发展评述》，朱正琳的《爱与死——弗洛伊德哲学思想探讨之一》，易中天的《艺术起源与审美超越》，曾庆元的《精神贫困与自我意识——从技术与情感的不平衡看西方现代派文艺》，这些文章展现了这个学术圈子的整体风格。与此风格相似的还有唐有伯的《死生之辨——〈伊凡·伊里奇之死〉和海德格尔的死亡本体论》，以及彭富春的《艺术与情感表现》，彭富春发表这篇文章时年仅21岁，后来在美学领域也相当有成就。前辈学者对这个学术圈十分重视。北京大学外国哲学所知名教授、德国哲学研究专家张世英，与张志扬、鲁萌同为武汉籍，张世英1986年回武汉在湖北大学组建德国哲学研究所，张志扬等紧随着调到湖北大学，共同创办了丛刊《德国哲学》。1994年张世英到海南大学组建社会科学中心，张志扬、鲁萌、陈家琪等一批学术精英又跟随前往，使海南大学成为全国西方哲学研究者瞩目的学科基地。

《青年论坛》上关于哲学、美学、诗学、文化方面的文章与张志扬、鲁萌媲美的，还有赵越胜的《诗的智慧》，赵越胜与张志扬很熟，应该也属于张志扬圈子的朋友。《诗的智慧》引用海德格尔、康德、卡西尔、尼采、荷尔德林、歌德、济慈等哲人和诗人的论述，阐述了精神王国两大骄子——哲学与诗的关系：

> 诗作为形而上学的原始表现形态，仅从形式上把诗思显现给我们。但诗与哲学的共生性却包含着更深刻的内容。以诗性的思去思形而上的东西，这仿佛是我们的祖先与生俱来的能力。说诗性的思是最原始的思维方式亦不仅指原始思维的幻想性、象征性、形象性、神秘性、互渗性，这些固然是诗性思维的特征和构成诗性的形而上学的要素，更指这种思总直接面对最源始的东西——存在。……因而首先是本体论问题。这些最源始的问题不仍然困惑着现代人吗？
>
> 文明人进入诗境的先决条件是重新沉入生命的深处，仔细体验时间带给生命的内在悲剧性，剪除我们的妄自尊大，谦逊地确定我们在宇宙中的位置。诗的象征如生在隐不可见的小路旁的花草，引导虔敬而细心的探寻者步入精神生活的圣殿。在此，人们仿佛倾听着祖先的呼唤，感到原始生命在黝古的土壤中躁动。诗愈引我们飞举，我们愈亲近土地。
>
> 这当然是就人所独具的超越性而言。诗便是这种超越性的表现。在诗意地思及存在时，遮蔽人本真生存的幕布被揭去，生存的意义涌现出来。它作为人的最后居留地，如闪烁暗夜的孤星，为旅人昭示归程。当下与日常生活中的算计、争斗、焦虑、苦痛在诗思的光辉下净消解，被更高的价值超越了。
>
> 当理智在概念的边界上止步不前时，哲学便以诗的语言跨越天堑，继续担任着爱智的重任。面对那些不仅要理性，更要智慧来解决的问题，如爱与死，存在与虚无，诗的语言较之概念的语言有更多的优越性，因为它说出了不可说的东西。在此说中，诗人未期而成大哲。他将万有融于一心，于一心中把握万有。这是人的全能性在诗中的存留。……只能意会的，得以言传，而言传出的东西又有无限的意义留待开拓。

赵越胜在后起的学者中，属于那种睿智清傲、仗义率性而又文艺范的那种，在研究西方哲学的圈子里比较突出。他曾在甘阳发起的"文化：中国与世界"丛书编委会里任副主编。上个世纪80年代京城里有很多圈子、读书会、沙龙，谈艺术，谈国是，谈哲学文化，"指点江山，激扬文字"。"赵越胜沙龙"便是其中一个，在学术界十分知名。他家有一个独立的四合院，客厅比较宽敞，因为喜欢西方音乐而装备了高质量的音响，经常播放西方音乐，后来沙龙有时也在他自己的两居室的寓所里举办。赵越胜呼朋唤友，人脉广泛，主要邀请哲学界、文化界的朋友，一起聊哲学、音乐，朗诵诗歌，最多的是聊西方哲学，有时也闲聊段子。沙龙从80年代初期持续到80年代末，常客有甘阳、徐友渔、陈嘉映、苏炜、周国平、陈来、柯云路、欧阳江河、阿坚等，还有中央音乐学院作曲家丽达和男高音范竞马，以及中央乐团的梁和平，因此沙龙常常伴有音乐会。作家柯云路当年"京都三部曲"中《夜与昼》里的"哲学—艺术月会"即以赵越胜沙龙为原型。几十年后，当年的参与者还心怀留恋地经常提及这个沙龙。赵越胜的著作有《问道者》《暗夜里执着的持灯者》《我们何时再歌唱》《带泪的微笑》《骊歌清酒忆旧时》《燃灯者》等。其中《燃灯者》记叙北京大学著名哲学家周辅成先生轶事，赵越胜对这位启蒙老师满怀崇敬，此书出版后畅销一时。赵越胜1989年去了法国。

赵越胜沙龙有一位常客周国平，是80年代"尼采热"的领军人物。周国平的《生命的苦恼和创造的欢欣——兼谈尼采的酒神精神》一文，与赵越胜的《诗的智慧》发表在同一期。周国平分析尼采的"酒神精神"就是肯定生命，将生命的痛苦和悲剧与永恒的宇宙合为一体：

> 尼采之所以厌恶以黑格尔为代表的德国体系哲学，就是因为在他看来，这种哲学远离了生命的源头，违背了哲学诞生时爱智慧的真谛，走上了歧路。他要正本清源，使哲学重新关心人生，对人生的种种问题作出回答。为此他创立了他的富有诗意的生命哲学兼文化哲学——酒神哲学，酒神精神成为贯穿尼采一生全部哲学创作的主旋律。

对于尼采来说，酒神祭的重要性在于那种个人解体而同宇宙的生命本体相融合的神秘陶醉境界，在于酒神肢解然后又复活所表示的生命不可摧毁的象征意义。他以此来解释悲剧，认为悲剧的快感实质上就是个体通过自身的毁灭而感受到的与永恒的宇宙生命合为一体的酒神祭式的陶醉。

酒神精神的主旨是肯定生命，而为了肯定生命，就必须把生命本身所固有的痛苦和悲剧也一并加以肯定。尼采说："甚至在生命最异样最艰难的问题上肯定生命，生命意志在生命最高类型的牺牲中为自身的不可穷竭而欢欣鼓舞——我称这为酒神精神。

其实，生命的苦恼正来源于对生命的爱，愈是热爱生命，对于生命的苦恼感受就愈深。……倘若我们秉承大自然的酒神冲动，不去介意个体生命的毁灭，而只是从以创造中体会大自然本身的创造欢欣，我们便在一点意义上战胜了生命的苦恼，达到了自我与绝对的融合。

追问生命的意义，是人的一种形而上学的需要，但是需要与能力总是互为条件的，而通过创造赋予生命的意义，正是人的形而上学的能力。通过文化价值的创造，人为自己建立了一个意义的世界，这个世界仅仅用自然界的眼光来看才是虚幻的，用人的眼光来看，它完全是真实的，唯有生活在其中，人才觉得自己是人。人的精神是光，文化是精神的光照在人的生命上出呈现的绚丽色彩。

19世纪下半叶的德国哲学家尼采在文革前的哲学教科书上是个反面人物，一个唯心主义的"权力意志"论者，反动资产阶级哲学家，认为其思想是法西斯主义的来源。周国平把这个定论翻过来了，他肯定了尼采对生命意志的重新阐释，对上帝和理性的猛烈批判，甚至肯定尼采的"超人哲学"是对人生价值的张扬。"上帝死了"、"重估一切价值"，尼采的这些思想，在80年代顺应了弘扬主体性和反对领袖神圣的启蒙思潮的需要，因而受到广泛欢迎。周国平1981年进入中国社会科学院，一直在哲学研究所做研究，主要著作有《尼采：在世纪的转折点上》《尼采与形而上学》《忧伤的情欲》（诗集）《岁月与性情——我的心灵自传》等，译作有《悲剧的诞生》《尼采美学文选》《尼采诗集》《偶像的黄昏》《希腊悲剧时代的哲学》等。还有一部写自己的婚姻与家庭的纪实作品《妞妞：一个父亲的札记》，流传很广。他因为研究尼采而受到无数青年学子的追捧，成为他们的偶像。周国平几十年来写了很多哲理散文，谈生命的意义、死亡、性与爱、自我、灵魂与超越等，探索现代人精神生活中的普遍困惑，观照心灵的历程与磨难，文笔隽永、优雅，充满理性和智慧的光辉，出版的每一本书几乎都畅销。

关于尼采，《青年论坛》还发表了程伟礼的《尼采在近代中国》，论述了尼采思想在20世纪初对中国先进知识分子的重要影响；张汝伦的《尼采美学思想初探》阐释了尼采"艺术比真理更有价值"的美学观点。两位作者均来自复旦大学哲学系，前者是青年教师，后者是博士研究生。他们后来都成为哲学界的著名学者。

在美学方面，我们发表了邓晓芒和易中天合作的长文《中西美学思想的嬗变与美学方法论的革命》，以上下两部分连续在1985年第1期和第2期刊出。整个80年代，湖北省青年美学学会是湖北最活跃的学术团体之一，其骨干力量就是张志扬、鲁萌、邓晓芒等人主导的中青年圈子，后来被称为武汉的"清流"。易中天也是这个圈子的中坚。在当年美学成为显学的背景下，他们躬逢其盛，如鱼得水，生气盎然。他们举办沙龙派对、学术研讨，到福建、陕西、四川、浙江等地搞交流，交流完了游山看水，弹唱起舞，确实是难以忘怀的时光。邓晓芒、易中天在分析了中西方美学观念演化的历史之后，对美学方法论革命的理解是：

> 实践论将这样回答美学斯芬克斯的挑战：美不是自然物的天然属性，也不是道德人的先验心理，不是神的显现，也不是道的象征，它是人类社会实践的历史产物，是生产劳动中所蕴含的人的主体性的自由升华。审美和艺术从劳动本身的本质环节，即作为社会性情感的劳动意识中，通过精神劳动和物质劳动的分工而分化出来，成为一种人所独有的超生物性的精神活动。这种精神活动的本质，是人与人之间借助于物质媒介（自然物或艺术品）相互传达情感，从而实现社会心理交往的过程，即"传情"的过程。……因此，在审美和艺术活动中，审美对象是被当作"人"来看待的，也就是说是被看作具有人的情感的"人化"了的对象。所以，审美即审人，审美活动就是在某个被看作人的对象上寻求情

感共鸣的过程，而艺术活动则是把主体情感体现在一个被视为自己的延伸的客观对象上，以和另一个主体发生情感上的交流和共鸣的过程。……由此可见，把对象化的情感作为研究对象的科学就是"美学"，不言而喻它必然也包含情感对象化的社会历史根源（艺术社会学和审美发生学）、人类学基础（审美心理学）和现实的存在形态（艺术哲学），而最终都要以建立于实践之上的美的哲学为纽带或核心，才能综合为一个完整的科学的美学体系，而胜利地跨越美学的前科学阶段。

这就是"实践美学"的观点和方法论，是对传统美学的颠覆。80年代美学界有"北李南刘"之说，北京的李泽厚，武汉的刘纲纪，他们共同创立和阐发了"实践美学"，改造黑格尔的"对象化"学说用来作为美学方法论。在此之前，中国美学界流行的是"客观美学"，把美作为审美对象自身的客观属性，认为"美是典型"，是个别与一般的"统一"、"和谐"。而"实践美学"强调了人的情感、人对客观对象的改造和投射，以及人在实践中的主体性。

两位作者，后来都成为知名人士。邓晓芒继续研究西方哲学、美学和文化比较，对黑格尔、康德哲学颇有造诣，倡导"新实践美学"和"新批判主义"。邓晓芒研究著作十分多产，包括《灵之舞：中西人格的表演性》《人之镜：中西文学形象的人格结构》《灵魂之旅：90年代以来中国文学的生存意境》《康德〈纯粹理性批判〉指要》《西方哲学史》《黑格尔辩证法讲演录》《康德哲学诸问题》《康德哲学讲演录》《黄与蓝的交响：中西美学比较论》《冥河的摆渡者：康德的<判断力批判>》《实践唯物论新解：开出现象学之维》《中西文化比较十一讲》《古希腊罗马哲学讲演录》《思辨的张力：黑格尔辩证法新探》《康德《判断力批判》释义》《西方美学史纲》《哲学史方法论十四讲》《西方美学史讲演录》《〈纯粹理性批判〉讲演录》《世纪之风：中国当代文化批判与人文建构》等。个人译著有胡塞尔《经验与判断——逻辑谱系学研究》，康德的《实用人类学》《自然科学的形而上学基础》《判断力批判》《纯粹理性批判》《实践理性批判》等，是国内第一个从德文原文翻译康德的学者。近些年来，邓晓芒积极介入学术批评和文化批判以及当代中国思想进程和精神建构，他激

张志扬（墨哲兰）与《青年论坛》读者交流

作者座谈会，社科院会议室。左一易中天，左二张志扬

烈批评国民性、批评文学、批评知识分子、批评教育，特别是批评儒家，成为公众人物。

易中天更是"如日中天"，知识界、文化界甚至路人妇孺皆知。他在中央电视台"百家讲坛"一炮打红，凭着他的犀利、敏捷、幽默、辛辣的风格，一口长沙话夹杂武汉口音的特殊语言，抨击时弊，臧否人物，口若悬河，金句连篇，每次演讲必定爆棚，曾被评为"中国十大直言君子"。易中天非常勤奋，不停地演讲的同时，也不停地写作，出版有个人文集16卷， 其中包括《〈文心雕龙〉美学思想论稿》《先秦诸子百家争鸣》《黄与蓝的交响——中西美学比较论》《艺术人类学》《人的确证——人类学艺术原理》《读城记》《易中天中华史》《易中天读史（全四册）》《易中天品三国》《帝国的终结》《帝国的惆怅——中国传统社会的政治与人性》《中国：掀起你的盖头来——中国文化现象解密》等作品。直到现在，易中天仍在不断地写作。

创刊号出版后南京学者刘东向我们推荐了诗人杨炼的文章《智力的空间》，这篇文章发表在1985年第1期《青年论坛》上。杨炼非常有才华，是一位跨越中国原始文化与西方意境的不同寻常的诗人，1983年以长诗《诺日朗》出名，1988年被中国内地读者推选为"十大诗人"之一。他在《智力的空间》中写道：

> 诗是这样的空间：它饱含思想，但对于仅仅以思辨传达思想，它说——不！它充满感性，但对于把感觉罗列成平面的感性，它说——不！它是现实的，可如果只把这理解为宣泄某种社会意识和情绪，它说——不！它是历史的，可假如昨天只意味着传奇故事，它说——不！它是文化的，但古代文明的辉煌结论倘若只被加以新的图解和演绎，它说——不！它体现着自身的时间意识，但对日常的顺序和过程，它说——不！它具备坚实的结构，但对任何形式的因果链，它说——不！……在一些人看来，现代诗如此不可理喻，它看起来更像一个充满矛盾没有结论的实在物，而非理想教育的教材。人们在它之中永远不仅意识到自己同时意识到自己的对立面，而相反两级间不停的互相运动又使诗保持了整体的静止。这已经足够使习惯于单向思维的头脑晕眩了。当然，愤怒只证明无能。

一首诗，说到底可以看作一个意识结构（包括诗人潜意识冲动中表达为语言的部分）。它是诗人通过对题材的处理达成的一个复合空间。对世界多角度的观察，对思想多层次的把握，超越了个人、社会集团、人类乃至地球的单一经验，却从这些经验的交叉综合中获得了对生活能动发现的能力。

一个智力空间，由结构、中间组合和意象组成。读懂一首诗像进行一次破译。审美快感伴随着阅读和理解的进程，读者思维和想象的紧张度使他们加入了创造：这首诗的总体结构就像一个"磁场"、一组群雕，它存在着、暗示着什么，各部分之间抛弃了因果性，看似独立其实正以其空间感的均衡和稳定相互关连。这是一个正在共振的场，每个部分都和其他所有部分相呼应、相参与。它使我们感受并要求进入更深一层的内在结构。结构，就是诗的组合关系的总体。一个定义没有诗的价值，而一个有力的结构本身就具有诗的气魄。它们彼此依存构成空间，像油画一样当你远远审视时才清晰呈现。一个完美的结构的能量不是其中各部分的和，而是它们的乘积。

杨炼1955年出生于瑞士伯尔尼，6岁时回到北京，现定居伦敦。杨炼的作品以诗和散文为主，兼及文学与艺术批评，其作品被译成二十余种文字，在各国出版，《智力的空间》是他的诗论的重要代表作之一。杨炼曾获得卡普里国际诗歌奖、意大利诺尼诺国际文学奖、意大利FLAIANO国际诗歌奖等。他多次参加世界文学、艺术及学术活动，被认为是当代中国文学最有代表性的声音之一。国内外文坛对杨炼的评价很高，"杨炼把诗意的语言扩张到了语言学的极限"（奥尔比斯国际文学季刊134号），"（杨炼）继续以他的作品建造着中国传统与西方现代主义之间的桥梁。他令人震惊的想像力，结合以简捷文字捕获意像和情绪的才华，显示出杨炼是我们时代最伟大的诗人之一。每首诗迸射出急迫的能量，触目地超出了阴郁压抑的题材，辉煌展示于译文中……这不是一部仅仅应被推荐的作品——它是必读的"（英国：《爱丁堡书评》），等等。

《诺日朗》是杨炼的代表诗作。在杨炼的《智力的空间》发表之后，我们发表了宇峰的《我释〈诺日朗〉》一文。"诺日朗"是藏语音译，意为男神。在川甘交界的高原区，有一座雪山以此命名。宇峰认为，《诺日朗》是史诗，"在复杂的意象与意象的冲突中，《诺日朗》凝集了诗人对历史的理解，用虚幻的神话世界表现出诗人的历史观——一个运动着并具有完整过程的立体的世界。""《诺日朗》的独到之处，它启示了这样一个真理：在历史上，功与过、善与恶，常常交织在一起，同时存在于一次战争中，一个人身上，成为这次战争、这个人的不可缺少的要素。……全诗在悲壮的色调里透出乐观的信息，这种乐观是正视历史而生的乐观，诗人借男神之口宣喻，人类终将抛弃'血'的历史，走上'爱'的道路。""《诺日朗》的意象奇瑰、美丽、深沉，密集处泰山压顶，疏朗处海阔天空。"

对杨炼的评论，我们还发表了微茫的《北岛与杨炼》一文。作者分析了两位诗人截然不同的风格，认为杨炼的组诗"经常以古老神话作为底色，然后再打上现代生活意识的重彩。杨炼非常明白神话只能作为一个背景屹立在诗人的远方，决不能变成一座容纳诗人的华屋把他框进去；诗人只能艰辛地发掘神话中那些关于自然和文化的象征，以达到一个与现代社会相对应的空间，而不可信手挪用这些令人眩目的原始材料"。发表杨炼的文章和这些评论，表明了编辑部对他的认可和重视。其实杨炼在70年代末的《今天》诗刊时期就已经表现出他的才华，被民间青年诗人圈所推崇，我们则做了进一步的传播。

哲学、文化方面的文章，还必须提到郭齐勇的《"中国文化"研究的勃兴》和《关于近年来中国文化和中西文化比较研究的评介》，这两篇文章对80年代的文化研究做了鸟瞰式的全面介绍。郭齐勇博士师承著名哲学家萧萐父先生，在中国哲学史和文化研究方面颇有建树，先后担任武汉大学人文学院院长、武汉大学哲学学院院长、中国哲学史学会副会长、中华孔子学会副会长、国际中国哲学会（ISCP）会长和副执行长、国务院学位委员会哲学学科评议组成员、教育部高等学校哲学教学指导委员会副主任等，是国家级教学名师。郭齐勇学术成果丰富，主要著作有《中国哲学史》《中国儒学之精神》《现当代新儒学思潮研究》《中国哲学智慧的探索》《中华人文精神的重建》《儒学与现代化的新探讨》《熊十力哲学研究》《熊十力传论》《文化学概论》《守先待后：文化与人生随笔》《诸子学通论》《梁漱溟哲学思想》《钱穆评传》《传统氤氲与现代转型》等，还主编了《熊十力集》《中国

蔡崇国，郭齐勇在创刊周年座谈会上

古典哲学名著选读》《当代中国哲学研究》《中国哲学史经典精读》
《儒家文化研究》辑刊等，在海内外学术刊物上发表论文两百余篇。
郭齐勇曾到哈佛大学、东京大学、早稻田大学、慕尼黑大学、莱比锡
大学、俄罗斯科学院、首尔大学、台湾大学、香港中文大学等名校讲
学，被邀请为美国哈佛大学、日本关西大学、台湾大学的访问学者，
德国特里尔大学和台湾政治大学的客座教授，香港中文大学新亚儒学
讲座教授，多次出席国际学术会议。

　　关于哲学、文化、文学等领域，《青年论坛》还陆续刊登了多篇
文章，其中有：周民锋的《试论中西思维发展的两条路径及其趋势》、
《论精神生产》，前者从主体化、客体化，基因型、表现型、综合型等
方面分析了中西思维方式的异同，描述了其发展的趋势；后者从历史
哲学的高度，探讨了"精神"的内涵和精神生产的过程。甘阳的《说中
西古今文化之争》是甘阳表达学术观点的一篇重要文章，文章认为，
文化之争不可偏重于中西异同，关键是中国文化走向现代化，是古今
之争。甘阳作为80年代"文化热"的领军人物之一，这是他所持的主要
论点。刘东的《改革的哲学与哲学的改革》呼吁哲学同行面对改革，
不仅介入经济社会改革，还要进行哲学自身的改革。李连科的《社会
过程的特点》分析了社会发展过程的客观条件和主观条件、动态形式
和静态形式、自发性和自觉性，试图为社会改革提供理论依据。黄万
盛的《人类精神文明及道德发展远景》论述了精神文明以伦理化的形
式提到人类面前，成为不可回避的时代问题。翟振明的《道德场及道

德评判》认为道德是一个有层次结构的动态的场，由于社会各阶层的利益关系不同，所以善恶评价的标准也不相同，但作者反对违反人类本质的"非道德主义"，主张构建新的道德观念的"理想模型"。舒扬的《法学—哲学》分析了法学与哲学的密切关系，提出建立新的法哲学的设想。吴廷嘉的《历史唯物论与机械历史唯物论的区别》，分析了机械历史唯物论的理论失误和根源，探讨了科学的史学方法论。励伟昌的《哲学的规范体系和非规范体系》认为现行的规范的哲学体系虽然编辑完善，但它很难回答当代社会和科学提出的重大问题，需要适应现实的发展建立非规范的哲学体系。翟志宏的《文化传统与科学技术》分析了世界上各种不同类型的文化传统，认为影响传统的最主要因素是科学技术，主张在尊重传统文化的基础上大力发展科学技术。张延风的《文化溯源》追溯了古希腊和华夏文化的起源，从地理环境、经济类型、政治制度等方面比较了两种文化的异同，以及宗教、艺术方面的差异。这些文章都各有特色，其中甘阳、刘东、翟振明等人后来都成为学术界的知名人士。

《青年论坛》十分关注理论创新，将理论创新视为思想解放的重要途径。1986年5月我们组织召开了武汉地区部分中青年理论工作者座谈会，邀请正在武汉参加另一个会议的中宣部理论局局长贾春峰在会上做了一个讲话。当时正是中宣部长朱厚泽倡导"三宽"政策的宽松时期，贾春峰的讲话就具有风向标的意义。我们根据记录稿发表了贾春峰的讲话《为了理论的繁荣》（《青年论坛》1986年7月号）。文章鼓励中青年学者对商品经济运动、政治体制、文化发展战略、观念变革等问题进行创造性的理论研究，主张争鸣和探索，提倡民主的、团结的、和谐的、融洽的讨论环境和气氛。文章说：

> 大变革时期，总是议论纷纷的时期，是众说纷纭的时期，是各种意见纷至沓来的时期，也是各种学说、学派、思潮五光十色、异彩纷呈的时期。这是合乎规律的历史现象。
>
> 人们身临其境时，常常忽略了现实实践的历史价值和将带来的深远影响；未来的许多参天大树，就是在这个时期播下种子的，但我们常常并没有意识到这一点。

这个讲话，应该说代表了朱厚泽那一任中宣部的胸襟和眼光，真正看到了理论发展、思想解放对历史的巨大推动作用，预见到80年代思想和实践的长久价值、深远影响。

　　的确，理论是实践的先导，而理论必须植根于时代之中。"理论是灰色的，生活之树常青"（歌德）。适应历史发展趋势和现实生活需求的理论才是科学的理论。我们在创刊号上发表了《理论创新与当代中国》，作者"韩小年"是几位编辑人员的笔名。文章对貌似神圣的理论原则提出了挑战，譬如公有制理论、按劳分配理论、传统思维方式和心理结构等进行了分析批判，高举起理论创新的旗帜。这方面的文章还有：薛杉的《灰色的理论与常青的生活之树》一文，发出了不畏强权、敢于说真话、反映生活本来面貌的呼吁。邹东涛的《理论创新刍议》更是认为创新是探险，要勇闯禁区，同时呼吁为学术自由立法。李延明的《马克思、恩格斯共产主义学说与当代的社会现实》一文根据国际和国内社会发展的现实状况，以严格的理论逻辑论证了共产主义学说与当代社会现实的差异，认为马克思恩格斯对资本主义生产关系所容纳生产力的发展程度估计错误，作者认为生产力发展是一个自然历史过程，用暴力革命建立起来的社会，不是新社会；某些共产主义者们在理论上走进了死胡同。远志明的《理论的生命：实践与自由》提出权力与意志无法创造理论，也无权干预理论，思维的价值是创造，思维的本质是自由。张伯里的《勿趋万世四海皆准，但求一时一事有用——再谈理论联系实际》否定有"放之四海而皆准"的理论，提出要根除空谈的陋习，研究适应现实社会发展的理论。

　　在中国传统学术中，文史哲是相关性密切的领域。在偏重哲学、文化的同时，《青年论坛》发表了为数不少的历史类的文章，主要有《略论〈新青年〉的历史作用》（涂文学），《历史学：一门万古常青的学问》（刘昶），《中国古代史分期问题的现状和实质》（杨善群），《中国史研究不能离开对世界史的认识》（彭小瑜），《历史之谜：结构的运动和运动的结构》（程洪），《建立新的史学研究体系刍议》（阳晓天），《新的选择——关于史学发展方向的断想》（黄新亚），《历史与现实》（张艳国），《历史是历史学家筛选的结果》（仲伟民），《秦国变法成功原因三议》（宋昌斌），《四百年前张居正改革有何经验》（毕诚），《论中国古代政变》（王圣宝），《完成资产阶级的历史任务是中国共产党的特殊历史使命》（李渤川、陆志良），《当代美国史学研究动向》（王晴佳）等。另外，还有一篇引起读者关注的文章，万同林的《侦破中国新文学史现存最大公案——胡风系列研究序》（上、下），分两期发表，文章回顾了"胡风反革命集团"冤案的前后过程，肯定了胡风的"主观战斗精神"和他的文艺思想，抨击了僵化的教条主义和阶级斗争扩大化，主张尊重艺术规律，呼吁文化界从封闭和束缚中走出来。胡风冤案，是文化界众多冤案之一，这篇文章对于解放思想、拨乱反正有积极意义，也说明谬误终不能长久，历史会澄清是非。

（五）燧石之火

理论创新，探索真理，必然伴随思想的碰撞，犹如燧石的敲击产生火花。《青年论坛》上发表的文章多次引起争鸣，不同的观点开拓了读者的思路。不过其中也有的是奉命而为，不得已以此应对官方指责。

沉扬的《论一九五七年》发表在1985年第2期，涉及了十分敏感的话题，是一篇引起争议的文章。文章写道：

> 历史迅猛地前进，产生了一个尖锐的矛盾现象：要求有科学知识和现代管理技能、现代心理素质的大工业产生了，管理它的，却是农民、手工业者出身的干部！这个矛盾，在1956—1957年，已经

沉扬的《论一九五七年》
被《团结报》全文转载

是十分突出了。……总之1957年的风暴根源，在生产方式的矛盾运动。所谓的右派进攻，本质上是生产力发展要求的体现。

特别遗憾的是，我们党内的部分同志，并没有把握住历史转折的关节点，国内外复杂的表面现象，使他们神经过于紧张，以致难以冷静地把握社会最基本的本质。他们将同志、朋友误认为敌人。那些被高度的社会责任感激动着的敏感的海燕，终于被"反右"的风暴击倒在地，呐呐呻吟二十年！

1957年的"反右"，与历史发展的必然要求背道而驰，它使本来可以及时完成的历史任务，大大推后了；得到的东西，本来可以以小的代价，因为"反右"，代价翻番，又翻番。……就是现在，我们常常惊讶地发现，很多问题，1957年早就提出来了，只是可惜，我们没去理会。

"反右"之后，没多少人敢说真话了。"别乱说，小心打成右派"，这成了流传最广的戒语。唯唯诺诺的奴性膨胀，是最大的恶果。这种民族性的堕落，很可悲。而且，这精神的衰退，几经中介，到底转化成物质上的巨大损失——"大跃进"中的浮夸造成的危害，就是一例。

此文发表后，社会上引起了不同反响，受到多方关注。当年的一些"右派分子"看到此文，流着眼泪奔走相告。京城中央统战部主办的《团结报》予以转载，李泽厚在《破"天下达尊"》中认为这篇文章论及了至今学术界似乎还没有人碰或没人敢碰的问题，文中好些论点是具有相当深度的。1957年的"反右运动"，从当时一直到现在都是敏感话题，很少有人触碰，间或有人以文学的形式迂回隐晦地反映，也是如履薄冰。而沉扬直言不讳地谈"反右运动"，我们又敢发表出来，确实是需要胆量的。文章发表后，引起高层不满，1985年11月，中宣部长邓力群在湖北十堰的一个会议上点名批评了这篇文章，说该文认为中共干部很多是农民、军人出身，没有能力带领中国实现现代化，这是否定中国革命和中国共产党的领导。邓力群点名批评的还有黎鸣的《重述历史唯物主义》，他敦促湖北宣传部门组织文章批判。中宣部一位副部长在成都的一个会议上直接将写批判文章的任务布置给湖北省委宣传部的领导人。省委宣传部找到武汉大学哲学系79级研究生胡为雄，要他用马克思主义批判蔡崇国的文章。胡为雄很为难，他对蔡崇国说，你的文章引用马克思都恰到好处，我怎么批？但成命难违，胡为雄后来写了《也论一九五七年》在《青年论坛》上发表。胡文认为"反右运动"并不是对社会矛盾问题误判，不是生产关系落后于生产力，而是错误地将知识分子的善意帮助看作是对政权的恶意攻击，"这场'反右'运动实质上是在一场虚惊之中同一种假想的敌人作战，是一场人为的动乱。……很难说得上右派进攻本质上代表了生产力发展的必然要求，因为这个进攻本身不存在。"胡为雄的文章，并没有采取批判的态度，更多地是学术商榷，估计邓力群也不会满意，但我们做了这个动作。

"沉扬"是蔡崇国的笔名，他写这篇文章时年30岁。他后来还在《青年论坛》上发表了《论一九六六年》、《毛泽东晚年与"文化大革命"》等文章，在读者中影响比较大。"六四风波"后逃亡去了法国。

1986年3月号发表的《马克思主义在中国的命运》，署名"本刊特约评论员"，是编辑人员自己写的，执笔者是王绍培。这篇文章，肯定了具有时代意义的怀疑主义，激烈地抨击了僵化的教条主义。文章可以说是对当时理论界现状的一个评估，也是我们对理论创新思路的一个宣示。即使在今天来看，文章所指出的教条主义的危害，以及高度计划性经济体制与高度集中性政权形式的结合所固有的局限性，是有深度并有现实意义的。

文章发表之后，收到朱征夫的商榷文章：《也论马克思主义在中国的命运》，发表在1986年7月号。朱征夫不同意将中国舞台上演出的一系列悲剧全部归咎于教条主义，而认为其有更深刻的历史渊源：

> 早期中国知识分子在批判儒家思想、实现全盘西化的基础上引进马克思主义，已造成了一条难以弥补的文化裂缝：一方面，他们用马克思主义否定了中国的传统文化；另一方面，他们的传统心理意识又人为地割裂了马克思主义的思想体系和西方文明的天然联系。这样，中国土地上的马克思主义就成为孤立于其他文明现象的畸形儿，它既不可能汲取中国传统文化以滋养生命，也不可能借鉴现代西方文明以充满活力，这正是马克思主义本身的性格所不能忍受的。
>
> 要发展，就必须摆正马克思主义与其他文明体系的关系，不仅要把马克思主义理论同中国的实践结合起来，而且要把马克

思主义同现代西方文明结合起来，把马克思主义同中国的传统文化结合起来。消除人为的文化排挤现象，使之相互对话，相互借鉴；或和睦共处，或融汇孕育；从而达到共同繁荣，同步发展。

朱征夫从另外一个角度即从文明融合的角度谈了马克思主义的出路。所以，这篇商榷的文章，实际上是对特约评论员文章的一个补充。朱征夫写此文时是武汉大学法律系的学生，也是《青年论坛》武大记者站的成员，他思想非常活跃，曾在80年代以学生身份成功竞选武昌区人大代表，目前是知名律师，全国律师协会副会长、全国政协委员。

还有一篇引起争论的文章是黎鸣的《重述历史唯物主义》，因文章较长，分上下两篇在1985年第2期和第3期上发表。文章否定了官方正宗的历史唯物主义表述形式，即"生产力—生产关系"、"经济基础—上层建筑"模式，并根据系统论、控制论、信息论给出了新的形式：

> （现存历史唯物主义范畴表述形式中）潜在的二元论观点形成了长期以来理论研究中实际上的停滞，……阻碍了自然科学方法与社会科学研究的结合，是自然科学与社会科学一体化进程中的绊脚石。
>
> 我们在关于马克思主义哲学的重要部分——历史唯物主义范畴的表述中确实已经让生动的哲理陷入了僵化刻板的形式之中。因此，完全有必要根据当代科学和哲学的思考给出一种新的表述形式。
>
> 人类社会是由三个永远不能分离的具有互补职能的社会子系统组成，即实物资料生产系统、社会智能信息生产系统和社会权能信息生产系统，它们分别由从事该类生产的人和相应的实物设施、产品组成。
>
> 新的表述形式消除了"经济基础"、"上层建筑"的提法，这种提法在马克思、恩格斯那里不过是一种比喻，根本就不曾被认真地当成一种科学概念。

据作者黎鸣回忆，这篇文章发表后不久，就受到了中宣部部长邓力群的严厉批评，指责它具有反对马克思主义基本原理的严重问题，湖北省委宣传部要求我们组织文章批判。而黎鸣自己则认为，文章不过是指出马克思的"历史唯物主义"不应该是仅仅涉及人类之间残酷的阶级斗争的问题，更重要的应该是关于人类社会发展的经济民生的问题。从方法论上，黎鸣运用了马克思、恩格斯时代还未诞生的系统论、控制论、信息论，所以才有新的表述形式。黎鸣主张历史唯物主义应有更科学化、更直观的表述形式，他在其他文章中曾谈到哲学的"拟化形式"。

我们请武汉大学哲学系研究生陈俊宏写了一篇与黎鸣商榷的文章：《对〈重述历史唯物主义〉一文的几点意见》。文章反驳黎鸣的理由是：

> 哲学主要还是一门定性的学科，它为各门科学提供世界观、方法论。诚然，现代科学的发展也促使哲学向定量方向发展，但是就目前而言，要想把历史唯物主义的范畴都变成可直接观测和操作的范畴，是不现实的，也不是换几个概念所能解决的。可以预言：一旦哲学范畴（包括历史唯物主义范畴）都变成了可观测和操作的概念，哲学就会完全终结、不复存在了。因为哲学是通过思维来把握事物发展的本质，而本质并不是随时随地可以观测和操作的。

陈俊宏坚持了从学术上进行争鸣，没有像邓力群那样在政治上打棍子，这是很正常的学术讨论。而且，陈俊宏还肯定了黎文将社会系统划分为三个部分的观点，是比较客观的商榷立场。我们鼓励这种学术争鸣。陈俊宏写这篇文章时是武汉大学哲学系研究生，他毕业后到《人民日报》工作，曾任《人民日报》副总编。

我们发表了杜维明的《以开放的心灵迎接"传统"的挑战》一文后，又发表了杨念群的争鸣文章《打破和谐——杜维明先生"儒家第三期发展说"驳议》。杨念群分析了"五四"时期中西文化论战的意义，全面否定了"儒家第三期发展说"，他认为，我们应该迎接的，不是传统的挑战，而是西方现代文明的挑战。文章说：

> "儒家第三期发展说"可以说是近代"中体西用"观的精致翻版和深化，所谓"以开放的心灵迎接传统的挑战"实际上仍是近代"主以中学、辅以西学"遥远呼声的再现。因为他借以迎接挑战的对

象仍是以儒家为本位的文化，杜先生想以此呼唤旧有传统的复兴和发展，并以之为基础去包容西方文化。

如果我们仍钟情于旧有的古典文化模式而高枕无忧，或陶醉于修身养性的道德场中而怡然自得，认为中国在目前超多元化的现代世界经济洪流中，还能以儒学第三期发展的"开放姿态"迎接西学的挑战，则无异于在说哲学呓语，因为我们已经没有资格去自我陶醉了，西方从工业文明的现代化高度以俯瞰的姿态赏玩"泱泱乎君子之风"的富于诗意的东方人格，毕竟比我们在经济落后的情况下对旧有文化价值的自我欣赏更有自信力。

我们应该打破固有传统模式的和谐，重建"中国文化本体"，应该以"开放的心灵"迎接传统价值体系的崩溃，而不是再以儒家文化为本位，打着"以开放的心灵迎接传统挑战"的旗帜，重蹈"中体西用"的老路，和传统决裂是"五四"运动以来尚未完成的光辉任务。因此，我们必须向继承"五四"传统的现代思想角斗士们鸣炮致敬。

这些观点，无疑属于80年代的激烈反传统思潮。作者杨念群是晚清名人杨度的曾孙，梁启超的曾外孙。他发表此文时23岁，是中国人民大学历史系研究生，后获博士学位，成为知名的历史学家。他曾赴美国约翰·霍普金斯大学做高级访问学者。主要著作有《儒学地域化的近代形态：三大知识群体互动的比较研究》《中层理论——东西方思想会通下的中国史研究》《雪域求法记- 一个汉人喇嘛的口述史》《昨日之我与今日之我——当代史学的反思与阐释》等。

（六）青春之魂

《青年论坛》1985年第2期的"青春魂"专栏，发表了一篇引起巨大反响的报告文学：《向大海》，作者 亚屏、绍培。作者和《向大海》的主角都是我的同班同学。亚屏即黄亚屏；绍培即王绍培，我们杂志社的编辑。这篇报告文学共1万余字，篇幅15个页码，记叙了一位青年勇士实施"ZD计划"的冒险历程。

"ZD计划"，即"直渡长江计划"，主角叫艾路明。

艾路明，武汉大学哲学系78级学生。进入大学不久，他开始酝酿一项直游长江的计划。1980年，他加紧了意志与体力的高强度锻炼：冷水浴、哑铃操、越野跑，并成为一名骁勇的足球队员。1981年暑假，他用塑料袋装上仁丹、阿司匹林、云南白药、蛇药，以及人民币和全国粮票，在武汉郊区的长江边，活动了一下四肢，对着送行的同学们挥了挥手，然后投入长江，向着崇明岛，击水而去。

《向大海》的两位作者
左：黄亚屏，右：王绍培

家住长江沿岸的每位武大学生的家，都向艾路明开放。校学生会的干部们昼夜在办公室值班，等候艾路明从沿途发来的电报。

就这样，艾路明向着一千多公里以外的上海崇明岛出发了。在此之前，他于6月底在长江试游了一次，体验一下感觉。艾路明计划用20天时间到达目的地，每天有单日游程安排，白天在江上漂游，饿了上岸吃饭，晚上在到达地找同学，联系休息地点。每到一个地方，就去当地邮政所给校学生会发电报，报告到达地点，并记下当天的经历。每天早上出发前，都要重新将衣物、食品、药品、钱和粮票收拾好，还有20张校学生会的介绍信，放在密封的塑料袋里，与救生圈捆绑在一起，差不多要花一个小时。校学生会的介绍信，主要是为了让沿江的武大同学接待他，学生会还把武大所有沿江同学的地址给了他。他拿着地址一路找同学，都是同学接待，结果从武汉到上海，花了不到50块钱。游泳在江面上，骄阳高照，没有任何遮挡，艾路明皮肤晒得通红，脱了皮。还有时不时遇到江水漩涡，十分危险，不过出发之前艾路明都请教过船工如何应对。刚离开武汉游到白浒山时，艾路明被巨大的漩涡卷进去，他紧抱救生圈，双脚用力蹬水，搏斗了十多分钟，冲出了漩涡。这些倒没有什么，要命的是极度的孤独，常常在江上游几个小时，见不到一条船，当然更见不到一个人，好像远离了人世间，没有亲属朋友的声音，没有老师同学的身影，只有江鸥在头上盘旋。这对于平时惯于呼朋唤友、在足球场上勇猛飞奔的艾路明来说，实在是太无法忍受了。出发之前，他做了体质、避险和物质方面的准备，但没有做好心理上的准备。与长江搏斗了七天之后，到了江西湖口镇，出状况了。他想打退堂鼓了。

　　的确，这是何苦呢？自找罪受，傻瓜！现在全程没有完成四分之一，以后还会碰到怎样的事呢？对，不干了。明天乘船到安庆去和同学汇合。
　　第二天，到安庆。他给校学生会发电："艾抵安庆，终止计划。"
　　肌肉并不等于意志。八天的长江生活，他懂了。一个救生圈，十来瓶常用药，干粮，二十张学校空白介绍信，发达的肌肉，能说他准备得不充分吗？但是，这些就能保证他完成"ZD计划"吗？
　　同学们有谁会责怪他呢？八天的搏斗，近四百公里的水路，这对一个单枪匹马同长江打交道的人来说，也着实不简单了。是的，单凭这一点，大家就会对他刮目相看了。
　　从安庆到含山县一个同学家里，在途中，看见长江他就闭上眼睛，他怕看长江。
　　精神一垮，肉体也随之垮了。他病了。肌肉并不使他自信了。肌肉能战胜一切吗？同学为他准备了佳肴，他品了一下，搁下筷子。是呀，在黄石的同学家里，一口气吃下四十个肉丸子的勇气哪里去了？他担心，他会垮掉。

　　艾路明内心极为矛盾。他想起同学们信任的眼神，想起八天来每到一处上岸，人们都对他表示钦佩，争相为他签名作证，他的日记本上，记满了各种性别，各种年龄的人名。在鄂城的码头上，一位老船长拍着他的肩头，把他拉到船上的青年中间，笑骂道："你们这些胀干饭的来看看。这小伙子一人游到上海去。你们谁敢？！多做点事就叫娘老子。比比，你们害羞不？"后来老船长命令把船开到江中心，让艾路明下水，并拉响汽笛为他送行。还有蕲州一家餐馆的老板娘，知道艾路明要游到上海，死活不收他的饭钱，当然艾路明是一定要给的。想到这些，艾路明该如何确定下一步？自从给校学生会发去终止计划的电报后，他准备与几位同学坐火车去南京，然后从南京打道回府。

在马鞍山到南京的火车上，"ZD计划"经历了一场戏剧性的考验。

总得有所表示吧。他一上车很少说话。大家心切地等待他重新拍板。这时，——准确的说是灵机一动——让硬币来决定干还是不干。如果硬币落地是国徽在上就干。否则的话，是老天爷在告诉我，天有不测风云，不干为妙。

于是，命运就系在这小小的硬币上了，"ZD计划"的成败与否，全凭硬币在地上打滚来决定。

抛硬币的手不禁有些发抖。天知道他期望的是国徽朝哪面。硬币羞羞答答地挣扎了一下，下落的过程碰到座位——路明首先大叫：

"这次——不算！"

大家看看落在地上的硬币，谷穗在上。

既然艾路明自己抛的不算，下面就由同学来抛。同学抛一次，又是谷穗在上。艾路明说还是自己来抛才算数。于是来第三次，艾路明再次举起硬币，落下来仍然是谷穗在上。看来老天爷真的要艾路明收手了。列车到南京，郁闷的艾路明听了同学的劝告，去了雨花台，这里是无数先烈们的祭台。他拿起几颗雨花石，在手中把玩了片刻，情况发生逆转：

他觉得胸中升起了一股崇高肃穆之气。他蹲下了，细细地注视着手中的雨花石。他们——这些永恒的人们，为了一种美好的理想，献出了一切。孤单，乏味，在他们看来，不足挂齿。他们，对得起长江，对得起中华民族。

路明站了起来。这次，一扫满脸愁容，嘴角那丝似乎淘气的微笑又出现了。这不是说教，这种心情，只有此刻的路明才会有。他把手中的雨花石攥得紧紧的。突然，把雨花石一掷，他转过身来，猛然用右拳击着手掌，重重地吐出一个字："干！"

"照原计划进行！"

　　在南京呆了两个小时之后，艾路明立即买火车票赶回铜陵，在上岸的地方重新下水，接着向上海的方向游去。老天爷的警喻，被艾路明抛到脑后了。经过一场反复，艾路明意志更加坚定。长江沿途的同学继续为他加油，校学生会的干部继续在办公室昼夜为他值班。他还时不时想起沿途的一些趣事：

　　　　他想起在九江的一个邮电所。
　　　　"我发个电报。"每次向校学生会发电报，他总是很高兴。电报单上地名的变化，标志着"ZD计划"在向前推进。
　　　　"写吧。"从柜台里飘出一张电报纸。
　　　　他在电报单上写下两个字：九江。
　　　　"什么意思？"
　　　　"我每到一处，就给学生会发报。他们懂。"
　　　　"不行。"
　　　　"为什么？"
　　　　"为什么？谁知道你这是什么接头暗号？谁知道你是不是在打九江大桥的主意。"
　　　　哭笑不得。极度的疲惫不容他再申辩，他只好在"九江"之前加个"到"字。于是乎，九江大桥安然无恙了。
　　　　在南京下游的栖霞山，他经历了"ZD计划"上最激动人心的场面。还不到栖霞山，三艘军舰疾速向他驶来。被人当作"水客"抢救，这是第五次了。他急忙摇动手中的小红旗，大喊："我是游泳的，不是落水！"三艘军舰把他围住，一位军官模样的人把他拉上舰艇，非要他给他们讲一下这次壮举。路明呢？仍像以前那样，津津有味地叙述同长江打交道的乐趣。当然，诚实的路明，也惭疚地讲述了从彭泽到南京那一段不光彩的经历。军官要留他在舰上吃午饭，时间有限，已耽搁了七天，不能再耽搁了。况且，同学们约定在上海等他。

　　在长江上，还有很多故事。"东方红"客轮的乘客们聚集在甲板上向他挥手致意，船上广播里传出的是"向英雄学习，向英雄致敬！坚持到底，就是胜利！"游到与客轮平行时，轮船拉响了汽笛。瞬时，停泊在附近的几艘轮船也同时拉响汽笛。雄壮的汽笛声在江面上久久地回荡着。游过南京之后，艾路明加速了。

肌肉和意志的合力，使"ZD计划"强有力地向前推进着，经历了十七天艰苦卓绝的搏斗，他清醒地意识到，今天——公元一九八一年八月八日，是"ZD计划"的冲刺时刻。

上午从青龙港下水，就可隐隐约约地看见崇明岛了。这个似蟒蛇舌头的中国第三大岛，在浑茫一片的水天之际，宛如一个飘然浮现的梦境。此刻，他似乎也沉浸在梦境里，他开始杜撰上岸的情形了。……

啊，到了？他试探着站起来。是实在的土地，不是幻境。真的到了？他抬头往岸边看去，七八百公尺外是大片的河滩。是的，到了。路明，再也不怀疑这是梦境。

……

终于——到了。是的，到了，心中的海，现实的海，感情充沛的路明，并没有欣喜若狂，大喊大叫。在沙滩上躺了几分钟，他突然站起来，解开塑料包，拿出水壶，又向江里走去。灌了一壶黄浊的长江水，站在齐腰深的水里，一仰头，"咕噜咕噜"喝了半壶。

"我——终于征服长江了！"把水壶扔在沙滩上，路明憋足了气、大喊起来。"不！"他双眼凝视着江面，喃喃地自语："我能征服长江吗？长江是不能征服的。我只是从长江汲取了力量！"

说完，他在沙滩上跪下来，面对长江，虔诚地叩了三个响头。

路明，我们这位与长江搏斗了十七天的勇士，没有力气再站起来，他躺在沙滩上，不，躺在长江的怀抱里，睡了。

他，是长江的儿子。

艾路明终于完成了"ZD计划"，到了长江入海口。在艾路明登上崇明岛的前三天，《中国青年报》曾刊发过"武汉大学哲学系七八级学生艾路明直渡长江"的消息。现在艾路明胜利到达上海，武汉大学全体学生和各地获知信息的青年学子，无不被艾路明的英雄气概所震撼。祝贺的信、致敬的信像雪片一样飞来，其中当然也包括很多钦佩他的女孩子

艾路明在青年论坛二号橡皮艇上

在汉阳门迎接艾璐明

艾路明的姐姐艾晓明也到江边来迎接弟弟归来

的信。而艾路明获得的人生哲理是："通过这次畅游长江，一种对生活和对人类真正的爱获得了觉醒。这种爱在长江人民的朴实、善良的本质的熏陶下，愈益扩大，深厚。"同时，艾路明通过长江深深地理解了大自然，大自然是不能征服的，人类必须敬畏自然，回到自然的怀抱。

报告文学《向大海》写到这里结束，但艾路明游长江的故事却并没有结束。艾路明的壮举震撼了80年代的年青人，昭示了一代英杰的骁勇风貌。但也有人说，艾路明只漂了半截长江，要漂就漂全程，那才是英雄。艾路明真是条汉子，在做了充分准备之后，1986年在武汉大学读研究生期间，他利用假期带上粮草药品，乘火车去云南，打算在长江发源地下水，漂完另半截长江。这次漂流，当然不是赌气，一个重要原因是中国探险家尧茂书前一年从长江源头开始漂流，在金沙江出了事故，影响很大，又听说美国人要来漂流，艾路明的想法是，中国的长江，当然得中国人先漂流。《青年论坛》全体同仁为他的豪迈气概所感动，赞助他一条橡皮艇，以防水中不测。橡皮艇前端写着："青年论坛二号"。

艾路明到云南后，准备从虎跳峡下水，熟知水性的当地人坚决制止了他，告诉他那样做就是送命。艾路明只好绕过虎跳峡从沱沱河（长江源头）下水开始漂流。长江上游危险远远高于下游，这里到处惊涛拍岸，乱石崩云，险滩漩流，风云莫测。晚上在荒野上岸时，甚至碰到狼群，艾路明燃起篝火自卫。漂流过程中，他曾被人误认为是动物打了两枪，一枪在他皮划艇前激起半人高的水柱，另一枪擦着他的耳朵过去；还曾在宜宾遭遇急漩涡，所幸在危急时刻，一股向上的水流将他的皮划艇托起。每到一处有人烟的地方艾路明就上岸，人们都敬佩地在他的笔记本上签名，为他作证。有了长江中下游中流击水的经验，有了思想心胸的磨练提升，艾路明再一次冲破万般艰难险阻，用了两个半月，补充游完了长江全程，到达武昌江边的汉阳门。他上岸时，我们一帮朋友们欣喜地迎接了艾路明的胜利到达，他的姐姐，中国思想界知名教授艾晓明，也参加了迎接。

我们为什么如此看重艾路明直游长江的举动？这不仅因为艾路明是世界上成功直游长江第一人（目前还没有第二个），还因为艾路明的精神，不循旧规，不畏凶险，坚忍不拔，正直刚强，为了一个信念愿意付出哪怕生命的代价，充满理想主义和英雄主义。这正是80年代一代青年风貌的卓越代表。学者许纪霖在论述80年代的青春精神时说："在那个年代里，校园充满着理想主义的气息。那是刚刚过去不久的革命年代残余物。革命死了，革命精神万岁。革命精神的超时代内核，乃是对现实的不满与超越，是对乌托邦理想的普罗米修斯式追求。""80年代依然令人神往，她有一种超越时代的气质，有一种将先秦文明、盛唐气象、东林党人和五四运动链接成一体的伟大精神，那是直入人心、总是让我们感动的青春活力。"[1] 80年代为什么有那么多不畏强权、敢言敢当的勇者？时代使然。今天，我们已经难以感触到这样的青年风貌了，或者言重一点，已经很少有这样血性的青年了。从我个人的角度说，我在当年杂志上和在当下的叙说中不惜篇幅讲艾路明，其实也是由衷地为有这样的同学感到自豪。

艾路明的理想主义和英雄主义一直伴随着他的人生。当然他也不是一帆风顺，同样也遇到很多坎坷曲折。1982年本科毕业由学校分配到国家水电部长江葛洲坝工程局党校工作，1985年他报考武大研究生，但党校卡住不放人。当时人都是"单位人"，卡住人事档案，你哪里都去不了。我们一帮同学十分着急，我求助于《青年论坛》北京记者站成员、《中国青年报》记者季思聪，因为她父母亲都在国家教委工作，请她反映情况。季思聪先找了国家教委研究生司，回复说解决不了，必须找葛洲坝工程局的上级主管部门——水电部高教司。不过国家教委一位处长过了一个招，要季思聪对水电部说《中国青年报》准备报道这件事，他们就会害怕。季思聪去后如此办理，果然高教司说不要报道为好，将督促解决。艾路明通过不懈的努力，终于再一次跨进了武大的校门。1988年研究生毕业后，他与6位研究生同学一起"下海"创业，闯荡商海。经历千难万险，他成功了，现在是武汉当代科技产业集团股份有限公司董事长，麾下有五家上市公司，是湖北规模最大的民营企业之一。有一年，我碰到艾路明，他递给我一张名片，头衔是"武汉市洪山区新红村村长"。他说这是他"从政"做的最大的"官"。为何做了"村官"？1994年，武汉市洪山区政府召集辖区内经济效益好的企业开会，希望每家企业定点捐款帮扶贫困村。艾路明觉得这是一件义不容辞的

---

1. 许纪霖：《从80年代寻找青春精神》，http://www.aisixiang.com/data/52263.html，2012年4月13日

艾路明走上联合国讲坛

义务，但他考虑仅依靠捐款帮扶贫困并不是长久之计。于是向区领导提出直接让他去当一个村委会主任和党支部书记，这样可能更有助于解决村民的实际问题。根据国家政策规定，当村干部必须是本村户口，艾路明干脆将武汉城市户口转到村里，新红村村民热情地选他当了村委会主任。这一当就是二十多年。艾路明1995年开始担任村委会主任时，村民人均年收入720元，到他2016年离开新红村时，人均收入超过2万元。不仅帮扶新红村，艾路明还默默做了很多扶贫的事。

艾路明游长江所体验到的自然生态观念，也一直伴随着他的人生。他将环保公益作为自己的精神归宿，现在是中国最著名的民间绿色组织"阿拉善SEE生态协会"的会长。上世纪末，肆虐华北的沙尘暴唤起了中国企业家群体环保公益意识的集体觉醒，2004年阿拉善SEE生态协会成立了，它的宗旨是凝聚企业家精神，留住碧水蓝天。阿拉善SEE生态协会聚合了全国900多位企业家，其中有很多是中国企业界闻名遐迩的领军人物。艾路明每年都带着阿拉善SEE生态协会企业家去三江源进行环保考察，还去过黄河源年保玉则雪山等地。艾路明将自己企业的事务交给伙伴们去打理，自己的主要精力则扑在生态慈善事业上。他多年往来于荒漠野岭之间，竭尽全力植树造林、保护生态，贡献了巨大的精力和财力。艾路明深深铭记着当年漂流长江的经历给予他的启示："现在回想，恍惚觉得冥冥之中我对自然所特有的亲近和情愫，对人与自然关系的思考和体悟，可能早在当时就已悄然埋下了伏笔。有人喜欢将这类行动称为征服自然，但是在我看来人是不可能征服自然的，漂流的生死历险让我领悟到的并不是征服，而是对自然的敬畏。"

（七）珞珈之子

珞珈山，钟灵毓秀之山，百年老校武汉大学就坐落在这里。武大不仅有山，而且有波光潋滟、水天浩渺的东湖；不仅有山水，而且有花，珞珈樱花誉满全中国。武大山水花簇之境被称为中国最美的校园。校园里飞檐翘角、琉璃溢彩的宫廷式建筑，充满高贵典雅之气，见证了武大英才迸发、雄杰辈出的历史。"国立武汉大学"的牌坊旁，镌刻着1984级中文系学生何五元创作的《珞珈赋》：

> 珞珈有山，雄峙东湖之南，遥踞大江之阴。东临碧水，磨山依稀弄影；西起洪岳，宝塔巍然可登；南极通衢，达中南之枢纽；北揽湖光，仰屈子之行吟。登斯山也，无车马之喧，有奇瑰之景；涛声约若，清风可饮。醉山色，叹古今，其乐也陶陶，其情也欣欣　已焉哉！陶令倘在，敢无厚羡之情？
>
> 凭阑极目，远山含碧，近树扶疏。天际横江，轻纱一带；地尽屹楼，奇绮几何？一桥飞卧，挽龟蛇成一体；数舸直下，逐江渚几欲飞。东湖浩渺，云水笼烟；长堤戏波，一水绕碧。湖鸥点点，喧声响遏行云；游子搏浪，意气浩振九霄。善哉！斯水有乐如此耳！
>
> 树耸山间，草肥谷底。林荫蔽日，郁郁葱葱；花繁满树，嫣嫣灼灼。千虫鸣唱，百鸟吟歌，山富芳草之鲜美，地耀落英之缤纷。春桃秋桂，夏榴冬梅——赏奇花一树，感彻肺腑；嗅清香几脉，沁透心脾。樱花赛雪，始发仲春之际；梅朵胜缎，笑傲岁寒之末。亭台楼阁，绿荫掩映；箫簧琴瑟，歌舞悠扬。芬芳馥郁兮最美校园，今夕何夕兮最美时光！
>
> 仁者乐山兮智者乐水，山高水长兮流风甚美！学堂名自强，多难图兴邦。筚路蓝缕，朴诚有勇，育复兴之国士；颠沛流离，玉汝于成，培干城之栋梁。风霜雨雪途，弦歌不辍；困苦忧患时，奋发图强。壮哉！学大汉，武立国，铁肩担道义；自强魂，

弘毅气，豪情兮一何滔滔！

珞珈苍苍，东湖汤汤。山川壮美，泱泱兮养天地之气；澄岚秀润，昂昂兮结青云之志。从来大师云集，兼容并包，岂分东西南北；始终树木树人，英才辈出，皆为珞珈荣光。桃李满园，皆时代之骄子；学子盈室，俱一世之英华。淑女窈窕，书山跋涉；少年英俊，学海遨游。其意气一何绰绰兮，彼神彩一何风流！——异兮！斯人斯地，无乃物华天宝，人杰地灵哉！

呜呼！有山美如斯，有水秀如斯，更兼有人风流如斯，珞珈无仙亦名耳！居中乐乐，快不可言，欣然命笔，为赋珞珈是也！乙丑年仲春何五元识于珞珈山下桂园之中，癸巳年季秋改于羊城天河。

武汉大学的山水人文，尽此一览。何五元写这篇赋时是大一学生，年仅17岁。"仁者乐山，智者乐水"，珞珈山东湖水孕育了时代的骄子。《青年论坛》，也源起于这山水之间。我曾写过一篇文章：《珞珈山——思想者的摇篮》，[1] 文章回忆了80年代武大学子的思想激情和《青年论坛》创办过程与武大的密切关系，从编辑部人员和作者队伍都有浓厚的武大色彩。

说起武汉大学，不能不提到中国著名教育家刘道玉。1981至1988年，刘道玉担任武汉大学校长，是当时中国高等院校中最年轻的一位校长。早在70年代末，他就主张废除"文革"中盛行的大学推荐制，为恢复中断多年的高考招生制度起了至关重要的作用，1977年"文革"后的第一批大学生经过高考入学。在改革浪潮波澜壮阔的80年代，刘道玉深刻认识到中国旧的教育体制的弊病，提出了"教育的创新理论体系"，成为教育改革的先驱。他倡导自由民主的校园文化，推动学分制、主辅修制、插班生制、导师制、贷学金制、学术假制等改革，领风气之先，拉开了中国高教改革的序幕。在当时的武大校园，一扫旧日的陈腐之气，教师们精神振奋，学生们充满青春朝气，新的教育体制培育了一大批思想活跃、观念先进的学子，珞珈山成为思想解放和创新的摇篮。刘道玉开明开放的胸怀、爱才若渴的举措，被誉为"武大的蔡元培"。由史蜀君执导、1983年上映的青春校园片《女大学生宿舍》，就

1.《粤海风》2013年第5期，后被收入武大校友文集《羊城珞珈情》（羊城晚报出版社，2015年）和武大《校友通讯》。

是以刘道玉治下的武汉大学校园生活为背景，反映了80年代大学生精神风貌，成为热门电影。这部电影是根据武大中文系当时在读学生喻杉写的小说改编的。刘道玉在大胆引进人才方面，的确不遗余力。1982年，刘道玉得知杨小凯非常有才华，但由于户口不能进京而没有被中国社会科学院录用时，立即派人到湖南，把他和妻女的户口转到武汉大学。杨小凯在武大期间，出版完成了《数理经济学基础》和《经济控制理论》两本著作。当时来武大访问的国际著名经济学家、普林斯顿大学教授邹至庄，了解到杨小凯的学术成果，非常欣赏。在邹至庄的推荐下，1983年杨小凯被普林斯顿大学经济系录取为博士研究生，在经济学理论研究方面取得了重大成就。还有人们熟知的学者易中天，毕业后本应回新疆工作，被刘道玉用5个本科生换回武大。

多年后艾路明对武大的学习生活还念念不忘："我现在仍然十分怀念在武汉大学读书的日子，在珞珈山上能够自由的读书，独立的思考，深入的论辩，诸如发起多学科讨论会，上各位老先生深刻的课程，这些都是美好的事情。校园里自由、包容、开放的氛围潜移默化的影响着我们，无形中传承给我们珞珈学子一种胸襟，这份胸襟也在我内心播下了公益的种子。"

《青年论坛》编辑部成员以武大毕业生为主，珞珈山麓的独立思想、自由精神氛围，滋润了《青年论坛》。我们聘任的第一个顾问，就是刘道玉校长。

编辑部在东湖边上，离武大不到3公里，武大的老师学生我们都十分熟悉，为了组稿和联系发行，我们经常骑自行车来来往往。在前面的叙述中，我已经提到很多与《青年论坛》相关的珞珈学子：直游长江全程的艾路明，亚布力企业领袖陈东升，"青春魂"专栏的另一主角王宏维，著名学者郭齐勇、邓晓芒、易中天、赵林、黄克剑、雷祯孝、周民锋、杨再平、於可训、彭富春，财经专家卢建、曹远征，知名律师朱征夫，知名企业家毛振华，部级领导何宪、陈俊宏，以及李晓明（啸鸣）、杜越新、翟志宏、励伟昌、沈晓冰、陈晋、胡为雄、周铁弘、夏武全、宋致新、谢明干、胡昌荣、刘有源、余元洲、邓传明等诸多作者。这些作者中，毛振华发表文章时22岁，沈晓冰20岁，邓传明只有19岁。还有前面提到的武大老师陶德麟、萧萐父、王荫庭、董辅礽、冯天瑜、陈志龙、伍新木、张在元等，都是《青年论坛》的热心支持者或文章作者。《青年论坛》还有一个很特别的作者周中华，是我们哲学系的同班同学，居然跨界成为了知名的漫画家。还在武大读书的时候，他就开始画漫画，以一幅充满哲理的作品《推与拉》出名。后来经常在《青年论坛》上发表漫画作品，几年后去日本深造，回国后在高校当上了漫画教授。

珞珈山的学子们，对母校有着深厚的感情，他们走到天涯海角，也怀念在珞珈山的日子，关心母校的发展。校友中的企业家们，以捐赠的方式回报武大的培育之恩。其中陈东升出资一亿元人民币捐建8000多平方米的万林艺术博物馆，坐落在武大校园的中心位置。还有艾路明、毛振华等捐赠给母校的资金都是数以千万计。

70年代末，珞珈山下诞生了一份轰动全国高校的学生自办文学刊物《这一代》。《这一代》创刊号的编辑组成员，当时都是武汉大学中文系77级学生，编辑组长高伐林在入学时就已经是颇有名气的青年诗人。他毕业后分配到共青团中央工作，到北京后，成为《青年论坛》北京记者站的成员，在记者站长陈东升因故离开北京一年时，他代理站长。

《青年论坛》1986年7月号在"回忆与思考"专栏发表了高伐林的《一个前〈这一代〉编者与一个〈青年论坛〉记者的对话》（以下简称《对话》），这是一篇长文，15000多字，篇幅有19个页码，我担任责任编辑。作者称这是1979年的"我"与1986年的"我"的对话，有反思的意味。很多年后，我请高伐林用简短的文字介绍《这一代》的前后经历，他写道：

> 《这一代》是1979年底由13所大学的学生自发创办的一份文艺刊物，仅仅出版了一期，准确地说，是残缺的一期，就告停刊。
>
> 《这一代》出版于文革结束、思想解放运动风起云涌的年代。恢复高考后跨进高校的第一届大学生，创作潜力丰沛，迫切地要求能有适合大学生的文艺园地，但当时国家百废待兴，很难马上实现他们的愿望。于是武汉大学中文系77级学生刊物《珞珈山》编辑部倡议：与其坐而等，不如起而行，便联络了北京大学中文系、中国人民大学新闻系、北京广播学院新闻系、北京师范

大学中文系、中山大学中文系、吉林大学中文系、杭州大学中文系、杭州师范学院中文系、南开大学中文系、南京大学中文系、西北大学中文系、贵州大学中文系等12所大学的学生社团，共同创办，轮流主编。创刊号由武汉大学《珞珈山》主编。

该杂志的创刊词写道：这一代有了他们崭新的文学：真实地写出自己对生活的思考和理解，通过艺术形象去追求真理，去唤醒人们的信念、意志和尊严，歌唱真、善、美，鞭挞假、恶、丑。而在艺术上决不屈服于任何"最新定制的创作规格"，决不停止对新的艺术风格、艺术方法的追求和探索。

创刊号发表了主要由在校大学生创作的诗歌、小说、散文、评论。其中以"愤怒出诗人"总题下的某些诗歌，反映党群隔阂的《桥》、抨击特权的《轿车从街上匆匆驶过》，因其锐利的锋芒赢得广大读者，也引起官方的关注；同时，这种跨省、跨校的办刊方式，也被视作违反了有关部门管理规定。创刊号在印刷过程中就受到干预，导致未能完整出版。第2期本应由北京四校联合编辑，也因受到压力而被迫中止。

《这一代》创刊号由参与创办的十三校学生社团分头在各自校园发行，一部分刊物也流散到社会上，造成了比较大的影响，文学界对作品的质量普遍给以好评。参与联合创办《这一代》的学生中涌现了很多后来在文坛上名声斐然的作家、学者。

中国大学的77级、78级、79级，是十年"文革"结束后恢复高考最初入学的大学生，他们在千军万马的拼搏中概率极小地脱颖而出，进入高等学府殿堂，成为"时代的骄子"，也被称为"新三届"。各个大学中文系的学生最为活跃，纷纷创办自己的校园文学刊物，武大创办了《珞珈山》，还有北京大学《早晨》，中山大学《红豆》，中国人民大学《大学生》，北京广播学院《秋实》，北京师范大学《初航》，西北大学《希望》，吉林大学《红叶》，杭州大学的《扬帆》，南京大学的《耕耘》，南开大学《南开园》，杭州师范学院《我们》，贵州大学《春泥》等。欣逢新时期的这一代大学生，曾过有什么样的青春经历？如何定位这一代？他们的特质是什么？《这一代》刊首由北京大学黄子平、中山大学苏炜执笔的"写在创刊号的前面"是这样描述的：

这一代，他们已经获得了这样多的名号：受伤的，迷惘的，被耽误的，思索的，战斗的；众说纷纭，不一而足。然而，历史——严峻的历史已经找到了一个光辉的日子为他们命名。真的，很难设想，如果没有"四·五"这一天，我们的子孙后代谈起这一代，将会说："他们交了白卷！"一张只代表耻辱的白卷，遮掩了这一代坚毅的面容……

这一代，有他们自己的思想感情：希望，追求、幻灭、迷乱、失望甚至绝望，痛苦和欢乐，爱情和仇恨——脉搏与人民的心跳相通，呼吸共祖国的胸膛起伏！有狂风暴雨、电闪雷鸣，也有霞飞日出、白云拂天，有大海咆哮、汹涌澎湃，也有潺潺清泉、如泣如诉……

于是，这一代有了他们神圣的使命：他们是千百年来多少志士仁人为之奋斗不息的事业的继承者，他们是史无前例的社会动荡的见证人，他们是走向21世纪绚丽未来的浩荡新军。

这几段话，的确表现了那个时代年轻人的情怀和追求，充满着理想主义和浪漫主义。但他们却没有料到，《这一代》在编辑印行过程中就被当局所关注，政治压力在他们浑然不觉中增长，印刷厂奉命突然中途停印。但此刊箭在弦上，欲罢不能，否则既无法面对满怀期望的各校热心参与的同学，也无法填补已经投入的纸张、印刷费用。"残缺了也必须发行！"高伐林和张桦他们油印了一份《告读者书》，贴在《这一代》的封二："由于大家都能猜到，也都能理解的原因，印刷单位突然停印，这本学生文艺习作刊物只能这样残缺不全地与读者见面了。……是的，《这一代》创刊号的残废决不意味着这一代的残废！"

高伐林在《对话》中介绍了《这一代》发行时的影响，从中可以感受到一代年轻人的高昂热情：

12月上旬，《这一代》在学生中发行了。当天就有了强烈的反响。那确乎可以称为"浪潮"。许多人来函或从外省专程找上门来要求买，刊物很快一售而空。有位老师告诉我们：北京有的青年排了顺序，24小时轮班看，"人歇书不歇"。我们还听说在有的城市这本杂志进入了黑市，被有些人私下卖高价……

这本残缺的杂志印了16000册，十三校学生社团商量的发行方案是：创刊号编辑组负责4千册的发行和赠阅，其它参与的学生社团各负责发行1千册。但吉林大学和西北大学参与筹办《这一代》的两个学生社团，收到寄去的杂志后，被校方严令销毁，不得发行和留存，所以最后发行的是14000册。杂志定价4角5分，黑市价居然涨到5元一本，超过原价10倍多，编辑部和参与的同学，收到了成百上千封热情的来信。老一代作家和评论家，也纷纷表示嘉许；多家文艺刊物争相要求转载这一期杂志上的作品，影响甚至超出国界、绵延至今。日本有位铃木将久教授，2019年在东京大学"长时段及东亚历史视野中的'五四'：百年纪念研讨会"上宣读论文，就重点评述了《这一代》和《青年论坛》这两个杂志……

但是，"强烈的反响"还有另外一面，来自官方，甚至来自最高层！

2019年年底，香港中评社出版社出版了武汉大学中文系七七级同学回忆录，高伐林在收入该书的文章中披露——

第一期就夭折之后的那年夏天，我去北京参加诗刊社举办的第一届"青春诗会"，抽空去未名湖畔见北京大学学生会主席张炜。张炜告诉我，他那年元月16日参加人民大会堂举行的党政干部大会，邓小平在会上长篇演讲。讲话中间，邓小平批评民办刊物时，声色俱厉，手中还拿起了一本刊物——他在会场中间坐着，看得很清楚，那本刊物，就是一本《这一代》创刊号！

当时我听张炜讲也听得心惊肉跳。事后我找出邓小平那篇讲话，已经经过了中央许多大笔杆子的整理润色了，《邓小平文集》中的这段话还是充满了腾腾杀气：

"……绝不允许宣传什么包括反革命分子在内的言论出版自由、集会结社自由；绝不允许任何人背着党同这些人发生联系。……举例说，有些秘密刊物印得那么漂亮，哪儿来的纸？哪个印刷厂印的？他们那些人总没有印刷厂吧。印这些东西的印刷厂里边有没有共产党员？"

其实，小平同志并不了解情况：《这一代》其实根本不是"秘密刊物"——武汉大学党委批给我们的2000元学生科研经费，武汉市委宣传部长批准，在武汉市委机关报《长江日报》的印刷厂排印，武大中文系党委还安排了几位教授给我们当顾问……

大学生们万万没有想到，一腔青春热血、一片赤子之心，却被视为"异端"，《这一代》迅即遭遇封杀。《这一代》究竟触犯了什么禁忌呢？高伐林在给《青年论坛》的《对话》一文中说：

> 诗，篇幅上小得多，然而却是发行之后最引人注目的作品，对《愤怒出诗人》这组诗反响之猛烈，令我们瞠目结舌。
>
> "愤怒出诗人"，对什么愤怒？对封建残余，诸如森严的等级、特权愤怒（《桥》、《轿车从街上匆匆驶过》、《假如王小平当了法官》等）；对尸位素餐的官僚主义愤怒（《他来自兰考》）；对党风被严重败坏、民主集中制遭到践踏愤怒（《呵，〈修养〉》）；对人性被凌辱、真话遭禁锢愤怒（《爱》）。对假恶丑的否定包含着对真善美的肯定，愤怒的原动力不就是热爱么？如果不是对我们的祖国我们的人民爱得深切，这些诗的作者会这样愤不择言、决眦欲裂么！它们在思想上艺术上确实不成熟，粗糙，但它们是人民心声的强烈喷发！
>
> ……我们如同听到晴天霹雳：好几位中央、有关部门与省委的领导同志，先后在各种场合的讲话中提到《这一代》，严肃地批评了其中的几篇作品，主要是《桥》、《轿车从街上匆匆驶过》。有的"小道消息"还说，某领导同志还对封面提出了质问："大脚丫子从光明走向黑暗，什么用意？"我们真完全傻了！
>
> ……有个单位的内部简报上是这样评价的："内容有不少背离四项基本原则的东西，特别是《愤怒出诗人》组诗中有一些是恶意煽动的。""《桥》这首诗表明，他们的愤怒是对着党对着党中央的。""《轿车从街上匆匆驶过》一诗，进而提出了他们奇特的'阶级论'。"这组诗的'愤怒'从领袖一直发泄到三千万党员身上。"
>
> ……刚刚听到领导同志的批评意见时，我们心里五味俱全：委屈、紧张、惶恐、抵触……还有一点说不清的自豪和悲壮。

即使找出创办过程中种种不当操作，也不能够说这是一个偶然的结局。因为，由一群大学生们跨校、跨地区办一份民间刊物，不仅那个时代不允许，直到今天也是违禁的，不能想象，在今天，在20世纪20年代的中国，能够允许公民办一份《这一代》

这样的杂志。在集权政治下，在言论禁锢环境中，《这一代》被封杀无论如何都是必然的，只不过大学生们过于纯真，对政治的严酷性估计不足、缺乏思想准备。同样地，《青年论坛》1987年初也遭遇了封杀的命运，同样也是高层官员发令叫停。不仅再办一份《这一代》这样的刊物是不被允许的，甚至谈论这件事也是有风险的。高伐林在这篇《对话》的开始以《这一代》编者的口吻问《青年论坛》："你们敢发吗？"我们不怕风险真的就发表了。果不其然，《对话》发表仅仅几个月之后，一场席卷全国的批判"资产阶级自由化"运动就开始了，晚一点这篇《对话》就发不出来了。

高伐林在《对话》中详细回顾了《这一代》从筹备到发行后的热烈反响，然而，《对话》的深刻意义，不仅在于褒扬了年轻一代"指点江山，激扬文字"、"书生意气，挥斥方遒"，更重要的是反思了青年学生自身的认识局限和现实困惑：

> 时间之流把我们往前推进了七年，我们可以从新的视角来回顾、审视这个刊物了，可以进一步认识在拨乱反正、解放思想那段特定岁月里的一部分大学生的所作所为、所思所虑，从而进一步把握近年来他们的人生轨迹，以及通过他们所部分折射出来的我们民族的历史走向。对于创办者以及当年的大学生，通过回顾汲取历史教训，唤起可能消磨了的锐气；对于当代大学生，这则是一个前车之鉴。
> ……
> 一个时代有一个时代的时尚。时尚，总是特点与局限相偕而行的。你们这支学生军（高伐林《对话》中这段文字中的"你们"，指的就是1979年的自己和13校伙伴们。——本文作者注）还没有足够的思想魄力和艺术功力去开创、去率领时尚；或者去顶住时尚，在潮流中坚持创作个性，卓然不群。你们只能力图跟上时尚。你们与当时全国民众、青年的情绪、心态相合拍，盯住丑恶腐朽的封建之树在政治与思想这两根枝丫最显眼的毒果：等级特权和现代迷信。人们总是首先注意并解决对自己为害最烈且又暴露最为充分的问题。而个性解放、实现自我价值这一类的问题，暂时还没被你们提上重要日程。你们被时代的疾风惊雷激励

着仓促上阵，"我以我血荐轩辕"，为实事求是复归而呐喊，为战略转移而欢呼，为尊重知识、尊重人才、尊重人应享受的权利、调动一切积极因素而呼号，想用一腔热血去润滑我们祖国锈蚀的轮子。……然而，你们手里没有认识和改造现实的先进武器。虽然你们来自社会底层，在十年动乱中与人民共沉浮同忧乐，获得了大量生动印象、切身感受，你们却没有足够的能力去理解它们的内涵、洞悉它们的底蕴，无法从总体上、本质上把握现阶段的历史特征、力量对比和现实任务、策略。

    ……

    青春永远与主人恶作剧。它到来时，让你觉得青春的力量是无限的，自己可以无坚不克；当它流逝了，你才恍然惊悟它的有限。你们当年没有充分估计到，无论是政治民主化还是繁荣文学事业，都是马拉松漫长的里程，不是凭青春的血气之勇百米冲刺就能奏凯的呵！把握不准分寸就是必然的了——这也难怪，从寻梦到寻根，不可能不是一个屡屡碰得头破血流的曲折过程。

高伐林对学生群体自身的剖析，可以说是"刮骨疗伤"。尽管如此，他仍然礼赞这一支"学生军"。高伐林在《对话》中说，事后他与《这一代》编辑组副组长张桦撰文详细地记述了整个过程：

    ……它充实了我与张桦根据大量的第一手材料写作的中篇纪实文学作品《〈这一代〉与"这一代"》。这部稿子尽管使有的刊物的编辑同志读过两章之后感到"很激动"，终因种种原因未能发表。但我俩坚信：它定会有问世的一天，会从一个侧面展示1979年——新中国征途上大转折的一年——的风雨雷电，展现一批当代青年作家在走上文坛的学生军行列中的身影……

    确实如此，《这一代》的编辑、作者和参与者中，后来有不少人成为著名作家、诗人、评论家、艺术家，在中国思想文化界起到重要作用，如陈建功、刘震云、查建英、黄子平、徐冰、李杭育、王家新、徐敬亚、王小妮、陈晋、徐晓、黄蓓佳、王小平、於可训、苏炜、张德强、龚巧明等。他们中有不少人后来撰文或者在电视节目中，回忆起自己最初参与创办《这一代》的难忘经历。《这一代》原计划是将由北京几所高校的学生社团负责

77级大学生高伐林
在武汉大学樱花大道

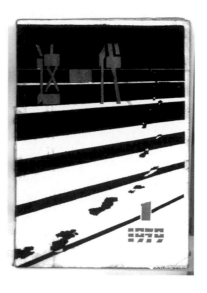

《这一代》封面

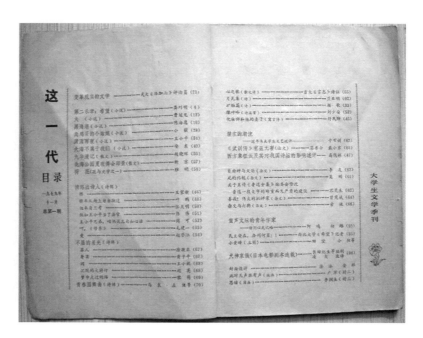

《这一代》目录

第2期的编辑出版，但在巨大的政治压力之下，不可能再出第2期了。这一本创刊即停刊的残缺的杂志，成为对那个时代、对那一代人的历史见证。及至今天，我们回顾那一段历史，联系现实，可以深刻理解中国走向言论开放、民主政治之艰难。

五 湖边的小屋

　　湖北省社会科学院位于全国著名风景区东湖之滨，离东湖大门咫尺之遥。东湖风景区面积88平方公里，湖面33平方公里，为杭州西湖水面的6倍，是全国最大的两个城中湖之一。风景区的绿道有100多公里长，沿途景色如画。风景区内有磨山、植物园、梅园、梨园、九女墩、行吟阁、沧浪亭等景点，武汉地区十几所高等院校、科研院所，环绕在东湖周边。社科院对面是湖北省博物馆，也在东湖边，镇馆之宝是1978年在湖北随州擂鼓墩一座战国时代（约公元前433年）的曾侯乙墓出土的编钟，是迄今为止所发现的成套编钟中最引人注目的一套，这套编钟之大，足以占满一个现代音乐厅的整个舞台。

　　《青年论坛》编辑部，就是在社科院的一间小屋里。创办时没有办公地点，由《江汉论坛》编辑部拨出一间10多平方米的房间，外带一间不到4平方米的厨房，以后《青年论坛》的工作人员就一直在这里了，厨房做了我们的财务室。《青年论坛》的同仁们，在这间小屋里发出了改革之声，他们像古希腊神话中的普罗米修斯那样，冲破宙斯的禁忌，传播时代之火。

（一）青春旗帜下

　　1984年6月，我和王一鸣、李肇文经《江汉论坛》的几位年轻人推举为《青年论坛》筹备组成员。我们三个人都是湖北省社会科学院院刊《江汉论坛》的编辑人员，属国家事业单位正式编制，但"筹备组"是没有名分的。为了取得社科院领导支持并为筹备组"正名"，我们以筹备组的名义给社科院呈交了创办《青年论坛》的报告。当时正值改革热潮冲击社科系统，社科院和《江汉论坛》都很重视我们的报告，社科院党组书记沈以宏还在报告上批示"这是一个良好风气的兴起"，并将报告转发全院各部门。6月下旬，中共湖北省委书记关广富在我们的报告上也作了批示，表示支持。7月初，《江汉论坛》编辑部负责人正式宣布，抽调我和王一鸣两人筹备《青年论坛》。我们两人作为《江汉论坛》的编制人员，筹备期间还得兼任《江汉论坛》的部分编辑工作。7月19日，中共湖北省委宣传部向社科院发出"关于同意创办《青年论坛》的批复"，8月3日，经省委副书记钱运录批示，省财政厅拨款开办费5万元，但注明以后要自负盈亏。

至此，筹备工作的前期任务已顺利完成。接下来需要到各地征求对办刊的建议，主要是摸清大学生们的需求，建立相对稳定的读者群，同时还要做好组稿和刊物发行的准备。另外，办一份杂志仅靠我和王一鸣两个人是不够的，还需要招兵买马，组建团队。

美术编辑邵学海，是在一次旅途中招来的。1984年8月，我和王一鸣在南京完成建立记者站、组稿的任务之后，乘船回武汉。乘船途中，发生了一个小故事。我们在船上住的是三等舱，对面有几位武汉的乘客，他们买了几只南京板鸭，挂在离我们较近的窗口。由于天气太热，板鸭有了异味，风是往我们这边吹，于是有了交涉。问题妥善解决，然后开始交谈，知道他们是几位是武汉的青年画家，出来送作品参加画展，送完后回程。当画家们知道我们在筹备一家青年刊物，其中一位叫邵学海的年轻人随意问了一句："我调来行吗？"我们当时正在组建团队，而且正在物色一个美术编辑，我看邵学海十分文气，解决"板鸭"问题时态度很谦和，就回答说："好啊！"并交换了联系方式。起初邵学海觉得我是在打哈哈敷衍，人事调动是大事，旅途之中萍水相逢，一句简单的"好"似乎没有诚意。不过回到武汉后他还是来社科院看看，到了《青年论坛》这间小屋。我热情地接待了他，知道他确实想调动，也希望来我们编辑部，于是告诉他，很快就会由湖北省社会科学院发出商调函。邵学海有些惊讶：我没有大学文凭，而且对我没有考察就决定调我来，是不是有失慎重？我对他的回答是："我们不看文凭看能力。能参加全国美展，说明有专业水平。我看准了。"邵学海很感动，心里踏实了，觉得遇到了知己。调动手续还没办妥，他就义无反顾地来到编辑部，做了一名美术编辑。在上个世纪80年代，一个人的工作调动是十分复杂的事，每个人都是"单位人"，没有流动的自由，卡住你的人事档案，你哪里也去不了。而且，邵学海原来在一家国企的科室工作，而社科院是事业单位，性质不同，属于跨系统调动，难度更大。《青年论坛》因为有上层支持，我找了省市有关领导出面打招呼，并直接去省劳动人事厅干部处落实调令，同时将协商调动改为国家干部调配，邵学海原来的单位只好放人了。

邵学海比我小两岁，他来编辑部后发挥了重要作用。除了做美术编辑，负责封面、装帧、插图和版面设计，他还承担联系印刷厂的工作。创刊号最后的编校工作，就是我和王一鸣、邵学海三个人加班一通宵完成的，赶在预定日期送交印刷厂。此外，邵学海还是杂志社的摄影记者，有关《青年论坛》的照片，绝大多数是他拍摄的，他将部分照片和数百张柯达底片珍藏了几十年，留下了宝贵的历史记录。《青年论坛》被迫停刊后，邵学海留在社科院楚史研究所，由美术创作转而研究中国上古艺术史、先秦美学及楚国美术史，跨度很大。他非常刻苦勤奋，甚至可以说是搏命，终于在学术上取得了丰硕成果，获得研究员职称，并成为硕士研究生导师。他的主要著作有：《先秦艺术史》《长江流域美术史》《打开曾侯乙墓》《激情浪漫——楚国的艺术》《艺术与文化的区域性视野》，与冯天瑜教授合著有《江河万古流》《绘画中华文明史》；主编并参与撰写六卷本《长江流域古代美术》，并发表了多篇论文。

从南京回到武汉以后，开始紧张的审稿编稿工作。前期的宣传组稿大有收获，已经有了不少来稿，我们在上海、南京又收到一些稿件，创刊号重头文章胡德平的《为自由鸣炮》、许苏民的《人的现代化》以及编辑部自己的文章《理论创新与当代中国》都已定夺，加上一批武大师生的文章，分量已经足够了。而且，第2期的文稿也准备好了，创刊号上刊出了第2期杂志的主要文章目录。

但是人手明显不够。我和王一鸣分别处理文史哲和经济学、新学科等方面的稿件，还要不停地与外界联系，安排活动，接待来访，协调上下关系。每天都有不少稿件寄来、送来，虽然请了几个兼职编辑，但具体的文字处理，还需要我们专职编辑来做。邵学海到处找价钱便宜的印刷厂，坐过江轮渡来回跑，督促铅字排版工人加快速度。当时纸张计划供应，要由主管部门审批，也需要人去跑。开创之时，真是千头万绪。

为了招聘工作人员，我们在《湖北日报》、《长江日报》发布了相关信息，但反应一般，因为人们还不了解这个刊物。我想起我在武大的同班同学王绍培。王绍培是我在武大老斋舍的室友，听他说过，他的家庭曾遭受"文化大革命"的劫难，父亲蒙冤入狱，出狱后全家下放农村，他从小就跟着父母亲干农活，还学会了"干坑抓鱼"的套路。王绍培天资聪颖，完全靠自学考上大学，在78级学生中属"小龄生"，入学时只有十八九岁。他很少上课，但成绩不错，写得一手好文章，还下得一手好围棋。毕业后分配到武汉市郊的一所中等学校任教两年多，我想请他来《青年论坛》，特地跑到他家去做工作，但他没在家，我就留了一张字条。王绍培果然很感兴趣，马上爽快地答应了。王绍培的调动，又遇到"单位人"的难题，他所在的校方认为好不容易来了一个武大才子，怎肯轻易放人。无奈之中，我找武大校友帮忙，在省委工作的校友梁亚莉找了省委副书记钱运录，还有一位校友是武汉市委书记的秘书，他请市委书记发话，才解决了王绍培的调动问题。邵学海、王绍培这两个人的调动，令人非常感慨：80年代的人员流动，如此之艰难；小小的《青年论坛》编辑部，要引进两个小小的平头百姓，居然要劳动省、市的上层领导，今天看来是多么不可思议。

　　1985年3月，经过各种曲折，王绍培终于调来编辑部。他如鱼得水，大展其才华，杂志上署名"如搬"、"工一"、"南昆"、"方昆"、"何必"的文章，都是出自他之手，还有几篇重要的编辑部文章，也都有他的参与。王绍培还去过北京、杭州等地，为《青年论坛》四处奔波。停刊后，也许是因为《青年论坛》的历练，他南下深圳继续做媒体人，参与创办特色鲜明、风格犀利的《街道》杂志，后加盟刚刚创刊的《深圳风采周刊》，2003年，进入《深圳特区报》写专栏与评论，名闻遐迩。2009年王绍培在深圳发起"后院读书会"，倡导民间阅读，倡导阅读哲学，以"席明纳"（Seminar）的方式打造了一个"便携式的文化共同体"，并组织会员排练话剧《后院故事＋莎士比亚》在剧院演出，是全国十分知名的读书会。近年，王绍培在深圳开办《中国：一堂丰富的哲学课》系列讲座，挖掘中国哲学精神内涵，结合生活体悟，以通俗的语言讲述深奥的哲学史，广受欢迎。他开的微博"王绍培的菜园"，多年来一直金句妙语迭出，吸引了众多粉丝。王绍培出版的著作有《性感的变奏》《用梦想化妆》《书游记》《温故集》等。

《青年论坛》还有一位才子陈刚，在长江边的一个农村长大，却是一个意气风发的青年诗人。陈刚也是来自珞珈山下，武汉大学中文系79级，读书时就在《诗刊》上发表过作品，并学习了英、法、俄三门外语。但他的性格桀骜不驯，1983年毕业时他拿到的是一张肄业证，原因是他从来不上在他看来观点过时的政治经济学课，老师给打了零分。半年后补考，肄业证才换成毕业证，毕业后在一家地方报纸工作。1985年7月，《青年论坛》文学编辑王振亚离开了杂志社，我们正缺一个文学编辑，此时陈刚来了。他第一次来办公室时将自己的诗作拿给我看，令我拍案叫绝，加上他那一手漂亮的硬笔字，我想这文学编辑就是他了。凭着他的文学人脉，组来了不少有分量的稿件，他自己也在《青年论坛》上发表了《中国现代诗的现代主义宣言》、《自我与良知——〈诗论〉之一》两篇文章。《青年论坛》停刊后，陈刚去了湖北一个地方的文宣部门工作，他在工作之余系统自学了西方哲学和美学，同时不停地写诗作赋，写了大量的古体诗，也写了不少文学评论，发表在《诗词界》杂志和自己的博客"傻子比亚"以及其他网络媒体上。陈刚还自学了古法文和意大利文，翻译了16世纪法国著名诗人杜·贝莱的著作《保卫和发扬法兰西语言》和17世纪著名法国文艺评论家布瓦洛的《诗艺》，其中《保卫和发扬法兰西语言》于2012年出版，《诗艺》在杂志上发表；还翻译了18世纪末至19世纪初意大利浪漫主义诗人乌戈·福斯科洛的组诗《十四行诗》全文，也在杂志上发表。难能可贵的是，以上译作全部是首译，无任何可参考的文本，而且，两部法国著作，都是依古法文译出。

　　2019年，陈刚在纪念入读武大40年时写了一篇《珞珈山赋》：

　　　　邈鄂区之芳薮，历递代而蔑声。驯晚近之颓势，亟自强以新萌。乃凿荒岩，刊丛薄，布置栋宇，大庠以成。譬开物之卓绝，祈致知之坚贞。惟当世之楚才，锡珞珈之嘉名。

　　　　中经坑辱，犹葆天禄之藏。亦遭灰劫，未减群玉之光。嗟予何幸，附骥曾游。百卉吐蕊，万条抽柔。老儒尚在，曳杖湖陬。赏此乔木，嘤鸣悠悠。发顽童之蒙蔽，示文物之风流。俟四载之奔箭，永一生之回眸。

　　　　若乃取象灵丘，规摹骊窟，蜿依幽壑，固凭嶙峋。群楼隐约，画檐凌兀。碧瓦琉璃，垩垣曲委。耀晴日之郁霭，翳回廊之迤逦。极问学之尊显，崇至圣之赫奕。东西精艺，联璋合璧。南北黉府，孰可与匹。人间泮宫，斯境第一。

其为章黄壁垒，时学锋锐。硕人连袂，瑰彦倚桂。默四库之溯洄，总百科之机慧。骏才凌烟，惊采绝世。曩日耆宿则有五老三剑之雄，饱学冠于士林，高誉腾于瀛海。迩来名舌则有鬼谷仪秦之辩，燕石为之点头，阐提从而泪悔。口耳相授，此秘甚辛。师徒砥砺，愈出愈神。至于新进溺物，学种胥沦。或荧屏邀声，裂道术于秒尘。或里巷稗贩，贸方伎以笑颦。来者不拒孔方，去矣止缘金银。赖前修之富艳，控识界之要津。

若夫绮龄逸禀，络绎来驻。关东佳儿，陇西贵裔。南海疍户之奇，塞外毡乡之异。毛颖头角，囊底见露峥嵘。松筠意气，茎寸叹为堪惊。或题海大战，俱满分以倾城。或诸本逆诵，其如流而扬菁。塾师骄傲，父兄畅情。遇君阄试，售我鲲鲸。十年沉羽，一朝冲鸣。蛾眉略施粉黛，诨号斟改雅名。愿明哲之剀切，落锈钝为琼英。冀万牛之牵挽，作七庙之丹楹。负笈汉皋上，振衣山中行。

至于仲春照昀，涧毛尽绿，坡苔新茸。繁樱一开，淡馨自浓。飘縠浮缟，如雾似淞。华车挂辖，游侣胜蜂。昼倚石桌，郑女抛书，眼渐懵慒。夜仞峻窗，交甫失佩，心萦徽容。若夫湛露刚白，秋宵转长。执手桂下，指团月以升冈。履霜枫谷，嗅红叶其若香。衡雁杳渺，瑶报微茫。至若岁暮时昏，风积云屯，霰响瓦息，雪筛林繁。缘薨冒栋，入隙滞门。三径没迹，孤村无垠。松竹束于练素，菊荏仅存枯根。惟见凌寒数朵，点缀阒寂梅园。

于是送怀遥岑，睠言玉岫。忆课余之登跻，恍失恋之狂走。薜萝纫襟，兰痕染袖。云杉密栗，松柏挺秀。落叶荐茵，青藤悬茂。听林杪之风籁，怜露巢之鸣彀。若夫精力独煎，长夜凤醒，乃绷腱拾级，一气达顶。霞上森壁，星隐云岭。遨神天色，泛睇晨景。东顾江流，修灵浩荡。北俯湖波，亡涘靡疆。斯虽小阜，观国之光。瞻洙泗其无怍，基嵩岱之荂泱。堆蓝耸翠之静，热衷者可以清凉。汉晋唐宋之雅，鄙俗者终于忘伧。

噫！吾以楚之编氓，幼慕阆苑，得攀鸿翿。四十年矣，忽焉一夕。乌骓迅逝，白霜着额。其犹未悔，敢曰蹉跎。

电视台记者拍的镜头：
李明华在编辑部改稿

10平米的《青年论坛》编辑部

编辑部人员合影，左起：邵学海，陈刚，於可训，
李明华，王麓怡，王一鸣，陈兵力

这篇赋，是继武大中文系何五元的《珞珈赋》之后的又一篇佳作，在武大校友中广受好评。所谓"惟楚有才"，是否可以此作为一个明证。

《青年论坛》的发行工作，负责人变更了几次，但发行量一直不理想。正当我们为杂志发行着急的时候，1985年7月初，蔡崇国推荐周晓佑来杂志社。周晓佑30出头，原在一家企业当领导，有较丰富的管理经验，刚来时担任发行部主任，1986年8月，社长王一鸣被社科院派到湖北通城县任县委宣传部副部长，挂职两年，周晓佑被推选为副社长，不仅负责发行工作，还分管记者站工作和行政管理工作。当时邮局不受理《青年论坛》的发行，我们只好自办发行。周晓佑找来电话黄页，委托社科院家属抄写信封发征订单，每写一个信封一分钱。但很多地址不详或者错误，寄出的信退回来不少。大批寄信的邮费也要花不少钱，当时寄信的邮费每封8分钱，周晓佑精打细算，将征订邮件送到武汉郊区的武昌县邮局寄发，那里可以按印刷品寄，每份只需3分钱。不过有时邮局不负责任，曾发生过整麻袋的征订单被当作垃圾扔掉的情况。我们意识到，这样寄征订单搞自办发行确实非常不利，扩大发行必须通过邮件系统征订。周晓佑克服各种困难，争取到邮局同意发行。起初邮局按订阅费用总额的40%收取发行费，这样我们就没有任何利润，无法维持运转。周晓佑与邮局反复沟通，介绍《青年论坛》的创办经历和社会价值，介绍年轻人的改革热情，邮局终于同意将发行费用降到30%。为扩大发行，周晓佑四处奔走，想尽各种办法，从根本上改变了杂志发行的局面。她接手发行工作时订户是8千，到1986年底，当邮局报来订户数超过3万时，周晓佑露出了欣慰的笑容。这在当时的社会科学类杂志中是十分罕见的。这意味着，在全国数百种社科类刊物中，我们的发行量走在了前列，而且，订阅量超过3万份，加上记者站发行和书摊零售，我们自负盈亏的目标也实现了。

周晓佑在《青年论坛》上发表过一篇人物专访文章，是北京记者站站长陈东升介绍她去的，采访对象是湖北天门县一位年轻的农民企业家，这位企业家是残疾人，在家乡办工厂带动了村民致富，事迹很感人。周晓佑采访回来后写了《初生牛犊不怕虎——记青年农民企业家欧阳德平》一文，发表在《青年论坛》1986年9月号，文章发表后我们又在下一期杂志封底刊登了欧阳德平的照片和他的工厂及产品，后来欧阳德平给了《青年论坛》1000元的赞助。

1987年1月中共中央总书记胡耀邦辞职，风云突变，形势十分严峻，第1期杂志刚出版即遭整肃，各方都来搜查这一期刊物，周晓佑在社科院附近找了一间民房，将未发行完的杂志放在里面，地点只有我们少数几个人知道。尽管不断有人对我们跟踪，但这个地点始终没有被追踪者发现，杂志得以保存。

周晓佑在杂志社十分低调。她出身在一个显赫的家族，祖辈、父辈对中国民族工业的发展有重要贡献。清朝末年，周氏家族在武汉兴办了周恒顺机器厂，是中国机器制造业的先驱。周晓佑的父亲是电机工程专家，早年毕业于重庆交通大学，获硕士学位，毕业后继承了家业，为发展中国现代机械工业竭尽全力。上个世纪50年代，在工商业的社会主义改造中，国家对私营企业实行赎买政策，周家的家族企业汉阳周恒顺机器厂成为赎买对象，后来这家工厂发展成为一家大型国有企业。周晓佑的父亲曾任中国民主建国会湖北省主委、湖北省政协副主席、民建中央常委。《青年论坛》停刊后，周晓佑到武汉大学政治系读插班生，也成为武大的校友。她出版的著作有《先秦行政管理思想探微》。周晓佑离开社科院后去了深圳。

《青年论坛》做编务的王麓怡，是看到招聘广告后来应聘的。她办事十分细致，写得一手漂亮的美术字。来编辑部后，不仅做稿件编排、字数计算、稿费寄发、内部事务以外，还参与发行工作，曾与陈刚一起出差南京、杭州等地。王麓怡虽不是武汉大学毕业，但她的家族与武大有密切关系。她的伯祖父王世杰，是武汉大学第一任校长，1911年曾参加辛亥首义，后留学英、法，回国后曾任教于北京大学，与胡适等创办《现代评论》周刊。王世杰曾任国民政府教育部长、外交部长，1949年去台湾后历任要职。王麓怡来《青年论坛》后，因当时的政治氛围浓厚，与国民党有关系是一件十分险恶的事，她没有提过自己的伯祖父。《青年论坛》停刊后，她去了一所大学的学报编辑部工作。

《青年论坛》的工作人员中，有一位老太太黄逸筠，这是我们中唯一的长者。她曾先后在几个条件很好的机关里当会计，退休后经人介绍来我们杂志社管财务。刚来时看到她的办公地点就是那间4平方米的厨房，与她过去的办公条件简直是天壤之别，而且杂志社出的工资也低，但老太太却被我们心忧天下的热情和艰苦创业的精神所感动，她看着我们期待的目光，二话没说，答应应聘。老太太对《青年论坛》忠心耿耿，与杂志社共进退，直到最后一刻。

创办期间先后到杂志社的人员，还有喻承祥、王振亚、陈兵力、周英姿、孙芝芯等。喻承祥于1984年8月来到杂志社，在10月12日的工作会议上被选为副社长，负责联系开发实业的具体工作。王振亚1984年毕业于武汉大学法语系，年纪很轻却留了一脸络腮胡子，起初被分配到郑州一个金属研究所，没有外文资料可译，他要求退回学校改派。我去武汉大学学生处和社科院的政治处、科研处跑了好多趟才把他要来，安排在杂志社担任文学编辑。他在编辑部呆一段时间后去了一家法资企业。陈兵力人脉关系比较多，承担了很多公关工作，我们与李铁映、李锐、吴官正等人的联系，都有他的参与。1984年秋，陈兵力应湖北十堰二汽之邀，在宣传部、团委、汽车学院等单位作"改革与新观念的建立"、"改革理念纵横谈"等为题的演讲，并介绍了《青年论坛》的情况，引起二汽高层对《青年论坛》杂志的高度关注。其后不久，陈兵力请我和王一鸣、邵学海一块去十堰找二汽公司谈赞助，二汽居然给了我们3万元，这在当时可是一笔大钱。

《青年论坛》的这个团队，每天都会为崇高的历史责任感所激励，为一封又一封读者的赞誉所感动。能够在一个前所未有的年代参与到改革大潮和思想启蒙运动，并处在前沿阵地，而且经常接触到时代的潮流人物，大家总是心潮澎湃，活力充沛。当然，年轻人个性都强，性格相异，能力与自信、才华与傲气总是孪生并存，或者年少气盛、意气用事，杂志社内部常有矛盾和争执，但基于共同的目标和理念，工作氛围一直激情昂扬，工作效率和活动频率特别高。况且，政治气候乍暖还寒，经济状况又十分窘迫，大家时刻都感受到来自各方面的压力，因此更需要整体的团结和抗争，更需要付出加倍的努力。很少有理论刊物像我们这样经常派人行走在全国各地，组织各种座谈、研讨，举办演讲，与读者有这么密切的联系。我们的工作人员，有的放弃了党政机构的"铁饭碗"，来接受杂志社的自负盈亏"待遇"；有的搁置了考研的打算，将青春岁月奉献给改革大业；有的告别稳定平静的生活，投入到紧张忙碌的编辑工作当中。杂志社唯一的老太太黄逸筠，推辞了机关事业单位的聘请，放弃了优厚报酬，来到条件艰苦的杂志社干财务工作，也是为年轻人的青春热情所感动。当时工作人员都在社科院食堂吃饭，我们经常是端着饭碗围在一起讨论《青年论坛》的事。每次从印刷厂运回杂志，杂志社全体人员都成了搬运工，不仅搬杂志，还帮忙发行部分发邮寄。我更是忙忙碌碌，日夜都在考虑《青年论坛》的工作，除稿件编审之外，还起草了一份又一份文件，并多方联系各地人士，竭尽全力为杂志奔波，似乎忘记了一切。还记得关于女儿的两件囧事：女儿当时5岁，在3公里以外的水果湖小学读学前班。因我太太工作单位较远，而且下班较晚，而学前班是下午4点下课，每天都由我骑自行车接女儿回家。有一次下午5点钟，我在办公室专注于编稿，突然想起女儿还没有接回来，急得浑身冒汗，立即跨上自行车拼命赶到学校，一看教室里空无一人，赶紧找老师、校工问，他们说都没见到，我顿时脑袋炸了。我紧张地在学校的各个角落、在马路边到处寻找，都不见女儿的踪影，又心急火燎回到社科院，准备发寻人启事。一进大院门，就看见背着书包的女儿，她哭着用小拳头打我，说："爸爸把我忘了！不行，下次你再忘了接我，你就在地上爬！"我问了情况，原来，放学后其他的孩子全部被家长接走了，女儿等了很长时间没见到我，惊慌中走向马路中间正在指挥交通的交警，说："警察叔叔，我爸爸今天没来接我，我住在社科院，叔叔能不能送我回家？"交警拦了一辆军车，嘱咐司机送女儿回到社科院。这样的事还发生了第二次，当时因处理一件紧急的事，没有及时去学校接女儿，女儿自己上了一辆公交车，对司机说到社科院下车，司机到时就让她下车了。后来每当想起这两件事，我总是感到十分愧疚。

杂志社的伙伴们都十分敬业尽力，但杂志社的体制却是我们十分头疼的问题。那个年代，每个人走到哪里都必须有"编制"，即"身份"。经过我们艰苦的努力，找校友，跑政府人事部门，终于获批了12个编制。根据人事部门的批准文件，其中6个是全民所有制事业编制，包括我、王一鸣、喻承祥、王绍培、邵学海、王振亚，纳入政府财政预算，由社科院包工资福利。另外6个虽然也算院编制，但属于集体所有制性质，经济上自负盈亏，工资福利由杂志社自行负责，人员包括陈刚、周晓佑、王麓怡、陈兵力等。而杂志的办刊经费，除了省财政分两次各拨5万元开办费之外，以后也都是自负盈亏。这使我和王一鸣十分纠结。大家都是为了一个共同目标走到一起来，但"身份"却不一样，有体制内外之别。由于这样的情况，我们不仅要费神筹集办杂志所需要的纸张、印刷、发行、作者稿费等费用，还得想办法让大家有饭吃。因此不得不安排专人搞创收，找钱养刊养人，这就为后来的市场失误留下了隐患。

（二）"编外校对员"何亚斌

在编辑部，大家都十分佩服一位"编外校对员"，名叫何亚斌。他1982年大学毕业后分配到湖北省统计局综合处工作，1985年11月在一个偶然的机会看到《青年论坛》杂志，于是爱不释手。他读得十分仔细，看到心爱的杂志上有不少错别字，便不能忍受，于是给编辑部写了一封信，我们将这封信刊登在《青年论坛》1986年7月号上：

亲爱的同志们：

我为你们的成就感到欣喜若狂。每当《新华文摘》选上贵刊一文，我就要着实地高兴一番。被这家刊物选上，本身就是成功的标志之一。

我认真地拜读每一期上的每一篇文章，从来没有一份杂志像《青年论坛》这样吸引我（就整体而言），她给我开拓精神，给我理论的力量，给我时空观，给我浓缩的信息。当近日湖北广播台报道你们为创刊一周年举行座谈会的消息时，我仿佛是从座谈会上归来一般。

我也有意见，就是她的校对马虎，白璧染瑕。

收到第5期时，当日我就写信给你们，指出目录中的差错。承蒙贵刊于10月5日见复，使我十分感动。但当我昨天收到第6期时，感到改进甚微。昨晚先读了《改革时期的用人之道》，感受是二重的：一方面（主要的），她给我许多有用的营养，我正需要这样的文章，她把我的许多想法作了论证，或者作了批判。另一方面，该文在校对上的漏洞迭出，实在不可原谅。

今天，我突然萌生了一个想法：自荐校对。你们把出版规律告诉我，我作终校。订个君子协定，出了差错我负责。打个电话给我，我上门取货，在规定时间内送回。

祝贵刊越办越好，尽善尽美。

此信引起我高度重视。其实，在何亚斌来信之前，中国人民大学经济系研究生胡似、安徽大学中文系陈建设也来信指出我们杂志的诸多校对错误，这两封信我们都在杂志上刊登出来，并公开回复："我们的部分编辑人员和校对人员缺乏严谨的科学态度和负责精神，以致校对错误十分严重。……为了减少和防止此类错误，编辑部已做了专门研究，并订出了改进措施。在此，特向广大作者和读者诚恳地致歉，并衷心地感谢热情关心本刊的同志们。"

我这个当主编的，为杂志的校对错误深感头疼。我在《江汉论坛》做了两年多编辑工作，深知校对之难。老编辑们常说，校对也称"校雠"，"一人持本，一人读书，若冤家相对"。校对就像秋风扫落叶一样，错别字扫了一遍又一遍还会有。创刊之初，我预计到这会是一个大问题，就给大家发了《编辑手册》，并制定了详细的编辑工作章程，包括审稿、编稿、校对条例，并对注释的夹注、脚注、尾注的位置都各有规定并有示例，对当时学术论文经常引述的经典著作也都有很严格的标引规范及示例。之后又发了补充规定，对收稿、编稿、审稿流程、版面安排等做了说明，再次强调了校对的重要性。但校对是一项非常专业的活，需要有长期的知识底蕴和文字修养才能胜任，不是你下决心做好就能做好的，稍不小心就会出错。创刊号上的《理论创新与当代中国》一文，刊发之前我看到初稿时，很生气地对起草者王一鸣和韩志伟说："你们到中学去补一补语文课好不好！"因为错漏太多，我费了很大力气对该文做了多处修改和补充，没想到刊出之后仍然出了重要的校对错误。由于读者反映如此强烈，我制订了十分严格的经济奖罚制度：杂志出版后，凡发现责任编辑经手的文章错一个字即扣一块钱，全无错者奖励10元。实施后只有我得过这个奖。记得有一次罚了王振亚29元，这可是他半个月的工资，他几乎哭了起来，当然后来还是给了他生活费。

正当校对工作成为棘手问题之时，何亚斌写信来，我们当然很高兴，立即同意了他的要求。何亚斌提出，他担任杂志的兼职校对，完全义务，不收分文报酬。于是编辑部增加了何亚斌这位新成员，校对工作也就主要由他承担，只要是他校对过的文章，我都十分放心。何亚斌的校对功夫体现在这么几个方面。一是对部分观点提出质疑。他是学哲学专业，对中西哲学史见长，能够对文章某些观点提出疑问，并写信给编辑部建议重新审视。二是对文字直接改正。他是1966年高中毕业的，经历过严格的文字训练，对错别字特别敏感，别人没看出的错字他能"揪"出来。三是时间观念强，能及时完成终校任务。我们给他校对稿，往往只给他一两天时间，他都能完成，有时夜以继日，通宵达旦。校对完成后立刻骑自行车送到编辑部，非常尽责。自从何亚斌参与校对后，杂志在文字上就较少出现错漏了，读者也十分满意。

关于何亚斌，还有几句后话：1989年，何亚斌被派到湖北的一个山区县鹤峰县当县长，他扎根基层，将自己的武汉市户口也转到县里了。到县里工作后，他深感部分干部思想封闭，迫切需要到发达地方学习考察。1992年11月，何亚斌来信请我协助考察工作。其时我在广州市社科院哲学所担任所长，何亚斌县长同县委书记张泽洲、县人大常委会主任张秀庭等10余人来广州，我提前安排了专家教授讲课。当时讲课的有：暨南大学管理学院院长王光振教授讲《泛珠江三角洲经济社会发展研究》，重点介绍广东四小虎南海、顺德、东莞、中山的崛起经验，也介绍了清远贫困山区的脱贫之路；中山大学社会学系副主任李若建博士讲《珠江三角洲县域经济分析》，重点介绍商品意识和民营经济的发展，介绍这些地方具有一批"泥腿子经理"成为企业家；广州市委政策研究室市场处处长余镇明硕士，讲《深圳市场体系的构成》，介绍了七大市场：生活资料市场、生产资料市场、股票市场、房地产市场、劳务市场、技术市场、信息市场。理论学习之后，我和哲学所的同志陪同考察团到深圳、珠海和顺德考察，历时13天。其中在顺德容奇镇的考察使他们深受震撼。

结束广东之行回到鹤峰，县委书记张泽洲升任恩施州委常委、政法委书记，何亚斌继任县委书记兼县长。他大胆实行产权制度改革，在全省第一个县废除粮油购销政策，取消向农民收取的"三提五统"，改由县财政负担，将土地经营权完全还给农民做主，改国有企业为国有民营，改集体企业为公有私营，大力发展民营经济，1994年被评为全省6名优秀县（市）委书记、县（市）长之一，《湖北日报》发表长篇通讯《情满大山——记中共鹤峰县委书记何亚斌》。他后来被提拔为省统计局副局长，又用11年时间主持创建了湖北产权市场，2008年被评为"改革开放30年影响湖北30人"，2018年被评为"改革开放40年荆楚弄潮40人"。

我与何亚斌一直保持着亲密的朋友关系，每次见面，他都说，他从《青年论坛》的校对工作中收获的思想营养很多，从广东的考察中学到的实践经验很管用。

（三） 编辑手笔，道义文章

《青年论坛》的文字编辑，主要是王一鸣、王绍培、陈刚和我，王振亚工作的时间不长，很快就离开了。另外还有几个热心的兼职编辑，主要是於可训、韩志伟、刘有源、张君、刘庆平、李建星、汤庭芬等，都是义务的。我们几个专职编辑除了编稿，也都写稿，杂志上以"韩小年"和"本刊评论员"、"本刊特约评论员"署名的文章，都是我们自己写的，基本上表达了我们的办刊思想。

创刊号上的开篇文章《理论创新与当代中国》，署名韩小年，由王一鸣以及兼职编辑、武大哲学系79级韩志伟共同执笔，我做了补充修改。文章根据中国改革现状，提出了对理论进行反思的历史任务：

> 中国大地上空前的改革浪潮，正冲击着传统的社会经济体制，同时也拍打着传统意识形态领域的堤岸。每一个志于改革、勇于创新的理论工作者，都肩负着对我们过去所奉行的某些理论、对传统观念进行深入反思，对改革过程中已经出现或者可能出现的新情况进行深入探讨的艰巨任务。
> ……
> 我们在社会主义建设的各个时期不同程度地信奉着一种被"左"化了的马克思主义。这种"左"化了的马克思主义居然还被推崇为神圣不可冒犯，成为支配人们思想的最高原则。难道现在不是应该推翻这一貌似神圣的东西的时候了吗？解除了这些套在人们手脚上的枷锁，一切从实际出发，一切从我国的具体情况出发，找出一条中国式的社会主义建设道路，我们民族的振兴、我国经济的繁荣才能

成为现实。反之，如果还是像原来一样，事事要顾及是否会触犯某些原则，谨小慎微，我们的四化建设就会流于空谈，我们关于中国特色的社会主义现代化的探索就不会卓有成效。

《青年论坛》创办的一项重要意义，就在于探索新的理论形态。因此，反思貌似神圣的左化了的马克思主义，寻找民族振兴、经济繁荣的正确思想，成为理论工作者的历史任务，这篇文章表达了我们的基本思路。王一鸣与韩志伟还合写了《对富裕与公平的思索》，刊载在1986年3月号。文章回顾了人类社会追求富裕与公平的轨迹，列举了历史上思想家们对富裕与公平的有关论述，认为富裕与公平是人类社会的必然要求，但绝对的富裕与公平是不可能的，只有在追求富裕中才能逐步达到公平。文章说：

> 实践证明，夸大或绝对化共同富裕的公平因素，会使我们欲得而失。当全社会的目光不是主要凝聚在生产力的发展、富裕程度提高上，而是主要盯在各种关系处理、政治势力变化的公平合理上，那么这个社会的神经将会被一些虚无缥缈的东西弄得紧张起来，整个社会追求富裕的积极性将遭压抑、文明建设将驻足不前。

改革开放初期，由于各种条条框框的松动，生产力获得巨大解放，经济发展的闸门打开了，社会财富也迅速增长。中国思想传统有"不患寡而患不均"的观念，富裕之后公平的问题提出来了，此文对这个问题做了深入思考。王一鸣还以"何生"的笔名写了《时间学引论》《干部职业议——一个反官僚主义的话题》二文。

文学编辑陈刚写了两篇诗论，也都在《青年论坛》上发表了。陈刚的《中国现代诗的现代主义宣言》，以十分激进的态度与传统观念叫板：

> 我们（以下简称我）勿庸置疑地被时间制造商造就了一双武装起来的黑眼睛。这虹膜深处的一切从昨晚就开始晕眩、跳荡、骚扰不已。新华夏系静止的群山在我看来与起伏的波峰无异，而风和日丽只不过是海上狂飙的另一种富于修饰性的委婉说法。我，就是为了与这些无形象无声息的风涛相遇而降生的。现在，

我精确地预测了自己所处的时间位置，并深知我是以某种放肆的、离经叛道的方式登上了巍峨的PARNASSUS山巅，箕坐在那里等待一次机遇。

过去的一切只在过去的有效期生效。我无法容忍在清晨的大街上碰到那些未曾洗漱者。面对着堆积如山的往昔的卷宗，我将大笔一挥赫然批上"统统不算数！"

中国诗的历史是一个珍贵的独生子。他在二十世纪末叶的一天离家到很远的超级市场去买玩具。在迷乱的霓虹灯海里，他失踪了——而为了找回这希望之所在的美少年，我不能继续沉默。我需要一种宣言——于是我就有了宣言。

……

必须大张旗鼓地公布最新结论——在此之前的中国无诗——是的，无诗！！

……

必须向死气沉沉、万马同声的当代诗坛投射无数枚重磅炸弹，给公众麻木的、恋旧的既定欣赏趣味和美学模式施以摧毁性的打击——然后，我就在这新生的、肥沃而坚实的广袤荒原上种植我的银杏树、兴建我的大厦——一直到人们都发现："现代诗是如此丰富、缤纷、自由驰骋的天地！"

当初陈刚将这篇如此离经叛道的文章给我时，我犹豫了片刻考虑是否刊用。我是倾向于批评传统的，但绝不至于认为过往的一切"统统不算数"！我想到"矫枉过正"这个词，也好用这篇文章表明我们刊物的叛逆的姿态，于是决定发表了。有意思的是，若干年之后，陈刚回归传统，异常迷恋中国古体诗，写了一首又一首律诗绝句，格律中规中矩，而且自学了古典法文，翻译了16世纪的法国名著。

编辑人员中王绍培写文章最多，不仅参与了几篇重要文章的写作，还写了不少思想犀利、文笔隽永的杂文、评论。另外还与黄亚屏合写了关于艾路明游长江的报告文学《向大海》。王绍培文章的犀利风格可以从他的《发展的一种方式》一文看出来，这篇文章发表在1986年1月号，署名南民。王绍培认为发展不是注释和论证，也不是包容，而是突破和超越，包括马克思也是可以被超越的：

那么，在"发展"这一词中，难道不应该包含超越性吗？显然应该。既然这样，就不存在过的问题，至少精神上可以完全放开。如果这样，就不必要把学术的真正深入的进展，单纯看作是对既有理论完备性的论证。每一真正的学术都是一座相对独立的山峰。

因此我们设想，发展马克思主义的方式之一是，任何人都有自由发表其学术见解的权利，真正有独创性的理论可以获得富于个性色彩的命名。正像帕斯卡尔所说："自然安排其全部的真理，是每一个都在其自己本身之中；而我们的办法却是要使它们一个包罗着一个，但这是不自然的；每一个都有其自己的地位。"皮亚杰就是皮亚杰，弗洛伊德就是弗洛伊德，萨特就是萨特。比较性的研究不应该被理解为包容式的关系，学问之间应可建立真正亲切平等的关系。假如是这样，学术上的开放和搞活，就不会是一种权宜之计，而获得了内在的自由性格。一旦如此，就可能从根本上制止任何原因导致的摇摆。看来这也有难度，但我们满怀希望。

王绍培的几篇评论、杂文都很有特色，短小精悍，语言活泼幽默，很受读者欢迎。

我与王绍培合写的《当代中国的主题》，是1985年第5期的开篇文章，署名韩小年。文章一开始分析了中国改革的特殊性：

> 我们又一次处在历史转变的重要关口上。
>
> 鸦片战争以来，中国一大批仁人志士为了图强御侮，救国救民，以献身的精神革新政治，再造文化，开拓实业，在东方这块九百六十万平方公里的土地上，做出了无数可歌可泣的事情。放眼望世界，再没有一个国家像中国，革命的愿望如此强烈，革命的实绩如此巨大，而革命的道路如此曲折，历史的反复如此频仍！今天的美国，在总体上依然是由华盛顿们在二百年前缔造的美国；日本的明治维新基本上奠定了日本今天繁荣的基础。然而在中国就不是这样，死的拖住活的，旧的缠住新的，这种情形始终没有从根本上加以爽快的解决。以至如众所周知的，在建设新社会的大厦之时，我们总要经常性地消除旧世界的废墟。

如何消除旧世界的废墟？社会各界还没有明确的认识，特别是没有深刻认识商品经济体系对建立民主制度的重大意义，我们在文章里提出：

> 够得上第二次革命或第三次腾飞的完全意义的事情，乃是在中国建立稳固的社会主义商品经济系统，建设与之有关的民主政治和法制体系。鉴于这些事情的主干部分属于世界近代史的一部分，我们可以说，我们的当务之急是在现代化国际氛围之中加紧中国的近代化，以求实的精神抓住当今世界给予中国的又一次机缘；鉴于中国现实戴着自然经济、官僚主义、封建主义、左倾思想的沉重枷锁，我们可以断言，"商品经济"这匹特洛伊木马，终将会给封建意识结构和一切带有封建性的上层建筑结构以致命的一击，这对历史的意义，将是无论怎样估计也不会为过的。

中国由自然经济、计划经济过渡到市场经济，其过程是漫长而坎坷的，甚至到20世纪80年代还无人有胆量提出市场经济为主导的口号，中央高层则被时代所裹挟羞羞答答地提出"计划经济为主、市场经济为辅"的指导方针。我们当时是以"商品经济"的概念来描述中国历史的这个缺环：

> 中国当代实践表明，历史逻辑的缺环有着多么重大的影响。封建主义，官僚主义纠缠我们如此之久，靠几篇文章、几本著作、几声呐喊是无济于事的。物质的东西只能靠物质去摧毁。对于封建主义，最有效的武器是处在革命时期的资产阶级搞的那一套东西：全社会的商品经济系统，较之封建社会优越千百倍的民主政治结构，比较严格的法制体系。
>   ……
> 当前改革的实质是以商品经济取代自然经济，使我国在整个现代化进程中跨出决定性的一步。社会历史发展不是随意的，虽然它离不开有意识的人们的主动活动，但这发展归根到底是一种自然的历史过程，就像自然规律统治着自然界一样，社会现象亦是不能超规律的。既然商品经济的充分发展是社会发展的不可逾越的阶段，既然这一规律不受社会制度和国界的限制，那么在我们社会主义中国，就不应像逃避瘟疫一样逃避商品经济。现在人

们已经开始认识到，商品经济是一股强大的冲击波，它不仅会改变经济体制，而且将改变人们的生活方式和思维方式。

"商品经济"这匹特洛伊木马，将会摧毁与自然经济、计划经济相适应的旧体制，所以当代中国的主题，就是发展商品经济，并由此建立起新的社会制度，同时改变人们的生活方式和思维方式。这是我们当时十分坚持的观点。可是不久后我们感到，在传统意识形态的禁锢下，发展商品经济异常艰难，旧的观念时刻都在把社会拉向后退。于是，王绍培又写了一篇文章：《马克思主义在中国的命运》，刊于1986年3月号，署名"本刊特约评论员"。此文排在"前辈寄语"之后，实际上也是头条文章。文章从1956年匈牙利事件谈起，反思在教条主义意识形态统治下的残酷政治运动，分析了民众中普遍存在的怀疑心态以及马克思主义的危机。文章提出解决危机的办法就是超越教条主义。

> 我们不是处在一个深入的精神探索向普遍的意识联盟的阶段，而是处在一个真理被当作终极结论之后刚刚开始摆脱种种禁锢的年代。在相当长的时间里，信念的高度自觉与坚定一致早已沦为屈服、因袭以及盲从。坚信的外壳所包含的是已腐烂了的内核。因此，当思想解放与社会改革一同展开之时，我们在思想的土地上能收获的第一批果实，只能是怀疑而不会是其他。
>
> 诚然，一个高度计划性的经济体制与高度集中性的政权形式的结合，在不太长的时间内，使我们建成了初具规模的现代工业体系与经济系统，社会生产力发展呈现出飞跃。但是，传统模式的发展潜力是十分有限的。
>
> 教条主义与左倾路线从政治角度考虑问题，他们不可能改变他们宣传了多年（这甚至可以追踪到斯大林主义）的那种马克思主义与社会主义，唯一可供选择的办法就是，用政治思想教育来提高劳动者的积极性，用频繁的政治运动来缩短上层建筑与经济基础之间的距离。因此，政治就是经济，抓革命方可以促生产，乃是那个时代的一种真实的写照。
>
> 教条主义的危害往往在于，它不仅作为一种方法原则，而且与一定的政治结构相结合。在民主政治形式不健全，民众的民主意识不强烈的国度，教条主义结合专断权势，就名符其实地构成

了马克思主义的危机。

当一个国家不再满足于在外延上确定社会主义而要在内涵上发展社会主义时，以往的模式就失灵了，就要寻找一条新的路子。南斯拉夫就是一个例子，当她不满足于已取得的成就，而把例如工人的民主自治、社会福利、经济发展、文化建设等等问题提到议事日程上来时，她就较早逸出了苏联的轨道。我们还可以从匈牙利事件、波兰事件中看到，当"发展"这一世界性的主题被人民所要求，而教条主义拿不出相应的措施时，就可能酿成某种政治动乱。这，就是世界上社会主义国家纷纷改革的一个根本原因。

这里似乎预言了1989年春夏之交的天安门风波。这篇文章，可以说是对当时理论界现状的一个评估，也是我们对理论创新思路的一个宣示。即使在今天来看，文章所指出的教条主义的危害，以及高度计划性经济体制与高度集中性政权形式的结合所固有的局限性，是有现实意义的。文章最后说：

这样，我们就处在一个马恩未曾设想过的历史时期。在这个时期，我们既要尊重历史形成的现实，又要重新重视曾经忽略了的资本主义的一些实质内容。尊重生产力与生产关系的历史逻辑的时代开始了；一个需要对以往文化进行综合、再加铸造的新时代到来了。

我们的思路是，中国要发展，就必须反对教条主义，必须突破旧的模式，尊重世界发展的历史逻辑，重新铸造我们的理论体系。这也是《青年论坛》始终如一的主张。

政治体制是我们非常关注的话题。1980年8月邓小平提出政治体制改革，发表了《党和国家领导制度的改革》这篇讲话，不久因波兰事件而终止改革；1986年6月邓小平再提政治体制改革，又因年底学潮而停摆。尽管邓小平两次提出政治体制改革，但他的总体思路，仅是行政机构的精简、运作效率的提高，而没有提到政治民主化的问题。针对当时理论界讨论的情况，我写了《政治体制：改单成败的关键》一文，以"本刊评论员"的名义发表在1986年11月号上。文章认为：

按照有些同志的理解，政治体制改革的主要目标是精简机构，提高效率。这些方面的问题当然必须解决，这是毫无疑问的。但是我们应清醒地看到，党和政府多年来都在做这方面的工作，却无明显效果，说明这里面还有更深层、更根本的问题没有解决，在我们看来，这就是政治民主化问题。建国以来，我们的多次失误引出的最惨痛的教训，就是缺乏民主政治。因此，我国政治体制改革的根本目标，应该是政治民主化，具体说来，就是民主的制度化与法律化。政治民主化，是我国社会主义现代化的主要组成部分之一。没有高度民主，就没有社会主义现代化。至于精简机构、提高效率，虽然也十分重要，但是低一个层次的问题，不可与政治民主化的目标相提并论，特别不能以此作为政治体制改革的主要内容来取代政治民主化。

政治体制改革的主要目标究竟是精简机构、提高效率，还是政治民主化，即民主的制度化与法律化，这两种不同的目标，正是当时党内邓小平与赵紫阳的分歧所在，我们在完全不知党内斗争态势的情况下写出这篇文章，无意中契合了赵紫阳的思路。多年之后，我读到赵紫阳的《改革历程》和鲍彤、吴伟的回忆文章，才知道当年党内这个分歧是何等尖锐。

1986年2月我写了《论对资本主义世界的开放》一文，发表在3月号，署名青平。此文与胡德平的一篇文章有关。

1985年6月，胡德平结束在湖北的整党巡视组工作回到北京，1986年1月中旬，胡德平从北京托人带给我们一封信，信里说："寄给你们一篇文章，但你们务必不要发表。因为我在华北工作，当地领导已让我发表在一份报上了。务必不要发表，只是请你们看看，希望你们能展开再写一篇比我的更好的文章。有关马列的论述我给你们摘录如下，仅供参考。"后面列举了《马克思恩格斯全集》《列宁全集》《斯大林全集》的相关卷册和页码。信的末尾他又说："要说形势嘛，社会主义不可逆转，改革不可逆转，开放不可逆转。86年步伐可能要稳一些，但是这是为了消化、巩固，更好的存利除弊。"胡德平在信中还强调："另附三页纸，请你们务必保存，这是最珍贵的。原稿我已改写，请务必不要刊登为盼。"这封信附了《论开放》一文原稿、一篇《对<谈开放>一文的初步印象》和一份批示。《论开放》是胡德平1985年

12月9日写的，过了不久胡耀邦对该文做了批示："必坚：这是德平的小文章，这一篇倒有一点点可取之处。那个期刊登一登这样的东西 （题目不妥），我也不反对。你看如何？ 胡耀邦 1.6"。郑必坚是胡耀邦的秘书，他在胡耀邦的批示后面也写道："赞成。请德平同志阅。1.7"。胡耀邦批示中的"那个期刊"，不知道是不是指《青年论坛》，但胡耀邦是知道胡德平在《青年论坛》上发表过《为自由鸣炮》一文的。那份三页纸的《初步印象》，我们一直不知道是谁写的，胡德平说"这是最珍贵的"，要我们务必保存，很显然是一位重要人物的手笔。《初步印象》提出的修改意见主要有：恩格斯说中国的闭关自守已不可能，这不能仅仅理解为铁路开放问题，资本主义强国破坏中国的封建的自然经济的武器，更重要的是资本主义的生产过程，首先是大工业，其次才是交通运输；而恩格斯的预言也并未原样实现；恩格斯当年讲的情况，与今天中国开放的背景和性质都是不同的。胡德平根据以上意见对文章做了修改，文章回顾了清末中国铁路的修筑历史，分析了顽固派、洋务派、维新派、帝国主义列强对中国开放问题上的言论，联系中国现实对开放政策做了深入论述，主张以冷静的态度研究新旧中国两种根本不同的开放局面，认真思考马克思主义的开放观。

1月下旬，我和王一鸣去北京，当时主要是为了与记者站沟通和见几位重要人物，同时也想与胡德平聊一聊。1月23日，我们和胡德平在大都饭店谈了两个多小时，北京记者站的季思聪也参加了。胡德平说，《谈开放》一文已在前几天的《北京日报》上发表，不过题目改为《恩格斯关于中国铁路开放的一段论述》，署名古言。胡德平还谈了改革形势，他说：改革的形势会越来越好，他们（改革反对派）没有什么了不起。去年的失控不是已经控制住了，证明我们还是有承受力的嘛。现在整党的形势也在好转。过去我们看不到什么问题，那是因为在黑暗之中，现在是在光明之中看黑暗，有一点黑暗就看得特别显眼。这是好事。他举了河北省藁城县的例子，县干部侵占国家资产50万，在这次整党中很短的时间内就退出了41万。旧体制下侵吞国家资产，新体制下很快地退回钱财，这便是一个巨大变化。过了几天，1月26日下午我们在于光远家里又一次见到胡德平，当时在座的还有胡绩伟、秦川、张显扬，胡德平又一次谈到了开放问题。

回到武汉之后，我们商量如何完成胡德平吩咐的事。胡德平希望我们能再写一篇更好的文章，这个任务只好由我来承担了。我查阅了恩格斯的信和清末中国修铁路的历史，以及有关对外开放的资料，写了《论对资本主义世界的开放》（载《青年论坛》1986年3月号）。这篇文章共分为五个部分，每部分我都用了比较长的标题：

一、世界市场的开拓，使一切国家的生产和消费都成为世界性的了

二、向资本主义开放：关死自然经济的最后一个安全阀门

三、要么关起门来搞，要么打开门，付出代价。企图既不让资本家赚钱又要得到他们的帮助，是绝对不可能的

四、社会主义实现得如何，取决于我们同资本主义最新的进步的东西结合的好坏

五、俯瞰：中国开放对东西方历史的深远影响

文章在论述中说明，为什么建设一个强大的中国需要对外开放：

大工业的发展，各种生产工具和交通工具的迅速改进，使世界各民族空间距离缩短，经济上互相接近。工业国家不再能死守本国基地，不得不服从国际分工。国际间交往成为任何一个企图生存和强盛的民族的头等大事。没有一个国家的铁路和航线不通向国外。

其次是世界市场的开拓。资本主义生产绝对要求把产品发展为商品；同时为满足资本的需要，绝对要求建立世界市场。世界市场加速了国际分工，加强了各个极不相同的民族的联系。国家与国家、民族与民族之间的依赖性受到人们的空前重视。

……社会主义国家不同周围的世界发生联系，是不可能生存下去的。今天的中国也是如此。

开放的后果也许会伤害民族自尊心，但它肯定会推动民族的发展。与其被动被人撬开大门，不如主动拥抱世界。社会系统需要有积极的反馈机制。

资本的输出，有时会大量流向闭塞的、贫穷的地区和国家。

资本的本意是榨取，但它却造成了意外的后果——不断打开闭关自守的封建国度之门。我们尽可以指责资本主义的野蛮侵略，尽可以指责这种侵略给人民带来的深重灾难，但它却在客观上给自然经济以致命打击。被侵略国家即使是出于军事防御的目的，也必须创办大工业。17世纪欧洲克里米亚战争的一个重要特点，是俄国这个采用原始生产形式的民族，同几个拥有现代生产的民族进行绝望的搏斗。"俄国人民对这一点了解得很清楚，因而要过渡到现代的形式"（《马克思恩格斯全集》第98卷，第465页）
……

如果把一个民族当作是一个系统，那么它对于外来的科学和文化，一般有两种反馈方式。一种是积极反馈，采取"拿来主义"，消化、吸收外来的优秀成果，调节自己，完善自己，以此解除自身的危机，从而进入一个更优系统。日本明治维新以后的历史是一个典型例子。另一种是消极反馈，实行"排外主义"，拒绝引进，保存"国粹"，以坚守自己的古老城堡、"刀枪不入"、"风雨不动"为自豪，依靠自身内部的不断调节而维持本系统的稳定，即使接受外来的东西也是极勉强的、不得已的。这一系统便只能停止在原先的水平上。中国鸦片战争的历史即可说明这种反馈方式。

既然我们没有权利（事实上也不可能）再来一次闭关锁国，没有权利（也不可能）再将我们的民族驱赶到原始的生产方式中去，那就必须打开门，特别是向"现代生产方式"打开门。向东方开门，同时更重要的是向西方开门。

但是难以想象的是，在清朝末年，中国仍在闭关锁国，连外国人要投资在中国修铁路都遇到阻拦。这使我想起冯天瑜在《青年论坛》上发表的一篇文章，其中说到张之洞于19世纪90年代主持兴建的东亚第一座钢铁联合企业——汉阳铁厂，开工不几年，便跌入不可解脱的困境之中。美、德、比巨商愿意缴款合办，但国内有人反对将铁厂交洋人"包办"，最终外国商人无法投资。我在文章中提到了洋人修铁路的事：

19世纪80年代，清廷合朝大臣对是否允许洋人在中国修筑铁路一事有过延续十年的激烈争论。还在争论期间，恩格斯就预言"中国的铁路建设可能开放，这样，这最后一个闭关自守的、农业和手工业相结合为基础的文明将被消灭。"

在一个闭关自守的小农经济国度里，开放铁路建设，意味着接受外来投资，还意味着，这钢铁之路将把中国和国际社会不可分割地联系在一起。

对外开放学习资本主义的什么东西？先进的生产方式，科学技术，以及人类文明的一切成果。

既然资本主义所创造的这些成就是属于全人类的，我们就完全不必保持蠢猪似的清高，在人家早已完成工业化进程之后，我们却置这些成果于不顾，闭着眼睛继续走人家曾经走过的或人家没有走过的弯路。

我们还必须吸取资本主义所产生的优秀文化成果。社会主义是从资本主义中生长出来的，我们总得有所继承才能有所创造。我们不必罗列早期资本主义创造的辉煌的文学、哲学、绘画、政治学以及经济学的成果，即在现代，也有不少属于全人类的、有价值的成果。

写这篇文章时，我白天查阅整理资料，晚饭后铺开稿纸，到第二天凌晨完成，几乎是一口气写下来的。与这篇文章同一期发表的，还有王庆五的《论全面开放》。这两篇文章成为这一期杂志的重点。

（四）小屋联结四方

早在创刊之前，我和王一鸣就考虑在全国各地设立记者站，以便建立广泛的联络网，扩大《青年论坛》的读者群。记者站大部分都设在各地的高等院校，主要任务是组织理论研讨活动，组稿，扩大发行，发展通讯员。这些记者站的年轻人，全部是热心的志愿者，我们没有给过一分钱，而他们充满着青春活力，为《青年论坛》做了大量工作。今天看来，这真是一个奇迹。

1984年8月5日，我和王一鸣、李肇文出发，到北京、上海、南京这三个高校集中的城市，做好创刊的最后准备。我们在科研机构、大学召开座谈会，发布《青年论坛》即将创刊的消息，介绍刊物的宗旨、特色、读者对象和征稿要求，走访知名学者，联络作者，并着手组建记者站。在这几个城市，我们接谈了近百人，参加了十几个座谈会，预约了一批稿件。我和王一鸣的感觉，所到之处，无不受到热情欢迎。

首站到北京。在中国社会科学院招待所住下来，首先就找武大校友。陈东升是王一鸣的同班同学，又在外经贸部工作，十分合适；高伐林是我的朋友，在武大时我们共同参与过学生刊物《大学生园地》的编辑工作，高伐林毕业后分配到共青团中央宣传部工作，正好便于扩大刊物在青年中的影响；还有在中国人民大学经济系读博士的曹远征，也是武大校友，我和他曾同在一个外语班学习过，很熟悉。另外还有北京市社会科学研究所的胡平，中国青年报的季思聪，中国人民大学哲学系的远志明等。大家聚集在一起，气氛非常热烈，对《青年论坛》寄予厚望。会议确定由陈东升担任北京记者站的站长（1985年9月，陈东升到武汉大学进修外语，由高伐林代理站长）。北京记者站后来又发展了《人民日报》海外版编辑吴学灿等几个人，这是《青年论坛》的一支中坚力量。北京记者站组建之后，1984年11月，我们又派蔡崇国带着刚出版的创刊号去了一次北京，委托记者站做发行宣传，并商量扩大记者站人员。

在北京，我们还到全国政协委员秦德君家拜访。我们并不认识这位老太太，仅仅只是从报纸上读到她在政协会议上呼吁支持青年人办刊物的发言，便决定寻求她的支持。老太太一见如故地接待了我们，并介绍我们认识了她的女婿何维凌。何维凌是"走向未来丛书"的编委之一，他邀请我们参加次日下午召开的编委工作会议。在这个会议上，我们介绍了《青年论坛》的宗旨和筹备情况，认识了金观涛、包遵信、唐若昕、王小强、王晓鲁、刘青峰、朱嘉明等一批京城著名的中青年学者，这是80年代声名显赫的两个思想群体的聚首。由于意气相投，《青年论坛》引起了他们的重视，包遵信后来还来武汉与我们交流过，朱嘉明也给我们写过稿。会后王小强邀请我们到他家里单独交谈，这位国家体制改革委员会的智囊人物阐述了自己对体改的许多新颖而深刻的见解，给了我们很多启示。在北京期间，我们还走访了中国农村发展问题研究组、经济日报社等一些单位，了解理论界动向，结识新朋友。

8月13日，圆满完成了北京的任务，我们在崇文门附近的豫园春餐馆请客招待北京记者站成员，参加者有陈东升、高伐林、远志明、胡平、季思聪、陈恒六，陈恒六在中国科学院工作，也是我们的热情支持者。我和王一鸣、李肇文举杯向大家敬酒。我说："感谢各位大力支持，今后北京方面的工作就仰仗你们了。我要抱歉地说一句话：《青年论坛》由于经费困难暂时不能付给大家活动经费，各位为我们推荐文稿、销售刊物、提供信息，都只能是尽义务，我们仅仅付点邮费。当然如果以后刊物盈利了，还是会给大家一点补偿……"

记者站各位都说："这样就见外了。你们的事就是我们的事，大家都是为了有一个表达思想的阵地，办一家有历史意义的青年杂志。别的就不用说了。"

最后大家都举起酒杯："为了我们共同的事业，为了《青年论坛》的兴旺，干杯！"

从豫园春出来，我和王一鸣登上南下的火车，直奔上海，李肇文因另有任务，返回武汉。在上海，我的武大同班同学周民锋找来几位大学生，他们都很热心，答应联系更多的支持者。接着又找到上海社科院部门经济研究所的杨建文，请他帮我们组织一个座谈会。杨建文是武汉大学经济系副主任陈志龙给我们介绍的经济学新秀，他很热情地答应找人参加座谈会。座谈会在我们住的新亚饭店客房里召开，这里离各大学较远，正值暑假期间，天气又很热，但出乎意料，来的人数大大超出了邀请人数。我们介绍了创刊的筹备情况，并说明要在上海设记者站，工作是义务性质。没想到当场很多人报名，一位研究生说："我的交际很广，让我当你们的记者吧，我一定能对刊物起作用的。我可以连邮费都不要你们出。"年轻人的热情使我们深受感动。座谈会上我们确定由杨建文担任记者站站长，负责组建记者站。杨建文是一位颇有才气的青年学者，当时是一个30出头的普通研究人员，《青年论坛》创刊后他为我们写过《经济改革和经济学改革》一文。90年代他成为著名经济学家，曾获得孙冶方经济科学奖著作奖。座谈会后我们走访了《世界经济导报》，该报于1980年6月由中国世界经济学会和上海社会科学院世界经济研究所联合创办，是中国媒体改革的一面旗帜。我们与报纸的负责人进行了交谈，谈得非常投机，他们的改革激情和世界视野给了我们很多启示。后来《青年论坛》诞生，改革派人士将《世界经济导报》和《青年论坛》并称为中国改革的"一报一刊"，看来不无缘由。

离开上海，我们乘坐长江客轮前往南京，这是这次出差的最后一站。客轮到南京时已是黄昏，码头上几个"黄牛党"把我们拉到郊区的一个又脏又乱小旅店，我和王一鸣赶紧离开，坐公交车回到市区。哪知南京市区的普通旅店全部客满，我和王一鸣在街头来回晃荡，无计之中突然看到一家"大明湖澡堂"，说是可以住宿。我们这次出门，由于经费紧张，花钱十分抠门，处处省吃俭用，但怎么也不会想到要住澡堂。无奈此时天色已晚，明天还要办事，晚上总得要有个睡觉的地方，于是急忙进去登记入住。澡堂告知：这里住宿是大通铺，而且要等到晚上10点钟洗澡的客人全部离开之后才能入住。澡堂不给寄存行李，我们背着行李又到街上逛了一圈，回到澡堂，在汗味和此起彼伏的鼾声中和几十个人一起挤了一晚通铺。

第二天一大早，我们就开始为预定的计划奔走。先是到江苏省社科院，这是社科系统的同行机构，我与该院的哲学研究所比较熟，来南京之前就委托他们组织一个全院部分人员的座谈会。在座谈会上我们介绍了《青年论坛》的相关情况，江苏社科院的年轻人十分关注，非常期待刊物的正式出版，同时提出了不少很好的建议。然后去了南京大学，也是由陈志龙介绍，我们找到南京大学青年教师洪银兴，并找到张二震、刘东，以及江苏省委党校李炳炎。他们都是各自学科的创新者。洪银兴当时30岁出头，在经济学界已有名气，他为我们组织了青年学者的座谈会，气氛十分热烈。我们与他们几位谈得十分投机，并请张二震担任南京记者站站长，他们后来为《青年论坛》在南京的组稿和发行做了很多工作。多年后，洪银兴因在经济学方面的成就，曾任南京大学副校长、党委书记。在南京大学，我们还拜访政治系的胡福明老师，他是《实践是检验真理的唯一标准》一文的最初起草人，这篇文章启动了全国关于实践标准的大讨论，是中国80年代思想解放运动的重要文献。与胡福明老师的交谈，使我们对思想解放有了更深入的理解。

创刊号出版后，王一鸣于年底出发又去了北京，同时还到西安、广州筹备建立记者站，做组稿、发行工作，并带去了我们已出版的创刊号；我留在编辑部，做第2期稿件的审阅和编辑。王一鸣到北京时，中国人民大学哲学系在读博士生远志明等几个人在人民大学组织了一个座谈会，场面非常热烈，参加者都积极支持办刊，并提出了一些很好的建议。王一鸣在西安、广州均组建了记者站。

杂志所在地武汉的记者站，就设在武汉大学，实际上是武大记者站。站长是杜越新，武大经济系在读研究生。创刊时杜越新建议在杂志上介绍国外管理学名著，我们请他撰文陆续介绍了德鲁克、泰罗等人的著作，从创刊号开始刊登，这是国内较早对西方管理学的引进。杜越新毕业后，由哲学系研究生胡为雄接任站长，他为杂志写了《也论一九五七年》一文。记者站成员有艾路明、毛振华、朱征夫、於可训、沈晓冰等人，都是非常活跃的支持者。杂志上的很多稿件，都是他们组来的，他们自己也写稿，在发行方面更是做了很多工作。

北京记者站被称为《青年论坛》的"第二编辑部"，是我们在北京的"桥头堡"。《青年论坛》上的不少重头文章，都是北京记者站约的稿；我们的很多朋友如冯仑等，都是通过记者站认识的；我们到北京找人、办事，都依赖记者站；记者站还筹办了几次非常重要的座谈会；杂志在北京地区的大量发行，记者站功不可没，在记者站的努力下，北京地区的发行量，曾达到一两千份。多年后陈东升在回忆这一段经历时说：

> 我大学毕业时分配到外经贸部工作。当时，湖北有一个学术刊物叫《青年论坛》，我被委任为这份刊物驻北京记者站站长。我每天骑着一辆女式自行车，穿梭于北大、人大、清华、中央党校等单位之间采访，经常是凌晨三、四点钟才能回到宿舍。这份兼职工作连一分钱报酬也没有，很累，但我却总是乐呵呵的。这些工作都是业余做，甚至连公共汽车费都不报销，完全无私地工作和奉献，就觉得能为国家为社会做事情就好。

陈东升说这话时身份是中国嘉德国际拍卖公司的董事长，泰康人寿的董事长，中国赫赫有名的企业家，他没有忘记那段刻骨铭心的青春岁月。2013年5月，我到北京参加一个会议，同时也拜访了陈东升。他仍然满怀激情谈起当时的情景和思潮，当然也谈现在，并送我两本书：一本是《一锤定音》，陈东升写的关于嘉德的历程，其中就有他当《青年论坛》北京记者站站长的描述；另一本《九二派》，记录了九十年代以来，包括陈东升在内的风云一时的中国企业家的群体形象。

我们通过高伐林向共青团中央有关领导递交了筹备报告，表示"希望得到团中央的指导和支持"，并提出"刊物的有些栏目，我们设想与团中央宣传部合办。团中央宣传部可指派同志参加《青年论坛》编委会的工作，我们热情希望团中央领导同志为之撰稿。"高伐林将这份报告呈交给了团中央宣传部负责人，获得了肯定和支持的回复。团中央宣传部副部长江洪的批示是"对此刊应予以支持和关心。"团中央书记处书记李源潮的批示是："建议省团委了解一下情况，团中央可原则上鼓励，但不参加编委，不合办栏目。"书记处书记刘延东的批示是"同意源潮同志意见。"季思聪也争取到《中国青年报》为我们发消息，这都使我们大受鼓舞。共青团湖北省委收到团中央的批示后，十分热心，向全省团组织发了通知。季思聪利用她的职业身份之便，到各地宣传扩大《青年论坛》的影响。1985年3月，她去重庆公干，还特地去见了重庆记者站的黎剑飞、王卫国。

北京记者站的成员也会到武汉参与一些工作。1985年11月初，季思聪来武汉参加《青年论坛》创刊一周年的活动，李晓明和她到我家，我切西瓜给他们吃，后来再给他们切瓜时，季思聪说："不吃了。这瓜不甜。"出门后李晓明对她说："你这姑娘也太直了，人家请你吃瓜你却说瓜不甜！"那时的年轻人确实很坦率，不世故。季思聪交谊舞跳得很好，会议组织一帮青年到东湖游玩，大家在草坪上跳舞，都邀请她上场，季思聪成了领舞者。

南京记者站站长是南京大学的张二震，成员有洪银兴、李炳炎、翁寒松、陈晓律等，陈晓律还为《青年论坛》写过《性与观念的变革》一文，发表1987年第1期上；浙江记者站站长是杭州大学的郎友兴；西安记者站站长是西北大学的邹东涛，他在《青年论坛》发表过《理论创新刍议》；天津记者站站长是王月；合肥记者站设在安徽师范大学；贵州记者站站长黄亚屏，是我在武大的同班同学，报告文学

《向大海》的两位作者之一；湖北襄樊记者站站长是襄樊大学的付小随；重庆记者站站长是西南政法学院的黎建飞；深圳记者站有《深圳青年报》曹长青、青年诗人吕贵品等。

《青年论坛》先后在北京、上海、天津、长春、郑州、南京、杭州、合肥、西安、山西、呼和浩特、重庆、成都、贵州、深圳及湖北襄樊等地建立了17个记者站，聚集了一大批思想活跃、充满激情的年轻人。我们为这些记者们发放了《青年论坛》记者证，当年发记者证是不需要上级机构特批的，只要是正规的媒体都可以发。

各地记者站发挥了重要作用。我们与各地青年读者的联系，主要就是通过记者站这个纽带。很多稿件，也是记者站推荐的。记者站更是刊物发行的功臣，成千上万的年轻人，因为记者站的宣传而知道了《青年论坛》。

1985年第6期，我们在"记者站报告"专栏刊登了北京、襄樊、贵州、武大四个记者站的来稿，文章标题分别为《刀近喉头》《现实与选择》《西部开发与人才流动》《挣扎，然后腾飞》，内容都密切联系当地改革现实，思考了改革进程中的问题，并提出了他们的见解。

记者站的工作先后由王一鸣和周晓佑负责。我们还办了一份打印的《记者站通讯》，王一鸣负责，王麓怡协助。为了更好地发挥记者站的作用，早在1984年9月，那还是刊物出版之前，我们就制定了记者站工作章程。章程对记者站主要任务有说明：1、宣传刊物宗旨，联络各界理论工作者；2、组稿、推荐优秀作者及稿件、反映各地青年学术理论动态、摘编地方报刊青年文稿；3、参加当地学术活动，收集信息向编辑部反映；4、收集读者意见，对刊物提出批评和建议；5、独立地进行一些开创性工作，积极扩大刊物影响，扩大发行。章程也说明了《青年论坛》因经济困难不能给记者站安排经费。《记者站通讯》办了数期，主要是通报《青年论坛》的活动，交流各记者站情况，并安排下一步工作。

杂志鲜明的时代性吸引了各地众多年轻读者，加上记者站的努力，以及我们不断奔走各地，多次召开讨论会、座谈会，《青年论坛》成为深受欢迎的热门刊物。每天，我们都收到大量读者来信，信中表达了他们的喜爱之情和殷切希望。不少读者说《青年论坛》是"新

陈东升在《青年论坛》创刊一周年纪念会上讲话　　季思聪在《青年论坛》创刊一周年座谈会上

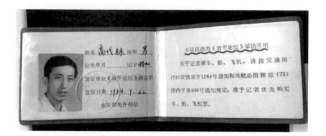

北京记者站高伐林的记者证，高伐林提供

部分编辑和作者。前排左起：王绍培，邵学海，周晓佑，万红，
王麓怡；后排左起：许苏民，黎鸣，黄克剑，李明华

时期的《新青年》"、"中国青年的思想库"。

四川川剧学校蓝露怡说："贵刊已在思想开放中的中青年一代中获得了极高的声誉……我们觉得，就它的大胆、敏锐和深刻而言，在当今理论刊物中是首屈一指的，它属于青年，属于当代，自然也将属于历史。"

安徽大学中文系学生潘建设说："借阅贵刊第二期，大开视野。似乎还没有哪一份刊物，像这样吸引我一口气读下去，刊中文章，庶几篇篇可读，它们汹涌着情感的激流，燃烧着思想的火花。社会面临变革，思想亟需突破……《青年论坛》所开风气，实在令人兴奋！"

一位在新华社工作的名叫晓岗的读者写信告诉编辑部："你们的刊物，不仅在青年中，不仅在我国思想理论界中很有影响，而且在海外也引起了较大反响。我曾在海外的一些刊物上看到有关《青年论坛》的文章，有的刊物还全文转载《为自由鸣炮》、《智慧的痛苦》等文章，并加以评论。"

湖南读者唐华来信说："我曾于今年三月份看到一家参考杂志说香港一家报纸援引某外国人士的文章发言，谈及当今中国大陆的小报杂志，均是言情武侠，只有《青年论坛》成为中共实行改革的思想库。……我是从那里得知有《青年论坛》这一杂志并开始留意打听的。"

一位理论工作者来信说："自贵刊创刊以来，发表了不少很有独到思想和见解的文章，得到广大中青年理论工作者的称道。对繁荣我国学术研究起到了推波助澜的作用。我们作为青年经济理论工作者中的分子，为此而感到骄傲与自豪。能在贵刊占一小席位，将是莫大的光荣。"

大连远洋运输公司通讯导航处李长锡在来信中说："整个航次，我在船上看了100多本书刊杂志，几乎船上的书都被我看遍了，但唯有我自己带的两本书却重读了数遍……这两本书就是贵刊的创刊号和今年第2期……真有久旱逢甘霖那种感觉，每篇文章都那样敏锐而准确地抓住当今改革的主题，反映出我们这代人中那些优秀分子的新观念、新思想，领时尚风气之先……不禁使人对贵刊刮目相待，在当今文化理论界，各种院刊、期刊竞相出版，强手林立，而贵刊能以这样的面貌出现在青年读者面前，真是令人激动、感奋！……你们这两期的文章，我都作了笔记，不少文章都全文抄在笔记上，真真感谢你们给我们编辑了这样优秀的文章，也真真的感谢那些为贵刊撰稿的青年理论工作者，请他们接受一名在北太平洋的风浪中航行的读者衷心的敬意。"

常州教育学院庞家琦来信说："书是极好的，希望能坚持下去。看了，才知道我是左得多么可怜，于是我感到要奋发起来，而对贵刊，只能说谢谢。其实也不仅是谢谢，如果有什么需要效劳，当然两肋插刀，因为这毕竟是我们这一代人的事业。"

复旦大学经济系81级学生曾瑞祥说："由您们这些创业者冒险创办的自负盈亏的《青年论坛》，在我们周围的青年中引起了最强烈的反响……我们早已在高谈'青年是祖国的真正力量'之类的宏论，然而，过去了的几十年曾有多少藩篱把青年关在阴冷偏僻的角落，以致差点被人遗忘。我们觉得，您们的《青年论坛》之所以受到普遍的珍视并非因为她是青年领地上的独株，而是因为她那深沉的思想，炽热而踏实的向往，大胆而慎重的风格令人拜倒，她以改革家的气度向现实的存在进行了再定义。"

南京师范学院中文系85级学生刘南临说："你们的刊物是中华民族文化复兴的旗帜、火炬，有几次学生社团的讨论都是刊物上的文章触发的，同学们一讨论，不离《青年论坛》……说这是最厚实的社科刊物。"

数百封充满热情、鼓励和期待的读者来信，使《青年论坛》的同仁们感到十分欣慰，也倍感责任重大。大家知道，我们历尽艰辛点燃的普罗米修斯之火，已经播向全国各地。

（五）一着险招：涨价!

杂志的发行量至关重要，这是衡量杂志影响力的重要依据。从经济方面说，发行量决定了它的生死。《青年论坛》杂志社是自负盈亏性质，除创办初期省财政厅先后两次各拨了5万元之外，我们的运营费用都靠自己想办法，其中包括部分工作人员的工资及医药费等开支。我们曾考虑将双月刊改为月刊，未获批准，幸而未改，否则我们经济更困难，人手也会更缺。

创刊之前，发行先行。我们印制了很多广告，寄发给各媒体：

我国第一家面向中青年的哲学社会科学综合性理论刊物
《青年论坛》即将创刊

《青年论坛》（双月刊）由湖北省社会科学院主办，由一群青年理论工作者负责编辑出版。它的宗旨是：探讨马克思主义在当代中国具体化问题，探讨中国社会主义的理论与实践问题，促进哲学社会科学现代化；以马克思主义为指导，回答当前青年中带有普遍性的重大理论问题；研究当前改革中的一系列理论和实践问题，为改革疾呼呐喊；开展学术争鸣，反映中青年理论工作者的最新学术成果，繁荣文化。它将以青年的蓬勃朝气、敏锐思想和创新精神在社会科学界独树一帜。

《青年论坛》除按其宗旨设置一些传统学科文史哲经的栏目外，还将以相当篇幅开辟各学科共同研究探讨的综合性栏目，如：改革研究、关于体制改革的设计、改革前线的报告、中国特色研究、马克思主义与当代中国、中西文化比较、当代社会思潮研究、中外青年学术动态、青年学者小传等。欢迎广大中青年理论工作者、在校研究生和大学生以及实际工作部门的青年团体、个人撰稿、订阅。

《青年论坛》在筹办过程中得到各地不少部门不少领导同志和广大青年朋友们的支持和帮助。《青年论坛》将为各界青年投身改革、提高理论修养、发表学术成果、了解社会现实做出努力。

一九八四年七月二十三日

各报社、杂志社：

鉴于我国当前还没有一家面向广大中青年的社会科学理论刊物，在湖北省社会科学院院党组的支持下，我们发起创办《青年论坛》。几个月来，我们广泛征求了全国各地青年和有关部门的意见，得到各方面的极其热情的支持和帮助。第一期将在今年底与广大读者见面。

《青年论坛》是青年自己创编、自负盈亏的理论刊物，她的成长，面临着很多困难。为了我们共同的事业，恳请你们为《青年论坛》的创刊作一些宣传、介绍。附上《青年论坛》征稿启事及备用新闻稿，希望能在你们的报刊上刊用。

《青年论坛》编辑部

一九八四年七月二十三日

我们请各媒体为《青年论坛》登广告，作为回报，我们也在杂志上宣传其他媒体。除了《光明日报》收过我们900元的广告费之外，近百家媒体给我们做宣传都是免费的。这在今天是不可想象的，其原因除了《青年论坛》本身的内容特色、青年激情得到各媒体关注之外，还得益于那个时代的社会风气，各方都在支持年轻人的改革热情。《青年论坛》从创刊号开始，先后在杂志的封二上鸣谢了100多家媒体和机构，都是因为它们给过我们支持。

由于提前做了发行宣传，发行量一开始就超过了大部分社会科学理论刊物。最初的两期杂志出版后，1985年大年初二，我到汉口江汉路新华书店了解销售情况，看到摆放《青年论坛》的书柜前挤满了读者，我就比较放心了。1986年之前我们是自办发行，很多读者不知如何订阅，编辑部每天收到不少来信询问订阅方法，说明十分受欢迎。1986年初，我们印制了一批1985年杂志合订本，很快就销售一空。但读者仍然不断寄钱来购买，我们在1986年3月号杂志上发出"本刊启事"："本刊1985年合订本已全部售完，请读者不要再汇款。"可是读者的需求还是挡不住，没有办法，我们在1986年5月号再次发"本刊启事"："本刊1986年1月号、3月号及1985年合订本已全部售完，请读者一定不要再汇款来。"

虽然发行量差强人意，但经费不足仍然是我们的极大困扰。我们除了发行杂志，还编写了一些畅销书让发行部在全国征订，其中包括《股票基本知识与实践》、《企业管理》、《研究生英语》等，稍有收入。后来杂志社又相继出版了《企业管理规章制度》、《研究生英语一月过关》，取得了一定的经济效益。在杂志征订的淡季，发行部还对外承揽发行业务。我们在《青年论坛》上做图书广告，收到订单后将书刊邮寄给订户。我们先后发行了《全国高考自学考试经济管理类试题详解及学习指南》、《现代青年社交手册》、《戈尔巴乔夫传记》、《现代社会调查方法》等书。我们自己编写的《企业管理》这本书，收集有很多企业的案例，有一次王绍培和邵学海到北京出差，在公交车上看到路边有"北京开关厂"的招牌，立即想到书里有这个厂的案例，于是下车到厂里请求帮助。他们先后去开关厂两次，终于感动了厂领导，答应赞助2000元。待他们俩回到编辑部，钱已经打过来了，他们立即寄了几本《企业管理》给北京开关厂。

1986年下半年，为了解决经济困难，在想尽各种办法扩大发行的同时，编辑部剑走偏锋，出了一着险招：涨价。我写了《致读者》刊登在1986年11月号封二的位置，读者一翻开杂志就可以看到。而此时正是杂志征订的关键时间点，在最不应该的时候涨价，大家都捏了一把汗。《致读者》写道：

尊敬的读者：

本刊在各位的鼓励和支持下，创办已两周年了。两番春秋，风风雨雨，《青年论坛》这株幼苗能依然挺立，并在理论界略占一角，实乃读者诸君的体谅与奖掖所致。在此，本刊全体工作人员特为鞠躬致谢！

近来不少读者来信询问我们明年打算如何。在一九八七年，我们将进一步整肃论坛，保持锐气，把一代中青年学人的有见地的思想文字传达给社会；我们将更谨慎热忱地为广大读者尽力。一九八七年，经济困难仍是我们的主要问题。敝刊名为"自负盈亏"，实则两年来一直只亏未盈，亏了又无来源补给，故在经济上十分拮据，常有捉襟见肘之窘况。不少朋友来信问：你们为何不学某某刊物，印刷得更精美一些，何以弄得这样粗糙？对此我们实在有难言之苦。全国成百上千家理论刊物，有几家不亏本的？而我们既无国家财政补贴作后盾，印刷方面也只好委屈了。即便如此，也常有"不知明日如何"之感。

我们想，与其因经费困难而停办这份凝结着众多支持者心血的杂志，不如恭请诸位读者再助一把，让它生存下去。为此，我们报请上级有关部门同意，特将刊物价格上涨一点，请每位读者一年多赐九角钱，便可缓解经费之困难了。我们想，诸位有远见的读者是能体谅、能支持的。

一九八七年，若得读者诸君继续订阅本刊，则编者幸甚，作者幸甚，理论界幸甚。

再次向广大读者致以衷心感谢！

《青年论坛》编辑部

一九八六年十一月

杂志原定价6角，现改为7角5分，涨了四分之一。令我们意想不到的是，年底邮局报来订户数超过3万份，而且还在不断增加，确实是大喜过望。加上各地零售和直接汇款到杂志社的订户，我们的印数达到4万份。我和周晓佑、王麓怡都写信给王一鸣（当时他由社科院下派到湖北通城县委挂职锻炼两年），告知这个好消息。订数的猛增，也给工作带来了新的困难。当时印刷纸张是计划供应，印数增加，原来批下来的计划纸张不够了，只得让副社长蔡崇国去找人想办法批指标，有了指标还要等候在造纸厂，生产出来马上运走，否则被别人抢走。还有一个细节：印数增加之后，原定的印刷厂家因厂小印不出这么多杂志，我们不得不转厂。排好的铅字版要用汽车从武昌运到汉口的新厂家，汽车一路颠簸，铅版里的铅字直往外跳。为防止铅版错动贻误出版日期，周晓佑不得不将她柔弱的身躯趴在铅版上压住，一直趴了几十里地。尽管困难重重，我们还是为发行的胜利欢欣鼓舞。

当时全国社科理论方面的刊物有数百家，包括大学学报、地方社会科学院的学术杂志，基本上是靠政府固定拨款维持，发行量大都在两三千份，而且主要是单位公费订阅，极少个人订阅。其中还有很多是赠送给图书馆、科研机构。而《青年论坛》则绝大多数是个人自费订阅，读者主要是中青年理论工作者，高校研究生和本科生，企业白领和青年工人，政府机关年轻人，中学教师，以及农村知识青年和部队军人。还有一些关注思想解放运动和中国改革进程的前辈学者和老领导，也经常阅读《青年论坛》。香港和国外也有少量订户，但因为邮费远远超过了订费，所以杂志社没有将海外作为发行重点，一旦遇到国外学者和留学生来访，我们会请他们带部分杂志过去。从1984年9月开始征订截止到1984年11月，《青年论坛》固定订户为6780份；1985年8月固定订户已达8578份，加上记者站代售、书摊零售，发行量达到1万3千份。到1986年发行量增加到1万5千份。这还是由武汉市新华书店和杂志社自己发行，超过1万份已经是很不寻常的发行量了。周晓佑争取到邮局发行后，发行量快速增长，而且，1986年下半年我们又派出五路人马，带上已出版的杂志分赴西北、华东、西南、东北和湖北等地，通过记者站和高校的朋友做发行宣传，情况更是好转。

五路人马中，周晓佑和孙芝芯到东北，在几所大学宣传非常成功。东北的冬天十分寒冷，她和杂志社另一个工作人员孙芝芯为了节约经费，坐的是无暖气的硬座列车，带的衣服也不多，在火车上冻得发抖，两人互相抱着取暖。在辽宁大学开座谈会，一贴出《青年论坛》的海报，立刻吸引了大学生们的关注，到会的人数大大超过原定人数。小会议室容不下，临时改到大会议室，仍然围了个水泄不通，在她们的鼓动下，冬天的氛围好似夏天般火热，效果非常好。后来她们又去了吉林大学和其他院校，同样受到热烈欢迎。在北方的大街上，她们还冒着严寒，把一张张征订启事贴在马路两旁。东北一役，大获全胜，全东北的订数由1986年的300份猛增到了3000份。陈刚和王麓怡被派到华东地区，他们在南京大学找到了张二震、陈小律等人，陈刚在南大做了一场演讲，到会的同学不少，陈刚与南大的同学们交流了他对新诗的独特见解。在杭州见了记者站郎友兴，在杭大宣传之后，郎友兴借了2辆自行车，在细雨霏霏中和他一起们骑车游览了西湖。在安徽师范大学的座谈会也来了不少同学，除了座谈，还成立了《青年论坛》安徽记者站。不久，奔赴西北、西南和湖北省的三路人马也纷纷凯旋。

订户数超过4万份，印数达到5万份，杂志社全体人员兴奋不已。我在1987年第1期的《编辑手记》中说：

> 去年的最后一期杂志，我们在显要的位置上给读者写了一封信，主要谈我们的经济困难，请读者掏口袋。
>
> 说老实话，当时我是捏了一把汗的，我担心发行量会一下子掉下去。
>
> 但这个担心是多余的。我写这篇手记时，邮局报来了一九八七年订户数，比一九八六年增加了两倍。我当即表示要请编辑部全体同志的客。我们这个编辑部，工作人员确实很苦，但看到读者如此关怀，谁不感动。可尊敬的读者们啊！

收到邮局报来的订户数，在大家的欢呼中我真的就请客：请杂志社全体人员吃饺子。一帮年轻人以及会计黄逸筠老人家一起到周晓佑家里，买了10斤面粉包饺子，每个人都动手，看谁包的肉馅多。陈刚指着饺子说："这些饺子屁股真大。"我对陈刚说："文雅一点好不好，应该叫'大臀饺'。"我一副煞有介事的样子，惹得大家哄堂大笑。

六　激情与活力

80年代，社会空气中弥漫着理想与激情的"多巴胺"。大学生们充满活力地登台演讲，竞选人大代表；大学校园中有无数的社团活动，海报每天在更新，演讲者们口若悬河，各种围绕现实改革问题的研讨，讲改革，讲思想解放，中国的民主建设；青年工人们到处寻找尼采、萨特、弗洛伊德的著作，参加各种研讨、沙龙，交流阅读刘心武、蒋子龙、柯云路、陈建功、陈世旭小说的心得……

《青年论坛》欣逢其时，在理论热潮中高扬思想启蒙和社会改革的旗帜，以自己的影响力多次组织了座谈会、研讨会和讲习活动。其中最主要的是1985年3月在广州召开的中青年理论工作者广州座谈会，1986年5月在北京召开的"关于'文化大革命'的再认识"座谈会，1986年9月在北京召开的《论言论自由》座谈会，1986年11月在武汉召开的"跨世纪的中国——来自社会科学各学科对中国现状和未来的思考"学术讨论会。

（一）在改革前沿地讨论改革

《青年论坛》出版几期之后，开始成为全国理论界关注的对象。为了深入进行理论探讨，并进一步扩大影响，1985年3月25日至4月2日，我们与华南师范大学，以及上海、广东、陕西、湖南、湖北五省市青年社会科学工作者协会，联合发起组织了"中青年理论工作者广州座谈会"。来自全国13个省、市、自治区的80多名中青年理论工作者和新闻界代表参加了会议。会议研讨安排在位于广州的华南师范学院，会议期间还组织代表去深圳进行了社会考察。地点的选择，一是因为广州和深圳毗邻港澳，改革得时代风气之先，实践走在理论前头，成为全国改革开放前沿地，激发和引领了经济改革和市场发展的理论探索创新；二是因为广东理论界有联系实际，挑战传统，创新进取的良好社会土壤。当时不仅省市委宣传口比较开明宽容，而且学术教育界也有良好的理论研讨氛围（不过省市党政部门出于谨慎考虑，没有派人出席这次会议）。还有一个原因是时任华南师范学院副院长的黎克明教授全力支持广开言路和理论创新，扶持年轻一代理论工作者深入探讨改革理论，愿意承办这次会议，并力所能及地提供各种支持和帮助。《青年论坛》则委托了与广州各方面关系较熟悉的武汉大学李晓明博士承担主要的会议筹备工作。华南师范学院的青年教师蔡茂生还建立了《青年论坛》华南发行点，积极地参与了会议的具体筹备和组织工作。

《青年论坛》是会议的发起者之一，同时还是会议的主导者。我们将一批《青年论坛》杂志带到广州，分发给与会人员，引起了热烈反响。会议筹备时，李晓明提议请胡德平参加，胡德平没有出席会议，但从北京打来电话表示祝贺。

会议虽然是五地发起，但参加者来自全国各地。3月的广州，春色满地，繁花似锦。从内地来的代表们惊讶地感知和体验到开放搞活后广州市场经济蓬勃发展的繁荣景象，处处商贾云集，物品充盈，供应丰富，百姓安居乐业，创业致富，殷实的市井生活场景不断映入眼帘。入夜后灯光夜市人流熙熙攘攘，各地的商贩们来这里"打货"的小推车、编织袋，在眼前如穿梭般流动；到处在播放流行歌曲，音乐茶座、舞台迪斯科十分火爆。会议期间，我们还组织代表们参观考察了深圳与香港交界的"中英街"——沙头角，大家怀着猎奇的心态看了资本主义的一个角落，目睹这条小街繁华兴隆、人头涌涌的场景，感触很深，不少人还到界碑对面的香港商铺里买雀巢奶粉、日本味精、邓丽君歌曲磁带等物品。封闭了几十年之后，中国社会终于放开了，年轻的理论工作者们更坚定了改革才有出路的共识。

这次会议的主题，就是改革中的理论。

在改革开放的前沿地讨论改革理论，激发了参会者的高度热情。座谈会气氛活跃，深入讨论了很多理论问题。会后我起草了《中青年理论工作者广州座谈会述评》，以"本刊特约评论员"的名义发表在《青年论坛》1985年第4期。《述评》概括了座谈会讨论的三个方面的内容，并做了评论：

一是关于改革。经济体制改革不仅改变着我国社会生活的深层结构，而且其震波已涉及到社会生活地表的各层，整个社会的生产方式，人们的生活方式、行为方式和思维方式正在或将要发生根本性的转变。从传统的计划经济向有计划的商品经济过渡，这是一个破坏旧模式建立新体制、从旧序到新序的转变期，它将充满复杂尖锐的矛盾或混乱。巨大的历史传统惰力，各种依附在反映小生产意识的旧经济模式上的封建观念和思想模式，以及党内"左"倾顽症，盘根错节，使这一场改革不可避免地面临着重重困难，但改革是中国的唯一出路和希望。

二是关于改革中的理论。经济模式的根本改革必然要求和导致理论上的革命性突破。否则，中国的改革只能停留在"走一步，看一步，走走停停，进进退退"的被动局面，步步伴随着风险。同时，理论研究也时时品尝着其中的苦涩，步履维艰。长期以来，理论的社会功能常常不是被忽略就是被歪曲，或成为书斋的玄论，或成为庸俗不堪的政治奴仆和理论套话，这既损害了理论，也无益于社会。理论与实践之间的关系是多层次和复杂的，理论指导和服务于实践客观上也存在着不同的形式和层次。理论工作的发展，迫切要求清除"大批判开路"、闭关自守盲目排外的状况，批判地认识"国粹"。马克思主义理论是开放的和发展的理论。这不仅意味着它的原理甚至整个体系要不断地发展，而且意味着能最大限度地吸收每一时代人类精神文明的财富，充实和创新自身的理论。理论创新的前提是学术自由，这不是一个方法问题，而是社会文明的客观尺度，具有客观的社会价值；学术自由也不是一个道德范畴和个人要求，而是一个科学范畴和社会要求。思维自由是任何创造性活动的前提，以开放的心态吸取人类文明进步的经验教训决定着改革的成败。而人的创造是全部物质文明和精神文明的前提，所以，自由是人类文明的前提。

三是关于改革中的中青年理论队伍。当前的改革关系到整个国家和民族的命运，而这一代中青年理论工作者的命运，与当代中国改革的命运紧紧相连。改革呼唤着新的社会科学理论，同时也呼唤着一支具有现代知识结构和现代思维方式的中青年理论队伍。70年代末以来，中国中青年理论工作者以强烈的社会责任感关注改革的每一进程，并积极投身到改革之中，他们做农村和城市调查，编丛书，办刊物，召开各种类型的理论讨论会，不断提出新问题，发表新见解，为改革做出了自己的贡献。为了更好承担起历史赋予的重任，青年理论工作者应该有高度的献身精神，并注意克服基本训练欠缺、文化素养较差等弱点，认真研究国外最新的学术成果，研究中国和世界的现状，提高理论思维能力，提高对社会经济文化发展预见的科学性，造就一大批有深厚理论基础和创新精神的学科带头人和学派领袖。

与这篇《述评》同期发表的，还有会议的几篇论文，分别是啸鸣（李晓明）的《改革中的社会与变革中的价值观》，远志明的《理论的生命：实践与自由》，杨建文的经济改革与经济学改革》，陈东升的《关于发展建设经济学的几点浅见》，黄新亚的《新的选择——关于史学发展方向的断想》。这是从几十篇会议论文中挑选出来的，都有新的见解，反映了与会代表的视野和思考的广度和深度。

《人民日报》理论部对这篇《述评》有较高的评价。广州会议之后，杂志社编辑王绍培、邵学海出差北京，特地去了一趟《人民日报》。理论部胡鉴说："广州会议纪要"这篇文章写得不错，但报社看到时已经晚了，如果早些给我们，是很可能用的。他希望以后有好文章，早点寄给理论部。

在这次会议上，我们结识了很多青年理论才俊，如尤西林、邹东涛、黄新亚等。还有一个重要收获:胡平将《论言论自由》文稿交给了我。这篇文章在《青年论坛》1986年7月号、9月号分上下两部分发表，成为《青年论坛》杂志流传于世的重要原因之一，也是《青年论坛》被整肃的重要原因之一。

这次会议，原商量好以几家主办单位的名义发一篇会议综述，在《青年论坛》1985年第3期上刊出（5月出版），我们将版面留出来了。但广东青年社会科学工作者协会的个别负责人老是纠缠一些细节，此事只好作罢。因此也拖延了时间，不得已由我们自己写了述评发表在第4期（7月出版）。会议的经费，会前商量好由五家主办单位各出一部分，《青年论坛》提供一批杂志给各地，华南师范学院给予部分支持。但上海青年社会科学工作者协会始终未出这笔费用，最后的资金缺口，只能是我们自己支付了。

（二） 对"文化大革命"再认识

1986年5月16日，是"文化大革命"发动20周年，北京记者站高伐林提议，在这个特别的日子，由《青年论坛》北京记者站在京举办一场

"关于'文化大革命'再认识"的座谈会，我们觉得这个建议很好，就委托他们操办。座谈会之前，我专程去了一趟北京，安排相关事宜。

1966年5月16日，中共中央政治局扩大会议通过了毛泽东主持起草的指导"文化大革命"的纲领性文件《中国共产党中央委员会通知》（即5.16通知）。这是"文化大革命"发动的标志。5.16通知起初只在党内公布，一年后《人民日报》《解放军报》《红旗》杂志才正式发表，并称其为"伟大的历史文件"。实际上"文化大革命"这场劫难，1966年5.16通知在党内公布后已经开始了。

"关于'文化大革命'再认识"的座谈会如期于1986年5月16日举行。会议主题是反思"文化大革命"对国家、民族、社会造成的深重灾难，为后世敲响警钟。俞敏声、陈汉文、远志明、吴学灿、尚明方、钟国兴、王友琴、冯胜平、陈恒六、曹远征等30多位中青年理论工作者参加了这次会议。记者站成员吴学灿将会议发言整理出来，发表在《青年论坛》于1986年7月号上。与会者的发言有很多精辟的见解，以下选出部分摘要：

陈汉文（现代国际关系研究所）："文化大革命"的社会历史根源至少有这么几条：一是中国社会关系的维持过程中的非民主化。经济关系上强调集权，政治关系上唯上是从、个人崇拜，文化关系上尽管标榜"仁"，但"仁"得服从"忠"，在"忠"之下可以不仁、反仁。二是社会调节机制的硬化。中国社会调节机制具有这样三个弱点：1、调节过程的非连续性，不是经常调节、不断调节，而是等矛盾积累到一定程度才调节；2、调节方式的强制性，通过运动强制进行；3、调节手段的单一性，不是像一些发展较完善的社会那样通过健全法律、调整经济杠杆、进行文化的开放交流等多种手段，而只是片面地强调政治思想工作。三是社会体制的封闭化。对世界经济、文化发展水平，对中国所处的地位茫然无知，竟想把"文革"这样的运动推向世界，根本没有意识到自己的民族干了一件什么样的蠢事。

李昆峰（全国人大教科文卫委员会）："文化大革命"是我们社会的政治文化危机的一次大爆发。我们缺乏社会民主、政治民主，所以人与人的关系紧张，从上到下无法建立真正的和谐。领导者之间在思想认识、方针政策上看法有差异，本来很自然，却没有坦率讨论、民主表决这样的正当途径来达到和谐，那么只能走向僵局，形成死结，"不是东风压倒西风，就是西风压倒东风"，发展为"没有调和余地"的你死我活的斗争。领导与群众之间也没有正常的社会民主渠道来疏通关系，群众无法行使监督权，不满、愤怒只能郁结于心，到一定时机就"造反有理"。同时，思想专制取消了言论自由和思想自由。林彪公然说：全国七亿人只能有一个思想——一个人的脑袋就够了！只有在这种专制的情况下才有可能爆发"四大"呵！

钟国兴（中国人民大学哲学系）："文革"的发生与我们传统封闭的、集权体制的效应机制有关。在这种体制下，既缺少主权者与领导者互相控制的制度，又没有机构间必要的分工制衡，这除了易于产生个人专权外，政策、指示从上而下，经过中间层，常常产生两种效应：一是放大效应，即如果执行人员认为政策、指示对自己个人利益有利，则通过个人利益的折射使之变形、不断放大；二是递减效应，即如果中间层的人员认为某些政策、指示对自己个人利益有害或者无关，就有意无意地削弱放松，使其不断递减。前者导致整人、浮夸风、共产风愈演愈烈，后者则使得许多政策执行不力，效率越来越低，机构越减越多。

章百家（中国社会科学院研究生院近代史系）：社会对青年一代的教育总是为了维护和发展自身的。那么为什么青年在"文化大革命"中竟狂热地投入破坏性极大的洪流，给社会造成危害？从青年教育的角度反省，教训是深刻的。1、在"左"的思想指导下，对青年的理想教育在相当程度上脱离了社会现实，青年面前一旦出现理想与现实的差距，就陷入了极大的思想混乱。2、灌输式的教育使青年在象牙塔中成长，没有独立思考、辨别大是大非的能力，一旦被抛入"文革"的大风大浪，被告诫、鼓动"敢想敢说敢闯"，其言行只能是受人操纵。3、用片面的阶级教育代替一切，缺乏人道主义及个人基本品德教育，这诱发了"文革"中许多青年的兽性，使其中一部分人迅速堕落了。

冯胜平（上海复旦大学国际政治系）：为什么所有人——发动者、利用者、受驱使者和受迫害者——在"文革"中都是悲剧角色，都并没有得到自己的利益？有个美国人说过：革命不是创造出来的，它来了。"文革"（虽然它并非革命）是否也是这样，不是无中生有，也是"来了"。从哪来？从整个民族来，从所有人的文化心态来！所有人都对这场悲剧负有一定责任，当然有大有小。中国人缺乏经济上自立、政治上自治、法律上自律的能力和心态习惯，那么"文革"就确实"在劫难逃"！

尚明方（北京军区组织部）：儒学作为几千年来的意识形态，已经不只是统治阶级的思想，而成为中国民族文化心理结构中的主导部分。虽然许多工人、农民不知道儒学包括哪些内容，但儒学积淀在他们的行为规范、观念模式、情感取向等等意识和无意识底层，强有力地支配着其行动。正因为如此，"文革"中不少群众对"一言堂"、"忠字舞"之类封建玩意恶性泛滥竟不觉其荒谬、愚昧。

王友琴（中国社会科学院研究生院文学系）：时至今日，有些人不能正视"文化大革命"的历史教训，并进而做出努力去防止悲剧重演，这既有认识能力的原因，也同样有道德勇气的原因。人们很健忘——有时是对不利于自己的事本能地遗忘，有时则是故意的"遗忘"，往往不敢自我剖析在"文革"各个阶段扮演了几种什么样的社会角色，不敢反省自己是否夸大了当时"无路可走"的情况。

陈恒六（中国科学院自然科学史研究所）：对于"文化大革命"这场悲剧以及在运动中各种人犯错误，是否能仅仅用民族性、社会心理特点等等去解释？当然，归根结底"文革"是产生于我们这个小农经济的社会土壤里和文化背景下，这样说不错，可也不够。满足于"归根结底"的笼统认识，就没法解释诸如何以"文革"不是在中国最愚昧的地方首先爆发，而恰恰是在大中学府这些相对来说最不愚昧的地方首先爆发之类的问题。我认为，真正要否定"文革"，就应该从每个具体单位着眼，分析每个环节，反省各部分人的所作所为，弄清：各在哪些问题上有什么样的责任？上了什么样的当？自觉地做了什么？不自觉地做了什么？干出什么样的错事起了为这场大灾难推波助澜的作用？切实引出教训来。

俞敏声（中国社会科学院经济研究所）：胡德平同志今天上午到外地出差，不能到会，委托我作一个与他联合的发言。今天是灾难性的"5.16通知"出笼20周年的日子，但愿粉碎"四人帮"的喜庆永远不要磨灭中国人民对这一天痛苦的回忆。痛定思痛，痛定生愤，痛定务实，我们的民族就将获得巨大的历史补偿。

"文化大革命"对中国人民来说是一场悲剧。发生了悲剧而不能很好地总结经验教训，那就是第二层次的悲剧；很好地总结了经验教训而不能转化为社会主义法制的完善，那就是第三层次的悲剧；即使有了完善的社会主义法制，如果没有权威性的社会主义民主制度加以保障，社会主义法制还可能遭到践踏。只有实现了社会主义的高度民主，才有长治久安、和谐活泼的政治局面，才有社会主义物质文明和精神文明的相得益彰，协调发展。

"文化大革命"的原生形态，在今后历史的发展中永远不会死灰复燃。但是它的次生形态和派生形态，在我国社会生活中却未完全绝迹。这些次生形态和派生形态是依附在小农经济残余和封建余毒的躯壳上的，它们的消失有待于社会主义有计划的商品经济的充分发展和长期繁荣。从有计划的商品经济到未来按需分配的经济，是一段不可逾越的历史过程。整个社会的思想、文化、民主、法制也应当和有计划的商品经济的发展相合拍。

吴学灿（人民日报海外版）：在相当多的一些地方、一些场合，出现的一些事情使人觉得似乎至今"文化大革命"并未结束。例如在"清污"扩大化中，引蛇出洞、捕风捉影、罗织罪名、无限上纲、以我划线这些"文化大革命"的做法不是统统又来过一遍么？

远志明（中国人民大学哲学系）：粉碎"四人帮"以来的十年，我们批判了以教条主义为支柱的极左思潮，废除了以个人崇拜为基石的终身制，清算了以打棍子、扣帽子为内容的斗争哲学，反省了用政治、道德冲击经济的惨痛教训，平反了一大批冤假错案……似乎已经否定了"文化大革命"。然而，对一个事物的否定有现象的否定和本质的否定之分，只有后者才称得上是真正彻底的否定。我觉得，到目前为止我们对"文化大革命"的否定并非本质的否定，仍不时感受到那些被否定表层现象的阴影在周围游荡，依稀看到上演了"文化大革命"历史悲剧的舞台上灯光仍在摇曳，台侧幕后的那个冥冥之中指使中国人自酿苦酒的魔鬼仍在狞笑。中国怎么办？我寄希望于改革——发展商品经济——民主化进程。

座谈会上的这些发言，深刻剖析了"文化大革命"产生的政治体制、传统文化、社会心理、个人责任方面的原因，提出了避免再来一次的途径，同时也发出警示："文化大革命"有可能重演。从几十年来的现实来看，学者们的发言的确具有深远的意义。中国人对"文化大革命"的认识，远没有德国人对纳粹的认识深刻，直到今天，为"文化大革命"开脱罪名甚至赞扬"文化大革命"的言论和行动时有出现，"文化大革命"的思维方式、斗争哲学、个人崇拜意识、封建专制思想阴魂仍没有散去，它们变换着形式在一些领域重演。正因为如此，我们反思"文化大革命"教训的工作，远远没有完成。

（三） 自由派在北京聚会

继《青年论坛》1986年7月号刊出了北京市社会科学院哲学所胡平的《论言论自由》上篇后，9月号刊出了下篇。9月5日是杂志出版的日子，我们委托北京记者站召开了《论言论自由》座谈会。这是北京自由派知识分子的一次大聚会。《论言论自由》的作者胡平，以及何家栋、梁治平、李盛平、陈恒六、闵琦、黎鸣、甘阳、孙立平、王军涛、陈子明、王润生、吴知论等人出席了座谈会，厉以宁、杜汝楫向座谈会提供了书面发言。特别有意味的是，讨论言论自由的座谈会，是在中共北京市委党校内召开的。

《论言论自由》被誉为"20世纪中国人权宣言"、"当代政治、思想的经典之作"、"意义不亚于穆勒的《论自由》"，经《青年论坛》发表后产生巨大反响。在当时言论自由还是非常敏感的话题的形势下，有正式刊物刊出这篇文章，引起北京知识界普遍关注，有的感到欣喜，有的感到担忧，有的揣测文章的发表有什么背景，是否预示言论空间将走向宽松。我们早已清楚这篇文章的分量，提前策划了这次座谈会，并特地将座谈会定为9月号杂志出版的那一天举办。杂志社派王绍培、喻承祥到北京参加了座谈会，会后王绍培整理了与会者的发言，以《首都各界人士座谈〈论言论自由〉》为题在11月号上刊出。

胡平在会上做了开场发言，下面摘引一部分：

《论言论自由》这篇文章很多同志原来已看过。这次《青年论坛》把它全文发表了。现在大家看到的实际上是第五稿，第一稿是写于1975年的7月，第五稿是写在1980年。我考虑这个问题的时间比较长，从1975年开始．当时还是极左路线，但我与许多同志一样，认为我国迟早会经历一次历史性的转折。我考虑怎么迎接这个转折、并使之朝一个更好的方向发展，从这个角度思考了言论自由。

言论自由也是一个理论问题，但它与别的理论问题不一样。别的理论问题只要理论界知道就行了，或者理论界都可以有不同的看法，但在言论自由上，相当多的人必须有一致的领悟，这样才有所保障。我在文中引过伏尔泰的一句话：我坚决反对你的观点，但我誓死捍卫你说话的权利。这话很能代表对言论自由的一般态度。现在大家谈种种观念改革，观念有多种，有的观念必须有相当程度的一致，因为任何社会都必须建立在某些观念一致的基点上，如此，社会才有基本的秩序。言论自由就属于此。言论自由是一个支点，本身不能做功，但没有它不行。

以前我们谈言论自由，有一个常见的说法，就是什么反党反社会主义的言论，不能给予自由。我以为必须澄清的正是这一点。如果言论自由只能以当权者的意志为限，那古往今来就没有一个国家的言论不自由，秦始皇也言论自由，希特勒也言论自由。这里需要加以区别的是，言论与煽动、诬陷、诽谤相比是不同的问题，煽动、诬陷、诽谤并不是纯粹的言论，它与行为是相关的。希特勒本身也许没有杀过人，但他的批示、文件，就不是纯粹的言论。

作为知识分子，我们影响社会的手段是说呀、写呀等等，言论自由是我们的一个基本手段，如果这个问题不解决，知识分子无论在哪个领域里都发挥不了自己的作用。有人比较中西文化，说我们是政治支配学术，而人家是学术支配政治。因为我们没有言论自由，只能在皇帝的意旨之下写或者说，为他作论证，或者把他的点子变得更细致，自然就无法支配、影响政治了。

胡平讲话之后，与会者纷纷发表了自己的观点。

何家栋（工人出版社）：胡平的文章写得雍容典雅，富有理论魅力，称它为现代中国的人权宣言，似乎并不过誉。虽然它出现在读者面前稍嫌晚了一点，但是这个事实本身恰恰说明中国历史已经进入一个关键时期。

毛泽东提倡让人讲话，提倡正确的、错误的话都要听，甚至硬着头皮去听，但这并不意味着他主张言论自由，而是要"引蛇出洞"。一个错误行动足以勾销一打正确纲领。作为思想家的毛泽东和作为政治家的毛泽东同样是真诚的。他既想造成生动活泼的局面，又企求达到"舆论一律"的大同世界。这个冰炭同器的"美好个性形式"如何注入历史呢？除非在佛教的极乐世界里我们才能获得这种不生不灭的自由。就现实世界而言，如果只有一种声音就没有声音，如果只有一种色彩就没有色彩。作为政治家的毛泽东，却又不得不把作为思想家的毛泽东打入另册，关进牛棚。作为人的毛泽东，他使人民站起来；作为神的毛泽东，他又使人民跪下去。他的政治哲学与政治实践发生了尖锐的矛盾。终其一生，都没有从这个困境中超脱出来。

梁治平（中国人民大学法律系）：读胡平的《论言论自由》，觉得好像在读欧洲启蒙学者的论辩文章，两者的风格实在相近。中国需要启蒙，非常迫切地需要启蒙。欧洲人弄懂"言论自由"，花了数百年时间，流过不少的血，而在我们这里，系统、深刻论述言论自由的文章，恐怕这是第一篇。为什么？因为它是禁区。仅此一点就证明，言论自由问题值得认真看待，要大书而特书。

我很同意胡平关于言论与行为的区分。言论不是行动，而是思想、情感或意志的表达，惩治言论，无异于对思想、情感或意志定罪。遗憾的是，这是一项传统。中国传统社会里，法律与道德不分，经常是以法律执行道德，这恐怕是中国人虽身受无言论自由之害，却又习惯于借法律惩罚思想和情感的文化心理因素之一。当然，不利于言论自由的心理因素还有其他种种，比如国家崇拜、权力崇拜、官吏崇拜，都阻碍着实现真正的言论自由。不彻底清除这些旧的观念、意识，要使言论自由观念深入人心是不可能的。我想，清算传统的工作也应该是"启蒙"的题中应有之义吧。

闵琦（中国社会科学杂志社）：我读胡平文章的感受与梁治

平相同，它很像启蒙学者写的东西。它的意义恐怕不下于穆勒的《论自由》，它的意义，过几十年，或上百年，或者更清楚。胡平的文章对我们转变价值观念、增强公民意识，具有非常重大的意义。政治体制改革，一个重要的方面，就是树立权力就是宪法的意识。我国有四部宪法，每一部都有言论自由，可是侵犯言论自由的事却不断发生。胡平的文章，在法理上，对言论自由作了科学的界定。

李盛平（中国社会科学院马列所）:胡平的一个最大的贡献是他把一个大家都认识到了但又不敢讲出的真理讲出来了。这要具有牺牲精神。

言论自由是一个历史过程，它要与中国的政治改革结合起来。政治哲学家与成熟的政治家之间要有一个变化，整个中国社会的成熟都是一个过程。我们不能满足于空谈原则。言论自由恐怕并不是政治改革的突破点，但言论自由是更高一层的东西。

陈子明（中国社会科学院哲学所）：胡平的文章是一个标志，是中国新型知识分子人格逐渐形成、新的知识分子的典范逐渐形成的一个标志。胡平的文章指明了中国知识分子应该如何行事、如何想问题。

历史告诉我们，仅仅靠流血牺牲是换不来言论自由的。而且，每次流血牺牲之后，都使它的成功者更珍惜它的成果，而不放弃它的权力。

杜汝楫（中国政法大学教授）：我看过胡平同志关于言论自由的文章，又高兴又兴奋。因为从他的文章里我看到青年一代的思想水平，看到中国的光明前景。我想，既然有一个胡平，必定还有许许多多像胡平同志那样的青年。

胡平同志的文章，对言论自由所涉及的问题，几乎全部谈到了。论文写得很有说服力，既有理论分析，又有实际材料，逻辑严谨。我几乎不相信它出自一位青年之手笔。言论自由的问题是一个老问题，过去曾有不少学者论及，但多半是西方政治思想家写的。在我国，我还没看过一篇像胡平同志那样细微和全面的关于言论自由的文章或论著。这不能不使我这个老人大为赞叹。可惜这篇优秀文章却横遭禁止，延迟了好几年才能与中国读者见面。这表明并非所有的老人和我一样看法，也不像我一样在后辈中发现杰出的青年。我希望一些老前辈好好想一下，放下架子，多多接触青年人。青年人超过老年人，后辈超过前辈是国家和人民的幸福。

从历史上看，人民的自由从来是人民自己争来的。而自由和民主的最重要基础，则是言论自由。没有言论自由就没有民主。然而，言论自由也是要由人民自己来争取的，所以，争取言论自由的言论就不得不发，不得不争。这似乎是自相矛盾：在没有言论自由的情况下又要言论言论自由，可是事实上言论自由往往是在这种矛盾的情况中实现的。因为压制言论总不可能做得十分彻底。至于人的思想更是难以被人控制的，即使绝大多数人的思想可以加以控制和左右，但总有少数人并非如此。这少数人就是杰出的英雄人物。我希望在我国，这类人从少到多，或稍为多一些。

厉以宁（北京大学经济学院教授，《青年论坛》顾问）：从决策的角度看，决策的依据是信息，信息越充分越好。有了充分的信息，然后经过分类，筛选，加工，条理化，就有助于作出正确的决策。如果我们把言论自由当作提供充分信息的保证，把不同立场、不同层次、不同观点的人所发表的各种言论，都看成是可以供分类，筛选，加工，条理化的信息，那么，言论自由就是有助于正确决策，而不是妨碍正确决策的。这是因为，自由发表的各种看法，尽管其中有对有错、有合理有不合理，但错的看法、不合理的见解，仍然是信息的一部分。决策者可以不采纳它，不把它吸收到决策之中，但至少也可以从不同的方面作为一种参考。多方收集信息，对决策并没有什么坏处。相反地，如果只让别人提供"正确的"看法，不容许"不正确的"见解冒出来，结果，信息就会大大减少，决策的参考、依据也就不充足了。何况有些看法，在没有经过验证之前，也难以断言它们必定是不正确的。

最近几年来，关于社会主义商品经济的讨论、关于社会主义经济模式的讨论，都是在容许各种不同的言论发表的条件下进行的。如果当初只准发表马克思主义著作已经有过的论述，只准重复经典作家们说过的话，那么马克思主义经济学说又怎么能发展呢？

李凌（中国社会科学出版社）："精神污染"这个词就不大通。环境污染是可以测度的，但精神怎么测度？这个词的出处（李盛平插话：出处是戈培尔）是……希特勒。批人道主义、批异化，是一个大错误。社会主义没有异化怎么会有个人崇拜？公仆怎么会成为主人？为什么不能讨论？因为它触犯了某些人的利益。一些不承认有异化的人，恰恰是搞异化、搞特权搞得最厉害的。一些人文章里写道"可以讨论"，但批评他的文章却不让发表。我们应该要求批评与反批评的权利。言论自由是我们生来就有的权利。

莽萍（中国人民大学新闻系研究生）:在西方，言论自由被称为"第一自由"，因为有了言论自由，就可以争取其它权利，保护其它权利。

按我的理解，在现代社会中，言论自由的主要内容之一就是新闻出版自由，因为新闻出版自由是言论自由的社会表现形式。就是说，言论自由的价值不仅表现在人们私下交流意见，更重要的在于能够在全社会范围内传播思想，做到这一点，主要是依靠报刊等传播媒介。所谓新闻自由是指对出版物不加事先的限制，可以自由发表意见。西方资产阶级向封建统治者争取的民主权利首先就是新闻自由。它的内容包括废除特许权、保证金、报刊检查等限制报刊的制度。

黎鸣（民政部民政管理干部学院）：可以说，言论自由就是一切。有言论自由则有一切，没有言论自由则没有一切。要实行言论自由，必须从体制上作一些论证。我们的宪法上有了言论自由，但我们的体制本身是反对言论自由的体制。没有相应的体制，法律只是一张废纸。

但我是比较悲观的。我们这一辈子，能让我们的报纸、我们的杂志不直接受首长的控制，我们所尽的力就算有成果了。如果不能做到这一点，那么我们的改革就白费了。

孙立平（北京大学社会学系）：中国社会有一个特点，就是对言论的惩罚不仅表现在法律上，而往往在行政、组织措施上，在一些说不清、道不白的地方。中国的老百姓怕犯法，但更怕犯错误。犯了错误给你装进档案一辈子也不得翻身，像什么户口、职称对人都是命根子的东西，如从这方面惩罚言论，我们有什么办法？

甘阳（中国社会科学院哲学所）：有个疑问：似乎经济改革必然引起政治改革。这隐含了一个前提，政治改革似乎仅仅因为经济改革的需要。那么，民主、自由是否有独立的价值、是否是独立的目标呢？谈政治体制改革的的人往往着眼于决策、程序如何科学化等等技术性的东西，但我以为我们现在首先要把民主国家的一些大的原则确立下来，让它深入人心。

胡平：关于《论言论自由》一文，我希望读者注意到我的如下观点：

阐明了言论自由问题是结束专制的突破口，争取民主应把言论自由放在第一位。

1、因为言论自由原则很温和，它不像其他一些往往是更激烈的主张，很容易引起一些人不无道理的疑虑，对最大多数人具有最大的说服力。

2、言论自由的原则是简单的，稍有常识者即可正确理会。

3、明确地、公开地坚持和维护言论自由原则，并不需要过人的勇气。

争取言论自由，并不是要我们大家都大胆地发表那些尖锐的不同意见，而只需要我们在别人因为发表不同意见遭受政治迫害时，站出来维护他们的说话的权利。你完全可以引用伏尔泰那句名言——"我不赞成你的观点，但我坚决捍卫你说话的权利。"这种说法的风险是很小的，一般人都承受得起。这就能让更多的人，包括那些素来谨慎小心的人们也参与到争取自由的正义斗争中，从而形成一种强大的而又温和的压力，有力地推动中国向着真正的自由迈进。

1986年下半年，邓小平继1980年后第二次宣布启动政治体制改革，赵紫阳及其智囊团正在起草《政治体制改革总体设想》，政治氛围相对宽松，民间议论也比较活跃。《论言论自由》正是在这个时期发表，座谈会也是在这个时期召开的。这是一个空前难得的时机，专家学者们也难得地聚集在一起，进行了如此大胆深入的探讨。会议提出的观点，至今仍有现实意义。只是，此后再也没有这样的机遇了，《论言论自由》的思想和与会者在座谈会上发表的观点，成为往日的回响，同时也为后人留下了值得深思的"中国之结"。

（四） 展望21世纪

金秋十月，是武汉最宜人的季节。《青年论坛》杂志社联合黑龙江省社会科学院《学习与探索》杂志社，共同举办了"跨世纪的中国——来自社会科学各学科对中国现状和未来的思考"学术讨论会。会议于1986年10月30日至11月3日在武昌东湖宾馆举行，宾馆位于风景美丽的东湖边上，湖上的水鸭，磨山的苍翠，还有帆船皮划艇从湖上滑过，湖光山色尽收眼底。来自北京、上海、黑龙江、广东、福建、辽宁和湖北等省市的中青年理论工作者、企业家以及新闻出版单位的代表共40余人出席了会议。与会代表从哲学、经济学、法学、史学、伦理学、文化学、人才学等方面，对中国社会的现状以及未来的发展趋势作了综合性的讨论、分析和研究。在对传统文化的批判和反思中，在对中国现存各种问题的思索中，代表们实事求是地分析了中国进行全面改革的前景，虽然充满信心，但感到障碍重重，对于未来之路，大家持审慎的乐观态度。

这是我们第一次在"主场"召开的全国性学术研讨会。这次会议，我们邀请了很多著名专家、学术新秀和媒体人士出席，他们中有胡平、黄克剑、雷祯孝、张志扬、戴晴、张奎良、梁治平、李晓明、远志明、王润生、黎鸣、苏东斌、闵琦、皮道坚、彭德等，精英荟萃。这些名人齐聚武昌，是一个难得的机会，我们趁此机会办了一个讲习班，在全国广发通知招收学员，请部分与会者给学员们讲课。精彩的课程大受欢迎，课间还组织了师生交流，更是热烈非凡。

这次会议上，与会者发言非常踊跃。我们在1987年第1期刊出了《中国跨向21世纪：步履维艰——"跨世纪的中国"学术讨论会发言摘要》。以下摘引其中一部分：

胡平（北京市社会科学院哲学所）：只要我们的体制还像过去一样把一切权力都集中在少数几个领导者的身上，那么你就不可能真正地消除人们的顾虑与担心。如果我们把像目前进行的这样一种深刻的改革完全寄希望于最高领导位置的理想传递之上，我们在政治上就是犯了幼稚病，而且也是对全部历史经验教训的遗忘。在某种意义上我们必须说，对权力持有谨慎的怀疑乃是一个民族在政治上成熟的基本标志。所谓谨慎的怀疑，就是要对权力施加某些必要的制约，同时确保公民的一些基本权利免受任何权力的侵犯。一个对权力不加制约、对公民权利不以保障的社会，好比一辆没有制动刹车装置、门窗不能自由开启的汽车，纵然有时它可能跑得更快，但是，当它行驶在从未行驶过的、充满各种障碍和事先难以预计的困难的路途之上时，必然是极其危险的。那些主张专制比自由民主有效更可取的人，无疑是在拿全民族的命运开玩笑。

黄克剑（福建省社会科学院哲学所）：现在提倡科学是没有问题了，再无人说现代的机械电器是"奇技淫巧"了。但民主的问题尚未根本解决，失去个人的自由意志的民主就可能变成虚假的民主，建国以来我党所出现的一系列失误也都是历次党代会举手通过的，这就是证明。我们在这个世纪展望下一个世纪，还应参照与思索上个世纪末力求改造国家的志士们所提出的最有价值思想，真正解决政治上的民主问题，确立人的自我意识和公民意识。

李晓明（武汉大学哲学系博士生）："全盘西化"的警惧，对一个成熟定型的民族文化体系来说是多余的，在逻辑上是相悖的。因为如果保留自我中心化的文化心理屏障和本位文化的强烈意识，外来文化的深层结构被人为拒斥，就无法了解新异文化的来源和内在价值，就不可能出现全盘西化，而只会出现表层的崇洋和迷乱。反过来，如果实行全方位的立体式开放，拆除了自我中心文化的心理的屏障，从深层结构上了解了新异文化的来源和内在价值，进而作出全面客观的评价，也就不会出现全盘西化。在这个意义上说，如果真有什么"污染"、"自由化"和崇洋发生的话，恰好是开放不够造成的，是文化深层结构过于强固的结果。有限的开放与封闭相差无几，也只能使弱者屈从、盲崇强者，而不能理解强者，从而也不能战胜强者。结局仍是弱者更弱。这一切只能通过全方位开放，迅速提高民族文化势能来解决。

黎鸣（民政部民政干部管理学院）：在并没有谁明确提出过"全盘西化"甚至"西化"的今天，居然有的人忧心忡忡的要警惕"全盘西化"，而一些学者也附和论道"现代化不等于西化"。这种对"西化"的恐惧心理，实质上是对"开放"政策的怀疑和抗拒心理。

梁治平(中国人民大学法律系)：一方面，中国人为了实现现代化，不得不接受了西方式的法律制度；而另一方面，中国社会长期不曾具备与这种法制相适应的社会文化基础，以至这种法制很难切实地发挥作用。这一矛盾产生于中、西法律文化的深刻差异。如，中国人视法为工具，西方人则奉之为目的；中国法只有镇压职能；中国法以刑为本，西方法与权利有密切关系；中国法旨在禁止令行，以义务和服从为核心，西方法强调了能为的范围，因此可以作自由的尺度，权利的保障；中国法服从于礼，西方法有独立品格；中国法讲人际和谐，重家族团体；西方法讲抽象的独立人格，重主观权利，等等。正是由于这一客观存在的差异，使中国人难以并且不愿接受西方法的精神。

何去何从，历史本身已经作出了抉择。矛盾的解决有待于政治学、社会学、伦理学和文化学等方面一系列目标的完成。其中，政治的解决更为直接，文化的解决至为根本。因为法律制度的实现直接以权力的结构为转移，法律的精神则深深植根于文化的土壤之中。

王润生（中国政法大学哲学系）：把某种主义变成信仰从而把主义神圣化、目的化，本来是没什么道理的。因为，尽管各种主义的存在是正常的，但主义不是最根本的东西，相对于人们的价值追求而言，形形色色的主义不过是人们立足于某种终极价值提出的种种可能方案。任何一种方案只有正确与否之分而无神圣与否之分，而且方案本身不能自己证明自己，而只能由其能否达到价值目标来证明自己。

既然各种主义本质上不过是人们面对既定价值目标所提出的关于工具、道路的设想，那么，就不应将主义信仰化，而应工具化，变信仰之争为工具之争。至于各种工具的真伪、优劣、利弊，完全可以用实证的科学方法去研究。在实证研究领域，信仰化的感情用事是无济于事的，这里需要的是工具理性精神。

远志明（中国人民大学哲学系）：我的非乐观态度建立在二种分析之上，一是主体分析，即中国的事情要到其主体中国人本身来考察；二是结构分析，即:尽管我们全力谋求经济发展，但却不可避免地受制于政治、文化等因素。首先，中国人一条深深的情根，即非主体性的个体人格。上述情根的去除已很困难，这条根上又生出来三只连环的跛腿。一只是中国人的心理结构，另一只是政治结构，还有经济结构。三只腿相互牵扯，甚至是盘绕，哪一只都单独动弹不得。1978年以来，经济体制改革一直发展到今日，以致于要再向前跨出一点儿，都非得动政治体制不可。建立独立的企业、市场机制以及引进外资，都遇到政治意识方面的阻力。而政治民主化没有民众的独立人格又是不可能确立的，且政治结构这只腿本身又很粗壮有力，所以实在难以挪动。中国历史上改朝换代多少次，但基本的社会结构不变，这恐怕是"文化—心理遗传基因"的作用。而心理结构的改变，又非得靠经济与政治环境的改变；但后者的改变在前者不变的情况下是不可能的。这样就陷入了恶性循环。三只腿谁也迈不开大步，铁链锁着；我们的眼睛看到了前面的美景，但腿却迈不开，心里急但没办法。

张奎良（黑龙江大学哲学系）：经济建设有物质文明概念相对应，思想文化建设有精神文明概念相对应，为什么政治体制的改革和建设就没有政治文明概念与之相对应呢？政治管理体制的野蛮、落后和不文明是中国近代社会落伍的根本原因，是三十多年来新中国接连不断失误的重要根源，也是未来中国蓬勃发展的关键所在。只有加强政治文明意识，把当前的政治体制改革提到与物质文明和精神文明建设具有同等重要意义的政治文明建设的总体布局的高度上来，我们才能向政治现代的目标迈出决定性的一步。

长期的封建统治造成中国法制极不健全，政治管理十分落后。新中国承袭了这个沉重的封建包袱，三十多年来没有很好地进行政治体制建设，政治文明程度不高，民主成为空谈，政体流于形式，党的领袖主宰一切。大量事实表明，这是当前阻碍各项事业前进的滞留点，跨向下一世纪必须从体制的改造和重建开始。努力建设高度的政治文明不仅是实现这一目标的有力的思想武器，也是亿万群众发自内心强大的呼声。

今天回过头来看与会者的发言，确实是非常深刻地针砭时弊，意义深远。关于体制的弊端和专制的恶果，关于权利、法制与自由，关于对形势非乐观的预测，时局的发展无不证实了学者们的敏锐思考。

张奎良80年代提出的政治文明概念，20多年后终于被人们接受，真正跨了世纪。

在会议筹备过程中，经费问题是一个大难题。会议代表的食宿、交通、接待等，以及会议的场租，按我们的经济能力是完全无法承受的。与会议同步进行的讲习班，我们采取了收费的办法，居然有来自全国20多个省市的130多人报名参加，大多数是青年学生，这样就解决了经费问题。

会议的组织工作对我们也是一个考验。40多位会议代表的接送，要派人去机场、火车站、码头，有的是白天，有的是深夜或凌晨，工作量就够大了。代表和学员到达之后，马上又要预定返程车、船、机票，当时交通十分紧张，订票要排队、托熟人、找关系，170多张票忙得大伙团团转。会务工作分工由邵学海和周晓佑负责，他们好多个晚上都没有合眼。

会议代表住在东湖宾馆，学员们住在一个招待所，开会和讲课分别在不同的场地。我们每天上下午各请出一位学者到课室给学员讲课，学员们听到名人讲课，还可以当面交流，非常高兴。讲习班这边由喻承祥负责，130多人的课室不好找，后来还是通过何亚斌找到省统计局的大会议室做课室，也解决了代表与学员面对面交流的场地。会议期间，武汉地区的一些高校，知道消息后也纷纷邀请代表们去做演讲，在武汉学界掀起一股热潮。

会议期间，我们安排了一次"团聚"活动，请主会场的14位中青年学者到讲习班与学员们见面，分几摊直接交流。热烈的场面真是很少见，年轻的学员们簇拥在学者旁边，提出各种疑惑和问题，包括当前改革发展的前景，理论探讨的限度，商品经济对中国的影响，政治体制改革如何深入，言论自由问题，干部问题，人才问题，社会风气问题，传统文化问题，价值观和生活方式问题等等，有点像是问答式的分组讨论会。感人的场面使我们强烈感受到，年轻一代对中国改革的高度热情和对创新理论的万分渴求。

邀请到这么多知名学者、记者来武汉很不容易，为了让代表们留下更深的印象，我们组织了两次会场外的活动。一次是乘小船游东湖，再一次是到汉口繁华的商业街江汉路购物考察。代表们对这个安排非常满意。

邵学海对这次研讨会有一段回忆：

我分在东湖主会场，负责代表的接送、住宿安排、会议宣传、市内游览等。记得并值得回忆的有下述人事。

一是讨论时，学术锋芒毕现，用个既不雅又不贴切，但很形象的比喻，有时甚至短兵相接，没有今天某些学术会议发言言不由衷，讨论相互捧场的庸俗习气。这可能因与会者大多年轻且成就卓著的缘故。"跨世纪的中国"会议学术层次是很高的。

二是绝大多数与会者对艺术新潮表现出浓郁兴趣。"跨世纪的中国"会议召开时，恰逢湖北青年美术节开幕，它是全国范围的85美术新潮之延续。会议安排游览，其中包括参观数个专项展览内容。记得代表进入湖北美术院展厅，戴晴便乐了，与一位代表调侃说：你们反传统，要写几千字几万字，看人家，一件作品就解决了。展厅正中是严善淳一幅描摹的书法，书法是苏轼的还是王羲之的我忘了，它象征传统。严在书法上又用红布和木版设计了一个叉，意为对传统的否定。戴晴指的作品就是这件。

我与几位同学也参加了湖北青年美术节，办了"版人画展"，全是版画作品，比较唯美，不怎么前卫。游览既由我安排，自然要利用职务之便，请代表看看我们的作品。看完展览，作者和代表合影，场面比较忙乱，待看到照片，呵，写《我赞成邓小平同志退休——与微音同志商榷》一文的钱超英也在其中，现在回忆起来，当时他对现代美术的趋势也是十分关心的。

邵学海说的湖北青年美术节，展示了一些新潮的美术作品，部分与会者很感兴趣，会议期间邵学海带他们去欣赏了。邵学海接待戴晴，他还有比较详细的回忆：

代表主要来自北京，其中给我留下较深印象的是戴晴。这并不因为她是《光明日报》著名记者，主持了深有影响的"学者访谈录"。也不因为她赠书于我（本来赠两本，一本被《学习与探索》的刘爽"劫掠"）印象深，后来又有了通信往来，首先是因她在会上平易的态度。

戴晴提前到达。代表早到是个例外，由我去接。因会议地黄鹂湾的客房还没有退出，把她安排在翠柳村需要临时联系。故匆匆忙忙赶到南湖机场，什么都没有准备，到出站口，才想起需要一块牌子，写上被接人的姓名。这时旅客已络绎走出航站，我情急中抓出书包里的书，在封底写上"戴晴"两字，站在一条凳上举着等她到来，字是钢笔写的，字大但笔画却很纤细，又怕来者看不清，故不断环顾四周。一会，一女士仰头笑盈盈地看着我手中的书，没有问语，是不是感觉我的做派有点"游击习气"而好笑？喔！是戴晴。

很不正规的迎接，加上很不显身份的交通——没有专车，需要打的，她非但没有名记者可能流露的愠色，还很开朗地与我聊起天来。接站如此，送站就更尴尬。戴晴会后去长沙，去长沙的火车票很难买到卧铺，搞一张硬座就不容易。怎么办？她很理解，接受了这个注定不会舒适的行程。这趟车人满为患，比我料想的严重，戴晴从车门进去挤到自己座位，距离仅五六米，大约花了五六分钟的时间。这五六分钟里她不急不烦不躁，颇具名记者的风范。

我在月台，她在车厢，内外交谈，等候开车。记得她希望我专心做个编辑，不一定要做专业画家，说做编辑接触人多，视野开阔等等。这些话对我后来工作的选择是有启发的。等了一会，车终于开了，望着远去的满荷载的车厢，我一下想到，她上卫生间怎么办？

会议期间，我还记得戴晴想见一见武汉的艺术家，希望能写一篇艺术家的访谈录。我带她去见周韶华先生，周先生却不在，与其夫人王老师寒暄了几句便告辞。周先生的住房在当时是不错的，两层楼的联体hostel，住的都是著名作家和艺术家。出得门，戴晴不问周的艺术成就和艺术历程，却对其门厅、客厅的布置大谈看法，女作家的性情毕现。周先生不在，我推荐了彭德，采访时我就告退了。

王麓怡也在主会场，戴晴对她有很好的印象，走时拿出一支口红，嘱我送给她，说她的皮肤用这种颜色很适合。会上，戴晴也是低调的，总是坐外围，不坐内圈。可能她认为自己是个记者，是个作家，不是学者吧。但她绝不是"好好先生"，不是"阿弥

“跨世纪的中国”会议代表合影

组织代表游东湖

代表们在东湖小船上

戴晴与讲习班学员们交流

背着女儿爬磨山

陀佛", 很有个性, 评价周先生家的布置可见一斑。记得一次吃饭, 武汉一记者是酒喝多了还是怎么的, 是说了不该说的话还是开了不该开的玩笑, 戴晴即回应两句, 一下, 对方窘色满脸, 可见其言辞锋利。

　　"跨世纪的中国"讨论会圆满结束。《学习与探索》杂志的刘爽留下来, 与王绍培一起整理会议纪要。这次会议不仅内容丰富, 而且在经费上还稍有盈余, 大家十分高兴。忙碌之后需要休整, 我提议杂志社全体人员到东湖磨山植物园去郊游一次, 大家一致响应。这次, 我把女儿也带上了, 因为那次忘了接她回家还在内疚。

　　时值深秋, 磨山树木葳蕤, 植物园里幽静雅致。大家都兴致盎然, 我却有些思绪重重。政治形势似乎有些逆转, 会议上来自各地的代表都表示了担忧, 我们的会议报道标题上也用了"步履维艰"的字眼。这个感觉不久就应验了: 《中国跨向21世纪: 步履维艰——"跨世纪的中国"学术讨论会发言摘要》在1987年第1期发表, 而这一期杂志是《青年论坛》的终结。

七 峰谷之间

　　《青年论坛》在改革的时代热潮中诞生，成为思想解放和体制改革的先锋，因而受到社会各界关注。从政府官员到知识分子，从青年学生到企业工人，我们不断听到他们赞扬和支持的声音。但是，《青年论坛》既然高举思想启蒙和民主政治的旗帜，就注定了与政治形势的变化密切相关。而中国政局的变化，往往令人猝不及防。80年代是思想解放、改革开放的年代，但形势发展也几经起伏。1980年下半年开始政治体制改革，遇到波兰团结工会事件而立即停止；主体性、人道主义讨论得轰轰烈烈，马上就有大规模的清除精神污染；1985年中宣部长朱厚泽讲了"三宽"政策，接着就有全国范围的反资产阶级自由化；1986年重启政治体制改革，年底发生学潮又再次反自由化，政治体制改革从此搁置；胡耀邦的开明路线深得人心，1987年1月却被迫辞职；大学生们反贪腐、要民主，热情高涨，结果引起1989年春夏之交的天安门"政治风波"。时代的政局变化既是如此起落跌宕，使生存于其间的《青年论坛》一时被推向浪峰，忽而又被抛下波谷，在高峰时倍受赞誉，在低谷时猛遭整肃。《青年论坛》的风雨浮沉，实际上也是那个年代政治风云的一个缩影。

（一） 时代风口

　　1985年11月，杂志社陈兵力接到武汉市市长吴官正办公室打来的电话，要求带几本《青年论坛》去市长办公室。陈兵力带上杂志，去了市政府见到市长吴官正。吴官正一边翻阅杂志，一边对陈兵力说："中组部副部长李锐同志给我来信，希望能订阅《青年论坛》杂志。"李锐曾经做过毛泽东的秘书，其时刚从中共中央组织部副部长的位置上退下来，任中央顾问委员会委员。中央高层人物如此重视《青年论坛》，陈兵力十分感动。他告诉吴官正市长，编辑部每期都会寄给中央相关领导人，只要给我们地址就行了。陈兵力回杂志社后，将已经出版的刊物一起打包寄给了李锐，并附了一封信，告知今后会每期寄送，请给予指导并赐稿。

半个月后，李锐给陈兵力回信说：

陈兵力同志：

　　《论坛》七本和大札都已收到。十分感谢。只是一九八五年四期有两本，而缺第五期，想必捡错了。还是补上第五期。我给官正同志的信中说：这个刊物是一个老同志介绍的，十一月出差广西时，借到几本不及细看，当好好一读。年轻同志思想解放、观察敏锐，也敢于发表意见，这些都是老年人应当学习的。我这决不是说客气话。历史、事物发展，必然后来居上。希望你们经常以你们的优势来补充我们的弱点，鼓舞我们前进。

　　刊物读完后，另有话想说，写几百个字还是可能的。祝好！

　　　　　　　　　　　　　　　　　　李锐　八五、十二、三

　　1985年至1986年是党内博弈十分激烈的时期，各派势力此消彼长，我们像是大海中的航船，在波涛中起伏升落。1984年下半年改革形势大好，是《青年论坛》创办的难得时机。到了1985年3月，邓小平发表了关于理想纪律的讲话，强调不能搞自由化，5月和6月连续发表关于反对资产阶级自由化的讲话，9月党的全国代表会议召开和五位常委讲话，又一次肯定了反对精神污染、反对资产阶级自由化，形势变得严峻。11月，邓力群在湖北十堰的一个会议上点名批评了《青年论坛》，上纲上线得很厉害，引起各方对我们的议论和防范。正当我们处境艰难、倍感压力的时候，李锐来信对我们无疑是个巨大鼓舞，编辑部很快向各方传播了这个消息。之后李锐又给陈兵力来过一封信，并附了一幅题词，遗憾的是都未能保存下来。

　　1986年1月下旬，我和王一鸣到北京办事，特地去拜访了李锐。记得那是一个星期天，我们去木樨地部长楼找到李锐家，送给他一些有关《青年论坛》的资料，还介绍了一些情况。李锐对《青年论坛》评价很高，他说："几个小人物办的刊物，成了大人物的案头必备书，可以让人从中吸取治国安邦之策。"李锐还很关注湖北的青年改革家陈天生，问了他的近况。随后李锐让我们去找黎澍谈谈，并当即打电话给黎澍："你听说过《青年论坛》杂志吗？他们的负责人来了，现在我这里，你也见见吧。最近胡乔木对这份杂志说闲话了，我让他们去你那里聊聊。"黎澍是知名的历史学家，曾先后担任过中国社会科学院《历史研究》和《中国社会科学》杂志总编，思想十分解放。黎澍与李锐是湖南老乡，且都住在部长楼，离得很近，关系很好。我们当然非常乐意去拜访黎澍老人家。离开李锐家时，我们希望李锐送几本书给我们，他从里屋拿出了7本书，并一一题字送给了我们。这7本书中有关于延安窑洞的回忆，有关于水利建设的著作（李锐曾在水利部工作过）。

在黎澍家里，我们谈得很愉快。黎澍思想敏锐，观点鲜明，但态度十分谦和，对年轻人非常爱护。我们请他为《青年论坛》"前辈寄语"专栏写一篇文章，他立即同意，但他说与其写"前辈寄语"，倒还不如"寄语前辈"。黎澍后来给我们文章中写道："前辈一般是有经验、有学识的人，但往往也有缺点，这就是自信而又固执。一个人有信心，是必要的，盲目自信，再加固执，就不好了。人到老年，更应警惕。""前辈一定要记得我们的前辈以卫道者自居的丑恶形象是多么难以令人忍受。再想想自己在青年面前是否也像我们的前辈一样难以令人忍受。警惕封建卫道士的形象再现于今日，是很必要的。"我们知道老人家出版了很多著作，就请他送给我们拜读。黎澍拿出两本《再思集》，送我们俩一人一本，并在扉页上题字。

我和王一鸣这次到北京，逗留了好几天，主要是为了与记者站进一步沟通，安排杂志的发行工作，清理未售出的刊物，与发行机构结账，以及与一些重要人物见面。在京期间，我们除了拜访李锐、黎澍之外，还见了胡德平、王若水、于光远、刘宾雁、李泽厚、戈扬、胡绩伟、秦川、张显扬等人。

与胡德平见面是在大都饭店。1985年6月他离开武汉后，我们与他常有电话和书信联系，这次见面聊了很长时间。胡德平说，我知道我离开湖北后，帮忙不那么方便了，你克服了许多困难，很不容易。他还说："《青年论坛》毕竟是我们一起搞的嘛。""我们是真正的朋友关系，我的一本书（指《三教合一的香山世界》）即将出版，到时候送给你们。"我们还直言不讳地聊了对胡耀邦和他本人的看法，希望耀邦多与青年人接触，譬如赵紫阳身边就有很多年轻的"谋士"。胡德平也问了我们对他本人的评价，我们认为他比较低调，不给胡耀邦带来麻烦，这是应该的，但是该决断的还是要决断。我举例说，全国残联的杂志《三月风》创刊周年，邓朴方[1]出席了纪念会并主持了会议，会议报道登上了《人民日报》头版。而《青年论坛》创刊周年的纪念会，胡德平却没有出席。胡德平急忙做了解释说，本来是打算去湖北参加纪念会，但工作太忙抽不出空。胡德平谈得比较多的是他的《谈开放》一文。前不久，他托人从北京带给我们一封信，其中附有《谈开放》文稿、一篇《对<谈开放>一文的初步印象》和一份胡耀邦的批示。这次见面，胡德平又详细谈了开放问题，并告诉我们《谈开放》一文已在前几天的《北京日报》上发表了，希望《青年论坛》上也发表关于开放问题的文章。

大都饭店之后，我们在于光远家与胡德平又见了一次。于光远的秘书胡敬萍曾去过武汉，到过我们编辑部，她告诉我们于光远很重视《青年论坛》杂志。这次到于光远家，就是胡敬萍联系安排的。当时胡德平也去了，在场的还有胡绩伟、秦川、张显扬等人。胡绩伟曾任《人民日报》社长，秦川曾任《人民日报》总编、社长。80年代，中共中央机关报《人民日报》曾经是思想解放的前沿阵地。该报的负责人胡绩伟、秦川、王若水等，都是思想解放的勇士，他们后来都受到左派势力打压。《人民日报》转载过《青年论坛》创刊号上的文章：《为自由鸣炮》《理论创新与当代中国》，在国内版和海外版上同时发表过李泽厚的《破"天下达尊"——贺<青年论坛>创刊周年》，这篇文章还引起胡乔木的不满。这次在于光远家里，大家谈了社会主义的前途、新闻自由以及理论界的状况，于光远谈了自己的研究生的情况，并饶有风趣地谈到大邱庄、禹作敏，介绍了禹作敏的几句顺口溜："抬头向前看，低头向钱看。只有向钱看，才能向前看"，于光远说到"向前看"时，手指前方，说到"向钱看"时，用食指和大拇指圈成钱的样子，低头去看，惹得大家哄堂大笑。胡德平则又一次谈到了开放问题，各人也都发表了意见。当时在场的张显扬是80年代思想解放的先锋，原在北京大学外国哲学研究所做研究，发表过很多有影响的文章。中国社会科学院成立马列所时，于光远兼任所长，将张显扬调去马列所。当时的马列所，是全国研究改革理论、张扬思想启蒙的堡

1.邓朴方，邓小平的大公子，时任中国残疾人福利基金会党组书记、理事长。

垒，张显扬是其中的一员干将。胡德平、于光远都曾要我们与张显扬聊一聊，这次在于光远家，张显扬主要讲了关于言论自由的一些看法，我们很受启发。离开于光远家时，张显扬告诉我们，胡绳让他的秘书找一套《青年论坛》给他看，并说这是胡乔木同志的指示。胡绳是著名的哲学家、中国近代史专家，时任中国社会科学院院长，胡乔木、胡绳都要看《青年论坛》，说明意识形态高层在关注我们的杂志，当然，关注的角度不同。张显扬对《青年论坛》一直十分热心，他曾在北京帮我们找过存放杂志的房间，1986年底因支持学生运动被中共中央勒令退党。

这次在北京，胡敬萍还帮我们联系上了戈扬。戈扬是著名的改革刊物《新观察》的主编，她是中共老一代的新闻工作者，在80年代是呼唤思想解放的知名人物。戈扬对我们非常热情，她说《新观察》可以免费为我们登广告，还打算转载《青年论坛》的文章，并说春节期间要去大邱庄，看能否为《青年论坛》拉一点赞助。

1985年下半年，朱厚泽接替邓力群出任中共中央宣传部部长，他积极配合胡耀邦的思想解放路线，在与左倾路线的斗争中提出"宽容、宽厚、宽松"的政策，不断发出改革派的声音。1986年春，政治气候有所转暖，4月，中共中央政治局委员、中央书记处书记胡启立在上海发表了一系列关于精神文明建设的谈话，谈到了经济改革需要政治、文化方面改革的配套，谈到了不能把自由、民主、人道主义、人权等等口号的使用权都让给资本主义国家。他说："不要一听到议论特别是尖锐的话，动不动就要查，就要立案、追究、打击、压制，这种恶劣的做法不能再搞了。"4月25日，《人民日报》以显著篇幅发表了朱厚泽在中国音协四届二次常务理事扩大会上的谈话，总的调子是提倡双百方针和宽松和谐的气氛，鼓励艺术家解放思想、大胆创作。理论界、文艺界、新闻界对此欢欣鼓舞，奔走相告。

在比较宽松的政治氛围中，1986年5月18日，朱厚泽来到武汉，参加武汉市精神文明建设战略理论讨论会。参加会议的还有中共中央书记处研究室李延明，中宣部理论局理夫、贾春峰、陶骅，以及朱厚泽的秘书王诚德等。主办单位打电话要《青年论坛》负责人去会场，我当时在北京、杭州出差，王一鸣到会场见了贾春峰。王一鸣向贾春峰汇报了《青年论坛》的情况，贾春峰说，朱厚泽部长准备与武汉地区的中青年理论工作者见面，想委托你们组织一个座谈会。王一鸣和杂志社其他工作人员很快就做了安排。

这次朱厚泽一行来武汉，活动非常密集，在出席了武汉市精神文明建设战略理论讨论会之后，还参加了多处活动。5月22日上午，朱厚泽等前往武汉大学与师生们座谈。座谈时一位青年教师说：我们湖北有个《青年论坛》在理论创新、繁荣学术上作了许多探索，这个杂志是我们武大校友办的。朱厚泽大笑说："是武大出的人才啊！"与会人员还谈到《青年论坛》为呼吁改革做了很多工作，经济上自负盈亏，政治上还得担风险，原中宣部领导人就批评过《青年论坛》。朱厚泽说：我也知道这件事。

5月22日下午，中宣部几位分两拨行动，朱厚泽、理夫等前往华中师范学院和华中农学院，与师生座谈。贾春峰等到省社科院看望《青年论坛》的工作人员，并且在简陋的会议室里与社科院部分中青年理论工作者见面座谈。贾春峰说：《青年论坛》办得很好，说明了青年理论工作者比老年理论工作者更关心现实。理论要发展就要探讨，探讨的失误是不应该追究的，我们应将它看作是通向真理的一个环节。会后，他参观了青年论坛编辑部那狭窄拥挤的办公室，与编辑部工作人员合影留念。

5月22日晚上，由《青年论坛》主持的武汉地区中青年理论工作者座谈会在朱厚泽一行下榻的东湖宾馆举行，朱厚泽等中宣部领导全部出席了会议。来自省社科院、武汉大学、华中师范学院、湖北大学、中南财经大学、湖北美术学院以及省直机关、几家学术杂志的部分中青年理论工作者参加了座谈会。座谈会原计划邀请十几个中青年参加，结果一下子来了30多人。中共湖北省委宣传部部长王重农、副部长李德华等也参加了会议。会上，中宣部理论局副局长贾春峰对理论界当前形势、面临的问题、营造理论探讨宽松氛围等问题做了十分精彩的讲话，以高层大格局的视野给了地方理论工作者很多新信息。贾春峰传达了中央领导同志的近期讲话，主要内容是：改革是一场深刻的社会变革；精神文明建设要为新生产力鸣锣开道；建设高度社会主义民主；社会科学研究要面向改革，面向四化；繁荣社会主义文艺要有一个和谐的环境；开放条件下的思想政治工作；四化建设需要培养一大批具有创造精神和实干精神的人才。这个讲话对我们有很强的指导作用。贾春峰说，我们的改革从农村到城市，从经济领域到政治、科技、教育、文化领域，称之为中国的第二次革命。在这个第二次革命中，目前我们正处在新旧两种体制的转换时期。我们生活在一个改革和建设的火热年代，这样一个全民族的力量致力于经济振兴和文化繁荣的年代，这样一个鼓励探索、开拓、创新的年代，作为理论工作者，我们天天会感觉到实践的呼唤，感觉到责任的重大。因为呈现在我们面前的是如此繁多的崭新的课题，而这些课题不可能在已有的书本上找到现成答案，不可能从概念、原则、原理出发，靠概念演绎、抽象推理得到解决，这就要求我们必须付出巨大心血，从现实生活实际出发，运用马克思主义的基本理论，进行创造性的理论研究，敢于和善于对丰富的实践做出新的理论概括。贾春峰提出了一些需要研究的课题：社会主义商品经济运动的内在规律问题；政治体制的改革和发展民主、健全法制问题；精神文明建设和文化发展战略问题；体制改革中的观念变革问题等等。贾春峰说，为了更好地探讨这些理论问题，需要有民主的、团结的、和谐的、融洽的环境和气氛。现在我们要维护、珍惜目前的环境和气氛。

　　贾春峰讲话之后，与会者纷纷发言，对如何搞好两个文明建设、如何形成理论界的宽松和谐环境、以及知识分子的自身建设问题，发表了各自的见解。有些中青年还对中宣部的工作提出了一些意见和建议。武汉大学博士生李晓明、《青年论坛》副社长蔡崇国都做了激情发言。座谈会结束之前，朱厚泽说："我很想听听你们的意见，互相讨论一些问题，今天你们的新部长王重农同志也在这里，以后还可和他多多交流。总之希望同志们在一个总体上比较好的环境下，好好作些研究，作些思考，包括对你们周围一些人的交流。这里有没有武大的同志？（回答，有）早上去了武大，一位音乐教师说我们的社会本身就不是很和谐。我们应该让各方面的意见互相交流，互相补充，要使我们的改革在奠基性阶段取得一个比较好的结果，不要引起一些对抗，否则将会带来某些不必要的损失。这个话就是说在讨论中吸取新的东西。今天下午在华师座谈，就确有一些与你们想法不同的人，我们要共同研究一些问题，或左或右，或前或后，参差不齐，大体一致地一同度过我们民族改革奠基阶段的艰难日子。我知道你们很急，想改革，我们也很急，我们的日子不多了。今天上午武大、下午华师、刚才华农，直到现在我们就跑了四场。我赞成同志们把你们的刊物，你们的事业当成一件严肃的事去办，包括对批评的意见，人家讲得有道理就要听，保持批评和反批评权，保持修改的权利。准到什么程度，允许朝令夕改，我们这些人不是成竹在胸，只能在探索中前进，我们这些人要那个威望干什么？你们办刊物，也要敢于肯定别人对自己的批评，别人不对，你们可反对，但尽量做到严谨些。有些议论要立足于听，不要立足于跳，你们可以向某些人说，我们发表的谈自由的文章是有前提的，要多多交换意见，不要随便扣自由化的帽子，也不要随便扣僵化的帽子。快十二点了，怎么样？结束吧。"会议开到半夜，说明与会者热情很高，大家对朱厚泽的开明态度留下了深刻印象。

中宣部一行离开武汉后，编辑部整理了他们的活动和讲话，写了一份纪要，发给了中宣部理论局，同时也发给了各地记者站。贾春峰收到纪要后打电话给王一鸣，提到有些地方写得不准确，另外纪要中涉及到朱厚泽，应该先送他们看看。贾春峰还问打印发放了多少份，要求收回。王一鸣接到电话后表示会妥善处理。

这次中宣部高层在武汉的姿态，表明了对《青年论坛》的直接支持，给了我们很大的鼓舞。特别是中宣部长朱厚泽的开明形象和高尚人格，成为我们前行的动力，他也是1949年以来中共历史上少有的思想解放、信念坚定的宣传部长。2010年5月9日朱厚泽逝世，胡德平在一篇回忆文章中提到，朱厚泽临终前还念念不忘在武汉与青年理论工作者的见面。胡德平在文章中谈到自己与《青年论坛》的关系以及在朱厚泽病榻前的情况："1984年经中央书记处、国务院批准，武汉市开始进行经济体制综合改革试点。武汉的改革气氛非常热烈，时任市长的吴官正同志实行了一系列的革新举动，成为当时的新闻热点人物。那时，我作为中央整党联络小组组员被派驻武汉。《青年论坛》是由湖北省社会科学院主办的，创刊于1984年11月，在当时是青年理论工作者的重要刊物。这是一些年轻人一起创办这本杂志，我也积极支持，创刊号上有我写的一篇文章《为自由鸣炮》。"

1986年5月，胡德平得知朱厚泽参加上海文化战略发展研讨会后将去武汉参加精神文明建设战略理论讨论会，就提出了一个要求：

知道厚泽同志要从上海去武汉，会后我向他提出一个请求：

1985年11月，陈兵力在
武汉市长吴官正（左）
办公室。桌上放着
《青年论坛》

在李锐家里。从左至右：
李明华，李锐，王一鸣

李锐送书题字给
《青年论坛（1986年1月）》

与《新观察》主编
戈扬合影
左起：王一鸣，戈扬，
李明华（1986年1月25日）

李铁映写给
《青年论坛》的信

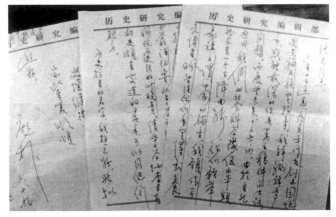

庞朴给张君的信
谈《青年论坛》

如果去武汉调研，可否和那里《青年论坛》的社长、编辑座谈一下？了解大学生、青年知识分子、青年干部对改革的一些要求和意见。他欣然同意。

我在他病榻旁回忆起这件事，意识已经不太清醒的厚泽同志立刻有了反应："搞文化发展战略，后来小青年们要找我。在东湖，我说把他们都请来一起聊天嘛！"这是我那天听他在医院坚持说出的最后一段比较完整的话。[1]

在临终前意识不太清醒的情况下，还记得在东湖宾馆与武汉地区青年理论工作者开座谈会的事，朱厚泽对我们的关切之深，真令人动容。

《青年论坛》创刊后，我们寄发杂志给一些领导参考。时任电子工业部部长的李铁映收到杂志后，写来一封热情洋溢的信：

青年论坛：

来函及书收到，谢谢。青年历来是时代的先锋、号角，风尚如此，艺术如此，许多科学家突破也如此。社会的革命、改革也不乏其人，那么在理论研究中如何呢？自然科学的理论大师爱因斯坦，创相对论二十几岁，马克思、恩格斯写共产党宣言二十几岁。可以说，几乎在所有领域中青年都是大有所为，大有贡献。

青年要敢于创新，敢于探索，克服自悲（卑）感。青年是未来，是希望。民族的兴旺看青年一代的精神风貌。

李铁映

八五年一月十五

李铁映曾任辽宁省委书记，他的来信，代表了上一代人对青年事业的支持。我们还得到很多前辈的肯定，在"前辈寄语"专栏中，我们发表了多位前辈为《青年论坛》写的鼓励文字，此外还有著名学者庞朴、章开沅等人的肯定和赞誉。

历史学家、《历史研究》前主编庞朴来信说："青年作者创办园地是造福于民族的大好事。你们举起一面旗帜，可谓中国福音。我愿作一个老读者，盼望从你们手里得到养份。"

1. 胡德平：《口述历史：厚泽同志在80年代》，财新《中国改革》2010年第6期。

著名历史学家、华中师范学院院长章开沅教授在会见美国朋友时说："你们要想了解中国的年轻一代在思考什么，可以读读《青年论坛》。"

中国人民对外友好协会南通分会会长曹从坡来信说："江苏有一位从中央回来的老同志，理论家和思想家，认真推荐《青年论坛》。我在南京，辗转读到他借给朋友的三本，很感兴趣，很想订阅。""不久前，在南京，遇前中央纪委书记、理论家刘顺元同志议杂文写作，推荐《论坛》，转借的三本中，见好些文章有他画的红线。我以为，从贵刊文章看，不少青年作者现在的思想深度，非仅超过我们的当年，且超过我们的现在。"刘顺元是中共江苏省委老书记。这位83岁的老人精神矍铄，看上去身体很健康。他自己订阅了一份《青年论坛》，说是要从中间听到总书记的声音。他思想解放，乐于同年轻人打交道，而且有一定的理论素质，也在独自思考一些问题。

80年代初期和中期，中共中央机关报《人民日报》是宣传思想解放的先锋，该报理论部对《青年论坛》支持力度很大。1985年8月下旬，我安排王绍培、邵学海前往北京，除了与记者站联系关于纪念　《青年论坛》创刊一周年活动事项、约一批稿件并拜访几位学者外，还专门去了《人民日报》理论部，见到理论部主任李玉田以及汪子嵩、胡鉴。这几位都看过《青年论坛》，也在报纸上转载过《青年论坛》的文章，所以对王、邵二人谈的看法比较具体。李玉田说，你们的杂志办得比较严肃，关于自由的几篇文章，如王若水、胡德平、胡平的文章，还有一篇对话体的，都写得不错。但有的文章连我们搞理论的都看不懂，如黎鸣的《重述历史唯物主义》，还有远东人的文章，摆弄概念，也看不懂。应该像王若水、李洪林那样，写得很通俗。胡鉴说，你们的"广州会议纪要"这篇文章写得不错，如果早些给我们，是有可能用的。以后有好文章，可以早点寄来。汪子嵩、胡鉴都表示，今后《青年论坛》每期的清样请寄理论部，若能转载的文章则转载，不能转载的就摘登主要观点。同时希望我们每期的杂志直接寄给有关个人，不要寄到某些部门，名单由海外版吴学灿（也是《青年论坛》北京记者站成员）提供。这次见面，也确定了为李泽厚纪念《青年论坛》一周年文章留版面的事。在此之前，吴学灿与王绍培、邵学海一起去了李泽厚家里，已谈定了约稿一事，李泽厚后来如约写了《破"天下达尊"——贺<青年论坛>创刊周年》，该文于1985年11月23日发表在《人民日报》的国内版和海外版。

关于《青年论坛》在海外的影响，目前手头没有太多的资料。可以列举的是：

美国哈佛大学教授杜维明将《青年论坛》带到国外及台湾，对杂志做了推介。杜维明在一篇文章中说："在几个大城市，对中国文化的大问题进行思考的年轻人越来越多，《青年论坛》就是一个很好的例证，他们能有这样的气魄是令人鼓舞的好现象。"（《读书》1985年第10期）

匈牙利著名经济学家、《短缺经济学》作者柯尔纳·亚诺什也专门致信《青年论坛》："亲爱的年轻朋友们！我祝你们在学习和研究工作中取得更大成就。我希望你们在走向生活之后，勇敢地分析问题并在改革和实现现代化的斗争中取得成功"（《青年论坛》1985年第6期）。

法国国家政治学院国际问题研究所克洛德·高达乐和程映湘先生致信《青年论坛》编辑部："亲爱的朋友们：十分感谢你们送来的礼物：七本引人入胜的《青年论坛》。我们感到《青年论坛》委实是改革浪潮中中国青年一代的讲坛，上面的大部分文章坦诚有力、贴切恰当，涉猎面广，给我们留下了非常深刻的印象。我们衷心祝愿你们的读者越来越多，在全国的影响越来越大。我们渴望将来能和你们交流学术成果。"（《青年论坛》1986年1月号）

1985年，北京电影学院与国外一家电影制片厂合拍纪录片《改革中的中国青年》，曾专程来到武汉，在过江轮渡上拍摄乘客抢购杂志的镜头。不过我们一直未看到这部纪录片。

1986年1月10日，新华社以《从〈青年论坛〉看中国青年新思考》为题，向国外播发了英文电讯稿，海外一些报刊也对《青年论坛》做了评介，香港《镜报》根据天津记者站站长王月提供的资料，于1986年11月介绍了《青年论坛》。1986年香港大学生访问大陆，与《青年论坛》众编辑就改革开放以及传统文化继承等问题，举行了一次座谈。

《青年论坛》停刊整顿期间，法国驻华大使馆从北京打来电话，说法新社记者想采访《青年论坛》。当时办公室值班的是编辑邵学海，他在犹豫之中接受了电话采访。记者问了一些问题：谁令《青年论坛》停刊？理由是什么？全国停刊的还有哪几家？《青年论坛》的职员现在干什么？有工资吗等等。邵学海都没有回避，大致回答说：停刊是中央某位左派领导的决定（记者问领导的姓名，邵学海如实回答了）；理由是刊物搞了资产阶级自由化（记者问：你们搞了吗？答：我们宣传改革开放，什么是自由化不知道，这些全由上边说）；邵学海还介绍了其他整顿的报刊；至于《青年论坛》的工作人员，现在都没有工作，但工资还有。第二天，短波广播了法新社关于《青年论坛》停刊的消息，又过一天，香港的报纸转载了法新社的报道。

多年以后，《青年论坛》在海外还有持续的影响。日本东京大学学者铃木将久在一篇文章中说：

……《青年论坛》创刊号引起很大反响，《读书》杂志居然发表一篇书评文章。书评文章果然谈及《理论创新与当代中国》："署名'韩小年'的《理论创新与当代中国》和《当代中国的主题》两文，体现了青年理论工作者怀抱的崇高的历史责任感。这两篇文章力图鸟瞰中国近现代社会发展的历史进程，鲜明地提出了批判封建主义、肃清'左'的流毒、发展商品经济、补历史应补之课的中心思想，认为发展商品经济是解决中国社会一切症结的根本一环，从而把握了中国社会历史发展的脉搏。"

《青年论坛》创刊号上最引人注目的是胡德平的文章《为自由鸣炮》。这篇文章被《人民日报》《世界经济导报》《新华文摘》《长江日报》等报刊转载，影响到全国各地。《理论创新与当代中国》与《为自由鸣炮》分别表现了《青年论坛》的两个主要目标，即经济改革和政治、经济领域的自由化。

《青年论坛》……更明确地反思文革中的观念，寻求变革现实，为了达到这个目标，重新认识马克思主义理论，获得理论武器。同时，不仅在创刊号上明确提出建构理论的大方向，而且在后续期刊上不断组织有关文章，继续对读者说明他们的理论诉求，使得广大青年读者逐渐接受他们的理论。换言之，通过一系列的出版，《青年论坛》实践"思想解放"，实际解放过去的观念，扩大新的理论。

《青年论坛》刊载对"五四"稍微不同于以往的想象，实际动摇了"五四"的固定化理解，引出更丰富多彩的"五四"想象。《青年论坛》总第 13 期发表黄克剑的《一个"全盘西化"论者的文化选择——评胡适廿至卅年代关于中西文化比较的几篇文章》，比较全面介绍胡适的观点。不言而喻，胡适在新中国是学术上的禁区，黄克剑早在80 年代中期打破禁区，研究胡适的思想，颇有胆量。由此可见，《青年论坛》建立了能够打破禁区的学术平台，产生多样的"五四"想象。[1]

铃木将久先生告诉我，他在孔夫子旧书网上购买了全套《青年论坛》，实际上他只买了13期，缺了最后一期，即1987年第1期，我在电子邮件中将这一期的影印文件发给了他。

1998年我到哈佛大学做访问学者，带去了全套14本《青年论坛》赠送给哈佛燕京图书馆。在Google网站上，有《青年论坛》全套杂志的扫描文本，可以阅读。

（二）钱理群教授的评论

我在写作本书时，从网络上看到著名学者、北京大学钱理群教授在一本著作中提到《青年论坛》：

> 刊物和丛书编委会此后就成为80年代民间思想文化运动的主要组织形式，影响比较大的，除了《走向未来》丛书之外，还有我们前面已经提到的《青年经济学者》丛书、《中青年经济论坛》、《文化：中国与世界》编委会（其主要成员是北大和社科院的学习西学的博士，甘阳是其组织者）、《青年论坛》（湖北省社科院主办，全国第一个自负盈亏的刊物，主编李明华<生平不详>）、《新启蒙》丛刊（王元化主持，创办于1988年10月，虽仅出版了4期，但他们所提倡的'新启蒙'却在学界不胫而走、迅速扩散，产生了很大影响。[2]

1. 铃木将久：《改革开放初期中国的"五四"想象》，东京大学举办的《长时段及东亚历史视野中的"五四"：百年纪念研讨会》论文，2019年5月11日。
2. 钱理群：《毛泽东时代和后毛泽东时代（1949-2009）：另一种历史书写》（下），（台北）联经出版事业股份有限公司，2012年1月，第215页。

我拜托北京的朋友帮我联系钱先生。校友谢湘（《中国青年报》原副社长）向我提供了钱先生的联系方式，于是有了邮件往来。钱理群教授给我发来他的一篇长达9万多字的未刊稿，里面有对《青年论坛》更为详细的评论，并同意我在本书中引用这篇未刊稿的文字，令我不仅有收获同时有惊喜。[1]

钱先生在论述了80年代北京的几个著名文化团体后说：

> 不可忽视的，是我们讨论的1980年代民间文化团体，并不局限于北京。人们经常提的，就有武汉李明华主编、王一鸣为社长的《青年论坛》，上海王元化主编的《新启蒙》，陈奎德主编的《思想家》杂志、韩少功主编的《海南纪实》等，这都是以民间刊物形式出现的民间独立思想者、文化人的聚合，而且都是面对全国发言的。我们将在下文对《青年论坛》和《新启蒙》作专门的讨论。

钱先生在这篇未刊稿中用了相当大的篇幅评论《青年论坛》。他从创刊号谈起：

> 1984年12月（引者注：此处有误，应为1984年11月），一本小开本、只有160页的杂志《青年论坛》在湖北武汉悄悄问世。但人们立刻被创刊号上的一篇文章的标题所吸引：《为自由鸣炮》，再看作者：胡德平，知情的读者都知道，他是胡耀邦的长子。杂志主编李明华后来回忆说，"这在当时是石破天惊、振聋发聩的一炮"。文章一出，《人民日报》《新华文摘》《世界经济导报》《长江日报》等报刊纷纷转载。登载文章的杂志《青年论坛》也就一炮打响。
>
> 《青年论坛》应该是武汉地区高水平的社科人才的大聚合。李明华在其回忆里，谈到《青年论坛》的本地作者除白桦、冯天瑜、张志扬（墨哲兰）等年岁稍长一点，其余都是40岁以下的年轻人，还有不少是在读的大学生、研究生。这是一个相当可观的名单：邓晓芒、易中天、郭齐勇、黄克剑、黎鸣、陈家琪、朱正琳、陈东升、曹远征、高伐林、於可训等等。这些人日后都成为

---

1. 以下引用的钱先生的文字，均摘自《未竟之路——1980年代民间思想史》（未刊稿）。

理论界、思想文化界、教育界、企业界的"翘楚"。李明华特意指出，这里许多作者都是武汉大学的在校师生和毕业生，"这一时期武大校长是当代著名的教育家刘道玉，他用改革开放的新教育观念治校，培育一大批思想活跃、观念先进的学子，珞珈山成为思想解放与创新的摇篮"。《青年论坛》产生这样大的影响，显然与它依托于武汉大学这一精神圣地有关，某种程度上，它自己也成为那个时代许多年轻人（编者，作者，读者）的精神家园。

钱先生在文中归纳了《青年论坛》的三个特点，第一，它是一份"自负盈亏"的民间学术、文化刊物。第二，它是一份"以青年理论工作者为主"的刊物。第三，正如研究者所说的，它"作为一本'地方性刊物'，却传播了'全国性理念'，乃至揭示了'未来性方向'"。对《青年论坛》的办刊理念，钱先生十分肯定：

从《青年论坛》看，1980年代中国年轻一代在思考什么，他们发出了怎样的声音？研究者[1]有一个概括"《青年论坛》所要建构的80年代，可谓一个'以改革为体，以自由为魂'的时代"。或许还可以加上前引刊物"自我定位"时所说的"理论创新"。那么，可以说，这正是"积极投身于改革实践，追求精神自由，自觉进行理论创新"的年轻一代。"改革——自由——创新"就构成了《青年论坛》贯穿始终的三大关键词。

钱先生赞扬《青年论坛》高扬"自由"精神，认为杂志的这一主题"具有思想史与出版史的意义和价值"，并高度评价胡平的《论言论自由》一文及我们在北京主办的"首都各界人士座谈《论言论自由》"的讨论会，将这个讨论会称为"一个思想文化事件"：

14期刊物中竟有8期都以"自由"为主题，几乎贯穿了办刊的全过程。如此密集、充分的讨论，在同时期的民间刊物里，都是仅有少见的。

---

1. 指中山大学杨海文教授，他写过一篇纪念《青年论坛》的文章：《〈青年论坛〉：记忆为何如此艰涩？》（2008年7月），原载《社会科学论坛》2010年第7期。

正是这对"自由"的呼唤和思考，构成了《青年论坛》群体最鲜明的特色。在创刊号发表胡德平的《为自由鸣炮》一炮打响以后，又陆续发表了9篇文章讨论自由问题，即《将自由写在文学的旗帜上》（於可训，《青年论坛》1985年2期），《自由的命运及其他》（沈大德、许苏民，《青年论坛》1985年3期），《关于自由的三则对话》（凯明，《青年论坛》1985年3期），《为学术自由呼号》（陈恒六，《青年论坛》1985年3期），《理论的生命：实践与自由》（远志明，《青年论坛》1985年4期），《学术民主与学术自由》（王增浦，《青年论坛》1985年6期），《论言论自由》（胡平，《青年论坛》1986年7月号，9月号），《出版自由与马克思》（闵琦，《青年论坛》1986年11月号），《首都各界人士座谈<论言论自由>》（甘阳、陈子明等，《青年论坛》1986年11月号）。14期刊物中竟有8期都以"自由"为主题，几乎贯穿了办刊的全过程。如此密集、充分的讨论，在同时期的民间刊物里，都是仅有少见的。《青年论坛》在1980年代独树一帜地高扬"自由"精神，这无疑具有思想史与出版史的意义和价值。

《青年论坛》最引人注目的，还是它们在1986年7月号、9月号连续发表了胡平的《论言论自由》，于1986年11号发表了闵琦的《出版自由与马克思》，并于9月召开了"首都各界人士座谈《论言论自由》"的讨论会，会上发言记录也都刊发在《青年论坛》1986年11月号：这本身即构成了一个思想文化事件。前文说到，胡平、闵琦都是1970年代民间反抗运动的骨干，胡平的《论言论自由》就发表在民刊《沃土》特刊上，在1980年11月北京大学竞选运动中曾张贴于校园产生了很大影响。而闵琦也曾写了倡导"出版自由"的文章，发表在《北京之春》上。这段历史的研究者认为，胡平、闵琦对言论自由与出版自由的倡导和论述，是1970年代民间政治、思想运动中的两大理论成果。现在又在1986年重新刊出和提出，并引发更大范围的关注与讨论，自然不同寻常。在讨论会上，发言者纷纷指出，胡平的文章"称它为现代中国的人权宣言，似乎并不过誉。虽然它出现在读者面前稍嫌晚了一点，但是这个事实本身恰恰说明中国历史已经进入了一个关键时期"（何家栋）；"读胡平的《论言论自由》，觉得好像在读欧洲启蒙学者的论辩文章。两者的风格实在相近。这不是偶然的。

最重要的原因是，中国需要启蒙，非常迫切地需要启蒙"（梁治平）。还有的发言者特意强调"胡平的文章是一个标志，是中国新型知识分子人格逐渐形成，新的知识分子的典范逐渐形成的一个标志"（陈子明）：这里传达出的，已经是历史即将进入1980年代后期的时代呼唤：在新一轮的政治体制改革运动中，中国急需更加成熟，有着更为独立的"人格"和自觉意识的"新型知识分子"发挥引领作用。在1980年代的历史即将翻开新的一页的关键时刻《青年论坛》的终刊号，留下这样一份历史记录，足以让后人永远怀想。

钱先生从研究者的角度来看《青年论坛》的思想史价值，似乎比我们这些当事人站得更高、看得更清晰。他认为《青年论坛》比《走向未来》丛书、中国文化书院、《文化：中国与世界》这三大学术群体"更接地气"，《青年论坛》发表的文章"代表了那个时代的前沿水平"，《青年论坛》的战斗"是一场真正的'自由保卫战'，其意义是不可低估"：

> 它虽然只是一份地方杂志，而且主要活动时间也限于1985、1986两年，但它比之前文讨论的三大学术群体似乎更接地气，更能反映中下层青年知识分子中的改革者、理论工作者与在中国这块大地上真实发生的改革实践的血肉联系：当1985年出现改革机遇，他们立刻表现出投身改革实践、进行理论创新的极大主动性和自觉性；当1986年改革出现危机，他们经过独立、深入思考，又表现出推动政治体制改革的极大决心。而他们自始至终抓住不放的则是论者所说的"自由之魂"。对他们来说，"自由"既是自身在面对改革机遇与危机时都必须坚守的"独立自主性"的保证，也是推动改革持续发展的前提和关键环节：他们都强调在政治体制改革的"民主"与"自由"两大目标中，"自由"是更具根本性的："失去了人的自由意志的民主就可能变成虚假的民主"，"背离了自由，民主目标的控制会转化为专制"。应该说，这些认识都是代表了那个时代的前沿水平的。

事实上，在整个1980年代，党的高层就不断有人发动"反资产阶级自由化"运动，最后胡耀邦自己也成为"反自由化"的对象，《青年论坛》最后被禁，罪名就是"鼓吹自由化"。把《青年论坛》对自由问题的倡导与讨论置于这样的背景下，就不难看出，这是一场真正的"自由保卫战"，其意义是不可低估的。

从1986年下半年开始，政治体制改革成为我们集中关注的话题。针对当时中央高层将政治体制改革仅局限于行政机构的精简、运作效率的提高，而没有提到政治民主化的问题，我以"本刊评论员"的名义写了《政治体制：改革成败的关键》一文（《青年论坛》1986年11月号），并筹备召开了"跨世纪的中国——来自社会科学各学科对中国现状和未来的思考"学术讨论会，主要议题就是政治体制改革。这次会议，钱先生十分重视。

> 来自全国各地的中青年理论工作者在1986年10月底、11月初聚集在武昌东湖，召开"跨世纪的中国——来自社会科学各学科对中国现状和未来的思考"学术讨论会时，就开始冷静下来，面对"中国进行全面改革的重重障碍"和"迈向二十一世纪的中国的步履维艰"。《青年论坛》1987年1期（1月5日出版）集中刊载了会议发言的摘要。这一期实际上就是《青年论坛》的终刊号；我们因此也可以把这些发言看作是"青年论坛"群体发出的最后的呼声，而且有共同的主题，即是对政治体制改革的呼吁。……不可小看这一由文化热转向推动政治体制改革的呼吁：它是反映了时代思潮的一个重要变化的。
> ……1986年底、1987年初《青年论坛》所参与和关注的讨论则表明，由于中国改革在由农村深入到城市遇到的阻力与挫折，整个社会情绪、心理与思想，也逐渐趋向激进，酝酿着新一轮的政治体制改革，1980年代的中国改革也就进入了以政治体制改革为主要诉求的"后期"（1987——1989）。在《青年论坛》讨论里，呼吁政治体制改革最有力者胡平、闵琦都是当年民间刊物（《沃土》、《北京之春》）的骨干，这当然绝非偶然。这其间历史发展或隐或显的线索，是颇耐寻味的。

钱理群先生对中国现当代史有独到的研究，著作等身。特别是他对1949年以来的中国社会、政治、思想、文化风云，做了冷静、深刻、细致的剖析，其中有很多著作成为思想史的经典。钱先生在一些著作中，不仅引证浩博，而且结合中共建政70多年来自己的亲身经历，在论著中以亲历者置入，既为时政解剖者，又为历史见证者，犀利直击，诚挚坦荡，创造了"另一种历史书写"。钱先生对《青年论坛》的研究和评论，其深度超越了很多评论者，给了我很多启示。如同对其他史实的研究一样，钱先生收集了关于《青年论坛》的几乎各期杂志（得知钱先生还缺几期，我即将所缺杂志的扫描电子版发给了钱先生），还查阅到我的回忆文章及中山大学杨海文教授的纪念文章等，其严谨精神令人敬佩。

（三）　"《青年论坛》的朋友们"

1985年3月，湖北省召开社会科学界第三次代表大会。会议召开之前的一天晚上，我和王一鸣向中共湖北省委副书记钱运录汇报《青年论坛》的工作。钱运录是一位年轻干部，从共青团系统提拔起来的，分管全省意识形态工作。共青团系统的干部，大多数对中共中央总书记胡耀邦有很好的印象，因为胡耀邦担任团中央书记时思想开明，坦率诚恳，且深入群众，平易近人，受到各级共青团干部的好评。胡德平是胡耀邦的公子，与钱运录之间自然会有特殊的默契。《青年论坛》创办过程中，由于胡德平打了招呼，钱运录给予了我们很多实实在在的支持。如财政厅拨款问题、出版局批刊号问题、编辑部几个工作人员的调动问题等，钱运录都帮我们解决了。

这次见面，钱运录特地从家里赶到办公室等我们。刚坐下来，中央电视台的新闻联播节目开始了，钱运录让我们先看电视，原来电视节目中有报道钱运录的镜头，接着湖北电视台的地方新闻中也有报道钱运录的内容。看完之后，我们向钱运录汇报了近期工作情况，钱运录问："这次省里开社会科学界代表大会，你们《青年论坛》有代表参加吗？"

我们回答说没有。

钱运录说："你们就是社会科学界的代表嘛，应该参加。《青年论坛》不仅要有代表参加会议，而且还要上主席台。"他让秘书给省委宣传部打电话安排此事。几天后我和王一鸣、邵学海一起到湖北省社科院院长密加凡家里汇报工作，当时湖北省社会科学联合会秘书长史鉴也来密院长家里商量即将召开的社联代表大会诸事项，密院长当着我们的面交待史鉴安排《青年论坛》的代表上主席台，估计密当时也知道了钱运录的意见。

我和王一鸣观察钱运录办公室，陈设简单，但几个大书柜特别醒目。钱运录毕业于湖北大学，学的是经济学专业，书柜里很多经济学方面的书籍，更多的是马列和毛泽东的著作，以及政治、宣传和中央文件方面的书籍。

王一鸣问："钱书记这里的书可真多啊，好书也不少。您那么忙，有时间读吗？""书不能不读，挤时间嘛，你们可以挑选一些书，我送给你们。"钱运录回答。

我们看中了《当代中国的经济改革》，王一鸣从架上抽出来，说："钱书记，请您在书上给我们题个字作纪念吧。"

"好的。"钱运录翻开封面，写了"送给《青年论坛》的"几个字，停住笔问"是写同志们还是写朋友们？"

我和王一鸣一起说："当然是朋友们。"

钱运录继续写下："送给《青年论坛》的朋友们！一九八五年三月十五日晚。"

的确，钱运录把我们当作朋友看待，后来我入武大读博士遇到阻碍时钱运录还帮了忙。此事留待后面叙述。

3月18日，湖北省社会科学界第三次代表大会在武昌召开。我作为《青年论坛》的代表坐上了主席台。中共湖北省委书记关广富出席会议并作了报告，他在报告中谈到青年社会科学工作者时说："他们的成长，是我省社会科学工作大发展的希望之所在，要热情鼓励他们的进取心和积极性。对他们在成长过程出现的这样或那样的不足之处，甚至缺点错误，更要正确对待，热情帮助和引导。社会科学院和社联支持他们创办《青年论坛》和成立青年社会科学工作协会，是做得好的，要继续坚持下去……"

即使在形势逆转、我们感到有压力的情况下，钱运录也表示了对我们的支持。1986年3月27日，钱运录和省委秘书长吕乃强先后同我和周晓佑谈刊物的情况。钱运录说：我前几天跟乃强同志讲了，让他找你们谈谈，主要是两点意见：一，办《青年论坛》是好事，现在国内外都有了比较大的影响，要继续办下去，坚持办好；二、要注意掌握好方向，对青年们要注意引导。《论坛》有几篇文章，有人不同意，不要紧，有的领导同志几次点这几篇文章，这有什么必要，不要老揪住不放。一个人，说了九十九句正确的话，人们都不做声，说了一句错误话，批评就来了。你们要更好地研究理论问题，提高自身的理论水平。对于马克思主义，既要坚持，又要发展。《论坛》不要办成纯学术刊物，要多联系政治思想教育、精神文明建设，多学习党代会文件，学习小平同志讲话。把握好方向，要尽量不出问题。出了问题，上面领导同志批评，就会批我们省委，谁支持的呀？当然是省委，省委不支持，你们办得起来吗？昨天密加凡同志打电话给我说一件事，我在电话中顺便讲了，《青年论坛》办得不错，影响比较大，你是老院长了，要继续支持办好。有些毛病，也不能一棍子打死。困难是不少的，你们不要灰心，大胆搞。你们的刊物，我不是每期都读，但读一点，全套《青年论坛》都在我书架上嘛，祝你们越办越好！吕乃强与我们谈话，也是肯定和鼓励，使我们减轻了政治上的压力感。

在此之前，我和王一鸣还去过一次钱运录办公室。那是1984年底，创刊号刚出版不久，我们向钱运录汇报了几个问题：引进编辑人员遇到的困难，筹办公司需要办执照，与《江汉论坛》的关系。前两个问题，钱运录都给予了帮助，第三个问题，钱运录表示不同意由《江汉论坛》领导《青年论坛》，但他要我们善于处理与各方的关系，他讲了胡耀邦在团中央工作时提倡的十二字方针：上下请示，左右求援，自我奋斗。我们感到，钱运录确实是认真地帮我们解决了很多问题。

湖北省委对《青年论坛》的支持，实际上在创办初期就非常明确。1984年6月20日，我和王一鸣给关广富、钱运录写了一封信，谈到创办《青年论坛》的事，并附了一份创办设想，关广富6月21日就批示说"改革之风已经吹进社科大院"，"望能在改革中社会科学有所建树"。7月份省委宣传部就批准了我们的期刊登记号，也拨给了开办费，并批准了用纸计划，效率非常高。中共湖北省委《关于加强我省社会科学工作问题的讨论纪要》（1984年51号文）中记载："《青年论坛》等理论刊物应当而且可以放得开一些，办得活一些，还可以考虑办一个放得更开的内部刊物，让各种不同的理论观点得以交流和探讨，以利于我省社会科学研究工作的进一步活跃和繁荣。"

尽管各级部门表示了支持的态度，但由于对政局变化摸不透，有些官员一方面对改革开放、思想解放表示拥护，对胡德平恭敬有加，对《青年论坛》十分客气，另一方面又谨小慎微，留下一手，与《青年论坛》保持着若即若离的态度，甚至持有戒心。杂志创刊初期，我曾考虑交邮局发行，邮局毕竟是官方的正规发行渠道，征订范围可达至全国的各个角落。但杂志社工作人员跑了几次邮局，一直办不通，后来才了解到是省委宣传部这一关过不了。虽然省委秘书长吕乃强出面打过招呼，可是宣传部新闻处处长说："交邮局发行是根本不可能的。这个刊物办不办我们还在考虑呢。"理论处一个工作人员说："我们有些同志认为《青年论坛》思想比较解放，问题比较尖锐，是不是不在全国公开发行，而改为内部发行。"不过1986年下半年我们还是突破了邮局这一关。还有一件事也可说明官方的态度，创刊号出版后，我们于1984年12月7日召开记者招待会，发布《青年论坛》创刊的消息，地点就在省委旁边的洪山礼堂，我们给省委相关人员和宣传部都发了邀请，但开会时没有一个官员参加。

不参加《青年论坛》创刊的发布会，表明部分官员们从内心对《青年论坛》并不认同以及谨慎自保的态度，同时也让人感到没有给胡德平面子。也许是觉察到此举欠妥，事隔一个多月之后，省委秘书长吕乃强与我们联系，说省委准备专门为《青年论坛》召开一个小型座谈会，并邀请胡德平参加。1985年1月25日，座谈会在省委大院召开，此时《青年论坛》已出版了两期。吕乃强在会上明确表态肯定《青年论坛》，并提出了一些需要注意的问题，同时还询问了我们还有哪些困难。胡德平重点讲了当前的改革形势和《青年论坛》创刊的意义，也表达了希望省委继续支持的意思。社科院分管《青年论坛》工作的副院长夏振坤和武大的几位师生参加了座谈会，他们在发言中都高度评价了《青年论坛》。

1985年6月，胡德平奉命调回北京。他临走前夕，于6月28日约我和王一鸣在汉口惠济饭店见面。我们谈了与《青年论坛》相关的一些人和事，谈了关于刊物的社会评价。由于当时的政治形势有些琢磨不透，我们几个人心情都比较复杂。胡德平说，我不能像在武汉时那样支持你们了，但你们可以和我保持书信联系，去北京可找我。

《青年论坛》
创刊周年纪念会

《青年论坛》创刊周年
纪念会代表在黄鹤楼

1985年11月，《青年论坛》
创刊周年纪念会代表

武汉大学校长刘道玉
在纪念会上讲话
（社科院）

钱运录赠书给《青年论坛》　　　於可训关于《青年论坛》的评论文章

1985年1月25日，省委秘书长吕乃强召开《青年论坛》座谈会，代表省委表示支持。
左起：胡德平，吕乃强，李明华

媒体对青年论坛的报道，或转载文章

到1985年年末，政治氛围变得令人压抑。不管形势如何，我们按计划于11月5日召开《青年论坛》创刊一周年纪念会，会前向省委宣传部、武汉地区各高校、各研究机构发了邀请。同时还请了各地记者站的代表参加。本想邀请胡德平出席会议，但开会的那天他在北京正好有其他公务，不能来武汉参加。到会的中青年理论工作者比较多，还有很多大学生也来了。出席会议的有一位重要客人——武汉大学校长刘道玉，他是《青年论坛》的坚定支持者。省社科院的夏振坤副院长、院内部分科研所所长和科研人员参加，以及政治处一位副主任都到会了。本地电台、电视台也来了。会议地点也是省委旁边的洪山礼堂，省委宣传部没有派人参加。

　　王一鸣在会上代表杂志社作了发言，主要介绍刊物的宗旨，我们所做的工作，《青年论坛》的社会影响，也谈到杂志社自负盈亏问题，以及今后的打算。王一鸣代表杂志社全体工作人员向所有支持《青年论坛》的领导和青年朋友们表示由衷感谢。夏振坤副院长和刘道玉校长作了热情洋溢的讲话，他们充分肯定了《青年论坛》创新精神和社会影响，并提出了殷切的希望。

　　接着是年轻人发言。武汉大学学生代表说："我们大学生都非常喜欢《青年论坛》，一本刊物常常是传来传去，人歇书不歇，传到后来，新书已经变得破旧不堪了，大家都管它做我们的刊物，它发表了很多很有分量的文章，比如韩小年的文章《理论创新与当代中国》、《当代中国的主题》就是站在很高的理论视点上宏观地俯览全局。那探索勇气，那理论深度，那文章气势都是非常令人赞叹的……"

　　在会场，我们布置了纪念展板，展示很多图片，包括各家媒体对《青年论坛》的介绍、文章转载。会议结束时，我们请代表们观看了最新影片《海盗女王》。

　　纪念会之后，杂志社在社科院开了记者站的工作会议。各地记者站介绍了工作情况，提出了一些建议。我们也肯定了他们的奉献精神，对他们表示了感谢。社科院院长密加凡一向支持《青年论坛》的工作，还将自己的办公室和办公桌让给杂志社使用，这次记者站代表来社科院，密加凡热情地会见了各位代表，并请他们吃饭，给各地代表留下了深刻印象。

（四）"当代青年的思想库"

於可训是武汉大学中文系青年教师，他写的《当代青年的思想库》一文，发表在陕西出版的《社会科学评论》杂志1985年第6期。文中说：

在这刊物如林的时代，又插进一颗小树，而且是一颗不带感情，不摭翰藻的理论之树，似乎有欠明智。但是，这群年青人有他们更严肃的考虑。如果说，我们这一代青年已经被社会确认是"思考的一代"的话，那么，我们今天将要向社会映现我们的思考了。

我接触过许多青年朋友，今天，他们确实称得上"在奋斗"。他们奋斗着，同时也思考着，而且这种思考愈来愈深入，愈来愈廓大，也愈来愈成熟。全社会都有他们奋斗的身影，生活的每一个角落都有他们智慧的闪光。收罗这些奋斗者的经验，凝集这些思考着的理性的光辉，采摘精神的果实，开掘智力的矿藏，将它奉献给社会人群，国家民族，这该是一笔多么巨大的财富啊!而且，我们的民族习惯于某些呆板的思维方式已经够久的了，被某些左的理论教条束缚得也已经够苦的了，社会对理论和理论工作者的成见也已经够深的了。借青年人的活力，刷新我们的民族精神，向民族的思想宝库中注进新鲜血液，这又是一件多么有意义的事情啊!更何况，青年人仅以他们在生命史上的延续性和活泼的青春创造力，就足以将一个民族的文明推进到一个新阶段呢。毫无疑问，在未来的民族心理、民族精神和民族文化中，会留下我们这一代青年探索、思考和艰难奋斗的结晶。

尤其值得高兴的，我觉得还在于创刊号上各个栏目的作者们那全新的面貌和精神。《青年论坛》有一条成文的规定，除了极个别情况，它的作者的年龄不得超过四十岁。现在我们所看到的，最小年龄的作者仅有十九岁。他们大半是大专院校文科的本科生、研究生和青年教师，抑或是科研部门的年青的理论工作者，当然也有工矿企业和政府机关爱好理论、并有一定的钻研精神和写作能力的年青人。他们的那支笔虽然大都还不十分成熟，但触角却十分敏锐；而且虎虎然有生动之气。尤其是在研究方法的多样性试验和应用上，更值得提倡和重视。当然，这其中也确实不乏成熟的制作，有的甚至是从全国最高学术刊物将发的稿件中抽回来，以支持《青年论坛》的创刊和出版。吸引这些作者和众多青年的，我想，除了"青年"二字，还能有什么呢?是的，它毕竟是青年自己的思想宝库，正如儿童有乐园，红领巾有少年宫，思考着的青年，理应有成熟思想的园地和一试身手的锻炼场。

现在，在《青年论坛》周围，已经聚集了一批数目可观的生气勃勃的年青人。仁者献仁，智者献智，为了办好这个刊物，他们竭尽心智，戮力同心，得到了各级领导、前辈师长和社会各界的支持和赞助。这将是一支不可小视的年青的理论军队，他们已经摆开了阵势，要在社会科学、人文学科领域显示自己的胆识和才力。作为读者，也作为他们的朋友，对中国理论界这支生力军所拥有的深厚的潜力和无尽的发展，我是深信不疑的。

於可训是《青年论坛》的兼职编辑，他曾在《青年论坛》上发表过《将自由写在文学的旗帜上》，还向我推荐过黄维梁（香港）等作者的文稿，并担任过多篇文章的责任编辑。极有才华而又参与过《青年论坛》历练的於可训，日后成为中国著名文学评论家与文艺理论家，出版了学术专著《小说的新变》《批评的视界》《新诗体艺术论》《中国当代文学概论》等10余部，曾任武汉大学文学院副院长、湖北省作家协会副主席、湖北省文艺理论家协会主席、中国写作学会会长、中国当代文学研究会副会长等职，还担任过《文艺新观察》丛刊主编，《长江学术》丛刊执行主编，《写作》杂志主编。他主编的《中国文学编年史》"现代卷"、"当代卷"，获得文学界很高评价。

北京和其他一些地方的媒体也都介绍和评论了《青年论坛》。

《读书》杂志1985年第11期发表了甦民的文章《芳林新叶——评〈青年论坛〉》，文中写道:"在我国目前数以千计的刊物之林中，创刊仅一年的《青年论坛》杂志，以青年人的胆识和勇气，大胆地进行理论探索，从而显示出了独具的特色。"

陈小雅在《中国文化报》在一篇采访中写道:"你要了解当代青年的文化面貌么? 《青年论坛》出现在你面前。这个刊物创办不久却已蜚声青年理论界和思想文化界。短短的时间里，它是如何获得这样大的影响呢？""凡读过《青年论坛》的人，无不被它坚韧、开拓、敏锐的创新精神所鼓舞，所振奋，这是因为它冲开了政治、经济、思想文化领域理论研究的种种禁区，使新的探索合法化、阵容化、整体化，它的领域极广，它的深度可望不可及。""青年，就是明天。当我离去时，已看到理论上空的一抹晨光，虽然第一抹晨光总是微弱的。但它毕竟是太阳之'序'啊！"[1]

《深圳青年报》的记者文章称"《青年论坛》在青年知识分子心中的书架上，它却占据着重要的位置。……在全国五千多家报刊丛林中获得了一个号角、旗帜形象。"[2]

《天津青年报》说"它成为多种年龄层次的理论工作者及各级领导案头的必备书。在大学、机关、企业、报社、研究所，一群青年人聚在一起只要谈起……触及中国社会现实的重大理论问题，就会不约而同地提到《青年论坛》。"

《书刊导报》介绍说："由湖北省社会科学院一群年轻的理论工作者自发创办的《青年论坛》，是一株刚刚破土的小苗，稚嫩但却生机勃勃，它将为这个伟大时代写下灿烂的一章。"

北京《青年参考报》1985年曾在北京、上海、广州三个城市发起了一次读者调查，结果显示，在青年中最受欢迎的不是通俗杂志、武侠传奇，而是《青年论坛》。

根据1985年底的统计，《青年论坛》创刊后一年的时间里，收到来稿3200多篇，刊用了160篇，还有一些稿件只好放在"来稿辑览"专栏。由此可见读者、作者之踊跃。至1986年底，全国有60多家报刊介绍和宣传了《青年论坛》，其中《人民日报》4次，《新华文摘》5次，《世界经济导报》3次，还有《经济日报》《中国青年报》《理论信息报》《社会科学评论》《团结报》《文摘报》等报刊纷纷转载《青年论坛》的文章。同时，《人大复印资料》对《青年论坛》各期的文章作了大量的复印。2008年中国经济体制改革研究会举办"中国改革开放30年标志性事件"评选，"《青年论坛》创刊，青年学生以文报

---

1. 陈小雅：《他们的事业与明天同在——访<青年论坛>，《中国文化报》1986年7月30日。

2. 曹长青：《为了不可推卸的历史责任——访<青年论坛>，《深圳青年报》1986年12月2日。

国"一项在120个候选事件中名列第38位。[1]《青年论坛》的创刊被理论界认为是1984年青年学术界的三件大事之一（另两件是：莫干山经济研讨会、上海中西文化比较会）。[2]

（五） 乱云飞渡

《青年论坛》创刊号的文章《为自由鸣炮》、《理论创新与当代中国》被《人民日报》转载，引起了中共高层的关注。及至《论一九五七年》、《论言论自由》等文发表，更是在理论禁区投下了重磅炸弹。主管意识形态的中共中央政治局委员胡乔木，中共中央书记处书记、中宣部部长邓力群，一直是反对资产阶级自由化的急先锋，他们不仅时刻观察着中共中央总书记胡耀邦支持"自由化"的一言一行，时不时向邓小平报告，同时还关注胡德平的动向，胡德平支持的、高举民主自由旗帜的《青年论坛》自然也被纳入到他们的视野。

中国的政治环境，决定了《青年论坛》的命运，而厄运的到来，则是由邓力群肇始。

1985年11月，全国企业思想教育工作座谈会在湖北十堰市第二汽车制造厂召开，邓力群出席了会议，他在讲话中主要是批判资产阶级自由化，并点了刘宾雁、王若水、王若望等人的名。邓力群对一些与会者说："有的刊物发表很多谈自由的文章，谈自由应该有前提，前提就是四项基本原则。"这实际上是针对胡德平的《为自由鸣炮》一文。他还特别点到《青年论坛》上发表的两篇文章，指出：《论一九五七年》把反右说成完全错了，一大批老干部都不能适应现代化，是不是要把老干部们都推翻呀？《重述历史唯物主义》也有严重问题，是要否定马克思主义的基本原理嘛。"中宣部一位副部长也于同月在成都召开的全国理论工作座谈会期间，找到与会的湖北省委宣传部副部长，要他向《青年论坛》杂志社转告他对这两篇文章的批评意见，要求组织文章批判。

邓力群、中宣部都打了招呼，省委宣传部当然要找我，向我传达

3. 黄亚屏：《<青年论坛>在贵州》，《贵阳文史》2011年第6期。
2. 张劲帆：《艰难的苏醒》，澳洲华文文学网，2011年5月5日https://www.aucnln.com/search.htm?keyword

上头的指示。我做了一番解释："《论一九五七年》并不是全盘否定反右和老干部，只是作了一分为二的理论探讨。《重述历史唯物主义》是结合社会发展中出现的新情况新问题，对历史唯物主义的范畴表述形式作了一些探索，只是不同意传统教科书中的表述体系，并不是否定历史唯物主义的内容。"宣传部领导听了，只是提醒今后注意把握方向，不要再发政治敏感的文章。

11月23日，《人民日报》发表了李泽厚纪念《青年论坛》创刊周年的文章《破"天下达尊"》，胡乔木看了这篇文章后大发脾气，对《人民日报》进行了指责。

前有邓力群在二汽的讲话，后来又有胡乔木发脾气，我们预感到风暴即将来临。

实际上，在此之前，高层就有整肃《青年论坛》的打算了。一位政治局委员在新疆视察时，对随行的青年报刊负责人说："现在有些小报小刊办得庸俗低级下流，湖北有家《青年论坛》，虽不属庸俗低级下流，但属于政治方向性的问题。"共青团中央闻到风声，立马采取行动，与《青年论坛》切割。11月上旬，团中央办公厅给我们来信说，《青年论坛》创刊号上称得到了团中央所属的四个单位的大力支持。据查，这四个单位都未给予支持，请你们作出说明，并保证今后不再发生此类事情。团中央还指示共青团湖北省委派人到编辑部追究此事，杂志社工作人员对来人嘘了一鼻子灰。我们确实在创刊号的封二上鸣谢过团中央的四个机构：《中国青年报》、《中国青年》杂志、中国青年出版社、青少年研究所，不止如此，还鸣谢了共青团中央宣传部。但这都是有根据的，还在《青年论坛》筹备期间，我们给团中央打了报告，团中央宣传部副部长长江洪的批示"对此刊应予以支持和关心"，团中央书记处书记李源潮的批示是："建议省团委了解一下情况，团中央可原则上鼓励，但不参加编委，不合办栏目。"书记处书记刘延东的批示是"同意源潮同志意见"。《中国青年报》为我们发了消息，其他几个机构也表示愿意合作。而在此前不久，团中央还给杂志社来过信，说团中央要组织振兴中华读书活动，希望《青年论坛》作为发起单位之一。当时的欣然接受鸣谢，近期还要求合作，现在一下子变脸，真快。

高层的激烈博弈，透过《青年论坛》的命运可以看出来。1986

年1月，胡乔木对《青年论坛》"说闲话"（李锐语），并要中国社会科学院院长胡绳找《青年论坛》来看。1986年春，胡耀邦、朱厚泽力挽狂澜，在北京、上海等地讲话，提倡宽松的舆论氛围。5月，朱厚泽先后到上海、武汉，出席文化发展战略会议，在武汉旗帜鲜明地支持《青年论坛》，我们又感到春风扑面。1986年下半年，政治体制改革重启，理论界热情高涨，出现思想活跃、百家争鸣的局面。1986年底的全国学潮，使胡乔木、邓力群反资产阶级自由化有了难得的机会，而邓小平和党内一批老人早就有意让胡耀邦下台，也因此有了理由。1987年1月16日，胡耀邦被迫辞去中共中央总书记职务，改革局势逆转，《青年论坛》的至暗时刻也到来了。

回想起来，早在1984年底时，胡耀邦对党内保守势力已感到相当大的压力，对改革的前景和自己的命运，应该已有了悲壮的预感。当时他考察了湖南、湖北、江西三地，特别是参观过岳阳楼之后，颇生感慨，并嘱同行的胡德平将自己的思绪写成文章。今天再回味胡德平于1985年1月写的《谈<岳阳楼记> 兼为<黄鹤楼记>征文倡议》一文，透过文字所流露的情感，令人惊叹地感受到作为政治家的胡耀邦对未来政治形势发展的敏感预测，对范仲淹、滕子京参与"庆历新政"后被贬谪的深切同情，借岳阳楼抒发去国怀乡、忧谗畏讥的坦诚心态，同时也表达了宠辱皆忘、不以己悲、"先天下之忧而忧，后天下之乐而乐"的担当胸怀。胡德平文章重点写滕子京被诬劾而遭贬谪，然而不避谪官仍励精图治，居庙堂之高则忧其民，处江湖之远则忧其君，达致政通人和的局面。同时写改革家范仲淹更张求治的胸襟与卓识，肯定他不管是处于当权的地位，还是在野的江湖的亲民风范将与岳阳楼永存。这些感叹，显然不是凭空而发，而是胡耀邦挥之不去的心结。三年之后，胡耀邦被迫辞职，印证了他对时局发展的预感。胡德平的文章还提到胡耀邦去江西参观了滕王阁，并引用唐代诗人王勃《滕王阁序》中的两句："老当益壮，宁移白首之心；穷且益坚，不坠青云之志"，还引用了北宋文学家欧阳修《醉翁亭记》中的两句："醉翁之意不在酒，在乎山水之间也"，这些都可以解释胡耀邦去世后陵园安排在江西遗愿，既出自他的山水情怀，也出自他"吾谁与归"的坚贞之志。

胡耀邦下台前夕，对政治气候十分敏感的湖北省社会科学院院长夏振坤看到刚刚出版的1987年第1期《青年论坛》，多年来培养起来的政治嗅觉使他发现有文章存在"资产阶级自由化"倾向，当时《人民日报》刚刚发表了元旦社论，提出要旗帜鲜明地反对资产阶级自由化，出于官员自保的政治本能，他决定将自己的发现上报省委宣传部。

本来，湖北省委以及宣传部，在《青年论坛》创办过程中都表现出明确的支持态度。1985年3月，湖北省委书记关广富在全省社会科学界第三次代表大会的讲话中认为《青年论坛》"是做得好的，要继续坚持下去"，省委宣传部给刊号、给钱、给纸张计划，还有白纸黑字的省委会议纪要，吕乃强还在省委召开过座谈会，这些都是大庭广众的事，《青年论坛》如果有问题，他们都脱不了干系。尽管形势紧张，但如果社科院不上报，他们也许会按兵不动，战战兢兢地以图平安无事。可是夏振坤为了自证清白以防被动，采取主动上报，把球踢给了宣传部。宣传部接到报告，这可是涉及当前敏感的政治问题，既然已经报上来了，若不处理，就是政治原则性的错误了，当然不能不表态、不作为。于是宣传部又报给省委，事态严重了。接下来，胡耀邦辞职，反对资产阶级自由化成为政治的主旋律，对《青年论坛》的整肃就是必然的事了。

客观地说，在当时的情况下，即使夏振坤不报告省委宣传部，《青年论坛》也逃不过胡乔木、邓力群的追查。夏振坤只不过加速了这个过程。

胡耀邦辞职后，中共中央于1987年1月发出3号文件和中央政治局扩大会议公报，通报胡耀邦所犯重大政治原则错误，湖北省委迅速跟进。1月22日，省委书记关广富主持省委常委会议，学习中央文件，指出"对我省前一段几个比较突出的问题，如《青年论坛》杂志等，要着手进行清理。"1月27日湖北省委常委召开办公会，讨论法制宣传工作和《青年论坛》问题，会上听取了省委宣传部关于《青年论坛》情况的汇报，决定"对《青年论坛》进行整顿，全体人员集中学习中央87年1、2、3号文件及其他有关文件，批判方励之、王若望、刘宾雁的反动观点，统一认识，端正办刊思想，认真清理错误观点。编辑部班子问题待后由省委宣传部和省社科院提出具体意见。《青年论坛》的问题查清后，由省委宣传部向中宣部写一报告。"[1] 2月3日，关广富再次召

1.《关于法制宣传工作和<青年论坛>问题的讨论纪要》，《省委常委办公会议纪要》1987年第4号

开省委常委会议，学习中央4、5、6号文件和中指委1号文件，指出"继续抓紧对《青年论坛》的整顿"。

至此，《青年论坛》从高峰跌到低谷。原先真诚支持的朋友们感到愤愤不平，对我们仍热情鼓励；而当初公开或隐匿的反对者、冷眼的旁观者以及官场的态度警觉者，此时都公开一边倒，甚至落井下石。1987年的初春，是如此的寒冷。

（六） 无痕的禁令

1987年3月，全国宣传部长会议在北京召开。这是一次集中火力反对资产阶级自由化和批判胡耀邦路线的会议。邓力群来到湖北代表所在的会议小组，问湖北省委宣传部长王重农："你们那里的《青年论坛》处理了没有？"王答："正在清理整顿。"邓挥了挥手："《青年论坛》不是什么整顿不整顿的问题，这种刊物没有起什么好作用。《青年论坛》不就是个政治背景问题吗？现在背景问题已经解决了，它还有什么存在的必要!"王重农这次来京开会，本来已做好了准备，带来了关于《青年论坛》处理情况的汇报材料，想根据会议氛围决定是否上报中宣部。听到邓力群的一番话，感到问题严重了。小组会一结束，王重农立即与同去开会的理论处处长商量，决定将准备好的汇报材料交上去。这份材料，是根据中共湖北省委1月27日召开的常委办公会定的调子写的，即对《青年论坛》进行"清理整顿"。现在邓力群发话要停刊，理论处长只得赶紧将材料中的"清理整顿"改为"停刊整顿"，上报中宣部。

胡德平知道这件事后，很气愤地说："总是说要加强党的领导，青年人找到党来领导，我们能够推开不管吗？"李锐对《青年论坛》被停刊也十分反感："什么背景! 胡耀邦还是政治局委员，背景也是党的领导嘛!"李锐在十多年后再次对动辄停刊的行为表示反对，他于2014年写信给胡锦涛说::"动辄以停刊等极端方式处理新闻媒体，不仅有欠稳妥，更损害党的信誉和形象。"[1]

全国宣传部长会议结束后，湖北即开始贯彻会议精神，省委也马

1.引自李普、丁东主编：《大哉李锐》，香港时代国际出版有限公司，2005年，第455页。

上改口，将原定调的"清理整顿"改为"停刊整顿"。省委书记关广富在一个会议上说："中央已经发出《关于坚决、妥善地做好报纸刊物整顿工作的通知》。进行报纸刊物的整顿，一是反对资产阶级自由化的一个重要方面，二是充实和加强舆论阵地的重要建设。各级党组织和宣传部门要高度重视，严格按照中央的要求，做好这项工作。对于属于六种重点整顿的报刊，要进行认真清理和分析，确属错误严重的，该停刊的要停刊，该合并的要合并，该改组的要改组。在前一段的清理中，发现《青年论坛》在一个较长时期内发表了不少有严重错误观点的文章，省委早已决定该刊停刊整顿。"[1]

停刊整顿的具体操作，由湖北省社科院执行，同样地，社科院的定调也由前期已经开始的"清理整顿"改为"停刊整顿"，一场自上而下的整顿批判迅即铺开。《青年论坛》的工作人员始终想不通：一没有清理的结论，我们不知道杂志究竟有哪些问题，触犯了什么法律，证据是什么，先判了"死刑"，再来找证据；二没有任何停刊文件，仅仅是邓力群的一句话，杂志便不能再办下去。当初《青年论坛》创刊，是有批准程序和文件的，有政府出版部门颁发的批文和正式刊号，而停刊，只须一个人的一句话即算数。所谓"依法治国"，在这里具有讽刺意味。

直到现在，我们仍然没有看到任何部门关于《青年论坛》所犯"严重错误"和取消刊号、指令停刊的正式文件。一份合法创办、影响全国理论界的知名杂志，就这样无痕迹地被消失了。

《青年论坛》从此成为一段历史。从1984年6月我和王一鸣写出《关于创办<青年论坛>的初步设想》，到1987年5月我们向读者和记者站发出停刊通报，经历了整整两年时间，跨了4个年头。而《青年论坛》杂志的存续，从1984年11月出版创刊号到1987年1月最后一期终结，共27个月，总共出版了14期。

1.《扎扎实实抓好几项工作——关广富同志在全省宣传工作会议上讲话》，《宣传工作》简报（湖北）1987年第10期。

八 一帘风雨

中国的政治动员能力非常强大。一旦高层发出指令，下面各层级会迅即跟进执行。执行得越坚决，越能表明对上级的忠诚。有一位高层官员说过：忠诚不绝对，就是绝对不忠诚。为了表达忠诚，各级官员通常会执行得非常得力，哪怕过头了，这只是方法问题；执行不得力，甚至敷衍，这就是态度和立场问题了，后果会很严重。

《青年论坛》既已被邓力群定调为"资产阶级自由化"，必须"停刊整顿"，湖北省便立即跟进。中共湖北省委常委会做了决定，湖北社科院就必须马上执行。社科院成立专门班子对14期杂志逐字逐句查找"资产阶级自由化"的证据，以证明上级决定的正确。《青年论坛》杂志社和编辑部人员则被安排集中学习中央和省委文件，接受审查。

"大批判"、"告密"是"文化大革命"中的政治生态，没有想到，"文化大革命"结束10年之后，我们仍然无法摆脱这种政治氛围。《青年论坛》被整肃的过程，不停地被批判、被告密，经历了一场又一场风风雨雨。

（一）祸起萧墙

1987年1月初。《青年论坛》的三轮机动货车载着从印刷厂拉回刚印好的新年第1期杂志，停在湖北省社科院一排简陋的临建平房前面，这里有一间是《青年论坛》发行部。按照过往的习惯，杂志社十几个工作人员全体出动，搬运杂志。这一期杂志于1986年底已经印好，前期将邮局征订的几万份都分别送走，包括发往北京市邮政总局的邮发机构，运回社科院的近万册是准备寄给直接汇款到杂志社的订户和给书摊零售的。新一期杂志更换了封面设计，一幅简洁的写意画，白底上一枝果叶，红黑相衬，格外清新。杂志的开篇，是著名历史学家黎澍先生写的"前辈寄语"，文章写得朴实、诚恳，既有对年轻人的殷切希望，更有告诫老年人的忠言诤语，希望老年人对年轻人要宽容，支持他们的事业。杂志的重点内容是两个月前在武昌召开的"跨世纪的中国"学术讨论会发言摘要，这次会议由《青年论坛》主持，有40多位知名的中青年专家学者出席了会议，其中包括胡平、黄克剑、雷祯孝、张志扬、戴晴、梁治平、王润生等，可谓精英荟萃。他们的发言，既有专业特点又面对当前现实，思路开阔，犀利尖锐，当然也少不了年轻人所具有的激进思想。

搬运近万册杂志，劳动量不轻。虽是冬季，每个人头上都渗出汗来。新的一年开始，新一期杂志出版，万象更新，大家都充满着新的希望。另一方面，1986年底的学潮使政治局势发生逆转，反资产阶级自由化的风声越来越紧，《人民日报》的元旦社论《坚持四项基本原则是搞好改革开放的根本保证》提出："让我们更加旗帜鲜明地反对资产阶级自由化思潮、坚持四项基本原则，搞好改革开放"，很难预测下一阶段的情况，每个人心头都感到压抑。杂志即将搬运完毕时，社科院院长夏振坤路过这里。他笑着说："年轻人精神可嘉嘛！"编辑邵学海拿出两本杂志给夏振坤："夏院长，今年第1期，刚刚出版的。"夏振坤接过杂志，回到办公室。

夏振坤作为省一级社会科学研究机构的党组书记兼院长，对政治局势的变化十分敏感。与省委的一些官员一样，他对《青年论坛》的创办，怀着如履薄冰的心态，既要遵从上级的旨意，又生怕在政治上出什么问题。

夏振坤是一位农业经济专家，在农学院工作过。他是40年代加入中共的老地下党员，武汉进步学生运动的组织领导者之一。1957年曾被划为"右派"，降职下放，1974年摘帽，担任农学院农场副场长，后来潜心于学术研究，在经济理论方面发表了大量论著，成为知名学者。1984年开始任湖北社科院副院长，在院里有较高威望，但由于有"右派"经历，处世格外谨慎。1986年之前，夏振坤以副院长的身份分管《青年论坛》，上有省委书记关广富、副书记钱运录对杂志的肯定，还有胡德平的参与，在社科院又有党组书记沈以宏、院长密加凡对《青年论坛》的支持，所以对我们一直比较宽松。当时他在院内面临一个挑战:1985年下半年，院领导班子酝酿调整，密加凡将调去其他机构任职，由谁来接替院长，众人关注。从资历、学术成果、人缘关系方面看，夏振坤是最有希望接任院长的。其他几个副院长中，张守先一直盯着院长这个位置。他的资历也很老，南下干部，[1]文化程度不高，后以干部身份到大学进修，还学了几句外语，并经常以此自炫。张守先精于权术，这次院领导班子调整，他自认为最有条件接任院长。他的竞争对手就是夏振坤。在官场，权斗是十分残酷的，张守先既然将夏振坤视为对手，就要千方百计窥测夏振坤的一举一动，寻找攻击的破口，而夏振坤分管的《青年论坛》，因经常有"出格"言论，被张守先作为重点"关注"对象，随时指望《青年论坛》出问题而趁机搞垮夏振坤。夏振坤是一个学者型的领导，在此情况下显得格外谨慎小心，时刻有提防之意，甚至有点战战兢兢。

人算不如天算，最终张守先没有如愿。1986年4月密加凡离任，夏振坤接任院长，并兼党组书记，《青年论坛》改为由年轻的副院长张思平分管。张思平30多岁，研究长江经济学，平时与我们交往较多，被提拔为副院长时间不长。夏振坤和张思平先后分管《青年论坛》，他们对所发文章负有最后把关的责任，经编辑部三审之后确定要发表的文章，只有在他们通过之后，才能送印刷厂。每一期杂志出版后，我们也会送两本给他们过目。这两位分管领导对我们送审的文章，虽然有些不同看法，但基本上没有提出坚决否定意见，包括像《论一九五七年》《毛泽东晚年与"文化大革命"》《论言论自由》这样的文章，经过解释之后，夏振坤和张思平都开了绿灯放行。当然，担心出问题的心态总还是有的，就是前面所说的"如履薄冰"，他们必须时时打起精神，保持警醒。

夏振坤拿着邵学海递过来的1987年第1期杂志回到办公室，开始仔细阅读。时局的变化使他高度警觉，政治这玩意可不能出错。

引起他注意的是"跨世纪的中国"学术讨论会发言摘要。其中一位与会者发言说："在并没有谁明确提出过'全盘西化'甚至'西化'的今天，居然有的人忧心忡忡地要警惕全盘西化，而一些学者也附和论道'现代化不等于西化'。这种对'西化'的恐惧心理实质上是对'开放'政策怀疑和抗拒的心理。"夏振坤看了后马上联想到《人民日报》的元旦社论，党中央现在正批判全盘西化论，批判资产阶级自由化，将自由化的代

---

1. 1947年至1949年，中国共产党从北方解放区选派一大批干部到中国南部地区担任新解放区的领导人，这批干部称为"南下干部"。

表人物方励之、王若望、刘宾雁等人开除了党籍。接着夏振坤又看了研讨会发言者的另外一些内容，也似乎违背了最近中央文件的精神。夏振坤感到问题大了，一旦《青年论坛》的这些文字扩散，省委和中央追究下来，后果将十分严重。夏振坤决定主动上报省委宣传部。他马上通知张思平处理此事。张思平十分焦虑地来到我家里告知了以上情况，我说："与会代表的几段发言，算不上什么'资产阶级自由化'的问题，夏院长也太过于紧张了吧。"随后张思平回到办公室，按夏振坤的意见打电话向宣传部报告了情况。宣传部要社科院派人带上杂志去省委，夏振坤让张思平和我一起将这一期杂志送往宣传部。我们准备出发时，张思平说临时有事走不开，"你先去吧。"我想当面向宣传部解释一下也好，就带上杂志去了省委。宣传部理论处的处长副处长都在办公室，这个地方我已来过几次了，以往来这里，要么是请他们批刊号，要么是邀请他们参加《青年论坛》的会议，当然，有时处长们也会给我们一些指点。在这里，我也多次听到他们肯定赞扬的表态。这一次，估计情况不一样了。处长和副处长严肃地问："刊物什么地方有问题？"

我翻开带去的杂志，说："夏院长认为这几句话有问题，其实现在并没有谁提出全盘西化，所以作者不同意批判全盘西化，这并没有错误。"、

处长们把有关段落读了读，说要向部长汇报。但部长不在，理论处要求先将这一期刊物停止发行。我立刻表示不同意。不能因为说了不同意批判全盘西化，就是搞"自由化"，而且突然停止发行，如何向读者交待？处长坚持要我回社科院向院领导汇报，并立即停止发行。我离开理论处后，没有马上回院，而是到省委旁边的书店看了看，了解一下《青年论坛》的销售情况，然后才回到社科院，到院后发现理论处长已经先于我来社科院了。可能是处长看到我没有服从的意思，立马就直接找了夏振坤。我不在，院里找来副社长周晓佑，布置处理方式。理论处长对夏振坤说，必须停止发行这期刊物，已经发出的迅速追回，尤其不准流入北京。周晓佑考虑停止发行会造成很大的经济损失，夏振坤说："经济损失你们先不要考虑。首先是政治损失问题。"院党组立即做出决定：请武汉市邮局给各地邮局拍电报，凡收到《青年论坛》杂志的一律停止发行，就地销毁；尚在本市邮局未发走

的刊物全部运回来；已发往北京的，马上派人去追查。

根据宣传部和社科院的指示，收回1987年第1期刊物的行动开始。首先是拦截武汉市邮局，派周晓佑前往。周晓佑在邮局门前犹豫了很久，她没有走向业务室，而是直接来到发货仓库，决定摸摸发货情况再说。仓库里邮件堆积如山，几位邮局职工正忙忙碌碌地装邮包，装的正是《青年论坛》。周晓佑与他们已经不是一面之交了。

"请问《青年论坛》已经运走了一些没有？"

"走了一些，还有一些马上发走。"

"北京的和本省的发走没有？"

"北京的走了，本市的也走了，本省的还没有，东北和上海的也没有走，但已经装邮包了。出什么事了？"

周晓佑简单地告知了《青年论坛》的情况，一位年轻的工作人员说："《青年论坛》办得不错嘛，我就蛮喜欢看。什么自由化？中国的事情搞不清白。你们管它呢，赶快发出去，生米煮成熟饭，谁又能怎么样？不过，你莫让我们的头头知道。"

周晓佑回到院里，将邮局的情况告诉了我。我和周晓佑商量了一下对策，决定将邮局的事尽量拖延，另外要设法把读者直接汇款到杂志社订阅的3千多份刊物悄悄寄出。周晓佑找到夏振坤说，已经去了邮局，但办事的人不在。夏振坤嘱咐抓紧时间再到邮局跑一趟。

周晓佑很快安排了《青年论坛》的"小三马"机动货车停在离社科院几百米外的马路边，以免本院的人看见，她带着两名临时工将脚踏三轮车停在发行部门口装杂志，用纸盖好，蹑手蹑脚往院外转运。刚刚踩到院门口，迎面走来院机关一位主任，周晓佑非常紧张，真不凑巧啊。主任问："你们在运什么？杂志查封了，不能再往外运了！"

周晓佑机灵地回答："运的是考研的英语辅导书，很多大学生想买，我们送过去。"主任"嗯"了一声，走开了。周晓佑赶紧奔往检查较松、发运速度较快的汉阳火车站邮局，和那里的工人们一块加盖了邮戳，直到杂志装进了邮袋，才稍稍松了口气。

接着是到北京市邮局拦截，社科院决定派张思平去，后来又要杂志社派人一块去，我派了邵学海。临出发时张思平有会议走不开，邵学海只好一个人去了。出发的这一天正是1月16日，胡耀邦被迫辞去中共中央总书记职务。北京的冬季，寒风呼啸，邵学海到处打听邮局下属的杂志邮发机构，终于在火车站旁边找到了。已近春节，工作人员十分忙碌，邵学海拿出社科院开具的公函和停发刊物的名称，邮局的人不是很在乎的样子："啊，最近这样的事情比较多，还有某刊物也如此。""《青年论坛》好像还没到北京吧？"说完将公函塞进一小抽屉。邵学海问："就这样完了？"回答说："就这样完了，你可以走了。"就不再理会邵学海了。直到现在，我们也不知道北京市邮局后来是如何处理的。邵学海回武汉后向院党组报告说，北京的事情已经办妥。

邵学海离开北京之前，去找了胡德平。胡德平是1985年6月结束湖北整党联络组的工作回到北京的，任中共中央统战部副部长。邵学海在统战部向胡德平告知了《青年论坛》停止发行的情况。胡德平正处在因父亲被迫辞职的悲愤当中，他深知高层内部动向，所以只是简单地说，《青年论坛》已完成历史使命，停刊就随它去吧，不必为复刊做些无谓的事情。

不久，中共中央机关刊物《红旗》杂志发表评论员文章《坚持人民民主专政》，语气更为严厉："前一个时期，资产阶级自由化思潮泛滥，而我们有些同志又表现出不应有的软弱，甚至对于搞自由化采取了放任的态度。结果，好人得不到支持，坏人猖狂得很。极少数人错误的甚至反动的言论，对一些学生闹事起了煽动、怂恿的恶劣作用。这是一个严重的教训。""反对这股资产阶级自由化思潮，一是要靠共产党员的思想的坚定性和党的纪律的严肃性。……二是要运用人民民主专政这个有力武器，打击极少数的触犯刑律的人。"[1]

紧接着是春节到来，杂志社每个人都怀着忐忑不安的心情过了年关。

春节期间，省委宣传部也没有闲着，派人到处检查书店、书摊，看看有没有还在卖《青年论坛》的。正月十二，夏振坤接到省委一位负责同志的电话："老夏，已经通知了《青年论坛》停止发行，怎么武汉大学的书摊还在卖呀？"社科院党组立即派出张思平和我去武大。校园里靠近邮局的市场区，有书店、菜市场和个体书摊，我和张思平走近书摊一看，果然摆放着新出版的《青年论坛》。以往每期杂志都受武大学子欢迎，他们知道这份杂志是武大校友办的，思想新锐，很

1.《红旗》杂志评论员：《坚持人民民主专政》，《红旗》杂志1987年第2期。

有胆略，十分钟爱。此时正值寒假期间，路上的人不多。我们向摊主作了自我介绍，张思平说："省委宣传部已经下令停止发行《青年论坛》1987年第1期，有人向省委报告你的摊上还在卖，省委领导指示不能再卖了。"

"为什么？"

张思平指着摊子上的一张当日报纸说："你看看报纸，现在全国都在反对资产阶级自由化，《青年论坛》被禁了。"

"好吧好吧，不卖了。"摊主机灵地把《青年论坛》收了起来。

事后武大的学生告诉我，摊主在我们离去之后，立即写了一纸醒目的广告放在书摊上："《青年论坛》已遭查禁，本摊尚有少量存货，欲购从速。"消息传开，学生们在书摊前排起了长队，杂志瞬间售罄。

林子大了，什么鸟都有。在这期间，社科院还发生了两件事。

一天，社科院科研处长（也是省中青年理论工作者协会的副会长）要我提交一份《青年论坛》全体工作人员以及兼职编辑的名单，说是院里科研统计工作需要。我想这是正常的工作范围，就把名单给了他。不料两天后，省委宣传部打电话到编辑部，根据那份名单逐一查问每个工作人员的政治面貌，我恍然大悟：被人出卖了。

还有一件事是：春节前院里开了一个全院的迎春联欢会，这是每年的惯例，尽管遇到《青年论坛》这麻烦事，院党组还是决定组织大家乐一乐。每个部门都要出节目，有人起哄说院领导也应该登台献艺。张思平是最年轻的副院长，当然首当其冲，他推辞不了只好说："我没有文艺细胞，新歌也不会唱，就唱一首毛主席诗词歌曲《水调歌头》吧。"张思平研究的专业是长江经济学，歌词里有"才饮长沙水，又食武昌鱼。万里长江横渡，极目楚天舒。不管风吹浪打，胜似闲庭信步，今日得宽余"这样的句子，所以选了这首歌。没想到联欢会之后有"湖北省社科院一群共产党员"，写信向中央和省委的各有关部门举报张思平借用"不管风吹浪打，胜似闲庭信步"的诗句，抒发对停刊整顿《青年论坛》的对抗情绪。真可谓"欲加之罪，何患无辞"。

关于社科院主动向省委宣传部报告《青年论坛》的"自由化"问题，杂志社的年轻人当然非常愤慨。事隔一年之后，夏振坤说：

> 《青年论坛》的小青年们不了解上层的情况，把问题看得太

简单。纸是包不住火的。我如果不向上报告，也会有人去报告，到那时上头追究下来，院党组就被动了，我可能会靠边站。如果上头委派张守先主持整顿工作，《青年论坛》的同志们的日子会像现在这么好过吗？当时院党组里只有我在省委领导面前可以说上话，我对关广富书记说："青年论坛的问题你就不要管了，我会全权处理。"院党组对青年同志们采取了保护态度，没有处分任何一位同志。院里曾经有人提出开除李明华的党籍，我们都顶了，李明华的检讨至今还压在我的抽屉里没有送上去。当时如果我不出来挡住，院里其他领导没有人挡得住。《青年论坛》的问题坏就坏在和中央的政治背景挂上了钩，卷到政治漩涡里去了，中央的某个大人物早就盯住了它，要用它作口实扳倒耀邦同志，后来还专门向省委宣传部过问过《青年论坛》的处理情况。哪里瞒得过去？形势那么严峻，当时谁敢顶？连省委书记们都顶不住，不得不做点样子给中央看，我顶得住吗？李明华他们怪我不敢顶，他们自己敢顶吗？上头不让印，他们敢印吗？如果不和政治背景挂上钩，《青年论坛》的境况就会好得多，即使说点过头话，也不要紧。《美术思潮》的情况与《青年论坛》不大相同，它没有卷到政治漩涡中。

院里同意办《青年论坛》的本意是想给本院的青年科研人员提供阵地，并没有想攀龙附凤，后来论坛的同志自己与外头挂上钩，就摆脱院里领导。他们拿稿子来给我审，《论一九五七年》那篇文章，我认为与中央口径不一致，提议做大的修改后再发表，王一鸣说："德平同志同意发表。"那我还好说什么呢？后来还有好几篇文章都是这样，完全不听院里的。我只好干脆不管了。结果他们捅出了漏子，又要院里来担担子。我如果是小人的话，会对他们那么宽容吗？省委和宣传部对他们也是采取了保护态度的。宣传部把我们的清理报告迟迟压着没有往上送，就是想大事化小，小事化了。遗憾的是，《青年论坛》的同志们还责怪我们。[1]

夏振坤这一番话，说透了一个厅级官员的心态。事过之后，我也能够理解了。

1. 张劲帆：《艰难的苏醒》，澳洲华文文学网，2011年5月5日 https://www.aucnln.com/search.htm?keyword.

而省委宣传部的工作人员则多次解释说：我们当初并不想把《青年论坛》怎么样，可是社科院自己把《青年论坛》作为自由化的问题报上来了，在那时的情况下我们能不处理吗？

（二） 停刊整顿

根据省委宣传部关于对《青年论坛》进行清理整顿的要求，1987年1月16日晚社科院召开党组会议，讨论《青年论坛》问题，我列席了会议。因党组副书记兼副院长邓剑秋生病在家休息，会议就在他家里进行。这天一大早社科院接到省里通知，说晚上新闻联播有重要消息，所以会议开始之前大家首先看电视。

新闻联播中，播音员正在宣读："中共中央政治局1987年1月16日举行扩大会议，胡耀帮同志在会议上检讨了他担任党中央总书记期间违反党的集体领导原则，在重大的政治原则问题上的失误，并请求中央批准他辞去党中央总书记职务。会议对胡耀邦同志进行了严肃的开导式的批评，同时也如实地肯定了他工作中的成绩。扩大会议作出如下决定：一、一致同意接受胡耀邦同志辞去党中央总书记职务的请求；二、一致推选赵紫阳同志代理党中央总书记；三、以上两项决定，将提请党的下一次中央全会追认；四、继续保留胡耀邦同志中央政治局委员、中央政治局常委的职务……"

听完这段新闻，会议气氛变得格外凝重。形势发展到了异常严峻的地步，连总书记都下台了，看来中央反"资产阶级自由化"的决心非常坚定，任何人都挡不住。

会上首先由我介绍了《青年论坛》近来的情况：遵照省委宣传部和院里的指示，我们已开始审查杂志的内容；发行方面，已经采取了措施拦截，派专人到武汉市邮局打了招呼，向各地发了电报；今天又派了邵学海去北京邮局，送去停止发行的公函；在邮局剩下没发走的刊物全部拖了回来。经过结算，杂志社付给邮局电报费、手续费、损失赔偿费共计3万多元，我们付出了1万4千元，余下1万6千元无力支付，因为账上经费所剩无几了。

张守先发问："你们《青年论坛》在北京发行多少？安徽发行多

少？上海发行多少？哪个地区发行量最大？"这几个地方都发生过大规模学潮，问得很有用心。

我回答说："发行量最大的是四川、东北、江苏。"

张守先又问："你们刊物的读者多半是些什么人？"

又是个陷阱。我说："读者很广，比如党校的教师和学生，干部、工人，普通高校的教师，当然还有一些大学生。"没得到想要的东西，张守先有些悻悻然。

党组其他成员也问了一些情况，我都一一作答。我离开后，党组继续讨论处置方案。

1987年1月21日。夏振坤接到了省委书记关广富打来的电话：

"老夏，跟你打个招呼，我要在省委常委会上点点《青年论坛》的名了。"

第二天，省委常委会召开会议，决定："对我省前一段几个比较突出的问题，例如《青年论坛》杂志等，要着手清理。"省委书记要做一件事，提前打电话告诉下属，这事还真有点儿意味。

1月27日，省委常委又一次召开办公会，听取了省委宣传部关于《青年论坛》简要情况的汇报，正式以会议纪要形式作出决定：对《青年论坛》进行整顿，杂志社全体人员集中学习中央文件，统一认识，端正办刊思想，认真清理错误观点。编辑部班子问题待后由省委宣传部和省社科院提出具体意见。《青年论坛》的问题查清后，由省委宣传部向中宣传部写报告。

1月28日是农历大年三十，社科院各部门早已放假。张守先通知院办公室值班人员找我，说省委宣传部来电话，要我们送20本第1期《青年论坛》过去，给省委常委审阅。我托辞拒绝了。下午，宣传部直接派人到社科院，当面找我要了20本杂志。

2月3日，关广富主持省委常委会议，学习中央4、5、6号文件和中指委1号文件，指出"继续抓紧对《青年论坛》的整顿"。

直到2月上旬，我们得到的信息表明：一，只说"整顿"，没有说"停刊"；二，整顿完后，编辑部班子要改组，这意味着刊物还要继续办下去；三，省委宣传部准备向中宣传部打报告，意味着《青年论坛》的命运最终由中宣部决定。

春节之后，根据省委宣传部的指示，在拦截第1期刊物的同时，社科院开始对《青年论坛》进行清理整顿。2月19日，院里成立了"清理协助小组"，由副院长张思平任组长，《江汉论坛》编辑部一位负责人任副组长，三名科研人员为组员，他们的所有业务工作都停下来，对《青年论坛》逐期逐篇进行审查。张思平作为组长，处境十分尴尬：作为分管《青年论坛》的副院长，清理《青年论坛》也就是清查他自己，一旦查出问题，自己要负领导责任，承担失职后果；若查不出问题，又难以交差，甚至会被认为政治立场不鲜明，蓄意包庇《青年论坛》，逃避责任。在清理协助小组召开的第一次会议上，张思平说：这次清理先一本一本杂志议，然后一个学科一个学科的分析，至于问题的性质，待理过一遍后再议，要实事求是，严格按小平同志关于资产阶级自由化的准确定义把关，先不追究责任。张思平不无担心，这个小组中会不会有人向上面打小报告，所以非常谨慎。一个月后，清理协助小组查出了一些错误言论，其中问题比较严重的，还标注了错在何处。以下略举几例：

韩小年《理论创新与当代中国》：

"我们在社会主义建设的各个时期不同程度地信奉着一种被'左'化了的马克思主义，这种'左'化了的马克思主义居然还被推崇为神圣不可冒犯，成为支配人们思想的最高原则。难道现在不是应该推翻这貌似神圣的东西的时候了吗？"——**问题："貌似神圣"、"左"化的提法不妥。**

"要建设具有中国特色的社会主义，首先必须对我们历来所宣扬的传统的'社会主义'的概念作出新的评价，对于人们认为是马克思所制订出的关于社会主义的设想，我们也应该而且必须进行再认识，事实上，马克思并没有给我们描绘出社会主义的任何模式。然而，我们的一些同志却把马克思对于社会主义的大致设想当成了'经典'教条，生搬硬套，不是用实践来检验和发展它，而是用这种理论去剪裁和否定千百万人民群众的实践，用理论上大概的轮廓代替现实世界的丰富多样性，给我们的建设带来一系列被动的局面。尤其是极'左'思潮对社会主义理论的歪曲和篡改，使社会主义面目全非。而这种面目全非的东西，又被蒙上神圣不可侵犯的面纱，给我们的社会主义实践带来极大危害，并弄出了许多荒唐的结论。"——**问题："传统社会主义"的说法偏颇。**

"我们民族有着很多值得永世骄傲的极优秀的传统。但多年来，浸透了封建主义毒汁的披上'民族文化传统'外装的思想文化糟粕，不断毒害着我们的民族，阻碍着社会的发展，当前主要应反对的，究竟是资本主义，还是封建遗毒？根据我国的具体情况，我们说不是资本主义的东西多了，而是封建主义的东西多了，我们在建设社会主义的过程中需要更多反对的是封建主义而不是资本主义。因此，如果不从根本上改变一代人的心理结构和思维方式，改革就不可能深入。"——问题：观点片面、偏激，说封建主义、资本主义两方面都有。

於可训《将自由写在文学的旗帜上》：

奇怪的是，在文学领域里，我们却一而再再而三地反对所谓'右'。本来可以通过正常的文学批评就可以解决的文学上的问题，我们却不恰当地诉之以政治的手段和方式，结果当然要束缚文学的自由，挫伤文字的生产力。"——问题：当时也存在右，也应反，观点片面，涉及到对"清除精神污染"的看法。

沉扬《论一九五七年》：

一九五七年时"要求有科学知识和现代管理技能、现代心理素质的大工业（以及与之相应的商业）产生了，管理它的，却是农民，手工业者出身的干部！……这是生产力和生产关系之间的矛盾的新形态。它的社会表现是管理者与生产工作者之间的矛盾，是官僚主义，瞎指挥。这种社会矛盾，在生产资料所有制的社会主义改造完成之前，不大醒目，被我们与资产阶级的矛盾掩盖着……土改、合作化、公私合营完成以后，……多年的对立面的消失，地位的日增，使干部和群众之间的距离拉开了，贪图安逸，官僚主义便日益成为突出的问题。……总之1957年的风暴根源，在生产方式的矛盾运动。所谓的右派进攻，本质上是生产力发展要求的体现。"——问题：对经济学不懂，不是生产力和生产关系矛盾，是国际背景原因。把右派看作代表先进生产力是错误的，写作态度不认真不严肃，轻易下结论。

"前不久，我们又一次看到，我们的一些同志理解马克思主义、理解现代化是多么困难。他们把世界范围讨论人道主义、人的异化问题，当作资产阶级的"污染"，于是奋起而再次反右。……有人说，清除'精神污染'，只是清除资产阶级的东西，这必然使改革更健康。——不错！可这只是主观的逻辑。而现实呢？什么是'资产阶级'人们还不大清楚；一些人是不是将改革中的新现象当作了'资产阶级'？"——**问题：否定"清污"，贬低老干部。**

"1957年的反右，与历史发展的必然要求背道而驰，它使本来可以及时完成的历史任务，大大后推了；……就是现在，我们常常惊讶地发现，很多问题，1957年早就提出来了，只是可惜，我们没去理会。"——**问题：全盘否定反右。**

黎鸣《重述历史唯物主义》：

"现存历史唯物主义范畴表述形式中潜在的二元论观点形成了长期以来理论研究中实际上的停滞，阻碍了自然科学方法与社会科学研究的结合，是自然科学与社会科学一体化进程中的绊脚石。"——**问题：对过去的体系作不适当否定，偏激语言。**

何宪《国家资本主义新议》：

"生产资料的私有或部分私有是国家资本主义能够促进生产力发展的主要原因。……在较低的生产力水平上，私有制比公有制更能促进生产力发展。……私有企业的优越性主要是通过它充分的经济活力表现出来的。""马克思、恩格斯在描绘未来社会时，多次提到在这些条件下劳动会成为吸引人的劳动，成为个人的自我实现。……由于资本主义企业的经营者就是企业的所有者，竞争的外在压力和追求利润的内在动力迫使资本家不断利用新技术，创造新产品、开拓新市场，千方百计管理好企业。而社会主义是生产资料公有，盈利和亏损都不增减经营者的私人财富，企业经营好坏与企业领导的经济利益不直接相关。即使经过改革，最多也只是与其奖金工资或政治地位相联系。这种联系反面压力虽大，但正面诱力则不足。因此他们理所当然的态度就是不求有功，但求无过，宁可产品几十年一贯制，也不愿冒风险改进产品搞活企业。很明显，这时社会主义企业的动力不及资本主义。再分析个人动力，……劳动者动力的发挥程度，还依赖于企业的经营管理，也就是依赖于企业的动力。如果前面的论证是正确的话，社会主义社会的人个动力也很可能不及资本主义。……由于生产资料公有制这一特定性质，社会主义只能是一种非利益制约经济，才可能有比资本主义更充足的动力推动经济发展。当然很明显，这里指的是按正常发展顺序建立的理想的典型的社会主义。"——问题：**过分肯定资本主义优越性，把社会主义的优越性推到遥远的将来。**

陈志龙《我国经济学教学的危机和出路》：

"目前主要应打破以《资本论》为中心的经济教学体系。除极少数专门研究者外，《资本论》应列为选修课。政治经济学可以考虑撤销，改学当代东西方经济原理。"——问题：**明显错误。**

朱征夫《也论马克思主义在中国的命运》：

"早有中国知识分子在批判儒家思想，实现全盘西化的基础上引进马克思主义，已造成了一条难以弥补的文化裂缝，一方面他们用马克思主义否定了中国的传统文化；另一方面他们的传统心理意识又人为地割裂了马克思主义的思想体系和西方文明的天然联系。这样，中国土地上的马克思主义就成为孤立于其他文明现象的畸形儿。"——问题：**对我党的指导思想持怀疑态度。**

胡平《论言论自由》：——问题：**全篇都有问题。**

高伐林《一个前〈这一代〉编者与一个〈青年论坛〉记者的对话》：——问题：**全篇都有问题。**

沉扬《毛泽东晚年与"文化大革命"》：

"面对'无私'这禁欲主义的宣传又常常隐藏着垄断政治经济特权的极端自私与专制——他的善良与崇高又在那里呢？"——问题：**有损毛主席形象。**

还有一些文章段落，如《中国跨向21世纪：步履维艰——"跨世纪的中国"学术讨论会发言摘要》，列出了有问题的文字，但没有标明问题是什么，可能觉得问题明显，无须说明：

远志明："'苏式马克思主义'一味强调人无能为力的'社会规律'强调'必然性'，与我们的传统人格心理默契之极。"

李晓明："'全盘西化'的忧虑，对一个成熟成型的民族文化体系来说是多余的，在逻辑上是相悖的。"

黄克剑："失去了人的自由意志的民主就可能变成虚假的民主，建国以来我党所出现的一系列失误也都是历次党代会举手通过的，这就是证明。"

梁治平："中国法只有镇压职能；中国法以刑为本，西方法与权利有密切关系；……"

黎鸣："在并没有谁明确提出过'全盘西化'甚至'西化'的今天，居然有的人忧心忡忡的要'警惕全盘西化'，而一些学者也附和论道现代化不等于西化，这种对'西化'的恐惧心理，实质上是对'开放'政策的怀疑和抗拒心理。"

张奎良："三十多年来没有很好地进行政治体制建设，政治文明程度不高，民主成为空谈，政体流于形式，党的领袖主宰一切。"

王润生："把某种主义变成信仰从而把主义神圣化、目的化，本来是没有什么道理的……主义问题本来是个道路工具问题，道路是否可行，工具是否适用本来是可以面对终极价值目标作实事求是的研究的，实践目的（价值）是检验工具（主义）的最终标准。现在现实中有人往往忘了主义后面的目的，为主义而主义，只会拿这种主义同那种主义相对抗，而不会用价值目标去衡量，判断各种主义的真伪利弊。……不应将主义信仰化，而应工具化，变信仰之争为工具之争。"

找出了这些问题，需要写一份给省委宣传部的清理报告。我们编辑部的几个人提出，根据查找的情况，希望能写上"《青年论坛》发表的文章没有'资产阶级自由化'问题"的结论。但清理协助小组有人说："虽然不见得具体字句有'自由化'，但基本倾向是'自由化'的。"我很冲动地当场驳斥了这种说法。报告最后定调为"有学术观点错误，但没有'自由化'言论"。当然，大家也都认为省委宣传部不可能通过这份清查报告。

3月，事态严重了。邓力群在北京召开的全国宣传部长会议上直接对湖北省委宣传部长说，《青年论坛》不是整顿的问题，而是没有必要存在。这是下了封杀之令。由于出现了新情况，社科院组织了一个规格更高的处理小组，由夏振坤亲自担任组长，党组第一副书记、第一副院长邓剑秋任副组长，小组成员有院秘书长李文澜，其余的全部是处级以上干部。与前一阶段的清理协助小组不同的是，口径变了，原来是"清理整顿"，现在改为"停刊整顿"；同时，为了让清查报告能获得省委宣传部通过，必须重新写一份报告，对《青年论坛》问题的定性肯定必须比前一稿严重。这对于夏振坤是一个难题，对另外几个人来说则是机会。

院党组召开会议讨论如何重写清查报告，副院长张守先首先发言，他认为报告必须写明《青年论坛》问题的性质：（1）有资产阶级自由化倾向；（2）鼓吹性解放（指陈晓律的文章《性与观念变革》）。张守先强调，报告中要写明责任问题。他说：不能笼统地说党组有责任，我声明，我没有分管青年论坛，我是一点责任也没有的。大家都明白，张守先说的是要夏振坤、张思平承担责任。夏振坤、邓剑秋、李文澜对定性问题并不认可，但为了向上级交差，也只好这样了。至于责任问题，他们认为既然宣传部没有明确要求做出交待，所以可以不提。

张思平不同意张守先的定性，并摆出种种事实进行反驳，坚持第一稿的定性结论。张思平说，不能在压力下违背实事求是原则。党组会发生激烈的争吵，张守先坚决不让步，两人争论了一个多小时。最后张思平说："你们硬要这么报上去是你们的事，但是，在会议记录上请注明：张思平保留意见。"

宣传部收到报告后，一直没有下文。

在对《青年论坛》进行清查的同时，社科院组织了两期副处级以上干部学习中央文件的学习班，都是以反对资产阶级自由化为主题，主要指向是《青年论坛》。学习班由副院长张守先主持。一天上午的学习会上，我向到会的干部们通报了一个统计数字：《青年论坛》创刊以来总共发表了近300篇文章，其中宣传党的十一届三中全会以来的路线的文章占了一半以上，比较好的学术文章占百分之三十，观点比较一般的占百分之十几，学术观点有错误的文章只有五、六篇，仅占全部文章的百分之二，也不存在自由化问题。

我发言之后，史学专家、副院长张正明发言："《青年论坛》我每期都看了，我看不出有什么'自由化'问题。这些同志在那么困难的情况下办好一个刊物，很不简单。"张正明是民主党派人士，刚直正派，敢于仗义执言。其他人听了张正明的发言，都只是敷衍了一阵。

　　下午的会议继续，张守先说："上午的会议有些同志还没有发言，希望都能谈谈，中央和省里都要求学习文件要联系本单位实际，啊——谁开个头嘛。"

　　短暂的静场。

　　由省委宣传部调入社科院的一个副处长说："我说几句。我本来不想说，看来还是得说。可以拿录音机来录，我负责。我上次在一个会上说了要把《青年论坛》当活靶子打，这有什么不对？省委也是这么说的嘛。《青年论坛》的'自由化'问题严重得很，篇篇文章都有问题，不批不行……"

　　我当即反驳道："你说把《青年论坛》当活靶子打是省委意见，我倒是没听过这种说法。你说篇篇文章有问题。我可以告诉你，有不少文章是经省委领导过目，有的是亲笔改过的，省委秘书长就改过我们的文章。如果是篇篇文章有问题，你敢不敢追省委领导的责任？"

　　副处长嗫嚅道："我……我是说我看过的文章篇篇有问题"。

　　会场一片嘘声。

　　在张守先的示意下，有几个人开口了：

　　"李明华，你怎么这么不虚心，不识时务，现在是反'自由化'的时候，你还当是以前哪！"

　　"你怎么推卸责任，往省委领导头上推？"

　　"再怎么样，也不该把省委领导牵扯进来。"

　　"你还是要多检查自己的错误。"

　　我回答："我说的都是事实，这都是可以查证的。"

　　学习班并没有达到张守先想看到的效果。

（三）　夜间行动

　　社科院西院的简易平房，有的作为临时办公室，有的是单身职工宿舍。其中有一间是《青年论坛》发行部，平时主要是用来堆放杂志和其他书籍。

隆冬时节，入夜后的平房区十分安静。《青年论坛》的"小三马"机动货车早就停放在发行部门口。我和周晓佑轻手轻脚，将一捆捆杂志放到车上。装完车后，迅速将车开到院外。

发行部存放着近万册今年第1期《青年论坛》，有些订户未通过邮局渠道直接汇款到杂志社订阅的，以及零售书摊的杂志，都还未发出。前几天，周晓佑悄悄运走了3千册寄给订户，发行部又暗地里将书摊零售商的订数送出，有些朋友听到停刊的消息，纷纷来索取，我们私下也送出不少。眼下，还剩下三四千册。为了保存这些杂志，我和周晓佑决定，在查禁收缴之前，悄悄转移。周晓佑在离社科院不到1公里的地方，租了一间农民房，暂时"窝藏"杂志。这间农民房的地点只有我和周晓佑等少数几个人知道。

第二天社科院派人搜查发行部，发现已经空空如也，知道我们预先采取行动了。于是不停地追问杂志去向，问遍了杂志社的每一个工作人员。大家都说送到邮局了，邮局已停止发行了。院里当然不相信。此后，凡是我和周晓佑走出院外，都发现有人跟在后面，不过只要是去农民房，我们都非常谨慎，每一次都成功摆脱了跟踪。

剩下的这些杂志，我们以各种方式派发给读者，流传得最多的是武汉地区的大学生。后来又将这些杂志安全转移到蔡崇国供职的开达公司，大约还有二三千本。可惜的是，开达公司后来搬迁，这些杂志送造纸厂化为纸浆了。

在我们采取夜间行动的同时，另外也有人采取了夜间行动。

张守先分管的社科院情报所，组织工作人员悄悄地"清查"《青年论坛》，他们比院里成立的清理协助小组更严格，他们人手一本杂志，几乎是一个字一个字审查，指望找出"资产阶级自由化"的问题。

还有一些人也很忙。他们先是向中央和省委的各有关部门举报张思平借用毛主席"不管风吹浪打，胜似闲庭信步"的诗句，抒发对停刊整顿《青年论坛》的对抗情绪。接着又写信告了院长夏振坤、副院长张正明，说他们处理《青年论坛》不力，或包庇《青年论坛》。

接下来就直接告《青年论坛》了，告到中宣部，揭发《青年论坛》的"问题"。这封信，后来又转到社科院党组手里。

这些告状信的署名都是"湖北省社科院一群共产党员"。

（四） 雪上加霜

1986年下半年，杂志社摊上了一笔官司，这是一起经济纠纷，随后《青年论坛》又遭遇政治上的清理整顿，真可谓祸不单行。这宗官司在全院闹得沸沸扬扬，对我们不啻是雪上加霜。

杂志社性质为自负盈亏，办刊资金是我们首先要考虑的问题。1984年《青年论坛》还在筹备时，我们在打给院党组《关于创办〈青年论坛〉的报告》中提出："希望上级有关部门放宽政策，在经营上减少一些限制：一、允许出版增刊（专题论文集、资料等）；二、允许智力投资（包括外来投资和对外投资）；三、允许参与经营企业。"后来更具体地提出了创办"大学生服务社"的要求。当年12月6日社科院下文批复同意。杂志社营业执照上规定的经营范围是：书刊发行和经营文化用品。大学生服务社没有独立的营业执照，不具备法人资格，它只能作为具有法人资格的青年论坛杂志社的二级单位，在杂志社执照规定的范围内从事经营活动。由于杂志社都是一些年轻的书生，虽然在编书、卖书方面赚了一点小钱，但有几笔业务做亏了。惹上官司的是"电子血压计"纠纷。

大学生服务社的经理是汪里程，而汪里程心有旁骛，不专意杂志社的业务。1985年，副社长蔡崇国介绍一位50多岁的程某担任杂志社经营顾问，以大学生服务社的名义对外经营。程某想通过关系从香港进口日本生产的一批电子血压计，但大学生服务社没有这方面的业务范围，程某一方面要求蔡崇国另办营业执照，同时又说，若执照批不下来，不能直接经营，就介绍给别家经营，收取介绍费。他通过老关系找到了一些表示愿意购买此货的货主，达成了一些口头的"君子协定"。而蔡崇国没有向杂志社报告这个情况。程某后来以大学生服务社的名义找湖北咸宁的一家企业弄到贷款，于是去广东进了货。此时市场已发生变化，蔡崇国发电报要程某不要进货，但已来不及了。亏损已成定局。

这笔生意涉及到大学生服务社，大学生服务社的公章让社科院摊上了官司。服务社刻章时，汪里程为了壮大声势，想要绕过杂志社，刻一枚"湖北省社会科学院大学生服务社"的公章。办手续时，他在路上碰到院长夏振坤，请院长在刻章介绍信上签字。夏振坤考虑大学生服务社是经院党组批准成立的，刻章自是理所当然，便匆匆签了字。这枚公章，使大学生服务社看起来是社科院的直属单位。这宗官司关系到45万元货款的损失，合同由大学生服务社签字盖章，但因大学生服务社不具有法人资格，《青年论坛》杂志社被告到法院。这件事确实很窝囊，我和王一鸣当初完全不知道血压计这码事，蔡崇国没有告诉我们，而且，对方明知大学生服务社没有法人资格，为什么要签商业合同？

1986年底，法院的判决下来，判赔45万（二审判赔36万）。判决有些不合理，对方也有过失，1987年1月我们找了律师帮忙上诉到省高院，省高院发回重审。还在审理期间，咸宁方面提出，杂志社赔不出这笔钱，要求社科院赔偿。当时《青年论坛》正在陷入清理整顿之中，院里原本盯着杂志社出问题的人，现在又有了新的炮弹。官司反反复复，拖了两年多，直到《青年论坛》杂志社解散时，还没有最后结果。

面对停刊整顿的政治压力和突发的经济纠纷，我确实感到心力交瘁，身体状况很不好。杂志社的几个负责人，王一鸣已于1986年8月被社科院党组派到湖北通城县委宣传部挂职两年，一时间回不来；副社长蔡崇国是兼职，社科院政治处不承认他的副社长身份，他也很少来社科院。杂志社的工作人员，不得不考虑自己的下一步选择，人心有些涣散了。此时为杂志奔波最得力的是副社长周晓佑，很多事情要靠她来处理。

大学生服务社的经营失误，暴露出我们这一帮年轻人对市场的无知，以及杂志社管理的漏洞。由于这一宗官司，使我们在社科院也增加了不少对立面的人群，教训十分深刻。

九 烛光熄灭

1987年1月刚开始清理整顿时，我们还没有"停刊"这个概念，只是以为清理整顿完毕，做个检查，便可继续办下去，以后注意把握动向就行了。到了3月，随着事态的发展，继续办刊的希望越来越渺茫，5月份，已经没有任何指望了，杂志社开始着手安排停刊后的相关事宜，包括财务结算、人员安排、办公物品处理等。我们向读者发出停刊通告，并给各地记者站写了一封告别信，而后全体工作人员怀着复杂的心情离开那间坚守了两年的狭窄的办公室，各奔西东。《青年论坛》的同仁，曾自喻为盗火给民众的普罗米修斯，以点燃中国启蒙思潮和民主政治的烛光为使命，此刻，这支烛光黯然熄灭了。

（一） 告别读者

最早告别的是北京记者站。1987年1月，邵学海被派到北京市邮局送停发第1期杂志公函时，离京前与北京记者站的几位朋友见了一面。聚会由吴学灿召集，地点就在吴学灿简陋的宿舍，一个胡同大杂院的一隅。大家为《青年论坛》停刊而惋惜，情绪不免低落，但也愉快地回忆了一些往事，对时局和将来也发表了一些看法。北京记者站的成员，是一批对改革大业怀有满腔热血的青年，他们好不容易找到《青年论坛》这个平台和知己，没想到很快遇到如此挫折。根据当前的形势，大家明白，与《青年论坛》要告别了。晚上10点钟，黯然的聚会结束，大家互道珍重，然后各自消失在胡同的夜色里。

到1月下旬，很多订户没有收到第1期刊物，纷纷打电话或来信询问情况。湖南岳阳工商银行四化储蓄所一位读者还发来电报："贵刊是否停刊？相见恨晚。言论出版自由！"种种情况表明，有些地方的邮局已经将杂志卡下来了。

2月3日，省委常委办公会议要求"继续抓紧对《青年论坛》的整顿"，情况已相当不妙了。为了对读者负责，杂志社向读者寄出了通告："接中共湖北省委指示，《青年论坛》1987年第1期停止发行，杂志停刊整顿。具体事宜，容后通报。请读者谅解。"

拖到4月份，经过一次又一次的审查、清理，始终没有结论，没有下文。我们知道，刊物继续办下去是没有希望了。5月3日，周晓佑代表杂志社起草了一份给读者的信：

《青年论坛》从1984年创刊至现在，我们总计出刊14期。两年多来，《青年论坛》的读者与日俱增，1987年的发行量超过4万。《青年论坛》作为一份思想理论刊物，能赢得众多订户和最广泛的读者，与您和广大读者的支持是分不开的。《青年论坛》给历史留下了一些什么，她的读者是有目共睹的。

现在，《青年论坛》奉命停办了，虽然我们尽了很大努力挽回，这非但您不悦和不愿意，而此时我们也是深感痛惜。

您如果是通过邮局订阅的《青年论坛》杂志，就请到该邮局取回订款；若是直接从《青年论坛》发行部邮购的，那就等候我们发出的退款汇单。请您和您的朋友不要再来信询问有关订购事项，不要再汇来订购款了。谢谢！

1987年5月11日，周晓佑起草了一封给各地记者站和通讯员的告别信。

《青年论坛》给记者站和通讯员的信

各记者站记者、通讯员及其他同志：

你们好！《青年论坛》停刊整顿已有4个多月了。4个多月来，杂志社全体同志和部分记者站的同志为挽救刊物，为保留这块青年理论工作者的阵地竭尽了全力，但已无法挽回。现在，奉上级指示，杂志社要停办了。此刻，我们怀着极复杂的心情，向你们，也向我们的办公室告别。

1984年，我们几个"小人物"聚到一起，出于一种社会责任感，为了国家改革大业、为了繁荣社会科学理论、为了给广大中青年提供讲坛，办起了这份刊物。我们历经艰辛，克服了各种意想不到的困难，特别是在没有固定资助的情况下，刊物打开了局面，扩大了影响，倾吐了一代青年的思考，受到千千万万青年朋友们的欢迎，这些都给我们以极大的慰藉。正当杂志各方面工作走上正轨，发行量大幅度上升之时，她却不能再办下去了，这一切又怎不令我们痛惜？当我们拿起了那不起眼的十四本刊物，我们想，它们的功过是非，历史会做出评价的。

在杂志创办过程中，承蒙诸位的关切和支持，你们视这份刊物为生命，为她宣传组稿，为她推销发行……你们不计时间，不计报酬，你们忘我地工作，默默地奉献，在你们身上体现着一代热血青年的可贵品质，可以说，没有你们，刊物不可能办得如此之兴旺。而今，在刊物即将停办的时候，我们常以回顾起你们的热情关怀而感慨，也常为无以答谢诸位而深感不安，仅此寥寥数语，怎能表达我们由衷的感激之意？

我们就要离开杂志，离开大家了，"路漫漫其修远兮"，在今后漫长的生活道路中，我们仍会自强不息，不懈努力！

奉上《青年论坛》存书几本，记者手册一本，以资永久的纪念，愿我们的友谊长存！

诚挚握手！

《青年论坛》杂志社全体同志

一九八七年五月十一日

各地读者得知《青年论坛》停刊的消息后，都十分惋惜，纷纷来信表达他们的不解和遗憾之情。

中国社会科学出版社原副社长、中国人民大学原副校长谢韬："贵刊停刊整顿，甚感歉然。……你们的一些文章有见解、有锐气、有力度，常获启发，对思考甚为有益。……世界上古今中外哪一个开拓者不是在荆棘丛中披霜饮露度过的？躺在豪华舒适的安乐椅上是不理解开拓者的。需要的是共鸣、砥砺、辨难解惑、同志式的帮助与交流……生长和发展的东西就是力量所在。"

山东泰安师专教育教研室青年教师张宠："《青年论坛》夭亡了，多么令人惋惜！像失去了一位良师、一位挚友。"

吉林电气化专科学校建军："《青年论坛》正如我前方的一

颗火星，然而它却熄灭，它在我心中留下的将是永远抹不掉的痕迹。"

四川马尔康县中学校何飚："论坛，我认为是新时代的《新青年》，也是我学习、思考中国现实与发展的良师益友。……得知了贵刊停办的噩耗，当时仿佛有一种失落感，这以后总感到少了一位多好的朋友！但《青年论坛》在我思想中播下的种子已经萌芽！"

河北读者聂彦超："得知《青年论坛》终于停办了。这将是历史的遗憾，天下之大，竟容不下一纸刊物的生存。《论坛》不在了，但它的精神永存……我相信，中国的历史在前进，改革还在前进，历史将会做出恰当的选择。"他在另一封信中写道："作为《青年论坛》的读者，我愿为停刊造成的经济损失，尽微薄之力。"

读者田美："资产阶级自由化，即否定社会主义制度和共产党的领导。你们为了巩固和发展社会主义制度不也在经济方面作了许多可贵的探索吗？并且你们所说的自由与民主也并不是资产阶级自由化与民主啊。即使在某些方面有错误，读者自己也会辨别。为什么非要把《青年论坛》这棵幼苗扼杀在摇篮之中呢？——并且，我们的党是允许改正错误的呀！"

吉林大学研究生周家平："当我还是个不谙世事的大学生的时候，是贵刊给了我一个观察社会的全新的视角，使我认识到理论思维的魅力，那时，我暗下决定，我写的文章一定要和《青年论坛》上的文章一样潇洒，我的第一篇论文应发表在《青年论坛》上。当我的大学毕业论文得到老师赞赏，要我发表在学报上时，我拒绝了……《青年论坛》的停刊整顿，我总觉得是一次灾难，中国学术界又要陷入万马齐喑的局面吗？"

陕西宝鸡市读者栾希亭："如若被停刊，本人87年所剩之钱希望能寄来86年第4期之前的期刊……要不，请编辑们买烟抽完了事，不必寄来现金。谢谢！祝同志们精神愉快，关注国家改革之心永存！"

福建松溪县二中教师陈辉致信湖北省社会科学院领导："贵院主办的《青年论坛》我很珍爱……即使《青年论坛》中的有些观

点不符合现实的政治需求，但作为一家之说，而且仅存于纸上，还不至于产生怎么样的恶果，我看还是应允许《青年论坛》存在下来的，与其压制，阻止冒芽，倒不如顺其生长，做好疏导工作。贵院应以有如此一份深得读者喜爱、在青年中间能形成一股强大的阅读《青年论坛》文章的凝聚力的刊物而感到兴奋和自豪。我，作为一个读者，热切地希望贵院领导在对待《青年论坛》这份刊物的问题上应慎重。在当今刊物林立的竞争世上，一份刊物要想得到读者由衷的欢迎是不容易的呀！"

　　的确，我们尽力了。我们对读者、对各地记者站都心怀歉意，但却无力回天。那些赤诚热情的朋友，那些充满渴望的面容，那些温暖人心的话语，永远铭记在我们心中。

（二）　艰涩的"下一幕"

　　中共湖北省委责令《青年论坛》杂志社领导班子进行改组。为了保全杂志，1987年2月，我向院里提出辞去主编职务，由王一鸣接任。但社科院有人认为这是"换汤不换药"，企图蒙混过关，我们考虑院党组也不会通过，另外此时王一鸣还在通城县委挂职，不可能提前回院，我们不得不放弃这个方案。

　　第二个方案是提议让许苏民接替主编。许苏民是社科院哲学研究所的研究人员，年纪比我小3岁，他在学术上颇有成就，发表了很多论著，《光明日报》登载过戴晴对他的专访。许苏民是《青年论坛》的兼职编辑，也是重要作者之一。编辑部开会通过了这个方案，院党组也表示同意。

　　张思平到宣传部汇报改组设想。宣传部负责人问："许苏民有没有自由化言论？"

　　"据我所知没有。"

　　"他是不是中共党员？"

　　"不是。"

　　"那不行。《青年论坛》主编必须是党员。"

　　这个方案又被否定了。

社科院党组要我写一份检查，我在检查中回顾了杂志创办的过程，分析了《青年论坛》所发表的文章，承认有少数文章在学术上有不妥，也有些作者写作态度比较偏激，但不存在搞资产阶级自由化问题。另外还谈到我们管理方面的漏洞。这份检查，一直放在夏振坤的办公室抽屉里，他没有上交给省委。

从此以后，再也没有下文。没有说我的检查是否"深刻"，没有关于《青年论坛》改组的进一步意见，没有对《青年论坛》问题的定性，没有开除我的党籍，也没有处分任何人。从中央、湖北省委到社科院，我们始终都没有看到的关于《青年论坛》定性和处置的正式文件。这就叫做"不了了之"。官场在处理与自身有关系的责任问题时的政治智慧和政治艺术，由此可见一斑。

1987年5月下旬，在确定没有任何希望的情况下，杂志社开始处理善后事务。

我安排邵学海、孙芝芯收集相关照片，制作一本《青年论坛》影集。邵学海在编辑部兼任摄影记者，有很多照片资料；孙芝芯比较细心，他们很好地完成了这项工作。

周晓佑负责处置杂志社的固定资产，包括"小三马"机动运货车、自行车、电器、桌椅和其他办公用品，能卖的都折价卖出去了。一些书籍、文具，则分给了工作人员。机动运货车当初购买时花了5千元，后来两千元也没人要，最后通过熟人卖给了一个农村专业户。

安排完一些事务性的工作后，大家分手的日子到了。我召集全体工作人员到编辑部办公室，这是最后一次聚集。小小的办公室，处理掉所有办公桌椅后也显得空荡荡的。我看着这些一起并肩的同事，心里十分难受。迟疑了很久，我说了几句话："我知道大家心情都很沉重。杂志复刊目前是没有希望了，但我毫不怀疑，我们站在了中国改革的潮头，我们的事业将会被历史记载，被历史评说。我们每个人都是这项事业的创立者和参与者。现在，大家马上要各奔他方，我跟院政治处联系过，希望能把诸位安排到院里各个部门。政治处的答复是，正式事业编制的几个人可以自己在院里联系接收单位，集体编制的工作人员因为体制问题，就很难安排，只能到集体所有制的印刷厂和咨询服务公司、劳动服务公司去。如果愿意调出社科院，可以放行。目前账上的钱也维持不了多久，希望各位根据自己的情况考虑新的工作岗位。"大家黯然神伤，也免不了对院里的态度发些牢骚。

随后大家互相在笔记本上题词纪念。王绍培给我写了一句话："然后是下一幕。"

"下一幕"是十分艰涩的一幕。

王一鸣已在通城县挂职，继续留在那里。两年后挂职期满，回到社科院，被安排到经济研究所。后调到省计划委员会编辑内刊，不久下海经商。

邵学海起初安排到科研处编两份简报，后到楚文化研究所做研究，通过苦学成为研究员和硕士生导师。

王绍培安排到哲学研究所做研究，后南下深圳，成为知名媒体人。

喻承祥安排到文学研究所做研究，后来离开社科院，成为独立评论人，专事文学艺术评论。

其他几位是自负盈亏编制，属"体制外"，杂志停刊后账户被冻结，他们没有了工资收入，生活艰难。幸而卖出了一些固定资产，勉强能够给他们发一点生活补贴。离开杂志社后他们基本上是"自我安排"了：

周晓佑先是被院里借去搞分房、协助纪检、筹办院庆展览，院领导看她能力很强，打算让她担任院办企业、自负盈亏性质的印刷厂担任副厂长，周晓佑没有选择留院，她去了武汉大学读插班生，毕业后到深圳，参与创办了深圳市企业评价协会。

陈刚联系到湖北省一个地级市，在政府文宣部门任职。

王麓怡去了一所大学做秘书，后到学报编辑部担任编辑，也算是做回了本行。

陈兵力创办了中国民营经济服务网并任CEO，经常在网上发表文章。

孙芝芯去了一家公司。

最惨的是周英姿，她患了心脏病，等待动手术，杂志社已为她支付了几千元医疗费，此时也不得不离开，杂志社又给了她5千元离职费，另给了一台中文打字机让她以此自谋生路。周英姿走时哭了。

大家感情复杂，各奔西东。在80年代中国改革大潮中燃起的一支烛光，终于熄灭。

顺便要提一下的是，由于省委和社科院对《青年论坛》的"策略性"的处理，各级官员的仕途都没有受到影响。中共湖北省委书记关广富，仍然在这个位置上继续做了7年，直到超过任职年龄。钱运录在3年后以省委副书记的身份兼任中共武汉市委书记，接着升任贵州省省长、中共黑龙江省委书记、全国政协副主席、党组成员兼秘书长，成为副国级的领导人。湖北省社科院院长夏振坤，继续任院长9年，直到退休。副院长张思平在《青年论坛》停刊次年离开社科院，南下海南省，任省社会经济发展研究中心副主任，不久后到深圳市，历任深圳市体制改革办公室主任、党组书记，广东省经济体制改革委员会主任、党组书记，广东省政府第一副秘书长，深圳市副市长，中共深圳市委常委，中共深圳市委统战部长。只是副院长张守先有些不妙，过了不久他的省人大代表的资格被取消，副院长也没有再当下去，成了省社科院的顾问。

还要提一下的是，曾对《青年论坛》狠下重手的邓力群，其下场并不太好。1987年10月，中国共产党第十三次全国代表大会在北京召开，陈云、李先念、王震等中共元老将邓力群推上政治局委员、政治局常委的候选名单，并主张让邓力群取代赵紫阳担任中共中央总书记。邓力群在党内有"左王"之称，早已受到非议，在代表大会无记名投票中，邓力群连中央委员都没选上，更遑论政治局委员、常委。接着在中顾委常委选举中又落选。不过他很长寿，活了100岁。

（三） 重返珞珈山

我向院党组提交辞职报告之后，开始考虑自己的去向问题。

回顾《青年论坛》的创办过程，那些激情燃烧的日日夜夜，那些同气相求的青年朋友，多么令人难忘。一份倾注了多少人心血、受数万名读者欢迎的刊物，就这样被查禁了，我心有不甘。上级机构一直没有发出停刊的正式文件，我因此抱有一线希望，如果《青年论坛》能够复刊，我一定要再回编辑部，再次点燃启蒙的火种。

我也知道，这个希望十分渺茫。一次次打听，一次次询问，都没有回复。自从1月份邵学海从北京回来告诉我胡德平的意见后，我感觉胡德平所说"《青年论坛》已完成历史使命，不必为复刊做些无谓的事情"也许是真切之论。

如果不能复刊，我得另外考虑"下一幕"。

我想，我可以要求留在《江汉论坛》编辑部继续做编辑。1985年3月院里就任命我为《江汉论坛》编辑部副主任，一直没有撤销。同时我从1982年开始做编辑工作，有了一些经验，当时《江汉论坛》主编陈正亮对我编辑的文章是"免检"的。我也可以设法到院哲学研究所做学术研究，我已有了相当数量的科研成果，在国家级的专业刊物《哲学研究》上发表过论文，并被《新华文摘》全文转载，在其他学术刊物上也发表了一些论文。因此我打算，以后专注于学术研究。

正在此时，好友郭齐勇给我寄来一份武汉大学博士生招生简章。郭齐勇是我的本科同窗，毕业后他读了硕士研究生，后留校任教。1987年他准备考博士，劝我与他一块报考。郭齐勇是著名中国哲学史大家萧萐父先生的弟子，学业有成，想继续跟着萧先生深造。郭齐勇对我说，与其留在社科院受批判，不如重返武大读博士。郭齐勇的建议，给我提供了新的方向。不过对于我来说，如果想报考博士研究生，将面临几个问题：我是本科学历，跳过硕士阶段报考博士，要有几个条件，首先是必须发表过一定数量的专业成果，这一点我没有问题。其次是在考试科目上除了正常安排的试卷之外，还要增加同等学力的试题，另外还必须有两名知名教授的推荐信。

我还有一个考虑：萧萐父先生的为学为人我非常敬佩，本科时听过他讲中国哲学史课程，我认为这是我听过的最好的课程之一。但是我最感兴趣的是哲学原理专业。我听从了郭齐勇关于考博的建议，不过选的专业是哲学原理。

哲学系招收哲学原理专业博士生的导师是陶德麟教授。陶德麟是中国著名哲学家，20世纪70年代末中国思想解放运动的先驱之一。从50年代起，陶德麟担任中国共产党创始人之一、武汉大学校长李达的学术助手，长达13年，他主持修订增补李达的《唯物辩证法大纲》，由人民出版社出版。1978年，陶德麟积极投入真理标准大讨论，以《关于真理标准的几个问题》《逻辑证明与真理标准》《不能用专政的办法解决精神世界的问题》等论文在全国产生重大影响。我在读本科时听过陶德麟教授的课，为他深刻的思想和不可抗拒的哲学逻辑所折服，也敬佩他严谨而又谦和的品格。

1987年，陶德麟任武汉大学副校长兼研究生院院长，还担任国务院学位委员会委员等职务。以我当时的处境，报考博士研究生是一个非常没有把握的举动：全国上下正在猛烈地批判资产阶级自由化，而我和《青年论坛》处在受批判的当口，即使考试合格，导师和学校有没有可能接收？况且，我只有本科学历，很容易就能找到一个理由将我拒之门外。

我决定先与陶老师沟通一下。因为与陶老师比较熟，我开门见山谈了自己的打算。陶老师当然知道当时的政治局势，也很清楚我的情况。他十分明确地说："没有关系，你可以报考。研究学术，深化理论，是时代的需要，李达为我们树立了表率。不过最终还要看你考试的情况，时间已经很紧了，你要认真复习，做好准备。"我当时的感觉，好像是我在大海中遇到波涛骇浪时，有人递给我一只救生圈，而递救生圈的人本身还冒着风险。

此时，我一方面继续处理《青年论坛》的相关事务，努力争取复刊的可能性，同时，也开始抓紧复习功课，并做好其他一些准备。院里时不时有一些大会小会，学习上头来的文件，或是批判错误思潮，包括批判《青年论坛》的错误观点。我则逢会就带上专业书籍，有时还经常利用这种机会复习外语。为了得到知名教授的推荐，我找了萧萐父教授和王荫庭教授。萧萐父教授是中国哲学史界的泰斗，老先生用两页纸密密麻麻写了推荐意见，不仅肯定了我的学术成绩，还在政治上做了正面评价，后面还盖了私章。

王荫庭教授是西方哲学史研究专家，国内研究普列汉诺夫哲学思想的最著名学者，精通俄语、英语、法语、德语，著作等身。我本科的学位论文，是王荫庭教授指导的，论文的发表也是王荫庭教授推荐的。我报考博士研究生，王荫庭教授也写了推荐信。

这两位我十分尊敬的老师，对我的帮助令我非常感动。老一代学者对后学的关怀和奖掖，跃然纸上。

我的准备很有成效，后来以较好的成绩通过了考试，并收到武大研究生院的录取通知书。意想不到的是，社科院不放人事档案，原因是《青年论坛》整顿还没有结束。没有人事档案，我不能到武大报到。眼看已经过了开学日期，事情还没有解决。

1987年9月底，中共湖北省委举办国庆宴会，陶德麟应邀出席，坐在省委副书记钱运录旁边。席间陶德麟对钱运录说："我招了一个博士生，却不能入学，请书记出面做做工作。"

钱运录问："博士生是谁？"

陶德麟说："社科院的李明华。"

钱运录说："哦，那是我的朋友。为什么？"

陶德麟说："你问问老夏。"

夏振坤也在同一餐桌上，他解释道："《青年论坛》还有些事没有了结，李明华不能走。"陶德麟不同意："不能因为《青年论坛》的事就不让他去读书。公民受教育的权利是受法律保障的。"

钱运录说："老夏，武大离社科院有多远？不就两三公里路嘛，李明华能跑到哪里去？你放他走。"

夏振坤回社科院之后，院党组又纠结了一段时间，终于将我的人事档案交给了武汉大学。1987年12月，我迟到3个月，到武大研究生院报到。3年之后，我怀揣武汉大学哲学博士文凭，怀着复杂的心情，告别年迈的母亲和姐姐哥哥弟弟，告别我生活了41年的江城武汉，告别珞珈山，举家南下羊城广州，开始了又一个"下一幕"。

十　复刊梦难圆

　　尽管邓力群于1987年3月责令《青年论坛》停刊，我们还是抱有一线希望，认为既然没有任何文件关闭刊物，也许在整顿之后能够复刊。但实际上，社科院和湖北省委早已另有打算。夏振坤积极支持创办由院团委主办的《青年与改革》杂志，似乎有取代《青年论坛》之势。省委则准备创办一家完全由官方控制的刊物《湖北社会科学》，有传言说这个刊物是为了填补《青年论坛》停刊后的空白，争取原聚集在《青年论坛》周围的中青年理论工作者。结果当然是省委的力度大，4月下旬，社科院宣布《青年论坛》与《领导科学、决策与信息》（社科院情报所办的一份刊物）都合并到《湖北社会科学》，由省委秘书长吕乃强牵头，省财政大力支持。名义上，《青年论坛》只不过是并入了一家新刊物，没有搞垮它，其实《湖北社会科学》与《青年论坛》没有任何关系，《青年论坛》没有一个人参与，同时《湖北社会科学》的办刊宗旨与《青年论坛》完全不同，体制则是官办。1987年底，省委直接组建了班子，并拨专款创办了《湖北社会科学》。

　　回想1987年1月编辑邵学海去北京邮局送停刊公函时，胡德平当时就说了：《青年论坛》已完成历史使命，停刊就随它去吧，不必为复刊做些无谓的事情。看来，胡德平对党内高层的博弈非常了解，对时局的判断十分准确，对《青年论坛》的命运也清晰了然。而我们在局外，仍然为复刊做了不懈的努力，其结果是胡德平早已预料到的。

（一）　复刊之梦

　　严冬之后是春天。赵紫阳在胡耀邦辞职后成为中共中央代理总书记，他实行了开明政策，继续推行改革路线。形势的变化点燃了我们的复刊梦想。

1987年春节前，我和王绍培去找了省委副书记钱运录问《青年论坛》的处理结果，希望能够尽快恢复出版。钱运录表示，省委对《青年论坛》是留有余地的，但如何处理要等中央的指示。我们却始终没有等到"指示"。从春节前一直到5月，杂志社留守人员都在等待，都在为复刊奔波。7月，成立复刊小组，正式启动了第一次争取复刊的活动。但各方对复刊之事说法不一，省委宣传部认为刊物是社科院主管的，是否复刊由社科院决定；社科院则认为阻力在邓力群那里，当初是邓力群叫停的，要复刊也得邓力群发话。

8月底，省委副书记钱运录从北京回到湖北，很快做了四点指示：一停刊，二主编检查，三主管部门检查，四上报作者名单。这个消息给大家泼了一盆冷水。此前我已收到武汉大学发来的博士生录取通知书，考虑到复刊确实没有指望，加上忙于做入学的准备，就没有再参与争取复刊的活动了。

1987年10月，中共第十三次代表大会召开，邓力群为首的左派势力消退，杂志社成立了复刊小组，王绍培任组长。12月底，王绍培和喻承祥去了北京，拜访了李锐、胡德平及记者站朋友，为复刊做努力。后来又安排许苏民到北京，许苏民与北京记者站成员远志明商量后，决定将相关资料通过国家体制改革研究所呈送给赵紫阳，希望赵紫阳能说一句话。但一直没有回音。这是第二次争取复刊的活动，又没有成功。

1988年春节后，开始了第三次复刊活动，由王一鸣牵头。3月，王一鸣起草了一份给社科院党组的报告：

《青年论坛》请求复刊的报告

院党组并转省委宣传部：

《青年论坛》是1984年11月创刊的新中国成立后第一家为青年人主办的社会科学综合性理论刊物。它得到了湖北省委、省委宣传部、省社会科学院的大力支持。创办伊始，就以其为中国改革开放服务的办刊宗旨和自负盈亏的办刊方法引起了社会各界的广泛兴趣和关注。

至1986年底，全国有六十多家报刊介绍和宣传了《青年论坛》。《人民日报》四次、《新华文摘》五次、《世界经济导报》三次，还有《经济日报》《中国青年报》《理论信息报》《社会科学评论》《团结报》《文摘报》等报刊转载《青年论坛》的文章，同时，《人大复印资料》对《青年论坛》各期的文章作了大量的复印。《青年论坛》1984年创刊征订数为6000份，1985年征订数是13000份，1986年征订数突破40000份，基本上实现了自负盈亏。与全国同类刊物相比，这种转载率和发行量是名列前茅的。

一个刊物在短短两年时间内，在如林的刊物中脱颖而出，在国内产生了广泛的影响，赢得了同类刊物无法比拟的众多的读者，拥有崭露头角极富生气的作者群，关键之点在于刊物和当代中国人普遍关心的改革开放紧紧连在一起。也正如此，编辑部几个深得高考制度改革利益的年轻人的艰苦劳动才没有白费。

当然，由于办刊时间短，经验不足，加之年轻的编辑人员的水平所限，许多缺陷、不足自刊物诞生之日起便存在着。诸如有些观点论证不够严谨，见解有失偏颇；众采百家之长，倡导百家争鸣尚嫌不足等。因此，1987年初，根据省常委办公会纪要（1987）第1号、第3号、第4号指示，《青年论坛》停刊整顿。

现在《青年论坛》停刊已有一年多了。

在这一年里，编辑部全体人员利用这个机会，认真学习有关文件，"统一认识，端正办刊思想，认真清理错误观点"，思想认识和理论水平有了进一步提高，大家都在争取按上级通知的那样"整顿好了再办"。

一年来，我们收到了许多普通读者，主要是中青年知识分子，也包括老学者、退休干部、青年工人、农民的来信，对刊物的得失作出了对我们十分有益的分析，他们对刊物的前途寄予满腔的希望，他们期待着一个更为成熟的《青年论坛》问世。

在此期间，党的十三大召开，对照党在社会主义初级阶段的基本路线，我们深感刊物过去虽然基本上在围绕着两个基本点工作，没有发过一篇反对社会主义、反对共产党领导的文章，但还做得不够，如有机会继续出刊将进一步努力，同时增强防止和纠正失误的自觉性。

当前，无论是国家还是湖北省都在强调对改革开放理论宣传研究的重要性、紧迫性。十三大报告指出："伟大的实践需要伟大的理论。当前，党的马克思主义理论建设的状况，同我们正在进行的伟大事业相比，是很不相称的。改革开放已进行多年，改革开放的理论研究和宣传教育，仍然是一个相当薄弱的环节。"有鉴于此，湖北省委创办《湖北社会科学》，加强其地位、力量；省社科院也支持本院团委新办《青年与改革》的不定期刊物。这是一个很令我们鼓舞的现象。《青年论坛》在这一形势下复刊，势必对于省委搞一个在全国理论界有影响的"拳头产品"的指示，不吃国家财政或少吃国家财政而多干实事，作出自己的贡献。

不用讳言，《青年论坛》在停刊期间，经济上政治上是承受着相当的压力的。随着时间的拉长，将给这个自负盈亏的单位带来更大的多方面的损失，也给其人员带来诸多不便，比如生计、出路问题，还将产生不利的社会影响。因此，为了调动一切积极因素，避免问题复杂化，避免新的历史公案产生，积极地给刊物的这次整顿作出结论适时复刊，是十分必要的。

总之，我们认为《青年论坛》的复刊，是一件刻不容缓、利大于弊的事情。我们党对于某些认识上的偏差有个基本口号是：解放思想、实事求是、团结一致向前看，相信这是可以广为接受的。

十三大报告还指出："我们的事业是走向未来的事业。党和人民总是把自己的最大希望寄托在代表未来的蓬勃向上的青年身上。"作为专门的青年理论刊物，过去《青年论坛》是独此一家，现在仍然是只有这一个。它对于团结广大青年，尤其是理论界学术界的青年不辜负党所寄予的厚望，关心改革支持改革为社会发展脚踏实地艰难奋斗，成为创刊宗旨中提到的"党联系青年的纽带"是可以有所作为的，也是义不容辞的。

复刊后的《青年论坛》将依据党的十三大报告精神在原有办刊宗旨、方法的基础上，①进一步加强党组织对刊物的领导，明确责任、义务；②加强对湖北省经济文化建设的理论研究；③进一步加强不同观点的争鸣，拓宽视野，使马克思主义者共同进入新境界。

以上《青年论坛》复刊的请求，妥否，恳望批复、转批。

《青年论坛》杂志社、编辑部
一九八八年三月十一日

王绍培执笔写了《解决遗留问题的报告》，报告认为，当初创刊是经社科院申报、省委宣传部批准、省劳动人事厅给予人员编制、武汉市工商局登记注册等一系列正规程序，而停刊则没有任何部门发文件，因而是没有法律依据的。在内容方面，经过一年多的审查，并没有发现资产阶级自由化的言论。所以，上级部门口头做出的停刊决定是不负责任的。报告要求社科院和上级部门解决杂志社工作人员的工作安排、职称评定、社会保障等问题。

3月底，王一鸣和王绍培为复刊一事再次去北京，在京活动了半个月，拜访了如下人员：李锐、胡德平、王若水、于光远、黎澍、谢韬、李崇淮、陈子明、戈扬、国务院宣传小组组长鲍彤的秘书吴伟、中央政治体制改革组白慧敏、中宣部副部长龚育之、经济学家厉以宁和董辅礽、朱厚泽秘书王诚德、《人民日报》理论部主任李志田、香港《镜报》社社长徐四民（全国政协委员）等人。在北京的活动，取得了各方面的支持。胡德平表示："《青年论坛》在哪里遇到障碍，我就到哪里做工作。"李锐还特地给湖北社科院老院长密加凡写了一封信：

加凡同志：
　　《青年论坛》的王一鸣同志来京，找到许多支持该刊的同志请教（包括宣传小组组长鲍彤同志和中宣部负责理论的副部长龚育之同志）。大家都很关心这个刊物能早日复刊。湖北的具体情况我不清楚。请你考虑同省委负责同志研究。其实省委批准复刊即成。不必找中央哪个部门点头也。
　　　祝好，

　　　　　　　　　　　　　　　　　　　　　　　　　李锐

王一鸣、王绍培在北京奔走各方，请求支持。他们走访了一些专家学者和党政领导，其中不少人支持复刊，并为《青年论坛》题词。

　　《青年论坛》是中国改革大潮中的一簇浪花。没有簇簇浪花就没有大潮。
　　代问《青年论坛》的朋友们好。

　　　　　　　　　　　　　　　　　　　　　　　　—— 胡德平

　　发展马克思主义理论，要靠新的一代，希望你们打先锋。老一代则应紧紧跟上去，不要做落伍者。

——李　　锐

坚强意志，积极工作，耐心等待。

——于光远

青年总是优秀历史文化的继承者和当代历史创造的开拓者。《青年论坛》应当成为它的思想前锋和代表之一。

——谢　韬

一个人谁也不能将他打倒，打倒他的是他自己。刊物也是如此。一鸣同志共勉

——戈　扬

我们这一代不过是新旧经济学之间的过渡人物。中国新经济学的产生，有赖于今天三、四十岁的青年人的努力。

——厉以宁

我是《青年论坛》的读者。我喜欢这个杂志。

——王若水

青年是真正的胜利者！

——黎　澍

勇于攀登新的高峰！

——李崇淮

未来总是属于青年。青年要像鲁迅说的那样，勇猛、沉着、脚踏实地地前进。

——龚育之

青年经济学家是中国经济学界的希望。

——董辅礽

问心无愧做一个中国人。

——徐四民

在京期间，王一鸣、王绍培和北京记者站的一帮朋友在高伐林家

聚会。陈东升夫妇、季思聪、吴学灿、李晓明都参加了。听说复刊有希望，大家都非常兴奋，喝酒祝贺。

王一鸣、王绍培回到武汉后，立即向社科院领导和省委宣传部领导做了汇报。王一鸣以个人名义给省委副书记钱运录写了一封信：

钱书记：您好！

今年3月，《青年论坛》的同志们聚在一起，对停刊一年来的情况作了总结，有了进一步的认识。3月17日向院党组并（转）省委宣传部递交了《〈青年论坛〉请求复刊的报告》。3月25日应北京记者站邀请，我和王绍培同志一道去了北京。

在北京见到一些学术界老前辈和有关领导同志，其中于光远、谢韬、戈扬、厉以宁、王若水、黎澍、李崇淮、龚育之、董辅礽、李锐、徐四民、胡德平等为刊物题了词。李锐同志还写信给密加凡同志，让他同省委领导研究《青年论坛》的问题。

4月9日我回汉后，即把有关情况向夏振坤同志、密加凡同志、省委宣传部李德华同志、刘鼎华同志作了汇报。他们建议我争取见见您，向您当面汇报详细情况。

此致

敬礼！

（北京的一些同志让我问您好）

王一鸣

1988.4/11

钱运录表示复刊要从基层做起，要跟夏振坤院长具体商量。而夏振坤对新创办《青年与改革》的支持力度越来越大。复刊小组在院里举办了一次座谈会，介绍《青年论坛》争取复刊的情况。随后写了《给全院同志的一封信》，声明《青年与改革》与《青年论坛》无关，并谈到复刊进展和今后的打算。

在此期间，复刊小组还征集了全国部分刊物主编及编辑题词。

《青年论坛》的编者以他们的理论勇气和锐利眼光编发了不少超前性研究的成果，产生了好的社会效益，万不能给他们妄加"超前"罪而进行压制。我盼望这个刊物早日复刊，为繁荣社会科学作出贡献。

——刘　鹏（《河北学刊》主编）

哲学社会科学的发展，要靠青年一代。
——胡雄杰（《贵州社会科学》主编）

《青年论坛》——青年的良师益友。
——林其屏 黎昕（《福建论坛》副主编、编辑）

青年人朝气蓬勃，血气方刚，走起路来不左顾右盼。这些都值得羡慕。然而只要不是一步三回头，为了把路看得更清楚些，也不妨顾一顾、盼一盼。
—— 童全怀（《青海社会科学》副主编）

我敬佩《青年论坛》的理论勇气，祝愿它一往无前，在反思中奋起！
——郑克强（江西《争鸣》主编）

希望在青年一代，青年的呼声要靠《青年论坛》传播。
——顾谋中（上海《学术月刊》社长）

广大青年学者应该有自己的论坛，呼吁社会各界支持《青年论坛》早日复刊。
——徐必珍（河南《中州学刊》副主编）

作为青年读、作者，很希望能早日重读《青年论坛》。
——林有能（广东《学术研究》负责人）

青年论坛，继续前进！
——梁积汉（广西《学术论坛》副主编）

按照戈扬的建议和介绍，复刊小组通过鲍彤的秘书吴伟转给鲍彤一份复刊报告，但一直不见回话。省委宣传部也迟迟没有给出批复。5月12日，王一鸣从省委宣传部得到消息，从今天起将不再议《青年论坛》复刊之事。

1988年底，湖北省计划委员会的一份内部刊物《计划与市场》请王一鸣去担任编辑，王一鸣自此离开社科院，去了省计委。第三次复刊活

387

动告一段落。

十多年后，王一鸣对复刊仍然寄予希望。2001年，王一鸣、贺绍甲与胡德平商议复刊的事，胡德平建议，不妨以《青年论坛》编辑部名义，写一封请求杂志复刊的报告送给中宣部理论局试一试。但报告送上去之后，始终没有下文。

复刊之难，之不可能，也许是注定了的。

（二）谁来拍板？

1988年3月，湖北省社联第三届委员会第一次会议在武汉召开。著名历史学家、省社联主席章开沅作工作报告，他在提到青年社会科学工作者的成长时，离开讲稿专讲《青年论坛》的问题。他说，《青年论坛》是一份很不错的刊物，发表了很多好文章。我们作为老一代理论工作者，应该支持青年人。社联有这个传统，我年青时就得到社联支持嘛，《青年论坛》停刊，很多人认为是学术不自由，我认为不仅仅是，还是一个法律问题。某个人的一句话，就可以把刊物停掉，还有没有法律可言？前几天，《青年论坛》有两位同志到我那儿去了，要求我支持他们复刊，我对他们讲了，我一向支持《青年论坛》，你们现在要复刊，我也支持。当然，你们有些作法也是不妥当的，把我的话写在广告上，[1] 到处散发，没有经过我的同意。这个广告还是香港朋友告诉我的，本来这个事情我也可以打官司的（众笑），但是，当时反"自由化"已经开始了，我不会做这种落井下石的事（众大笑），我下午就要到北京开人大会议。明天，省社科领导小组要开会，我建议在座的同志当中如果有参加明天会议的，把《青年论坛》的复刊问题正式提出来。

后来有没有人在省社科领导小组会议上提这件事，我们不得而知。

1988年在兰州召开的一次理论会议上，湖北社科院哲学研究所所长李步楼向中宣部秘书长询问中宣部为什么不发话让《青年论坛》复刊。秘书长回答说："这件事大家都很清楚，当时力群同志管中宣部，

---

1. 历史学家、华中师范学院院长章开沅教授在会见美国朋友时说："你们要想了解中国的年轻一代在思考什么，可以读读《青年论坛》。"

他说了停刊就是因为耀邦同志的关系。现在是启立同志主管中宣部，你们省里不必给启立同志出难题，省里自己决定复刊就行了。"但湖北省又会怎么想？当初邓力群一句话停掉了刊物，他现在不发话，我们怎敢同意复刊？万一今后再出问题，谁承担责任？意思就是，谁开的头，谁来结尾。这也是官场的规则之一吧。

省社科院秘书长李文澜说："今年（1988年）下半年要开省党代会，进行换届选举，在这个节骨眼上，哪个头头会愿意碰《青年论坛》这个敏感问题呢？因为搞不好就会成为被人攻击的口实，在党代会召开之前，复刊肯定没有指望的。"

夏振坤也说了："我多次向钱（运录）书记催问过复刊的事，钱书记说：老夏，你别催得太急了。他这么说，肯定有他的苦衷，我也就不好再催了。"

停刊两年之后，1989年初，夏振坤应邀出席湖北省青年社会科学工作者协会的一次会议，他在会上说："我感到遗憾的是《青年论坛》被迫停刊后一直未能复刊。我向省委反映，并且一直反映到中央书记处，但是至今没有下文。我们湖北中青年理论工作者的声誉曾经是很强大的，因为有《青年论坛》。现在《青年论坛》停刊了，我们的声音就小多了，而北京中青年的声音渐渐大起来，我看着心里为我们湖北着急。我还要继续为《青年论坛》的复刊呼吁。但这不单取决于我，也希望大家通过各种渠道帮忙呼吁。《青年论坛》不复刊，是我终生的遗憾。"[1] 在与夏振坤的个别交谈中，省委常委们都表态支持复刊，但始终没有常委会决议。这就是中国政治的奥妙。

（三） 相会北京

王一鸣和杂志社其他人员经过多次努力没有结果，2001年之后就不再提复刊的事了。

2004年11月25日，是《青年论坛》创刊20周年的日子。原北京记者站站长陈东升邀请胡德平和当年《青年论坛》的工作人员和部分作者、朋友在北京聚会，纪念这个不平凡的日子。此时陈东升的身份，

---

1. 张劲帆：《艰难的苏醒》，澳洲华文文学网，2011年5月5日，https://www.aucnln.com/search.htm?keyword

是嘉德国际拍卖公司和泰康人寿保险公司的董事长，中国企业界的领军人物。聚会地点是位于北京西单的"中国会"，一座雕梁画栋、富丽堂皇的王府宅院。胡德平很高兴地到来了，我和王一鸣以及原杂志社的工作人员王绍培、周晓佑、喻承祥、王麓怡、陈兵力等都参加了，还有记者站的部分成员和一帮朋友也都来了。

这次聚会，众多老朋友见面，分外亲切。大家回忆往事，抒发感慨，也针砭时弊，议论国是，当然还提到复刊的事，不免唏嘘遗憾。聚会之后，原《青年论坛》成员参观了嘉德国际拍卖公司，并在陈东升的办公室合影。

2012年7月1日，我和王一鸣再次到北京，与胡德平商量编文集的事。我们有两个打算，一是从14期《青年论坛》的200多篇文章中，挑选一部分重点文章结集，文集还准备收入一些回忆、纪念、评论方面的文章，约请当年的作者、读者、记者站成员及相关人士撰写。书名为《为自由鸣炮——〈青年论坛〉文选》，胡德平同意做主编。二是出版全部杂志的影印本。关于编辑文集，我写了一封约稿信寄发给相关人士：

敬邀撰稿

尊敬的　　　先生/女士：

20世纪80年代，是中国思想界诸家蜂起、激情潮涌的时代。于彼时思想大潮中诞生的《青年论坛》杂志，成为一代年轻人指点江山、纵论国是的平台。时过二十多年，重新翻阅这份仅存续了四个年头、只出版了14期的刊物，仍感受到当年理论风云激荡、思想潮流奔涌的盛况。

为了纪念这个值得纪念的时代，为了迎接新一轮思想解放、深化改革的浪潮，我们决定在14期《青年论坛》杂志中，选出部分文章，编辑出版。这些文章，特别是其中年轻人的文章，在今天看来也许显得幼稚，或者并不那么深刻，但在当时却是振聋发聩的呼喊，为国为民的心声。这本文集名为《为自由鸣炮——〈青年论坛〉文选》，由胡德平主编。《为自由鸣炮》是《青年论坛》创刊号上发表的一篇十分有影响的文章，作者即为胡德平。

经编辑小组研究决定，文集还将收入一些回忆、纪念、评论方面的文章，约请当年的作者、读者、记者站成员及相关人士撰写。《青年论坛》的作者中，我们将邀请周其仁、冯仑、陈东升、易中天、雷祯孝、丁宁宁、黄克剑、黎鸣、许苏民、赵林、夏勇、墨哲兰、甘阳、郭树清、曹远征、杨念群、梁治平、王润生等先生为文集撰文。我们也将尽可能地邀请当年曾为《青年论坛》撰稿的老一辈作者于光远、李泽厚、章开沅、刘道玉、周韶华、冯天瑜、杜维明等先生再写一点文字。遗憾的是，黎澍、卓炯、董辅礽先生已离我们而去，只能再次刊发他们的旧作来表达我们深深的敬意。

我们也希望更多的朋友为那个时代和今天留下一些文字。在邀约稿件的同时，我们还打算征集当年相关的手稿、信函、各地记者站名单、图片和其他资料。在此，《为自由鸣炮——〈青年论坛〉文选》编辑小组正式向您发出邀请，敬请您为这本文集撰稿，文体、篇幅不限；如有相关资料，也有劳提供。大作请于2012年9月15日前发至：

李明华　　***@gzass.net；****@qq.com

王一鸣　　*****@163.com

由于时间过去20多年，当年的很多朋友现在已失去联系，希望收到本邀请的前辈和朋友互为转告。衷心感谢您！

《为自由鸣炮——〈青年论坛〉文选》编辑小组
2012年7月25日

在北京商议此事时，胡德平在一家饭店请吃饭，除我和王一鸣之外，北京一家知名出版社的编辑以及我们的几位朋友都参加了。出版社的编辑是武大校友，他非常热情地表示可以承担这本书的出版。但此事要由出版社的领导最后拍板，我和王一鸣回武汉不久，从北京传来出版社的消息说，出版这本书的时机不成熟，暂不能出版。这个计划从此就被搁置了。

不过约稿信已经发出，有人很认真撰写了文章发过来，其中包括刘道玉、邵学海、黎鸣、王麓怡等。已经收到的几篇文章，以及其他相关文章，我都收入到本书中，作为附录，供读者参考。当时我也写了回忆文章《珞珈山——思想者的摇篮》，先是放在我的微博中，后发表于《粤海风》2013年第5期，并先后收入到《羊城珞珈情》（花城出版

创刊20周年北京
聚会合影，前排
左五为胡德平

左：胡德平

《青年论坛》成员在
陈东升办公室合影，
左起：王麓怡，周晓
佑，陈兵力，王绍培，
李明华，陈东升，
喻承祥，王一鸣，
刘有源，贺绍甲

社，2013年9月 ）、《珞珈山通讯》（武汉大学校友会，2013年）。2013年7月，我对该文内容做了修改补充，标题改为《对八十年代一份刊物的回忆》，被多家网站转载。

十一　留作回音

　　黑格尔说，人不能超越他所处的时代，正如不能超越他自己的皮肤。《青年论坛》是20世纪80年代的产物，当然也不能超越这个时代。《青年论坛》由当时各种社会思潮的所推动，而它在80年代的浮沉起落，几乎每一次波峰浪谷的跌宕都与时代风云和党内高层的斗争相关。在最辉煌的时期，《青年论坛》拥有数万读者，刊登的文章被人们奔走相告，被《人民日报》《新华文摘》等报刊转载，李铁映、吴官正、李锐等高层人物和中共湖北省委高度赞赏。在低谷时期，《青年论坛》饱受批评和批判，各级官方部门对它保持距离和警惕，直至被迫停刊。人们可以说那是因为有胡德平参与，可是在期刊整顿中关门的一家又一家报纸杂志，其中很多并没有任何政治背景，只是因为在那个时期不知不觉中站在了党内博弈落败一方的立场上，而遭到整肃。历史就是如此，在时代潮头之上，《青年论坛》是勇敢的弄潮儿，风鼓云帆；在风雨晦暗之时，《青年论坛》遭受层层清算，铩羽而终。

　　一份由盛而亡的杂志，一段仅有两年多的时光，能带给我们什么样的思考？很多人一直在关注，在探讨，作为杂志主编，多年以来我更是不停地在追索。

　　作为当事人，我感到首先需要反思的是办刊过程中的经验和教训，反省我们自身的稚嫩和疏误。办杂志的一班人，都是刚从学校毕业出来不久的年轻人，不仅没有社会政治生活的阅历，几乎完全不懂中国政治的"规则"，而且在行政管理方面也缺乏经验。我个人虽然下放农村当过知青，还做过几年水手，但要担任这样一份有较大影响的刊物的主编，仍然不可能具有从容应对的远见和手段。

　　其次，人们肯定这份杂志和它发表的一些文章的历史价值，其实当时我们在选稿时，还缺乏思想的深度和高度，发表的文章有些还十分稚嫩（当然这也与作者们都比较年轻有关），另外一些人们普遍认为有历史价值的文章，如钱理群教授认为"代表了那个时代的前沿水平"，但仍然有时代的局限性。即使以80年代的水平看来，也有很多理论上的不足，缺乏学理的深度的探讨。

第三，事隔30多年后，回过头来看当年杂志上发表的文章，可以说其中一些篇章有不可低估的历史意义，但几十年来中国和世界局势发生了极为剧烈的变化，恍若隔世，很多文章已不能完全解释今天的世界了。国际知识界对政治、经济、社会、文化、国际关系的学术理论研究，已有了更广泛、更深入的探讨，很多重要著作被迻译到国内，中国学者更具有了世界视野。进入21世纪20年代，前所未有的诸多重大问题出现在人类面前，如：全球化与贫富差距加剧、人工智能、脑机接口、数字货币（加密货币）、太空争霸、网络暴力与网络霸权、自媒体喷发与言论管控加剧、美国大选风波及民主制度危机、英国脱欧及欧盟变局、民族主义与爱国主义、激进主义与保守主义、新冷战爆发的可能、自由国际秩序的未来趋势，以及目前仍肆虐全球的新型冠状病毒肺炎，致使2亿多人感染，400多万人死于新冠，以致于有人认为21世纪的历史可划分为"疫情前时代和疫情后时代"，[1] 等等。人类的生产方式、生活方式、表达方式、交往方式和思维方式都发生了翻天覆地的变化。人们明显感觉到，2020年是世界历史的一个重大转折点。

所以，今天我们回顾《青年论坛》，对《青年论坛》进行反思，应该有更广阔的思路。特别是应该根据世界历史的进程和中国思想史的进程严肃思考更深层的"中国问题"（钱理群语）。还是黑格尔说的，密涅瓦的猫头鹰总是在黄昏时分起飞，对于一段历史时期的反思，需要在历史进程经过沉淀之后，才能从容地走出"此山中"做远距离的反观和洞察。80年代已经过去，反思的时机已经到来，我的关注点，包括中国20世纪80年代的时代特点，《青年论坛》何以在那个时间点上能够存活；近代以来中国思想启蒙的坎坷道路，中国到底需要什么样的启蒙；如何评价80年代的阳光与阴影；如何承继80年代政治体制改革的事业，寻找中国建设民主化和构建现代政治制度的现实路径；是否应发出"文化大革命"可能重演的警示；21世纪出现的关于言

---

1. 如《纽约时报》的专栏作家弗里德曼（Thomas L. Friedman）在2020年3月的文章中提出新的历史分期，他认为世界将被疫情划分为BC与AC两个阶段——"前新冠"（Before Corona）世界与"后新冠"（After Corona）世界。

论自由的新问题，等等。评说当年的文章与阐述今天的思考，虽有联系，但毕竟是两回事。30多年后，世事和人事都已大不相同，我只是从连续性的角度，对当年的一些话题进行延伸，其中加入这几十年来我阅读并思考的部分并不成熟的心得。由于这本书是"纪事"而不是学术论述，加上头绪较多，所以对很多至关重要的论题，只能是点到为止，"留作回音"，给读者提供一些思路。

（一） 青春盲点

应该承认，当初我和王一鸣发起创办《青年论坛》时，主要是接受了80年代思想解放运动的滋润，受到遍及中国大地改革热潮的鼓舞，出于我们的青春热情，以及想实现人生抱负、报效国家和人民的意愿，做出了一项意想不到的举动。从我个人来说，知青时期积累的对中国乡村社会窘况的认识，以及对"文化大革命"所造成的中国经济、文化和社会伦理空前破坏的思考，加上在武汉大学哲学系直接参与了真理标准大讨论（这是我们的专业课程），学习了世界史特别是欧洲启蒙思想史，使我对中国社会改革有了迫切的渴望，并有了积极投身80年代伟大改革的冲动。1984年6月，《光明日报》以半个版的篇幅发表了我的论文《改革与社会心理》，就是对改革理论的一次探讨。

但是，对于《青年论坛》所承担的思想使命来说，我们并没有深厚的理论根基。这一点，在我们与作者的交流中，在我们阅读编辑一些文章的过程中，的确获益不浅，理论视野被扩大，思想深度被加强，众多年轻人敏锐的眼光、深刻的思考，给了我们很多启示。然而正如李泽厚所指出的，年轻人的文章有着各种各样的毛病：幼嫩、单薄、论据不足、说理未透，题目大而论证少，分析不够而空话略多，如果严格要求学术性，则应该说还远不够标准。1985年8月编辑部王绍培、邵学海在北京出差时，拜访《人民日报》理论部，一些前辈们也提到我们杂志的有些文章"摆弄概念"、"看不懂"。这些评价无疑是中肯的。以我今天的认识水平来看，我们发表的不少文章由于时代的局限，对民主、自由、启蒙、政治体制、市场经济、文化思潮等问题的论述还缺乏深入的阐释。主要原因在于：激情多于理性，呐喊胜过思考；对经典的思想巨著研究甚少，缺乏学理的支撑；对世界范围的政治格局、政府体制、社会状况、学术动态知之有限，导致思维方式和论证方式偏于演绎、推理，而疏于案例、统计、实证的表达；认识过于偏颇，简单划线，执于一端，认定了一种思想、一个流派、一类体制，就将之理想化、完美化，排除另一种思想、思路、模式、体制的合理因素，缺乏冷静的分析，等等。还有重要一点是，对中国本土根深蒂固的专制痼疾，只是批判，而没有探讨切实的、具体的解决方案和路径。这些不足，还不仅仅是年轻学者的问题，在80年代的某些前辈学者中也存在，我们在杂志上编发的一些文章的缺陷，实际上也反映了我和编辑部各位成员的理论盲点。到90年代，"学术家凸显"，中国和西方大量的经典学术著作出版，重建学术规范，可以看作是对80年代激进主义、理想主义和启蒙初级阶段在学术上的补白及逻辑延伸。当然，90年代学术家的凸显，主要原因还是1989年天安门"政治风波"之后言论氛围严峻，导致"思想家淡出"，学术界选择了相对安全的话语热点。回过头来看，90年代中国知识界的学术鼎盛，依然没有解决中国建立民主政治的现实道路问题，人们看到威权体制愈演愈烈。

关于现实政治环境问题，我和《青年论坛》的其他成员也都缺乏精明的认识。对政治局势的看法，我们的信息来源主要是官方的媒体渠道，虽然也接触过党内的开明派人士如李锐、胡德平、朱厚泽等，但与他们很少谈及党内高层的博弈情况，所以对铁幕后面的激烈争斗我们基本上是一无所知，与依据社会传闻判断政治形势的知识界没有多大差别。尤其是我们没有形成分析时局的习惯和制度，编辑部没有正儿八经讨论过当前政治形势的特点和变化，大多数时候是被时代的浪潮裹挟着向前，这对于一份与当代思想、与现实政治密切相关的杂志，是非常被动的。《青年论坛》被时代波涛时而推到浪尖，时而抛入波谷，都是由背后的我们无法应对的政治之手来操控的。也正因为如此，我们没有随机采取因应对策，调整编辑策略。

还有争取复刊的活动，也反映出我们政治意识的盲点。《青年论坛》创办，在80年代具有现实合理性，但对于1949年以来中国政治舆论环境来说，这绝对是一个异数。《青年论坛》指点江山，针砭时弊，思想不拘旧窠，言论力主自由，这样的杂志，必然是不被容忍的。我在前面说过，即使社科院夏振坤院长不主动向省委宣传部报告，《青年论坛》也逃脱不了被整肃的命运。试分析一下各级官员的处世逻辑——刊物的后台胡耀邦（且不论是否符合事实）已经倒台，我凭什么冒着风险支持你们复刊？你们说这本刊物没有错误，对改革开放有贡献，我都同意，但与我有什么关系？就算我当时支持了你们，现在情况变了，如果支持对了当然好说，万一支持错了呢？政治站队必须谨慎，没有必要陷于纠纷当中。多一事不如少一事，谁宣布停刊你们找谁去。这是非常自然而又名正言顺的逻辑。所以，一旦停下来了，就不会有再生的可能性。

80年代被整肃的还有《新启蒙》丛书、《世界经济导报》等出版物，它们都没有高层的所谓"后台"、"背景"问题，《新启蒙》还是著名学者王元化先生主编的，也都没有逃脱被停办的命运，当局对《青年论坛》也不可能网开一面。事实上，自80年代以来，几十年过去了，中国再也没有出现类似《青年论坛》这样的公开出版物。中国的媒体都"姓党"，都是"党的喉舌"，作为异类的杂志《青年论坛》，只能是特殊时期的昙花一现，它的消失是必然的。因此，我们孜孜以求的复刊之梦，注定了不会有结果。早在1987年1月刚禁发第1期刊物时，胡德平就说过，《青年论坛》已完成历史使命，停刊就随它去吧，不必为复刊做些无谓的事情。胡德平深知高层内幕，懂得中国政治的游戏规则，他非常清醒地明了《青年论坛》会到此终结，虽然后来他也支持过复刊的一些举动。而我们，依自己的逻辑做了很多"无谓的事情"，后期的复刊思路，甚至打算脱离原来体制内的挂靠单位，注册一家民营公司来主办《青年论坛》，实行自负盈亏的管理。这就更是脱离中国政治的现实环境了。

如果深入分析停刊后的政治局势，更可想见复刊之不可能。停刊后，代理总书记赵紫阳虽然是党内开明派，但也受制于邓小平，按照鲍彤的说法，胡耀邦辞职后赵紫阳搞政治体制改革是"跪着造反"，身为党中央总书记的赵紫阳尚且如此，一个地方刊物还能够怎么样。江泽民时代，形成了"维稳"模式，稳定压倒一切，同时"反和平演变"在学校被列为课程，像《青年论坛》这样鼓吹民主宪政的刊物，毫无疑问属于不稳定因素，必列入扫除之列。胡锦涛时代，主张"不折腾"，强调建设"和谐社会"，也是稳定压倒一切，不允许有可能引起政治情绪的言论。到后来，言论控制空前加强，不仅不能"妄议"大政，连一般的政

治讨论也停止了，关于宪政、民主、自由、1957年、三年困难时期 、
"文化大革命"、执政党失误都不能谈了，连强拆、维权、群体事件、
交通事故、自然灾害也不能随便谈了，甚至正常的言语表达都不安全
了，人们用"通假"、"火星文"、暗语、黑话、词语分隔、替代、拼音
等隐语说话交流，加上告密文化流行，监控设备密布，在这样的政治
生态和舆论环境中，《青年论坛》没有任何生存的可能性。当年，《
青年论坛》杂志上谈反右运动、谈反专制主义、谈毛泽东晚年、谈言
论自由、谈文革的祸国殃民及教训，在当下已成为不可想象的历史。

更何况，《青年论坛》生存的社会心理环境和群众基础已经不存
在了，充满理想和激情的80年代已经一去不复返了。90年代以后出生
的一代人，在中国经济持续高速增长的时期长大，他们对此前的政治
运动和国家灾难十分陌生，眼前市场和职场的激烈竞争已使他们焦头
烂额。独立知识分子吴强对法新社记者说："他们几乎没有对饥荒或专
制的记忆，他们甚至对自由也没有记忆。"不能想象，90后、00后群体
在生存艰辛、心为物役、偶像崇拜、娱乐至死、全面洗脑的时代背景
下，还会热衷政治体制改革，还会像四五运动、六四运动那样走向天
安门广场，还会群体性地为了宪政理想而奋不顾身。假如真的有一家
类似《青年论坛》那样的刊物，谁知道会不会像当年那样有遍布全国
的热心青年读者？

经历了停刊风波之后，我们也更懂得了中国语境中关于"左"和"右"
的规则。中国的政治生态，偏左保险，偏右危险。经历过无数次政治
风雨之后，官场上下认准了这条法则，并深入骨髓。凡是坚持"四项基
本原则"，维持旧有的格局，维护领导权威，哪怕过头了，也只是方法
上的问题。但如果靠右了，讲宽松、讲民主自由、讲宪政，那就是立
场问题，不会有好下场。1992年邓小平在南巡讲话中说过，要反右，
主要是防左。可是1957年的"反右运动"，就是邓小平主持执行的；80年
代邓小平权倾一时，他本人时时刻刻都在"反资产阶级自由化"，都在反
右。胡耀邦、赵紫阳身为中共中央总书记，都是因为"偏右"而没有善
终。在《青年论坛》的问题上也是如此，虽然官员们明知刊物是拥护
改革开放的，但心里清楚这个刊物的倾向是"偏右"的，发展下去肯定会
出问题。只不过惮于胡德平的身份和背景，都做出积极支持的样子，
实际上内心是如履薄冰的。作为留一手的策略，党政部门也还是给我

们设置了不少障碍。1985年6月胡德平回北京，官员们起码没有了身边的顾忌，所以《青年论坛》创刊一周年的活动，没有一个官员参加。设想一下：如果当时胡德平还在湖北，并参加我们的纪念活动，官员们能不出席吗？有势则谄，势去则怠，这就是官场生态。那次纪念活动，对于官员自身来说，他们选择不出席是绝对正确的，及至《青年论坛》遭整肃时，就可看出不出席是多么明智的选择。

在处理各方关系方面，我们也显得不够成熟。刊物筹备期间，虽然我们也多次给社科院、省委宣传部写报告，争取他们的支持，但也经常绕过他们与胡德平、钱运录、中宣部理论局联系，甚至直接找中宣部长朱厚泽，这就犯了禁忌：绕过顶头上司的僭越之举。1986年5月，中宣部朱厚泽一行来武汉，《青年论坛》邀请理论局副局长贾春峰来社科院与年轻人座谈，会前在院里贴了海报，这份海报居然被社科院派人撕掉了。显而易见院里对《青年论坛》的举动是不满的。社科院秘书长李文澜曾说过："我认为院党组对《青年论坛》采取的处理态度是妥当的。院里已经先后打了两次报告要求复刊，但是复刊不是一切照旧。青年论坛过去是有错误的，绕开基层组织，到上头找后台。我希望今后不要专靠找要员、权威，看上边眼色办刊，不要抛开一级基层组织。应该是对真理负责，对所有读者负责。"[1] 实际上，我们不仅没有看上边眼色办刊，而且还经常违背当时的最高领导人邓小平的讲话精神，发表了很多不合时宜的文章。创刊之初我们就有坚定的办刊理念，之所以找上级只不过是为了寻求支持。但越过直接领导而去找上一级官员，似乎没有将顶头上司放在眼里，这是不能被容忍的。事后，我们明白了很多官场规则，也总结了很多教训。

在商场经营方面我们也有深刻教训。本来打算以文化经营收入来养活刊物，但我们根本没有这方面的经历和经验，加上主要精力放在办杂志上面，无暇考虑经营事务，同时还有管理方面的漏洞，造成很大的失误。市场瞬息万变，竞争激烈，没有精明的头脑和全力的投入，就会被商海吞没。《青年论坛》的几位朋友，陈东升、冯仑、艾路明等，都是在商场经历了千锤百炼，遭遇到百般坎坷，以敏锐的洞察力抓住了市场机遇，以坚强的毅力克服了各种障碍，才获得成功。相比之

---

1. 张劲帆：《艰难的苏醒》，澳洲华文文学网，2011年5月5日，https://www.aucnln.com/search.htm?keyword

下，我们连市场的门槛都没有跨进，吃官司就是很必然的事了。

（二） 体制内外

《青年论坛》的体制问题，具有明显的中国特色。

首先是杂志社的人员编制。编制如同"户口"，没有编制就调不进来人。我们一共有12个人员编制，都是找钱运录、找政府机关的校友、找省政府编制办公室，千辛万苦才批下来的。12个编制分为两种，其中国家机关事业编制6人，吃政府财政饭，有公费医疗待遇，属"体制内"人员。体制内人员拿的是所谓"铁饭碗"，但"端人碗服人管"，在体制内基本上就没有人身自由，进出流动和言行举止都有体制罩着。1986年社科院派人到基层挂职，选中了王一鸣，身为体制内人员，王一鸣不得不服从。改革开放初期很多人扔掉"铁饭碗"，冲破体制的束缚，不吃"政府饭"了，获得了自由，同时也付出了代价。我们编制中的另外6人是企业（集体）编制，实行自负盈亏，也就是自己赚钱吃饭，福利待遇由集体创收解决，这是"体制外"人员。而整个杂志社的性质，与社科院各研究所和机关机构不一样，后者是政府财政包全额事业经费，《青年论坛》则除了拿到开办费之外，没有后续财政经费。这就是为什么杂志社要搞经营的原因。在这种情况下，杂志社在经济上捉襟见肘，常常是省吃俭用。而且，同在一个杂志社，体制内外两种身份，容易造成人员之间的隔阂。

体制不一样，不仅是经费方面的问题。1984年10月，我们通过民主选举产生了社务委员会，其中第一副社长蔡崇国因是兼职，不被社科院认可，所以后来蔡崇国就很少来社科院了。蔡崇国的职责是分管行政和经营，他的管理缺位，也是当时惹上经济纠纷的重要原因之一。实际上，我们通过选举产生的社长王一鸣，虽然是体制内人员，院里也不予认可，没有给他一个名分。也就是说，我们的民主选举，因为不是院里的指定安排，选出来也都是不算数的。直到王一鸣下派到湖北通城县委宣传部挂职前，社科院于1986年7月才正式发文《关于青年论坛杂志社干部任职的通知》，任命我为《青年论坛》杂志社主编（副处级），王一鸣为《青年论坛》杂志社副主编（主任科员）。

而在此之前，社科院于1985年3月就由已任命我为《江汉论坛》杂志副主任（副处级），当时是为了将《青年论坛》置于体制内的《江汉论坛》管辖之下，可谓用心良苦。这次又任命一回，《青年论坛》总算是"名正言顺"了。

《青年论坛》的这种体制，是整个国家体制的缩影之一。社科院本身摆脱不了，无可奈何，但也因此有了进退之便。杂志社自己选举的领导班子，社科院认为不合法，就行使体制内的权威不予认可；办刊费用不够，社科院又认为与己无关，你们自己想办法，因为杂志社是体制外的；当《青年论坛》声名鹊起、遍受好评之时，社科院领导感到非常光彩，十分荣耀；《青年论坛》受到整肃，被加上"资产阶级自由化"罪名的时候，社科院又认为"是他们自己搞的"。特别是停刊后退还订户损失、杂志社中断进账、人员生活窘困之时，社科院和宣传部异口同声地说：你们杂志社是自负盈亏的，经费问题你们自己负责。不过社科院也受到体制的惩罚：承担《青年论坛》杂志社血压计官司的后果。

（三） 启蒙思潮及80年代后的启蒙任务

80年代著名学者王元化创办了《新启蒙》丛刊，将"新启蒙"作为80年代的主流思潮。的确，80年代是思想启蒙的狂飙突进的时代，这个时期的启蒙，之所以称为"新启蒙"，是因为它承接了五四时期的科学民主传统，并将"文化大革命"和封建主义、僵化愚昧、个人崇拜推上祭坛。如果说，五四运动是中国现代的第一次启蒙，80年代的思想解放运动则是中国的又一次启蒙运动。我们创办《青年论坛》，就是以思想启蒙为旗帜。在创刊号上，我们特约作者涂文学写了《略论〈新青年〉的历史作用》一文，赞扬五四时期的"德先生"（民主）和"赛先生"（科学），表明了刊物的标杆和志向。我们还开辟了批判封建主义的"箭响林"专栏，我为该栏目写的开栏语是："封建主义之于社会主义中国，贻害久矣！在封建传统、封建文化的丛林中，有我青年一代燃烧的响箭。"创刊号在此专栏下发表了学迅文的文章《"商贾道德卑下论"驳议》，从商品经济角度批判封建主义。刊物先后发表的关于自由、民主、科学和人性、人道主义的20多篇文章，体现了我们的宗旨。

启蒙运动是继欧洲文艺复兴运动之后发生在17、18世纪的反封建、反教会的又一次思想解放运动。启蒙运动最初产生于英国，而后发展到法国、德国、俄国、荷兰、比利时等国，法国成为启蒙运动的中心。1784年，哲学家康德在《答复这个问题：什么是启蒙运动？》一文中说："启蒙运动就是人类脱离自己所加之于自己的不成熟状态。不成熟状态就是不经别人的引导，就对运用自己的理智无能为力。当其原因不在于缺乏理智，而在于不经别人的引导就缺乏勇气与决心去加以运用时，那么这种不成熟就是自己所加之于自己的了。要有勇气运用你自己的理智！这就是启蒙运动的口号。"康德还要求人们从因"懒惰和怯懦"而服从于宗教或政治权威的"条规戒律"的状态中解脱出来，指出启蒙运动的前提是思想与言论的自由。康德说的"不成熟状态"、"条规戒律"，即是指当时的思想愚昧、宗教压迫，康德将人的权利和人的理性提升到重要地位。他认为，启蒙运动是人类的最终解放时代。

　　欧洲启蒙运动的核心思想是"理性崇拜"，这是一个"理性的时代"，人们用理性之光驱散愚昧的黑暗。启蒙运动对封建专制主义、宗教愚昧及特权主义的批判，对自由、民主和平等的张扬，这些主张在20世纪80年代的中国，正当其时地成为思想解放的理论武器。

　　启蒙运动的理念，主要是理性、科学、人文主义和进步。

　　理性针对的是非理性、盲目崇拜，主张人们的行动不能依赖诸如信仰、教条、神启、权威、异能、直觉，或者宗教经典的阐释文本。理性精神实际上就是一种批判精神，这种批判，超越了笛卡尔的纯思辨的知识领域，进一步批判教会权威、宗教经典和各种旧的观念、文化，以及批判传统的封建制度。启蒙学者相信，普世原则及普世价值可以在理性的基础上建立。在启蒙时代，理性法庭取代了宗教法庭，凡涉宗教、自然观、社会、政治、国家制度等问题，都必须在理性的法庭面前为自己的存在作出辩护。理性就是权威，再没有任何外界的权威。

　　科学针对的是愚昧、迷信，所谓科学，就是对理性的加工提炼，并以此去解释世界。科学站在任何盲目、神示的对立面，它看重实验、数据、事实，以此作为判断的依据。这样就把宗教权威、神秘主义、占卜、幻觉、图腾崇拜、拟人神驱逐出认识领域。

人文主义针对的是神权，主张"人是目的而非手段"，"天赋人权"，认为人权、人的自我价值、自由、幸福等追求至高无上。人文主义要把潜藏于每个人自身之中的理性召唤出来，挣脱任何外在权威的束缚，使人类走出不成熟的依附和奴役状态，成为敢于运用自己理性的独立的、自由的人。启蒙学者伏尔泰认为，必须要按理性行事，不能让人陷于无知中，挣扎于谬误中，生活在暴政下，过不幸的日子。启蒙学者们坚信，理性的阳光必将冲破迷信与专制的漫漫长夜，给人们带来光明与幸福。欧洲18世纪的时代精神，就是在理性的引导下摧毁神权、王权和特权，追求与实现人的权利、自由、平等。

　　进步针对的是专制、暴政，主张民主、平等、正义应该成为新的社会形式和国家形式，只有建立三权分立的法制制度，才能走出中世纪的黑暗。社会进步必须"以人为中心"，启蒙思想家孔多塞在《人类精神进步史表纲要》一书中认为，所谓社会进步，就是确立每个个体的权利，实现每个人的价值，人类的生活境况得到改善，所有人都得到幸福，过上有尊严的生活。[1]　进步还意味着社会的开放与包容，欧洲启蒙运动的包容精神主要体现在英国自然神论的宗教思想中，英国启蒙学者将宗教宽容扩展为政治宽容和普遍宽容，包括言论自由和思想自由，英国的发展也正是在包容和妥协中，将理性与信仰、国家与教会、激进与保守等对立面之间的矛盾化解为和谐共生的协调关系，达到社会进步的目的。

　　当我查阅欧洲启蒙运动相关文献，并咀嚼关于理性、科学、人文主义和进步的理念时，有一种非常强烈的感觉：这不正是当年我们创办《青年论坛》时的追求吗？启蒙时期的话语，包括著名启蒙思想家伏尔泰的著名箴言："我不同意你的观点，但我誓死捍卫你说话的权利"，都深深印在我们脑海里，经常被我们引用。

　　20世纪初，中国出现过一次比较广泛的启蒙思潮。"五四"时期的启蒙学者翻译了一批欧洲启蒙思想家的名著，介绍了他们的思想，并进行了较大规模的讨论、辩论。那次启蒙思潮的引进，对中国的思想界、学术界的思想解放起了重要的推动作用。但正如李泽厚在80年代中后期写的一篇文章《救亡与启蒙的双重变奏》（《走向未来》杂志

---

1. [法] 孔多塞：《人类精神进步史表纲要》，北京大学出版社，2013年8月。

创刊号，1986）中所说，现代中国在启蒙与救亡这两重同等紧迫的使命之间徘徊，五四运动后期，启蒙的主题被救亡的主题所压倒，启蒙运动夭折。今天，应该重拾启蒙主题，完成五四未完成的任务。李泽厚的观点在80年代引起学界热议，这个时期思想界的主流是启蒙，但经济界的主流是发展市场经济和科学技术，主张以强大的国家实力自立于世界民族之林。这二者之间何者优先，存在争论。在我们看来，国家强大首先应该是思想的强大，无论如何，中国必须完成思想启蒙的任务。

为什么在欧洲启蒙运动300多年后，在五四运动开了启蒙先河之后，中国还要再次搞启蒙？这是文革之后人们清醒过来反思的结果。中国的封建专制传统太深厚，中国的皇权观念和愚忠意识太深入人心，中国的愚昧、迷信心态太普遍。"文化大革命"中个人崇拜达到极致，多数人暴政达到极致，狂热的民众心态说明中国还处在蒙昧时代。回顾文革期间，人们对毛泽东的宗教式崇拜异常狂热，每天向领袖早请示，晚汇报，每次会议之前要高呼"敬祝毛主席万寿无疆"，会议之后高唱《大海航行靠舵手，干革命靠毛泽东思想》。半夜传来"毛主席最新指示"，当即满街敲锣打鼓，彻夜庆祝。各种报纸，每天的报眼必定刊登"毛主席语录"。讨论会发言，先念一段"毛主席语录"，打电话开讲之前，也要念一段"毛主席语录"。从机关、学校到企业，每个单位成立"毛泽东思想宣传队"，大跳"忠字舞"，"向毛主席表忠心"。人手一本《毛主席语录》，人人佩戴毛泽东像章，甚至有人将像章别在胸前的肉体上。毛泽东的专列出行，沿途所有的旅客列车包括特快列车都得为它让道。不小心打碎了一尊毛泽东石膏像，或无意撕破了一张有毛泽东照片的报纸，都会以反革命罪论处，今天看来是匪夷所思。即使是在300年前，那些启蒙先哲们对此也会惊讶不已。"文化大革命"结束，狂热消停的中国人开始冷静地反思刚刚过去的疯狂时代。在这个历史背景下，治愈中国思想观念的最好的一剂药，就是启蒙。80年代的启蒙思潮，就是继五四之后的又一次启蒙运动。

然而，80年代广泛而深入的启蒙运动，使中国沿着民主自由的道路刚刚向前迈进了一步之后，在强权的压制下，又遭遇到夭折的结局。及至今天，中国启蒙的任务还远未完成。新一轮的启蒙思潮何时到来，现在还未可预知，但思想的导引和学术的积累却可先行。

首先，我们看到，中国学界对启蒙运动的思想和学术研究，还比较粗浅。作为欧洲启蒙运动发源地的英国，有自然科学成果集大成者牛顿的力学理论，有培根、休谟的近代经验论哲学，以及霍布斯、洛克的政治理论，斯密的经济自由主义学说等，他们的学术成果是启蒙运动的思想指引，在几百年之后仍为经典。法国的启蒙学者更是成就辉煌，以狄德罗为核心的百科全书派中的著名人物灿若星群，他们中有孟德斯鸠、魁奈、杜尔哥、伏尔泰、卢梭、布丰、孔狄亚克、达朗贝尔、霍尔巴赫、爱尔维修等等，除了《百科全书》这部巨著之外，孟德斯鸠的《论法的精神》、伏尔泰的《哲学通信》，卢梭的《社会契约论》、《忏悔录》等，都是传世之作。反观中国学者的论著，能够在世界范围内作为经典的，实在很少，启蒙的理论准备不足。

第二，国外新近关于启蒙运动研究的成果，国内翻译引进的为数不多，致使学术界眼界狭窄。启蒙运动作为世界历史上的重要事件，各国学者一直没有停止过研究，且有很多新见解、新成果。意大利著名的思想史家文森佐·费罗内的《启蒙观念史》，2010年在意大利出版后，2015年被翻译成为英文在普林斯顿大学出版社出版。文森佐·费罗内从概念史的视角对18世纪以来思想家们如何界定、阐释启蒙运动做出了梳理和辨析，同时，又通过对历史研究范式转换的梳理，思考历史学家们如何研究与理解启蒙运动。这是对启蒙遗产研究的一种新视角。还有一些学者也从不同的角度研究这场运动，如不同国家启蒙运动的特点，法国启蒙运动内部各派的观点、行动的差异性，以及从文化史、社会史、语言转向等角度进行深入研究。这些新的学术成果，都可以丰富我们对启蒙运动的认识，扩展我们的视野。新近翻译成中文的《当下的启蒙》，副标题"为理性、科学、人文主义和进步辩护"，是著名美国学者、哈佛大学教授史蒂芬·平克的力作，于2018年12月由浙江人民出版社出版。作者以乐观主义态度，对当前世界进行了全景式的评述，让读者了解人类状况的真相，人类面临怎样的挑战，以及该如何应对这些挑战。他呼吁我们避开惊悚的头条新闻和灰暗的末日预言，要看到人类社会是向前、向上发展的，这是启蒙运动的礼物——理性、科学和人文主义促进了人类的进步。史蒂芬·平克的观点受到各国学者关注，中国学界研究启蒙运动对此不可忽略。

第三，对于理性的评价，也必须进行辩证的思考。欧洲启蒙学者竭力推崇理性，这对于当时冲破神学的禁锢，批判迷信和愚昧，具有极大的冲击力。但过分强调理性也是片面的，一是人性本身是感性与理性的综合体，而且有很多人是缺乏理性的，具有情绪性的非理性弱点；二是理性只是人类认识世界的一种思维方式，对理性强调过头，否认人的感性，这也是走向了极端。

第四，国内外各界对启蒙理念的背离，值得高度关注。全球化和现代性在推动人类发展的同时，"利益至上"的考量使人的终极关怀和个人价值逐渐退出了公共领域，这个过程消解了人的类认同，使"工具理性"则占据了"价值理性"的上风。物质生活的极大丰富，也使人的社会异化为消费社会，思想从而变得无足轻重。在国内思想界，曾盛行一时的新权威主义主张撇开人的权利和人的价值，以强人政治和开明专制，维持社会稳定和国家发展，这种观点实际上是与启蒙运动逆向而行的。在国际上，由于近年来新冠病毒肆虐，各国自顾不暇，导致民粹主义大流行，反理性、反科学思潮此起彼伏。加上专制集权、网络滥权、金融霸权，启蒙思潮在当今已陷于低谷。因此，以理性、科学、人文主义和社会进步为旗帜的启蒙运动，在世界范围内都需要重启。

第五，国际学术界对启蒙运动的指责和批判，也需要加以研究。20世纪中期以来，负面评价启蒙运动的学者为数不少。霍克海默和阿道尔诺合撰的《启蒙辩证法》（1947）认为，"启蒙"是以工具理性为特征的思维模式，它把理性尊为人类唯一的善行，将之上升到神话般的地位，最终导致了法西斯主义的灾难。塔尔蒙的《极权主义民主的起源》（1952）将"极权主义的民主主义"这一观念追溯至启蒙哲人卢梭的公意理论，同时建构了卢梭思想与法国大革命恐怖统治以及20世纪极权主义之间的关联。20世纪六七十年代以后，随着后现代主义、女性主义和后殖民主义的形成与发展，启蒙运动遭受到更多批评。一些学者认为启蒙运动应该对西方霸权主义、文化帝国主义、极权主义、法国大革命的恐怖统治、个人主义泛滥、道德破坏、种族主义、男性至上主义以及要征服自然的观点负责。当然，也有很多学者驳斥了这些观点。这已不仅是学术讨论，其中涉及到人类正常秩序、普世价值、社会进步标准等问题。进入21世纪，后现代主义与启蒙理念的争辩日益激烈，这种现象也提醒我们，在肯定启蒙运动对人类进步推动的同时，也需要看到先哲们思想的局限。观点的对峙，同样说明关于启蒙的研究，道路还很长远。

第六，当今高度发展的科学技术，彻底改变了以往启蒙学者的理念、改变了以往用来启蒙的方式。当代人们处在一个依赖数据和算法驱动、不受伦理或道德规范约束的世界。启蒙学者提倡"天赋人权"、追求"人的价值"，然而今天人类的认知逐渐失去了个体特征，个体变成了数据，而数据变成了统治者。个人隐私成了公共资源，个人自由被无处不在的科技监控所嘲弄，理性在自媒体的滥用中被围殴，数字高速运算使人们的思考活动显得迟钝，甚至显得没有必要，效率阻拦了反思，屏幕上瞬间跳出的结果使人的大脑变得懒惰。人工智能提升了机器在人类社会的重要性，阿尔法狗（AlphaGo）不考虑人的情感和幸福，更不考虑生命的意义和价值，它的唯一目的就是"赢"，当它战胜了世界围棋冠军时，人便失去了尊严。而法国人用了几十年编纂的《百科全书》，今天一台计算机、一个网络就解决了。动动手指就能在瞬间传播思想理念的方式比300年前启蒙学者的辛苦劳作具有巨大的优越性，与此同时也使人们可以便捷地反驳和批判启蒙思想。

综上所述，我们处在一个"后启蒙时代"。在这个时代，社会的发展、人类的进步（或退步？）、科技的创新，以及人们认识的复杂化和多元化，使启蒙运动面临前所未有的新局面。先哲们关于启蒙的原始理念，需要进一步挖掘、理解、延伸，同时新时代的新情况更需要后继者研究和探讨，发展和创新，将启蒙的旗帜更高举起。

（四） 80年代美好吗？

《青年论坛》诞生于80年代，作为创办者和过来人，我们对这个年代留下了不可磨灭的印象。近些年来，各种媒体上出现一股怀念20世纪80年代的热潮。很多记叙、论述80年代的文章在网络上转载，很多反映80年代生活场景的图片被发到朋友圈，阅读量都巨大。前几年，诗人牛皮明明在网上发了一篇文章：《80年代人的生猛，是现在年轻人不曾有过的叛逆》，很快就被疯传，有不少人改头换面以别的标题和作者又转发。牛皮明明说："我想与其让那些抄袭的人谈80年代，还不如我自己来聊一聊那个时代。"于是2021年初又写了一篇：《当我们怀念80年代时，在怀念什么？》，这一篇更是获得了数百万的阅读量。牛皮明明在文章中说：

> 实际上，80年代是个不成熟的时代，无论是社会建设、经济还是文化，都无法与当下相比。但是，它年轻、真诚，富有朝气，充溢着理想主义。
>
> 而这些，如今离我们，已经越来越陌生。
>
> 我们之所以怀念80年代，是怀念那个时候思想的解放，证明了任何封印，都禁锢不了思想。是怀念那个时候人性的觉醒，将每个人的渴望唤醒，将每个人的尊严激活。
>
> 也是怀念那些五彩斑斓的诗歌、小说、音乐、影视等，对走出苦难的民族的人道补偿。也是怀念那个时代，年轻人的独立思考、勇敢真诚、追逐理想的信念，是如此的可贵。
>
> 我们之所以怀念80年代，是因为那是一场温柔的反叛。不是创作者在反叛，而是阅读、聆听、讨论本身就是一种反叛。这种反叛，不同的人群反应不同，底层如岩浆涌动，上层内心依然纠结。
>
> 其实对精神文明的宽松，就是对老百姓的宽厚。

牛皮明明谈80年代的诗歌，诗人北岛，海子，顾城，舒婷，中国成为诗的王国；谈西方文学的涌入，马尔克斯、卡夫卡、加缪、萨特等，青年人冒大雪通宵排队，就为买一本小说；谈当年文坛盛况，莫言、余华、苏童、刘震云、王安忆、王朔、阿城等青年小说家如雨后春笋般涌现……那年头，一位记者可以在会上给邓小平递纸条："今天是世界戒烟日，请不要抽烟。"

他认为，"中国一直没有文艺复兴，然而我们也可以把80年代当成中国的文艺复兴。虽然我们没有像六百年前的欧洲，诞生但丁、卢梭、伏尔泰和彼特拉克，但文艺思潮激涌的80年代，同样有着那时一把将人从宗教禁欲中解放的痛快淋漓。"牛皮明明"曾以为80年代是上个世纪的故事，很古了，谁还有兴趣？可是出乎意料，每隔一段时间，关于80年代的怀念，就会像潮汐一般卷土重来。至今，我们仍喜欢那时青年的姿态，睥睨权威，如火烈烈。"

的确如此，80年代常常与人性解放、思想奔腾、言论宽松、生活灿烂相联系，是一代人个复重现的美好的梦境。

与牛皮明明的文章同时广为流传的，还有一篇署名为"必记本"的网络文章《告别的年代》。文中说：

> 80年代，是一个烟火与诗情迸发的年代，是一个开放包容，充满情怀的年代，一个思想自由百花争艳的年代。
>
> 如果用三个词来形容80年代，必记本以为这三个词可能比较合适：年轻——真诚——单纯。
>
> 80年代的激情、浪漫、理想主义，成为知识分子及普众心中的乌托邦。

与牛皮明明一样，作者也高度评价80年代这一文学艺术盛世。他认为80年代是一个有真正文学的时代，是文学创作不可复制的美好时代。"启蒙主题是80年代文学的切入点。无论是朦胧诗、'伤痕文学'还是再现改革开放带来的种种戏剧性情节，包含了打破传统的神话与解放思想的冲击。'文明与愚昧的冲突'成为80年代文学的一个众所周知的概括。有趣的是，八十年代文学想象的主体包含了多种性质迥异的理论资源。尽管这些理论资源谱系各异，甚至彼此冲突，但是八十年代文学一律照单全收，无疑是长期封闭形成的文化饥渴强烈所致。"作者回顾了从伤痕文学、反思文学到改革文学的历程，列举了王蒙、张贤亮、路遥、刘心武、贾平凹、张承志、谌容、丛维熙、余华、苏童、方方、陆文夫、韩少功、冯骥才、储福金、王安忆、张抗抗、史铁生等一大批著名作家，"可谓朗朗星空，星斗灿烂，熠熠生辉，令人惊叹"。至于诗歌界，80年代是一个"充满感性情怀和理性批判的诗歌年代"，"诗人的梦都在80年代，关于理想，关于爱情，还有读诗的时候，身边妩媚的眼神"。

作者心中的美好记忆，还有琼瑶、亦舒、三毛，金庸、梁羽生、古龙，以及1986版电视剧《西游记》、1987版电视剧《红楼梦》，这是"中国电视史上的绝妙篇章"和"不可逾越的经典"。作者也提到崔健和摇滚，"西北风"，流行歌坛毛阿敏、成方圆、杭天琪、韦唯、陈明、刘欢、那英等一大批重量级歌手，百花争艳，留下了许多难忘的经典歌曲。台湾歌手邓丽君的歌更是80年代的音乐绝响。

作者怀着不舍的心情说：

那时的生活是慢的，人们的要求是简单的，笑容是真实的，爱情是美好的。

80年代，一个觉醒的年代，一个朝气蓬勃的年代，一个五彩斑斓的年代。

80年代，一个珍贵的年代，简单，理想，纯粹，向上，令人怀念。

那是一个许下诺言就会铭记一生的年代，那是我们永远都回不去的岁月深处。

2020年4月，另一位作者叉少在网络上发表了一篇文章：《他们的黄金时代：80年代文坛往事》，列举了80年代中国文坛的辉煌，以及一帮文学艺术青年的热情、真诚、无邪、义气：

莫言、余华、苏童、阿城、陈村，史铁生、李陀等一批青年作家，这些如群星般闪耀了中国文坛的年轻人，当时相处得如同一家人一样，完全不见外。那个时候，没有电话和手机，他们兴致一来想见谁了，常常骑着自行车说到就到。坐在家里的人可能还在发着呆，哗的一帮人不打招呼就进了屋。

大家都兴奋地意识到，一个前所未有的时代就要到来了。北岛在《今天》的创刊词中郑重写下："我们不能再等待了，等待就是倒退，因为历史已经前进了。"诗人是敏感的。即将迎接他们的，将是一个无与伦比的80年代。对于许多人来说，此前和此后许久，这样纯真的岁月都不曾、也再没有出现过。

叉少还提到作家冯骥才、张承志、韩少功，诗人顾城、海子、张枣，电影人陈凯歌、张艺谋，都是一帮朝气勃勃的年轻人。还有《人民文学》编辑部的朱伟，发掘了一个又一个有才华的作家。

40年之后，叉少流露出怅然若失的情感：

转眼40年流过。80年代，应该会永远召唤着这些多情的亲历者们，无法抹除、忘却，只是不会再轻易重现。但它也永远会在那里，等着后来的人去发现：原来有人曾经那样热火朝天地活过，而你本来也可以，或者，你也可以。

北岛写下了那段被熟知的文字：那时我们有梦，关于文学，关于爱情，关于穿越世界的旅行。如今我们深夜饮酒，杯子碰到一起，都是梦破碎的声音。

关于80年代的帖子太多了。上海同济大学教授王健写了一篇《80年代，她的歌声，是对苦难民族的人道补偿》，回顾了邓丽君的歌声对中国人的巨大震撼。他提到多年后甚至连中央电视台也这样评价邓丽君："唤醒了无数被禁锢的心灵"。

改革开放的1980年代，是中国内地万类复苏的感人岁月，有一个声音恰逢其时，仿佛来自天外，久久回响在这片苦难和希望并存的大地上。

她的歌声陪着我们从精神的荒芜中慢慢走出。我也一样，邓丽君的歌声一响起，我就能记起旧的大墙刚刚倒下的岁月里，偷听邓丽君的有趣故事。

是的，当咆哮变成正常分贝时，轻言细语就是怠慢，当山呼成为潮流时，沉默就是呐喊，当大家都在异口同声地颂圣时，歌唱爱情就是造反。

这片坚韧不拔而又多灾多难的土地，虽然没有经历过文艺复兴和启蒙运动，但同样面临着从中世纪般的禁欲主义和铺天盖地的颂圣文化中解放出来的紧迫历史任务；虽然没有产生但丁、达芬奇、伏尔泰和卢梭，但作为人性复苏和以人为本的历史补偿，邓丽君的歌声无意间促动了整个社会的革命性还俗。

在这片既缺乏宗教虔诚，又无处不在地充满狂热崇拜的大陆，被"讨嫌"地拼搭起来的语录歌和扬颂曲就像堆积起来的高大全的草垛歌舞场，竟然被一个小女子轻轻的气声一吹就倒。

正是邓丽君，那几乎贴在你耳边的呢喃软语，渐渐融化了封冻在你耳道内部的鲜红滤管，将生命最深处的渴望轻轻唤醒，把草根挺直向上的尊严慢慢激活。

邓丽君的声音让所有人知道，每一个活着的生命都是一个值得吟唱的美丽世界，在那儿，"每一个微笑都是新感觉，每一次流泪也都是头一遭"。

正如80年代唤醒心灵的邓丽君歌声如今仍然回响在中国大地一

样，网络上还流传着80年代温馨的生活场景图片，正是在80年代，人们的生活方式开始发生转变了：

> 1980年，上海，身穿西式服装的新人在拍摄新婚照
>
> 1981年春节，河北霸县农村摄影个体户
>
> 1983年，重庆，时髦青年
>
> 1983年，小树林里跳交谊舞的年轻人，一个戴墨镜的男人在弹吉他
>
> 1984，北京某街头出现的个体经营户，一台缝纫机就可以做小生意
>
> 1984年，温州地区最早开放的自由市场木勺巷
>
> 1984年，河南省鄢陵县制瓦厂工人杨五辰获一台凯歌牌黑白电视机奖励
>
> 1985年夏天，温州市苍南县农村青年掀起了一股学习吉他的热潮
>
> 1985年，西安古城墙边的鸡鸭市场
>
> 1980年代，城里人的家具摆设。电视机、录音机、电冰箱等家用电器及缝纫机、液压暖瓶、台灯等
>
> 1986年，北京龙潭湖，时装秀
>
> 1987，北京，继可乐进入中国后，咖啡于1980年代中期进入传统食店
>
> 1987年，西安三桥，台球开始在中国流行
>
> 1987年，北京，西方文化进入中国，北京大栅栏的电影院前贴出美国金发美女穿上比基尼泳衣的电影海报
>
> 1987年11月12日，中国第一家西方快餐店肯德基在北京前门开业，当日就卖了30万元
>
> 1989年，甘肃夏河，电器里的双卡收录机。上个世纪80年代中后期，手提双卡立体声收录机的习俗风靡全国，人们为有这么一台立体声收录机感到自豪

80年代"我们的生活充满阳光"，有图有真相。

然而当我们进一步思考时，总是会产生疑惑：80年代真的非常美好吗？

80年代以经济建设为中心，但国家主导的，还是计划经济。体制

仍然陈旧，物质仍然匮乏。"个体户"、"民营企业"还不是一个堂堂正正、值得骄傲的名分。

80年代实行价格双轨制，走后门、倒卖批文成为常态，腐败加剧，贫富差距加大，下岗工人生活艰难。

80年代强调"依法治国"，但1983年"严打"时[1]，很多小偷小摸、流氓抢劫犯被押送游街，警车开道，卡车满载军人压阵，而街边的群众，都在好奇或茫然地围观。

80年代言论宽松，知识界异常活跃，但党内各种势力博弈此起彼伏，一方面启蒙思潮高涨，与此同时整个80年代都在"反资产阶级自由化"，王若水的人道主义、白桦的《苦恋》遭批判，激进的学者刘晓波、包遵信、陈子明等被判刑，刘宾雁、王若望、方励之被开除党籍。刘宾雁是一个坚定的马克思主义者，真诚的共产党员。可是他主张"第二种忠诚"，即以批判党内的弊端来完善和巩固党的领导，这种忠诚被认为是"反党"，随即被清除。

80年代，诗坛上年轻人青春与活力迸发，激情与哲理齐飞，北岛、顾城、舒婷、海子的经典诗句令人过目不忘，出口能诵。80年代后期，青年诗人群体已不复存在，诗人的狂欢节消失在历史的深处。

80年代中共的两任总书记胡耀邦、赵紫阳，是1949年以来党内最开明的最高领导人。他们深受广大民众拥戴，直到几十年后的今天，人们还会冲破重重阻拦，在各种场合纪念他们、怀念他们。胡耀邦主持平反冤假错案，曾斩钉截铁地说："凡是不实之词，凡是不正确的结论与处理，不管是什么时候、什么情况下搞的，不管是哪一级、什么人定的、批的，都要实事求是地改正过来。简单地说：就是用'两个不管'的矛，去对付'两个凡是'的盾！"[2] 胡耀邦平反知识分子冤假错案158万件，全国复查各类问题的案件涉及近500万人。平反纠正了300万名

---

1. 严打是"从重从快严厉打击刑事犯罪分子活动"的简略表述。1983年8月25日，中央政治局做出了《关于严厉打击刑事犯罪活动的决定》，9月2日，全国人大常委会颁布了《关于严惩严重危害社会治安的犯罪分子的决定》和《关于迅速审判严重危害社会治安的犯罪分子的程序的决定》。前者规定对一系列严重危害社会治安的犯罪，"可以在刑法规定的最高刑以上处刑，直至判处死刑"；后者则规定在程序上，对严重犯罪要迅速及时审判，上诉期限也由刑事诉讼法规定的10天缩短为3天。严打活动于1983年、1996年、2000年-2001年、2010年共进行了四次。

2. 戴煌：《胡耀邦与平反冤假错案》，新华出版社，2006年，第110页。

干部的冤假错案。[1] 胡耀邦主持的真理标准大讨论，更是拉开了中国改革的帷幕。赵紫阳组织了一批党政精英和专家学者，呕心沥血制定了《政治体制改革总体设想》，这个文件，提出了符合中国国情的渐进式改革方案，如能实施，中国将在现代民主宪政的道路上大大跨进一步。但由于1989年"六四风波"而被迫终止。这两位民族的功臣，在党内几位老人的压力下不得不退出历史舞台，这也是发生在80年代。

80年代，中国的大学生们意气风发，满怀"振兴中华"的赤子之心，反对个人崇拜，反专制，反贪腐，渴望建立富强、自由、民主的共和国，但是，他们在天安门广场遭到配备有坦克装甲车的野战部队清场，手无寸铁的学生以及北京市民、外地民众血溅长安街。很多同情支持学生运动的高层人物、知识分子、文化名人呼吁学生们讲究策略、见好就收、安全撤场，但学生们激情多于理性、意气压倒考量，多次拒绝善意的建议，最终留下了带血的遗憾。

还有一点，80年代的知识分子思想活跃，言论开放，但也都有时代的局限性。钱理群教授说过："不要将八十年代过于理想化，每一代人都有自己的价值，也存在着自己的问题；即使是你所看到、并且十分向往的80年代的知识分子的这些特点，在有着确实'可贵'的价值的同时，也存在着负面的因素。"[2] 这些负面的因素，我理解包括受旧传统的深入骨髓的影响，对国际学术界的陌生，不接地气的清高，以及80年代意气风发中所缺乏的冷静及自省等等。

回顾80年代，不禁思绪万千。正如北岛所说："我们深夜饮酒，杯子碰到一起，都是梦破碎的声音。"从80年代走过来的人们，都听到了这破碎的声音。

---

1. 满妹：《思念依然无尽——回忆父亲胡耀邦》，北京出版社，2005年，第288页。另据于光远回忆，"在中央工作会议上，胡耀邦说有200万受审查的干部，不脱产的受审查的干部也有200万。"（《1978我亲历的那次历史大转折》，中央编译出版社，2008年版，第135页）凌志军、马立诚提供的数据是："按照后来的历史学者的统计，当时我们国家的领导人当中，被立案审查的占总数17.5%。每100名部长和省长当中，有75人被立案审查。下层官员和百姓的冤假错案就更多，有300多万件。受到牵连者数以千万计。在那些日子里，党中央给200多万个走资派平反，给552877个右派分子摘了帽子，给440万的地主、富农、反革命和坏分子摘了帽。给70多万工商业者恢复劳动者身份。"（《改革元勋胡耀邦》，《呼喊：当今中国的5种声音》，广州出版社，1998年版，第57页）
2. 钱理群：《不要将八十年代过于理想化》，百度学术 2019年10月24日。

我抄录过金观涛的一段话，忘了他是在什么地方发表的，他说：

> 我们必须承认，20世纪曾被理想的太阳照耀过，而正是在这种意义上讲，现在人类正面临着前所未有的思想黑夜。对于我们这些残存的理想主义者，虽然可以沉浸在思想和历史研究中不忘记正在消失的理想，但这些理想只是过去世纪落日的余晖，后继无人是不可避免的。我们所能做的只能是：在暮色中匆匆地赶路，去响应那个我们虽不能度过却必须面对的新世纪。

80年代呈现的是海阔天空，艳阳高照，同时又是阴霾重重，寒潮滚滚。阳光与阴暗并存，美好与残缺共生。如此复杂丰富的历史场景，无疑给思想史学者提供了巨大的研究空间。

（五）"文化大革命"是否已经远去

中国1966年至1976年的发生的"文化大革命"，是遍及全国各民族的深重灾难。1999年，中国几家重要媒体联合进行了一次民意调查，请民众评选出1949年以来最重要的事件。调查的结果是，民众并未挑选那些政府自认为十分辉煌的业绩，相反却评选出一系列负面的事件。其中"文化大革命"名列第一，"三年自然灾害"名列第二。[1]　文革是史无前例的，是人为造成的，非常需要有全民族的反省。《青年论坛》发表作者沉扬的《论一九六六年》（1986年5月号）、《毛泽东晚年与"文化大革命"》1986年11月号），以及其他几篇涉及"文化大革命"的文章，体现了编辑部自觉的反省意识。

沉扬在《论一九六六年》中把文革发生的原因归结为"高度集中的行政管理经济体制"："我国目前存在的种种经济问题，乃至'文化大革命'这类政治问题，其根源，在高度集中的行政管理经济体制。要彻底否定'文革'，就得从根本上改革这一体制。""运动，是这种体制的客观需要。……权力永远不能超出社会经济结构所制约的社会文化发展。"沉扬在《毛泽东晚年与"文化大革命"》一文中，进一步分析了文革发生的个人原因，在于毛泽东的浪漫主义的伦理理想与社会现实的

---

1. 《争鸣》（香港），2000年第2期。

矛盾，毛泽东要将自己的理想对象化，但遇到巨大阻力，不被同僚们所理解。"在晚年，他每一种思想的发表和每项'成就'的取得，都推动他脱离他的同事，推动他走向新的专制。""发动'文化大革命'，对晚年毛泽东来说，就是要廓清道路，使上述的社会理想付诸实践。"但最后还是回到上一篇文章的结论，文革的最终原因是"大生产的发展与小生产的生产方式、社会结构与社会心理的冲突"，"以小生产的方式去搞大工业，搞现代化"。沉扬的分析视角比较独特，但十分温和，还没有从正面谈及集权制度和个人崇拜方面根源。

　　1986年5月16日，是"文化大革命"发动20周年。这一天《青年论坛》北京记者站在北京举办一场"关于'文化大革命'再认识"的座谈会，会议主题是反思"文化大革命"对国家、民族、社会造成的深重灾难，为后世敲响警钟。由于这次座谈会邀请了很多知识界、思想界的有识之士出席，讨论内容十分深入，与会者发表了很多鞭辟入里的犀利见解，在各界影响较大。关于文革爆发的原因，会议认为主要是集权政治的封闭化、社会运转的非民主化、思想专制取消了言论自由和思想自由，从文化心态来看，封建意识、个人崇拜都是文革的群众基础。这次会议一个非常重要的意义是：与会者根据各种社会迹象，对文革有可能复现发出了预警，郑重提醒人们不要健忘，不要回避历史，一定要防止文革悲剧在中国重演。防止的途径，是从本质上否定文革，以改革和民主化方式使中华民族获得巨大的历史补偿。

　　这些思考，在当时都是十分难得的。但是，对于一场巨大的、历史性的民族灾难，我们远不能止步于此。联系到文革结束40多年后仍然阴魂不散的现实，更需要有直面历史真相、揭露灾难本质的气魄和果敢。历史的最大教训就是人们往往忘记了教训。为了不忘教训，必须对这场灾难进行深入的剖析。

　　1981年6月27日，中共十一届六中全会通过了《关于建国以来党的若干历史问题的决议》，《决议》对"文化大革命"的定性是"全局性的、长时间的严重错误"，是"给党、国家和各族人民带来严重灾难的内乱"。《决议》说：

　　　　1966年5月至1976年10月的"文化大革命"，使党、国家和人民遭到建国以来最严重的挫折和损失。这场"文化大革命"是毛泽东同志发动和领导的。

　　"文化大革命"的历史，证明毛泽东同志发动"文化大革命"的主要论点既不符合马克思列宁主义，也不符合中国实际。这些论点对当时我国阶级形势以及党和国家政治状况的估计，是完全错误的。

　　实践证明，"文化大革命"，不是也不可能是任何意义上的革命或社会进步。

　　毛泽东同志的左倾错误的个人领导实际上取代了党中央的集体领导，对毛泽东同志的个人崇拜被鼓吹到了狂热的程度。……对于"文化大革命"这一全局性的、长时间的左倾严重错误，毛泽东同志负有主要责任。

　　忽视错误、掩盖错误是不允许的，这本身就是错误，而且将招致更大的错误。[1]

　　这些结论，应该说是十分正确的。在总结教训时，《决议》还提出：今后要"禁止任何形式的个人崇拜"，这也是非常中肯的。问题在于，"文化大革命"结束之后，并没有进行全民族的刮骨疗伤的集体反省，没有从封建意识、专制制度、法律制度、纠错机制、民主观念、大众心理等方面做出深刻反思。中共十一届六中全会通过的《决议》，虽然是"经长时间讨论和修改，集中全党智慧形成"的、"中国共产党历史上具有深远意义和重大影响的重要文件"，现在也常常被忽视或否定，"文革现象"更是经常出现在我们的视野中。例如：

　　公开美化文革甚至为文革翻案的言论不断出现在各种媒体上。时至今日，在报刊上经常有文革式语言的大批判文章。

　　颂扬文革、鼓吹个人崇拜的网站、刊物畅行无阻，有些地方还建造了供奉中共领袖的寺庙。"人民大救星"的旋律不断在海关钟楼和火车站广场响起。

　　唱文革歌曲、跳文革"忠字舞"大行其道，各种视频十分常见。文革中流行的宗教般的"革命仪式"，以新的方式复活，如新婚夜手抄党章、关闭电灯在马灯下学党史、每日学一则最高指示等。

---

1. 《中国共产党中央委员会关于建国以来党的若干历史问题的决议》（1981年6月27日，中共十一届六中全会通过），收入《三中全会以来重要文献选编》，人民出版社，1982年出版。

表演文革时期歌舞的大型文艺晚会、纪念文革的集会时有发生。

文革中1700万离开学校、荒废学业的中学生，下放到农村当"知识青年"，其中不少人至今仍然感觉"青春无悔"，认为在"广阔天地"里收获巨大，十分怀念知青生活。有人以国级、副国级领导人为例，说他们中大部分人都做过知青，皆因知青经历而成为领袖之才。

文革中的"上纲上线"、"残酷斗争、无情打击"的作风仍然盛行。

提倡愚忠和对领导人"敬畏"，媒体甚至发表某高层领导人所说的"忠诚不绝对，就是绝对不忠诚"的言论。很多地方的建筑物上都有"绝对忠诚"的标语。

作为向后代昭告历史教训的学校教科书，更是一个非常严肃的问题。近几年来，国家教育部主持编写的中学历史教材，对"文化大革命"的定性几经变化，让人们看到了高层意向和社会思潮的风向标。

中共十一届六中全会通过《决议》之后，中学历史教科书是这样定位"文化大革命"的：

> 20世纪60年代，毛泽东错误地认为，党中央出了修正主义，党和国家面临着资本主义复辟的危险。为了防止资本主义复辟，他决定发动"文化大革命"。
>
> 实践证明，"文化大革命"不是也不可能是任何意义上的革命或社会进步。……历史已经判明，"文化大革命"是一场由领导者错误发动，被反革命集团利用，给党、国家和各族人民带来严重灾难的内乱。

这个说法，基本上坚持了《决议》的观点。但是，2018年版的教科书却有了重大变化，该版将此前课本中的"文化大革命"独立的一章撤销，将其合并到《艰辛探索与建设成就》这一章之内，把文革作为这一章下面的一个分题来谈，同时删除了旧版教科书中"毛泽东错误地认为，党中央出了修正主义，党和国家面临着资本主义复辟的危险"中的"错误"二字和"党中央出了修正主义"的表述，也删去了"给党、国家和各族人民带来严重灾难的内乱"的定性。2018年的教科书是这样说的：

> 20世纪60年代中期，毛泽东认为党和国家面临着资本主义复辟的危险。为此，他强调"以阶级斗争为纲"，想通过发动"文化大革

命"来防止资本主义复辟。1966年夏，"文化大革命"全面发动起来。

2018年版也说了，"文化大革命""给党、国家和人民带来新中国成立后最严重的挫折"，但又强调"它的发动，有复杂的社会历史原因"，并以辩护的口吻称，"社会主义国家的历史很短，我们党对什么是社会主义，怎样建设社会主义没有完全搞清楚，因而在探索中走了弯路"。

这个修改的要害在于，文革不是灾难和内乱，它是有社会历史原因的，只不过是艰辛探索过程中的一个曲折，一段弯路；毛泽东发动"文化大革命"的动机，是要避免党和国家面临的资本主义复辟的危险，没有错误。在文革结束40多年之后，在六中全会已全面否定文革的背景下，全国通用的历史教科书竟然如此为文革翻案，此事引起众多有识之士的严重关注。人们强烈质疑：教科书编写者们到底是秉承谁的旨意做出修改的？此时的社会氛围真的会导致"文化大革命"回潮吗？很多人担忧，中国政治会左转，会倒退，会重蹈历史覆辙。我在前面列举的诸多关于为文革开脱甚至美化文革的事例，也充分说明确实有这么一股社会思潮，教科书实际上是官场动向和社会思潮的聚焦表现。

在强大的社会反响和抵制之下，2019年，教育部对2018年版做了修改，将"探索"、"弯路"、"挫折"、"复杂原因"等表述都被删去，承认"文化大革命"是一场"灾难"，同时恢复"实践证明，文化大革命不是任何意义上的革命或社会进步"的说法。但是，2019年版仍然还没有完全回到2018年版之前的表述，显得羞羞答答，心有不甘。

2020年，教育部再次对高中历史教科书做了修改。新版不但在课文重点提示"学习聚焦"中注明"文化大革命的理论和实践都是错误的"，对文革的表述也恢复为：

> 实践证明，文化大革命不是任何意义上的革命或社会进步，而是一场由领导者错误发动，被反革命集团利用，给党、国家和人民带来严重灾难的内乱。

恢复了"严重灾难的内乱"、"错误发动"的提法，即恢复到中共十一届六中全会对文革的定性。但是我们要看到，既然有2018年版，会不会有2028年版？2017年，作家梁晓声说："如果10年以后中国回到文革，我只有两个选择：要么移民，要么自杀。"文革对公共秩序和法律制度的破坏、对生命和人性的摧残、对社会道德和伦理规范的摧毁，使人们对之有恐惧感，非常担心有朝一日会再次回潮。

这种担心不是没有缘由的。除了我在前面列举的一些文革回潮现象之外，2021年初出版发行的《中国共产党简史》（新版），对文革内容做了重大修改。[1]　此前（2001年版）的《党史》，将"10年'文化大革命'的内乱"列作第7章，新版党史则把这段历史划入第6章"社会主义建设的探索和曲折发展"中的第3部分"社会主义建设在曲折中发展"，共13页，不再单独成章。有关文革的起因，2001年版《党史》的说法是，时任领导人毛泽东发动"文化大革命"的出发点是为防止资本主义复辟、维护中共纯洁性和寻求中国自身建设社会主义的道路，"但他（毛泽东）对党和国家政治状况的错误估计这时已经发展到非常严重的程度，认为党中央出了修正主义"，"党内个人专断和个人崇拜现象逐渐滋长"，"毛泽东（对文革）负有主要的责任"。新版党史修改为："作为一个执政的无产阶级政党领袖，毛泽东不断观察和思考新兴的社会主义社会现实生活中的问题，极为关注艰难缔造的党和人民政权的巩固，高度警惕资本主义复辟的危险，为消除党和政府中的腐败和特权、官僚主义等现象，进行不断探索和不懈斗争。但是由于对社会主义社会的建设发展规律认识不清楚，由于左的错误在理论和实践上的积累发展，很多关于社会主义建设的正确思想没有得到贯彻落实，最终酿成了内乱"。新华社为新版党史发消息说："新中国成立到'文化大革命'结束的27年，是党带领全国各族人民艰苦奋斗、发愤图强、积极探索，取得社会主义革命和建设伟大成就的27年。尽管这一时期充满艰难曲折，甚至遇到重大挫折，但总体上是在探索中前进、在曲折中发展，取得的成就令人瞩目，全面确立了社会主义的基本制度，开始全面建设社会主义并取得历史性巨大进展，逐步探索适合中国国情的社会主义建设道路并取得重要积极成果，创造了有利于社会主义建设的国际和平环境，为新的历史时期开创中国特色社会主义提供了宝贵经验、理论准备、

---

1. 中央党史和文献研究院等单位编写:《中国共产党简史》，人民出版社、中共党史出版社联合出版，2021年2月出版。

物质基础。"[1] 这就是说，"文化大革命"有"令人瞩目"的成就，代表官方态度的新华社为文革做了公开的辩解。更有官方赞赏的人士认为，"文革不是浩劫，不是动乱，文革期间取得的一系列伟大成就，举世瞩目，天地可鉴。"[2] 官方如此公然美化文革，而绝大多数民众都没有太大的反应，木然甚至掺和，这是十分严重和危险的事。这再次说明，"教科书事件"的发生绝非偶然。

所以，担心文革再来并不是杞人忧天。如果没有全民族对文革的深刻反省，没有制定防止文革再度发生的法律制度，没有向后世昭告文革罪行的教育机制，在目前物质主义盛行、左派思潮高涨的情况下，文革以变种形态再次到来是非常可能的。

我认为，要杜绝文革的再次发生，必须从根源上彻底否定文革，必须形成强烈的"文革祸国殃民"意识的社会心理氛围。为此，需要进一步厘清很多问题，制定多方面的防范措施。

第一，成立全国性的关于"文化大革命"的专门研究机构，建立文革博物馆。

首先是事实调查，文献和数据收集。文革覆盖全国，历时10年，所发生的事件不可胜数，各地的地方志均有记载，经历者或研究者个人关于文革的记录（文章、著作）则更是数以万计（在Google上输入关键词"文化大革命"，相关信息有1170万条）。仅我有限所见的个人回忆、记载、论述就有几百篇、部。海外学者编辑的《中国文化大革命文库》（光碟），更是收集了5000万字的资料。中国各地区地方志的记载，因官方宣传口径的限制和意识形态的局限，都很含蓄和节省，略去了大量事实真相。关于"文化大革命"的个人论著，大多数是在境外发表和出版的，国内很难看到。

研究一个历史时期，必须充分占有这个时期的各种资料才能比较客观公正。尽可能全面地收集关于文革的各种文献记录，是弄清文革真相、确定文革性质的前提。如关于文革中死伤人数的统计，叶剑英在十二届一中全会后的中央政治局扩大会议上，曾披露文革遭受迫害及死亡人数：（1）规模性武斗事件4300多件，死亡12.37万人；（2）250

<hr />

1. 新华社消息，2021年4月20日。
2. 张宏良（中央民族大学）：《新版党史大突破 于无声处听惊雷》，中国媒体民族复兴网。该文很快被删除。

多万干部被批斗，30.27万名干部被非法关押，11.55万名干部非正常死亡；（3）城市有481万各界人士，被打成历史反革命、现行反革命、阶级异己分子、反革命修正主义分子、反动学术权威，非正常死亡68.3万多人；（4）农村有520万地主、富农（包括部分上中农）家属被迫害，有120万地主、富农及家属非正常死亡；（5）有1亿1300多万人受到不同程度的政治打击，55万7千多人失踪。中共中央党史研究室等合编的《建国以来历次政治运动事实》载：1984年5月，中央经过两年零七个月的全面调查、核实，重新统计的"文革"有关数字是：420万余人被关押审查；172.8万人非正常死亡；13.5万人被以现行反革命罪判处死刑；武斗中死亡23.7万，703万余人伤残；7万多个家庭被毁。[1]据中共中央组织部统计，在文革中全国被立案审查的干部共230万人，占文化革命前1200万干部的19.2%，虽未立案审查，但被错误批斗、关押的干部和受株连的人为数更多。其中，国家机关副部长和地方副省长以上的干部被立案审查的约占同级干部总数的75%；有6万多名干部被迫害致死；集团性的冤假错案近两万件，涉及干部达几十万人，大批官员受到残酷的迫害。[2]　另外的一些资料中，还有不同的统计数据（有些数据难以公开，如文革中著名知识分子和艺术家自杀及失踪的人数，广西大屠杀、湖南大屠杀、云南大屠杀的死伤人数等）。现有的很多数据，都是多年前的，近些年又有新的资料发布，所以需要有更新的统计。再如"文革"中被处以极刑的"思想犯"林昭、遇罗克、张志新、王申酉等人，对他们凌辱、残酷杀害的内幕如何，以及中央高层官员被迫害致死、自杀的内幕如何，也都需要弄清。由专门机构来做这件事，可以收集更完整的资料。有了资料，可建立数据库，以大数据方式研究文革，就有了量化分析和科学依据。90年代我在哈佛大学做访问学者时，听说过哈佛大学燕京图书馆前馆长裘开明先生收集红卫兵小报的事，"文化大革命"中，裘馆长以1美元一份的价格，收集了大量红卫兵小报，现均收藏于燕京图书馆，成为研究文革的珍贵资料。

1. 杨继绳在北京大学斯坦福中心2013年10月25日举办的"写毛泽东时代"学术讨论会上的发言，原载2013年11月30日出版的第104期《记忆》，原题为《道路·理论·制度——我对文化大革命的思考》。
2. 《中国共产党历史第二卷（1949-1978）》，中共党史出版社，2011年，第967页。

其次是根据所收集的资料，做深入细致的学术理论研究，分析文革产生的根源，社会历史背景，文革时期的思维方式和心理结构，经济社会文化的崩坏程度，以考证学、统计学的严谨态度做出剖析，写出经得起历史检验的关于文革的经典论著，包括完整的"文化大革命"史。文革时期的思维方式，是一个值得研究的课题，如领袖神圣观念盛行，早请示晚汇报，一套宗教仪式；斗争哲学深入人心，主张"与天斗，其乐无穷，与地斗，其乐无穷，与人斗，其乐无穷"；高扬"造反有理"思维，横扫一切，打倒一切；动辄上纲上线，"路线斗争就是引导对方犯错误"，对不同意见无情打击；宁左勿右，越左越革命，无止尽地高举左的旗帜；对传统文化的极端排斥，破四旧，砸孔庙，搞历史虚无主义；告密文化流行，打破亲情友情，为自己谋得革命制高点；泯灭个性，"狠斗私字一闪念"的道德幻想；关于社会主义和共产主义的乌托邦设想，等等。至于法律制度崩塌、专制制度弊端、封建主义意识形态等问题，更是值得深入研究。再有就是对文革各个阶段的分析研究。1966年发动，全民参与，1967年"二月逆流"中部队老帅发起的抗争，到6月全面失控，1968年底遣散红卫兵到农村，1971年林彪事件，随后的批林批孔批周公，1976年天安门四五事件，各个阶段党内的斗争状况和民众的心态，需要有详细的研究。以德国对纳粹的研究为例，二战结束以后，许多犹太学者与非犹太学者一起专注战争罪责研究，以大屠杀为个案来建构记忆史学，将纳粹时期的"大屠杀记忆"纳入到"公共历史领域"，成为全人类的共同记忆，形成了全球性的反思。

　　另外还亟需建立"文化大革命"博物馆，以防止遗忘，警示后人。著名作家、文学界老前辈巴金先生曾于70年代末80年代初呼吁建立文革博物馆，这是一个非常有眼光的建议，当时得到很多人赞同，但官方没有采纳，民间也不敢轻举妄动。倒是不少地方建了"红宝书"、毛主席像章展厅，似乎是从正面的意义上纪念文革。如何纪念文革，涉及政治舆论导向的问题，如果真的想否定文革，建立文革博物馆非常必要（海外已出版了《文化大革命博物馆》著作）。二战后，德国建立了很多纪念大屠杀受害者的纪念碑、资料中心、博物馆，开放集中营旧址，展示主要战场，修葺受迫害人士的墓地，每年举行各种各样的纪念活动，让全体人民牢记这一段历史和永世教训。中国要避免文革重演，建文革博物馆是一项重要举措。文革结束已经有40多年，很多有关文革的见证物都轶失了，很多文革的见证人都去世了，建博物馆是十分迫切的事。现在不建，以后会越来越困难。

防止对历史教训的遗忘，有很多方式。德国"柏林墙"拆除时，特意留下小段墙体供人们参观，防止遗忘。统一后的德国还开放了原东德国家安全部（"史塔西"）监控民众的档案，史塔西有9万名雇员，还有17万名线人、告密者，他们用各种方式和技术秘密监视记录东德人民的言论和行踪。这些秘密档案经整理后，于1992年允许民众申请查看关于自己的"不良记录"。俄罗斯于2017年10月落成了"俄罗斯政治受难者纪念碑"（"悲伤之墙"），这座国家级纪念碑坐落在莫斯科市中心。"悲伤之墙"以人体雕塑的形式记录了俄国沙皇家族被残酷灭绝、斯大林血腥大清洗、古拉格群岛集中营虐囚、卡廷森林被秘密杀害的2万名军官等惨状。特别是苏联时期，对人民、对政敌和异见者的大屠杀都是以人民利益和政治正确的名义而正当化。中国人民应该有权利了解自己民族的历史，有权利查看文化大革命的各种档案，以及历次政治运动造成的死亡记录、和平时期（如"三年困难时期"）非正常死亡的记录。历史的真实，可以掩盖一时，但终究会大白于天下。

第二，追究历史责任，确立"国家罪错"的观念。

中共十一届六中全会通过的《关于建国以来党的若干历史问题的决议》，对"文化大革命"的责任问题做了定论，即"这场'文化大革命'是毛泽东同志发动和领导的"，"毛泽东同志的左倾错误的个人领导实际上取代了党中央的集体领导，对毛泽东同志的个人崇拜被鼓吹到了狂热的程度。……对于'文化大革命'这一全局性的、长时间的左倾严重错误，毛泽东同志负有主要责任"。的确，毛泽东是发动者和领导者，应负主要责任。但是，这场运动，是以国家的名义实施的，是国家行为而不是个人行为。而且，如果仅仅追究个人责任，毛泽东逝世之后，就没有了责任主体。每个机构，每一个人，都置身事外，无须反省，这就很难记取教训。中共十一届六中全会通过的《决议》中也提到，不能将所有的错误都归咎于个人："这十年中的一切成就，是在以毛泽东同志为首的党中央集体领导下取得的。这个期间工作中的错误，责任同样也在党中央的领导集体。毛泽东同志负有主要责任，但也不能把所有错误归咎于毛泽东同志个人。"

我们可以将文革与德国的纳粹运动相比较。虽然，文革只是一国范围的灾难，纳粹是世界范围的灾难，文革是批判和武斗，二战是大规模战争，情况有所不同。但是，在性质上，这二者都是空前的人为灾难，其对人性和正义的摧毁，对无辜生命的践踏，对社会生活的破坏，以及所造成的不可挽回的后果，都有可比性。同时，这二者都打着"民族利益"、"国家强大"和"社会主义"的招牌，口号都是"依靠工人阶级，打倒权贵，实现社会公平"，实施的都是"多数人的暴政"，都有全民的狂热和投入，都是个人崇拜的结果，因此可以拿来做比较。

　　战后德国对纳粹的反省，是值得借鉴的。德国将希特勒看作是罪魁祸首，但对当时的政府、国家机器同样予以追责，对历史罪行进行忏悔。西德总理勃兰特1971访问波兰时，在华沙犹太人殉难者纪念碑前下跪，实际上是以国家名义向被纳粹杀害的波兰遇难者道歉。后来勃兰特解释说，他的下跪之举"不仅是对波兰人，实际上首先是对本国人民"，因为"太多的人需要排除孤独感，需要共同承担这个重责……承认我们的责任不仅有助于洗刷我们的良心，而且有助于大家生活在一起。"勃兰特的这一思想和行为，并没有使德国国家形象受损和使他个人蒙羞，他一个人跪下，站起来的却是整个德意志民族。勃兰特的道歉受到国际赞赏，并使他成为1971年诺贝尔和平奖获得者。德国总理默克尔2013年在联合国确定的"国际大屠杀纪念日"前夕发表谈话时表示：德国"对纳粹罪行，对第二次世界大战的受害者，特别是对大屠杀的受害者，负有永久责任"，"我们必须正视历史，确保我们做国际社会良好的、可信赖的伙伴，现在如此，将来也如此"。2005年5月在莫斯科举行的欧洲胜利日纪念仪式上，德国总理施罗德向打败本国军队的苏联阵亡将士鞠躬献花圈，"以德国人的名义"请求俄罗斯人民和其他国家的人民原谅德国对他们所造成的伤害。以国家名义为往届政府的非正义行为道歉的例子还有：1993年，俄国总统叶利钦为苏联1968年入侵捷克斯洛伐克道歉；1993年4月、1996年8月及1997年9月，南非总统克拉克数次为过去的种族隔离政策道歉；1995年7月，法国总统希拉克为法国人在德国占领法国期间迫害犹太人的行为道歉；1997年5月英国首相布莱尔为英国政府在土豆饥荒年代饿死无数爱尔兰人表示歉意；1997年10月挪威国王为挪威政府对闪族少数族裔的压迫道歉。德国对纳粹的反省，并不仅仅是对受害者的道歉，政府还建立纪念馆、纪念碑，保留集中营、战场遗址，审判战犯、屠杀者，制定反纳粹的法律条款，加强学校反纳粹教育，都是反省国家罪错的具体举措。2005年7月11日，德国外交部长菲舍尔任命了一个独立历史学家调查委员会，其职能是研究德国外交机构在第三帝国时代扮演的角色，清查外交部的纳粹历史遗留问题。这些都说明，国家和政府机构都不回避应该承担的历史责任。

当然，德国的反省，也是经历了一个过程的。战后初期的德国，多数人主张以沉默的方式来保全德意志应有的荣誉，没有对纳粹进行彻底的反省。甚至有人认为德国国防军从属于国家元首的希特勒，军队投入战斗是服从指挥员的正常行为，并不负有战争责任。以历史学家弗里德里希·梅尼克和著名思想家雅斯贝尔斯为代表的德国知识界精英，反对这种"沉默文化"和否定罪责的言行，提出要反思"最近的民族历史"，反思国家理性、权力与道德、纳粹主义出现的根源以及德国历史文化传统等问题。他们认为德国人不能掩盖自身的战争罪责，必须公开纳粹大屠杀的暴行，很多学者主动背负历史的"十字架"，并掀起了一场公开历史真相、忏悔民族责任、探究灾难根源、呼唤人性回归的大讨论，这是德意志民族的一次思想大洗礼。[1] 直到上个世纪80年代，联邦德国历史学者围绕纳粹是否作为德国之原罪还发生了一场"历史学家之争"，但大多数学者坚决反对为纳粹暴行翻案的举动，坚持了正义，深化了德国人民对纳粹反人类行为的认识，成为一场"民族意识的自我审判"。

从50年代到90年代，德国人没有停止过对纳粹暴行的反省和忏悔。相比之下，中国对于文革的反省，还非常缺乏。不仅缺少反省，而且助长文革之风很盛。文革结束已经40多年，至今仍没有得到彻底的消毒，特别是没有上升到国家罪责的层面来认识，这就脱离了人类文明的轨道。如果说，往届政府的历史错误，与现届政府没有关系，不需承担责任，那么，我们凭什么指责现任日本政府对侵华罪行不反省？承认文革是国家罪错，彻底公开历史真相，剖析历史根源，惩罚罪恶实施者，向受迫害者和全体人民真诚道歉，承诺不再重蹈覆辙，

---

1. [德] 梅尼克著，何兆武译：《德国的浩劫》，商务印书馆，2013年版；[德]雅斯贝尔斯：《德国人的罪责问题》(KarlJaspers，TheQuestionofGermanGuilt)，福特汉姆大学出版社，2000年版。

以及对受害人的赔偿等等，是对人民、对受迫害者负责的态度，是正义国家的历史担当和坦荡气魄，也是更新国家形象和确立纠错机制的体现。只有这样，才能牢记历史悲剧，告别全民灾难，走向未来文明社会。

第三，对全民性的狂热、愚昧进行反省，从文化根源、民族性和社会心理等方面检讨原因；对文革的性质，做出深刻的剖析。

专制领袖的产生，必然有愚昧愚忠和个人崇拜的温床。文革中，除了少数人头脑清醒、内心抵制，或者置身事外当逍遥派，绝大多数人都是文革的参与者。一方面是领袖需要群众崇拜，另一方面是大众出自内心地狂热崇拜领袖。

从文化传统上分析，中国历来"尊皇权"、"盼清官"的传统根深蒂固，中央集权、大一统的观念深入人心。文革中，这些传统和观念演化为极度个人崇拜，深信领导人是领袖、导师、统帅、舵手，演化成不容置疑的普遍意识，并将这普遍意识外在化为宗教般的各种仪式。文革造成的巨大灾难，之所以能波及全国、持续10年之久，如果不是毛泽东逝世，可能还会延续，说明这块土地确实足够滋生专权专制政治。党政高层、各种宣传机器的意识形态灌输，也起了重要作用。宣传领袖永远光荣、伟大，是"红太阳"，"照耀四方"，个人思想是"创造性"的"顶峰"，"放之四海而皆准"，领袖所坚持的路线从来正确，这些显然都背离了历史规律和人类常识，在今天看来是匪夷所思，然而在文革中却得到多数人的热烈认可。痛定思痛，有很多深处的问题需要研究。

还是以德国为例。纳粹时期的德国，民众对希特勒的尊崇和拥戴，也促成了希特勒野心得逞。当时德国人民的心态，十分看重领主、骑士、皇帝、教皇，普遍沉浸在愚昧之中。1934年8月德国总统公投时，45岁的希特勒居然获得了88%的支持，而且，德国军队也是支持希特勒的，说明纳粹以举国之力发动侵略战争事非偶然，有着深厚的民众基础。之所以出现这种局面，与希特勒利用国家机器对人民进行"洗脑"有密切关系。经过国家机器的反复宣传，民众普遍认为希特勒大大改善了德国人民的生活水平，实现了社会公平，德国雅利安族是优等民族，现在受到了来自内部和外部的威胁，特别是受到犹太人的威胁，犹太人是恶魔、骗子、世界资本家，斯拉夫人、罗姆人、亚洲人是劣等民族，雅利安族要有更好的生存空间，必须进行领土扩张。为了巩固对民众的思想统治，纳粹大力宣扬忠诚、纯洁、劳动、简朴和爱国主义等品格，并把有思想的知识分子说成是不可靠的、有危害性的阶层。这些也是匪夷所思的意识形态，居然也被当时的德国人接受。

由此看来，人群在某个时期的大规模愚昧和全民性狂热，在历史上是会经常发生的。在全民狂热的潮流心理裹挟之下，个人意志被消解到群体意识中。

这里涉及到群体心理问题。1895年，法国社会心理学家古斯塔夫·勒庞出版了《乌合之众：大众心理研究》一书。[1] 该书描述了群体心理的一般特征，分析了人们在群聚状态下的心理、道德、行为特征，并解释了为何群体往往呈现出"盲目"、"冲动"、"狂热"、"轻信"的特点，而统治者又是如何利用群体的这些特点建立和巩固自身的统治。关于什么是"群体"，勒庞认为是指聚集在一起的个人，无论他们属于什么民族、职业或性别，也不管是什么事情让他们走到了一起。个人将自己的情感与思想融入群体中，个体的差异从而被隐藏、模糊。勒庞还指出，群体有以下几种性格："冲动、易怒、缺乏理性、缺乏批判精神的判断力、对情感的过度夸张……"，"一个人沉浸在群体中一段时间后很快会发现由于群体仿佛有磁性的影响，集体的心理暗示造成我们是无知的，在一个特殊的状态下，很像一种类似于迷恋的状态，被催眠的个体发现自己在催眠者的手中"。因此，当个人是一个孤立的个体时，他有着自己鲜明的个性化特征，而当这个人融入了群体后，他的所有个性都会被这个群体所淹没，他的思想立刻就会被群体的思想所取代，因而表现出情绪化、无异议、低智商等特征。在这种心态下，人们甚至表现出极崇高的"为领袖、为国家、为集体"献身和不计名利的举动。

文革期间中国的群体心理，完全符合勒庞所分析的"乌合之众"症状。自觉和独立的个性的消失，每个人都是"小小的我"，感情和思想转向一个共同的方向，人们接受夸张性宣传和心理暗示进入集体意识

1. 截止2013年，古斯塔夫·勒庞的《乌合之众：大众心理研究》已被翻译成十几种语言。从2010年到2018年，中国新世界出版社、中央编译出版社、北京大学出版社、广西师范大学出版社、浙江文艺出版社、译林出版社、北京联合出版公司等共出版近20个中文版本。

实际上是无意识，所有人统统变成组织化的、群体的、低智商的人。于是，违反常理的极端，背离常识的狂热，无视事实的偏执，多数人的暴政，成为政治生活和日常生活的常态。从"多数人暴政"的角度来说，孤立的个人在实施暴力和其他犯罪行为时，会感到胆怯或担心受到惩罚，但如果是一群人或几十万甚至更多人一起实施某种行动，其中的个人就没有了畏惧感和犯罪感，群体情绪的传染性不仅使个人丧失正常的善恶判断能力，而且会感受到群体赋予他的力量，即使错了也是"法不责众"，从而产生狂热的激情。这其中的个人，哪怕是高智商的博学之士，也会如同芸芸众生一样失去分辨能力。

但是，在狂热和暴政中，"群体"实际上是受害者。二战中多少为希特勒卖命的年轻人死于战场，文革中多少衷心拥护"红太阳"并全力以赴保卫"无产阶级司令部"的群体，被抛弃、被残害，他们在彼时的狂热中却寡有醒悟者。他们以忠心为自豪，以牺牲为骄傲，从不怀疑自己行为的正当性，更不怀疑领袖的权威性。甚至至今还有不少人"无悔"并怀念当年，认为那是人生有价值的年月。再看看中国近代史上拼死"扶清灭洋"的义和团，最终却被清政府剿杀镇压；看看将权贵特供盛行的五六十年代视为空前公平廉洁时代、虽生活艰辛却坚称自己是国家主人的底层工人，可见群体心理的影响力可渗入到人们的骨髓。

如何解释这种现象？

上个世纪70年代，瑞典首都斯德哥尔摩发生一起抢劫银行案，劫匪劫持了四位银行职员，后在警方的干预下歹徒放弃作案。令人不解的是，事后这四名遭受挟持的银行职员，对绑架他们的劫匪显露出怜悯的情感，并产生好感，还帮劫匪辩护，一个女性人质甚至爱上了一个歹徒。社会学家和精神病理学家将这种状况称为"斯德哥尔摩症候群"（或称斯德哥尔摩综合症、斯德哥尔摩效应、人质情结、人质综合症）。其症状是被害人对加害人产生好感、依赖感，甚至参与加害人的行动。斯德哥尔摩症候群产生的原因主要是情绪依附、内心恐惧、屈服暴虐，也出于一种心理上的防卫机制，即受害者认为主动站在施害者或强权一边，就可以不再受到威胁，从而比较安全。学者们研究发现，这种症状普遍存在，不仅是被绑架者，集中营的囚犯、战俘、受虐妇女与乱伦的受害者，都有可能发生斯德哥尔摩综合症。

用"斯德哥尔摩综合症"来解释文革中的群体心理，有一定的说服力。在文革时代，人们的生死荣辱被强权操控，很多人受到迫害，成为那个时代的牺牲品，但这个时代与这些人的生命意义相联系，是他们情感的依附，是他们可以言说的人生故事的资源库，因此他们提升并夸大这个时代的价值，把对强权的膜拜和恐惧化解为自觉的归顺和服从，在心理上对这个荒诞的时代产生依赖感，对加害自己的暴虐行为忽略不计，甚至做同情的理解。我们看到，文革结束后一直有人对文革表示依恋，唱文革歌曲，跳忠字舞，重演文革政治仪式，用文革语言写大批判文章，就是典型的"斯德哥尔摩症候群"。还有很多党政机构的老干部，在文革中被毛泽东发动起来的红卫兵批判、揪斗、"架飞机"，打得遍体鳞伤，九死一生，但却始终坚持自己是绝对忠诚于"毛主席革命路线"的。有些与毛泽东熟识的高层领导人，文革中受到迫害，他们在生命奄奄一息之际，还在请求毛泽东"救救我"，寻求毛的保护。"林彪反党集团"中被囚禁的一些成员，多年以后还写回忆录说自己从来都是拥护毛主席，忠于毛主席的。[1] 对于强权的依附和归顺，确实是一种比较普遍的现象，人们常常可以看到，在政府机关和商业机构，强势的领导人身边往往有很多谄媚拥戴的人群，这些人群的自我保护意识使他们依附强势，寻求安全感，甚至在受到强势领导人的压力和作践之下，也会如此。

　　"斯德哥尔摩综合症"是人性的一个弱点，是病态的心理。在中国浓厚的封建主义意识形态影响之下，国人的这种心理弱点十分明显，在文革中表现特别突出。我们在反省文革的教训时，应该深刻认识民族性中的缺陷。我们看到，当有人批评中华民族性中的"丑陋"现象时，常常被认为是"丑化中华民族"，"背叛列祖列宗"，"向伟大的中国人民泼脏水"。实际上，世界上各民族都有自己的长处，也有自己的缺陷，人无完人，民族也不可能非常完美。伟大的思想家鲁迅，就是批判中国民族性的一名勇士，他毫不留情地批判中国人的冷血，批判民众冷漠地围观日本人杀中国人，愚昧地吃人血馒头治病，批判阿Q精神，批判中国农民的麻木，他放弃医学专业而从文，就是为了唤醒中国人。在中国，对民族性的批判，没有人比鲁迅更犀利、深刻。而鲁迅对中华民族有着非常深沉的爱，他"哀其不幸，怒其不争"， 揭露民

1. 《岁月艰难：吴法宪回忆录》，香港北星出版社，2006年9月；《邱会作回忆录》，上下册，香港新世纪出版社，2011年1月。

族丑陋正是为了医治民族疾病。正因为如此，鲁迅逝世后人们在他的棺木上覆盖一面"民族魂"的旗帜。

德国前总理施罗德说："对纳粹主义及其发动的战争、种族屠杀和其他暴行的记忆，已经成为我们民族自身认同的一个组成部分。"民族自尊心并不排斥对民族耻辱的直面，今天，我们反思文革，反思文革中所表现出来的民族性的丑陋，恰好是为了克服民族缺陷，保证世世代代不再发生文革这样的悲剧。

一些对"文化大革命"反省的文章和著作，往往使人有隔靴搔痒的感觉，其中一个重要原因，是对极权主义认识的不彻底。文革中极权主义的横行，到了登峰造极的程度。而文革的极权主义反文明、反人类的性质，始终没有作为定论被任何官方或准官方的文本所提出。目前所见到的最严厉的定论是：文革是一场"给党、国家和人民带来严重灾难的内乱"。如果只认为是一场"内乱"，不深究其反文明、反人类的性质，那么我们的反省只能说是浅层次的。美籍犹太思想家阿伦特在《极权主义的起源》（1951）一书中对极权主义的批判，我认为至少有三点值得思考：第一，反极权主义究竟是出于复仇还是出于正义。她分析了对纳粹分子艾希曼的审判这个案例，她说，如果审判"只是表现了其他的东西：痛苦、怯懦、背叛、耻辱，也许尤其是复仇"，"审判的正义在一开始就有一个可怕的报复的基础"。不是出于正义而是出于仇恨和报复来审判纳粹，这就背离了事情的本质。"正义本身应该是一个普遍的标准。艾克曼应该为他的反人类罪，而不是反犹太人罪受审。"第二，个人行为与组织化行为的问题，阿伦特在批判纳粹暴行的同时对极权主义何以能实施做了深刻分析，她认为极权主义不仅是反文明、反人类的，而且是组织化行为。也正是因为"组织化"，才有如此巨大的力量，"极权主义宣传的真正目的不是劝说而是组织"。所以我们在反思文革时不能将这场暴行的发动完全归结为个人行为，要看到它是自上而下的全党、全国的组织化行为；正因为如此，"国家罪错"的概念才能有根据地成立，从而使历史回归真实，使责任更加清晰。第三，阿伦特还进一步分析了"平庸之恶"，艾希曼们为自己辩护说只是像机器一般麻木不仁地顺从纳粹上级的指令，并不是出于发自内心的本意，即使如此，这些行为也是施行暴力的"平庸之恶"。在阿伦特看来，平庸之恶是一种深植于人性中对道德的轻率、逃避和扭曲的反人性之恶。对比阿伦特对纳粹的论述，我们对文革极权主义的反省，远没有达到50年代阿伦特的高度，所以对文革的研究，在理论上远未终止。极权主义之所以特别值得研究，还因为与专制主义相比较，极权主义有更广泛的群众基础。一般来说，专制主义不会有众多民众跟随，而极权主义却有大多数百姓死心塌地的拥护，如希特勒治下的德国。极权主义是一种历史怪胎：它的最狂热的拥护者，最后也成了它的最深重的受害者；甚至在成了受害者之后仍然是它的狂热的拥护者。这是因为，极权主义是基于一种意识形态乌托邦，它以美好的愿景迷惑人民群众，随之以残酷的手段维持暴政，以"组织化"的群众运动对社会进行破坏性的改造，让人们相信这种改造会造就一个完美的社会体制。根据阿伦特的说法，那么多人之所以信服极权主义，原因在于极权主义的基础就是无结构的群众，极权主义不仅得到群众空前的支持，而且这种支持有时甚至具有无私、超功利的特点，他们不但愿意牺牲自己，而且愿意牺牲家人和朋友。专制主义仅仅要求被统治者的"服从"，而极权主义则要求"被统治者"发自内心的"合作"。纳粹大屠杀中一个不容忽视的因素，是受害人的合作。极权主义迫使被统治者成为"顺民"，它的手段是对人进行改造、"洗脑"。这种"洗脑"，就是以美好的未来社会蓝图、以乌托邦作为愿景，跳过人性通过意识形态对困惑、孤独、怨恨、欲望、失落、恐惧、无力感等社会情绪进行系统整理，正好迎合了下层普通民众的心理需求，因此具有巨大诱惑力和能量。中国文革中盛行的极权主义，就是这种情况，但至今没有得到深入研究。

第四，必须制定防止"文化大革命"重演的法律条款，制裁赞美文革、歌颂文革、恢复文革秩序的一切言行。

目前关于文革的定论，官方文件除了中共十一届六中全会通过的《关于建国以来党的若干历史问题的决议》之外，尚无法律方面的相关文件。《决议》在政治上可能有约束力，但在言行上没有法律效力。

这里仍然以德国为例。二战后，联邦德国颁布了一系列法律条文和动用各种法律手段，以防止纳粹沉渣泛起和新纳粹产生。1952年10月，经联邦宪法法院判决，取缔了1949年成立的新法西斯组织"社会主义帝国党"；1982年1月联邦内政部取缔了新纳粹组织"德国人民社会主义劳动党"，1983年查禁了"国家社会主义者行动阵线"。1994年5月，联邦议会通过了《反纳粹和反刑事犯罪法》，明确禁止否认大屠杀的言论与行为，不准以任何形式宣传纳粹思想，禁止使用任何具有纳粹象征的标记符号、标语、徽章、口号和敬礼仪式，凡是否认德国在战时对犹太人进行大屠杀的言论与行为也将受到严惩。根据该法律的相关条款，对同情纳粹、对犹太人进行诽谤、攻击和恶意伤害者，或宣扬种族歧视、否认希特勒第三帝国大屠杀犯罪行为者，可依法判处3—5年徒刑。关于对受害者的赔偿，1953年，联邦德国通过了第一个战争受害者赔偿法，规定凡在二战中受到政治、种族和宗教迫害的，都可以得到赔偿，首先得到赔偿的是犹太人。联邦德国政府还同有关国家犹太人组织签订了双边赔偿协定。除政府赔偿外，在纳粹时期曾强迫外国人和集中营囚犯做苦役的德国大公司也要进行赔偿，为此设立了赔偿基金。据2007年默克尔总理提供的数字，战后历时60多年的赔款总数大约640亿欧元。

反观中国对于文革的立法，实际上是空白。文革结束以来，反复出现怀念文革、歌颂文革的思潮和言行，甚至公然为文革翻案、鼓吹文革的"辉煌成就"的举动畅行无阻，这种倒行逆施自然引起了人民的公愤。其原因，主要是中央高层并没有彻底反省文革，甚至认可文革的一些做法，而底层百姓本来就没有经历反思文革的思想洗礼，"上行下效"，因而浊浪滚滚而来。遏止文革重演，除了全民对文革灾难及根源的深刻认识之外，还需要有法律的制约。应该制定《文革罪行追溯及复辟行为惩罚法》，对文革的发起者和施暴者进行罪责追究，对文革后各种美化文革、为文革翻案的行为定罪，对在公众场合展现并宣扬文革标志物、表演赞扬文革的歌舞、沿袭文革个人崇拜仪式的行为实施惩罚。从法律上否定文革，是纠正文革错误、防止文革再现的制度性保障。

第五，为了让子孙后代了解文革，记取文革的沉痛教训，必须在学校教育中纳入反思文革的专题内容。

上个世纪70年代以后出生的人，现在已是中年人，他们对文革没有记忆，更没有经历历史的反思。对于现在的年轻人来说，文革是非常遥远的过去，他们不知道中国六七十年代曾经发生过全国性的武斗、大屠杀，对"走资派"的"架飞机"、"踏上一只脚"，不知道对"思想犯"的残酷迫害和割喉管式的杀害，不知道有宗教般个人崇拜的全民狂热。

接受历史教训的重要途径之一，是对后代的教育。将历史的真相、根源和反思的内容列入学校教科书，将文革的证物陈列出来，对后代进行分辨野蛮与文明的教育，是中华民族重生和走向未来的重要途径。

德国社会对纳粹大屠杀的反省，深入到学校教育，并作为学校教育的重要目标。1978年，联邦德国各州教育部长联席会议通过决议，重申学校教育中应积极抵制对第三帝国及其代表人物所犯罪行的掩饰或赞扬。紧接着，联邦德国文化部长要求课堂教学中增加介绍纳粹主义的内容，培养学生批判纳粹意识形态的思想观念。东西德统一后，柏林州议会于2004年制定了《柏林州学校法》，该法明确规定：学校教育的目的是，使培养出的人有能力坚决抵制纳粹意识形态和其他追求暴力统治的政治学说，有能力塑造建立在民主、和平、自由、人类尊严、男女平等基础上并与自然和环境相和谐的国家和社会生活。按照柏林州的教学大纲，为9年级学生历史课编写的《民族国家与世界大战》一书，把分析纳粹历史作为重点，而为11—13年级编写的当代史，要求通过学习"纳粹独裁—问题和分歧"这一内容，使学生深入了解德国是如何从魏玛共和国走向纳粹独裁的，探讨和分析纳粹是如何走向灭绝欧洲犹太人之路的，反思在人类文明发展到20世纪时德国社会为什么会出现如此野蛮的状态。德国其他联邦州也都有类似的关于将反纳粹主义纳入教科书的法律。

不仅在学校开展反对纳粹的教育，在政府主导下，全社会都认真反省纳粹暴行。1979年，联邦德国各州的电视台转播了美国电视系列片《大屠杀》，该片全面揭露了希特勒及纳粹的反人类罪行，引起了民众的震撼。统一后的德国，更加紧了关于反纳粹主义的教育。1995年二战结束50周年之际，德国政府在柏林市中心修建了"恐怖之地"战争纪念馆；1998年10月，在德国东部城市马格德堡，为遭受杀戮的吉普赛人建立了专门纪念碑；2005年5月10日，作为第二次世界大战胜利日60周年庆祝活动的一部分，位于柏林市中心的"欧洲犹太人大屠杀纪念碑"举行了庄严隆重的揭幕仪式。上世纪90年代以来，德国社会各阶层每年都要在集中营旧址、主要战场、博物馆、西方盟军和苏军的墓地举行各种各样的纪念活动，提醒德国人不要忘记和忽视纳粹犯下的罪行。今天，在德国如果出现否定纳粹罪行，重现纳粹标志的行为，一定会引起公众的愤慨和受到法律的制裁。

以上五个方面，是彻底否定文革、杜绝文革重演的必要举措。否则，愈演愈烈的为文革翻案的思潮不仅会将导致文革再来一次，而且中华民族复兴之路将暗无前途。"人类反抗暴政的斗争，就是记忆反抗遗忘的斗争"（昆德拉）。当前，无数头脑清醒的人们已发出警告："文化大革命"并没有远去，我们要万分警醒。同时，我们也要认识到，重大的社会灾难和危机是催生新的社会共识的历史契机，为了中华民族的民主、兴旺、富强，我们应该正视历史，甩掉包袱，大踏步走向未来。

（六）言论自由与思想市场

80年代论述"言论自由"的经典之一，是胡平的长文《论言论自由》（《青年论坛》1986年7月号、9月号），我在本书第四章中做了比较详细的介绍和评论。1986年9月，编辑部在北京举办了《论言论自由》的座谈会，与会者对胡平文章均予以很高的评价，被誉为"汉语思想的瑰宝"、"20世纪中国人权宣言"、"当代政治、思想的经典之作"，其"意义不亚于穆勒的《论自由》"。著名法学教授杜汝楫先生认为，胡平"对言论自由所涉及的问题，几乎全部谈到了。论文写得很有说服力，既有理论分析，又有实际材料，逻辑严谨"。还有学者说："胡平的文章是一个标志，是中国新型知识分子人格逐渐形成、新的知识分子的典范逐渐形成的一个标志。"

早在20世纪初，李大钊就深刻论述了言论自由和思想自由不可禁止。他说：

> 禁止思想是绝对不可能的，因为思想有超越一切的力量。监狱、刑罚、苦痛、穷困，乃至死杀，思想都能自由去思想他们，超越他们。这些东西，都不能钳制思想，束缚思想，禁止思想。这些东西，在思想中全没有一点价值，没有一点权威。
>
> 思想是绝对的自由，是不能禁止的自由，禁止思想自由的，断断没有一点的效果。你要禁止他，他的力量便跟着你的禁止越发强大。你怎样禁止他、制抑他、绝灭他、摧残他，他便怎样生存、发展、传播、滋荣，因为思想的性质力量，本来如此。我奉劝禁遏言论、思想自由的注意，要利用言论自由来破坏危险思

想，不要借口危险思想来禁止言论自由。[1]

　　早期的思想者即有此认识，但在50年代以后的中国，人们对思想自由和言论自由的问题却噤若寒蝉，胡平的《论言论自由》一文犹如划破夜空的一道闪电，引起思想界高度关注。在胡平之前，还有另一位曾被历史淹没的思想家顾准，对言论自由和思想自由有过深邃的论述。文革后期，受尽迫害、病入膏肓的顾准写道：“学术自由和思想自由是民主的基础，而不是依赖于民主才能存在的东西，因为，说到底，民主不过是方法，根本的前提是进步，唯有看到权威主义会扼杀进步，权威主义是与科学精神水火不相容的，民主才是必须采用的方法。唯有科学精神才足以保证人类的进步，也唯有科学精神才足以打破权威主义和权威主义下面恩赐的民主。”顾准70年代去世，直到90年代，《顾准文集》和《顾准日记》才得以出版，这是思想界和出版界的重大事件，受到普遍关注。

　　80年代以后，中国言论空间愈来愈逼仄，“言论自由”成为欲说还休的敏感话题，胡平和顾准的观点成为这一领域的理论终点。进入21世纪，中国和世界的政治格局、思想格局发生了剧烈变化，关于言论自由的探讨，包括内涵、目的、方向、方式、极权控制、科技霸权等问题，都需要有新的学术学理分析和思想理论指引。在思路上，一方面要延伸胡平的理论脉络，在多个层面展开，另一方面要面对世事发展的新情况新问题，开拓新的研究领域。面对中国和世界在言论自由领域出现的新情况，我仅提出一些问题和思考脉络，供读者深入研究做参考。

　　在新格局下，“思想市场”成为一个热门话题。人们一提到“市场经济”，就理所当然地理解为物质商品市场。然而，如果没有思想市场，社会就是跛足的、畸形的。物质产品的流通产生经济价值，思想的流通产生精神价值和社会价值。一个强大的国家和民族，固然需要拥有坚实的物质基础和经济能量，但思想高度和理论成就是不可或缺的制高点。甚至可以说，思想崛起是一个国家和民族真正崛起的标志。不能想象，一个伟大的国家和民族，仅有巨大的经济体量、物质财富，而没有伟大的思想家、学问家、理论家。思想崛起的必要前提，是有

1. 李大钊：《危险思想与言论自由》，《每周评论》第24号（1919年6月1日）

一个完善的思想市场。与物质产品不同，思想产品不能格式化、标准化，不能物化，不能批量生产。思想的特性是个性化，它需要在交流、批判、碰撞中获得成熟和发展，从而成为指引社会前进的明灯。

为什么必须有思想市场？

首先，思想的正确与错误，没有一个先验的标准，没有一个事先的答案。只有在比较和交流中，在不断的试错和证伪的实践中，才能得到完善。交流和交换，就是市场方式。人类思想发展的历史证明，思想的进步和发展，都是在不同观念激烈竞争中旧观念不断被新观念取代的结果。鼓励不同观点进行辩论，放开思想市场，是促进思想提升的必由之路。不记得在什么地方看到过著名法官霍姆斯的两段话："真理只有在思想市场上，才能得到最好的检验"，"就算那些噪声之语存在错谬，但也可能，而且通常是，包含了部分真理……就算我们相信眼前的意见都是真理，若不容它接受对立意见的挑战和检验，人们对它的理性依据将缺少领会与感知"。这两段话说明思想市场的重要性。

其次，人类的思维模式，普遍存在路径依赖、固化守陈、心理定势的特点，某种观念一旦取得支配地位，就会强势沿袭下去，很难改变。这就需要由市场来冲击，通过各种观念的冲突、较量，淘汰过时的、无理的甚至荒诞的观念，产生新的、合理的思想。

第三，在极权国家宣传机器控制下，人们的思想由于被"洗脑"而变得非常"程式化"、"一统化"，而且极为僵化、偏执、自信，从而选择性地看待现实，宁可相信那些子虚乌有的说辞，也不愿认可眼前明摆着的事实。英国牛津大学教授凯瑟琳·泰勒在《洗脑：思想控制的科学》中指出，人轻信而偏执的想法大多是外来灌注，而自己又缺乏思考的结果。[1] 在"一统化"的囚禁中，文学、艺术、学术等各种精神活动都要归于一种原则和一个模式，归于一个领导，这就违背了精神生产的规律。只有开放思想市场，才能解构程式化而实现多元化，让人恢复正常的脑子。不过这里有一个悖论，在极权国家，不可能开放思想市场；有思想市场的国家，不会是极权政府。这个问题，在胡平的文章里也提到过，这是一个难题，至今尚未找到解决的途径，需要深入研究。

第四，放开思想市场，可以避免重大的决策失误。人们往往以为

---

1. Brainwashing: The Science of Thought Control，2004

领导是英明超人，他们站得高看得远，制定的方针政策不会错。但实际上，领导人的思维也是有局限的，他们的决策，很多时候不是依据科学和事实，而是凭借权力定下来的，因而是武断的不合理的。我们看近几十年来的一些重大决策，如反"胡风集团"、大跃进、反右派运动、文化大革命等，都是非常错误的，造成巨大损失和恶劣影响。还有人口政策，翻来覆去，大起大落，对国家发展和个人家庭产生长远的不可挽回的损失，引起公众的强烈不满。如果有思想市场，让各种观点进行交流交锋，辨明是非，然后再做出决策，就可能较好地避免这些失误。

在此我引用著名科学家爱因斯坦的两段话，作为言论自由和思想市场必要性的注解：

> 我们所碰到的，不仅是保障和维持和平的技术问题，而且还有启蒙和教育的重要任务。如果我们要抵抗那些威胁学术自由和个人自由的势力，我们就应当清醒地意识到，自由本身正处在危险之中；我们应当体会到，我们的先辈通过艰苦斗争所赢得的自由，给了我们多大的恩惠。
>
> 要是没有这种自由，就不会有莎士比亚、歌德、牛顿、法拉第、巴斯德和李斯特。人民群众就不会有像样的家庭生活，不会有铁路和无线电，不会有防治传染病的办法，不会有廉价书籍，不会有文化，不会有艺术的普遍享受。也就不会有把人从生产生活必需品所需要的苦役中解放出来的机器。要是没有这些自由，大多数人会过着被压迫和被奴役的生活，就像在古代亚洲的庞大专制帝国中所过的生活那样。只有在自由的社会中，人才能有所发明，并且创造出文化价值，使现代人生活得有意义。[1]

思想市场主要通过媒体运作（也可通过研讨会、座谈会、辩论面对面交流思想）。在民主国家，多数媒体是民办的，主要受民意和经济利益支配，各种观点五花八门，政府不可能完全控制，思想市场面临的是技术和方式的问题，那是高一个层次的问题。我们现在的媒体基本上是"官媒"，即使是自媒体也受到严格控制，面临的是思想市场"如何可能"的问题，因此更值得研究。

---

1. 爱因斯坦：《文明和科学》（1933年10月3日在伦敦皇家阿尔伯特纪念厅演讲）

进入21世纪，随着高科技的发展，世界上数量众多的社交网站、资讯平台不断升级完善，推特、脸书、油管、微信以及各种传播方式大规模普及，受众动辄数以千万、数以亿计，而纸质媒体断崖式地衰落，言论环境发生了划时代的变化。面对数量庞大的意见发布者，如何管理，制定哪些言论规则，什么情况下对什么言论封杀，成为一个非常复杂的问题，其中涉及到很多具体的法律问题。在以往的法律条文中，无论中国和西方，都只是禁止媒体中黄色、暴力和其他危害公共秩序的言论，而对群体意见对立、党派争执、选举争议等都没有裁决条款。2020年美国大选出现混乱局面，媒体陷于党派斗争中，选择性地支持或打压某一方，这种状况向人们提出了关于"言论自由"的新课题：媒体（包括官方和私营媒体），是"社会公器"吗？私营媒体是否有权倒向争议中的一边，封杀另一派的言论？其法律依据何在？法官如何裁决这类诉讼？

　　在美国司法界以往的判例中，经常是倾向于维护媒体权利的。如1960年"纽约时报诉沙利文案"，其案情大致如下：1960年3月29日，美国黑人领袖马丁·路德·金的支持者们在《纽约时报》刊出了一份政治宣传广告，指责官员们正采取非法手段破坏民权运动，但文中对事实有所夸大，增加了金被逮捕的次数、修改了虐待事件的具体细节。广告指责"南方违宪者"搞种族歧视，亚拉巴马州蒙哥马利市警局负责人沙利文认为这则广告指责的"南方违宪者"很容易被人以为是自己，就起诉《纽约时报》有诽谤罪，要求赔偿50万美元。这个官司打了四年，一直打到联邦最高法院，最后9位大法官在以9票对零票一致通过裁决，宣布媒体在"对错误陈述信以为真"的前提下发布不实之词，应豁免于诽谤诉讼。这个案子使我们领悟到：如果政府发布谎言是合法的，而媒体报道的事件仅仅是细节上的失真，就判为违法，这是不公正的。另外一个判例是"五角大楼文件案"，1971年6月，美国《纽约时报》、《华盛顿邮报》刊登了关于美国卷入越战的国防部秘密文件，美国国防部和司法部事先曾阻止这两家媒体公布保密材料，两家媒体不从，引起法律诉讼。最后，联邦最高法院根据《第一修正案》，以6比3的表决结果判决《纽约时报》与《华盛顿邮报》胜诉，拒绝禁止五角大楼文件的出版，新闻界获得了胜利。西方国家关于表达自由的法律条款，原则上是禁止基于内容的规制，反对对言论的内容或实质进行审查。正如有人说"第一修正案之下不存在所谓错误的观点"，意指在公共对话中，一切言论都被视为"意见"，而意见是不分真假、对错和好坏的。这就给媒体自由发表言论提供了保护。写到这里，我联想到《青年论坛》被迫停刊，的确是没有法律依据的，仅仅指责刊物发表的几篇文章不符合当局的意志，由高层领导个人发声，就强令停刊，这就是因言获罪，这在民主政体下是不可想象的。

美国的司法传统在2020年受到挑战。几乎所有媒体都卷入到大选的党派斗争中，都在"选边站"，选择性地报道事实，形成媒体霸权；被金融大鳄收购的媒体，更是左右了舆论导向，显示出金融霸权。人们质疑：号称"民主灯塔"的美国，新闻的客观、公正性何在？公众媒体还是不是社会公器？法律十分尴尬。

美国法律有条款对媒体赋予了审核内容的权利，但审核的标准和尺度是模糊的，审核权的空间是有伸缩性的。这使法律陷于困境。在网络媒体大规模发展的今天，研究言论自由绕不开这些新问题。中国的自媒体，包括微信、博客、微博、公众号等，也经常因为删帖、封号、禁言等问题引起纠纷。但中国不可能上升到法律层面，封了就封了，没有地方去说理，更没有法院受理这类案子。由此看来，中国和美国一样，都有媒体霸权问题，不同的是，美国的媒体霸权是媒体本身坐大强势独断，而中国的媒体霸权是被赋予的或被授意的。80年代中国网络不发达，尚没有自媒体一说，在讨论言论自由时不可能涉及到这方面的问题。而今天思想界非常关注这个问题。

谈思想市场，不能不提到西方正在讨论的"封杀文化"现象，这是近年来的一个热门话题。美国著名的韦氏词典（Merriam-Webster）将"封杀文化"评选为"年度词汇"，美国哈佛大学法学院教授艾伦·德肖维茨前不久出版了一本著作《Cancel Culture: The Latest Attack on Free Speech and Due Process》，分析了"封杀文化"（也称"抵制文化"、"取消文化"）的背景和现状，作者称封杀文化是美国民主、精英领导制、正当程序和言论自由的毒瘤，它正在扼杀创造力、危及基本自由、误导学生、抹杀历史、赋予极端分子权力、摧毁来之不易的遗产——所有这些都没有问责制或透明度。艾伦·德肖维茨说，封杀文化是运用公众舆论、社交媒体、经济抵制威胁和其他受宪法保护的私人行动方式的力量，这种力量被互联网和社交媒体的应用普及和传播速度所放大，而互联网和社交媒体正是"封杀文化"利用的首选武器。封杀文化回避了人们对正当程序的需求，也不需要任何借由证据和司法而揭示真相的过程。另一方面，实施封杀文化的主体却基本不受监管。按照我的理解，"抵制"是从受众的角度说的，但"封杀"是从抑制、实施权力的角度来说的。媒体、出版商、政府主管部门利用所掌握的权力，禁止某种思想表达，禁止异议的文学作品、影视作品出版、播放，在各种媒体上限制一些"敏感"话语，这都是封杀。

由此看来，即使是早已建立思想市场的民主体制国家，在高科技迅猛发展的背景下，言论自由也面临新的挑战。如：如何确定媒体审查言论的界限？法律如何处置不当的"封杀"行为？媒体若故意散布假新闻如何惩罚？所以，今天谈论言论自由，与80年代已大不相同了。

与言论自由相联系的，还有全民监控的问题。这里不仅涉及言论，而且还涉及监控行动。由于通讯卫星、监视卫星布满星空，地面也遍布监控摄像镜头，加上人脸识别技术可以清晰地观察到人的眼睫毛，当代科技已解除了个人的隐私。

2001年美国在遭受"9.11"恐怖袭击之后，美国国会通过了《美国爱国者法案》，法案以反对恐怖主义和维护国土安全为由，扩大了执法和司法权力以及警察机关可管理的活动范围，使监控网民活动合法化。安全部门大规模监听电话和收集互联网数据，这种做法被认为是侵犯和践踏了隐私权，伤害了民主自由原则，而奥巴马总统认为监控通话和互联网数据没有侵犯美国人隐私。《美国爱国者法案》原本具有时效限制，但自法案通过后，美国国会多次予以延长。美国的网络信息监听活动到2011年结束，但法案中限制公民权的部分至今依旧有效：检察官和情报机构得以在未经法律许可的情况下对电话、网络通讯以及金融交易进行监控。美国国内民众对这项联邦法案一直存在争议，反对恐怖主义、保护人民安全与尊重人的自由和隐私，其间的法律界限如何确定，确实是一个很复杂的难题。

2020年美国总统大选中各社交媒体的表现，加深了人们对隐私安全的担忧。据《彭博商业周刊》载文，2020年1月，美国几家科技巨头联手封杀特朗普的社交媒体账户，其中脸书宣布将无限期封禁特朗普的脸书和Instagram账号。随后推特也宣布永久封禁特朗普账号，并删除了账号所有的历史信息。同时，这两家社交媒体平台还清理了许多右翼团体的账户。紧接着YouTube宣布冻结特朗普的账号至少一周，还将查封特朗普发布的视频下的评论。与此同时，亚马逊、苹果、谷歌也宣布取消社交平台Parler的网页托管服务，并从应用商店下架了Parler的手机端App。在短短3天里，脸书、推特、亚马逊、苹果、谷歌这5家科技公司几乎是一起出手，用雷霆手段整顿了网络右翼势力，不但肃清了大批账户，还联手"绞杀"了Parler，这在社交媒体的发展历史上还从未有过。科技巨头如此深度介入政治并大规模禁言封号，使人们对科技巨头展现出的强大和霸权产生了更深的恐惧和防备。即使是特朗普的批评者，也对这种做法产生了疑虑。在特朗普被封禁之后，包括德国总理默克尔、法国财政部部长勒梅尔在内的多位欧洲领导人都对美国科技巨头们的做法表达出了警惕，认为它们的权力过大了。出于自我保护，网民纷纷抛弃这些由科技巨头把控的平台，涌向非主流的小众加密聊天软件，其中Telegram在三天内增加了2500万用户，Signal在一天之内新增了130万用户。Telegram和Signal都是支持"端到端加密"的社交工具，即用户之间发送的通信内容是加密的，只有彼此能看到，任何第三方都看不到，就连服务提供商自己也不行，这就极大地保证了私密性。网民的自主选择，用Telegram创始人保罗·杜洛夫的话说，美国正在发生一场"史上最大的数字迁徙"。

关于网民从美国社交媒体上大迁徙的后果，《彭博商业周刊》的分析认为，最明显的就是造成美国网络公共空间的进一步分化。以往不同观点的网民在社交平台上吵来吵去，但大家起码都是在同一个公共平台上讨论问题。大迁徙之后，很有可能未来的脸书和推特变成了特定群体的阵地，而Telegram和Signal则变成了其他群体的阵地。美国的主流社交媒体，将不再是一个能够聚拢各方声音的平台。由此看来，科技和媒体霸权问题，个人隐私问题，都必须列入当代言论自由讨论的范围。

在中国，对全民监控近年来原来越普遍，监听私人电话和收集个人数据（包括邮件、聊天记录、个人行踪、身份数据等）已成为常态，且没有法律限制。很多学校的课室里都安装了摄像头，当局在学生中招募"信息员"，用来监控教师和学生的言行。除安全部门外，各门户网站、购物网站、公共服务网站也肆无忌惮地收集个人信息，然而很少人对此发出异议。说"肆无忌惮"并不过分，中国国家互联网信息办公室2021年6月11日发出通告，经检测发现全国有129款App运营者非法获取、超范围收集、过度索权等侵害个人信息的现象，其中包括新闻资讯类、网络直播类、应用商店类、网上购物类、运动健身类、女性健康类、学习教育类、婚恋相亲类等各个领域，要求App运营者限期进行整改。在国家互联网信息办公室发出此通告的前一天，第十三届全国人民代表大会常务委员会第二十九次会议通过了《数据安全法》三审稿，该法提到任何组织、个人收集数据，应当采取合法、正当的方式，不得窃取或者以其他非法方式获取数据，但没有明确提出保护个人隐私的问题，主要强调为维护国家安全而收集各种数据的合法性。实际上，从上到下的各级党政部门也都在超范围收集个人信息，上行下效，你可以"放火"，我为什么不能"点灯"？再说，法律往往都是一纸空文，如宪法规定公民有言论、出版、集会、结社、游行示威的权利，现实中有吗？中共中央宣传部发出的指令，可以约束十几亿非党人士，中国公民从来没有通过任何程序赋予中宣部这样的权力。还有"党管干部"，不是党员的工厂车间主任也由党来管，这就背离宪法很远了。所以，我们谈言论自由，首先要落实了宪法条款才能谈其他。

在言论空间方面，如今更加狭窄，不仅一些历史事件、人物评价、公众话题以及很多日常语言都成为"敏感"词语，甚至连某些特定日期都是禁忌。由党政机构设立的网络审查监管部门，数量众多，队伍庞大，制定了无数的语言文字禁区。人们不清楚在什么情况下是"妄议"，什么情况下是"不知敬畏"，说话必须战战兢兢，谨小慎微，不知道在哪里会犯了什么忌讳。为了避开有可能遭到封杀和惩戒的后果，人们常常用隐喻、隐语、谐音、外来语、暗号甚至黑话进行交流，这真是前所未有的中国语言奇观，也实在是汉语言的悲剧。当然，中国网民的语言天赋在这种环境中也发挥到了极致。

在高科技发展到可以完全监控个人行踪和细微地进行人脸识别的阶段，如果没有法律制约，言论自由和个人隐私肯定得不到保障。如今，有中国企业在公众媒体上十分招摇地宣称研发出"合理监控"的技术，实际上是公开认可全民监控的合法性。

中国在言论发表方面还出现了一个新情况，就是自媒体的出现。自媒体是指普通大众通过网络等途径向外发布他们自身的经历、新闻和见解的传播方式。传统媒体如报纸、杂志、广播、电视等，是组织化的、面向公众的媒体，而自媒体具有私人化、平民化、个性化、确定受众化的特征。

自媒体解除了过去必须由编辑审核后才能发布言论的制约，使普通民众可以根据个人意愿随时随地发表新闻和言论，形成巨大的媒体空间。发表言论如此简单，自己制作或选定的文字、图片、视频等内容，只需动动手指，瞬间即可传播。数以亿计的网民获得了对社会新闻、社会公众事件的自主发言权，并激发出强烈的参与感。人们看到，普通百姓对社会公众问题的议论，从来没有像现在这样热烈。每隔一段时间出现的社会热门话题，都会引起网民的围观、评论，如：对违背公德者的道德愤慨，对社会弱者的同情，对某些人物的嘲讽，对公共事件的评论，对国际关系的点评，其中较多的是对滥用公权力的谴责。近些年来的社会热门话题诸如：郭美美和红十字会的关系，央视主持人毕福剑在酒桌羞辱《智取威虎山》唱段，上海"楼脆脆"、重庆公交车坠河，方方"疫情日记"，武汉"封城"，中美贸易战，美国大选，国家发布可生三胎政策，数字人民币发行，复旦大学姜文华割书记脖子，公务员上交奖金、补贴，郑州暴雨洪水，东京奥运会以及跳水金牌获得者全红婵，塔利班再次主政阿富汗、以及反贪腐"打老虎"、转基因、高考、楼市、强拆、城管、维权、医患关系等等，无不引起网民热议，参与者众多。网民的议论形式，很多是在某一个帖子后面留言，简短尖刻，情绪激烈，其中还有粗言秽语，无节制发泄，但也不乏犀利深刻之论。

因这些评论在多数时候与主政者的意见相左，所以有研究者认为，这是社会弱势群体因其现实生存空间受到挤压而以网络为宣泄出口，借此表达对于优势阶层的愤懑和不满，虽然也不失为某些真实社会镜像的折射，但充满了"污名化"、"草根的怨恨"，是反智、反精英、反权贵的话语体系。论者将这个现象称为网络逆袭，并认为，这种现实与虚拟空间的反转形成的网络狂欢，是野蛮生长在现有体制缝隙里并得以逆风绽开的一簇簇罂粟花，带来了社会文化心理的失衡和扭曲，进而加剧了阶层敌视的痛点，转型社会因此愈加充满了不安的张力。[1] 我认为，这些弱势群体在现有体制里并没有多少发言权，只能在"缝隙"表达心声，如果连这点"言论自由"也没有，这个社会也太不正

1.贾彦峰：《网络逆袭与文化断裂:阶层对抗的错位异动》，《北京社会科学》2016年第12期

常了。更何况，这些围观、热议中，很多论者是站在道德的制高点上发表大义凛然的辩词，是"主旋律"的。所以称"网络逆袭"是不妥当的，我认为还是称"网民热议"比较好。学者孙立平提出当前中国出现"社会断裂"现象，即"上层寡头化，下层民粹化"。"民粹化"的网民大多数都有很强的发声欲望，激进的"网络民粹主义"倒是非常值得注意。

一般来说，只要不涉及政治敏感问题，"网民热议"是被允许的，这当然也算是一种"言论自由"。由于自媒体的诞生，言论管控越来越困难。普通大众有了计算机和智能手机，可以通过网络等途径发表自己的见闻和见解，而且可以与国际信息互通，国家要控制言论，必须动用上百万的管理人员和网警。这是数字科技发明后出现的新情况，使当局感到十分难办。不过当局也可以运用科技手段，确定名目繁多、数量巨大的敏感词，凡涉及这些敏感词，网络即自动删除。很多网民都有帖子被删除、账号被封杀的经历。但"百密一疏"，总是有网民逃过管控的，而且每天上千万上亿的帖子和评论，如何管得过来。近几年来人们看到，在一些微信群里，虽然发帖不断被封杀，但讨论敏感问题的言论却越来越多，管控似乎有漏洞了。加上网民发挥了语言天赋，用各种方式取代敏感词，比较有效地扫除了发声的障碍。人们在80年代讨论言论自由的问题时，显然不可能想到会出现这种状况。

另外就是金融霸权对言论的控制。在发达国家，言论自由除了受制于网络巨头和某些政府部门，势力更大的是金融资本霸权。资本大鳄不仅控制甚至直接收购媒体，为自身利益服务，而且左右高层政客，成为"影子政府"。金融资本霸权控制言论的一个近期的例子，是美国股票市场的"游戏驿站"事件。游戏驿站是美国的一家全球最大的视频游戏产品销售公司，2021年1月，以对冲基金梅尔文资本、香橼研究等为主的金融机构，大肆做空游戏驿站，将相当于游戏驿站总股本140%的股份被做空，企图操纵市场以获取巨额利润。但众多散户股民通过社交网站对华尔街金融"精英"进行回击，举行了"韭菜起义"，加上马斯克的助力，致使游戏驿站股价比历史低点飙升近190倍，做空股市的金融机构反而因此遭受巨大损失。情急之下，多家证券经纪公司、社交网站竟然与对冲基金公司沆瀣一气，控制股票交易平台网络，限制交易，停止股民购买游戏驿站及相关股票，甚至在交易平台上撤销了这些股票。这里不讨论股市做空与逼空行为的合法性界限，我要谈的是金融霸权通过媒体封杀股民言论的正当性问题，如 Google 至少删除了10万条相关评论，而由华尔街控制的美国股票贴吧WSB则在关键时刻直接停止股民发声。这就不是古典自由理论中所说的政治、思想方面的言论自由和言论控制，而是在攸关人们直接经济利益时大规模封杀言论，颠覆了关于言论自由的既有观念。这次"游戏驿站事件"引起了司法诉讼，人们期待法律对操纵股市的行为有公正的判决，我更期待公众的言论自由在更广阔的领域能得到可靠的保障。

如果说，以往对言论的禁锢多半是对人们精神和思想的伤害，现今的言论管制后果更加惨烈。2019年底至2021年流行的新型冠状病毒，由于事前封杀了"吹哨人"的言论，延误了防范，致使人类群体生命遭到巨大扫荡。1989年被写入美国联邦法律的《吹哨人保护法案》（Whistleblower Protection Act），将"吹哨人"定义为揭露某个私人或公共组织中任何被认为非法的、违反道德的和不正当的行为或信息的人。"吹哨人"披露违反任何法律、规则或条例，或严重管理不善，严重浪费资金，滥用职权，或对公共卫生或安全构成实质性和具体的危险，则"吹哨人"将受到保护，免遭报复。中国武汉市中心医院医生李文亮，2019年12月30日在微信中发布冠状病毒多个病例信息，随后又发了一张检测报告和一张患者肺部CT图，被称为"疫情吹哨人"。这是极为重要的信息，如果当时受到重视，立即采取防治措施，并报告世界卫生组织，将会挽救数以百万人的生命。遗憾的是，他"吹哨"的信息，以及另外7名医务人员发布的相关信息，被认为是"在互联网上发布不实言论"，甚至是"造谣"，于2020年1月1日至3日分别被公安派出所提出警示和训诫，要李文亮在训诫书上认错签名。派出所还对他提出严厉警告，训诫他如果不听从，继续从事违法活动，将会受到法律制裁。这场对"吹哨人"的训诫，成为空前的全球灾难的开始。尔后一而再再而三的延误（多次延误，也与管控言论有关），致使疫情排山倒海而来，不可控制了。全球病毒感染者超过2亿，死亡人数400多万，人类历史上因禁言而造成的巨大的灾难，这次李文亮事件应该上头条了。

如上所述，古典的言论自由理论，在进入21世纪后面临诸多新问题。诸如：极权政府对民众的高压禁言，民主体制下网络媒体和金融霸权因维护自身利益而对舆论的控制，现代科技对个人隐私的深度侵入致使人们无所遁形，法律对此何为，如何建立和完善思想市场，以及自媒体背景下的言论发布及管控，网民的心态、思维方式的变化，如何较好地识别信息的真假，如何熟悉运用新媒体的表达技术等等，所有这些问题，都是新的时代讨论言论自由不可绕过的难题。在言论自由和思想市场领域，21世纪掀开了人类完全陌生的阶段。面对世界各国交往日益频繁、经济利益不可分割的现状，言论自由问题不仅是影响本国、本民族的发展或衰落的重要因素，而且更可能扩展到全球，所以当前必须在古典自由学说的基础上，创立新的言论自由理论。

对《青年论坛》创办过程和它宣传的理念，还有很多方面值得思考，以上我只是谈及了与《青年论坛》直接关联的几个方面，也只是一些粗浅的、概略的思路。20世纪80年代是一个思潮蜂涌、思想丰富的年代，对于这一难得的历史时期，思想界的学术理论探讨还任重道远。由于80年代思想力量奔腾的惯性，以及我置身于《青年论坛》氛围所形成的思维习惯，自《青年论坛》停刊后，我就没有停止过对社会历史、政治体制、思想理论和普世价值的思考。我思考的脉络主要是从思想史的角度来考量，一方面是重新回顾80年代的学术理论建树，力图延续当年的理论成果；另一方面是关注当代国内外的各种思潮和流派，以及当代科技发展、财富增长、社会变化与思想发展的关系，从多方面汲取最新的学术理论养分。这些新的领域，诸如：全球化与逆全球化中的民粹主义，中国与西方语境中左派和右派、保守主义和自由主义的区别，中国老左派、新左派和激进左派的发展脉络，中西方意识形态的冲突与文明的冲突，数字技术和新媒体（主要是自媒体）的普及对民众思潮的影响以及执政者应对的方式，专制主义和极权主义对社会正义、道德规范、文明秩序、民众心理的巨大伤害，现代民主制度的缺陷与弊端，恐怖主义产生的社会根源及与宗教和文明形态的关系，21世纪以来中西方年轻一代思想观念的左转现象，当前中国民间意识形态的分裂与严重对立，以政治优势和道德义务胁迫、围攻并施暴于异见者的民族主义和爱国主义，等等，除此之外还有很多问题需要我们深入研究。由于本书不是一本学术理论著作，我的一些初步的思考不可能在此展开。世界已经改变，我们应该思考如何在一个改变了的世界生活。期待有更多的思想者耕耘于此。

2021年8月25日完稿于纽约

十二 附录

（二）追忆那年月

刘道玉：自由是教育的核心理念[1]

　　《青年论坛》是20世纪80年代中期创办的一份新锐刊物，它是解放思想和改革开放的产物。它就像是小荷尖尖刚露头一样，格外引人注目，在它的周围聚集了一批才华横溢的青年学者，又进一步推动着思想解放和改革开放更深入的发展。我荣幸地被聘为该刊的顾问，获赠每一期刊物，使我有机会向国内理论界的青年学者们学习。

　　我历来认为，与青年交朋友，同他们交流思想，是中老年人防止思想僵化的有效方法之一。正是由于这个原因，我在武汉大学率先掀起了一场轰轰烈烈的教育改革，至今我依然保持着与青年交朋友的习惯，以防止自己思想僵化。

　　该刊创刊28周年时，创办者们准备编辑一本名为《为自由鸣炮——〈青年论坛文集〉》，我受邀写一感言，感到不胜荣幸！胡德平同志在该刊创刊号上发表了《为自由鸣炮》的文章，这是非常切中时弊的。我是一个教育工作者，三句话不离本行，因此我就谈谈教育与自由的关系。

　　教育与自由到底有什么关系呢？

　　为了回答这个问题，我们不妨考究一下学校的起源，进而说明自由与教育的密切关系。据法国考古学家安德烈·帕罗特的研究，他发

---

1. 2012年7月，我和王一鸣准备从已出版的14期《青年论坛》发表的文章中，挑选一部分重点文章结集，文集还准备收入一些回忆、纪念、评论方面的文章，约请当年的作者、读者、记者站成员及相关人士撰写。书名为《为自由鸣炮——<青年论坛>义选》，胡德平同意做主编。约稿函发出后，刘道玉先生应约撰写了这篇文章。遗憾的是，因时局所限，这本文集未能出版。本附录中还有几篇文章，也是应约而写的。

现世界上最早的学校在苏美尔，大约建造于公元前3500年，比埃及的官廷学校还要早1000多年。古希腊是欧洲文明的源头，在公元前500年以前，曾经出现了像泰勒斯七贤那样一大批著名的学者，他们都是自学成才的，而非学校培养出来的。在希腊语中，scole是"休闲"的意思，而英语中的school与希腊语scole一词同源，所以最早的学校就是休闲的意思。古希腊人认为，学习是劳动之余的事，是休闲的组成部分。因此，古希腊人在劳动之余，从事哲学思辨和艺术创作，从而开创了古希腊的灿烂文明。

在教育史上，最早提出自由教育思想的是古希腊的哲学家、教育家亚里士多德，他认为自由教育是"自由人"的教育，在闲暇生活中进行理智活动，从而使人的个性、心灵、智慧得到解放和自由。几乎毫无例外，历史上许多著名的教育家、思想家都是主张自由教育的，这就说明自由是教育必需的前提。

卢梭是法国18世纪启蒙主义运动杰出的思想家，是自然主义教育的奠基者。在卢梭看来，遵循自然的教育必然是自由的教育，因为人最重要的自然权利就是自由，每个人生来就是自由的。基于这种理念，他认为教育必须遵循自然的要求，顺应人的自然本性，反对压制儿童的个性，束缚儿童的自由。随着思想启蒙运动的开展，卢梭的自然主义教育思想，也迅速传播到欧美各国，成为这些国家主导的教育理念。

英国著名的神学家、教育家、文学家约翰·亨利·纽曼是19世纪自由教育的伟大倡导者，根据他的一系列演讲，于1852年合成了《大学理念》一书，书中比较系统地阐述了他的自由教育理念。他认为大学教育应为自由教育而设，以心智训练、性格养成和理智发展为目标，而不为了获得狭隘的专业知识。纽曼的大学理念，代表了一种经典自由教育哲学的思想，具有丰富和深刻的思想内涵。正因为如此，他的《大学理念》出版一百多年后，至今对世界高等教育的发展具有积极的影响。

此外，诸如相对论的创立者爱因斯坦、英国大博物学家赫胥黎、法国著名雕塑家罗丹等，都是主张自由教育的，而且他们之所以成为杰出人物也都得益于自由教育。赫胥黎除了成名之作《天演论》之外，还写过《论自由教育》一书，他把自由教育解释为文理兼备的普通教育。他的孙子阿尔杜斯·赫胥黎在《目的与手段》一书中，有一章也专门谈自由教育。抗战胜利后潘光旦先生将《赫胥黎论自由教育》翻译为中文，这本小册子曾被编入《新中学生文库》，对中国近代思想启蒙起过重要的作用。

在西方国家，自由教育已成为共识，人们自觉地践行这一原则。美国是当今世界的教育大国和强国，自由教育原则也贯彻得最彻底。美国大学教授协会于1915年成立，该会于20世纪初颁布了三A原则，即学术自由（Academic Freedom）、学术自治（Academic Autonomy）、学术中立（Academic Neutrality）。

正因为自由对于大学是如此重要，所以有不少大学都以"自由"为校训。如斯坦福大学的校训是"让自由之风劲吹"，霍普金斯大学的校训是"真理使你得以自由"，加州理工学院的校训是"真理使人自由"，杜尔大学的校训是"自由地接受，自由地给予"，等等。

甚至在世界上还有以自由命名的大学，如芬兰的自由大学和柏林自由大学，后者的校训就是"自由、真实、公正"，这所1948年创建的大学，"自由和国际化"一直被视为它最显著的特点。

特别值得一提的是斯坦福大学，它创办于1891年，当时不仅不能与声名显赫的哈佛大学相比，甚至与同一地区的加州大学柏克莱分校相比，也显得默默无闻。首任校长戴维·斯坦尔·乔丹选定"让自由之风劲吹"为校训，1974年学校又通过了《学术自由声明》。因为赶上了新技术革命的头班快车，学校获得突飞猛进的发展，特别是它造就了美国的硅谷，成就了一批世界著名的公司，不仅为美国也为世界高技术产业的发展做出了巨大的贡献。

西方大学传入我国，大约是在洋务运动与戊戌变法期间，是"中体西用"口号下直接带来的成果。因此，我国早期的大学，无论是办学的指导思想或是教学制度，在很大程度上都深受欧美教育的影响。

北京大学的前身是于1898年创办的京师大学堂，但办学头十多年，校长更换频繁，各种问题频仍，学校毫无起色。蔡元培先生留学欧洲多年，熟悉西方教育的精髓，他受命于学校危难之际。1917年元月，他走马上任，表现出一个教育家的雄才大略。1918年《北京大学月刊》创刊，先生在发刊词中全面诠释了他的办学理念，归纳起来就是"兼容并包，思想自由"，第一次把自由教育引入我国的大学中。

燕京大学是于1919年创办的教会大学，第一任校长是约翰·司徒雷登，他制定的校训是"因真理得自由以服务"，也有人翻译为"自由、博爱、民主"。清华大学创办于1911年，它是在利用庚子赔款建立的清华留美预备学校的基础上发展起来的。1929年6月3日是国学大师王国维先生逝世两周年，清华大学国学院立碑纪念，在碑上刻有陈寅恪先生撰写的《王观堂先生纪念碑铭》。碑铭中"独立之精神，自由之思想"是陈寅恪提出的，后一直被清华大学骄傲地视为该校的大学精神。

自由是人生来俱有的，是人生命的最高目的，是个人或集体保持创造性活力的先决条件。自由与教育的关系极为密切，我国当今教育上存在的问题，都与我国教育缺失自由密切相关。总览我国各大学的办学理念，没有一所学校的校训中有"自由"二字。

为什么自由是教育的核心理念呢？

这是由教育的特殊功能所决定的，就大学而言，其主要功能有三，而根本一点是培养人才和从事原创性的科学研究。

首先，以培养人才而言，育人与造机器完全不同，造机器是依照图纸或标准的模具，放在流水线上进行标准作业，制造出毫厘不爽规格相同的产品。然而，育人就根本不同了，每个人的资质是千差万别的，各人内在的价值取向也不尽相同。因此，必须贯彻因材施教的原则，这就需要自由的环境，尊重每 个人选择的自由。现在一些大学乱提口号，把培养目标一味地拔高，什么杰出人才、大师级人才和"顶天立地"的人才等，这些都是不实事求是的。无论是天才或是大师，都不是学校直接培养出来的，也是不可复制的，他们都是在自由的环境中自然成长起来的。大学教育的主要目的是，最大限度地发展学生的智力，训练他们的思维能力，赋予他们创造性的各种素质，使他们能进行清晰的、逻辑性的独立思考，做出准确的判断，为其日后从事创造性的工作奠定基础。

其次，科学研究的本质是探索未知，涉足无人进入的疆域，创造未曾有过的新产品、新技术和新理论。要做到这一切，必须发扬自由的科学精神，允许质疑，允许争鸣，保护科学上的异端邪说，支持冒险精神，为科学上有价值的失败唱赞歌。

我们须知，任何伟大的科学发明，最初都是源于个人的新创意，而这些创意都只能在无拘无束自由的环境中萌发，任何约束、管制和干预，都只能扼杀创造性，无数的科学发明创造都证明，创造性的成果既不是由科研规划出来的，也不是由领导重视和号召出来的，更不能靠搞群众运动，而只能诞生在自由的园地里！

当前我国教育改革急需解决的问题是，必须解放思想，打破禁区，确立自由教育的理念。唯有如此，才能从根本上减轻中小学生的负担，走出应试教育的窠臼，解放学生的个性和智慧。只有树立了自由教育的理念，我国大学才能真正行使独立自主办学权，出现风格各异和多样化模式的大学，而不是一味地追求"高、大、全"的航空母舰式的"一流大学"！

王一鸣：胡耀邦与《青年论坛》二三事[1]

《青年论坛》作为中国改革开放初期涌现的全国第一份青年理论学术刊物，它的"红色背景"从创刊之初一直到现在都是人们津津乐道之处。人们都说《青年论坛》跟当时的党中央总书记胡耀邦有关系，但又都找不到任何外在的表现。它与胡耀邦到底有怎样的联系？

今年以来，在整理《青年论坛》往事的过程中，有两三件看似不起眼的小事浮出历史的水面，使胡耀邦和《青年论坛》的联系渐为清晰。作为当事人之一，笔者在此首次披露这些珍贵的史料，是本着还原历史真面目的本意，客观地记述事实，提供一个历史的切入点，以供后来者研究。

尽管《青年论坛》的命运确实与胡耀邦紧密相连，就在总书记辞职的当月，《青年论坛》就被要求停刊。但胡耀邦与《青年论坛》的联系并不像人们以往认为的那样直接和明显。《青年论坛》的所有工作人员没有一个见过总书记。至今追忆起来，这都是一件令人惋惜的事情。不过可以肯定的是，总书记是见过并支持《青年论坛》的。

从大的背景来说，《青年论坛》是青年人创办、青年人写、青年人读的理论刊物，而胡耀邦总书记是一贯支持青年人的事业的。他14岁就加入了中国共产主义青年团，曾长期担任团中央书记处书记、第一书记等青年工作领导人。在他的一生中，从事青年工作的时间长达20余年。他始终信赖青年，对青年的事业充满了热情。他曾满腔热忱地指出，"青年一代总会强过我们"，"青年是民族的未来，人类的希望，国家命运和前途的未来主宰者"，"青年人犯错，上帝都会原谅。"总书记逝世后，他的骨灰都安葬在青山绿林之中的共青城——这个令热血沸腾的青年向往所在，也是他本人寄予了巨大关怀和热切期望之所在。因此，在改革大潮中风起水涌的这份青年刊物不可能不得到总

1. 原载《领导者》杂志2007年6月25日；胡耀邦史料信息网 http://www.hybsl.cn/huinianyaobang/huainianwenzhang/2008-10-08/10108.html

书记的支持。

　　从具体史实来看，当时派到武汉的中央整党联络小组负责人胡德平，是中央总书记胡耀邦之子，亦是一位有思想、有理论修养、有抱负的领导人。武汉当时出现的很多新事物，他都给予了支持。如"中国东湖智力开发联合公司"（这是一个旨在开发东湖周边大学的智力资源的创新举动），自然也包括《青年论坛》。事实上，胡德平曾两次告诉笔者，他对《青年论坛》的兴趣要比对东湖公司大。以他为纽带，胡耀邦总书记的一些思想我们有幸展现在刊物中。

　　早在1984年6月18日，笔者和后来担任杂志主编的L先生就创刊设想第一次去拜访胡德平时，他就说道："你们可以先做点实际的事，比如就现实问题提出些有见解的意见，整理成文章就很好。"并倡议就股票问题组织一个由专家参加的小型讨论会。1984年6月24日，由专家参加的关于股票问题的小型讨论会如期举行，胡德平也参加了。随后杂志社在座谈会的基础上编写而成《股票基本知识与实践》一书，这是中国最早的一本关于股票的书。当时主管意识形态的湖北省委副书记钱运录还专门作了序。此书后来以增刊形式出版，是《青年论坛》在创刊之前的第一次漂亮的亮相。股票问题也成为《青年论坛》创刊初期的重要话题之一。

　　尽管这些活动不一定就是胡耀邦授意胡德平在湖北开展的，但1984年7月——几乎与在武汉举行的股票问题讨论会同时——胡耀邦在接见一名日本记者时谈到"中国可以发行股票，建立股票交易所"，《参考消息》对此作了报道。可见，早在1984年，胡耀邦总书记就提出了实行股份经济、建立股票证券市场的问题，这比上海证券交易所的成立早了8年，而笔者个人作为中国第一代证券从业者加入湖北证券公司也是在8年之后。作为当时党的最高领导人，总书记对中国的经济改革和社会制度完善的深谋远虑和远见卓识都让人佩服。

　　1984年年底，胡德平同当地领导人一起陪同胡耀邦总书记视察湖南、湖北、江西三地。总书记参观了岳阳楼、黄鹤楼和滕王阁，生发了一番感慨。他对《岳阳楼记》好在何处做了议论，并让胡德平就此写文章。这就是后来胡德平发表在《青年论坛》1985年第2期上的《谈〈岳阳楼〉 兼为〈黄鹤楼记〉征文倡议》一文。

　　胡德平的文章赞扬了"居庙堂之高，则忧其民；处江湖之远，则忧其君。先天下之忧而忧，后天下之乐而乐"的情操；又议论到"滕子京不避谪官，谪官仍励精图治。""范、滕二公不以物喜，不以己悲，均不屑于去国怀乡，忧谗畏讥的心境，也不醉于宠辱皆忘，把酒临风的陶情。这就是历史上改革家范仲淹那种更张求治的胸襟与卓识。"有了前面的背景，我们自然可以说文章一定程度上反映了胡耀邦总书记的思想。

在当时《青年论坛》创刊号引起轰动，相比之下第二期则较为单薄平淡的背景下，1985年1月19日，胡德平来到编辑部，与我们讨论了这个情况。我们建议发表《〈黄鹤楼记〉征文倡议》，这篇可能经总书记看过的文章。

文章在《青年论坛》发表后，引起了广泛的关注。当时武汉市的第一大报《长江日报》以头版头条予以了转载，而且先于《青年论坛》刊出。这也是当时由于《青年论坛》文章有巨大影响，但周期又过长，导致很多报纸包括《人民日报》拿到清样就抢先于杂志刊载的一个有趣的历史现象。

胡耀邦确实见过《青年论坛》。就在胡德平陪同父亲视察湘鄂赣三地之后不久，1984年12月15日，胡德平打来电话，要我们去他的住处。这一天，笔者从他口中得知，总书记见过这个刊物。他还说，中央宣传工作会议提到了《青年论坛》，有关部门准备给我们提供帮助。因此，根据这个情况，杂志社从创刊号起，就给中央书记处的8位领导每人按期邮寄一份刊物，直到其中的一人迫令其停刊为止。

最值得一提的是一篇文章《论开放》，这也是这几个月来我们在整理史料的过程中一个重大考证成果，它直接证明了胡耀邦与《青年论坛》的笔墨交道。胡耀邦史料信息网上有一篇耀邦同志对德平同志《谈开放》一文的批示手迹，其中提到"那个刊物登一登，我也不反对"，并询问其秘书郑必坚的意见。细心的读者会发现在胡耀邦的批示中，"那个刊物"前面原本写了一个书名号，后来又圈掉了。那么这究竟是"那"对"哪"字的笔误，还是确有所指；如果确有所指，他所指的又是那一本期刊呢？

今年以来笔者在整理有关资料时，看到笔迹觉得特别眼熟，就回去查阅了旧书信。于是，一段尘封多年的历史终于浮出水面。原来，二十年前胡德平曾写信将《谈开放》手迹原稿和一份谈该文的意见书原件交给《青年论坛》。德平同志（当时）直到现在对此也没说明。作为主要负责人，笔者当时也不知道意见书出自谁手，只能判断应该是一位重要人物。如今仔细对照网站上胡耀邦的笔迹，感觉很像，尽管网上的笔迹显得更流畅些。前不久德平转告我们，《论开放一文意见书》是一位工作人员所写。

斯人已故，斯物不再。笔者重新翻开这些史料的时候，真是百感交集。当20多年前的往事又一次活灵活现的呈到眼前时，没有人是不为之动容的，尤其是亲身亲历之人。

当年的情景历历在目，笔者在1986年1月14日的日记里这样记道："李德复（《书刊导报》的主编）打来电话，非找笔者和L先生不可，说是胡德平带了东西给我们。"

笔者和陈兵力（《青年论坛》的编辑）去了《书刊导报》。李德复，这位作家、总编显得很神秘，问谁是L先生，笔者说明了自己的身份，他的注意力马上转向笔者，握手、让座，很是客气。"德平嘱咐我一定要把东西交到你们两人手里。他对刊物很关心，一再提到、介绍你们。你给我打个收条，现在就给德平写封信，写上他的信箱，我明天挂号发出去。"笔者不假思索便写开了。刚写完，李便拿出了《书刊导报》的信封。"德平同志写了篇《谈开放》，要在河北发，希望我们报和你们刊配合一下，这些情况他在信里头都写了。"

胡德平带来的材料一共三份：一封信，一篇《谈开放》，附页。所附三张纸，一张是《谈开放》手迹原稿，那上面有某人铅笔改的文字；另两张是一篇《对〈谈开放〉一文的初步印象》。

胡德平在信里说："寄给你们一篇文章，但你们务必不要发表。因为我在华北工作，当地领导已让我发表在一份报上了。务必不要发表，只是请你们看看，希望你们能展开再写一篇比我的更好的文章。有关马列的论述我给你们摘录如下，仅供参考。"下面列举了《马恩全集》、《列宁全集》、《斯大林全集》的相关卷册和页码。信的末尾他又说："要说形势嘛，社会主义不可逆转，改革不可逆转，开放不可逆转。1986年步伐可能要稳一些，但是这是为了消化、巩固，更好的存利除弊。"他又强调："另附三页纸，请你们务必保存，这是最珍贵的。原稿我已改写，请务必不要刊登为盼。"

这封信写于1986年1月9日。从落款看，《谈开放》原稿写于1985年12月9日；胡耀邦的批示是在1986年1月6日。他是这样说的："必坚：这是德平的小文章，这　篇倒有　点点可取之处。那个期刊登一登这样的东西（题目不妥），我也不反对。你看如何？　胡耀邦　1.6"。

同一张纸上郑必坚的批示写于1月7日："赞成。请德平同志阅。1.7"。郑必坚请德平阅的应该就是指的那份意见书。可见，随后两天里，胡德平就按照总书记批示和意见书做了修改，并将原稿和意见书一并交给了《青年论坛》。由此可知，胡耀邦所指的"那个刊物"应该就是指《青年论坛》无疑。

《青年论坛》很快就按照胡德平的要求组织了两篇文章，发表在1986年的3月号上。一篇是《青年论坛》评论员写的《论对资本主义世界的开放》，一篇是自由来稿，署名王庆五的《论全面开放》。

不久，主编和笔者就去了一趟北京，并和胡德平见面了。那天是1986年1月23日，在大都饭店，我们加季思聪（当时《青年论坛》北京记者站的记者）一行四人和胡德平谈了两个多小时。笔者记得德平是兴奋的。他重申了写给我们信中的观点，提到《谈开放》一文已在《北京日报》20日以《恩格斯关于中国铁路开放的一段论述》为题，署名古言发表。他提到在给女儿辅导功课时，读安徒生的一则童话，说铁路将修到中国的万里长城，比恩格斯预言还早25年，实在是很伟大。中国不坚持对外开放是没有出路的。他说，改革的形势会越来越好，"有点困难没有什么了不起。去年的失控不是已经控制住了，证明我们还是有承受力的嘛。现在整党的形势也在好转。他说，过去我们看不到什么问题，那是在黑暗之中，现在能看到问题是在光明之中。黑暗下到处都是问题当然看不见，光明下有一点黑暗就看得特别显眼。这是好事。他举了一个例子，保定一个县，旧体制下干部侵占国家资产50万，这次整党大家在很短的时间内就心甘情愿地退出了41万。旧体制下侵吞国家资产，新体制下很快地退回钱财，这便是一个巨大变化，证明农村生产责任制使大家手头宽裕了。

1月26日下午，在于光远家里，胡德平在和胡绩伟、秦川、张显扬及我们谈话时，又一次谈到了开放问题。

弄清了事件的来龙去脉后，再来重温《对〈谈开放〉一文的初步印象》一文，对它的历史意义会有更深刻的感触。意见书共四点，谈得很中肯，也很有深度。文章虽然不是胡耀邦同志亲笔撰写，但不能否认它反映了耀邦同志对开放问题的思索。

改革开放作为中国的基本国策，胡耀邦同志一直都特别重视，并为推进这一进程倾注了大量心血。他认真研读马列经典原著，并一直苦苦思索马列原著如何与中国改革开放的具体实践联系起来的问题，致力于相关研究。从他嘱人修改《谈开放》一文，提出自己的想法，还建议相关刊物刊登，可见一斑。我们由此感知，胡耀邦同志作为老一辈的无产阶级革命家，是特别重视对马列主义的研究、应用和发展的。从一个研究者的眼光来看，他不愧是一个标准的伟大的马克思主义者。

然而就在《谈开放》发表一年后，他被迫辞职。政治风云的变幻使人感慨。但历史人物的功过自在人心。1989年胡耀邦逝世时，中央的悼词里肯定他是"久经考验的忠诚的共产主义的战士，伟大的无产阶级革命家、政治家，我军杰出的政治工作者，长期担任党的重要领导职务的卓越领导人"，并指出"胡耀邦同志作为马克思主义者，他的一生是光辉的"。在纪念胡耀邦同志诞辰90周年的纪念活动中，中央对他的崇高评价只字未改。

胡耀邦同志与《青年论坛》的二三事，只是无数历史截片中的冰山一角。我们偶尔发现，并形诸文字，是为了纪念，表达我们由衷的敬意；也是为了后人在追随和发扬马克思主义的道路上更好地走下去。历史不曾言说，事实本身便有力量。

邵学海：在《青年论坛》的日子里

《青年论坛》是个地方刊物，命不长，虽历时4年头，自1984年底至1987年初，而实际出刊仅14期（双月刊），计2年零4个月，而且还不是善终，最后一期，即1987年第1期已经发行，却被迫令收回，第2期已编排停当，却胎死腹中。反自由化时，《青年论坛》被停刊，全国范围内同时停办的，还有安徽一刊，深圳一报。前者据说因方励之的关系，后者曾经发表过赞成邓小平退休的文章。

尽管时间很短，尽管是地方刊物，《青年论坛》在全国影响却很大，甚至可说及于国外。1985年，法国国家政治学院国际问题研究所克洛德·高达乐与程映湘先生给《青年论坛》来信，说杂志给他们留下非常良好且深刻的印象。

1985年，匈牙利著名经济学家科尔纳给《青年论坛》题词，希望《青年论坛》："勇敢地分析问题并在改革和实现现代化的斗争中取得成功"。

1986年香港大学生访问大陆，与《青年论坛》众编辑就改革开放以及传统文化继承等问题，举行了一次座谈。

故而，著名历史学家章开沅先生在1986年向来访外国朋友建议："你们要了解中国青年在思考什么，可以看看《青年论坛》。"我们都很喜欢章先生这句话，于是1986年就将其招摇在征订广告上了。杂志停刊后，我曾因社科院的公事去章先生家，事毕，章夫人对我说：你们把章老师的话也印得太大了。我想章先生恐怕也受到牵连，否则夫人话里不会夹有怨艾，而我们使用这句话时也没有征求章先生的意见，尽管章先生接着夫人的话连连摆手说："没有关系，没有关系！"我还是觉得很对不起他，因为广告是我经手的。

当代办刊恐怕就这样，如果有影响，而且是思想观念方面与主流相异的影响，那么你的影响大了，大限也就到了。2004年广州《二十一世纪环球报道》报，因刊登《本报独家专访毛泽东前秘书李锐 《我的建议，老中青三代普遍赞成》的文章被停刊就是一例。

1987年去文革已11载，1987年至2004年，又17个春秋，当局对不同声音或者逆耳的声音仍然只有压制一途，实质进步不大。由此，李锐致信胡锦涛同志说："动辄以停刊等极端方式处理新闻媒体，不仅有欠稳妥，更损害党的信誉和形象"（引自李普、丁东主编：《大哉李锐》，香港时代国际出版有限公司2005年版，第455页）。

我本是一画画的，能成为《青年论坛》一员，说得实际一点是巧合，说得宿命一点是上帝的安排。从此人生道路改变，竟由《青年论坛》为转折，继而走进理论的殿堂做起学问来，而且一做就是20多年，没有离开过。所以我对《青年论坛》有一种——用个时髦的词——"别样"的情感。

兹散记若干，以表达情感的别样。

巧遇长江客轮与创刊一夜

1984年8月，全国第六届美展即将开幕，各地入选展品由地方美术家协会分送不同地展出，譬如：连环画展地在上海；中国画在南京；工笔画在杭州；油画在广州。我代表湖北美协送连环画作品到上海，再送工笔作品往杭州。同行的还有湖北省美术学院教师李邦耀（现任华南师大美术系教授）与董继宁（现为湖北美术院院长），他们送湖北入选的中国画到南京。

由武汉起程，水路至南京港分手时，我们约定数日后在南京会面，再一同返汉。20多年前不要说手机，好像BB机都还没有见过，而我将从上海转杭州借运河走无锡，再前往南京，一路变数极多。可知，这个约定无论对哪一方，都十分冒失。但那时的人重承诺，弥补了冒失的不足。数天后当我风尘仆仆地走出南京站，李、董二君竟然在站外等着，而且像这样一连等了几天，真令人感动。

在南京游玩两天，遂登船返汉，三等舱里人不多，对面上下铺的两位乘客也是武汉的，很斯文，不像我们言谈举止常有散漫状。因各有旅伴，第一天同舱闲谈几乎都在各自圈内。但数只我们的，挂在他们那边窗口的南京板鸭，促使我们之间有了交流。

天气太热，板鸭已有异味，随风飘进船舱，影响人的情绪。对面乘客受不了了，希望我们将板鸭挪个地方。我们当时有些不好意思，风不是吹向我们这边，自己不觉得，却忽视了人家的感受。挪动板鸭后，"对话"于是从哪单位的、为什么出差这些通常的问题开始。

他们是湖北省社会科学院的，这次出行是为办一刊物而组稿，大概天南地北地走了一圈，南京至武汉是最后的行程，刊物则叫《青年论坛》。办刊？李邦耀知道我想换一个单位，当一个美术编辑，便脱口说："你何不如调到他们那里去？"于是我顺口问："我调来行吗？"对方年稍长者接着回答："好啊！"萍水相逢，如果说：你写个材料，我们研究一下吧，倒还诚心可见。这一"好啊"，便却觉得有点敷衍，靠不住。所以再没有打探下去，但知道了地址。

　　当时我已在联系调动。为能去出版社，前湖北日报社社长雷行先生还为我给蔡学俭先生（时任湖北省出版局局长）写了推荐信。但我想多了解几个单位也好，回到武汉，便循着同船者提供的地址，找到东湖路这个还没有建起办公楼的社会科学院，经人指点，在一幢宿舍里找到《青年论坛》办公的地方。这是一楼单元房，《青年论坛》拥有一间。

　　进得门去便遇到船上年稍长一位，仍然热情，没有套话，而且居然很快就把调动的事说定了：立即由湖北省社会科学院发出商调函。

　　此时得知他与船上同伴，既是杂志的创办者，也是杂志的负责人。年长者叫李明华，研究哲学，是主编；年轻的叫王一鸣，研究经济，是社长，两人先后毕业于武汉大学。后来《青年论坛》的重要作者，一部系属武汉大学哲学、中文、经济诸系的教师，都是他们的同窗或学友。

　　过去，人事调动是个十分困难的事情，难就难在甲单位想要的人，乙单位不放，奈何不得。为此我的调动十分艰难，最后由省市领导出面，把协商调动改为国家干部调配，想不放也不成，这样我才正式成为《青年论坛》的编辑。

　　调动中发生了一堆的故事，可谓起伏跌宕，但在此不宜喋喋。想要指出的是，为我调动下这么大力气，想这么多办法，都是我曾经认为"敷衍"我的李明华所推动，有一次他还亲自到省劳动人事厅干部处，落实我的调令下发。

　　我是很一般的人，调到《青年论坛》干很一般的工作。而且后来才体会到，所谓《青年论坛》美术编辑远没有出版社美术编辑专业，直说吧，一杂务，那就更一般了。但调动工作居然惊动上层人物，启动非常程序，我自觉不配。惶然之余自然想起"士为知己者死"的人格境界——李明华如此真诚待人，余何以回报呢（后来的工作中，又觉此人器局宏大，能容人、容事、好商量。他现为广州市社联主席）？

调令还在省市间运行时，我曾不经意地问李明华："你们调我来，也不看看我的简历，考察一下我的能力？"李明华一句话："看准了。"我愣了一下，只要性情中人，对这一"看准了"都不可能没有触动，就这话，决定了我在《青年论坛》工作期间必须持有的竭诚态度。至于出版社那一头，就再也没有去拜望蔡局长，雷行先生的推荐信也就因此而白写了。

人事关系还没有正式到达社科院，我就参与了创刊号的编辑工作，立马出刊，对于李明华、王一鸣来说已是火烧眉毛的事情。

不记得是9月底还是10月初的某夜，我与李、王共同编辑创刊号的稿件和目录。地点就在上文说的十来个平方米的房子里，房子显得空荡，这是因为没有什么家什，大概就两三张桌子，四五把椅子吧。

李明华、王一鸣负责栏目设计，审读稿件，安排文章的顺序。我测算字数，理顺页码，调整转行的文字，设计字体字号等等。我的事情很简单，但要仔细，否则发排后会出现问题，影响出刊时间，所以反复核对。三人干了一通宵，下半夜时，李明华的夫人汪汉菊老师还送夜宵来。

想起过去，只要在连环画文稿上看到编辑一笔不苟改正的错别字，便不期然地对编辑之职业具有一景仰之心。拂晓时，当一叠画好的"准"版样纸（当时还来不及印制正式版样纸）和一叠按序号编排的文稿，整整齐齐地码放在桌子上有待送厂时，心中竟然有了一种神圣的感觉——我们自己设计的"蓝图"就要"施工"了！

《青年论坛》创刊正赶上涌动全国的美术新潮，封面又由潮流中的健将李邦耀设计，故而比较现代，比较抽象，符合杂志的特点。记得创刊号及1985年的封面为一种，1986年1987年的两种封面循着这个路子走了下来，也是请湖北美术学院其他教师设计的。

设计都不错，但印刷与用纸却很差，整本杂志也印得差，14期都如此，甚至，有时切刀差点切掉页码序号。可以说这是《青年论坛》在印刷装订方面给读者的总体印象，为此我常常气短，害怕评价杂志的装帧设计，总想着什么时候杂志发行量大了，有钱了，改铅印为胶印，使杂志彻底换个面貌，告别简陋粗率的形象以及连带地告别那个濒临南湖的小印刷厂。如果诸君看过《三毛流浪记》三毛在印刷厂当童工的画面，那么，印《青年论坛》封面的，就是张乐平画的使三毛扎了手的那种该厂还在使用的圆盘机印刷的，这圆盘机咣嚓一下，印一张，再咣嚓一下，又印一张，循环往复，直至达到印数。纯粹手工操作，墨色既不匀，套色亦不准。

也是为了便宜，正文用纸的克数很低，好像52克，故而很薄，一吨纸还要一千七八百块钱，有时印刷墨色稍大，就可以从正面看到反面。无疑问，这种杂志倘若出刊在今天这个靓丽花哨的时代，其印刷与用纸，不被认为盗版，也会被认为地下刊物。所以我常常自嘲：《青年论坛》像延安时期的杂志。

好在读者不以印刷论"英雄"，而以文章论"英雄"。《青年论坛》转载率很高，《人民日报》《新华文摘》《世界经济导报》《理论内参》两年间多次转载文章。另外，据统计全国有50多家报刊介绍、报道了《青年论坛》杂志。可见，杂志的编辑方针是符合改革开放之要求的，是青年读者和理论工作者爱看的。

秦牧在《艺海拾贝》里谈内容与形式的关系说：重要在内容，内容好，包装也会因此具有美感，譬如茅台酒的包装因酒的醇厚而显得典重质朴。那么，《青年论坛》发表了许多有影响的文章，其包装在简陋粗率之外，不也透着"质朴"吗。杂志社的朋友何亚斌曾解释《青年论坛》的标志——一个Q字母说：这个创意可能是：圆形象征中国文化传统，穿透圆形的横线象征箭，意为冲破传统的束缚，开辟改革开放的新路。

呵呵！当初不过取《青年论坛》第一字的第一个字母作为设计原型，没有动什么脑筋，居然被解读出如此深刻的意义，这不是杂志的宗旨与风格所暗示的吗？我想起成语"爱屋及乌"，装帧设计这只"乌"尽管丑陋，却因为那些闪烁着真知灼见的文章，也就有了光彩。

密院长让出办公室

文革时便听说省委有个密加凡，据说因什么事情他被周恩来点了名，一时成为著名人物。当时只要被中央点名，就意味着被打倒。为什么要打倒密加凡，打倒了没有我不知道，但这个很少见的姓和奇怪的名字给我留下印象。

1984年前后，密加凡任湖北省社会科学院院长，社科院是《青年论坛》的主管单位，我调杂志社，自然归其麾下。但层次相隔太远，鲜少接触，对他有所知的，都是听上辈或时贤所讲述，因此才能够将密加凡这个名字与高度尊重知识、尊重知识分子的党的高级干部之形象，具体地联系起来。

2006年密老驾鹤西去，2008年社科院准备出纪念文集，希望大家撰写文章，于是我把两件事写了进去，这是我与他仅有的接触，难以忘怀。一是因撰写《长江流域美术史》而发生的事情之困扰，竟一时性起对他直言顶撞，他不仅不以为忤，还平静地了解情况，耐心听取意见，甚至提供写作资料，由此而感念他宽阔的胸怀（此时密老已在湖北省地方志办公室主任任上）。一是他对《青年论坛》杂志的帮助，足见他对年轻人开拓精神的充分肯定，对改革事业的有力支持。

　　1984年《青年论坛》开办，虽然省政府给予一次性补助，但由于自负盈亏的性质，杂志除了编、印、发以及作者稿费和重要学术活动等必要开支，大部分工作人员的工资也在开办费中支出。刊物初创时，银子只出不进，每月接到黄逸筠会计的财务报表，就像自己身上又少了一块肉似的。危机感伴随我们一年多，日子过得紧巴巴的，无论办什么事都得从节约的原则出发，能将就的就将就。

　　但办公场地狭小，无法开展工作的困难却没法将就。编辑部用房是《江汉论坛》杂志社匀出来的，不能再有奢望。而所谓财务室则在不足4平米的厨房里，除了水池和灶台以及一张办公桌所占面积（灶台和水池上还堆满了其他单位的资料），剩余地方仅够黄会计自己转身，若有办理财务者，只能站在厨房门口，无法谈到办公条件。这里需要插上一句：黄逸筠老太太是退休人员，受聘于杂志，两年多兢兢业业，任劳任怨。无论多艰苦，始终与我们同命运，共荣辱，从未想另谋高就。当时会计找一个收入丰厚的工作是比较容易的。可以说她是杂志创刊、发展、兴盛、停刊的见证人。

　　除了一间正房、一间厨房，自办发行，就没有场地了。

　　在院新大楼尚未建成，办公用房都很紧张的情况下，密老得知杂志窘况，便主动让出自己的办公室及办公桌椅，供我们使用，而自己则回到家中处理院务。《青年论坛》从此有了两间用房，直至被迫停刊。后来尽管人员增至10数人，集中开会或者处理稿件时依然摩肩接踵，但毕竟展开工作以及接待作者、读者稍有回旋余地，做起事来从容多了。今天我使用的办公桌就是当年密老退出办公室时，同时赠送给《青年论坛》的。

　　逼仄的空间问题由密院长退出办公室得到一些改善，但密院长不可能事事亲躬，处处插手，杂志社在社科院内的地位似乎总在另册的实际状况，他未必了解。一些具体事情得不到某些领导的公平对待总让人感到困惑，但这是次要的，特别是无端受到同人排挤、嘲讽则不堪忍受。1984至1986年正是改革开放风云际会之时，年轻人办刊必不可免的锋芒和有些文章、有些言论的前瞻性，虽得学术界以及社会的广泛注意与称赞，也引来一些非难和指责。木秀于林，风必摧之，这时的《青年论坛》需要支持。

大约1985年暮春时节，我陪同李明华、王一鸣到密院长家汇报工作。这是我第一次见着密老。密老个子不大，说话声气亦不大，语速比较缓慢，但一双眼睛清澈明亮。2000年我因车祸住院疗伤，密老到医院看望。那是我与他最后一次见面，他留给我的终生印象，也是这样一双清澈明亮的眼睛。

密院长与李明华、王一鸣交谈一会，湖北省社会科学联合会史鉴同志来访，与密老商量即将召开的社联代表大会诸事项，商量毕，密老当着我们向史鉴同志建议，主席团列名，增补《青年论坛》代表，即主编李明华同志，史鉴当即响应。

湖北省社会科学联合会代表大会主席团里，有才创刊几个月的《青年论坛》的席位，对杂志来说意义自然非常重大。密老以自己在学术界的影响和职务便利，处心积虑地扶持《青年论坛》，可谓拳拳之心。后来听说此动议来自省委领导，这也是可能的，但以密老的声望提出并安排则最为合适。

同年11月是《青年论坛》创刊一周年，杂志社在洪山礼堂召开纪念会，到会有武汉各大学一些著名学者，如刘道玉先生等。院内除了部分科研所所长和科研人员参加，政治部刘礼成副主任等行政干部也到会祝贺，这使我们非常高兴也很意外，因为这个活动毕竟是学术圈内的，圈外人士往往不感兴趣，况且既无礼品又无酒宴，不过清茶而已。他们能到会，对我们是一种心理上的支持。我想，这恐怕与密老的态度有关，起码有间接的关系。

一周年纪念时，杂志还请来各地记者站的同志，开了一个工作会，会间密院长会见代表，并请客吃饭，合影留念。

1986年，《青年论坛》逐渐成熟，由于稿源增大，稿件质量越来越高，一时名家荟萃，第1期有刘道玉、李泽厚、陈家琪、邓晓芒、鲁萌、袁璋、易中天等赐稿。其他著名学人如黄克剑、胡平、许苏民、於可训、郭齐勇、杨念群、陈晋等，均是论坛的基本作者队伍。老一辈学者和艺术家于光远、黎澍、陶军、周韶华也寄语杂志，周韶华先生还赠画于杂志社。李铁映则来信对《青年论坛》给予赞扬。特别是与黑龙江《学习与探索》杂志在武汉联合举办"跨世纪的中国"学术研讨会，请来全国著名学者，开办系列讲座，《青年论坛》的声名由此达到空前高度，出现令人振奋的气象。

很自然，《青年论坛》成为社科院的品牌，在全国具有很大影响。但此时密老已经离开社科院，为创建湖北省地方志办公室，转到新岗位上去了。他平平淡淡地走，没有和我们分享这份喜悦。想到我们初创时他给予实际的支持，没有一句虚言浮语，我们成功时，他也可谓"挥一挥衣袖，不带走一片云彩"，不禁令人感慨。比起那些见成绩便揽功于己，见责任便诿过于人的人，他的气概和素养毕竟不一样，经过战争和党内斗争洗礼的密老，真可谓一座高山，一片大海。

遗憾的是，杂志的大好景象并没有持续下去，虽然停刊整顿不了了之，没有任何结论，但人员星散，机构自灭，为改革呐喊的《青年论坛》在改革逆流中淹没。这个结局不知密老想到没有，有几十年波谲云诡的党内政治生活之阅历，我想他或许会有所预见。只是，人总是朝好处努力，要不历史怎么进步呢。

频见学者与"乞讨"开关厂

在《青年论坛》工作期间，约有三次进京的公差，其中两次值得一记。一次蒸蒸而上之时，一次停刊整顿之后。

1985年秋、为联系一本社会学的译著出版，我与杂志编辑王绍培出差北京社会科学文献出版社。

这本书由院社会学所甘立山先生翻译，书名忘了，好像关于社会学调查的方法。为什么要我来当责任编辑以及作者为什么不直接联系出版者，而要转手《青年论坛》，我一概不知，接到任务二话没说便开始工作。当时的工作热情饱满，再说多一点实践也好，所以用二三个月的时间把稿子看完，再与作者商量某些调整与修改问题，认认真真的，甚至还设计了封面，合计了印张。当一切搞掂，8月26日前往北京。

除了联系出版事宜，杂志社还另交办一大事：8月5日社委会曾商量4件事，除了3件人事问题，还有一件即在杂志一周年时，搞个有声势的宣传活动。于是，为一周年纪念而拟在北京联系媒体和向著名学者约稿，便成了我们进京另一要务。

为此，除了联系出版，一是到《人民日报》理论部联系版面；二是向著名学者于光远、王若水、李泽厚等约稿；三是联系北京记者站的朋友，协调周年的活动。

兹从第一件事说起。

一天下午，经约定，在《人民日报》理论部办公室拜会李玉田、汪子嵩和胡鉴诸先生，泛泛的谈话不记得了，记得李玉田主任谈了一些对《青年论坛》的看法和意见，我以为非常中肯。大意是：一、杂志办得比较严肃；二、关于自由的几篇文章写得都比较不错，譬如（王）若水、（胡）德平、胡平，还有一篇对话体的；三、有些文章看不懂，如黎鸣的文章。写文章应该尽量让人看得懂，新东西也应该叫人看得懂，这一条不太容易做到，过分追求玄，以显得高深，实际上失去了写文章的意义。李玉田还说，他最佩服王若水、李洪林的文章，写得很通俗，接着说远东人的文章在摆弄概念，也看不懂，他说：我们搞了多年的理论，我们都看不懂，想来其他人也是看不懂的。

胡鉴也说了些看法和鼓励的话，并具体说到"广州会议纪要"这篇文章写得不错。但他又说时机晚了，如果早些给我们，是很可能用的。希望以后有好文章，早点寄来。

30日上午见汪子嵩，送去新出的《青年论坛》杂志，而后拜访胡鉴，他们分别告之一共同意思，我想可能是商量过的：《青年论坛》每期将清样寄理论部，若能转载的文章则转载，不能转载的就摘登主要观点。另外，每期《青年论坛》出刊，根据《人民日报》海外部吴学灿提供的名单，杂志社将具体地寄到每人手上，不再笼统地寄到某个部门。与理论部联系的诸事中，另外还涉及为杂志创刊一周年，请李泽厚撰写文章的版面安排问题，这事得到理论部首肯，后来也是吴学灿经办的。

《青年论坛》能够迅速地扩大影响，深得上述先生及朋友们的支持，如若不然，则绝无1986年的盛况。这里顺便说一下吴学灿。

吴学灿是位很认真很负责且热情的人，当我们与李玉田等交谈时，他不声不响地把我的记事本拿去，在上面写道："谈话时最好有人记一下，以示认真，郑重其事。"呵呵，我们一行三四人，只知道呱唧呱唧的，都没有一个办公事的仪态，而他一引见者，考虑得如此周到细致，还真不好意思。这些回忆的内容，就是当时经他提示而记下的。

后来又一次到北京，专门到海外部去见他，他仍然十分热情真诚，百忙中为我沏了一杯馨香的清茶，还电话安排了一次记者站聚会，须知此时，有些曾经跟我们很热络的人已经开始保持距离，因为杂志已经停刊。"六四"政治风波后，听说他出事了，能出什么事呢？一个真诚坦率的人，不就是为国家的前途，为党的事业忧心吗。

从汪、胡那里出来，我们去王若水家。王若水是谁？不知道，我只知道艾中信、罗工柳、李天祥等著名画家，在思想理论界，我一"人盲"，幸好有王绍培同行，免除了一些尴尬。

记得王若水住《人民日报》宿舍的一个顶层，房子一般，属于两面坡顶但顶层又没有天花板的那种，夏天会很热的。进得门去，看到王若水先生的老母亲在家，老人家安静地独处一隅，微笑着没什么言语，我们亦笑一笑，抬抬手，欠欠身子，算打了招呼。家中再没有其他人，根据王若水的相貌估年龄，根据年龄看他的家，不太像"家"，太冷清。王若水的神情也比较沉郁，除了请进、请坐的客气，笑也如此。后来我在他的遗著《新发现的毛泽东》上看到他与后来的夫人冯媛的合影，大体也是那模样，只是苍老些。那张照片是他在最后岁月拍摄的。

看了书才知道，文革前王若水曾经是《人民日报》的副总编辑，所写《桌子的哲学》为毛泽东欣赏，称其为《人民日报》少有的哲学家，毛的意思，他强于时任《人民日报》总编辑的邓拓，他曾与邓拓、胡乔木一起，得到毛泽东在卧榻上的接见。今天，这个被称为"床前会议"的情节被诸多研究者引用。但文革中他被"四人帮"，或者说被毛泽东免职了。打倒"四人帮"后，曾参与撰写《关于建国以来党的若干历史问题的决议》，提出一些很好的建议和意见，譬如提出毛泽东晚年思想等概念，将错误的毛泽东归于其中，以与"毛泽东思想"分开，但没被采纳。后因所谓"精神污染"问题，又被免职了，我们去见他，正是他倒霉的时候。

他倒霉时，也有个和平的心态。知道我们与中国社会科学院哲学所某某某有联系，某某某想搞一套丛书，希望我们支持。他便告诉我们说这是个风派人物，但你们可以去接触一下，而且作为杂志，不应分派别，只看重文章，意思是有好文章一样刊登。

那天在王若水家，主要由王绍培交谈，记得王若水说同年11月准备到江西去，可能路过武汉时要停顿一下。有这样一个机会，我们诚心邀请他参加《青年论坛》杂志创刊一周年活动，他允诺了，但说明是路过参加，不是特地。也就是说，如果在武汉停顿则参加，不停顿则不参加。并且希望不要声张，以免除过多应酬。很遗憾，杂志周年时，他没能来。

又因为《青年论坛》1985年第2期已刊载了他的文章《智慧的痛苦》，故那次约稿最终没有收获。但《智慧的痛苦》影响很大，柏拉图说要做个痛苦的智慧者，不做快乐的猪。王若水想做一快乐的猪，不愿做痛苦的智慧者，因为在中国做一个哲学家太痛苦。文章标题，把新中国知识分子在历次运动中的遭际，以及由此产生的痛苦的"活思想"点透了。我不做学问，也不懂学问，但很喜欢这篇文章。

2008年我在美国圣何塞看到王若水的《新发现的毛泽东》上、下本，其中搜集的"作者历年来写作和发表的有关文章"，不见1985年在《青年论坛》上发表的《智慧的痛苦》，却见1989年香港三联书店出版的《智慧的痛苦》。该书我没有看到，估计是论文集，其中收进了《"文化大革命"的重要教训是必须反对个人迷信》《探索毛主席发动"文化大革命"的原因》等文章。

由文章名变书名，可见王若水对这个命题，或者说这一富于深刻哲理且带有文学色彩的题目十分中意，冯媛撰《王若水的"美丽境界"》最后一句，再次使用了这句话："也许，（王若水）这种忧患，抑或智慧的痛苦，也使那颗大脑如此美丽？"（该文曾发表在《明报月刊》2002年4月号，后编辑在《新发现的毛泽东》后）——没错，他的面容就是一种忧患的神情，一个"苦闷的青年"的神情。

回国行程迫近，我无法将王若水的著作看得很仔细，但好像书上其他篇章也没有指出以该题命名的文章首发在《青年论坛》上，或许《智慧的痛苦》这本书中收进了，这比较合乎情理，但我一下无法证明。

好像就在拜会李玉田、王若水这天，我们先行去了刘宾雁家，这是很偶然的，不是计划中的。

午后阳光灿烂，我们经过《人民日报》旁的一院子，忽然觉得很像刘宾雁先生初夏在武汉描述的他新家的环境，便说：刘宾雁就住在这院子里，不信可问传达室。王绍培半信半疑。一问果然，传达室的师傅告之：刘宾雁住第几栋第几门第几楼，上楼左边就是。

问传达本来只是验证记忆的准确性，寻求一点出差的快乐，却得到和善与详细的答复，而且老师傅还出门遥指刘宾雁所在门栋的方向。此情形下，只有当真进去，否则在传达看来就有不明不白的嫌疑了。

上得楼去，刘宾雁不在家，他儿子接待，很热情。他问了我们的要求，留下我们下榻处之地址与电话。第二天早上，刘宾雁电话打到中国社会科学院招待所，这也令我们意外，我们这些不知名的小人物，他竟能慎重践约，可见其做人的风格。电话里我们再提约稿要求，刘很爽快，答应在9月15日左右寄一篇到武昌。文章《我第三次感到贫乏》如约寄到，即发表在11月出刊的第6期上。文章说："'真理'

的'理'离不了真。不'真'之'理'却自以为'真'，或以'真理'的权威指令客观真实就范，强使别人信以为真，看来是比过去任何时候都更吃力了。"这是对历史与现实的评价，所以他说"这就是中国的进步"。但在最需要真理的"伟大的中国现实"之面前，他谦虚地感到"自己是过于贫乏和空虚了"。

1988年刘宾雁去美国做访问学者，再没回国。据说当局不太欢迎他，拒绝了他回国的要求。最近又听说他已离开了这个世界，是去马克思那里还是去上帝那里，就不知道了。应该去了马克思那里吧，因为他曾经数次要求回国"找党"。

到中国社会科学院去了几次，于光远一直没有见着，所有联系都是通过他的秘书，但几番往来，约稿的事也就谈定了。联系稿子的同时，我们与于光远所在马列所还建立了杂志交换关系，这算是个额外的收获。后来于光远的稿子也如约寄到，发在当年第6期上，以"前辈寄语"栏目示见。

约稿计划中见着人的，唯有李泽厚。他谈话很随意，很轻松，从《美的历程》发行状况到时下的心情，都谈。到底是美学家，工作交流都有审美的情趣。由于《青年论坛》第一期有李的文章，故第二年再约，便有些勉强。但经不住我们一请二请三请，他终于答应再写一篇，为纪念《青年论坛》创刊周年。这篇文章，《破"天下达尊"》先发表在《光明日报》还是《人民日报》我已不记得，第二年即转载于《青年论坛》第1期上。

出书和约稿大体有了着落，联系记者站也有进展。我们向记者站的朋友通报了周年纪念活动的安排，记者站高伐林希望当年能在北京召开一个座谈会，主题好像是"关于'文化大革命'的再认识"，要求编辑部派员参加。另外还希望1986年出一期北京的专刊。而我们在北京所约稿件，也希望吴学灿、远志明帮忙催一催，以期落实。

出书、约稿、联系记者站的任务基本完成，去北京开关厂拉赞助一事也不是计划内的任务，实际是"马得搞"的。何谓"马得搞"？一下在汉语词典里找不到对应的词汇，大概有唐突、冒失，甚至带点善意与真诚的"欺骗"吧。

在北京四处奔波都坐公交，一次在车上瞥见北京开关厂大门，便想起杂志编印的企业规章制度一书收有北京开关厂的企业管理条例。这本书既没人推销，也不好卖，堆在那里，奈它不何。就在公汽从开关厂大门驶过的一刹那，忽心机闪念，心里顿生进门"乞讨"的念头。

好像去过两次，说了一些什么话都忘了，总归是卑微的，可怜的，王绍培和他的女朋友，以及女朋友的女朋友也一起去，实乃一丐帮。腆颜叫穷显然不是我们的性格，但85年的《青年论坛》穷得没有办法。我存有一份当年杂志销售卡片盒的广告草稿，今天若把它转换成喋喋叫卖声，听起来一定会透着学者的无奈。不妨抄录如下：

> 建议您购买卡片盒
>
> 您的资料卡片有地方存放吗？建议您购买卡片盒。
>
> 如果您给朋友赠送礼品，一定要选择美观、大方、实用的物品。建议您购买卡片盒。
>
> 我们为您备有大小二式卡片盒，大号每个6.9元，小号每个3.5元，如果您去商店，一样的东西要多花20%的钱！
>
> 请您一试。

再查当年的记录，小卡片盒一共做了645个，售出仅179个；大卡片盒740个，售出仅46个。《青年论坛》的编辑都是学者型，想象往往胜于实干，哪会做生意呢？至杂志停刊，这些卡片盒仍安静地搁在仓库里。为做纪念，停刊后每人分了几个，我的两个至今还在，但毫无用处。IT技术飞速进步的今天，谁做学问还用纸本的卡片呢？

"乞讨"精神感动上帝，开关厂答应赞助2000元，我心里还欢喜不止，其实也明白，此钱不过施舍打发而已。回到武昌，钱即汇到，《企业管理》的书也如约奉寄开关厂。

在北京数天，收获是丰硕的，与中国社会科学文献出版社联系出版，几经来往也谈妥，剩下的只是手续。不料，回来后此事不再提起，什么解释没有，一句话："不搞了"，于是我做的工作也"一江春水向东流"走了。哎——我怎么向社会科学文献出版社的沈恒炎交代呢？尽管如此，那次进京感觉畅快，今天翻检当年的汇报提纲，竟写了10条，笔记本占了4页，还有意犹未尽的感觉。

锦绣气象与"跨世纪的中国"会议

1986年11月初，由《青年论坛》与黑龙江《学习与探索》杂志在武汉联合召开"跨世纪的中国"会议，标志《青年论坛》的影响力达到空前高度。"空前的高度"是很实际的评价，其指标是杂志发行量持续走高。

为加强管理，创刊不久，我即担任编辑部主任一职，料理一些日常事务。但由于天生的情绪化性格与遇事不通融的态度，使我干不好也不愿再干下去。大概1985年底，便坚辞了这副担子。扪心反省，我在任内确无建树，但今天想来自觉还是做了几件对《青年论坛》有益的事。一是免掉了其他几位只拿津贴，不干实事的副社长、副主编，这是十分僭越十分躐等的，而且意义也不大，并由此得罪了人。二是协同李明华、王一鸣向第二汽车制造厂募集到3万元赞助，这钱可以改善杂志的状况。但这都是一过性的。第三是抛弃成见，聘用周晓佑。这一点对《青年论坛》的发展就很有意义了。

起初，周晓佑由蔡某某推荐，那是蔡想照顾私人关系，并非赏识周的才干而使然。由于蔡某是《青年论坛》经济官司的始作俑者，杂志由此非常被动，我们自然不能认可他的举荐，所以我与王一鸣不同意周的调进，此事搁下。7月的一个下午，自称周晓佑的女士不期登门，"毛遂自荐"，我恰好在编辑部。经过简短交谈，遂改变了看法，我让工作人员把她带来的档案锁进保险柜，表示可以考虑她的要求。我判断这是个练达、能干、成熟、靠得住的人，《青年论坛》发行工作亟需她这种人来主持。8月5日开社委会，研究三项人事问题，其中关于周的调入，王一鸣很给面子，我谈了看法后他也改变了主意，李明华自不待言。

自创刊以来，由于没有理想人选，发行工作一直不见起色。周晓佑进入没几天，我们遂宣布由其担当发行部主任，希望她重开局面。果然，1986年征订有了新气象，零售也呈芝麻开花的势头。1987年征订数竟跃至3万，而且不算零售。如此，杂志完全可以依赖自身的收入经营下去了。由于周的业绩深得大家肯定，好像在王一鸣下派当口（王申请为下派干部，社科院安排其到基层锻炼），她又被大家选为副社长，从此承担了更大责任。

就在杂志社蒸蒸日上这一年，迎来了"跨世纪的中国"会议。

会议于10月30日至11月3日在武昌东湖召开。由于早已不在中枢，当年又随周韶华先生考察长江上游历史文化两月余，我对会议筹划并不清楚，下面的回忆都是场面上的。

记得活动分两块，一块在东湖宾馆，参加者为国内著名学人和重要媒体，中宣部理论局也派员与会，范围不大，约30多人，主要就改革开放重大理论问题开展学术讨论。李明华给我两个与会指标，我请了湖北省美术学院皮道坚和湖北文联的彭德，他们都是搞现当代美术评论的。

第二块在水果湖省统计局大会场，即由与会学者分次举办讲座，叫"'跨世纪的中国'讲习班"，听讲座则须交费。这是个绝妙的设计，会议与讲座双轨并行，互不干扰，但相得益彰。那几天，说水果湖地区肩摩踵接有些夸张，但人确实不少，其中以大学生为多。

是在会间还是最后一次，我不太记得，会议安排主会场的学者全部到讲习班与青年学生会面，就中国改革发展理论问题直接交流，那个场面啊就像庙会，学者分开在会场的不同地方，听众则根据自己的需要和对不同学者的了解，簇拥着学者，或提问或咨询或探讨。我当时在会场摄影，看到此情形也被感动了。今天看照片，有张志扬、黎明、戴晴、皮道坚等学者参加了对话会，其中一张《学习与探索》杂志主编戢克非对听众侃侃而谈，手势生动，但头部影像虚得厉害，看不清楚，如果不是我，谁都分辨不出他是谁。可能当时他很激动地说：中国要发展，不改革开放不行！由于特别强调否定之否定的意思而摆动脑袋，使照片十分怪诞。

会场热烈，受众踊跃，说明当时青年人和大学生关心中国改革理论的热情甚高，也说明各位学人深受大众欢迎。这一活动，既是对中国前沿学术的检阅，也是对《青年论坛》影响力的考量。

我分在东湖主会场，负责代表的接送、住宿安排、会议宣传、市内游览等。记得并值得回忆的有下述人事。

一是讨论时，学术锋芒毕现，用个既不雅又不贴切，但很形象的比喻，有时甚至短兵相接，没有今天某些学术会议发言言不由衷，讨论相互捧场的庸俗习气。这可能因与会者大多年轻且成就卓著的缘故。试想，倘若庄子讨论对象不是梁惠子，或梁惠子的对手不是庄子，学术就不会有"郢匠运斤"式的精彩，和"濠上观鱼"式的机巧。"跨世纪的中国"会议大体如此，学术层次是很高的。

二是绝大多数与会者对艺术新潮表现出浓郁兴趣。"跨世纪的中国"会议召开时，恰逢湖北青年美术节开幕，它是全国范围的85美术新潮之延续。会议安排游览，其中包括参观数个专项展览内容。记得代表进入湖北美术院展厅，戴晴便乐了，与一位代表调侃说：你们反传统，要写几千字几万字，看人家，一件作品就解决了。展厅正中是严善淳一幅描摹的书法，书法是苏轼的还是王羲之的我忘了，它象征传统。严在书法上又用红布和木版设计了一个叉，意为对传统的否定。戴晴指的作品就是这件。

我与几位同学也参加了湖北青年美术节，办了"版人画展"，全是版画作品，比较唯美，不怎么前卫，展名请刘纲纪先生题字，地点在古琴台"高山流水"厅。游览既由我安排，自然要利用职务之便，请代表看看我们的作品，我也通知了同学，希望他们都在展厅等候。看完展览，作者和代表合影，场面比较忙乱，待看到照片，呵，写"我赞成邓小平退休"文章的陈超英（李明华注：应为钱超英）也在其中，现在回忆起来，当时他对现代美术的趋势也是十分关心的。

1985、1986真是美好的时光，就感觉中国方方面面都呈现出勃勃的生机。

所谓游览只在市区，真正具有旅游意味的，仅是东湖乘艇和在江汉路购物。但各位代表兴致甚高，既没有要求也没有意见。想到现在学术与旅游兼顾，开会要设法找个名山大川或人文胜迹转它一转，就感觉"跨世纪的中国"会议很不时尚，太过学术。

代表主要来自北京，其中给我留下较深印象的是戴晴。这并不因为她是《光明日报》著名记者，主持了深有影响的"学者访谈录"。也不因为她赠书于我（应该赠两本，一本被《学习与探索》的刘爽"劫掠"）。印象深，后来又有了通信往来，首先是因她在会上平易的态度。

戴晴提前到达，她解放初期曾在武昌东湖之阴的南望山下八一小学读书，对武汉不陌生，但当时从南望山到武昌要划船，与现在四通八达的陆路交通不一样。

代表早到是个例外，由我去接。因会议地黄鹂湾的客房还没有退出来，把她安排在翠柳村需要临时联系。故匆匆忙忙赶到南湖机场，什么都没有准备，到出站口，才想起需要一块牌子，写上被接人的姓名。这时旅客已络绎走出航站，我情急中抓出书包里的书，在封底写上"戴晴"两字，站在一条凳上举着等她到来，字是钢笔写的，字大但笔画很纤细，又怕来者看不清，故不断环顾周围。一会，一女士仰头笑盈盈地看着我手中的书，没有问语，是不是感觉我的做派有点"游击习气"而好笑？喔！是戴晴。

很不正规的迎接，加上很不显身份的交通——没有专车，需要打的，她非但没有名记者可能流露的愠色，还很开朗地与我聊起天来。接站如此，送站就更尴尬。戴晴会后去长沙，去长沙的火车票很难买到卧铺，搞一张硬座就不容易。怎么办？她很理解，很通融，接受了这个注定不会舒适的行程。这趟车人满为患，比我料想的严重，戴晴从车门进去挤到自己座位上，距离仅五六米，大约花了五六分钟的时间。这五六分钟里她不急不烦不躁，颇具名记者的风范。

我在月台，她在车厢，内外交谈，等候开车。记得她希望我专心做个编辑，不一定要做专业画家，说做编辑接触人多，视野开阔等等。这些话对我后来工作的选择是有启发的。等了一会，车终于开了，望着远去的满负荷的车厢，我一下想到，她上卫生间怎么办？

接"停刊整顿"旨

1986年12月，学潮风起，为处理学潮，面向青年的《青年论坛》首当其冲，被迫停刊，停刊令是口头传达的。

记得《左传》记郑国子产不毁"乡校"，是为疏导言路。假如把舆论比作水，子产是把水一点一点地加以疏导，不使淤塞，而且把大众的批评当作执政良方。故而郑国大夫然明说：子产的办法若坚持下去，确实有利于郑国，岂独有利于二三位大臣？就此孔子也说：别人说子产不仁，我就不相信。《国语·周语》所谓"防民之口，甚于防川"，也是这个道理，言路如其堵塞，不如让其宣泄为好。

《左传》《国语》及那个时代产生的其他思想结晶，是中国文化的元典，是构成传统文化的重要部分。雅斯贝尔斯论述文化轴心时代说："人类一直靠轴心时代所产生的，思考和创造的一切而生存，每次新的飞跃都回顾这个时期并被他重燃火焰"。今天，在历史层面反省我们处理大众舆论的办法，可以说对两千年前这一优秀传统的借鉴，是很不够的。

学潮实际也是言路的一个途径，一个表现，就像今天政府门口常见的上访请愿者一样，都是问题，区别只在宏观、中观、微观的区别。今天上访请愿的事件大众都见怪不怪了，谁还当稀奇呢，谁又上访请愿把政府访垮了呢。没有，完全没有。杂志也是疏导言路的一个途径，省委后来的文件要求《青年论坛》"端正办刊思想"，虽不为堵塞言路，但仅虚言而已。据此，设若1986年学潮处理得当，不是停刊，不是抓人，而是真把民意当作"主人"的意见和看法加以平等商量，恐怕不会有两年后的"六四"风波。很遗憾，当时缺乏民主气氛，没有今天这样的宽容心态。所以，是时《青年论坛》不能不入涅槃，这是个劫数，逃不掉。

黯然上北京

《青年论坛》停刊，但1987年第1期已邮发全国，于是省委宣传部迫令收回，而且无论如何要把发到北京的收回——明白了，不能在京畿造成影响。

省社科院督促很紧，可以说雷厉风行，立马安排一位副院长专程上北京办理此事，后又要杂志社去一人，李明华派我去，由我去配合窒息自己的"孩子"。但到临走前，这位副院长变卦，不去了。

坐的是38次软卧，坐软卧是我平生第一次，可谓大姑娘坐花轿，当然，没有副院长上京的打算，我哪能坐上"花轿"呢。当时，钱还不是统帅一切的时代，我等身份只够格坐硬卧。

离开武昌时六点多，包厢里就我一人，火车越长江过汉水到汉口旧火车站，刚好新闻联播开始，听到广播里胡耀邦总书记辞职的消息，心不禁一沉。

汉口站上来一拨乘客，将各包厢填满。对面一位刚上来的中年男子对这条消息表现得十分激动，但他激动的情绪不仅因为这个消息，后来知道，还因为他在新闻联播前就得到北京的长途电话。能够先于我们，抑或说先于大众得知中央的重要举措，使他感到一种在旁人看来实属莫名其妙的优越感——他需要把这一情绪很好地伸展一下，这要有对象。

我的装束、年龄以及手上捧着的书引起他注意——从装束上看不像有钱人，穿着李明华的军大衣，显得落拓。从年龄上看，我还不太可能爬到副厅级这个具备坐软卧资格的高干地位。既无钱又无地位，怎么能坐软卧？后来一句"单位坐软卧还是有规定的吧？"表示了他的疑惑。但，可能在他看来，我是一可以攀谈的对象，尤其关于总书记辞职一事。

至于他，不用问半句，因其饶舌而知其一二：家在汉口南京路，家有电话，开了一家自行车商店，为生意上的事情而上北京，明天中午将有一女子在站台接他。一身装束打扮，也印证了这位个体户的身份：头上整齐油光，足登高统皮靴，手上金光闪耀。

"你对胡耀邦辞职有些什么看法？"呵呵，开门见山。

这次上北京，李明华曾特别叮嘱我在路上要小心，要谨言慎行，提防有人跟踪找茬。于是，此情此景使我想起侦探小说中的情节，嗨！够刺激的。

"没有什么看法"，我仍然看书。

"不可能的，这么大的事情。"

"我对国家大事一般不感兴趣。"再看书。

"个体户"有些耐不住了："那你是搞什么工作的？"

"搞研究的。"

"就是啊，搞研究的怎么会没有兴趣呢？"

"是研究历史的，"我的意思是研究古代史，对现代问题不关注。但"个体户"很会抓问题："研究历史更不可能对这样的大事没有兴趣啊？"

本想说得超脱点，远离这个话题，却被逮个正着。

人有急智，我刚刚看过沈从文《中国服装史》，倘若现买现卖，足以应付诘难。故说："我研究古代服装史，确实与当代没有什么关系。"呵呵，做整理遗产的事情，一陈旧的"古董"，能对今天谁辞职谁任职谈出什么意见？我想他应该这样想。

对话至此打住，"个体户"阴鸷地看我一眼，开始脱靴，悻悻地上床睡觉了。

一夜无事，第二天一早，不料他的两位坐在硬卧的朋友来看他，据他们的对话知道是公安厅的。真巧了！他们坐在我的铺上，我很担心再谈什么胡耀邦辞职的事。但公安厅的朋友也是做生意的，谈得多的是价格和货源，我则坚守不对话的底线，故什么事情都没有发生。到北京，我没有先下车，通过车窗目送个体户与接他的女子消失在人群中，忽然觉得自己是否有些庸人自扰了呢。

北京邮局在火车站旁设有一邮发机构，我是如何打听到这个机构，经过几个环节，现在都不记得了。记得进一个铁栅栏门，里面的工作人员十分忙碌，说明来意，他们似乎并不觉得有什么了不得：呵，最近这样的事情比较多，还有某刊物也如此。哪个刊物？没有细说，看他们忙碌的样子，我无意也无心去打听。工作人员看了公函和停发刊物的名称，说好像《青年论坛》还没到北京，"嗨，是没有到吧？""没有到。"接着将公函塞进一小抽屉。这样的小抽屉在一面墙上有几十个，整齐排列，一个刊物一个，属《青年论坛》这个塞进停刊公函，我立马感觉这已是个"骨灰盒"了。"就这样完了？"我问。"就这样完了，你可以走了。"原来预想的悲壮气氛一点都没出现，关心的问语都没有，更没有惊诧和嘘唏，所有人仍不停歇地忙自己的事情。一阿Q式的我！

出火车站，已是下午三四点，北京一月凛冽的寒风拂面，一种说不清是庄子式的放松还是孔子式的失落之情绪涌上心头，想到轰轰烈烈的"跨世纪的中国"会议尚历历在目，一下《青年论坛》便灰飞湮灭，世纪跨不过去了。此时不免回到自己的坐标想实际的问题：《青年论坛》停刊，必然涉及每个人的饭碗和去向，局势一旦与自己前途挂钩，心里忽又升起一点悲哀。

带着纷乱的思绪，穿过北京站广场，登上拥挤的22路车，前往北师大附近的亲戚家。记得北京堵车十分严重，直到掌灯时，所乘车才到积水潭，吃晚饭时已是七八点。这是那天唯一的一餐饭。

《青年论坛》被停刊，但说的是停刊整顿，迄整顿后再出刊的可能性是有的。后来传达文件也说："编辑部班子问题待后由省委宣传部和省社会科学院提出具体意见"。在我看来，所谓"具体意见"，可能会要求杂志写个检讨再恢复出刊，所谓停刊，不过是暂时的。我有这样一理念，竟还在北京约稿，想来也是幼稚得可笑。

公事办完，约见两人，一是胡德平，一是中宣部的一位朋友。

都知道，胡德平是胡耀邦的儿子。

耀邦同志刚刚辞职，估计电话打到家里，胡德平未必接得到，开始几个电话确实如此，不是说不在，就是反复盘问，然后说打错了。最后一个电话说了些善意的谎言，说我是他的同学，路过北京，想见一面。接电话者稍稍问了问，即说等一等。终于联系上了。

第二天早上赶到六部口统战部，胡德平如约等在门口，遂径直进他二楼办公室。随他一起，警卫不问。他曾在湖北工作过一段时间，熟人比较多，自然一一打听了一下，我尽知道的告之，接着把《青年论坛》停刊一事做了介绍，他很通达地说：《青年论坛》已完成历史使命，停刊就随它去吧，不必为复刊做些无谓的事情。

当时反对所谓资产阶级自由化，其中一重要内容是人道主义问题。20多年前反对的东西，今天得到全社会的肯定和重视——建设和谐社会，不人道能和谐吗？人的价值，不知不觉成为时代旋律中的重要声部。推动社会的进步总会有殉道者，从历史角度看，《青年论坛》完成历史使命，可以下地狱了。

那天聊了大约半个多小时，因还要赶到北师大附近见中宣部的朋友，不好多讲，遂告辞。临走问了一下他和耀邦同志的近况，他说他自己在统战部很好，领导和同事都能正确对待他，没有为难他的。说他父亲的现状也很好，心情也好，平常在家看看书带带孙子。据后来一些回忆文章，知道胡德平说了一半的真话，另一半，恐怕就未必了，一腔热血的人如何能超脱地放下改革大业呢？另一方面，最近听说1978年陈永贵曾私下骂"胡乱邦"、"狗日的"（见《作家文摘》2008年10月17日第5版。原载凌志军著：《1978：历史不再徘徊》，人民出版社2008年版），这下可好，那些"凡是派"甚至极左派不就可以公开地对改革派大加挞伐了吗？就是想超脱也是做不到的。

出统战部大门，要一辆出租车赶到北师大，这位朋友已等在那里，他是骑自行车从六部口赶到北师大的。大冷天，他不知道我先到统战部见胡德平，而我又不知道中宣部就在统战部附近，害他骑这么远的路，而且还要赶回去开会。

我问了问《青年论坛》停刊的背景，上层消息他不太清楚，可能原则和纪律制约了他。但湖北省社会科学院几个人为此有一封告状信寄到中宣部，他把信的内容告诉了我，提醒我们注意。信中列举《青年论坛》一、二、三条"罪过"，其实都是捕风捉影，甚至子虚乌有。所谓告状，不过是院内权利斗争的折射，醉翁之意在乎山水之间也——借打击《青年论坛》，进而打击曾经支持过《青年论坛》的院领导，企图取而代之。后来，我将其事告之某领导，该领导说：这封信现在就在我抽屉里。意思是说这几个人翻不起大浪，后来确实也没翻起大浪来。

我与中宣部这位朋友相识不久，找他打听消息有点唐突，而且在风口浪尖的时刻，但他能真诚相待，实在不易，以至今天我还记得他，前些年到北京出差打听过，他已经不在中宣部了。

虽失去了《青年论坛》，但还有一帮《青年论坛》的朋友，在北京，我见了戴晴和记者站的同仁。与戴晴联系，戴晴邀请去她家坐坐。她家住北大附近，去时寒风凛冽，背阴处的积雪还没化。

知道《青年论坛》停刊，戴晴表示惋惜，但很快，情绪马上转进自己写作的情境。她刚刚完成一篇纪实的大文章，写的是王实味，题目不记得，好像《王实味与野百合花》。她高兴起来，要将这篇文章的开头给我读一读，我欣然拜听，确实写得不错，开篇就可以把读者抓住。记得文章中写到"喀嚓一下"，指贺龙的部队砍下了王实味的头——一位知识分子的头，心不禁紧缩起来。

据说，这篇文章准备给《文汇月刊》，"唉——怎么不给我们呢？""你们不是停刊了吗？""说不定马上就复刊呢，还是给我们吧。"戴晴最终没有给我们，根据后来事情的发展，如果给了《青年论坛》，我在戴晴面前就很被动了。翻检过去的信件，当时可能还是带走戴晴一篇稿子，她是准备给《新观察》的，而我可能是从戈扬（时任《新观察》主编）手上取走的。过了几个月，《青年论坛》仍然没有复刊的音信，戴晴于5月17日来信谓："……关于你们刊物的景况，大家都知道了，所有认识的同志，都让我代问明华和大家好。上次你从《新观察》带走的那篇稿子，望尽快寄给我，现在有人想用。等你们再有别的打算时，咱们再合作……"。我们无法有别的打算，《青年论坛》也再也没有转阳的征兆，所谓停刊整顿不过是封刊的缓冲过程，一技术手段而已。与戴晴及其他作者的合作由此都要划上句号。

这次见面后，尽管《青年论坛》不复存在，我和戴晴还有几次通信，她很想帮我发表点作品，以扩大影响，几封信主要谈的是这事，要我把作品寄给她。很遗憾，自从到了《青年论坛》，我再没有搞出作品，艺术创作的激情暗淡下去，除了90年代初稍有回潮，但至今没有高涨起来，以至辜负了她的好意。第二年，1989年的上半年，因长江三峡工程主上主下的分歧，也因戴晴是反对派的主将，声名显著，长江流域规划办公室（今长江流域规划委员会）宣传部门想通过我与戴晴联系，由长委出资，邀请戴晴和其他反对派人物到荆江大堤考察，希望反对派从防洪的角度，理解修建三峡大坝的必要性和紧迫性。这封信发出，再不见回复，可能她不愿理睬，也可能已卷进"六四"风波的前奏中，无暇顾及。很快"六四"风波骤起，她也被牵连，以至去国。这些消息以及后来的消息就都是听说的了。

离开北京前，我参加了记者站的聚会，由吴学灿发起并组织。这次聚会有点"最后的晚餐"之意味，只是没有犹大，而我则象征《青年论坛》之木主（牌位）临场。地点就在吴学灿家，某大杂院一隅，好像处在王府井和西总布胡同之间，是人民日报的旧宿舍。

远志明好像参加了，季思聪、高伐林、陈东升去了没有我已不记得，大约有六七个人吧。这些人在吴学灿寒冷、破败，陈设简陋的宿舍里，围着木桌，吃着花生，聊着天。如果说还有一点温馨的感觉，那就是吊在头上的昏黄灯光，和炉子上水壶里的缕缕蒸汽。我穿着厚厚的大衣，一会也哆哆嗦嗦的了。

大家为《青年论坛》停刊而惋惜，情绪不免低落，但也愉快地回忆了一些往事，对时局和将来也发表了他们各自的看法。这是一批对改革大业怀有满腔热血的青年，回首20年，他们在道德、理想、学养、信仰等方面，远超今天的青年学子。

大约10点种，黯然的聚会结束，大家互道珍重，然后各自消失在胡同的夜色里。

法新社采访与收拾烂摊子

杂志社停刊整顿，但没有谁来整顿我们，我是说没有公开的整顿，有没有暗地里的"整顿"呢，可能多少有一点吧，这是根据极左政治的必然趋势而推定出个别人的行为，比如打个小报告捕风捉影、上个"折奏"落井下石什么的等等。在局势还不明朗的时候，所谓整顿也只能如此，我相信各级领导也在观望中——倘若什么时候中央突然要求复刊（根据党史这是可能的），"整顿"不就错了吗？所以，除了"停刊"的事实和"整顿"的说辞，我们只是灰溜溜的，还没有感受到其他方面的压力。

以耀邦同志辞职为界，局势明朗，院内有个别人开始以疾言厉色，或者说以文革遗风恶对李明华，而我们是李明华属下，又不住院内，这样的"革命态度"基本没有受用过。俗谚说："冒生过伢，不晓得肚子疼"。据我推测，李明华自从创办《青年论坛》，"肚子"就经常"疼"，现在，在他之上的要解脱，在他之下的须"解放"，惟有他来承担责任，所以他就更"疼"了，轮到他"生孩子"了。这种局面下，他还嘱我与孙芝芯（杂志编辑）把《青年论坛》所有照片收齐并加以编辑。这是很有远见的。我们用了两三天时间，按照时间顺序，编辑了一本影集，影集从形象的角度，基本概括了《青年论坛》短暂而丰富的行程。但这本影集今天不知流落何处。

至于省委领导，如果没有记错的话，除了两个关于整顿《青年论坛》的文件，再无后续措施，当然，编辑部班子的再安排问题也不再提起。所以，当时的所谓整顿不疼不痒，起码我是这样的感觉，不过就一"拖"字而已。须知，《青年论坛》创办是得到省委领导支持的，湖北省委1984年51号文件关于"加强我省社会科学工作问题的讨论纪要"说："《青年论坛》等理论刊物应当而且可以放得开一些，办得活一些，还可以考虑办一个放得更开的内部刊物，让各种不同的理论观点得以交流和探讨，以利于我省社会科学研究工作的进一步活跃和繁荣。"后来，省委钱运录副书记还把《当代中国的经济体制改革》一书赠于我们，上题"送给《青年论坛》的朋友们！一九八五年三月十五日晚。"有这样一个背景，假如真像"二杆子"样的清理整顿，对于他们来说将很被动，局面会不可收拾。后来所下发省委文件中，对方励之、王若望、刘宾雁所言，称"反动观点"，对《青年论坛》所为所载，称"错误观点"的区别（实际上刘宾雁的所谓"反动观点"，有一篇就登载在《青年论坛》上），可表明他们的顾虑和忧心。今天看来，当时省委对《青年论坛》是有一定回护的，这也是出于一种难言之隐吧。

由此可见，1987年，企图抵制改革开放的任何政治手段，再也不可能像文革极左飙风那样迅疾，那样得到盲从，推动经济建设，过上正常的幸福生活已成为全国人民的强烈要求——《青年论坛》是沉没了，但作为改革开放的牺牲，其遭际却生动、深刻地映现出时代转化的迹印。

编辑部开了几次会，学了几次省委文件，便无所事事。人员暂时不能遣散，有所积蓄又不可能维持很久，难坏的还是李明华。

为维持局面，李明华决定实行值班制，每个编辑一天，轮换来，做好值班记录。一段时间平安无事。一天轮到我值班，大约午后，忽一电话，一女士自报家门：北京法国大使馆中文秘书王冀鲁，说"法新社"记者想采访《青年论坛》，由于记者不通汉语，她在其中代为提问，希望我能接受采访。编辑部没有其他人，我能接受采访吗？要不要去找李明华？要找，得让对方等上十几分钟，不现实。如果拒绝采访，缩首缩尾的，会不会令对方瞧不起，以至损坏了《青年论坛》形象，虎死不倒威嘛。踌躇之间——"好吧"。

就在此前，天津曾逮捕了一位记者，罪名是里通外国，实际是接受了外国记者的采访。很自然，我接受了采访会不会有如此下场呢，况且，以往经历中还从没有被外国媒体采访的经验。之所以痛快答应，完全出自性情，一种不计利害的有害的性情。

采访后我把所问、所答追记下来，待李明华来后，以供汇报。追忆的内容大约有一页纸，很遗憾，这个记录当时交给大家传看，却忘了复制一份。

内容大体是，问：谁令《青年论坛》停刊？理由是什么？全国停刊的还有哪几家？《青年论坛》的职员现在干什么？有工资吗等等。我据实回答：停刊是中央某位左派领导的决定（其间插一问：是谁？答：据说是某某某）；理由是刊物搞了资产阶级自由化（其间又插一问：你们搞了吗？答：我们宣传改革开放，什么是自由化不知道，这些全由上边说）；据我所知，全国停刊还有安徽一刊，深圳一报；现在《青年论坛》所有工作人员都没有工作，但工资还有。

说是值班，其他人可以不来，但关心杂志的编辑和工作人员就是无事，有时也来坐坐，或者取信或者处理一些遗留事务。两点半后来了一些人，对采访一事有人反映平淡，但很关心。有人很兴奋，却说："这样的采访都可以登在《参考消息》上了"。什么意思？呵呵，没有高帽，没有批斗，没有游街，甚至学习班都不办，实在是没有什么可以让人感到刺激的。

第二天，短波广播了"法新社"关于《青年论坛》停刊的消息，又过一天，香港的报纸转载了"法新社"的报道。不论天空里的声音，还是报纸上的文字，我既未听到也没看到。据说香港的报纸把邵学海错成赵学海。好！好！就是要抓我，还要费些时间搞清楚"人犯"到底姓邵还是姓赵，这样还来得及处理后事。但什么事情也没有发生，没有任何人来哪怕问我一下。

当年5月，杂志名存实亡，编辑部给各记者站发了告别信，兹摘录一段如下：

> 各记者站记者、通讯员及其他同志：
>
> ……
>
> 1984年，我们几个'小人物'聚到一起，出于一种社会责任感，为了国家改革大业、为了繁荣社会科学理论、为了给广大中青年提供讲坛，办起了这份刊物。我们历尽艰辛，克服了各种意想不到的困难，特别是在没有固定资助的情况下，刊物打开了局面，扩大了影响，倾吐了一代青年的思考，受到千千万万青年朋友们的欢迎，这些都给我们以极大的慰藉。正当杂志各个方面工作走上正轨，发行量大幅度上升之时，她却不能再办下去了，这一切又怎不令我们痛惜？当我们拿起了那不起眼的十四本刊物，我们想，它的功过是非，历史会作出评价的……

"逝者如斯夫！不舍昼夜。"孔子是说时光像流水般不停地逝去。20多年前《青年论坛》中流击水，20多年后记得它的人已不多了，这是自然的。公正的评价也没有，这也是自然的，因为历史才是裁决事物本质最公正、最权威的法官，但"历史"是个漫长的时间概念。然而，去年院人事处告之，有一做硕士论文的学生，以《青年论坛》命题，想找曾经在《青年论坛》工作过的人采访。这样的人院内惟有我，但那天我不在家。人事处要这位学生再来，并通知我。学生再也没来，可能因难写而换了题目或者找到其他人了吧。

2008年湖北省社会科学院建院50周年，为编院史，时任院长曾成贵嘱我写1000字左右的《青年论坛》介绍。我很意外，因为多少年来几乎没有任何一位院领导在公开场合，或在正式文本上肯定过《青年论坛》，尤其庆典性文本，避之犹恐不及，何言正名！"能写吗？"我小心地问，"怎么不能写，这是一段历史！"呵呵，《青年论坛》停刊20个春秋，今天终于纳入"正史"的圈圈，有了一个名分。

我已走向不逾矩的年龄，但仍然眼明，这是因为戴了副近视眼镜。耳依然灵聪，这是因为我在上述看似琐屑的小事中，分明听到历史前行的，无可阻挡的脚步声。

2008年岁末于武昌东湖寓所

周晓佑：回忆我在《青年论坛》的一些事儿

1985年7月，我因女儿上小学急需从汉口调到武昌工作，经《青年论坛》杂志兼职副社长蔡崇国介绍来到《青年论坛》杂志，当时安排我的工作是发行部主任。初到杂志社，发现杂志社是自办发行，发行部仅有三个小青年，主要工作就是一本本打包杂志，寄往各地大专院校等机构的订户。杂志完全不是我想象中的一个正规文化单位，七八个人，挤在省社会科学院宿舍区的一间小房，除了几张旧办公桌没有任何像样的办公设施。发行部在西院平房的一个小间，很简陋，据说还是一位副院长让出来的。我心里很凉，我作为一个企业的厂级干部来这儿，除了离家近一点，没有任何优势的地方，但现在再往哪儿调已经不现实了，怎么办呢？

主编李明华、社长王一鸣找我谈话，还有编辑王绍培、邵学海、陈刚、喻承祥都热情地向我介绍杂志的情况。我了解到，杂志是几位年轻人创办的理论刊物，虽然只发行了几期，因思想解放和见解鲜明，已经一炮打响，在理论界很有些影响。但杂志仅有两次财政拨款共10万元作为启动费，是一份自负盈亏的理论刊物，经济上明显地很困难。显然，大家对发行部主任这个人选寄予了厚望……

一旦明白了这些，心里反而紧张起来，我能打开局面吗？

工作之余，我开始翻阅杂志，读到这几期中的一些文章，如《为自由鸣炮》(胡德平)，《开放与社会进步》（王辉、王润生），顿时耳目一新，我虽然不是搞理论的，但由于自身经历了文革、下放，家庭也是一个大家族，父辈经历了各种运动的很多曲折，这些文章犹如一剂剂良药顿时打开了我的心扉；加上李明华、王一鸣及几位编辑办刊的执着精神深地的感动了我，很快我就融入到了这个集体之中。让杂志扩大影响，发更多更好的文章，在理论界占有一席之地，迅速扩大杂志发行量，已成为我们这批人的共识。发行量关系到杂志的生存，我作为发行部主任责无旁贷。

我认为自办发行对于扩大发行量还是有限的，邮局发行是必由之路。我将想法与领导商量，很快得到支持，我开始跑邮局，一趟、二趟、三趟、很多趟。邮局胃口很大，没有40％的发行费免谈。我计算去计算来，每本杂志6角钱，除去发行费我们只剩下3角6分，大致上仅够成本。我想必须找到邮局上一级的领导才行。那天，我壮着胆子去找到邮局领导，讲了我们杂志的影响，在改革开放中的作用，向他介绍我们杂志是几个年轻人创办的，是自负盈亏性质，我们面临着很多困难……我一口气滔滔不绝地讲了很多。也许真的感动了他，这位领导沉默一会说了一句，"不容易啊，嗯，那就调为30%吧！"当我把这个消息告诉杂志社领导及同仁时，大家那个高兴劲儿啊，真是无以言表！

下一步要看征订量，我感觉还是很悬。30%的发行费，也不少啊，上不了量也是白搭。我们做了大量工作之后，一天天盼啊盼啊，大约在1986年10月份，征订数量报来了，有3万多份呢。别看这个不起眼的数字，这个在当时的理论刊物中是很多的啦！加上自办发行的一部分就有4万多份了。这时我们还大胆地提高了每本的定价，由6角提到7角5分，得到广大读者的理解，订户不降反升，杂志社终于实现了自负盈亏。那天，当消息传到杂志社时，全体人员欣喜若狂，那种由衷的高兴是无法用言语表达的。记得为了庆祝胜利由主编李明华请客，买来了面粉和肉，在我家包了一顿饺子，大家又说又笑，好是开心！

发行量的增加，是因为我们采取了很多措施。10月，杂志社全体人员兵分五路，到全国各地的大专院校搞宣传和现场征订。我与编辑部孙芝芯坐火车前往东三省。那次差旅非常艰苦，硬座票一路坐到哈尔滨，虽然是十月下旬，东北已经很冷了，一下车真让人冷得发抖……那次，我们是一个省一个省，一个大学一个大学地走，在校园里贴出海报，做介绍《青年论坛》杂志的讲演，没想到的是每到一处都受到学生们和青年教师们的热烈欢迎，讲到杂志一些重要文章时都是掌声雷动！多少年过去了，我每次遇到孙芝芯，我们都会回忆起那次东北之行的情景，真让人永生难忘。

除了发行工作之外，我参与得很多的是杂志的印刷工作。每一本杂志与读者见面，都饱含全体人员的艰辛。就说跑印刷厂吧，都是多次往返，记忆最深的是杂志社那辆小三轮货车，每次都是司机汪汉平送我过去。车一发动就"突、突、突、突"响个不停，一路颠簸。记得有一次，因为发行量增大，原来的印刷厂印不了，我需要带着排好版的铅字盘转厂，没想到小三马突突一发动，铅字盘就跳个不停，我马上用手按用脚踩，因为字盘太多都不行，最后没有办法了，我只有把整个身体趴上去，趴了一路，可能是十几里地吧，硬是平平安安地把全部字盘送到了新的印刷厂，想起来，不知当时有多狼狈呢！

值得一提的是，后几期杂志的终审稿，主编都是让我送去院领导审批的。当时分管杂志的领导是年轻的副院长张思平，我每次都是将稿件送到他家，过几天再去他家取。听听他的意见，等待他的批示。他说，我从内心是非常支持你们的，但有时候有些文章的确太敏感，我都是考虑再三，像胡平的《论言论自由》，沉扬的《论一九五七年》……最终张思平都签字通过了。后来他回忆说，年轻人敢想敢干，是值得称道的，所以最终是没有一篇文章从我这里枪毙掉！在一期期送稿取稿的过程中我也取得了张思平院长的信任，后来，《在青年论》坛停刊、我去武大学习以后，在他的推荐下，我来到深圳工作，开启了我人生的另一征程。

1986年，杂志社社长王一鸣被社科院下派到湖北通城县挂职锻炼，杂志社急需一人顶替他的部分工作，并决定由全体工作人员投票选举产生一名副社长。也许是我工作认真踏实，受到大家的认可吧，选举中我是全票当选。这之后我除了发行印刷工作外，开始负责记者站及行政管理方面的一些工作，工作量是增加了，对我的锻炼也更大了。

在此之前，我曾和李明华、王一鸣一起去过一趟北京记者站，见到过站长陈东升，还有记者远志明、季思聪、高伐林、尚鸣等人，对他们不计报酬为杂志社组稿、发行、开展活动非常钦佩。在北京，我还记得我们去拜访了王若水和刘宾雁，直接与几位前辈进行了交流，获益匪浅。还有一次去北京，是参加由北京记者站组织的"关于'文化大革命'再认识"座谈会。与会者从理论的高度和深层的原因来探讨这次运动的负面影响和不良的后果，非常深刻。现在想来，真是意义深远。

我印象深刻的还有几件事。我们简陋的办公室，迎接过中宣部部长朱厚泽的到访。朱部长如此重视《青年论坛》，说明我们办的刊物真的是走在了时代的前沿。我还参与了一次重要学术会议的筹备和组织，那是由《青年论坛》杂志社与黑龙江省社科院《学习与探索》杂志社共同主办的"跨世纪的中国"学术讨论会，这次活动吸引了全国理论界几十名知名青年学者前来参加，他们从社会科学各学科角度探讨中国现状和未来，提出了很多精辟的见解，我们杂志发表了与会者的发言摘要，在理论界影响很大。

当时有一件事我至今记忆犹新。每期杂志发出去后都会收到很多读者来信，在沉扬文章《论一九五七年》发表后，我们曾收到一位保定读者的来信，他说自己曾在一九五七年被打成右派。编辑部收到这封信后，我说我来回复吧。我的回信寄出去后不久，他马上第二次来信，还专门谢谢我的回复，我记得他说"真想到杂志社来见见你们这批了不起的年轻人！"1986年我担任杂志社副社长后，增加了分管记者站的任务。我去过两趟北京记者站，其中第二次去是参加记者站召开的"有关'文化大革命'的思考"的专题讨论会。返程时路过保定，我专门在保定下车，去采访这位读者，得知五七年时他大学刚毕业不久，分到保定新华书店工作，因新华书店的右派不够数量，说他是知识分子，找出他写的一篇学习心得，拈出几个字不容分说就把他打成右派，几天后还把他在新华书店当资料员的太太也打成右派，夫妻双双下放农场劳改，受尽人间折腾，夫妻两人讲他们的经历讲得痛哭流涕，我的心也被深深地触动……那次，我在他们家吃住一天，第二天，他们送我到车站，我坐车返回武汉。

杂志被迫整顿和停刊的那些日子，我陷入痛苦之中。我主要负责的发行工作，刚刚大有起色，1987年第一期是邮局发行，印数4万多份，当时，印刷厂已将3万多份杂志送到了邮局，但我们却接到上级的指示，要去邮局通知他们停止发行，而且社科院领导直接派我去办这个事儿。我费了九牛二虎之力争取到的邮局发行，现在却又要由我亲自去把它们拦截下来，我心里能接受吗？那天，我在邮局门口徘徊了很久，怎么也下不了决心把这份停止发行通知递交出去。我想，还是先去了解一下情况，于是我直接去了仓库。因此前曾与仓库几位员工打过交道，一进去我便马上问："《青年论坛》杂志运走了一些吗？"回答："已经运走了一些，还有一些马上发货。"我接着问："北京的走了吗？"回答："北京的已经走了。"我又问："本市本省的呢？"回答："市里的已经走了，省里的还有一些。"我心里当然是暗自高兴，不是最怕发往北京吗？北京的已经发走了。我叫出仓库负责的一位年轻人，将情况简单说了说。没想到。他不仅不叫大家停发，反而跟我说："上面的事情搞不清楚，赶快发，生米煮成了熟饭，谁又能怎样？"他一席话还真壮了我的胆，我又把通知原封不动地带回来了。记得几天以后才再次送去。

由杂志社直接征订的订户有3000多份，我与李明华商量，准备冒险把这一部分发出去。那天在我的安排下，杂志社的小三马停在院外不远的地方，两名发行员工将杂志用报纸包起来，一捆一捆地往外搬，不巧，正搬到院门口时遇到一位主任，吓得我一身冷汗。他说，你们在运什么？记得我当时的回答是，考研的英语教材。就这样我们将准备好的杂志全部搬上了小三马。一口气赶到了检查相对宽松的汉阳邮局，我和两名工作人员还一起协助加盖邮戳，一直看到一份份杂志装进了邮袋……

另外，在严格的禁令下，我们还成功地保存了部分杂志。那几天，真不知道哪来的胆儿，我们及时在社科院附近租了一间民房，将一部分杂志悄悄地转运存放了进去（各期都有）。而由邮局退回的87年第一期，则直接安排送往我先生所在的开达公司，可惜的是这部分杂志由于开达公司搬迁等变故没能保存下来。

在杂志没有回天之力的情况下，大家不得不准备离开了，安排由我起草一份给记者及通讯员的告别信。那天，我拿起笔，真是写不下去，泪如雨下啊！记得开始几句："……我们怀着极为复杂的心情，向你们，也向我们的办公室告别……"后面的几句，我们想，"它们（指杂志）的功过是非，历史是会做出评价的"。几十年过去了，现在是不是到了历史评价它的时候呢？

我和黄逸筠会计是最后离开杂志社的，我们硬是一件一件地处理完了各种各样的后续事情。令我很伤心的是，杂志停办对于我来说就是失业。由于我是招聘指标进来的，我以前的单位是集体所有制，社科院想留下我，安排到其他单位，但社科院是事业单位，我去不了，而且任何单位都安排不了，除非回到大集体单位。后来，李明华告诉我一个消息，说武汉大学正在招插班生，这个消息对于我来说真是一场及时雨，我马上报名参加了考试，终以高分录取法律系行政管理专业。经过两年的学习，我除了学到了东西，收获了文凭，最主要的是解决了我的体制障碍。我由此重新回到了社科院工作，后来也才可能以干部的身份调入深圳。

我回忆的这些点点滴滴，都是我所经历的一些不起眼的小事。这么多年过去了，我在想，《青年论坛》给我留下了什么呢？除了锻炼了我的工作能力，更重要的是扩大了我的眼界，提升了我对社会思潮和政治形势的观察分析能力，培养了我读书学习和独立思考的能力。凡事我再也不会人云亦云了，更准确地说，对于"极左"的东西，我有了终身的免疫力。

贺绍甲：《青年论坛》

——我记忆中的点滴往事

20世纪80年代，"文化大革命"严酷岁月的日子渐渐远去，"拨乱反正"、"解放思想"和"改革开放"的浪潮，开始在中国的大地上涌动。

推动思想解放和体制改革，既要有正在改弦更张的国家政策的保障，也更需要新的时代社会舆论的导引和新的思想理论的支持。

《青年论坛》的创刊正好适应了这个需要，从而带着这个时代的特征进入了这段历史。

当时我正在湖北省社会科学院哲学研究所工作。本来我是读理科的，1956年入学北京大学物理系，直到1970年9月才分配到湖北省孝感地区电子仪器厂工作。此前，1968年10月，我作为一名"摘帽右派学生"随同北大全校先后几届已毕业、只因"文革"未能离校也没有分配工作的"有问题学生"（其中还包括"反动学生"、"可教育好子女学生"等）一起约百人，到河北沙城军垦农场"劳动锻炼"。在此期间，通过我的一位北大同系同届同为"摘帽右派学生"的好友陈维杭的介绍，认识了一起来农场的北大历史系1967届毕业生胡德平。他因父亲是胡耀邦而被列入"可教育好的子女"。此后我们三人成为要好的朋友，至今交往不断。

1979年春，在同德平一同乘火车从北京去昆明的途中，他告诉我1980年全国各省社会科学院招考科研人员，建议我报名参加考试。一年后我考入了湖北省社会科学院哲学所。

1984年4月，胡德平作为中央驻湖北省整党指导小组的成员来武汉工作时，约我到他住地武昌东湖宾馆（离社科院很近，骑自行车十几分钟可到）见面，并告知一事：湖北省科协有一份呈国务院的报告，建议利用武汉东湖周边地区高校和科研院所密集的智力资源优势，在武汉办一家民营性质的"智力开发公司"以促进科技成果产业化，推动武汉地区的经济发展。他说这份报告已获总理批示，望我能参加这个公司的组建工作。几天后他同我一起见到密加凡院长，确定了我办理"停薪留职"去正在组建的"中国东湖智力开发联合公司"工作。

一天，我去东湖宾馆见德平时，他拿过一篇文章的手稿让我看，说让我提提意见。我一瞅文章的标题"为自由鸣炮"，不免心里一动，因为"自由"这个词政治上历来含有强烈的负面意义，文章竟要为之"鸣炮"，这就引起了我的好奇。

我默默地认真读完这篇四、五千字的文章，感觉写得很有气势。作者以马克思主义的唯物史观立论，从劳动创造了人、人的劳动又推动了人类社会从原始、野蛮到现代文明的发展和进步的历史进程中，逻辑地推论出"自由"乃是人类在社会生产的劳动实践中发挥出来的主观能动性和创造性的本质特征，要发展社会生产力，就要保护、鼓励而不是限制甚至剥夺劳动者的这种自由。

文章明确地批判了"文革"十年浩劫和建国以来连续不断的以阶级斗争为纲的政治运动；肯定了摒弃农村集体劳动模式后制订出来的家庭联产承包责任制的新政策；指出了计划经济体制的不足，肯定了价值规律和市场经济在经济体制改革中的导向作用。这些论点正可看作是引领当时改革浪潮的风向标。

果然，文章在1984年11月《青年论坛》创刊号上发表后，立即引起社会关注，国内多家重要报刊纷纷报道和转载。文章确实为中国的改革开放助了势，鸣了很好的一炮。

1984年底，德平陪同耀邦总书记视察了湘、鄂、赣三地，之后他又写了一篇有关岳阳楼和黄鹤楼的文章，我也读过原稿。文章感怀于千古名句"先天下之忧而忧，后天下之乐而乐"所表达出来的人文关怀和高尚情操，写得颇具文采，也发表在《青年论坛》1985年的第二期。

由于初创时期公司的工作很忙，我每天早出晚归，虽然就住在社科院办公楼旁边的宿舍楼里，却对院内新发生的事情几乎一无所知。直到有一次我和我们哲学所所长李步楼（他是1961年毕业的北大哲学系校友）一同去见胡德平时，从他们的谈话中才知道，这本面向全国高校学生和青年知识分子的思想理论刊物《青年论坛》，原来是由我们院里几位青年学者发起创办的，而且编辑部就设在和我的住所紧邻的一栋简易的宿舍楼里。

第一次同《青年论坛》的创刊发起人李明华（主编）和王一鸣（社长）见面是在李步楼所长家里。两位都是二十来岁的年轻人，文人气质，言谈中显得很有朝气也很得体。因为李所长来社科院前曾任湖北省委宣传部理论处处长，德平表示要请他在办刊上帮助一下《青年论坛》。这次见面就是谈论这方面的事情。

为了帮助办好《青年论坛》，德平还要我去华中工学院（现"华中科技大学"）请来知名学者黄克剑到我家里见面。可能因为他当时正在办理工作调动的原因，后来就没有进一步密切同《青年论坛》编辑部的联系；不过他也为《青年论坛》写了稿，也是《青年论坛》的重要作者之一。

由于《青年论坛》的创办人和许多作者以及驻外地记者站的成员都有武大背景，武大自然成了为《青年论坛》提供人材资源和稿源支持的重要基地。尤其可喜的是，当时在武汉大学任职的正是以大力提倡高校教育改革著称的刘道玉校长。

胡德平想会见刘校长，我请我的表妹、当时在武大物理系任教的游璞老师代为联系好后，陪同德平一起去刘校长家里同他见了面。二位都是推动改革开放的先锋人物，自然一见如故，相谈甚欢。在谈到《青年论坛》时德平对刘校长说，刊物办得不错，一些文章为实施改革开放提供了有用的理论武器，武大是办好这本刊物的有力后盾，确实功不可没。刘校长说，他已见到了这本刊物，表示完全支持《青年论坛》的办刊宗旨，并说《青年论坛》在武大校园里也有了很大影响，这对学校的教学改革也会起到促进作用。

1985年下半年时，国家上层的政治风向开始发生了微妙的变化。在德平支持下办起来作为民办企业试点的东湖公司引起了注意。1985年9月9日，湖北省政府以有人举报为名，突然派出一个由省纪委牵头，包括公、检、法、审计、财、税、工商、科、教、文等各省直机关人员近百人组成一个阵容庞大的工作组，对仅仅注册开办不到一年半，员工不过30来人的"中国东湖智力开发联合公司"进行了地毯式的检查，公司立即濒临瘫痪。

半年多以后，在没有对我个人（我当时任公司副总经理，属重点检查对象）宣布任何检查结论的情况下，检查组通知我离开公司回到原单位上班。此后，东湖公司问题除了在报刊上发表的省领导人讲话中被点名为"大案之首"外，始终未见检查组或工商主管部门有何检查结论，也没有听说被吊销了营业执照，东湖公司就这样无声无息地消失了。

《青年论坛》的处境要好一些。从1984年11月创刊起，直到1987年1月，连续27个月中共出刊14期。这时上面指示下来：《青年论坛》停刊整顿。当然，"整顿"是虚，实际上是"勒令停刊"。1987年1月，也正是耀邦总书记辞去职务的日子，两件事情几乎同时发生，不知道是纯属巧合还是有着某种逻辑的联系。

1989年4月15日，胡耀邦同志永远离开了我们，他的陵墓就座落在江西省共青城的富华山山麓，每年清明节期间，王一鸣都会开车载着我从武汉来到这里，和来自全国各地的群众一道，怀着虔诚的追思之情登上墓地拜祭。我和一鸣也多次在共青城和北京同德平见面，一段时间里，《青年论坛》是我们经常谈到的话题。

在世纪之交前后的那个时期，一些事情似乎已时过境迁。王一鸣内心里又燃起了为《青年论坛》争取复刊的希望。我们一起向德平提出并多次商议过此事。德平建议，不妨以《青年论坛》编辑部名义写一封请求杂志复刊的申请信呈送给中宣部理论局试一试。一鸣随即照此办理了。当时我们满怀期待，希望能有好消息。我们甚至还天真地想到，复刊后的《青年论坛》要脱离原来体制内的挂靠单位，为此我们还准备在武昌东湖开发区申请注册一家公司，等待复刊后，《青年论坛》就由这家民营公司主办，实行自负盈亏的管理。结果自然是大失所望，信函送出后就如泥牛入海毫无消息。

断了复刊念想以后，王一鸣又设想了两项退而求其次的举措：一是从14期《青年论坛》的200多篇文章中，挑选一部分出来编成一本《青年论坛》的"精华版"出版；二是将全部200多篇文章结集，出版一本《青年论坛》刊文全集。为此他又做了许多筹备工作，并拟请胡德平担任主编，他也同意了。一鸣还找到一直从事图书出版发行业务的朋友，请他们帮忙进行策划。经过多方奔走努力，事情还是搁浅下来了。究其原因，似乎听到的一个说法是：时机尚不成熟。

2004年11月，全国著名企业家陈东升（王一鸣的武大经济系同学，当年曾任《青年论坛》北京记者站站长）做东，邀请胡德平和当年一起创办《青年论坛》的部分同仁和朋友李明华、王一鸣、陈兵力、周晓佑、王绍培等人，在西单北京中国会举办了纪念《青年论坛》创刊20周年的聚会。

"北京中国会"是一座古朴庄重的大型四合院，曾经是清室皇族贵胄的私邸。院中雕梁画栋、古槐宫灯，在这古色古香的氛围里，更易引发人们忆旧的情怀。

从时间上看，仅仅出了14期就戛然而止的《青年论坛》，生命是短暂的。但是，短暂绝不意味着平凡。30多年来，从《青年论坛》200多位的作者队伍中，已经涌现出来一大批著名企业家、社会科学领域中的佼佼者、知名学者和理论家。更不用说那些当时已经名满天下也乐于为《青年论坛》著文的前辈作者，他们发表在《青年论坛》上面的那些文章，为中国的改革开放贡献了许多真知灼见，许多论点经历了时间的考验，至今仍然闪耀着光辉。对此，《青年论坛》应该引以为荣，这也正是《青年论坛》的历史价值所在。

《青年论坛》杂志社的全体同仁和作者们，甚至包括像笔者这样的支持者和朋友，在回忆往事的时候，都应该为自己曾经参与过《青年论坛》的这段经历而感到自豪。

2019年5月18日于武昌

王麓怡：在《青年论坛》工作的日子里

——"敢为天下先"的人及其人文

打开百度搜索，输入《青年论坛》4字，《中国改革开放30年标志性事件候选目录》的条目即展现在我们面前："第36条《青年论坛》创刊：青年学子以文报国，1984年11月。"《中国改革》杂志将此列为中国自1978年——2008年来中国改革开放的标志性事件候选目录。

21世纪的今天，湖北的文化研究学者、宣传部门对荆楚文化精神已有一个共识性的总结，其中之一即为"敢为天下先的文化精神"。在20世纪80年代，这本创办于武汉的杂志以及她的编者作者，再一次诠释印证了这种荆楚文化精神。

一、1985年见到的胡德平先生

刚进《青年论坛》不久的一天，见那间小小的办公室挤了不少年轻人，他们的中间，一张老旧的当年最普通的办公用的椅子上坐着一位中年人，穿的普通的中山装，正在和这些年轻人交谈；他讲话的语速很慢，主要内容是关于当时的改革的看法，谈完后我们这些人和他就以社科院的宿舍楼为背景合和了一张影。后来在送走他的路上，中南财经大学的教师蔡崇国说：这是当朝太子。他就是胡耀邦的儿子胡德平先生，当时是中央驻湖北整党指导委员会巡视员。再次见到他是在2004年11月的北京，《青年论坛》成立20年之际了。

二、当年记者站的记者们

当时《青年论坛》还办了一份打印的《记者站通讯》，由王一鸣负责，我协助。来往最多的、影响最大的是北京记者站，站长是陈东升。北京站其他活动多的成员还有远志明、曹远征等。其他的记者站如南京记者站，站长是南京大学的张二震，成员有李炳炎、翁寒松、陈晓律等，陈晓律在《青年论坛》1987年第一期发表了《性与观念的变革》的文章，这类文章的写作与发表在当时都是需要见识与勇气的。浙江记者站站长是杭州大学的郎友兴，西安记者站站长邹东涛，合肥记者站设在安徽师范大学，贵州记者站站长是黄亚屏。湖北的有襄樊记者站，站长是襄樊大学的傅小随。武汉大学记者站联系非常密切，有杜越新、毛振华、艾路明等，后期的记者站站长是胡为雄。这些人在当今中国已是各界名人。艾路明第一次独自一人漂流长江的事迹，《青年论坛》曾配发照片报道。后一次漂长江时他带了一个橡皮筏子，按他的要求，我用油漆给他在上面写上了《青年论坛》2号的字样。他漂流归来，从阳逻过来时，《青年论坛》的很多同志到长江大桥下现在的武昌江滩迎接他。

　　1986年下半年，为了征订，我们分几路到全国各地做宣传。我和陈刚分到华东一片，在南京大学我们见到了张二震、陈晓律等人，陈刚在南大做了一场演讲，到会的同学不少，陈刚与南大的同学们交流了他对当时的新诗朦胧诗的标新立异的看法。在杭州见到了郎友兴。在杭大宣传之后，郎友兴借了两辆自行车，在细雨霏霏中我们骑车游览了西湖。在安徽芜湖的安徽师大的宣传会上也来了不少同学，同时会上安徽记者站的同志宣布《青年论坛》安徽记者站正式成立。

三、《跨世纪的中国》讨论会的会上会下

　　这个讨论会是《青年论坛》和黑龙江《学习与探索》杂志联合举办的。会上代表们参观了开达电脑公司。开达公司是武汉水利电力学院的几个老师创办的。那时他们还是租的武珞路上军区的房子办公，公司的同志一边介绍公司产品和运作，代表们在一边也有感而发。陈东升对此公司很感兴趣，对旁边的代表说，武汉的同志们就是能够抱成团，不像北京的。也有代表说，公司这样的做法不是在搞买办吗？戴晴除了会上发言，会下对编辑部的每一个同志都十分友好，分别时给我们每个女同志都送了一点小礼品。黑龙江那边来的几位学者如戢克非、苏东斌、张奎良、刘敏中等，20多年来仍然活跃于中国学术界、思想界。

四、武汉本地强大的作者群

　　除了北京的以及全国各地的作者队伍外，在武汉本地，《青年论坛》也聚集了一个作者群。时为青年的邓晓芒、易中天、伍新木、

李晓明、许苏民、张志扬、鲁萌、蔡崇国、於可训、雷祯孝等，他们大多是武汉大学的青年教师和湖北省社会科学院的青年研究人员。这个群体都已具备很高的学术水平和阅世能力。在《青年论坛》，邓晓芒、易中天有时联袂发表论文，也各自分别发表。易中天在1986年第1期上发表了《艺术起源与审美超越》，20年后，易中天因电视媒体在中国家喻户晓，已是传播大家。

五、《青年论坛》的栏目设置与编辑文化

《青年论坛》的栏目文章主要有两大类：改革研究与中西哲学文化研究，一类是以争鸣与探讨的形式探讨改革开放、国计民生的经济改革类文章，其他主要是哲学文化、文学类文章。以1986年第1期文章栏目为例：一是刘道玉的前辈寄语、李泽厚的贺信。二是经济类文章两篇：《我国经济社会系统运行机制故障之分析及解决路径》《经济发达地区农业的根本出路》。三是文化哲学专辑（栏）九篇文章，其中包括邓晓芒《自我意识观念在西方哲学史上的发展评述》，易中天《艺术起源与审美超越》以及文学栏《中国现代诗的现代主义宣言》。《新华文摘》《人民日报（海外版）》等权威媒体对《青年论坛》的很多文章都给予了转载。

主编李明华是研究哲学方向的，社长王一鸣是研究经济方向的，文章主要分为这两大类。李明华对编辑工作要求很严，在编辑部成立之初即编写了《〈青年论坛〉编辑工作章程》。其对编辑的规范化要求之严格细致，一点不亚于现在的学术期刊编排规范。如对注释的夹注、脚注、尾注的位置都各有规定并有示例。对当时学术论文常需引述的马列著作、毛泽东著作等都有很严格的标引规范及示例。即使这样，李明华仍常常把校对如校雠挂在嘴边，并对编校中的错漏严格地批评指正。

《青年论坛》这份期刊置身改革前沿，内容深重，影响久远。形式上，大32开的开本尺寸便携而又不失庄重，抽象的版画封面装帧意象多元新锐，编排形式风格鲜明，这都使其具有较高的出版水平，先锋的期刊编辑风格。

2008年7月

杨海文：《青年论坛》：
记忆为何如此艰涩？[1]

一

记得很多年前，《天涯》杂志的李少君说有人想编一本回忆80年代的集子，要我也写一篇。2002年1月，我写了《作为"思想剧场"的80年代》，大约7000字。不知李少君说的那本集子后来是否出版了，但新世纪以来，我一直觉得回忆80年代之于我们这一代并非可有可无的事情，而是义不容辞的一份责任，乃至是某种使命。兼职于《社会科学论坛》的张平先生十分认同这一理念，所以，编发了我的《自由共道文人笔——90年代思想史中的"道学"与"儒林"》之后，他又发表了我由《作为"思想剧场"的80年代》扩展而成的《一个少年与80年代的"思想剧场"》。

这篇文章专门列了一节谈李明华先生当年主编的《青年论坛》。篇幅虽然不大，但我的追忆不失于客观，更是温情的。比如以下这个段落：

> 大学毕业以后的许多年间，笔者在"身份证"与"精神故乡"的双重意义上一直处于流浪状态。流浪，使得笔者在武汉大学读书时买的很多书散失了。幸运的是，包括《青年论坛》《新启蒙》在内的一些珍贵书刊则保存了下来。在那些流浪的日子里，要是没有《青年论坛》这样的刊物伴随着一颗孤立无援的灵魂，保持对过去绵绵不绝的怀想，无法忘怀自己的"家园论语"和"心灵史记"，一个少年在拒绝"丰乳肥臀"和"废都"的时候，在坚定地要超越俗世的苦难与挫折的时候，或许就会缺少必要的"支援意识"。即使只是在这一意义上，笔者也没有理由不对80年代以及这个时代的许多思想遗产心怀感激。

我1993年来到广州进一步深造，并接着开始工作。虽然同住一个城市，与明华先生的交往却不是很多。自己格性孤寂是个理由，更大

---

1. 写于2008年7月，原载《社会科学论坛》2010年第7期。

的理由似乎在于明华先生作为广东社科界的翘楚，先是任广州市社会科学院院长，现在是广州市社会科学界联合会主席，是个大忙人，我不便过多地去打扰他了。然而，明华先生始终关爱着我们这些从武大过来的人。对于这些关爱，我是终身难忘的。

2006年6月，跟明华先生有过两次见面：一次是11日在黄花岗剧院旁边的宗江川菜馆，参加"武汉大学哲学系广州系友会成立大会"；另一次是18日在省社科联8楼会议室，参加"广东省文化学会第三次会员代表大会"。记不清楚是其中哪一次了，我把刊发《一个少年与80年代的"思想剧场"》的杂志——《社会科学论坛》学术评论卷2006年第4期，送了一册给明华先生。

时间一晃又过去了两年。2008年6月7日，国际儒学联合会主办的"第二次儒学普及工作座谈会"在广州城市职业学院广园校区召开。一见面，明华先生就问我：为何手机联系不上了？我说，真对不起，去年8月我的手机丢失了，后来换了号码，却忘了禀告。接着，明华先生希望我写一篇回忆《青年论坛》的文字，并给我发了一则手机信息：

> 今年是中国改革开放30周年。诸位作为亲历者和参与者，更有一份特殊的记忆。那就是"在《青年论坛》工作的日子里"。《青年论坛》作为改革开放的一簇浪花，已汇入中国改革开放的大潮之中，奔流到海不复回。为留住每个人这段青春记忆，现特提议大家把它形成文字，由我们联系出版，以资纪念。来稿截止6月底，8月完成编辑，争取11月5日前正式出版。

对于《青年论坛》来说，我不是其中的编辑，也不是其中的作者，只是一位普普通通的读者而已。明华先生让我也参与这一回忆的叙事，这是他对我的信任。当时，我爽快地答应了。虽然只是一本"地方性杂志"，《青年论坛》却传播过"全国性理念"，乃至揭示过"未来性方向"，所以，一个多月以来，我实实在在地把它作为一件真正有意义的事情来做。首先是重读《青年论坛》，二十多年来，这是第四次阅读了；前面三次先后是——本科时代读过，鄂南某国有企业工作时期读过，写《作为"思想剧场"的80年代》的时候读过。除了重读刊物，还上网去搜寻有关资料。但是，试笔了几次，总是那么"下笔如有绳"，不得不一次次颓然地关上文档，茫然地等待着写作灵感的不期而至。

二

家里藏有一套老的《新华文摘》杂志，一本本翻阅，发觉《青年论坛》有许多作品被全文转载过。例如，1984年创刊号上有两篇文章，也就是胡德平的《为自由鸣炮》、许苏民的《人的现代化》，均被《新华文摘》1985年第2期转载；克剑在1985年第4期发表的《关于〈关于人的理论的若干问题〉的若干问题》，被《新华文摘》1985年第10期转载。《青年论坛》1985年第3期封二有段文字说："《青年论坛》出版后，受到各界重视。全国五十多家报刊报道、介绍了《青年论坛》。《人民日报》《新华文摘》《世界经济导报》《长江日报》等报刊转载了《青年论坛》的文章。编辑部每天收到大量热情洋溢的读者来信。"同年第6期第160页还有更详细的说明，读者可去自行品藻。1986年5月号第79页的《本刊启事》指出："本刊1986年1月号、3月号及1985年合订本已全部售完，请读者一定不要再汇款来。"2007年9月13日，"新浪博客·王绍培的菜园"贴了一篇博文《三本期刊的消亡——一段快速回忆》。当年的办刊人之一王绍培回忆说："这本杂志很快就具有了全国性的影响，发行量也在短短时间内上升到几万份。"由此可见《青年论坛》其时受知识界之重视、受读书界之欢迎的程度。

　　《青年论坛》1985年第6期发表署名北京记者站撰写的《刀近喉头》，是篇有关改革形势的报告，只是作者的真实情况不得而知。读1986年7月号的《"关于'文化大革命'的再认识"座谈会（发言摘登）》、11月号的《首都各界人士座谈〈论言论自由〉》，知道北京记者站主持召开过好几次高规格的学术座谈会。记忆中，网上有则材料显示了《青年论坛》驻北京记者站的辛勤劳动。现在，以"《青年论坛》、北京、自行车"三个词为组合，从"中新山东网"又找到了这篇转载于《晶报》的人物报道，题为《陈东升：上万米高空看世界》。且看今天的泰康人寿董事长兼CEO陈东升叙说当年的往事："我大学刚毕业时分配到外经贸部工作。当时，湖北有一个学生刊物叫《青年论坛》，我被委任为这份刊物驻北京记者站的站长。我每天骑着一辆女式自行车，穿梭于北大、人大、清华、中央党校等单位之间采访，经常是凌晨三四点才能回到宿舍。这份兼职工作连一分钱报酬都没有，很累，但我却总是乐呵呵的。"零报酬地为《青年论坛》工作，这在商品经济观念蔚然勃兴的80年代中期，意味着什么呢？

　　最初，我确实想把这篇文章写成一篇期刊史，因为我目前从事的职业就是学术期刊编辑。可是，往期刊史方面写，难度在于我毕竟不是《青年论坛》的局中人。《青年论坛》1986年5月号的《诗的智慧》一文，引用过周国平《生命之岛》中的诗句："身前身后／是时间的深渊。"叙说一份杂志的"前世"与"今生"，实则不是一件简单的事。皮相地说，连一份杂志的基本办刊思路都不甚了了，连一份杂志的编辑人员构成也不十分清楚，连一份杂志的作者队伍阵营还缺乏了解，文章总是难以写好的，即便写了也只是浮光掠影而已。

网上搜寻时，看到武汉市地方志编纂委员会办公室的《武汉方志网》有个"当代武汉报刊要目"，其中一条为："《青年论坛》，双月刊，大32开，1984年8月创刊，湖北省社会科学院主办，负责人李明华。"王绍培刚才那篇博文，则说是1984年10月创刊。查阅杂志，《青年论坛》创刊号的署名出版日期是1984年11月25日。此时此刻，我手头这本被老鼠咬烂了右上角的创刊号，还让我发现了以前从未注意到的一个细节——《青年论坛》的刊号是"湖北省报刊登记证第207号"，原来这本杂志居然不是正式出版的期刊。

尽管没有国内统一刊号，但《读书》杂志1985年第11期发表了许苏民署名"甦民"所写的《芳林新叶——评〈青年论坛〉》，足见杂志当时见长的不是别的，而是思想本身。创刊号上的《稿件征订启事》印证了这一点：

> 《青年论坛》将以青年一代的蓬勃朝气、敏锐思想和创新精神在社会科学界独树一帜。《青年论坛》注重理论联系实际，注重理论创新、突破；在文风方面，反对繁琐考证，反对新老八股，提倡朴实、清新、尖锐、活泼的文风。

这么说，回忆《青年论坛》的文字，不写成期刊史了，就应该朝着思想史方面走。然而，这样做可能也比较困难。有个最隐秘的缘由，就是《青年论坛》几个有名的作者，后来的人生道路与政治信仰出现了重大的变化。要写成思想史意义上的论述文章，说句老实话，我担心自己尚不具备足够的驾驭能力。

超过截稿日期已经好久了，可我最终怎么可能辜负明华先生的殷切期望呢？一个多月以来，我在百度、谷歌上以不同的关键词组合进行过多次查询，结果令我有点失望。网络如今那么发达，有关80年代那本《青年论坛》的信息却太少了！2008年7月17日，我的《智者箴言》专栏开始在《南方日报》推出。就在我的文章之上，是阿里巴巴集团董事局主席马云写的《互联网与电子商务》，该文有个引题："天下只有商业才能全人类共通，全人类只有一个游戏是玩不腻的，那就是赚钱。"商业之外，赚钱之余，莫非精神与思想就毫无作用了吗？《青年论坛》1986年5月号的《诗的智慧》一文引用过荷尔德林对林中树的歌唱："林中树木兮长修立，枝干相邻兮不相知。"正是这个刹那，我决定把这篇文字取名为《〈青年论坛〉：记忆为何如此艰涩？》。

三

最近参与主编《春风讲席——李锦全教授八十寿辰纪念文集》（中山大学出版社2008年版），从《开放时代》杂志主编吴重庆的文章中读到一段话：

在所谓的"新世纪"里，我一直不愿意使用"上个世纪80年代"的遣词，因为这会让我觉得自己无端地与"80年代"拉开了距离。于我及同龄者——出生于60年代的人而言，"80年代"绝非仅具时间纪年的含义，她永远是我重温理想、积蓄激情的"根据地"，更是60年代人的青春与气质的萌生期。

一个人或者一个群体总会珍爱促使自己成长的某个时代，但是，其所珍爱者，显然不可能反映那个时代的全部内容。《新华文摘》1985年第3期有篇《值得思考和探讨的问答——一位企业党委书记关于企业思想政治工作答青年问》，从中，至少我就看到了80年代原来有着许多早已被一般人的记忆所遗忘的侧面。譬如以下的对话：

> 问：你干工作的动力是什么？
> 答：信念与抱负。
> 问：你的信念是什么？
> 答：共产主义。
> 问：你能见到共产主义吗？
> 答：共产主义作为一种运动，我们正在实践中；作为一种社会形态，我见不到，你们也见不到。但她是客观真理，我们都要去为之奋斗。（鼓掌）
> 问：你的抱负是什么？
> 答：我所想干的事情都想争第一。（鼓掌）

上面这段对话关涉着人生信仰问题，以下要抄录的对话则揭示了生活方式问题：

问：你喜欢跳舞吗？

答：青年时期喜欢跳，现在喜欢看青年跳。（鼓掌）

问：有人说跳舞场中常混进坏人，所以要阻止，你说对吗？

答：不对。不能因"病从口入"就不吃饭。

问：你喜欢青年穿什么样的服装？

答：美观大方而又与众不同。（鼓掌）

问：有些领导干部拿一把剪刀、一把尺子站在厂门口去量工人的头发与裤脚，对此你有什么看法？

答：青年对自己的生活有决策权。穿衣戴帽各有所好，不能规定头发只许多长，裤脚只许多宽，鞋跟只许多高。只要不伤风败俗，就不要横加干涉。

问：你喜欢青年留什么样发型？

答：发型要因个人头的大小、脸型的方圆长短以及男女而异，切不可千头一律。（鼓掌）

问：你对披肩长发、高跟皮鞋、华灯舞会、美酒佳肴有反感吗？

答：恩格斯说人有三种要求：要生存，要享受，要发展。只要是勤劳致富，正当所得，美化美化生活是文明的体现，对此反感是愚昧。（鼓掌）

问：这与资产阶级生活方式有什么不同？

答：资产阶级生活方式的核心是利己主义，金钱万能，而不是美的追求。依靠自己劳动所得，美化生活决不等于资产阶级生活方式。

迷失于人生信仰，困惑于生活方式，大概也是任何时代的青年人都会遭遇的事情。《青年论坛》名之曰"青年论坛"，又会如何去直面自身所处时代的青年以及他们心中的种种问题呢？问题被提出了，急于解答或者最终去解答都没有必要。其实，从《新华文摘》1985年第3期抄下这么多文字，我只不过是为了让我们今天对《青年论坛》置身于其间的80年代有个形象、质朴的印象罢了。真的，不必丑化那个时代，同样也不必美化那个时代，那个时代其实是既平凡、又伟大的一个时代。

另外，也正是这一期《新华文摘》，登了一则《青年论坛》的简介。《青年论坛》1985年第6期封三影印了这个简介，但模糊不清，由此也可知80年代的印刷水平。以保存史料的眼光看，我们还是不妨从《新华文摘》的第248页全文抄下：

　　《青年论坛》是改革潮流中诞生的我国第一家面向广大中青年的社会科学综合性理论刊物。它是由湖北省社会科学院主办，由一群青年理论工作者负责编辑出版，以改革创新为旗帜，以理论联系实际为特色，探讨马克思主义在当代中国具体化的问题，研究当前青年中带普遍性的各种思潮和重大理论问题，为广大中青年提供讲坛。

　　《青年论坛》设有改革研究、改革前线的报告、马克思主义与当代中国、中西文化比较、当代社会思潮研究、青年学者小传、各地报刊青年论文文摘等栏目。还有：专门介绍国外社会科学成果的"他山石"专栏；反映青年理论新动向、帮助青年寻找学术同仁的"嘤鸣园"专栏；批判封建主义和其他错误思想的"箭响林"专栏；对传统观点发表不同看法的"反弹琵琶"专栏等。内容活泼轻松，有长久保存价值。

　　《青年论坛》发行对象：机关、城乡厂矿企业自学青年，大专院校学生、研究生和中青年教师，中等学校教师和学生，社会科学理论工作者，各级宣传部门、共青团组织，各图书馆、阅览室、资料室、文化馆。

四

　　《新华文摘》1985年第3期对《青年论坛》的介绍，第一句话就说它是"改革潮流中诞生的我国第一家面向广大中青年的社会科学综合性理论刊物"。由这句话，《青年论坛》的老读者大概都会联想到一个人，他就是胡德平。胡德平是《青年论坛》的作者，1984年的创刊号上有其《为自由鸣炮》，1985年第2期有其《谈〈岳阳楼记〉兼为〈黄鹤楼记〉征文倡议》。《青年论坛》编发文章，文末通常注明作者的年龄、单位甚至已刊的成果，但胡德平的文章之后并没有这些信息，其实这并不意外。

　　中国人民大学哲学院主办的《爱智论坛》网，有篇丘岳首写的《从胡平到李慎之：近二十年中国自由主义的艰难历程》，其中说道："1984年，在胡耀邦儿子胡德平的支持下，《青年论坛》在武汉问世。创刊号上胡德平《为自由鸣炮》一文在自由主义之石上擦出了一朵火花，而划亮当代中国自由主义的则是胡平发表于该刊的《论言论自由》。"网上还有一些条目说，当时胡德平以特派员名义参与湖北地区的整党工作，加上吴官正主政武汉，改革环境宽松，所以胡德平选中武汉作为研究改革、创办《青年论坛》的地方。可惜这些条目往往点击不开，详情难以知晓。同样，《领导者》杂志2007年6月25日出版的第16期有《青年论坛》副主编王一鸣撰写的《胡耀邦与〈青年论坛〉二三事》，网上也无法点开。《青年论坛》1985年第2期第89页有则"中国东湖智力开发联合公司"的简介。据说，在国务院有关部门的关怀支持下并经湖北省人民政府批准成立的这家公司，也是胡德平在湖北整党时期所做的一件大事。

所谓第一家，就是第一个吃螃蟹的人，就是敢为天下先。常识还告诉我们，第一既意味着勇气与高度，同时也潜藏着风险与代价。《青年论坛》的最终结局我们是知道的，可是现在，不管记忆如何艰涩，我们还得真切地去践履艾略特的教诲："欣赏诗歌，不需要先理解它的意义，而是由于我们对诗歌欣赏，促使我们想去理解它的意义。"《青年论坛》1985年第3期那篇谈艾略特著名长诗《荒原》的文章，以此作为题记，仿佛有着某种先见之明。"荒原"一词，之于80年代，显然是一耐人寻味的隐喻。

丘岳首文中提到的胡德平与胡平，可谓《青年论坛》最重量级的两个作者，足以并称"二胡"，但这两个人通常也很容易混淆——特别是在80年代早已远离人们的今天。2008年3月15日，当当网的《中国哲学的人文精神内核》一文下面，江汉大学政法学院的余元洲有则留言："此文早在20世纪80年代就已发表在王一鸣等主编的《青年论坛》上，因该刊当时也发表有笔者拙作——《改革与国家经济职能》一文，所以本人得以有机会拜读此文。胡平先生是耀邦之子，此文写得非常精彩。余今重读，感慨良多！"幸好，紧接着就有人指出："元洲错了，张冠李戴！"余元洲的反应也迅速："德平是耀邦之子，而胡平先生为另一先生也！专此更正，并向两位当事人郑重致歉！"

余元洲的《改革与国家经济职能》发表于《青年论坛》1985年第4期，作者时年27岁，是武汉大学经济系的研究生。研究生的文章之多，是《青年论坛》作者队伍的特点，这是附带要说的。可惜，刊发

《中国哲学的人文精神内核》的那期杂志，我如今已经遗失了。《一个少年与80年代的"思想剧场"》说过："我曾经拥有过一套比较完整的《青年论坛》，是主编李明华1989年4月28日赠送给我的。直到现在连日期也记得这么清晰，是因为我在《青年论坛》创刊号（亦即李泽厚写'前辈寄语'的这一期）的目录页上做过简短的文字记载。我还记得，我是与李少君一起去湖北省社会科学院李明华的宿舍拜访他的。"将近20年来，东奔西跑，我虽然一直珍藏着明华先生馈赠的这套杂志，但难免也有保全不力的时候。趁此机会，从期刊史的审视看，从个人藏书的摸底看，我觉得都有必要做个清单：

1. 《青年论坛》1984年创刊号（总第1期），同年11月25日出版；
2. 《青年论坛》1985年第1期（总第2期），同年1月5日出版；
3. 《青年论坛》1985年第2期（总第3期），同年3月5日出版；
4. 《青年论坛》1985年第3期（总第4期），未署出版日期，当为同年5月5日出版；
5. 《青年论坛》1985年第4期（总第5期），同年7月5日出版；
6. 《青年论坛》1985年第6期（总第7期），同年11月5日出版；
7. 《青年论坛》1986年5月号（总第10期），同年3月5日出版；
8. 《青年论坛》1986年7月号（总第11期），同年7月5日出版；
9. 《青年论坛》1986年11月号（总第13期），同年11月5日出版；
10. 《青年论坛》1987年第1期（总第14期），同年1月5日出版。

《青年论坛》总共出了14期，现在我只存有10期（1985年第6期，则有2本），而1985年第5期（总第6期）、1986年1月号（总8期）、1986年3月号（总9期）、1986年9月号（总12期），看来永远与我无缘了。书刊的命运一如人的命运，有聚，有散，而且更多的是散，真是令人嘘唏不已。思想和精神也是这样吗？

五

《青年论坛》1985年第3期发表的《道德问题随感录》，文末标示："作者胡平，38岁，工作单位：北京市社会科学研究所。"作为《青年论坛》最重要的作者之一，胡平在该刊1986年7月号、9月号连载的《论言论自由》，于他本人，于一个时代，无疑又最为重要。网上相关词条较多，从"新浪博客·孙律师的BLOG"可以浏览全文。孙跃礼律师转帖时，还做了"一点说明"："本文是一篇有相当分量的关于言论自由的论文，是关注言论自由的朋友非常有必要一读的好文章，作者是胡平，来自天益社区—学习站—新闻/传播学，网址是：http://bbs.tecn.cn/viewthread.php?tid=130283&extra=page%3D1，须注册后方能看到。"

胡平在文章前面写有"作者说明"，简洁叙述了文章的写作与发表情况，从了解中国当代思想史的迅猛发展及其坎坷演变看，十分值得一读：

> 本文第一稿写于1975年7月，1979年2月成第四稿，发表在当时北京的一家民办刊物《沃土》特刊上。第五稿完成于1980年初，在1980年11月北京大学竞选期间曾抄成大字报张贴并以油印形式作为竞选文件而广泛流传于北京大学；该油印本辗转传到海外，香港《七十年代》（即后来的《九十年代》）在1981年第3、4、5、6期连载。1986年，这篇文章第一次以铅印形式在大陆公诸于世，登在武汉的《青年论坛》1986年7月号和9月号上。其后，北京的三联、广州的花城和湖南出版社都打算出单行本，但因反自由化运动兴起而胎死腹中。1987年我赴美留学，该文又在《中国之春》杂志连载。我在1988年出版的《给我一个支点》（台北，联经）将《论言论自由》全文收录。1990年出版的《开拓——北大学运文选》（香港，田园书屋）里有该文的节录本。现在的这个电子文本是由一位在北京的朋友P君根据《青年论坛》版本打出，其中的缺漏部分由纽约的一位朋友L君补充。

我在前面说过，网上有关80年代《青年论坛》的信息实在太少了。所以，2007年9月20日，sun_atman从羊城网的"左邻右舍"读到《论言论自由》时的留言，让我对《青年论坛》、整个80年代艰涩的记忆，稍稍得到了抚慰。这个留言的内容是："胡平的《论言论自由》是20多年前在《青年论坛》上最早读到的。后来杂志辗转于朋友之手，早已不知所终，深以为憾。今日在贵地重读，感慨多多！谢谢你，兄弟！"

在2004年3月13日写作的《从胡平到李慎之：近二十年中国自由主义的艰难历程》一文中，悉尼科技大学国际关系学院中国学博士候选人丘岳首指出：

胡平的论文，两章约十万字（李明华注：应为6万2千字）。一章详尽论述了自由的含义与价值，二章论述了言论自由的力量与实现过程。前者以假设问题逐一反驳对言论自由的误解和疑虑，比较实行与不实行言论自由的利弊；后者从各国实现言论自由的经验，中国专制主义的特点，论述以法规宪政确立和保护言论自由的重要。全文气势恢宏，视野开阔，其严密的逻辑思维，充分的论证论据，在近二十年后的今天重新读来，都令人啧啧赞叹。十月，北京举行了《论言论自由》座谈会，其时已有不同程度自由主义思想倾向的黎鸣、甘阳、孙立平、王军涛、陈子明、王润生、李盛平、闵琦等学者高度评价论文的启蒙和现实意义，将之视为"是中国新型知识分子的人格逐渐形成、新的知识分子的典范逐渐形成的一个标志"（陈子明）。在寻思李慎之先生晚年自由主义思想的来源之时，重读胡平二十年前的《论言论自由》，笔者最大的感慨是，"在没有言论自由时"（胡平语），胡平能如此严密成功地论证言论自由，实在是当代中国思想史上一大奇迹。不要忘记，胡平的论文酝酿于1970年，五易其稿定于1980年，之前曾于1979年刊登在民办刊物《沃土》上，至1986年在所谓的"资产阶级自由化"的机遇中始得以公开发表，全文是在资讯受到空前全面的控制和封锁之中成文的，是在"没有言论自由时"论证言论自由。作者过人的胆识，是显而易见、难能可贵的。

《青年论坛》1986年11月号登载了《首都各界人士座谈〈论言论自由〉》。丘岳首说北京座谈会10月份召开，这是有误的，实际上是9月5日。今天，重读这些学者的评价——尽管它们只是经过录音整理、却未经作者本人审阅，我却仿佛有一种时代依然滞留于80年代的感觉。以下，摘录其中的一些评价，以便我们重温那个时代：

　　我看过胡平同志关于言论自由的文章，又高兴又兴奋。因为从他的文章里我看到青年一代人的思想水平，看到中国的光明前景。我想，既然有一个胡平，必定还有许许多多像胡平同志那样的青年。（杜汝楫）
　　胡平的文章写得雍容典雅，富有理论魅力，称它为现代中国的人权宣言，似乎并不过誉。虽然它出现在读者面前稍嫌晚了一点，但是这个事实本身恰恰说明中国历史已经进入一个关键时

刻。（何家栋）

读胡平的《论言论自由》，觉得好像在读欧洲启蒙学者的论辩文章，两者的风格实在相近。我想，这不是偶然的。最重要的原因是，中国需要启蒙，非常迫切地需要启蒙。（梁治平）

胡平的文章作为当代政治、思想的经典之作，作为历史文献，我认为不宜改。现在应争取出第一版，然后再出修订版。（甘阳）

胡平的文章是一个标志，是中国新型知识分子的人格逐渐形成、新的知识分子的典范逐渐形成的一个标志。胡平的文章指明了中国知识分子应该如何行事、如何想问题。（陈子明）

六

要用一句话或者两三个概念去概括某个时代，事实上有点难。时在中南财经大学政治系执教的沉扬，本名蔡崇国，也是《青年论坛》的老作者，他在1985年第2期发表的《论一九五七年》、1986年5月号发表的《论一九六六年》两文，是我以前反复读过的好文章。承蒙赵虹主编、张平特聘副主编关爱，我在《社会科学论坛》发表过《一个少年与80年代的"思想剧场"》及《自由共道文人笔——90年代思想史中的"道学"与"儒林"》。假如事实上真有以十年为一个单位的"时代"存在，那么，我今天写这篇文章，却越来越困惑了：我们在概念上究竟应当如何去定义一个特定的"时代"呢？更实在一点，我们这代人念兹在兹的"80年代"，究竟是一个怎样的"时代"呢？

《青年论坛》一纸风行之际，正值80年代中期。那个时候，如果说整个中国只有一个关键词，就是改革。《青年论坛》1986年11月号第83页有句话说得好："魂兮归来，我们民族中的慷慨悲歌的改革精神呵！"《青年论坛》的编者们也把自己所处的时代，视为改革的时代。改革是整个民族的共识，但一家杂志的创见又该是什么呢？所有的"知识分子"都在为改革伟业而献身，但"知道分子"又该以什么样的事业作为自身既在时代之中、又在时代之外的追求呢？

读《青年论坛》1986年5月号，从第91页瞥见"怀疑的精灵已经来到了这个世界"这句话，我马上意识到——把篇名中有"自由"二字的所有文章做成列表，将是极有意味的：

1. 胡德平：《为自由鸣炮》，《青年论坛》1984年创刊号；

2. 於可训：《将自由写在文学的旗帜上》，《青年论坛》1985年第2期；

3. 沈大德、许苏民：《自由的命运及其他》，《青年论坛》1985年第3期；

4. 凯明：《关于自由的三则对话》，《青年论坛》1985年第3期；

5. 陈恒六：《为学术自由呼号》，《青年论坛》1985年第3期；

6. 远志明：《理论的生命：实践与自由》，《青年论坛》1985年第4期；

7. 王增浦：《学术民主与学术自由》，《青年论坛》1985年第6期；

8. 胡平：《论言论自由》，《青年论坛》1986年7月号、9月号；

9. 闵琦：《出版自由与马克思》，《青年论坛》1986年11月号；

10.《首都各界人士座谈〈论言论自由〉》，《青年论坛》1986年11月号。

因为手头缺失了4期杂志，这个统计可能并不全面。管窥亦可见豹。从《青年论坛》的版面审视80年代，这个时代是"改革"的时代，也是"自由"的时代。改革是社会体制层面上的事情，《青年论坛》之推动改革，就是发表了一系列有关经济学、管理学的好文章；自由是精神心灵层面上的事情，《青年论坛》之倡导自由，就是发表了一系列有关哲学、政治学的大文章。皆文以载道也，皆与时偕行也，所以，知识界重视《青年论坛》，读书界欢迎《青年论坛》。

"著名历史学家章开沅教授对美国朋友说：你们要了解中国的年轻一代在思考什么，可以读读《青年论坛》"，这句话见诸《青年论坛》1985年第6期第160页。同一页还告诉人们：思想界、理论界经常谈论的一些文章，比如《为自由鸣炮》（胡德平）、《理论创新与当代中国》（韩小年）、《人的现代化》（许苏民）、《智慧的痛苦》（王若水）、《来自垄断的威胁》（杨再平）、《特区货币应该缓行》（丁宁宁）、《论一九五七年》（沉扬）、《极富探索性的新经济政策》（陈志龙）、《中青年理论工作者广州座谈会述评》（特约评论员）、《天鹅之歌》（白桦）、《当代中国的主题》（韩小年）等等，都是《青年论坛》发表的。同一期那篇《我第三次感到贫乏》的文章，更是揭示出了个中奥秘：

中国的无比丰富而生动的现实为真正的理论家提供的无穷的

思维和创造的资源，是任何国家的同行都要羡慕的。我们的读者群，也是任何国家所没有的：不仅数量最多，而且最渴望了解自己周围的现实，最热切于追求真理，最热诚地期望社会的进步并为此献身。

我为什么要把《青年论坛》推动改革的文章叫做"好"文章，把《青年论坛》倡导自由的文章叫做"大"文章呢？以老百姓的思维看，"近水楼台先得月"，谈改革的文章再好，武汉发表的也不会比北京发表的好；"柳暗花明又一村"，谈其他问题的文章，武汉发表的就有可能媲美北京发表的。以转载率的思维看，如果有人对《青年论坛》的转载情况做个详细的统计，结果将会证明：倡导自由的"大"文章之受关注、重视的程度，远远要高于推动改革的"好"文章。譬如，从1985年第3期那篇《关于自由的三则对话》，可知胡德平的《为自由鸣炮》曾被《人民日报》《新华文摘》《世界经济导报》《长江日报》等重要报刊转载。以思想史的思维看，《青年论坛》留给后人的思想遗产，显然更多的是那些"大"文章，而不是那些"好"文章。

一句话，《青年论坛》所要建构的80年代，可谓"以改革为体，以自由为魂"的时代。1985年第6期那篇《改革时期的用人之道》说过："一只狮子带领一群绵羊/可以战胜一只绵羊带领的一群狮子。"但是，"实际"的时代是否允许包括《青年论坛》在内的有识之士去建构那个"理想"的时代，却不是本文试图解答的问题。记忆艰涩之际，只好抄录王绍培那篇博文里的一段话，聊备参考：

> 整个1980年代，人们更主要是在文学创造方面和理论探讨方面实践自己的主动性，那时还没有多少商业的机会，也欠缺消费的能力，生活简单，思想积极，精力旺盛，而公共话语高度集中在一些基本性的"大词"和全国性的"大事"上面。《青年论坛》表现了那个年代一代青年学子对"大事"的关心和热情，它的许多理论探讨即使在现在看来也是很富有前瞻意味的。这应该很好理解，那是一个重新出发的年代，所谓百废待兴。

七

行文至此，对《青年论坛》，特别想谈一谈《前辈寄语》栏目。

一本"青年"的论坛，如何去面对自己的"前辈"，"前辈"又会怎么看他们呢？检索我所保存的10期杂志，这个栏目倒也不是期期都有，凡有则必是名家大师出场：

——创刊号上的"前辈寄语"是李泽厚写的，有云："《青年论坛》设有'批判封建主义和其他错误思想'的'箭响林'专栏。这使我也很高兴。我们要批判资产阶级错误理论和思想。但几千年来封建主义的陈污积垢难道不要认真批判吗？难道不应该让它随着农村小生产局面的改变而彻底清除吗？"

——1985年第1期的"前辈寄语"是章开沅写的，有云："青年不能总是坐在长辈的面前充当沉默的听众，青年需要有自己的园地，自己的论坛。《青年论坛》可以说是应运而生，并且是诞生在我们引以自豪的东湖之滨。我们应当为之祝贺，为之喝彩，为之鸣锣开道。"

——1985年第2期的"前辈寄语"是董辅礽写的，有云："我希望，由于《青年论坛》的创刊，第一，能够促成大量的青年经济理论工作者的更快成长，发现许多大有发展前途的青年经济理论工作者。如果若干年后，已经成长为优秀的经济理论工作者的处女作是《青年论坛》发表的，那就更有意思了，我想一定会有的。第二，能够发表青年理论工作者具有创新内容的著作，以推动我国经济理论沿着马克思主义轨道不断发展，并对我国的社会主义有计划的商品经济的发展，对我国社会主义现代化建设起有益的作用。如果做到了这两点，无疑，这将是《青年论坛》的贡献。"

——1985年第4期的"前辈寄语"是卓炯写的，有云："中青年理论工作者广州座谈会邀我参加，会上《青年论坛》的编辑要我写点意见供同志们参考。前几年把中国青年讲得莫衷一是的时候，我就持反对的态度。按照我的看法，青年中存在的一些缺点，和我们时代的缺点是有联系的，而且也不是主流。党的十一届三中全会以后，随着时代的进步，青年们的活力就像长江大河一样奔腾起来。他们创办的《青年论坛》就是一个很好的证明。"

——1985年第6期的"前辈寄语"是于光远写的，有云："我认为自己应该做的事情是同你们一起研究、一起讨论。一年来，你们这个刊物提出了很重要的问题。其中有些问题我是应该研究而尚未研究的。我相信同你们一起研究、一起讨论，会给我带来很大的好处。这会促使我去阅读一些应该阅读的书，启发我去思考一些原先没有想过的问题。"

——1986年5月号的"前辈寄语"是陶军写的，有云："我读了《青年论坛》的一些文章，这些文章大都是题材新颖，思路开阔，文字雄辩，反映了一代青年社会科学工作者对于我们这个时代的高度热情和责任感，他们就许多有意义的问题，发抒了自己的感情，运用多种方法，提出许多意在解决问题的构想和建议。这些都有益于扩大人们的视野，也必然有助于人们为了解决问题所进行的思考。我以为，以《论坛》为核心或近或远所围聚起来的青年同志们，可以说都是有志之士，而《论坛》在它问世以来这段时间内，起了它自己和社会人士所预期的作用。"

——1987年第1期的"前辈寄语"是黎澍写的，有云："《青年论坛》编辑同志约为刊物的'前辈寄语'栏写稿，使我感到非常吃力。何谓'前辈寄语'？想必是前辈根据过去栽跟头的切身经验给现在的青年以告诫罢。大概栽过跟头的前辈都心有余悸，提起往事怕人说是算老账，又怕一言不慎，引起新的麻烦。总之是顾虑重重，决不会踊跃'寄语'。而诲人不倦的前辈，大概又都是没有栽过跟头的，他们往往道理很大，真正切身经验不多。因此，我想与其写'前辈寄语'，倒还不如'寄语前辈'。"

写作有时真是一件身不由己的趣事。原本以为把这篇文章写成"思想史"的，我缺乏足够的驾驭能力，可写着写着，偏偏自觉不自觉一个劲地就往上面靠。"期刊史"的念头本来也早已放弃了，但行文之中，依然忍不住要谈论这方面的内容。这是模棱两可、首鼠两端么？似乎也不是，因为一本真正有思想的刊物，可能就是一部真正有意义的思想史。与其身不由己，看来不如自作主宰，抑或道法自然。前面"思想史"占了便宜，现在可以让"期刊史"尝些甜头。

从编辑学的角度看，《青年论坛》善于栏目经营，是个显著特色。隐性栏目难以评价，在显性栏目上，《前辈寄语》就是极具创意并能持之以恒的优秀栏目。《青年论坛》的显性栏目基本上比较固定，偶尔也会有所增添。譬如1986年7月号开辟了新栏目《官制研究》，还配发了《编后记》：

> 又辟一栏，官制研究，谨发以上三篇。
> 谈官僚主义，义愤填膺。止于谈谈，如何根治？还是那句老话，采取组织措施，从制度上，尤其从制度的技术方面下一点

功夫。西方有一套文官制度，百年施行，功绩显著，能否借鉴？如何借鉴，搞出一套既不悖于国情、更能益于新生的我国官制系统？愿有心人思考、动笔。

阅览我存有的10期杂志，这是第一次出现《编后记》。尽管还只是匿名的，也只是就某个栏目所写，但毕竟昭示了《青年论坛》这个编辑共同体的某种自我意识。《青年论坛》编辑文章，好些不署责任编辑，即使署，用的也是笔名。譬如，常常见到"工一"编的文章。依据中国的造字习惯，它或许就是王一鸣的笔名，因为其名有"一"之一字，把"一"移入"工"，则成"王"之一姓（李明华注："工一"是王绍培的笔名）。再如，1985年第1期有两篇谈校园题材文学作品的文章，责任编辑署名"可训"，不难猜测它是於可训的笔名，由此亦见《青年论坛》有许多兼职编辑。据我所见，直到1986年11月号，一般读者才可能清楚地知道《青年论坛》的编辑人员构成：主编李明华，副主编王一鸣，编辑及工作人员有王绍培、王麓怡、陈刚、邵学海、周晓佑、喻承祥。到了1987年第1期，明华先生开始以主编的身份写《编辑手记》，但倍感遗憾的是——这是第一次，也是惟一的一次……

从期刊史的角度看，《青年论坛》"生于"1984年11月25日出版的创刊号，"卒于"1987年1月5日出版的总第14期，"享年4岁"。现代社会中，刊物之兴亡，经济因素起着极其重要的作用。读1986年11月号封二刊登的《致读者》，期刊中人，尤其是做学术刊物的，都会为之感喟："敝刊名为'自负盈亏'，实则两年来一直只亏未盈，亏了又无来源补给，故在经济上十分拮据，常有捉襟见肘之窘况。"以往都是六毛钱一本，来年就要涨价到七毛五了，明华先生原以为发行量一下子会掉下去，但担心是多余的。1987年1月1日，明华先生惟一的那篇《编辑手记》说："我写这篇手记时，邮局报来了一九八七年订户数，比一九八六年增加了两倍。我当即表示要请编辑部全体同志的客。我们这个编辑部，工作人员确实很苦，但看到读者如此关怀，谁不感动。可尊敬的读者们啊！"定价多了一毛五，发行量增加了两倍！看来，《青年论坛》之亡，非经济缘由也，至少不是出于经济缘由一端。

一个人只有超越于时代，才会成为杰出的人。同样，一本刊物要成为杰出的刊物，也得超越了自身所处的时代。举凡超越，多是思想的职分。80年代尤其如此，所以，大事多，大词多。《青年论坛》作为一本"地方性刊物"，却传播了"全国性理念"，乃至揭示了"未来性方向"。其兴也关乎思想，其衰也关乎思想，这对我们这些从80年代的武汉和中国走过来的人来说，好像是不言而喻的。

凭据着一份艰涩的记忆，总算完成了明华先生交给的任务。这个时刻，竟然又茫然起来了。《青年论坛》作为一套刊物，又会回到书架上，但作为一份记忆，它将伴随着《向大海》一文里的那段对话——问的是个孩子、答的是畅游长江的艾路明，永远敞开在我与时代、我与思想的对话之中。于是，这份艰涩的记忆也就恒久地定格在了《青年论坛》1985年第2期的第50页：

　　　　"你从哪里游来？"
　　　　"武汉。"
　　　　"武汉在什么地方？远吗？"
　　　　"在上游。很远。"
　　　　"你要游到哪里去？"
　　　　"上海。"
　　　　"上海是个大海吗？"
　　　　"不，哦，对！是一片很大很大的海。"

陈兵力：最痛苦的幸福[1]

2006年11月5日，在北京绒线胡同中国会馆，来自全国各地的原《青年论坛》工作人员以及记者站负责人、兼职编辑、记者济济一堂，开了一个没有具体议题的茶话会。与会者当然知道，2006年11月5日是《青年论坛》创刊23周年的日子，也是停刊20周年的日子。当年不谙世事、意气风发的青年，现在已都步入满是沧桑的中年。"别来沧海事，称名忆旧容"。久别重逢，没有热情激昂的拥抱，只有心心相通的握手；其眼神少了许多锋利，其举止也有了20年岁月的沉重感，其语言也如中国书法精髓有了藏锋。

在当年《青年论坛》北京记者站站长、现为泰康人寿董事长陈东升发言后，我随即做了"最痛苦的幸福"为内容的发言。我说：思想是最大的痛苦，而为国家、为民族而去痛苦地思想是最大的幸福。人生最值得珍惜的是一生追求的你为之付出了。尽管过程很痛苦，却是一生中最痛苦的幸福。我平生荣幸地做了两件事：一是参与了在改革开放年代轰动一时的理论刊物《青年论坛》的工作；二是生养了一个女儿，并且视艰辛如甘甜地把她养大成人。如果她以后的命运中还有一个类似《青年论坛》的刊物出现，我的愿望是女儿应该仍然像她父亲一样，义无反顾地参与这样一件对国家、对民族思维有积极意义的工作，不要因为恐惧痛苦而辜负一次命运的荣幸。说完这些话，第一次因《青年论坛》的组稿工作而到北京的情景，不断地在我脑海里闪现。

1985年5月初，我前往改革最前沿、思想最活跃的北京，采访各界最有代表的改革思想者，让我深深地感触到思想者们的"最痛苦的幸福"。

5月12日上午，我在京西宾馆接到胡德平同志的电话，约我到北京大都饭店见面。胡德平同志是时任党中央总书记胡耀邦同志的长子，是中央整党指导委员会巡视员，是引起全国理论界、思想界、舆论界所关注的《为自由而鸣炮（原载《青年论坛》创刊号）的作者，在我们眼里他是一个学者型的官员。触摸改革最前沿的思想信息，当然是

1. 中国民营经济服务网，2008年7月23日。

首选采访胡德平同志。

中午12时，我们一边用餐，一边进行了交流。德平同志说：改革是中国历史上有着深远意义的一次伟大的实践。整党、反对不正之风，要和改革这个伟大的实践结合起来。脱离了这个伟大的实践，一切就成了空谈。整党，就是为了纯洁党的队伍，提高党的干部和党员群众的素质，更好地领导人民去进行全面改革；反对不正之风，就是反对那种为了个人和小集团利益而损害党和国家、损害广大人民利益的行为，还要反对那些对改革态度冷漠，设障碍、打横炮的行为，以排除改革中的各种阻力。我们一再提出加强党性。党性是什么?在改革中积极出主意，想办法、出大力、流大汗，锐意改革是党性的集中表现。锐意改革是党性的集中表现啊！

中餐罢，德平同志不时地深深吸口香烟，侃侃而谈。他说：改革是有成本的，是有代价的，世界范围内每一次改革都是这样，中国改革也不例外。远的不说，解放战争就是一次改革，无数革命先烈以生命为成本，为代价，换来了新中国的成立。我们这次改革，也是有成本的，有代价的。它将是有责任、有热心的一批中国思想者和全体人民为国家、为民族振兴作出无私贡献的伟大实践。改革的路途一定是充满了艰辛，也很可能会有很多弯路要走。但，改革是世界趋势，是历史的必然，不容逆转。我相信，中国的改革开放在全党、全国人民的积极参与和支持下，一定会取得伟大的胜利。

写到这里，找出当年刊载在《长江日报》的、以"锐意改革是党性的集中表现——北京之行系列专访"为题的旧报，不觉感慨万分——我们的人民甚至是我们的领袖耀邦同志，为改革开放做出了无私的、甚至是惨烈的贡献！

5月14日上午，我来到外国留学生、专家学者工作、居住的地方——清静淡雅的北京大学勺园，与美国哈佛大学中国历史及哲学教授、宗教研究室主任、著名儒学家杜维明先生进行了长达12小时的交谈。杜维明先生生在昆明，长在台湾，工作在美国，见多识广，更有多种专著在世界上引起强烈反响，我就请他谈谈改革与开放的问题。

杜维明先生滔滔不绝地讲起自己对中国改革的看法，他认为21世纪是中国的时代。改革必须开放，不开放谈不上改革。开放，对外如此，对内也要如此。对外，我觉得应以一种不卑不亢的姿态出现。这样，就会不盲目地拥抱一切和排斥一切。对内，要正确地认识自己。

对民族的、传统的东西也不能盲目地一概继承或排斥。正确地认清了自己，才能做到对外不卑不亢。明代王阳明有这样一句诗："抛却自家无尽藏，沿门托钵效贫儿。"千万不能视不尽藏而不见，效贫儿而托钵。每个民族的生存发展，都有自己的长处和短处。可是，中华民族的风骨是无与伦比的，这是国宝啊！每个民族都在以新奇的目光注视着世界，注视着中国！纵观世界历史和中国历史，每一次改革都是一次阵痛。我生在昆明，长在台湾，后来移居美国。台湾的历次改革也是充满艰辛的，大批的思想者作出了无私的、惨烈的奉献；美国更是如此，每一次改革都是一次艰辛的历程。这种艰辛对历史来说，可能是弹指一挥间，对个人来说可能就是宝贵的一生。中国的改革，都会经历世界上所有改革艰辛的经历，中国有"国宝"，那就是"儒学"，我相信我们的"国宝"会将我们的改革进行得比其他国家来得稍稍顺利一些。二十一世纪，一定是中国的时代！

今天，改革开放已是三十年了；回头想一想如上二十多年前国内外思想界、理论界对中国改革开放的思考真是痛苦的，也是幸福的，更是命运的荣幸！如果说历史还能重来，尽管《青年论坛》和全国的思想者、改革者、全体中国人民一起走过了漫长的艰辛，做出了惨烈的奉献，我还会毫不犹豫地选择这样参与改革开放事业的"痛苦的幸福"。这是命运的荣幸啊！

陈兵力与陈东升

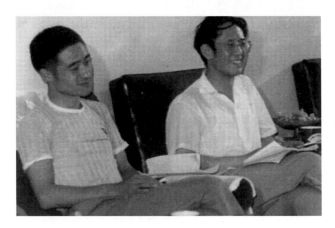

陈兵力与胡德平

陈兵力与杜维明

陈兵力：吴官正同志"过手"《青年论坛》[1]

2008年12月14日上午10时40分，我在北京钓鱼台宾馆接到好友王一鸣发来的短信："印象中你有一张吴官正同志看《青年论坛》的照片。是1985年？"我回答："是的。大约是1985年7月、8月。"事后得知，王一鸣在武汉出席官正同志新著《汉水横冲》座谈会，回忆起1985年武汉改革开放那段波澜壮阔的岁月，包括《青年论坛》那段激情燃烧的岁月。

1985年的武汉，"两通起飞"、"洋厂长格里希"、"菜篮子工程"、"窗口行业整顿"等等新鲜事物和新的改革思路不断地引起全国瞩目，尤其是一批青年理论工作者在武汉创办《青年论坛》所刊发胡德平的《为自由鸣炮》、许苏民的《论人的现代化》、韩小年的《理论创新与当代中国》、周其仁的《农村变革和理论经济学研究》、伍新木的《改革的系统工程和关键》、易中天的《美学方法论的革命》、贾春峰的《为了理论的繁荣》等理论文章，其清新的文风、犀利的思辨、开阔的视野更是引起社会各界广泛关注；特别是时任中央整党指导委员会巡视员、也是中共中央总书记胡耀邦同志长子的胡德平的《为自由鸣炮》一文被海内外媒体纷纷转载，一时《青年论坛》被誉为领导者和改革者案头的必备书。由于发行渠道等原因，《青年论坛》成为纷纷传阅的理论刊物，有的读者不能及时读到原刊，只有纷纷复印传阅。

大约是7、8月份，[2] 我接到时任武汉市市长吴官正同志办公室的电话，说官正同志有事请我过去。放下电话，我就带着几本《青年论坛》杂志直奔武汉市政府。官正同志一边仔细翻阅我带去的刊物，一边说李锐同志（原中组部副部长）打电话给他，希望能订阅《青年论坛》杂志。我告诉官正同志，中央相关领导我们每期都有赠阅，您把李锐同志的邮寄地址告诉我就行了。这样，我就把当月以及创刊以来的刊物全部打包邮寄给了李锐同志，并给李锐同志写了一封信，告诉

---

1. 中国民营经济服务网，2008年12月23日。
2. 李明华注：根据我看到的李锐半个月后的回信内容和落款日期，此处时间似有误，应为2015年11月。

他我们以后会每期给他寄去，并希望他给予我们指导或赐稿。

大约半个月后，李锐同志给我回了一封信。信的内容是对我们的赠刊表示感谢，并委托我向官正同志转达谢意，更大的篇幅是对《青年论坛》的文章及其作者表示诸多的褒奖之意。大约是第二个月，我们收到李铁映同志的题辞前后，又收到了李锐同志给我们寄来的题辞和一封信。

可惜的是，李锐同志两封信的原件被我的忘年交虞弗虞索去，现已不复存在。虞弗虞读过李锐同志的《龙胆紫》一书，对李锐同志崇拜之至，故对李锐同志的墨宝也珍惜之至，故索之。虞老先生现已作古，我曾向其后人寻问此事，可惜均不得而知。"过手"，是古玩鉴赏的一个专业术语，是指对一件珍贵的器物不仅眼观、鼻闻，还要用手去感觉它的真实信息，"过手"其实是用心去体会它的全部内涵。23年过去，弹指一挥间，上述官正同志" 过手"《青年论坛》和我"过手"李锐同志的两封信，是否意同或异同？我们只有用心去感受了。

蔡崇国：《青年论坛》和它的同仁们

　　我想，许多朋友现在仍然记得当年有一个颇能冲撞的理论刊物：一九八七年初被迫停刊的、名噪一时的《青年论坛》。一九八五年至一九八七年三年间，它可以说是全国最受欢迎、发行量最大的理论刊物。一九八六年底，它居然能收到六万五千份订单。它在知识分子和青年人中影响极大，全国文科的大学生，尤其是研究生，很少有不知道这个刊物的。在《青年论坛》上发表的文章，其转载率遥居全国各报刊之首。胡平那篇著名的《论言论自由》便是第一次发表在这个刊物的八六年的七月和九月号上，发表后人们奔走相告，互相传阅，但没有一个刊物敢转载：出版界似乎被这个大胆的举动给惊呆了。《论坛》被禁后很久，主编李明华还常找我索取刊物——在当局决定清查之前，库存的刊物全部秘密地转到了我那儿——因为他仍收到不少索求《论言论自由》的来信。

　　我们当时和胡耀邦的儿子胡德平有许多接触，他那时在湖北搞整党，正意气风发，又有几分天真地支持一切新出现的东西。《论坛》的存在和发展倒是多亏了他。至于胡耀邦本人的支持，我们却从来没有听说过。不过，《青年论坛》在当时确实不以我们的意志为转移地卷入到党内的派别斗争之中。这也是它那悲喜剧般的命运之所在：反自由化运动之前，它胆大得令人瞠目结舌，可在湖北武汉，在北京的中宣部，谁也不敢动它，湖北省委反而对它支持有加。反自由化运动之后的一段时间里，人们曾在观望。八七年夏天中央北戴河会议之后，事情就整个儿变了，曾对我们动情地支持、常叫我们感动得心里发颤的省委副书记钱运录，被邓力群召见，从北京回来后，立即发出三点指示：清查《论坛》发表的所有文章；《论坛》所属的湖北社会科学院领导作检讨；上报有关文章的作者和编辑——这便是《论坛》的最后结局。

　　一九八四年的气氛有几分像邓小平南巡讲话后的一九九二年，报刊整天鼓吹改革与思想解放。人们的某种热情像火一样热——当然大家可是比现在天真得多了。大约初夏的一天，朋友们帮当时还是《江汉论坛》编辑的李明华搬家。我们是武汉大学哲学系七八级的同学，他和我谈到他创办新刊物的想法，并向我介绍了后来成为《青年论坛》社长、当时也是《江汉论坛》编辑的王一鸣，王是武汉大学经济系七九级的学生。

李明华一直被同学们认为是持重、容易安于现状，是作了好几年党支部组织委员的老大哥。毕业后被分配到理论刊物作编辑，应该是很不错了。实际上，后来证明，我们这位老李的大胆、开创性，常叫人惊讶。

不久，他们就写信给省委书记关广富，说是青年人要改革，要自己办一个自负盈亏的、尤其是坚持并发展马克思主义的理论刊物。那时候，中共的各级领导人许多比现在天真可爱得多，在如何逃避、推卸改革中的风险和责任，如何在改革中捞到政治和经济上的好处方面，经验还不足，野心亦不大，也有多少想干点事的雄心，故要他们批点什么还不太困难。

当时，关广富立即给了热情洋溢的回信：办自负盈亏理论刊物的建议，说明了改革的春风已吹到了社会科学院。不久，我们在一次讨论会上偶然遇到胡德平，李明华、王一鸣向胡谈到他们的计划，胡毫不犹豫地表示支持，他说，"我一直就有这个想法。你们一定要将这个刊物办得像当年的《新青年》那样！"此后，他又找我们三人谈过几次。记得有一次是在他下榻的著名的东湖宾馆，就是当年毛泽东每次来武汉所住的小楼。在东湖宾馆，德平先生慷慨陈词地谈到他的马克思主义的自由观：为什么我们无产阶级要把"自由"这个人类最美好的字眼让给资产阶级呢？为什么我们马克思主义者不能鼓吹自由呢？他说，他早已想好了一篇关于自由的文章，一定要在《青年论坛》的创刊号上发表。这就是后来他的那篇轰动一时的《为自由鸣炮》。

在我的印象中，胡德平为人难得地真诚、坦率，尤其是有几分天真。他激动起来尤其口吃得厉害，可他从不在意。这倒使其为人更显自然、朴实。他的长相极像其父亲，第一次见面，真会让你吓一跳。

在此后的日子里，我和李明华每周都要凑上两三次，有时还有王一鸣。我们兴奋地、有时是忧虑地谈着刊物的前景，商量编辑、记者的人选，及组稿、刊物的管理等。三人商定，李、王分别为主编和社长。我为副社长。大约一年不到，我下海办企业作了董事长，并推荐了一位朋友的太太周晓佑，她后来被任命为副社长。她是一位有责任心、关键时刻不知有恐惧的女人。

王一鸣悟性极强，我们因此成为知心朋友。他少年老成。也有人批评他人小架子大，这可能是他后来与一些朋友失和的原因之一。

《论坛》的编辑则是在我们各自的朋友之间物色，他们是王绍培——这是我们哲学系的才子，其人淡泊、深邃、幽默，文笔浪漫俏皮，因文弱、极有才气而有典雅的悲剧气质，至今我们仍能在《读书》等杂志上读到他的生花妙笔。还有邵学海、喻承祥及几位兼职编辑。

主要是李、王二位为钱和批文四处奔走。有了省委书记、尤其是胡德平的支持，宣传部等衙门就感到没有什么责任风险，亦不敢刁难，事情就好办多了。而且省财政厅还破例先后两次拨款共十万元给《论坛》。当时，我拿着有省长黄知真、省委副书记钱运录签字的批文，跑了好几次财政厅。给我留下印象的是钱运录——他现在兼任武汉市委书记，还是中央候补委员——的批文。大意是对《青年论坛》德平同志特别关心和支持，请拨款五万元。

在八四年的十一月推出创刊号之前，我们搞了个记者招待会。会上，王军涛、房志远、李盛平从天而降，王、房两位的慷慨陈词与李明华、王一鸣在会上平淡的报告形成一鲜明对照。这是我第二次见到王军涛了。几天前，我们刚认识没一会儿，他就兴致勃勃地向我介绍他将在武汉办学的宏伟计划，并劝我入伙，我只是哼哼哈哈。这一次，也就是记者招待会之后，我们倒是认真地谈了一会儿如何与李盛平的北方出版社合作的事儿。我提的问题很具体，王军涛、房志远倒是很热心，可李盛平给我的印象是他还要看看《论坛》将来是否能成气候。于是，合作也就没有了下文。但，也就是从这时，我们算是真正认识了。我和房志远后来在广州见过一次，我感到他在他们那拥挤的办公室里十分孤独，情绪压抑。

和王军涛的交道后来可就多了。他到武汉没几天，湖北中青年理论界便都是他的朋友了。当时的武汉，确实聚集了一批在全国也算是顶尖的人物了。如哲学、美学界的张志扬、朱正琳、陈家其、邓晓芒、李晓明。特别是张、陈两位，对德国古典与当代哲学的把握之深，思辨力之强，表达的融会贯通及清晰，让人叹为观止。与之交谈，如沐春风。李泽厚对他们亦敬畏三分。前四位创办的德国哲学研究所和《德国哲学》杂志，在国际上亦颇有影响。他们当然是《论坛》固定的作者群，也被认为是一帮难以靠近的、不食人间烟火的精神贵族。王军涛一到武汉，立即成为这群人中兼具小弟弟和大哥哥双重角色的核心人物，在我看来，他们也因此迅速地活跃、世俗化了。他们频繁地举行讨论会，吸引了越来越多的青年人。《青年论坛》向外耀眼地开放，他们则是内在地、悄然地启蒙，"随风潜入夜，润物细无声"。当时的武汉，现在我仍是心驰神往。

记者招待会后的十一月，我们终于拿到了散发着油墨香的创刊号。王绍培等人兴冲冲地到街上叫卖，我们在办公室热烈地谈论着，想象着人们拥挤着争先购买的场景。天黑之前，他们疲倦地回来了：好不容易售出了一本，街上的人们对杂志毫无兴趣！那个丧气，几乎是摧毁性的。

然而，同样使我们没有想到的是，这本创刊号，主要是胡德平的《为自由鸣炮》那篇影响深远的文章一出，《世界经济导报》便立即转载，它与邓朴方鼓吹人道主义的文章一道，在八四年底，在实际上形成了对"清除精神污染"的第一波重要的舆论反攻。就内容来说，胡文基本上是"自由是对必然的认识和把握"之类的官方立场。恰恰是这一点使它那令人震撼的标题得到保护，得以合法地传播。人们注意的是这口号般的标题和它的作者，而没人去理会它的内容。这因此又是一次重要的突破——它似乎一下子使昨天还遭到批判的人道主义和异化问题的讨论变得平淡无奇，从而使人达到了一个更高的起点。它又一次成功的试探，从而使得次年初，胡启立能提出"创作自由"的口号，并在八五、八六两年，引发一系列关于自由、包括政治自由的讨论。就《青年论坛》来说，没有这一次试探，可能就不敢在后来发表胡平的《论言论自由》等影响重大的文章。它也激化了党内斗争，邓力群对它耿耿于怀，说是"以德平的身分，提这样的口号不适当"。它后来成为胡耀邦挨批判、下台的证据和原因之一。

《青年论坛》在那段时间里，在全国的理论思想甚至新闻界，扮演了开拓及试探的特殊角色。这亦是它的影响和功绩所在。

在《青年论坛）出版前后，李明华和我先后拜访了李泽厚那时的又小又暗的家，请他为刊物的出版写点什么。李先生热情地一口答应，说：凡你们青年人要我帮忙的，我一概支持。不久，《人民日报》发表了他的《贺<青年论坛>创刊》。一年后，该报又发表了他热情洋溢的《破天下达尊——贺<青年论坛>创刊周年》。而《人民日报》能发表这些文章，则是大出乎我们的意料之外的。回想起来，在上一辈有影响的人物之中，李泽厚是《青年论坛》最忠实、最投入也是最有勇气的朋友。不管在什么形势下，每一位拜访过他的《论坛》记者，回来后都非常兴奋。

此外，厉以宁、刘宾雁、童大林、于光远、王若水、白桦、黎澍等，也是《论坛》的撰稿人和热心的支持者。厉以宁还参加了八六年秋《论坛》在北京举办的关于胡平《论言论自由》一文的座谈会。还有当时在辽宁省任省委书记的李铁映先生，约在八五年底给我们写了一封热情动人的长信，他那功底十足的行书，流畅地表达了他读了《论坛》后的激动。这是我们收到的唯一的一封非学者的名人来信，也是最热情的一封。

《青年论坛》创刊之后，一件重要的事是在全国各地建立起它的记者站。为此，八四年底，我先后去了西安、广州和北京。在北京，我住在人民大学的远志明那儿。一天晚上，北京的朋友为《论坛》在人民大学举办了一个大型座谈会，场面的热烈，至今难忘。尤其是吴学灿，他的激情、办报刊的主意及直率的言词，仍是历历在目。也是这次会上，我认识了胡平。会上，他一言不发。会后，在人群中他捅捅我的胳膊说：请你明天去我家好吗？第二天在他钢铁学院的家，我们讨论了一个上午。确实，他的议论来得特别的通俗、深刻、厚实。

北京记者站是最活跃、最有效率和责任心的，站长是当时外贸部的陈东升，记者是诗人高伐林、《中国青年报》的季思聪、吴学灿，还有远志明和胡平等十来人及一批通讯员。他们组稿、发行、搞讨论会，其触角似乎伸展到北京的每一个角落。当时在北京的人们最有政治与理论的热情，而北京的出版控制又最严峻，这就形成一种尖锐的心理冲突和强烈的情绪压抑。这种冲突和压抑转移到《青年论坛》这儿，变成了一股巨大的热情。北京记者站实际上成了《论坛》的第二编辑部。

《论坛》先后还在上海、南京、杭州、保定、哈尔滨、四川等地建立了记者站。这是一个巨大的、充满活力的网络。通过它，《论坛》几乎与全国当时所有有才华、有影响的理论工作者、记者有了密切的联系。然而，这个网络竟没有丝毫的政治色彩，只是为了发行、组稿及文人的社交。回想起来，确实意味深长。

这当然与《论坛》负责人的个性有关系，但重要的是当时的背景和知识分子的情感状态。当局当时似乎抛弃了文革和毛泽东晚年的那一套，它对改革的推行和承诺，在相当程度上巩固和重建了它的合法性，它也因此使多数知识分子抱以希望，认为只要大伙以合作的态度参与，中国渐进和平地走向民主是完全可能的。而任何激进的言行，只会起反作用。因此，与党、尤其是与它的高层建立密切的联系，与它的开明派合作，在它允许的范围内打"擦边球"，被认为是最明智、最有效，也是最高贵的办法。实际上这也是《青年论坛》和它的多数同仁们与西单民主墙运动及民办刊物的区别。因此，流亡海外后，当我看到那些热心批评八九民运激进的人们时，老想告诉他们：您和我当年一样。

当时的民众，尤其是知识分子的拥护及合作态度，是苏联及东欧各国所无法比拟的。人们当时对改革及民主化的温和要求，正是当权者合法性的丰厚资源及新的社会与政治力量、新的统治基础之所在。可惜，经过八九年，他们终于严酷地拒绝了这一切，重新负起本已卸掉的责任，今天，更是重新回到那毫无希望的老一套中，他们只是激化而不再像过去那样有机会、有能力解决中国社会的矛盾。

黎 鸣：《青年论坛》和我

在我后半生的哲学生涯（比较之下，我的前半生基本上是属于科学和技术的生涯，虽然其中事实上已多半都被官方所发动的种种"运动"，特别是所谓的"文化大革命"运动所侵占）之中，有两本杂志充当了我的最重要的"助推"的角色，它们也同时为我提供了我一生之中不可多得的几位"贵人"的襄助。

我的走上哲学研究的道路，实际上是与我对于"文化大革命"的深刻反思和批判是密切地联系在一起的，并由此开始而一步一步地把我推向了彻底批判中国传统的文化，彻底批判孔丘及其儒家，以及最终促使我发现了中华民族，乃至东方黄色人类文明真正光明的"源头"——老子《道德经》的伟大智慧精神的全部的途程。最初，我也曾想过走"文学"的路，而且我也确实在这方面作出了相当的努力，包括写出了我此生之中惟一的一部"小说"（见《黎鸣文存》第三卷，《人性的外衣》，湖北人民出版社，2000年版）。我的最初的宗旨是想要直接对"文化大革命"的时代进行一次全方位的真实的描述，以便为中国的后人留下一点对于这个特别时代历史的真实的记录。但是，我终于愈来愈清醒地看到，这条路根本就是走不通的。为什么？因为我深深地感到，要在中国把真话具象地说到历史的"痛处"，就将不仅仅会难以说出来，而且也将会是永远都不可能真正面世，或许还有可能给自己和自己的家庭带来难以估量的甚至是毁灭性的灾难。

我这样说应该是相当客观的，因为长期以来中国历史的传统即是如此，而且近几十年来真实的社会状况也的确已经非常充分地证明了我所估计的情况：中国的作家，中国的文学作品，他们和它们全都只能在传统的"紧箍咒"之下做着几乎完全的"无用功"。说白了，这个民族的长期以来的传统历史的时代，根本就产生不了任何真正意义上可能思想深刻地反映时代的大作品。充其量，它们至多也只不过是中国古代"四大名著"的绝望描述的新的翻版而已，而且我确实也认为，所谓中国古代的"四大名著"，原本也就是中国人的"四大绝望"的最真实的传统历史的反映，它们的最高的成就也就仅仅如此传统的"真实"而已，而根本就不可能产生出任何在真正人类世界意义上具有思想深刻的文明前瞻性的大思想家以及具有文明前瞻性思想的大作品。

可以说，我也只是到了今天，才真正深刻地认识到了其中的至深的传统历史问题的根源，这就是两千多年来孔丘及其儒家的意识形态对于中国人的几乎是永恒的精神（智慧）的桎梏和简直就是完全严丝合缝的精神（智慧）的束缚。正是因此，我决心此生只走哲学批判的路，而且我的这把"哲学批判"的"火"也终于彻底地烧向了孔丘及其儒家的坚持了两千多年的漫长的历史的传统，烧向了在这个历史之中的根本就没有丝毫哲学思想可言的早就该死的传统的意识形态。也正是因为我的这种彻底的批判，让我具有了对于老子《道德经》的伟大思想精神的彻底的巨大发现的可能。这全都只能是我的后话。

我首先进行批判的是当代中国流行的哲学。虽然我不能不尽量地把话说得克制一点、柔和一点，甚至索性蓄意地尽量把它们说得晦涩一点，例如运用当时已经相当盛行的《三论》（控制论、系统论和信息论）的自然科学的语言，这样做的结果，至少我可以不必说假话，也不必说太过于违背自己心愿的屁话。关于哲学，我有三篇比较重要的作品。两篇发表在当时中国最高的社会科学杂志的《中国社会科学》上，它们是《试论唯物辩证法的拟化形式》（1981年第三期）和《论信息》（1984年第四期），帮助我发表了这两篇文章的"贵人"是谢韬先生、何祚榕先生和沈大德先生，谢韬先生和沈大德先生都已故去，愿他们的在天之灵获得神的安息。再有一篇，《重述历史唯物主义》，后来在《中国社会科学》上确实已经再也难以发表了，然而命运却给予了我青睐，其时在湖北的武汉正兴起了《青年论坛》杂志，兴办这本杂志的是一群比我还年轻一点的朋友，他们成为了帮助我的新的"贵人"，他们是李明华先生，王一鸣先生，以及其他的等等等等先生，非常重要的是，还有当时正好也在武汉工作的胡德平先生（总书记胡耀邦先生之子），他给予了该杂志以最强有力的支持，并亲自在《青年论坛》1984年的创刊号上发表了他的《为自由鸣炮》的重要文章。这篇文章几乎就是当时的八十年代的划时代的号角，我更认为，它是为中华民族开创了"文明历史"新的一页的"五四"运动以来，进一步为迎接21世纪中华民族的新的文明历史诞生的具有里程碑意义的划时代的号角。我的《重述历史唯物主义》因为太长，约三万多字，不能不分两次分别发表在了1985年《青年论坛》的第三期和第四期上。

当时中国的政治形势总是在瞬息之间发生不断向左倾斜的变化，我的文章《重述历史唯物主义》发表不久，即受到了来自中宣部部长邓力群先生的严厉的批评，他指责它具有反对马克思主义基本原理的严重问题。说实在的，如果不论个人权力地位的高低，而允许就文章本身所反映的理论问题进行理性的辩论的话，我自认为是完全站得住脚的，根本就不存在什么"反马克思主义"的问题。我当时不过是指出，马克思的"历史唯物主义"更重要的应该是关于人类社会发展的经济民生的问题，而不应该是仅仅涉及人类之间残酷的阶级斗争的问题。今天看来，这确实并不构成任何的"严重问题"，而真是要追究下去的话，我则认为，反倒应该是说明了当时的邓力群先生对于胡耀邦先生的态度具有严重的问题。当然，这全都已经过去了，只能当作反思中国近代历史的历史后话。

今天我的文章的宗旨，主要还是在怀念《青年论坛》当时产生的那个特定时代的历史，怀念那些曾经给予过我以及我的哲学研究以巨大的帮助和进步的推力的众多的人和事。我的内心的感激之情是自然而然的，我的对于《青年论坛》所涉及到的人和事的发自内心的赞赏之情，以及我的对于《青年论坛》终于未能坚持下去的难言的惋惜之情，也同样是自然而然的。到了今天，这全都已经成为了过去的历史，虽然是永远都难以忘怀的具有非常伟大的中华民族文明的进步性的价值和意义的历史。

最后一句话：在我的哲学批判的精神之"火"的"火炉"之中，从外部为我增添了最后的一批精神"燃料"的人们，正就是与《青年论坛》相关的所有的朋友们了。

2012年8月19日

谭建光：《青年论坛》与我：
从社会改革到志愿服务

前些日与《青年论坛》主编明华兄，还有当年的武汉大学热血青年易江等聚会，谈起这份影响一代人、影响一代年轻学子的刊物。没料到，明华兄就雷厉风行，开始了《为自由鸣炮》的编辑出版，并且广发英雄帖，约写稿件。我也跃跃欲试，希望发表感想，借此也回顾半生历程，重温无悔人生。

与当年《青年论坛》叱咤风云的年轻学人相比，我的年龄小很多、资历浅很多，没有机会参与作者圈子，也不是热议的圈子成员。但是，作为刚刚大学毕业的学生，作为从事青少年研究和青少年教育的新人，作为关心中国改革与发展前途的青年，我不能无视这本刊物的存在，更不能无知地排斥它、回避它。我记不起是什么情形下读到第一本《青年论坛》，就爱不释手、执意追踪，连续订购。其实，我不是一个记忆力非常好的人，如果问我当年读过哪篇文章印象最深、震动最大，我真的说不出来。但是，几十年来，以《青年论坛》为代表的一批报刊，其观点、论据、思想、火花已经渗透到我的血液，激励我坚持不懈探索中国的转型发展道路。

我经常说，"我是一个温和的改革者"，从来不会发出激进的声音，但是也从来不会满足停滞状态，而是不声不响推进社会变革。回顾我1982年大学毕业以来的三十年工作经历，大致分为三个阶段，《青年论坛》的影响处处可见，但是由于我的温和个性则是潜在作用，而不是直接表露。

第一阶段是20世纪80年代，主要调查和研究改革开放背景下的青少年发展，特别是沿海地区青少年的发展，从竞争观念、时效观念到公民意识、商品意识。这时期，我得益于生活在改革开放前沿的广东，通过辛勤的调查分析向内地传输青年观念变革的声音。

第二阶段是20世纪90年代初，着重调查分析人的现代素质，特别是珠江三角洲地区"农民——市民——公民"的转变过程。这时候已经发现，不仅仅是变换职业、增加收入就改变人，还需要观念、素质、个性、人格的变化。

第三阶段是20世纪90年代至今，一直致力志愿服务的调查研究、教育倡导。我想，在当今中国，志愿服务具有三个方面的重要价值：第一、通过志愿服务提供帮助弱势群体、提供公平发展的机会，维护社会的公平正义。第二、通过志愿服务吸引公民参与社会，学习合作服务、合作发展的理念与技巧，逐渐为培养公民领袖提供渠道。第三、通过志愿服务促进中国社会结构变革，借助相对自主、灵活的志愿组织创新，为社会政治体制、治理机制转型提供活力、提供借鉴。

目前，我非常欣慰的是发挥自己的作用，推动国家和地区的志愿服务政策、措施转变，为公民参与并提升素质作出的贡献。一是推动"官方志愿组织的社会化和自主化"与"民间志愿组织的公开化和合法化"成为不可逆转的趋势。二是推动志愿服务从少数先进人物、模范人物的特色转变成为广大民众的时尚生活方式之一，"我志愿，我快乐；我志愿，我成长"成为社会逐渐普及的观念。三是借助志愿服务项目创新推动政府公共服务的项目化，实现科学管理和科学监督。四是推动社工与志愿者的合作发展，消除国内管理部门分离、运作机构分离造成的隔阂与矛盾，促进同心协力服务社会人群。

我做的这些事情，表面上看与当年《青年论坛》倡导改革的轰轰烈烈、壮怀激烈有所不同，但是本质上都是推动社会变革和进步；所以，我的骨子里仍然激荡《青年论坛》所唤起的热血，在公益慈善、志愿服务领域发扬光大。

特以此祝贺《青年论坛》的生命长青！

2012年8月1日于广州

（二） 往事有评说

甦民：芳林新叶——评《青年论坛》[1]

在我国目前数以千计的刊物之林中，创刊仅有一年的《青年论坛》杂志，以青年人的胆识和勇气，大胆地进行理论探索，从而显示出了独具的特色。

一

从明末以来三百多年的历史，是中国从传统的农业社会向工业社会过渡、从自然经济向商品经济过渡的历史。这一过渡艰难、缓慢，直到"五四"在中国兴起了马克思主义的思想启蒙运动，崛起了一代马克思主义的启蒙者。今天，这一思想启蒙运动也已经发展到了一个承先启后、继往开来的历史节点上。以张志新、遇罗克为先驱，以"四五"运动为标志，在中国又崛起了新的一代马克思主义的启蒙者。他们受过林彪、"四人帮"的封建专制主义的残酷镇压，也得到了以青春的热情来欢迎时代的每一种进步的老一辈无产阶级革命家的理解和支持。十年浩劫中的监狱、苦刑场锤炼了他们，大雪纷飞的北大荒磨砺了他们，天安门广场事件的血雨腥风考验了他们。也许，这正是往古的圣贤们所说的"艰难困苦，玉汝于成"。由于他们经历了新中国历史上最严峻的时期，因而对社会主义的理论和实践有了更多独立的科学的思考；他们如饥似渴地吸取着整个当代世界的优秀文化成果，因而开始形成了新的知识结构。

署名"韩小年"的《理论创新与当代中国》和《当代中国的主题》两文，体现了青年理论工作者怀抱的崇高的历史责任感。这两篇文章力图鸟瞰中国近现代社会发展的历史进程，鲜明地提出了批判封建主义、肃清"左"的流毒、发展商品经济、补历史应补之课的中心思想，认为发展商品经济是解决中国社会一切症结的根本一环，从而把握了

---

1 甦民，即许苏民。本文原载《读书》1985年第11期。

中国社会历史发展的脉搏。近百年来的中国社会，苦于商品经济发展不足，使得发展近代生产力的要求在百年来的革命运动中显得比较微弱，依附于落后自然经济基础的种种传统观念得以在反帝反封建的新民主主义革命胜利以后继续存在和孳生繁衍着，并由此导致了我们对于社会主义理解的失误。旧的传统势力之巨大，使科学社会主义在中国的胜利面临着巨大的阻力、特殊的困难。开启中国社会沉重历史之门的杠杆究竟何在？现在终于找到了，这就是发展商品经济，实现我国城乡自然经济或半自然经济向商品经济的转变。毫无疑问，商品经济的发展具有两重性：

> 善人和恶人都少不了你，
> 对善人你是甲胄，磨练刺击；
> 对恶人你是帮闲，胡作非为。
> （《浮士德》第二部第二幕）

然而，历史的必经阶段不可逾越，它要求我们以承受商品经济发展所可能带来的一切社会震动的无畏气概，依靠党的领导和社会主义制度来努力实现社会发展的历史尺度和价值尺度的一致，稳步地走过这一必经的历史阶段。

改革的发展，要求理论工作者冲破某些理论禁区，作出新的理论探索。《青年论坛》创刊号发表了胡德平《为自由鸣炮》一文，明确提出关心人民的自由权利就是关心生产力的发展的观点，起到了开风气之先的作用。今年三月，《青年论坛》发表了王若水《智慧的痛苦》一文，同时还刊登了讨论人道主义问题的文章，表明了编者具有真正贯彻党的"双百"方针的恢宏气度。

改革的发展，还要求理论工作不能总是被动地去研究改革中出现的新情况、新问题（这些当然需要研究），而是要发挥理论研究的长处，科学地预见改革中可能出现的新情况、新问题，为改革提供理论的指导和具体的决策。为此，《青年论坛》专门开辟了"改革研究"、"改革前线的报告"等专栏，其中的文章，如《改革与国家经济职能》（余元洲）、《来自垄断的威胁》（杨再平）、《特区货币应该缓行》（丁宁宁）、《国家资本主义新议》（何宪）等等，都是富有新意和建设性的。这一切说明，青年理论工作者已经从经典注疏的传统中挣脱出来，以高度的历史主动性投身到开拓和创造新生活的改革实践之中。

二

与政治上中国向何处去的问题相联系，思想文化上也有一个如何承先启后的问题。承什么先，启什么后，即怎样继承中国旧文化的遗产，要创立怎样的一种新文化，直接关系到中国的前途和命运。近代先进的中国人皆生活于时代的漩涡之中，他们所从事的中西文化比较研究乃是为了探索从何处着手改造中国的具体方案。如梁启超所说，比较研究的目的不仅在于"校彼我之短长而相淬厉"，而且在于运用推究因果之法，找出"彼我之短长"的原因所在，于此见历史"进化之公例"（《地理与文明之关系》）。伴随着通过比较研究而自创新说这一代新风的演进，使人依稀可见中国近代历史哲学变革的轨迹。近代先进的中国人通过比较研究而自创新说的学术传统是值得我们继承和发扬的。

我们欣喜地看到，《青年论坛》正是沿着近代改革家们的步伐继续前进的。随着经济上的对外开放，西方的新思想、新学说纷至沓来，域外的思想文化与本民族的文化是如此地呈现出不同的风貌，启迪着思想敏锐的青年理论工作者进一步比较和反思中西民族文化背景的异同问题，中国社会改革和进步的客观要求，更使比较研究基础上的理论创新成为时代所必需。《青年论坛》辟有"中西文化比较"专栏，已刊登的文章避免泛泛地谈论中西文化的异同，而力求从世界文明发展的总趋势的高度，试图通过总结传统文化和西欧文化，而使中华民族的文化进入一个更高的崭新境界。尽管其中对于某些文化特点的评价还可以商榷，但它却向我们清晰地昭示了这一代探索者的足迹和致思倾向。

例如，《中西美学思想的嬗变与美学方法论的革命》（作者：邓晓芒、易中天）一文，就通过比较中西美学的不同特点，揭示了中西美学如何经过长途跋涉，从不同的方向同时走到了真理的大门口，这就是对人和人的主体心理的理解，揭示了中国当代美学只有在经历了痛苦的磨难之后，只有当人们开始注视着人在社会生活中的现实本质，而把那种脱离真实的抽象本质弃之于不顾的时候，标志着人类审美自我意识的真正觉醒的马克思主义实践美学才会获得自己得以滋生的上壤，并有希望在与中国传统美学中的优秀成份的结合中，诞生出真正中国式的马克思主义美学体系。这样的研究就比那些仅仅停留于一般的现象形态的比较(如西方重模仿，中国重意境，西方重美感，中国重伦理等)向前迈进了一大步，尽管笔者对于其中的个别观点（如认为中国传统美学的"寓教于乐"有利于整个社会步调一致地去争取更加合乎人道的生存方式等）尚不敢苟同。

又如，《试论中西思维发展的两条路径及其趋势》（作者：周民锋）一文，亦不仅探讨了中西思维发展的差异何在，而且试图探讨中西思维方式的内在统一性以及统一的思维发展的趋势，试图在这一课题上开辟出一条具有认识论意义的路子。作者认为，传统的思维方式为马克思主义的思维方式所取代是历史的和逻辑的必然，但必须清醒地看到，这一思维方式的变革"并不是一个已完成的事实，而是一个仍在进行着的历史过程"（创刊号第79页），加速这一变革的过程，正是哲学工作者的职责所在。

当前，在中西文化比较研究方面有待于探索的问题还很多，诸如：中国传统的"民本"思想与近代西欧民主主义的学说有何本质区别？如何运用马克思主义的观点扬弃这两者而形成关于社会主义民主的系统理论？中国传统的"人本主义"与近代西欧的人本主义有何本质区别？如何建立起系统化的社会主义人道主义学说？东方神秘主义中的科学思维的萌芽与现代自然科学方法有何联系和区别？我们民族致思途径中最缺少的是什么？宋明理学与西欧文艺复兴有何本质区别？社会主义精神文明的常青之树能否嫁接到宋明理学的枯木朽株之上？诸如此类的种种理论问题，都无不与中华民族的前途息息相关。从《青年论坛》的致思趋向来看，人们期望它能够就上述尚有争议的理论问题，作出自己进一步的探索。

三

人的现代化问题，核心是观念变革的问题。观念变革的问题不解决，物质文明的现代化建设也是搞不好的。《人的现代化》一文引用了列宁和当年俄国马克思主义者反复讲的一句话："欧洲的思想和情感方式，对于顺利使用机器，是和蒸汽、煤炭和技术同样必需的"。这是彻底的历史唯物主义的观点。中国近代有许多留过洋的人，回国后又继续鼓吹尧舜禹汤文武周孔的道统，鲁迅称他们是一批"新本领旧思想的人"，是为了"用这学来的新（指船坚炮利、声光化电。——引者），打出外来的新（指哲学社会科学，特别是近代社会政治学说——引者），关起门来，再走老路。"这样做的结果，在中国近代史上留下了十分惨痛的教训。在我们这样一个有着长期的封建传统的国度中，要实现观念的彻底变革，就必须继承和发展五四新文化运动"德先生"、"赛先生"还有"穆先生"（Moral，道德，这一点见于五四时期许多启蒙者的著作）的传统，继续深入地进行马克思主义的思想启蒙运动，同时，要学习与现代工业文明相适应的某些进步的文化成份，来丰富我们民族的精神生活和文化生活。

思维方式，从其表现出的现象形态的种种特征来看，固然有开放与封闭、求异与求同等等的区别，但就其核心来说乃是一与多、个体与类的关系问题。能否正确解决一与多、个体与类的关系问题，决定了思维方式的其它特征，同时也决定了人们采取什么样的致思途径。片面强调一而排斥多，势必封闭、割同、僵化，致思途径也必然以神契某种据说是万古不变的教条、信仰的直觉途径为主。实行对外开放、对内搞活，发展社会主义的商品经济，要允许每一个体充分发挥自己的主观能动性、积极性和创造性，即通过个体的发展来促进整个类的发展；同时，个体的命运在商品经济海洋中、在各种机会均等的竞争中的升降浮沉，亦使每一个人的行动都不能不凭借清醒的理性，只是在理性无能为力的地方才不得不借助经验基础上的直觉。因此，只有正确地解决了一与多、个体与类的关系问题，方能破除由片面强调一而排斥多、片面强调类而排斥个体所导致的封闭、割同、僵化的思维特征及由此而来的愚昧、盲从和迷信。《青年论坛》上的不少文章没有泛泛而谈思维方式的外在特征，而是在一与多、个体与类的关系上做文章，可以说是把握住了当代思维方式变革的关键。克剑的文章《关于<关于人的问题的若干问题>的若干问题》，阐释马克思关于个体与类的关系的科学理论，可以说是饶有深意的。

片面强调一而排斥多，也就必然要抹煞广大人民群众多样性的物质的和精神的追求的价值，而只是保障了少数人对价值的攫取，片面强调类而排斥个体，也就必然要抹煞绝大多数个体的存在的价值，窒息人们的创造精神，使社会停滞朽腐、暮气沉沉。因此，传统的思维方式的变革必然带来价值尺度的变革：从以僵化的传统为尺度转变为以人们所创造的满足个体和类的物质的和精神的需要的实际效益为尺度，从以抽象的类精神为尺度转变为以有利于个体与类的和谐一致的发展为尺度。远志明的文章《改革与价值观的转变》和啸鸣的文章《改革中的社会与变革中的价值观》都明确地认为，在现代科学技术革命推动下进行的经济改革，对我们民族传统价值观念的冲击，主要在于两个方面——即充分提高了人们作为主体的自主性和创造性。"自主性是中国新一代价值意识的灵魂，它包括强烈的全球意识和社会责任感、合乎历史发展需要的知识结构、无法压抑的力求变革的精神、善于在与传统观念的种种冲突中显示自己执着的追求的勇敢开拓的个性；创造性则是中国新一代价值实践的特征，是自主性在对象化活动中的显现。"从自主性与创造性两方面来把握新的价值观念的特征，这种做法颇能体现当代青年积极向上进取的人生态度，表达了当代青年的心声。青年们热衷于人的价值问题的探讨，绝不是如某些人所说的，只是向社会索取和追求物质的享受，他们是在追求自身的本质力量的对象化，因为人的价值就体现在不断的追求与创造之中，中华民族的新崛起也就寓于千百万当代青年的个人奋斗之中。在"左"的流毒、封建余毒、庸俗鄙陋的世俗偏见这种种东西还在顽固地压抑着个体的自主性和创造性的某些特定的社会心理氛围中，鼓励青年们应该有那种不怕孤立、不怕打击、勇猛精进的个人奋斗的精神，我以为是十分必要的。

　　情感方式的变革是广大青年所普遍关心的问题。情感可以分为几个层次：既包含passion（情欲），即与占有欲之冲动相联系的对于目的物之热望，例如恩格斯所说的曾经作过历史前进的杠杆的"人们的恶劣的情欲"，也包含pathos（情致），即合乎理性的伦理情感，如黑格尔《美学》中所说的安蒂贡的兄妹情谊；还包含sentiment（情操），即含有较高的精神追求的"上品的"（refined）情感，如对于真理和正义的热情、对于真善美的最高境界的热切追求，当然，也包含love（爱情），在西方，真正的爱情也是一种"上品的"情感，是与对于真善美的最高境界的热切追求融为一体的。情感既有高低层次之分，人们当然应该努力追求高级的情感体验。《青年论坛》抨击了封建主义者以假道学排斥真性情的"以理抑情"说，揭露其与中世纪伦理异化相联系、维护传统的农业宗法社会的稳定性的蒙昧主义实质，憧憬在现代化的文明的健康的生活方式中的情与理的直接的交融合一，抨击了阿Q式的恋爱方式，指出这种恋爱方式仅仅合乎"不孝有三，无后为大"的圣经贤传的鄙陋性质，阐明了爱情与情欲的根本区别就在于有无全灵魂的真挚的灵的交感与契合；抨击了"逢人且说三分话，未可全抛一片心"的中世纪贤人格言，揭露这种浇薄的世风产生的社会根源，讴歌人与人之间自由地表达信任、理解、倾心和爱慕的情感的合理性。这一切全都体现了当代青年注重精神的追求、注重人际关系的情感和谐的美好心愿。当然，能否在全社会做到这一点，还都有待于整个民族文化水平的提高，有待于全社会用"上品的"情感扬弃粗鄙的情欲，有待于彻底清算把异性间的正常的社会交往都视为粗鄙的情欲的世俗观念。

青年一代的理论工作者在探索之中，许多新的观点难免还不够成熟，于是也就不免被一些人目之为"浅"。但这种"浅"，却正如鲁迅所赞美的那样："恰如一条清溪，澄澈见底，纵有多少沉渣和腐草，也不掩其大体的清。倘使装的烂泥，一时就看不出它的深浅来了；如果是烂泥的深渊呢？那就更不如浅一点的好。"（《且介亭杂文·忆刘半农君》）我愿《青年论坛》这条清澈的小溪，永葆其奔流不息的青春力量。

一九八五年初秋于武昌东湖之滨

於可训：当代青年的思想库

——介绍《青年论坛》[1]

　　我借用《青年论坛》创刊号上一位作者的新名词——思想库，向各界朋友和青年同仁推荐和介绍新出现的这本青年理论刊物。它由湖北省一批青年理论工作者发起创办，筹措有日，煞费经营，终得以在这大改之年与广大读者晤面，犊生之初，即逢风云际会，实乃吾辈青年之幸。

　　在这刊物如林的时代，又插进一颗小树，而且是一颗不带感情，不攡翰藻的理论之树，似乎有欠明智。但是，这群年青人有他们更严肃的考虑。如果说，我们这一代青年已经被社会确认是"思考的一代"的话，那么，我们今天将要向社会映现我们的思考了。从严格意义上说，这一代青年是和我们的共和国一同出生，一同成长的。旧日的苦难和革命战争的炮火，是他们的母亲的痛苦而欢乐的妊娠，他们的童年呼吸着自由的土地的温馨，他们的少年，幸福地歌唱在蓝天白云下。所谓"生在红旗下，长在红旗下"，是他们的生命史上最初的黄金时代的真实而生动的写照。但是，当他们平静地走向成熟的时候，他们却意外地陷入了历史的"迷狂"。生活的旋风摇撼着他们稚嫩的翅膀，有人落荒，有人颓唐，也有人背叛自己的信念和理想。但是，更多的人却承受了历史的暴风雨，从迷狂中开始觉醒，从困境中重新奋起，于是有七六年春那一声石破天惊的呼号。正如他们呱呱坠地的啼哭，唤来了古老中华的黎明，他们这一声呼喊，如警世钟声，开始了年轻的共和国一个崭新的里程。痛定思痛，他们有过痛苦的失落，也有过短暂的迷惘；有过饥不择食的攫取，也有过急不可耐的愤激。但是，无论如何，他们从来也没有放弃对真理的执著的追求，对生活的深沉的思考。正是这种追求和思考，像丹柯手中的火把，引领着他们穿过历史的黑松林，踏上为振兴中华民族而奋斗的道路。

　　我接触过许多青年朋友，今天，他们确实称得上"在奋斗"。他们

1．本文原载《社会科学评论》1985年第6期。

奋斗着，同时也思考着，而且这种思考愈来愈深入，愈来愈廓大，也愈来愈成熟。全社会都有他们奋斗的身影，生活的每一个角落都有他们智慧的闪光。收罗这些奋斗者的经验，凝集这些思考着的理性的光辉，采摘精神的果实，开掘智力的矿藏，将它奉献给社会人群，国家民族，这该是一笔多么巨大的财富啊！而且，我们的民族习惯于某些呆板的思维方式已经够久的了，被某些左的理论教条束缚得也已经够苦的了，社会对理论和理论工作者的成见也已经够深的了。借青年人的活力，刷新我们的民族精神，向民族的思想宝库中注进新鲜血液，这又是一件多么有意义的事情啊！更何况，青年人仅以他们在生命史上的延续性和活泼的青春创造力，就足以将一个民族的文明推进到一个新阶段呢。毫无疑问，在未来的民族心理、民族精神和民族文化中，会留下我们这一代青年探索、思考和艰难奋斗的结晶。

由此可见，创办《青年论坛》确实是一件值得称道的事。

我无法读懂《青年论坛》上的全部文章，但大致浏览它的栏目和各个栏目的文章内容，我觉得编者的眼光是开阔的，而且面向现实，立意高远，确实很有一点胸怀和气魄。作为一个综合性的社会科学理论刊物，它以显要位置和相当篇幅选登研讨改革的各类理论文章，正说明他们旨在对各个领域的改革进行理论的探索和总结。因此，这些文章或着眼于马克思主义的中国化，寻找中国特色的社会主义的发展方向和道路；或着眼于人的思想观念的改造和更新，破除阻挠改革前进的羁绊和障碍；或从历史的经验教训中开辟新航道；或从现实的生活进程中预示大趋势；或执著于理论的创新，或不惮于旧弊的针砭；或身体力行，或出谋献策；总之是以推进改革为己任。其他栏目，中心亦关乎此。琵琶反弹，目的在辨明真伪，一新世人耳目；他山借石，寓意于别求新声，自铸时代伟辞。箭响射封建之的，张大现代精神；嘤鸣求学术之友，造就一代新人。这些栏目，皆立意在改革，旨归于创新，清新爽目，活泼喜人，足以显示刊物的特色和风韵。

尤其值得高兴的，我觉得还在于创刊号上各个栏目的作者们那全新的面貌和精神。《青年论坛》有一条成文的规定，除了极个别情况，它的作者的年龄不得超过四十岁。现在我们所看到的，最小年龄的作者仅有十九岁。他们大半是大专院校文科的本科生、研究生和青年教师，抑或是科研部门的年青的理论工作者，当然也有工矿企业和政府机关爱好理论、并有一定的钻研精神和写作能力的年青人。他们的那支笔虽然大都还不十分成熟，但触角却十分敏锐；而且虎虎然有生动之气。尤其是在研究方法的多样性试验和应用上，更值得提倡和重视。当然，这其中也确实不乏成熟的制作，有的甚至是从全国最高学术刊物将发的稿件中抽回来，以支持《青年论坛》的创刊和出版。吸引这些作者和众多青年的，我想，除了"青年"二字，还能有什么呢? 是的，它毕竟是青年自己的思想宝库，正如儿童有乐园，红领巾有少年宫，思考着的青年，理应有成熟思想的园地和一试身手的锻炼场。

现在，在《青年论坛》周围，已经聚集了一批数目可观的生气勃勃的年青人。仁者献仁，智者献智，为了办好这个刊物，他们竭尽心智，戮力同心，得到了各级领导、前辈师长和社会各界的支持和赞助。这将是一支不可小视的年青的理论军队，他们已经摆开了阵势，要在社会科学、人文学科领域显示自己的胆识和才力。作为读者，也作为他们的朋友，对中国理论界这支生力军所拥有的深厚的潜力和无尽的发展，我是深信不疑的。

黄亚屏：《青年论坛》在贵州[1]

20 世纪 80 年代中期，随着十一届三中全会的召开，农村改革风起云涌，取得很大成效。改革是继续向企业、向城市纵深推进，还是原地踏步？换言之，是继续解放思想、改革开放，还是固守教条、抱残守缺？当时思想界、理论界争论很大，交锋甚烈。这时，一群以武汉大学毕业生为主的青年理论工作者，也聚集在东湖之滨思考、讨论，如何为民族的思想解放摇旗呐喊，为国家的改革开放擂鼓助威？如何让青年的心声有一个平台表达出去？成为他们讨论的中心话题。于是，在武汉大学和湖北省社科院的支持下，一份新中国成立以后第一家由青年人主办的社会科学综合性理论刊物——《青年论坛》在东湖之滨诞生了。

诚如社长王一鸣先生所说："《青年论坛》以改革创新为旗帜，求真务实，发表了一系列涵盖文史哲经和新科学的文章，并以相当篇幅立足于改革中的重大理论问题和实践问题研究，文风清新活泼，率先在当时沉闷的理论界吹响了改革开放的号角。刊物以青年的敏锐视角和热情讨论了当时青年中普遍关心的问题，成为 80 年代中后期青年中颇具生机和活力的思想舆论中心，构建了富有时代气息的青年文化。"我记得，当时刊发的胡德平的《为自由鸣炮》、胡平的《论言论自由》等都是引起很大反响，青年争相传看，津津乐道的文章。很快，《青年论坛》的锐气引起了当时社会各界及中央高层的关注，成为高层领导案头必备的"两报一刊"之一。创刊不到一年，大约是 1985 年底，《人民日报》刊登了著名学者李泽厚的《破"天下达尊"——贺〈青年论坛〉创刊周年》，引起了各方面的强烈反响。中组部副部长李锐说："几个小人物办的《青年论坛》成了大人物的案头必备书，让人从中吸取治国安邦之策。"除此之外，我想《青年论坛》的贡献还在于为当时理论界的小人物们打造了一个崭露头角的平台。现在我国理论界的很多著名学者都是从这个平台走出来的。前几天翻看业已发

1. 本文原载《贵阳文史》2011年第6期。

黄的《青年论坛》，发现当今走红的学术明星易中天，当初也是从在《青年论坛》发表豆腐块文章开始学术之路的。

我与《青年论坛》结识，缘于一篇报告文学。大学时，一位叫艾路明的同学突发大志，要从武汉只身顺着长江游到上海。在校学生会的支持下，1981年暑假，艾路明在武汉阳逻下水，历尽千辛万苦，耗时20余天，游上了崇明岛。我和另一位同学王绍培深为同窗的壮举自豪，为他写了一篇报告文学《向大海》。当时投了多家刊物，小人物的稿子不易采用，所以就一直压在箱子底下。许是近水楼台，后来在《青年论坛》当编辑的王绍培先生把旧稿翻出来，在《青年论坛》第二期发表了。这也是《青年论坛》发表的唯一一篇文学作品。

《向大海》发表不久，《青年论坛》主编李明华先生想起了身在西南一隅的同学，给我写信说，虽然杂志现在影响很大，但由于是半民间的性质，办刊经费相当困难，主要靠一些企业和团体资助，现在急需扩大发行，要我在贵州组建一个记者站，负责杂志在贵州的发行和约稿。同学之托，责无旁贷，更何况是这样一份好刊物。但当时工作太忙，脱不开身，好在诗人黄相荣先生古道热肠，一听是这等好事，自告奋勇，前往武汉接洽。几日后，相荣从武汉回来，带回一大堆任务和一枚记者站的公章。

《青年论坛》贵州记者站算是成立了，但却是一个"三无"记者站：无人员编制、无毫厘经费、无办公场所。好在那时市场经济还不发达，年轻人做事主要是凭理想和热情。首先解决场地问题。团省委的王德玉先生在正新街有一间二十多平方米的单身宿舍，虽然是老木板房，但位居市中心，面积也够大，王德玉先生贡献出来，算是记者站的临时办公用房。那时，贵州文学界和理论界的一帮青年朋友常常聚集于此，在这简陋的木板房中，几只卤鸡爪、一斤包谷酒，国内国外，海阔天空，通宵达旦。其次是解决人员和经费问题。这个问题不难，许多青年朋友听说《青年论坛》在贵州设了记者站，都主动来充当志愿者，无论是跑发行、组稿约稿、接待杂志社的同志，都是自掏腰包，毫无怨言。最后最主要的一个问题是宣传发行。既然杂志社设立记者站的目的是扩大发行，那么记者站的主要工作也就是增加《青年论坛》在贵州的发行量。没有经费，打广告、策划宣传都是不可能的。于是，大家群策群力，朋友联系朋友，同学沟通同学，商定以写书评的方式在贵州的媒体上进行宣传，这样既不花钱，效果又好。不到两个月的时间，以推介《青年论坛》为主要内容的广告式书评就在《贵州日报》《贵阳晚报》《贵州民族报》《贵州工人报》《青年时代》乃至地州报纸上刊发出来。加上人海战术，在贵阳的书店寄售，在书摊上零售，很快，《青年论坛》在贵州的知名度大升。杂志创刊一周年时，贵州的订阅量已达 1700 多份，仅次于湖北、北京和深圳，位居第四。

记者站成立后，杂志社社长王一鸣先生和编辑王绍培先生先后到贵阳来宣传和演讲。那时的接待非常简朴，贵阳的朋友大家凑钱在合群路的小餐馆点上一桌，八七大曲数斤，慷慨言辞几筐，忧国忧民，一醉方休。一鸣先生和绍培先生在贵阳期间，应邀到贵州大学和贵阳师范学院演讲，记得演讲现场人山人海，气氛热烈，那场景绝不亚于现在的超女快男出场。

杂志创刊一周年时，也许是发行业绩较好，也许是思念同学，杂志社邀我到武汉去参加周年庆祝活动。在座谈交流中得知，时任中宣部部长的朱厚泽先生听说《青年论坛》办得好，专门在武汉与《青年论坛》的编辑们进行了座谈。座谈会上，先生发表了一个简短的讲话，大体是谈如何营造一个宽松、和谐的理论环境，鼓励年轻人把办刊物当成一件严肃的事情去办。因为是在一个非官方、非正式的场合讲话，先生嘱杂志社不要公开发表。但年轻人得到鼓励，非常兴奋，奔走相告，讲话很快也在社会上传开了。据说，这件事后来给先生带来一点小麻烦，也为后来《青年论坛》的停刊埋下了伏笔。去年5月，忽闻厚泽先生在北京逝世，悲痛之余，想起了《青年论坛》，老先生一辈子思想年轻，该在他的灵前祭上一本《青年论坛》。

在座谈会上，趁着酒兴，有感于贵州的封闭，我作了一个西部开发与人才引进、培养、交流的发言。后来绍培先生说有一点新意，整理之后以《西部开发与人才流动》为题编发了。现在想起来，这也是较早提出西部开发的文章之一。

因为众所周知的原因，1987 年初，创办不到两年的《青年论坛》无疾而终了。皮之不存、毛将焉附？贵州记者站也结束了它的使命。

《青年论坛》存在时间虽短，但她体现了青年人对国家改革开放的关注和热情，可以说是我们国家改革开放历程中一朵精彩的浪花，历史会记住她。

历史是公正的。20 多年后，在 2008 年中国经济体制改革研究会举办的中国改革开放 30 年标志性事件评选中——"《青年论坛》创刊：青年学生以文报国"——在 120 个候选事件中位列第 38 位。

邵学海：《青年论坛》简介[1]

　　湖北省社会科学院创办的、由本院一群青年理论工作者编辑出版的《青年论坛》，是我国改革开放以来第一家，面向广大青年哲学社会科学工作者的综合性理论刊物。

　　《青年论坛》于1984年11月创刊，以自负盈亏的经营形式诞生在中国改革的大潮中。自创刊以来，论坛以改革创新、思想解放为旗帜，以理论联系实际为特色，探讨马克思主义与中国改革实践相结合的诸问题，研究改革洪流中青年群体带普遍性的各种思潮和重大理论问题，就某些专题充分展开讨论，为广大中青年提供理论讲坛。

　　《青年论坛》以蓬勃的朝气、敏锐的思想和创新的精神，在思想界、社会科学界独树一帜。1985年《社会科学评论》第6期以"当代青年的思想库"为题，专门介绍《青年论坛》杂志。时任电子工业部部长的李铁映同志给《青年论坛》来信鼓励说："青年历来是时代的先锋、号角，风尚如此，艺术如此，许多科学突破也是如此，社会的革命、改革也不乏其例。那么在理论研究中如何呢……马克思、恩格斯写《共产党宣言》才二十几岁。可以说，几乎在所有领域中青年都是大有作为，大有贡献（的）"。于光远先生撰文《前辈寄语》栏目说："你们这个刊物提出了很重要的问题，其中有些问题我是应该研究而尚未研究的。我相信同你们一起研究、一起讨论，会给我带来很大好处。这会促使我去阅读一些应该阅读的书，启发我去思考一些原先没有想过的问题。"著名历史学家庞朴先生评价说："为青年作者创办园地，是造福民族的大好事……你们举起一面旗帜，可谓中国的福音。我愿作一个老读者，盼望从你们手里得到养份。"1985年，法国国家政治学院国际问题研究所克洛德·高达乐与程映湘先生给《青年论坛》来信说："《青年论坛》委实是改革浪潮中中国青年一代的讲坛，上面的

---

1. 本文原载曾成贵，金德万：《湖北省社会科学院50年》，湖北人民出版社，2008年。2008年湖北省社会科学院建院50周年，为编院史，院领导嘱邵学海写了此篇《青年论坛》介绍。

大部分文章坦诚有力，贴切恰当，涉猎面广，给我们留下了非常深刻的印象。"1985年，匈牙利著名经济学家科尔纳给《青年论坛》题词谓："亲爱的年轻朋友们！我祝你们在学习和研究工作中取得更大成就。我希望你们在走向生活之后，勇敢地分析问题并在改革和实现现代化的斗争中取得成功。"我国著名历史学家章开沅先生向外国朋友介绍说："你们要了解中国青年在 思考什么，可以看看《青年论坛》。"

《青年论坛》辟有"改革研究"、"改革前线的报告"、"马克思主义与当代中国"、"中西文化比较"、"争鸣与探讨"、"青年研究"等常设栏目。还辟有"他山石"，以介绍国外社会科学新成果；"嘤鸣园"，以反映青年理论家研究新动向；"青春魂"，以表现当代中国青年探索、冒险、拼搏精神；"箭响林"，以批判专制主义等其他错误思想；"反弹琵琶"，以创造宽松学术环境，营造活泼的学术讨论之氛围。所发表文章，如《为自由鸣炮》《理论创新与当代中国》《人的现代化》《当代中国改革思想状况概析》《来自垄断的威胁》《智慧的痛苦》《也为人道主义辩护》《论一九五七年》，以及《破"天下达尊"》《论中华民族的文化自觉》《知的执着与思的迷惘》《中国文化的儒学战略》《论言论自由》《"商贾道德卑下论"驳议》等等，所议问题均处在学术前沿，受到学界以及社会的广泛关注。

《青年论坛》拥有一批优秀作者，杂志名家荟萃，仅创刊号上就有刘道玉、李泽厚、陈家琪、邓晓芒、鲁萌、袁璋、易中天等撰文。其他著名学人如王若水、杜维明、冯天瑜、黄克剑、胡平、黎鸣、许苏民、於可训、郭齐勇、杨念群、陈晋、甘阳、张志扬、王润生等纷纷赐稿，而其中有些作者是论坛的基本队伍。老一辈学者甚至老一辈艺术家，如黎澍、董辅礽、陶军、章开沅、周韶华也寄语杂志。《人民日报》《新华文摘》《世界经济导报》《理论内参》多次转载《青年论坛》的文章。另外，据统计全国有五十多家报刊介绍、报道了《青年论坛》杂志，可见《青年论坛》的影响力。

《青年论坛》还拥有广大读者，特别受到广大中青年理论工作者和学子的热烈欢迎，至1986年，不算零售，邮发量达到5.3万册以上。除了学人，甚至很多领导干部、政治思想工作者都爱读它。湖北郧阳地委的一位干部来信说："我从你们那里得到一本好书（我将永远是《青年论坛》的忠实读者，但愿它保持初衷），害得我一夜长读，心灵躁动，感触万端。列车在寂寞的原野上奔驰，夜色茫茫，神秘与寂寥中有不少诗，但直到清晨我才写了两句：'第一抹晨曦是微弱的，它只能把天空与大地的轮廓分开——呵，太阳的序！'也算是我的一点读后感罢。"

《青年论坛》除了出版刊物，还积极组织或参加重要学术活动，如1985年与华南师大联合举办"中青年理论工作者广州座谈会"；1986年《青年论坛》北京记者站组织的"关于'文化大革命'的再认识"座谈会，特别是与黑龙江《学习与探索》杂志在武汉联合举办《跨世纪中国》学术研讨会，会议请来全国著名学者，探讨理论问题并开办系列讲座，《青年论坛》的声名由此达到空前高度，杂志状况出现令人振奋的局面。

1987年初《青年论坛》停刊，全程历时四个年头，出版杂志14期（双月刊）。

李频：《青年论坛》：《为自由鸣炮》

——为《中国期刊史》第四卷的拟写稿[1]

　　《青年论坛》由湖北省社会科学院主办，李明华主编，王一鸣副主编，1984年11月创刊，双月刊，32开本，160页，1987年1月停刊，共出版14期。

　　"《青年论坛》将以青年一代的蓬勃朝气、敏锐思想和创新精神在社会科学界独树一帜。《青年论坛》注重理论联系实际，注重理论创新、突破；在文风方面，反对繁琐考证，反对新老八股，提倡朴实、清新、尖锐、活泼的文风。"[2] 循此办刊宗旨，该刊设有《前辈寄语》《改革前线的报告》《改革研究》《中西文化比较》《史坛新论》《反弹琵琶》《箭响林》《他山石》《嘤鸣园》《院校专页》等专栏。"这个刊物的确发表了好些在别处较难看到的饶有新意、颇具胆识的文章，提出了或初步论证了好些相当尖锐和敏感的理论问题与实际问题，这恰恰是饱学之士、老师宿儒们所未敢轻易下笔的。"[3] 因此，《青年论坛》出版后，受到各界重视。全国五十多家报刊报道、介绍了《青年论坛》。《人民日报》《新华文摘》《世界经济导报》《长江日报》等报刊转载了《青年论坛》的文章。编辑部每天收到大量热情洋溢的读者来信[4]。如创刊号上胡德平的《为自由鸣炮》、许苏民的《人的现代化》两篇文章就被《新华文摘》1985年第2期同期转载。当年《新华文摘》还于1985年第10期转载了克剑在《青年论坛》1985年第4期发表的《关于<关于人的理论的若干问题>的若干问题》。《青年论坛》所发文章以创刊号上胡德平的《为

1. 李频系 中国传媒大学传播研究院教授，博士生导师，《中国期刊史》第四卷主笔。后因《中国期刊史》第四卷调整体例等原因，此稿未用，现收入本书附录。

2. 《稿件征订启事》，见《青年论坛》创刊号。

3. 李泽厚：《破"天下达尊"——贺<青年论坛>创刊周年》，《人民日报》1985年11月22日。

4. 《青年论坛》1985年第3期封二。

自由鸣炮》影响最大。该文发表后，《人民日报》《世界经济导报》等报刊转载了该文。此外影响较大的文章有《论一九五七年》《理论创新与当代中国》《对富裕与公平的思索》《我国行政机构庞大与非改不可的原因》《来自垄断的威胁》《特区货币应该缓行》《一代思考的文学》《论对资本主义世界的开放》（《青年论坛》评论员，1986年3月号）《论全面开放》（王庆五，1986年3月号）等。

继胡德平在创刊号发表《为自由鸣炮》之后，《青年论坛》后来发表的标题含"自由"的文章有：於可训《将自由写在文学的旗帜上》（1985年第2期）、沈大德、许苏民《自由的命运及其他》（1985年第3期）、凯明《关于自由的三则对话》（1985年第3期）、陈恒六《为学术自由呼号》（1985年第3期）、远志明《理论的生命：实践与自由》（1985年第4期）、王增浦《学术民主与学术自由》（1985年第6期）、胡平《论言论自由》（1986年7月号、9月号）、闵琦《出版自由与马克思》（1986年11月号）、《首都各界人士座谈<论言论自由>》（1986年11月号）。在1986年9月5日北京座谈会上，学人杜汝楫、何家栋、梁治平等充分肯定了胡平的文章。甘阳发言说"胡平的文章作为当代政治、思想的经典之作，作为历史文献，我以为不宜改。现在应该争取出第一版，然后再出修订版。"陈子明在发言中说："胡平的文章是一个标志，是中国新型知识分子的人格逐渐形成、新的知识分子的典范逐渐形成的一个标志。胡平的文章指明了中国知识分子应该如何行事、如何想问题。"丘岳首《从胡平到李慎之：近二十年中国自由主义的艰难历程》中说："1984年，在胡耀邦儿子胡德平的支持下，《青年论坛》在武汉问世。创刊号上胡德平《为自由鸣炮》一文在自由主义之石上擦出了一朵火花，而划亮当代中国自由主义的则是胡平发表于该刊的《论言论自由》。"[1]

《青年论坛》得到了全国社科学界知名学者的支持。继李泽厚为该刊《前辈寄语》专栏撰文之后，章开沅、董辅礽、卓炯、于光远、陶军、黎澍等为该专栏撰文。1986年5月22日，《青年论坛》主持召开了武汉地区部分中青年理论工作者座谈会。中共中央宣传部部长朱厚泽、中共湖北省委宣传部长王重农等参加了会议。

《青年论坛》先后在北京、贵州等地设立了记者站。北京记者

---

1. 中国人民大学哲学院《爱智论坛》。

站站长即为后来担任泰康人寿董事长兼CEO的陈东升。北京记者站曾主持召开多次高规格学术座谈会，除座谈《论言论自由》外，还座谈过"文革"问题，《"关于'文化大革命'的再认识"座谈会（发言摘登）》发表于该刊1986年7月号。贵州记者站站长黄亚屏组织友人在《贵州日报》《贵阳晚报》《贵州民族报》《贵州工人报》《青年时代》乃至地州报纸上刊发广告式书评，并采取书店寄售、报摊零售等多种方式，"《青年论坛》在贵州的知名度大升。杂志创刊一周年时，贵州的订阅量已达1700多份，仅次于湖北、北京和深圳，位居第四。"[1] 据办刊人回忆，该刊停刊前，发行量达4万份。

　　"《青年论坛》是改革潮流中诞生的我国第一家面向广大中青年的社会科学综合性理论刊物。它是由湖北省社会科学院主办，由一群青年理论工作者负责编辑出版，以改革创新为旗帜，以理论联系实际为特色，探讨马克思主义在当代中国具体化的问题，研究当前青年中带普遍性的各种思潮和重大理论问题，为广大中青年提供讲坛。"[2] 其值得记忆的贡献主要有：

　　一、"《青年论坛》以改革创新为旗帜，求真务实，发表了系列涵盖文史哲经和新科学的文章，并以相当篇幅立足于改革中的重大理论问题和实践问题研究，文风清新活泼，率先在当时沉闷的理论界吹响了改革开放的号角。刊物以青年的敏锐视角和热情讨论了当时青年中普遍关心的问题，成为80年代中后期青年中颇具生机和活力的思想舆论中心，构建了富有时代气息的青年文化。"[3]

　　二、为青年学子打造理论平台。"《青年论坛》的贡献还在于为当时理论界的小人物们打造了一个崭露头角的平台。现在我国理论界的很多著名学者都是从这个平台走出来的。""当今走红的学术明星易中天，当初也是从在《青年论坛》发表豆腐块文章开始学术之路的。"[4] 邓晓芒与易中天合作发表了《中西美学思想的嬗变与美学方法论的革命》（上、下）（1985年第1、2期）。其他著名学者当年在该刊发表的文章有：周其仁《农村变革和理论经济学研究》（创刊号）、郭树清《从苏联东欧价格体制的比较研究看我国价格体制改革的目标》

1. 黄亚屏《<青年论坛>在贵州》，《贵阳文史》2011年第6期。

2.《新华文摘》1985年第3期。

3.王一鸣语，转引自黄亚屏《<青年论坛>在贵州》，《贵阳文史》2011年第6期。

4. 黄亚屏《<青年论坛>在贵州》，《贵阳文史》2011年第6期。

（1985年第3 期）、邓晓芒《自我意识观念在西方哲学史上的发展评述》（1986年第1期）、杨念群等《打破和谐——杜维明先生"儒家第三期发展说"驳议》（1986年7月号）、陈晋《文艺与"文革"》（1986年11月号），等等。

《读书》1985年第11期曾刊发了甦民的《芳林新叶——评<青年论坛>》。2008 年，中国经济体制改革研究会举办的中国改革开放 30 年标志性事件评选中，"《青年论坛》创刊：青年学生以文报国"在 120 个候选事件中列第 38 位。

（三） 《青年论坛》相关通信

李频：《青年论坛》研究通信辑注[1]

1、李频致杨海文

海文先生：

你好。谢谢告知邮箱。

我的专业领域是编辑出版理论研究。前几年做中国期刊的历史与现状研究较多些。我现在受命编撰中国期刊史的新时期部分。这是中国期刊协会组织的重大出版项目，在2015年中国期刊200年时要见书。颇紧。颇难。

我看过你写《青年论坛》的文章，很好。谢谢你的才情。我2010年出版的《共和国期刊60年》中已收录了《青年论坛》。拘于那书文摘体例，我没法展开。我现在自写，又遇到没有读过这个杂志的文本的问题。我根据已有的相关材料，写了一段短小的文字，现冒昧呈你看看。想听听你的意见。如果有机会细读文本，我也很想再适当展开、深入些。

从大作中知晓，你手上有不全的《青年论坛》。你能否借我几个小时？如可以，我想让我的已经毕业现在华南师范大学文学院任教的硕士到你处借阅，让她找个地方复印一套给我寄来。复印完后即归还给你。至于我个人的信誉，你尽管放心，与贵刊主编虽只有一面之雅，与中国高校文科学报研究会的历任会长们倒是相熟的，与仲伟民、朱剑、姚申交往更深些。

不知你文章中所说的李明华的有关《青年论坛》一书出版了没有？我找不到李明华有关《青年论坛》的自述文字。今天有心写信给他。不知你是否有他的联系方式？

谢谢。今天只讨教这些。特颂笔健。

李频

1.2013年5月期间，李频教授为编写《中国期刊史》第四卷，多方收集资料，分别与杨海文教授和我联系，除了几次面谈，还有一些书信和电子邮件往来。此处的几封邮件，是由李频教授辑注的。

作

　　2013年5月15日

　　辑注：从知网中搜索到杨海文先生评论《青年论坛》的文章，并知道他在《中山大学学报》编辑部工作，便从高校学报编辑界的熟人处要到了杨先生手机，进而给他写了这封信。他当天中午回信告知了李明华的联系方式，下午就让华南师大文学院的刘晖老师去复印他保存的《青年论坛》。我的《青年论坛》研究由此顺利起步。

2、李明华致李频

李频：

　　你好！

　　海文告诉我，你正在写中国期刊史，需要关于《青年论坛》的资料。我先发一篇澳大利亚的一位朋友的文章给你，你如有机会来广州，我们可以聊更多的情况。

　　今年3月，人民出版社出版了胡德平的《改革放言录》，其中收入了德平在《青年论坛》创刊号上发表的文章《为自由鸣炮》，并介绍了当时的一些情况。该著还谈到中宣部前部长朱厚泽看望《青年论坛》的经过。

　　我的电话：×××××××

　　我5月22日在北京有一个会议，如方便，请联系。

李明华

2013年5月17日

　　辑注：我2013年5月15日收到杨海文电子邮件回复之前，给李明华先生所在单位广州市社会科学院寄出一信。没想到两天后收到了李明华先生的这一来信。

3、李频复李明华

明华先生：

　　很高兴收到您的来信。

在得到海文先生给我的您的邮箱之前，我给您写了一封纸版的信。就是想向您求援。

另附上我没看《青年论坛》文本前写的一短文，待看过文本后，我争取补充一下。

您来北京，能当面向您讨教有关问题真好。请能否安排23日，或22日晚赐见。22日是我所在的中国传媒大学编辑出版研究中心的硕士答辩，早安排好了。不能更改时间了。

《青年论坛》，据我的学生说，向海文先生只借到10期，另四期有可能的话，想请您找找。您找到后，我让我的在广州工作的学生到您处借一下，复印给我。

您说的澳大利亚人的文章没见，是否您忘了发附件了。请再发。

我正在国家新闻出版广电总署的一个会上。匆匆就写这些。

期待拜见您。

李频

2013年5月17日

4、李明华复李频

李频：

拜读了你关于《青年论坛》的介绍，很好。看来你已经做了很多工作。

澳大利亚的那篇文章，我给你发了多次都被退回来，估计是作者名字或文章内容被自动查禁。我拷U盘带到北京给你。

另外，武汉大学一位研究生，硕士论文写的是《青年论坛》。她向王一鸣了解了很多情况（王一鸣在武汉工作），没有到广州找我。她到深圳工作后，知道了我的联系方式，将硕士论文发给我了。我也转发给你。

湖北省社科院的院志有关于《青年论坛》的介绍，比较局限，发给你做参考。

我21日晚到北京（大约8点），22日上午在全国政协礼堂开会，下午、晚上见几个人。23日上午有空，午餐后到机场回广州。

我到北京后会给你电话。你缺的几本刊物，我带到北京，但请在我离开之前复印完。

祝好！

李明华
2013年5月17日

辑注：明华先生在信中肯定"已经做了很多工作"，实际仅是相关信息的集粹。这篇期刊史札记性的文章中写道：

《青年论坛》以蓬勃的朝气、敏锐的思想和创新的精神，在思想界、社会科学界独树一帜。1985年《社会科学评论》第6期以《当代青年的思想库》为题，专门介绍《青年论坛》杂志。

于光远先生撰文《前辈寄语》栏目说："你们这个刊物提出了很重要的问题，其中有些问题我是应该研究而尚未研究的。我相信同你们一起研究、一起讨论，会给我带来很大好处。这会促使我去阅读一些应该阅读的书，启发我去思考一些原先没有想过的问题。"

著名历史学家庞朴先生评价说："为青年作者创办园地，是造福民族的大好事……你们举起一面旗帜，可谓中国的福音。我愿作一个老读者，盼望从你们手里得到养分。"

1985年，法国国家政治学院国际问题研究所克洛德·高达乐与程映湘先生给《青年论坛》来信说："《青年论坛》委实是改革浪潮中中国青年一代的讲坛，上面的大部分文章坦诚有力，贴切恰当，涉猎面广，给我们留下了非常深刻的印象。"

1985年，匈牙利著名经济学家科尔纳给《青年论坛》题词谓："亲爱的年轻朋友们！我祝你们在学习和研究工作中取得更大成就。我希望你们在走向生活之后，勇敢地分析问题并在改革和实现现代化的斗争中取得成功。"

我国著名历史学家章开沅先生向外国朋友介绍说："你们要了解中国青年在思考什么，可以看看《青年论坛》。"

......

《青年论坛》除了出版刊物，还积极组织或参加了很多重要学术活动，如1985年与华南师范大学联合举办了有深远影响的"中青年理论工作者广州座谈会"；1986年《青年论坛》北京记者站（站长陈东升）

组织的"关于'文化大革命'的再认识"座谈会，特别是与黑龙江《学习与探索》杂志在武汉联合举办《跨世纪中国》学术研讨会，会议请来全国思想界、学术界著名中青年学者，探讨改革理论问题并开办系列讲座，《青年论坛》的声名由此达到空前高度，杂志状况出现令人振奋的局面。

5、李明华致李频

李频：

　　你好！

　　昨晚我已回到广州。我感觉在京的两次交谈都很不错，只可惜时间都太短，希望今后你有机会来广州，我们再聊。

　　陈东升那里我已经打了招呼，请你下周去采访他（他很忙，你先给他电话约好时间）。陈东升是当今中国企业界举足轻重的人物，他很看重当年在《青年论坛》北京记者站当站长的那一段经历，而且有很多独特的见解，你可以与他深入聊一聊。

　　提供两位与《青年论坛》相关人员的情况，请你与他们联系：

　　张劲帆，是我八十年代在湖北社科院的同事，当时他在情报所工作，对历史资料有职业的敏感和兴趣。八十年代他对我做了多次长时间的采访，并收集了有关《青年论坛》的很多资料，在刊物停刊后很快写出八九万字的《艰难的苏醒》（其中部分内容后来发表在香港的杂志上），他的记述应该是比较准确的（不排除有少数误差）。前些年他已移民澳洲，是一位诗人，时不时有邮件与我往来。他的邮箱是：××××××××

　　杨帆，是武汉大学新闻传播专业硕士，现在深圳工作。她的硕士论文是《青年论坛研究》（此文我已发给你了）。我没见过这位学妹，去年我在北京时一位朋友提到：有一位校友以《青年论坛》为硕士论文的题目，并提供了联系方式，我才与她接上头，并请她将她的硕士论文发给我。她的邮箱是：××××××××

　　你在京送我的《出版：人学絮语》，已在飞机上初读了。大作在编辑理念上独树一帜，以人学的视角观照出版，不是把编辑、修订、出版仅仅看作一种专业技术工作，而是强调"思想形态"，强调社会价值和意义解读，十分深刻。大著还记述了与很多编辑出版大家的交往，很有意思。谢谢你的馈赠。

昨天上午你列的那张问题清单，我尚未完整回答的，待我找相关人员了解后再回复。

李明华

2013年5月24日

6、李频复李明华

明华先生：

您好。

这次在北京有幸相识，并赐读几期《青年论坛》，很高兴，很荣幸。您的平易亲切印象尤深。谢谢您还有如此情怀。

您提示我《青年论坛》是一富矿，我高度认同，尤其是最近几天翻读了《青年论坛》1987年第一期后。《青年论坛》是一代有志青年的思想底稿。其人文精神内涵和思想观念价值确实很高，有一定的深度开掘、系统梳理价值。您指示我专题研究《青年论坛》，我也很感激您的知遇之情。我于此遇到各一个主客观难题：

在研究方法上，如何清理一种期刊的传播效果，是我近十年来苦闷而又致力于突破的难题。《青年论坛》存世时间只有两年多，但联系其创刊前、停刊后的社会文化背景，意味绵长，层面和维度都不简单。您在23日的谈话中认可我从观念史、思想史切入的研究取向，但我目前只是从金观涛刘青峰夫妇的《观念史研究》中得到启发而形成了学术向往，目前并没有形成较为系统、有效、自我满意的研究理路。研究方法上的自我挑战是我说的主观上的难题。只有在期刊观念史研究上形成自觉，并有了初步认可的研究方案，尔后在研究过程中逐步完善，我才能有望在新课题的研究中获得自我超越的快慰，从而形成自我激励。

在客观上，我近年业务工作单纯了很多。但还是有不少不太好推脱的俗务。今年一年，主要为《中国期刊史》第四编的初稿而发愁犯难。未完成那个任务之前，我不敢也不能另外安排研究工作。此为客观上时间和任务难题。

因为以上两个原因，我暂时没有答应、安排对陈东升先生的访谈。泰康人寿品牌部的赵力文女士倒是主动给我来电话，要我向陈总秘书约访谈时间。我因为三点而犹疑着：其一，我今年很可能难以安排时间集中、专门研究《青年论坛》；其二，如研究《青年论坛》，首先要依据这14期刊物的目录做成一个小型的作者、篇目数据库，以掌握作者、内容总体情况；其三，见陈总前，我除做第二点功课外，还要就《青年论坛》北京记者站搜集、清理已有资料，整理已有思考，以使陈总赐给我的宝贵时间价值最大化。因这三点原因，我婉谢了本周拜见陈总。恭请理解。我正想先通过泰康人寿品牌部的赵力文女士得到陈总的大著《一槌定音》《九二派》来先期阅读。

学步期刊研究或者说问学期刊近30年，貌似成果不少，但真有多少有益学林，我略知而又难以确知。我很想在未来的两三年内，围绕《青年论坛》踩出一个更深的脚印，力求不负您和您的作者朋友们1984年的那份情怀。

暂不一一。在《青年论坛》的资料收集等方面希望得到您一如既往的支持。

我手头有的几篇有关《青年论坛》的文章呈上。

特颂

夏安。

李频

2013年5月28日

7、李明华复李频

李频：

很高兴收到你的邮件。所附几篇文章，也都很有价值。

从观念史、思想史角度研究期刊，我最近听到一个概念："思想市场"，相对于"产品市场"而言的。"思想市场"是美国学者科斯提出的，他的著作已由中信出版社出版，不过我还没有看到，正在搜寻。你可在北京找来看看。

你对青年论坛研究的时间安排，确实应考虑各方面的情况。我的想法，目前时机比较成熟，也有一些人在关注，很希望你成为第一个出版有关著作的学者（杨帆的硕士论文还未出版，同时她所掌握的资料还不够全面）。

　　陈东升一般都是很繁忙的，有时我都很难约他聊一聊。既然赵力文主动来电话，说明陈东升很有兴趣。我不能保证过了某个阶段之后，或者他在业务上有了新的兴奋点，是否还会有兴趣来谈北京记者站。而且接触陈东升，不止是接触他一个人，而是一个群体，这个群体在当代中国舞台上举足轻重。"机不可失，时不再来"，我还是希望你无论如何抽时间去见一见。

　　祝全家好！

李明华

2013年5月28日

李明华：致季思聪的13封信[1]

1、1984年10月26日

思聪：

《光明日报》广告事，后给陈东升去信，附去了目录，紧接着你发来电报，我又去电"光明"，告期刊号。[2]现900元广告费已汇去，有何情况，请及时联系。你为此事是够辛苦的了。

最近给你寄去的订单，不知是否收到？可能因为定价较高缘故，也可能由于我们宣传不够，目前订户十分糟糕，看《光明日报》发消息后情况如何。现已采取了一些措施，省书店准备分发全国各书店代销约一万份，另武汉大学已成立"《青年论坛》武汉高校发行中心"，说是可以发行数千份。总之，不到四万份，就得大亏本。听说北京有个民间的期刊发行中心，不知是否能联系上？

根据第一期的内容，估计会受欢迎的。我们将创刊号目录送几所院校征求意见，反映良好。只是学生们一下子掏四块多钱，不容易。[3]只好靠零售了。

记得你原提过可找电视台联系一事，是否有可能作新闻广播？广告费可是再出不起了。王一鸣有个同学（陈东升是知道的）在中央电视台"祖国各地"节目组，叫李国强，可以联系一下，电话862910，试一试，如何？

《教育报》发消息有希望吗？

最近东升、志明、必亮等同志分别都来过信，介绍了北京的情况，提了些建议，我们都有考虑。武汉情况，虽稿已发，但

---

1. 2013年夏天，我和太太去新泽西见高伐林、季思聪夫妇，他们当年都是《青年论坛》北京记者站的主要成员，季思聪还担负与武汉总部联系之责。季思聪告诉我，她保存着当年我给她的19封信。我感到非常难得，当即请她全部复印给我。现征得季思聪同意，此处我摘录了其中的13封。
2. 《青年论坛》创刊号（即第一期）于1984年11月25日出版。创刊之前的主要任务是扩大发行。
3. 《青年论坛》每期定价6角，双月刊，全年6期3元6角，加上邮寄费，共4元多。

仍未轻松，马上着手充实第二期内容，同时开始解决人员编辑问题（最近登报招聘，成天忙于接待、考核，总算选了几个较满意者），又要组织几个会议，还得张罗抓点钱（否则后几期就没有钱印了）。

下一步得准备办几件事：1、清样印出后，我们即寄北京记者站，请组织人写书评，争取在《人民》《光明》《读书》《青年报》等报刊发表，扩大影响。2、全面发行后，请及时收集反馈信息，是否符合读者要求，如何改进，方向有无问题，细节有哪些不足等。3、在加强宣传的同时，组织一些质量高的稿件（我们的作者队伍重点在北京），使《论坛》的水平能持续下去。

当然还有其他一些事，根据北京具体情况定。请顾问的事，因大部分都未落实，故创刊号就没有刊出名单。望抓紧。目前已经本人同意的有：于光远，董辅礽，李泽厚，谢韬。其余均未见北京说明。

……

北京记者站人员大大增加了，原来仅有几名记者显然不适应了，可将一部分通讯员改为记者。此事可同东升讲一讲，我无时间另写信给他了。

祝好！

明华

10.26.

2、1984年11月9日

思聪：

你好！

很高兴地收到你的长信，但我又迟至今日才复信，真是连抱歉或说声"请原谅"都不好意思了。真得挨揍！

说实在的，你对《青年论坛》的热忱，使我非常感动，在不少时候鼓舞了我的奋斗精神，同时确实很惶恐：刊物若办不好，如何有脸见各地一大批热心的青年朋友们！

《光明日报》的广告见到了，在汉的同志们很高兴，当然这里面有你的功劳。估计发广告后订户数会较快增加。

你收到此信时，可能已见到我们派到北京的蔡崇国同志了。

很多情况，他会转告记者站同志们。其实我是想去的，但实在是走不脱，你看最近的几桩事：1、几乎用半个月时间搞招聘。人手奇缺，只好登报招工作人员，一下子一百多人报考，接待，面试，考核，办手续，交待工作任务等，就我们几个（三人，加几名兼职编辑）泡在里面。总算"网罗"了六七个人，还不是十分理想的。2、突击校对。为了让刊物尽快与读者见面，[1]我们与印刷厂订了合同，推尽（注：应为迟）交货则罚款，提前交货我们发奖金。印刷厂拼命加班，排好后立即送我们校对，今天找了十条汉子到印刷厂搞三校，整整一天，现在刚回。3、准备第二期稿件。马上要发稿了，可有些说好了的稿子还未到，包括远志明负责的人大专版文章，到时日期逼近，我们又得加班加点了。

征订情况在好转，目前好像是高潮，每天几百户。另西藏等地一些不认识的朋友来信，愿代售。看来零售量是比较大的。

伐林和东升谈的"卡片报"一事，我们还得具体了解一下。无论如何，目前尚抽不出人力另办报刊。况且我们计划已久的《青年论坛内参》还悬着呢。

王润生一稿，确不错，只因第一期排稿后发现多了七八万字，临时抽了一些文章下来，留第二期发。王稿即在内。（第二期王稿可能发首篇。如有更好的稿件，则发第二篇。请你打电话高伐林。）

东升几次来信谈扩大记者站，将部分通讯员（如你）升为记者一事，我和一鸣商量过，同意东升的想法，请东升根据情况办。

王朋来的稿较多，不大好用，但因是记者站的通知，第一期选用了他的一篇"小建议"。他的那篇关于国际政治问题的大纲，一鸣已寄去北京，请他查收。

你提议整理例会记录，此事很好，这对于我们获得信息，了解情况很有好处，"职业习惯"，挺有意思的。

晓明刚考完就来我们这里谈了些情况——他即使在考试期间也关心着刊物。晓明大概11月下旬去京，到时他会将具体日期写信告你。

啊，又想起一件事，湖北团省委收到高伐林弄的那份文件后，[2] 对《青年论坛》十分热心，团省委宣传部居然同意与《青

---

1. 创刊号于1984年11月25日出版。

2. 当时高伐林在团中央工作，他将编辑部要求团中央支持的报告转呈给几位领

年论坛》联名发通知给全省各级团组织，要求订阅。此通知已发下去了。

好了，以后再写。

明华

11.9.

3、1985年3月1日

思聪：

刚过完春节，就收到你的信和交流卡回执，我呢，又被第二期刊物的校对缠得脱不了身，未及时回信。

很可能是你去了重庆一趟，重庆站的工作比较活跃，除了你在信中提到的黎剑飞外，王卫国给我们提供了一些重要信息，还寄来了《大时代》——也是一份青年人办的刊物，当然，也是我们潜在的竞争对手。

武汉的形势是鼓舞人心的，略举几条：

①北京电影学院和国外某电影厂合拍一部纪录片《改革中的中国青年》，摄制组专程来武汉找了《青年论坛》，摄下了轮船乘客在船舱争购《论坛》的镜头。

②第二期（总第三期）目录登出后，各地纷纷来信、汇款，订阅全年杂志或第二期刊物。一位新疆的孩子来信问："叔叔阿姨们，你们的刊物怎么订阅法？"

③出过两期刊物后，事实教训了那些对《青年论坛》说三道四的人们，各方面的态度好多了。

④杂志社的青年朋友们士气很足，年前（2月15日）大家在一起热热闹闹开了一个迎春茶话会，院党组书记和其他院领导都讲了不少热情洋溢的话，对大家也是鼓舞。我也发了言，大意是说：如何看待《青年论坛》？应该有历史感。从三个角度看：1、建国以来没有一份青年办的（坚持下来了的）理论刊物，我们办了，填补了新中国出版业的一项空白；2、《青年论坛》以改革为旗帜，而这场改革是中国几千年历史上最深刻、最广泛的变

导，团中央宣传部副部长江洪、团中央书记处书记李源潮和刘延东先后都做了表示支持的批示。详情见本书第五章"湖边的小屋"。

革，《论坛》同改革共命运，为改革呐喊，为改革作证，是有历史意义的；3、每个人都应有自己的激动人心的岁月，老一代或是爬雪山过草地，或是打日本，或是参加解放战争，他们今天回想起来，是激动人心的。我们——《青年论坛》的工作人员，到了暮年的时候，回顾自己的一生，一定会感到在《青年论坛》工作的时期是激动人心的年代。我讲过之后，大家深有同感。

⑤春节后，开了一个类似"动员"的会议，杂志社决定在发行问题上发动一场"春季攻势"。准备组织几个小分队，先在市内，然后兵分几路，到华东、西北、东北等地，遍地撒网，扩大宣传。

好了，无暇多写了。总之，是有点振奋人心。

伐林到编辑部来过两次，第二次来时，在我家吃饭，王绍培作陪，边喝酒边谈话，一顿饭吃了两个多小时，谈得很痛快。（伐林的酒量真叫我佩服——到底是诗人。）

晓明昨天从广州回汉，到我家来了。广州那边情况很好，催办会议筹备工作；晓明还要我们立即寄5000份刊物（一、二期各半）到广州，有销路。[1]30元钱已经给他了，再不着急了吧？

你的信中谈到发行交书店的事，我们准备部分交书店，还要通过其他途径。书店确不能忽视，我在大年初二到武汉最热闹地区的一家书店——江汉路新华书店看了一下，不少读者围着看《青年论坛》，卖得很快，我们还和买书的青年们进行了交谈。因此我们的"春季攻势"重点是书店。

……

明华
3.1.

4、1985年7月24日

思聪：

---

1. 1985年3月下旬至4月初，由《青年论坛》牵头，与上海、广东、陕西、湖南、湖北五省市青年社会科学工作者协会联合主办，在华南师范学院召开了"中青年理论工作者广州座谈会"。这次座谈会的筹备工作，主要是李晓明承担的。座谈会的详情见本书第五章"湖边的小屋"。

前些日子，我岳父住院，后去世，有几个月的时间我都不得闲。现在已安顿好了，我才能提笔给各位朋友们回信。

听东升说，他九月份要来武大进修外语，记者站工作可否由伐林来接替。我认为伐林是非常合适的。只是东升走了，我总感到是个损失。好在你们大家都很好，是非常可信赖的朋友，一定会把工作干好的。你呢，也一定会像以往协助东升那样协助伐林。对吗？

学灿那里，我们早就寄了十本刊物（总第三期），不知他是否收到。如果至今还未收到，我就再寄吧。后又寄你两本，收到了吗？

武汉的情况，仍很好。编辑部的同志们经过这一段的风风雨雨，显得更成熟了。大家在克服困难的过程中，形成了一个战斗的集体。虽然目前在经济上还有些困难，但大家同心协力，一起想办法，经常是几个人端着饭碗都还在办公室热烈讨论。[1] 德平同志七月上旬来过武汉，他很乐观，同我们谈了一个多小时，也影响了我们。

……

祝好！

明华
7.24.

5、1985年8月19日

思聪：

你好！

两信均收到。郑万鹏的稿子，我和其他同志商量后，决定退掉了。目前手头压了不少关于人道主义的稿子，均未发，主要是从策略、稳妥考虑。

另，上次武大徐同志的稿，也没用成，是否告诉你了？你看，你推荐的稿子一一退回，可不是我故意的。你会理解的。

我给伐林去信（已有四个月没给他写信了），谈了记者站今后的好些工作，十分繁重，具体情况由他告你。

大连盛立的事，同意给他办个通讯员证，请你给他去信，让他寄两张照片和一份简历来。大连建站问题，过几个月解决，我

---

1. 杂志社工作人员基本上都在社科院机关食堂买饭。

们准备派人去一趟。此事可同伐林说一下。

伐林是个相当有政治头脑、活动能力极强的人，如果他能抽得出时间，记者站工作定会搞得十分出色。望你一定竭力协助。

……

向称你"老季"的马立诚同志问好，欢迎他给我们写些犀利的时评、杂文。

崇国已回汉，谈了北京一些情况。想不到他竟去找胡德平弄了一份"手谕"，请一家公司给钱《青年论坛》。

这次回信迅速了一回吧？

明华

8.19.

6、1985年9月19日

思聪：

接电话后即给武建东寄了证明和期刊登记证。

现有一事，不知是否好办：

葛洲坝有几位近年毕业的大学生，今年考上了研究生，但工程局政治部居然不放人，不转关系；而这几个年青人（以《向大海》的主人公艾路明为首[1]）也天不怕地不怕，不让走偏要走，什么都不要，就这样到大学报到了。

但问题并未解决，户口、粮油、工资、党的关系等等，均不好办。纵然有着英雄气概的艾路明，也束手无策了。他多次来《青年论坛》求援，我就只好找你帮忙了。

此事能否在《青年报》上捅一下？哪怕是发一条消息也好。如实在困难，是否可以《青年报》名义给工程局党委去一封信？这就要看你的活动能量了。

帮助青年们是干我们这一行的责任，加之路明是我的好朋友，就更应帮忙呼吁一下了。

关于艾路明的材料，我另外寄你。

十一月见！

1.艾路明只身游长江全程的事迹，见本书第四章"思想的群峰"第六节"青春之魂"。报告文学《向大海》发表在《青年论坛》1985年第2期，描述了艾路明从武汉游到上海崇明岛的经历。

明华

9.19.

7、1985年9月21日

思聪：

年底已近，《论坛》明年的征订工作就要开始了。

我们准备在人民日报和光明日报上登广告，看来又得该你来跑了。这次广告可是非同小可，关系到明年的订户，换句话说，关系到《论坛》的生计。同时又是创刊周年，想扩大点影响。

吴学灿曾向学海谈了《人民日报》登广告的情况，让我们大吃一惊：排队已到明年四月，且广告费要一万元。如果此事确实，那就不能上《人民日报》了。（请你落实一下，如果花三千元能如期刊出，我们就上。）

《光明日报》你已打过几次交道了。请人家帮帮忙，务必在十月下旬或（最好）十一月初见报，那时正是征订高峰期，效果最佳。

联系情况，请及时告我，我现在星期三、四、六在办公室值班。

前不久还去过一信，让你为艾路明呼吁一下，不知收到那封信没有？

……

北京记者站与北京发行站的公章已刻好，随后寄去。

祝好！

明华

9.21.

8、1985年10月5日

思聪：

你好！

九月二十六日来信收到。艾路明事，同意你的办法，找国家教委有关部门联系一下，通过组织系统内部解决。这事我是有些冲动，你倒显得老练，很稳妥。

前几天艾路明来，对我谈了一项惊人的计划：准备两年，然后从长江源头顺流而下，游过三峡，游到武汉。这样，加上1981年游过的1/2长江，就是全程了。不过长江上游水险，路明作了付出任何代价的打算。当然，这两年间，他将在陆地上考察一番，准备更充分一些。到时《青年论坛》将派一名工作人员在陆地上陪同他，随时报道情况。《青年报》对此事感兴趣吗？

广告事，也同意你的看法，中青报发行量大，值得登广告。（中青报是知道启立讲话的，会不会登广告？[1]）第一方案：人民、中青；第二方案：（若"人民"不可能）光明、中青。请你联系时注意价格，强调按时（十月底或十一月初——十一月十五日之前）。

......

周年纪念会议的安排，已基本定下来了，十一月五日正式开会（四日报到），开三天（纪念会半天，记者站工作会议一天另加一晚上，游览一天半）。[2]北京记者站破例给两个名额，是因为考虑到欢迎我们的小季同志到来。北京地区还有一位代表王焱，是编辑部直接邀请的，他是《读书》杂志的，很喜爱《论坛》，他设法在《读书》上帮我们发了一篇评《论坛》的长文，十一月刊出。[3]

下星期即发通知。北京站的两份邀请都寄伐林处。

有情况可来电话。

......

明华
10.5.

9、1985年12月5日

思聪：

"要紧的信"已收到。伐林的两封也收到。先给你回，然后再给伐林写。

团中央办公厅那封信，我接伐林信后即准备回，但到处都找

1. 我们听说胡启立在新疆的一个会议上批评了《青年论坛》。
2. 1985年11月5日，《青年论坛》在武昌洪山礼堂召开了创刊一周年纪念会，武汉地区的中青年代表、各地记者站的代表参加了会议，武汉大学校长刘道玉、湖北省社会科学院副院长夏振坤等也出席了会议。
3. 《读书》1985年第11期发表了甦民的文章：《芳林新叶——评<青年论坛>》。

不到江洪、李源潮、刘延东的批示（我是清清楚楚看过的），伐林信中说是你将复印件寄给我的，可我查了你的所有来信，未见提及复印件事。也可能是我放忘了。于是立即打电话问团省委，一位同学（姓罗，在宣传部）回答说，他也见到过，但不知放哪儿了，答应找一找，至今无消息。（11月中旬，团省委居然派人来我们这儿查批示之类的，真见鬼！）[1]

团中央闹得这么凶，可你说巧不巧，11月下旬，我们又收到团中央宣传部一封信，落款日期和邮戳都是十月二十六日，为全国青年读书活动征文比赛一事向我们催稿（我们很荣幸地和宣传部签过协议，作为这次活动的主办单位之一）。好了，又有一个文字根据了，还有大红印章。

朋友们都劝我们谨慎从事，十分正确，一定照办。但心里总感到压抑，近来常失眠。

……

光明日报广告，看来硬是不肯登了，算了吧，不求它。

祝好！

明华

12.5.

10、1986年3月3日

思聪：

伐林已像个地道的北京人了，[2] 到武汉来居然不适应气候，病倒了。春节后尚未痊愈就来我家，并急着要回京。伐林对形势的估计，没有我们那么乐观，我想可能他是对的。

《参考消息》和《人民日报《登了《青年论坛》的广告后，订户增加了不少，目前还在陆续来订单。

……

还有一事，解放军政治学院哲学教研室有一位刘春建同志，想写一篇关于我个人的报道。我回信说，要写就写整个《青年论坛》。他同意了。我让他抽空找你，你给他看看两份复印材料，

---

1. 胡启立批评《青年论坛》后，团中央否认曾支持过《青年论坛》，并派人来追查。
2. 高伐林是武汉人，80年代初到北京工作。

以及影集，并介绍一些情况。

　　我在北京丢了两本笔记本，给工作带来极大不便。包括你的电话号码也不知了，请再寄来。我们办公室装了电话：812986。

　　祝好！

明华

3.3.

11、1986年5月6日

思聪：

　　你好！

　　接连收到你的两封信，及"伐林的几句"。会议的事，你们花了不少力气，我是有信心的，但愿能有较大反响。[1]

　　如无其他意外，我将同陈刚一起去京参加会议（陈刚还负有组稿——文学稿——的任务）。大约15日到京（也许14日，看车票情况）。[2]

　　你信中提到剪报的事，其实就是那两本复印资料，上次周晓佑去京时不是带给你了吗？德平那里也给了，我让他转给总书记看，他说："我父亲不看这个。"当时你还在场呢，记得吗？后来的报刊反应，又积了不少，只是未来得及整理。

　　哦，还有一件事：伐林想搞一个会议纪要，这完全可以，给留六千字的版面吧，请志明、伐林搞个粗线条的东西，作好准备，否则会议完了再搞，发稿时间就错过了（我们单月20日发稿）。

　　北京见！

明华

5.6.

---

1. 1986年4月高伐林提议，在"文化大革命"发动20周年时召开一次"关于'文化大革命'再认识"座谈会，由北京记者站筹备。这次会议于1986年5月16日在北京举行。座谈会详情见本书第六章"激情与活力"。

2. 由于编辑事务繁忙，我没有能够参加这次座谈会。

12、1986年8月1日

思聪：你好！

7月24日来信收到。我几乎是同时给你去了一信，谈了远志明书事、社科书店事、"这一代"事等，不知是否收到。看来是"撞车"了。

……

一鸣正在京，不知与你联系没有。他已经与德平联系上，准备与德平详谈一次，谈的情况，你可同他联系。他住中央党校6号楼327房间。

请你：（1）打电话问问余量（我的信是写给他的），代销事定下来没有；（2）隔些日子就给德平去一次电话，问问他有什么事要说。（上次朱、贾一事，我写信给他，他果然办了，效果很好，[1]但一直未来信，直到这次一鸣去京，通上电话，他才告诉一鸣。）

东升到京没有？

请收集七月号反应。[2]（七月号已寄出）

伐林来信说他八月下旬来汉，要校"这一代"稿，可是到下旬也许刊物已出版了！

李明华

8.1.

13、1987年6月23日

伐林、思聪：

晓佑已将信转我。我也要陆续地还朋友们的"债"了——前一段忽然心血来潮，想在考场上搏一次，于是临阵磨枪，忙得昏天黑地，因此几乎任何来信都未复。最近开始一一作答。

考试的情况，大致是满意的。我担心某些非学术因素（诸如政审、鉴定之类），成为录取的障碍。但愿不会如此。

由于形势的微妙变化，最近人们对《论坛》的议论也变了调

---

1. 指中宣部部长朱厚泽、中宣部理论局副局长贾春峰于1986年5月到武汉看望《青年论坛》编辑部事。详情见本书第七章"峰谷之间"。
2. 《青年论坛》1986年7月号刊登了胡平的《论言论自由》（上篇）。

子。我们听到的比较普遍的说法是：《论坛》的宗旨是鼓吹改革的嘛，无非是在宣传改革的过程中有些偏差，出了些小毛病，这算什么大问题。（三月份最典型的说法是：《论坛》为资产阶级自由化提供了阵地。）

六月初，省委宣传部报刊整顿办公室来两位同志，听取我院几家刊物汇报。当我谈到对《论坛》的处理应下个文时，宣传部的两位说，谁说《论坛》今后再不办了？等三个月再说，办不办，由中宣部发"粮票"。

前不久白云山制药厂一位同志找来，劝我们整个编辑部搬到广州，白云山制药厂愿意包下来。此事涉及面广，我还未最后答复。

总之，情况有所好转，但也不是可以太乐观的。

祝好！

明华

6.23.

后 记

　　2020年1月16日，我和太太从居住地广州飞到美国看望女儿，准备与女儿一起过中国春节。没想到遭遇到一场肆虐全球的新冠病毒疫情，这次飞行使我们跨越了一个"时代"：从"前疫情时代"进入"疫情时代"。到美一周之后，武汉因疫情封城。紧接着各国纷纷失守，全球有2亿多人感染病毒，死亡400多万人。美国是疫情的重灾区，感染人数达3700多万，死亡60多万，情况十分严峻。我们被困在美国了。最安全的办法，就是闭门不出，防止感染。本来约好与一些朋友见面的，都只好作罢了。这倒意外地给了我大块宅居的时间，可以写作。这本书，就是在疫情期间完成的。

　　到美后的最初两个月，是搜集和整理资料。幸而我带来了《青年论坛》全部14期的扫描电子版，我一本一本地通读这100多万字，读了两遍，并回忆联想当年的情景。又在网上搜索相关资料，美国没有"防火墙"，想看的资料基本都能查到，与国内的写作环境相比，真是太优越了。我从网上下载了1000多页资料，并下载了赵紫阳《改革历程》、李洪林《中国思想运动史》、钱理群《毛泽东时代和后毛泽东时代（1949-2009）：另一种历史书写》（上、下）等十几部著作，开始海量阅读。在阅读相关资料的同时，写了厚厚一本阅读笔记。2020年3月，正式开始写作。在写作过程中，边写边在网上查阅资料，特别是第一章"80年代，思潮奔涌的年代"和第十一章"留作回音"，写作的时间和查阅、消化参考文献的时间几乎各占二分之一。写作中要大量引用《青年论坛》杂志中的文字，由于当年没有电脑，所有文章都没电子版，只能依据扫描件一一录入相关文字。起初是对照原文一个字一个字输入，效率非常低，后说给高伐林听了，他很吃惊，告诉我有扫描件转换为Word文档的软件，完全不用手工输入。此后我才改用他说的方法，进展就快多了。

　　由于是三十多年前的事，有很多细节已记不清了。当年我曾有两本工作笔记，详细记录了《青年论坛》的相关事项，有一次在北京乘公共汽车，在车上被人偷走了，我和杂志社的同仁怀疑是有人在跟踪我们的行动并偷走了笔记本，因为小偷只会偷钱财不会偷笔记本（当然这也没有什么根据）。没有这两本笔记本，造成很多遗憾，涉及当年的一些情况细节，必须求证相关人士。写作过程中，我先后同王一鸣、王绍培、邵学海、陈刚、周晓佑、王麓怡、陈兵力、蔡崇国、喻承祥、李晓明、唐坤、张艳国、胡平、高伐林、季思聪、许苏民、周民锋、雷祯孝、何亚斌、尚鸣、张劲帆等20余人通过邮件和微信联系，反复核查事实，商榷观点，征求意见。其中许苏民、高伐林、周民锋等好友对我发给他们的部分章节提出了非常中肯的意见和建议，对其中一些有关学术理论方面的内容还进行了通信讨论，有些文字，高伐林直接做了修订和增补。他们的意见，很多被我接受，这些部分我都改写和补充了。非常感谢朋友们的热情支持帮助。

张劲帆的报告文学《艰难的苏醒——〈青年论坛〉浮沉录》和杨帆的硕士论文《〈青年论坛〉研究》给我提供了重要的参考。张劲帆是我在湖北省社会科学院工作时的同事，他的报告文学约10余万字，写于1989年。当时《青年论坛》停刊不久，他采访了几乎所有的《青年论坛》当事人和相关者，记叙的事实应该是基本准确的。张劲帆将全文电子版发给了我。他原打算在国内出版这本报告文学，后因时局大变，出版事成为泡影。不久后张劲帆移民澳洲，将报告文学全文发表在澳洲的一家中文网站上，其中一部分以《〈青年论坛〉停刊始末》为题，发表于香港《争鸣》杂志1996年10月号，友人将相关内容影印了给我。武汉大学新闻传播系杨帆的硕士论文写于2007年，我2013年得知此事，经北京的朋友介绍与她联系上了。她的论文是在周光明教授和王一鸣的指导下完成的，我请她将论文发给了我。杨帆对王一鸣做了10余次访谈，王一鸣给杨帆提供了不少细节，很多被杨帆写进论文中。我参考了这两份文献的部分内容。

2013年四、五月间，中山大学杨海文教授发邮件给我，说北京李频先生正在写中国期刊史，需要《青年论坛》的有关资料。海文把我推荐给李频，并提供了李频的联系方式。李频是中国传媒大学编辑出版研究中心教授，承担了《中国期刊史》第四卷（1978-2015）的写作任务，介绍《青年论坛》是其中内容之一。我正好5月去北京开会，于是约了李频，共交谈了两次。我去北京之前，海文已将手头收藏的

10期《青年论坛》杂志交李频在广州的学生复印，并转寄北京。海文所缺四期，我就带到北京，给李频复印，同时我还给李频带去了其他一些有关《青年论坛》的资料。后李频到广州参加会议，我们又见面畅谈。《中国期刊史》是国家出版部门的一个大项目，预计在2015年中国出版物诞生200周年时面世，李频撰写的第四卷后于2017年出版。李频就《青年论坛》写过两稿，目前见于已出版的第四卷中的相关文字，是修改后的文稿。李频的初稿，我放在了附录中。2021年8月，李频教授给我发来一篇硕士论文《八十年代青年学人缩影 ——〈青年论坛〉杂志研究》，是李频指导自己的学生鲜汪娟写的，完成于2015年5月，论文中的数据分析和对《青年论坛》的评价都很有特色，但此时我的书稿已基本完成，没有能够仔细参考这份硕士论文。李频教授将他与我及杨海文教授的通信整理出来并作了辑注，我全部收在附录中。李频教授对理念的执着和严谨的专业精神，给我留下了深刻的印象。

2013年夏，我和太太去新泽西普林斯顿拜访高伐林、季思聪夫妇（他们于80年代末移民美国）。高、季二位都是当年《青年论坛》北京记者站的主要成员，季思聪还担负与武汉总部联系之责。季思聪告诉我一个令人惊喜的消息：她保存着我给她的19封信！80年代没有手机，也没有电子邮箱和微信，长途电话又非常不方便且贵（各地记者站成员大部分是穷学生），我与各地记者站的联系，主要靠写信。没想到她居然还保留着这些信件。各地记者站给我的信，当年因担心连累各地的青年朋友，有一部分在整顿清查期间我处理掉了。我不知道还有哪些记者站成员保存着我写的信，但季思聪手头的这些原始资料确实十分难得，我即请思聪将这19封信全部扫描给我。这次写回忆录，经她同意，我摘录了其中13封，放在本书附录中。顺便提一提：我和太太那次在普林斯顿过得非常愉快，伐林、思聪陪我们游览了美国独立战争时期的古战场和一些风景点，参观了普林斯顿大学校园和博物馆，给我们指看当年爱因斯坦的住所。他们两位充当"讲解员"，伐林胸前挂着照相机，俨然专业摄影师，为我们拍摄了很多照片。我此次在美期间，又因写回忆录的事与他们交流频繁，得到他们的不少帮助，内心非常感谢。

为了写这本回忆录，2018年至2019年期间，我专程去过武汉几次，与当年的同事和相关人士交谈，其中有王一鸣、邵学海、郭齐勇、王麓怡、贺绍甲、何亚斌、梁亚莉等。邵学海是《青年论坛》的美术编辑和摄影记者，他冒着风险精心地保存了200多张记录杂志活动的珍贵照片的底片，以及部分冲洗出来的照片。他全部拿给我并希望在回忆录中选用，同时拜托我保管。我拿到这些柯达胶片后，一时竟找不到冲洗的地方，现在是数码时代，冲印胶卷的机器早已被淘汰了。在网上查到几家，要价极高，最后在广州区庄找到一家铺面只有约5平方米的小店子，价格稍便宜一点，冲印了两套，其中一套寄给了邵学海。邵学海对《青年论坛》有非常深厚的感情，对我写回忆录寄予厚望。他多次中风，坐了轮椅，我几次到武汉看望他，有一次他和太太执意要请我到酒店吃饭，记得当时是服务员抬他进酒店的。写完这本书，也算是了了好友邵学海的愿。目前居住在武汉的贺绍甲先生是胡德平的老朋友，在我们和胡德平的交往中他起了重要作用。我到武汉拜访贺绍甲，请他写一篇回忆文章，老人家近80岁了，答应了我的要求，手写了文章寄给我，并请人打印出来，在电子邮箱中发给了我，我将这篇文章也放在本书附录中。在武汉还见了何亚斌，见面时我们免不了谈到他自愿担任《青年论坛》"义务校对员"的事，同时也回忆起当年青年一代的抱负和激情。除专程去武汉收集资料外，我还特地去了一趟深圳，与原《青年论坛》的工作人员周晓佑、李大林、王绍培见面交谈，并拜访了当年分管《青年论坛》的湖北省社会科学院副院长张思平（曾任中共深圳市委常委、深圳市委统战部长），共同回忆了当年的一些情况，议论了写回忆录的思路。

写作过程中，我读到北大钱理群教授的一篇文章，文中提到《青年论坛》，后来又在钱老在台湾出版的一本书中读了更详细的关于《青年论坛》的述评。我早已闻钱理群教授大名，但没见过面，于是拜托在北京的武大校友谢湘帮忙联系，后得到钱教授的电话和电子邮箱，就有往来了。有幸于与钱老的交往，我获得了不少指点，其中最大的收获是钱老将自己的一篇未刊的长文发给我，并同意我任意引用。这篇长文，很详细地述评了《青年论坛》杂志，我在本书第七章第二节中大量引用了这篇文章。钱理群教授严谨的治学精神和谦虚的人品使我十分感动和敬佩。

本回忆录中很少涉及《青年论坛》在海外的影响，我从好友於可训（武汉大学教授）那里意外获知，日本东京大学学者铃木将久先生曾发表过有关《青年论坛》的论文，可训还辗转为我找到铃木先生的联系方式。铃木先生告诉我，他在中国孔夫子旧书网上购买了全套《青年论坛》，实际上他只买了13期，缺了最后一期，即1987年第1期。我在电子邮件中将这一期的扫描文件发给了他，在邮件往来中我们交流了关于中国80年代思潮的一些看法。说到孔夫子旧书网，我也在该网上买了一些《青年论坛》杂志。这些年来，不断有朋友向我讨要当年的杂志，我手中也所剩无几了，于是找旧书网，凡是有卖《青年论坛》杂志的，我悉数购入。起初是30多元一本（原定价每本6角-7角5分，涨了50倍），各期都有。卖家见我不停地买，立马涨价，创刊号曾涨到300元。我曾托邵学海在武汉想办法（武汉是发行量最大的地区），他找到社科院附近东亭街一家书商，一本年度合订本（6册）开价2000元，他想买了送我，我劝他打消了这个念头。看来市场已经将《青年论坛》作为收藏品了。

记得在1989年初，好友雷祯孝先生筹划出版一套大型丛书，约我写《青年论坛》回忆录，并预付了一笔启动费。但在那年春夏之交天安门"政治风波"之后，此事已是完全不可能了。一放下来，一晃就是30余年。现在终于完成了这项心愿，也算是对雷祯孝先生的交代和感谢。

我的太太汪汉菊是这本书稿的第一读者。她对《青年论坛》的曲折历程十分清楚，当时也一直陪伴我度过那段风风雨雨的日子，所以她对这本书是最有发言权的。太太的意见使这本书增色不少。这次在美期间，她也没有闲着，在忙碌之中她抽空承担了几乎全部家务，使我有更多的时间写作。女儿在身边，随时帮我解决电脑操作中出现的技术问题，帮我打印文稿。很感谢家人对这本书的支持和配合。

2018年我去武汉时，原计划要拜访著名哲学家李步楼先生，遗憾的是他已经病逝了。李步楼是湖北省社会科学院哲学所的研究员，是《青年论坛》的得力支持者。他与胡德平很熟，同是北京大学校友，胡德平第一次约见我和王一鸣，就是通过李步楼转告的。李步楼先生的去世，更使我有了加快本书写作的紧迫感。《青年论坛》这一份地方刊物，现在已经很少有人知道了，我作为主要当事人之一，如果不将它的浮沉起落留下文字记载，恐怕会在浩瀚的历史过往中被湮没。曾给我们写"前辈寄语"的一些老学者，如于光远、黎澍、董辅礽、章开沅等前辈，这些年来都先后作古，他们对《青年论坛》支持的一些细节，已不可能得知了。我非常敬重的武汉大学前校长陶德麟先生，也于2020年5月病逝。陶德麟教授是学术界的大师级人物，曾是《青年论坛》的顾问，在政治风云突变、我倍受煎熬的时刻，陶先生冒着风险同意我报考他的博士生，而后成为我的导师。老一辈对后来者的关爱，驱使我感到必须有所担当，才能不愧对这些长者。我身边的众多朋友，也对我写这本书寄托希望。因此，我在写作过程中，常常怀着使命感，于今终于完稿，也算是没有辜负众望。我同时还想到，对于中国20世纪80年代这一历史大潮，《青年论坛》毕竟只是一朵微小的浪花，人们还亟需对那个时代进行系统深入的研究，才能更好地推进中国的现代民主建设。思想未有穷期，任重而道远。

作者

2021年8月于纽约

无数水滴汇成江海 千万个体成就历史
"壹嘉个人史"系列已出书目

《鸢飞戾天：一位国军少将的抗战军旅实录》，$23.99

《八十年代的一束思想之光：<青年论坛>纪事》，李明华著，$36.99

《申泮文的西南联大》，申泮文著，文版平装：$29.99，图版平装：$39.99

《风吹稻花香两岸：一个外省人的台湾回忆》，黄雅纯著，$19.99

《滹沱河》，温雅娟著，$22.99

《逆流者：抗日杀奸团成员口述历史实录》，赖恩典著，$32.99

《寻找尘封的记忆：抗战时期民国空军赴美受训历史及空难探秘》，李安著，$28.99（获奖图书）

《李慎之与美国所》，资中筠、茅于轼等著，$18.99

《老卒奇谭：一位逃港者的自述》，老卒著，$22.99

《鲁冀宝藏》，高鲁冀著，$22.99

《革命时期的芭蕾》，史钟麒著，$23.99

"壹嘉个人史"系列持续出版，欢迎关注，欢迎投稿。电子邮件地址：1plus@1plusbooks.com

壹嘉出版致力优质海外中文出版，聚焦传记、历史、人文、社科。更多信息，请访问壹嘉官网https://1plusbooks.com。